慎海雄 主编

当代岭南文化名家
DANGDAI LINGNAN WENHUA MINGJIA

张良

张 良 王静珠 编著

SPM 南方出版传媒 广东人民出版社
·广州·

图书在版编目（CIP）数据

当代岭南文化名家·张良 / 张良，王静珠编著. —广州：广东人民出版社，2018.3
（当代岭南文化名家）
ISBN 978-7-218-12357-8

Ⅰ.①当… Ⅱ.①张… ②王… Ⅲ.①文艺—作品综合集—广东—当代 Ⅳ.①I218.65

中国版本图书馆CIP数据核字（2017）第295791号

DANGDAI LINGNAN WENHUA MINGJIA · ZHANG LIANG
当代岭南文化名家·张良

张良　王静珠　编著

版权所有 翻印必究

出 版 人：肖风华

责任编辑：沈晓鸣　刘　奎
责任技编：周　杰　吴彦斌　易志华
装帧设计：书窗设计 赵焜淼/钟清/张雪烽

出版发行：广东人民出版社
地　　址：广州市大沙头四马路10号（邮政编码：510102）
电　　话：（020）83798714（总编室）
传　　真：（020）83780199
网　　址：http://www.gdpph.com
排　　版：广州市友间文化传播有限公司
印　　刷：广州市人杰彩印厂
开　　本：787毫米×1092毫米　1/16
印　　张：42.875　　字　数：730千
版　　次：2018年3月第1版　2018年3月第1次印刷
定　　价：168.00元

如发现印装质量问题，影响阅读，请与出版社（020-83795749）联系调换。
售书热线：（020）83795240

《当代岭南文化名家》丛书编辑委员会

编委会主任：慎海雄
编委会副主任：郑雁雄　顾作义　崔朝阳　王桂科　杜传贵
编委会成员：叶　河　许永波　张伟涛　应中伟　肖风华
　　　　　　钟永宁

前 言

　　五岭之南的广东,人杰地灵,物丰民慧。自秦汉始,便是沟通中外的重要门户,海上丝绸之路即发祥于此。近代以来,中国遭遇外来侵略,一批有识之士求索救国图强,广东成为民主革命的策源地。进入20世纪70年代,广东敢为天下先,以杀出一条血路的气魄,成为改革开放的前沿地。钟灵毓秀,得天独厚,哺育出灿若星辰的杰出人物,也孕育出独树一帜的岭南文化。谦逊、务实、勤勉的广东人,用他们的智慧和力量,悄然推动着中国历史的进程,也赋予了岭南文化不拘一格、不定一尊、不守一隅的丰富内涵和特质,成为中华文化的瑰宝。

　　改革开放大潮涌起珠江,广东的经济社会发展取得了巨大成就,涌现出一大批德艺双馨的文化名家,在文学、音乐、美术、建筑等众多领域取得开拓性成就,岭南文化绽放出鲜明的时代亮色。今天,我们又面临一个新的、更大的历史机遇——实现中华民族伟大复兴的中国梦。习近平总书记在文艺工作座谈会上指出,实现中华民族伟大复兴需要中华文化繁荣兴盛。广东如何响应要求,创作无愧于时代的优秀作品?省委常委、宣传部部长慎海雄同志就此提出,要按照中央和省委省政府部署,大力推动文化创新,打造岭南文化高地,打造一批弘扬中国精神,具有中国风骨、岭南风格、世界风尚的精品力作,形成一支规模宏大、门类齐全、结构合理的"文化粤军",并主持策划了《当代岭南文化名家》大型丛书。

　　记录当代,以启后人。本丛书以人物(文化名家)为线索,旨在为当代岭南文化名家提供一个集体亮相的舞台,展现名家风采,引导读者品鉴文艺名作,深切体悟当代岭南文化的独特魅力,提升广东民众的文化自信和地域认同,弘扬新时期的广东精神,为广东全面建成小康社会、书写中国梦的广东篇章提供源源不断的文化驱动力。

为此,我们从文学、绘画、雕塑、音乐、舞蹈、戏曲、影视、新闻出版、工艺美术、非遗传承等领域,遴选出一批贡献卓著、影响广泛的广东文化名家。他们之中,既有土生土长的"邑人",也有长期在广东生活、工作的"寓贤"。我们为每位名家出版一种图书,内容包括名家传略、众说名家(或对话名家)和名家作品三大篇章,读者可由此了解文化名家的生平事功、思想轨迹、创作理念、审美取向和艺术造诣等。同时,我们将结合多媒体技术,在视频制作、名家专题片、影音资料库和新媒体推广等方面大胆创新,多形式、多渠道地向读者提供新鲜的阅读体验。

我们深信,当代岭南文化名家丰富的文化实践,一定会编织出一幅底蕴深厚、内容丰富、精彩纷呈的文化长卷,它必将成为一份具有重要历史和现实意义的文化积累,价值非凡,传之久远。

《当代岭南文化名家》丛书编委会

2016年6月

◎ 张良

张良，1933年出生于辽宁本溪，著名电影艺术家，国家一级导演，曾任广东省第四届政协委员，广东省第六、第七届人大代表，中国电影基金会副会长，珠江电影制片厂厂长助理兼艺术中心主任、艺术委员会主任，中国电影家协会理事，广东省电影家协会副主席。

1955年主演电影《董存瑞》，获文化部优秀影片个人一等奖。1962年主演电影《哥俩好》，获第二届《大众电影》百花奖最佳男演员奖。又先后参演《战上海》《林海雪原》《三八线上》《挺进中原》《打击侵略者》等著名影片。

1972年调任珠江电影制片厂后主要担任导演职务，成功导演了《梅花巾》《雅马哈鱼档》《逃港者》《少年犯》《女人街》《特区打工妹》《龙出海》《白粉妹》等一系列在改革开放初期具有深刻影响力的"新南国"影片。

在2005年纪念中国电影百年系列活动中，被国家人事部、广播电影电视总局授予"国家有突出贡献电影艺术家"荣誉称号，2009年获中国电影表演艺术学会"金凤凰奖"终身成就奖，2010年获首届广东文艺终身成就奖，2015年获"中国电影金鸡奖"终身成就奖。

◎ 张良、王静珠金婚留念

◎ 在电影《董存瑞》中饰演主角董存瑞

◎ 周恩来总理接见第二届"《大众电影》百花奖"获奖者时,与张良握手

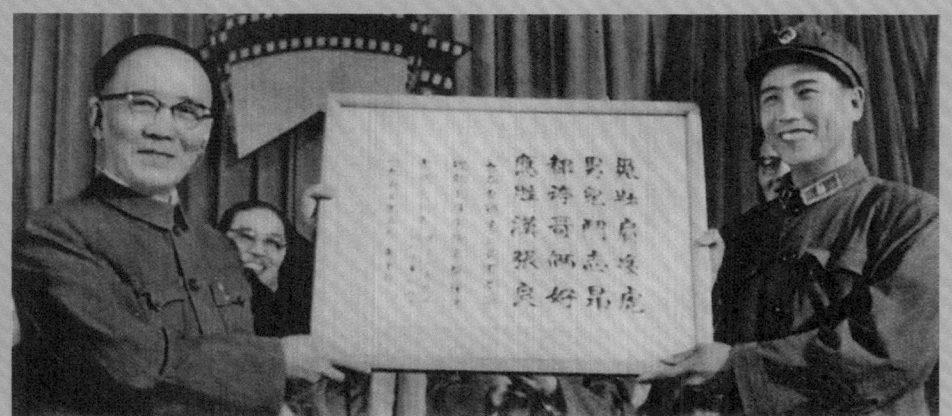

◎ 郭沫若为张良颁发第二届"《大众电影》百花奖"最佳男演员奖奖状

◎ 周恩来总理、陈毅副总理与第二届"《大众电影》百花奖"全体获得者合影留念，前排左一为张良

◎ 1955年冬，张良（左）与《董存瑞》导演郭维合影

◎ 张良执导的电影《少年犯》获得第九届"《大众电影》百花奖"最佳故事片奖

目　　录

■ 第一篇　张良传略　/ 001

序曲：回望人生路　/ 002
我的故乡——下马塘　/ 003
结缘八路军　/ 007
在战斗中成长　/ 015
经受朝鲜战场血与火的考验　/ 020
在长春电影制片厂拍摄电影《董存瑞》　/ 026
1957 风涛扑面　/ 033
在八一电影制片厂的新天地　/ 038
情定终身　/ 041
渐入佳境　/ 046
身陷"文革"　/ 056
迁回东北故乡　/ 061
珠江电影制片厂为我打开的另一扇门　/ 069
开启导演生涯编导《梅花巾》　/ 077
拍摄引起轰动的《少年犯》　/ 081
在新南国都市电影中奋勇前进　/ 099
老来闲不住　/ 125

第二篇　张良作品　/ 147

I　表演艺术代表作　/ 148
《董存瑞》　/ 148
《哥俩好》　/ 153

II　导演艺术代表作　/ 161
《梅花巾》　/ 161
《雅马哈鱼档》　/ 226
《少年犯》　/ 235
《逃港者》　/ 303
《女人街》　/ 310
《特区打工妹》　/ 374
《龙出海》　/ 436
《白粉妹》　/ 500

III　歌词作品　/ 559
梅竹同心永相爱　/ 559
绣女愁　/ 559
心声　/ 559
打工者之歌　/ 560

IV　杂文　/ 562
学习习近平总书记谈文艺的心得体会　/ 562
我的艺术探求　/ 566
荒煤同志嘱我向生活学习　/ 573
青少年吸毒令丁峤痛心　/ 576
　　——忆丁峤同志为影片《白粉妹》当顾问　/ 576
戏里戏外忆张莹　/ 579
　　——电影《董存瑞》连长饰演者　/ 579
我在董存瑞生前所在部队　/ 582
　　——纪念董存瑞牺牲五十五周年　/ 582

■ 第三篇　众说张良　/ 587

Ⅰ　艺评　/ 588

勇于向生活索取
　　——从张良伉俪的电影创作谈起（陈荒煤）　/ 588
张良在前进的道路上（严寄洲）　/ 591
贺张良从军、从艺六十周年（于洋）　/ 593
展现时代生活的艺术魅力
　　——给张良同志的一封信（刘诗兵）　/ 594
责任、生活和创新
　　——我对张良的三点认识（廖曙辉）　/ 597
张良：岭南电影的领路人（黄统荣）　/ 599
在接受美学的新垦地奋力开拓
　　——谈张良的三部南国都市电影（祁海）　/ 601
写实性与地域性
　　——论张良的电影风格（列孚）　/ 611

Ⅱ　影评　/ 612

征服人心的英雄形象（孙道临）　/ 612
动于心而形于外
　　——谈张良在电影《哥俩好》中的表演（田雨）　/ 615
血和泪的悲歌
　　——故事影片《梅花巾》观后（朱音）　/ 617
"雅马哈"，宽阔与狭窄间的奔驰
　　——《雅马哈鱼档》纵横谈（华铭）　/ 620
中央领导称赞《少年犯》
　　——习仲勋、乔石说：这个戏写得好　/ 628
镜头对准当代生活
　　——影片《少年犯》观后（成谷）　/ 629
一部剖析逃港者的佳作（于得水）　/ 631

影片《女人街》座谈会发言选编（肖子光根据录音整理） / 633

张良影片在"南国都市电影"中的位置
  ——《特区打工妹》观后（黄统荣） / 649

欢快昂扬，催人奋进
  ——试评故事片《龙出海》（杨光伟） / 655

为张良说句公道话
  ——也谈故事片《白粉妹》（杨光伟） / 657

■ 附录　张良艺术年表简编（1933—2018） / 661

第一篇
张良传略

张 良

序曲：回望人生路

我今年已是八十五岁的老人了！八十五年不算长，也不算短，与我同龄的，有人健在，有人已故去。但我却觉得八十五年很长，回头去看，饱含着人生的苦辣酸甜。别人经历过的我也大多经历了，别人不曾经历的，我却也饱受磨砺。这可能就是我与他人的不同之处。人这一生注定要经受磨砺，不磨砺如何成长，如何成熟，何以能干大事？磨砺以至苦难，在我看来都是好事，它可以磨炼意志，增长才干；尤其是我们做演员做导演的，磨砺磨难就是财富，是书本上看不到学不到的，所以我十分珍惜。当然这要有一个度，要在人可以承受的程度之内。这不该是灾难，人为的灾难，让千百万人遭受的苦难，这种代价太沉重，太不值得。

人这一生要乐观、豁达，不要太计较，太患得患失。人不可能拥有一切，也不可能丢失一切。凡事要自己争取，自己去创造，凡自己创造的生活才是幸福的。我这一生最大的长处就是乐观，乐观才使我战胜逆境。

我这一生很值了，好的、坏的、成功的、失败的，以至于苦难都经历过了，所以我很满足。

我这一生有三个成功的选择。

第一是在战争年代，少年的我选择了参加人民解放军文艺宣传队这条路。路走对了，才引导我迈向正确的人生方向。

第二是在电影里扮演了董存瑞。这有些侥幸，而我说这是我与董存瑞同志的缘分，也是我的年龄、参军经历与他相近所致，当然还有导演和同志们的帮助，也有我个人的努力。总之，自从扮演了董存瑞，无论事业、人生对我的影响太大了。

第三，是在众多的美女中选择了我的爱妻王静珠。她对我的一生影响太大了：顺境时她是我的伴侣，爱护有加，体贴入微；逆境中她是我的舵手，患难与共，同舟共济，引导我渡过难关；中年转折期，她是我的教练，帮助我从演员成功地转型为导演,她放弃了自己的专业,改行做编剧,以支持我从事导演行业。可以说,没有王静珠,我的人生和事业都将黯然失色。

其实我一生只干了两件大事:一件是做演员,一件是做导演。在别人的眼里我是成功人士,这说明我的路走对了。

现在我老了,离休以后才有时间回头看、回头想这一生走过的路——我是怎样从一个只读了六年书的农村娃,自学成长,一步一步走到了今天。

我的故乡——下马塘

我于公元1933年农历七月初三出生于辽宁省本溪县下马塘村(现改为镇)。当初因不知道出生月日的阳历日期,就将农历报为阳历,所以我的出生日期就写为1933年7月3日。

辽宁本是古代的大辽国,是满族人的祖居地,至今本溪县、下马塘仍是满族县、镇。但我的老祖先不是满族,据老人讲,我们的老祖先是山东莱阳人。在清朝顺治八年(1651年),因逃荒而闯关东来到本溪县。当年这一带全是深山老林,我的祖先们就在这里垦荒、造屋定居下来,世代繁衍,直至祖父这一代才移居下马塘。我爷爷生下我父辈兄弟七人,还有一个姑姑。到我父亲这一辈,生养得也不少,结果是七个分支变成几十口人。年代久了,现在好多人我连名字都叫不出来了。

下马塘四面环山,至今也只有几百户人家,全是靠垦荒种地为生。村里有条河据说是本溪太子河的支流,河虽不宽,但盛产嘎牙子鱼、敖花鱼。下马塘的地名,据说还是当年唐朝大将薛仁贵征东时给起的,他行军到此,见这里山清水秀,就下令三军停下来,都到河边饮战马,于是此地得名下马塘。

下马塘再往东去有个凤凰城,那里有一座山,传说曾被薛仁贵一箭射穿,至今仍有箭洞。至于边境的著名城市安东(今称丹东市),更因薛仁贵征服东方而得名。

我这几十年也走过全国许多省市，也见过著名的大山大川，那些地方都以山川的秀丽、奇特、壮美而闻名。我却想：我的老祖宗为什么会不远千里从山东莱阳逃到辽宁本溪县来？为什么竟然世代繁衍再也不肯移居别地？

我终于有所悟：因为这里的山河不只秀美，更因为土地肥沃，抓一把黑土就可攥出油；这里的山林富有，足以养活后代子孙。这里春天野花野菜遍地，夏天河里戏水捉鱼虾，秋天遍山采野果，冬天敲冰捕肥鱼，一年里无论春夏秋冬，都足以给子孙带来无尽的欢乐。

东北的山很富，除了木材，还有出产珍贵的药材，什么药材都有，过去民谣说："东北有三宝，人参、貂皮、乌拉草。"说得很确切。东北人冬天爱穿乌拉鞋，就因为这种鞋里要絮上乌拉草，极暖、耐寒，只有絮上它才能扛得住零下四十度的严寒。乌拉草长得漫山遍野，随处可见。我就是穿着乌拉鞋长到十五岁的。

一、屈辱的亡国奴童年

这样美丽的故乡，竟被日本人侵占了。我还没出生，东北三省已变成伪满洲国，我一出世已然就成了亡国奴。

我还没出生，村里就有了一条铁路。这条铁路从沈阳直达安东（今丹东），与朝鲜相连。九一八事变后，这条铁路完全被日本人控制了，成了日本人重要的军事供应线，然后又将从东北掠夺的财富从这里源源不断地运回日本国去。

就因为这条铁路，小小的下马塘站也设立了日本护卫队和守备队，还修了炮楼，有日军日夜守护。因为有日本兵，渐渐地小站上也来了日本女人，还有日本小孩。日本人占据了铁路一侧，建造了日本式的房屋，还建了专供日本人用的商店，另外还建了一间很大的战备物资仓库。这条街成了日本人的领地，严禁中国人出入。为了防备中国人，他们给这条街装了铁丝网、岗楼，还配备哨兵，并养了几条极凶恶的大狼狗。村民稍有靠近，日本人便放狗咬人，更严重的还会开枪，格杀勿论！村民对日本人恨得要死，常告诫孩子不许接近。并威吓小孩子说："不要哭了，日本人来了！""不要说话，小心大狼狗！"孩子们从小就被灌输对日本人的恐惧和仇恨。

村里有一间小学校，是这一带唯一的一间六年级学校，所以远近十几里地以内的孩子全到这里上学。学校的老师有一大半是穿着和服、拖着木屐的假洋鬼子，有人还蓄着仁丹胡子，故意讲不明不白的日语。小学课本尽是讲如何尊奉日本天皇、日满如何亲善、如何建立"大东亚共荣圈"，还讲"支那"（指中国）就是战争策源地，教育学生要为"国"捐躯，为天皇效命。

说来汗颜，我是一直到日本人投降，才知道自己是中国人。以前无论是家人还是学校都灌输我们是"满洲国人"，不许说是中国人，如果有人说自己是中国人，一定会以"政治犯"被抓去杀头。我从小学三年级开始学日语，上课、遇见老师都要用日语对话，如果讲得不对，就被打耳光。

学会挨打是小学教育的重要课题，小学生的一举一动都必须以日本人为规范。所以首先要学会挨打，老师可以打你，家长也可以打你，高年级学生可以打低年级学生。被打时必须挺胸、立正、大声喊"哈依"，不准躲，就是被打倒了，也必须立即站直了喊"哈依"，否则可能被打得更重。

有一次，我午睡后赶去学校，见了老师立即用日语请安。我本应说"老师，午安"，可我说成"老师，早上好"，话音未落，我的脸上已挨了一记耳光。听到老师大骂"八格牙鲁！"我知道自己错了，急忙挺胸、立正、大声喊"哈依！"才躲过第二个嘴巴。

我读到小学五年级时刚刚十一岁，学校又接到日本人的通知，要求小学五六年级的学生都到矿山去做"勤劳奉仕"，就是去劳动做童工。当时已是1944年，日本已处于战败前夕。他们一方面加紧掠夺矿山资源，又计划尽快地将小学生充当劳动力，以便送到前线去当炮灰，因此强迫我们劳动锻炼。

下马塘的前一站，有一座著名的露天铁矿——南芬铁矿。它是本溪钢铁公司的矿区，矿区规模很大，每天有数万名工人在这里劳作。

我们五六年级的学生到了矿山没地方住，就自己搭马架子窝棚。这种马架子窝棚就是用几根木头支成人字棚，外面蒙上草，里面地上也铺上草，我们就打地铺，一个窝棚睡几十人。

我们白天统统到矿山去装矿车，这种矿车装在轱辘马铁轨上，十几个人一组，每天规定装多少车铁砂才能收工。铁砂很重，矿车很大，我们人小，连铁锹也举不起，哪里装得了那么多，可站在旁边的日本监工便举起皮鞭威吓，他大骂："苦啦，苦啦！"中午也不让休息，统统坐在工地上吃玉米面做的窝头和咸菜，直到天黑才能收工。这时我们都顾不上洗脸，便急忙跑去排队领饭。晚饭是过期的陈年高粱米饭，菜仍是咸菜，偶尔有几块土豆。吃完饭天已黑透，一天的劳作使我们筋疲力尽，钻进窝棚倒头就睡。

第二天天还没亮就被叫起来，小孩子本来贪睡，偏偏不让睡，一个个哈欠连天。不少孩子坐在地上哭，直到监工赶来大喊大叫，才无奈地去喝几口稀饭，又被赶到工地。一天又一天，从日出干到日落。一个多月没人洗脸，没人洗澡，一个个的脸像煤一样黑，同学间如果不是天天在一起，简直都无法相认。这一个多月几乎没人讲过笑话，也没人笑过，小脸上黑一道白一道，黑的是煤，白的是汗和眼泪。

我们整整遭了四十天的罪，还美其名曰"勤劳奉仕"。回来时，我们人人身上、头上都长满了虱子，只好剃成光头，烧掉身上的衣服才能进家门，亲人们见了无不心痛地流泪。

二、两耳光才记住"我是中国人"

1945年，我已读到六年级。8月15日这一天，日本天皇宣布投降了，可是我的家乡——下马塘依然被蒙在鼓里，谁也不知道。当村民们得知日本人投降了，压抑了十几年的怨恨一下子全爆发出来，涌进日本街见物砸物，见狗打狗，洗劫了下马塘的日军战备物资仓库。

这一天太解气了、太难忘了！人人记住了这一天：1945年8月15日，日本投降了，东北光复了！东北回归到祖国的怀抱，这是全中国人民的雪耻日！东北人得见天日，这要千秋万代永世不忘！

随着东北光复，日本人从东北被遣返回国后，又听说国民党中央军马上要来接收东北三省，于是家家的大人都教育自己的孩子要记住自己是中国人，千万不能说是"满洲国"人。可是我们这批十一二岁的孩子，恰恰是在伪"满洲国"的时代出生的，又受了十来年日本奴化教育，"满洲国人"的概念已在脑中根深蒂固。尽管知道日本人是侵略者，日本人很坏，但自己到底是哪国人，还得重新认识，甚至还要死记硬背。

一天，父亲从外面匆匆地赶回家，他慌乱地说："中央军已经到了本溪，马上就会到咱们这里！"他一转头见我站在身边，便抓住我，劈头问了一句："快说，你是哪国人？"我本来听他说中央军要来，怎么忽然问起我是哪国人，结果我一慌，便不假思索，很习惯地回答："我是满洲国人。"话音刚落，脸上已挨了一记耳光。父亲厉声责骂："混蛋！告诉你多少遍了，是中国人！中国人！！怎么总记不住？！还说是满洲国人，亡国奴还没当够啊？！""叭"又是一记嘴巴。又问："再说一遍，你是哪国人？！"我不敢摸脸，马上立正、挺胸，大声地回答："哈依，我是中国人！"父亲哭笑不得，望着我无奈地说："还是亡国奴的相！记住，从今以后，再不许说日本话，什么'哈依哈依'全是混账话！记住了，你是中国人，堂堂正正的中国人！"

我眼含热泪，不断地重复着："我是中国人，我是中国人……"

正是挨了这两记耳光，我才刻骨铭心地记住了"我是中国人"。

结缘八路军

一、三种不同军队

东北光复了，日本人也遣返走了，而我在之后两年内见识了三种不同的军队。

第一支开进东北、并开到我家乡的是来接收下马塘的日军警备队和铁路护卫队的苏联红军，士兵们一身整齐制式的军装很威风也很好看。我们小孩子都很佩服苏联红军，认为只有这样的军队，才能把日本人打败。

但是没过几天，村民们就开始骂苏联红军了，骂他们是流氓、是野兽。许多家庭里乱了，有的哭，有的闹。原来，苏联红军队伍里有士兵半夜出来找女人。他们找不到妓女，就强奸村里的妇女，已经有好几家的女人遭殃了。那些哭的、闹的、寻死上吊的人，全是因此而起。

一时村里乱了套，都说："刚刚赶走了日本鬼子，又来了俄国狼！"

八路军是1946年春天来到下马塘的。老百姓不知道八路军是什么军队，不免有些心惊胆战，所以没有人在路边欢迎，只是心惶惶地坐在家里等待局势发展。

八路军一进村，就全部住进了老百姓家里，这可把大家吓坏了。村里几乎家家都住进了八路军，我家也住进了一个班，吓得大人小孩不敢出门、不敢说话。私下还有人说：八路军就是"共匪"。这更把大家吓坏了。

可是这支军队很出人意料。他们一住进百姓家，就放下背包拿起扫把扫院子。他们把家家的院子都扫得干干净净，他们又抄起水桶到井里打水、挑水，把家家的水缸全都挑满了水。他们人都很年轻，大多十八九岁，嘴又很甜，一张口就叫人："大爷！大娘！大哥！大嫂！"叫得人谁也怒不起来，想生气也生不起来。

八路军很会宣传，见了大爷大娘就没话找话，他们说："我们八路军是共产党毛主席的队伍，是人民的军队，是专打日本鬼子的。国民党不抗日，丢了东三省；我们八路军坚持八年抗战，才打败了日本帝国主义。我们是为人民谋利益的，我们军队有'三大纪律，八项注意'，我们的口号就是为人民服务。"

这些话说得很真诚，他们人又很可爱，让你不得不信。他们会说、也会做。他们来的时候，正是春天，家家正忙着在地里运肥、耕地、播种。他们这些士兵，就帮着百姓淘粪、运肥、拉犁、播种。他们还帮助房东盖房、割草、喂牲口，什么苦活、累活、脏活都抢着干，老人说：比自己的亲生儿子还卖力。

老百姓渐渐地喜欢上他们了，还心疼他们，怕把他们累坏了。老百姓开始给他们送水、送饭，像一家人一样。他们从不欺负妇女，从不打骂百姓，就像那首《三大纪律八项注意》的歌里唱的一样。

这些人像火一样，把百姓寒冷的心点燃了。每天那嘹亮的军号声、歌声把小山村搞得一片沸腾、热火朝天。这些八路军真是会唱歌，只要他们一集合，就听见唱不完的歌。

他们天天就这么唱，那些歌听也听会了，我们小孩子背得快，一下子学会了几十首歌。比如：《解放区的天是明朗的天》《没有共产党就没有新中国》《你是灯塔》《八路军进行曲》《延安颂》《在太行山上》《二小放牛郎》等等。

后来，我们村在八路军的帮助下，成立了农民协会、民兵基干队、妇女救国会、儿童团。我光荣地被选为第一任的儿童团长。

以后，村里再开会，我们妇女会儿童团也相互拉歌了。我也能站起来，指挥儿童团唱歌了，而且我们儿童团会唱的歌总比民兵基干队、妇女救国会的多。我们儿童团也有了红缨枪，也学会了站岗、放哨。

二、着迷宣传队

最让我们兴奋、发狂的是村里来了一支八路军纵队宣传队。

他们就在火车站前广场上自己搭台子，一连唱了三天大戏。第一天唱的是《牛永贵负伤》，第二天唱的是《白毛女》，第三天唱的是《血泪仇》。

可不得了，三天里村民们个个如醉如痴，白天村民们一个个都像掉了魂一样，就等着晚上看大戏。我和我的小伙伴们，每晚都趴在台前看。我们还跑到后台去看演戏的演员，看他（她）们化妆、卸妆，还一直送他们回房睡觉。直到他们都睡了，我们才空落落地返回各自的家。

那时我的心全乱了，像是着了魔。不明白这些人怎么这样会演戏。那个演杨白劳的演员，卸了妆，也不过二十几岁，可他一粘上胡子，就像五六十岁的人。还有那个演白毛女的女演员，最多十七八岁，怎么会唱得那么好，演得那么像。早晨，我还去看他们唱歌、练嗓子，还看他们压腿、练踢腿。哎哟，她们的嗓子吊得很高，那腿也踢得很高，一个个小女孩能把脚举到肩头上。她们还跳舞、扭秧歌，扭得我心里直痒。我着了迷，一天不看见他们就像丢了什么。我姐姐看见我这样子，就斥我："你傻啦？眼睛直勾勾的，没魂了？！"

我的魂真的被他们勾走了。

一天，我找出妈妈的一个棉帽子，便扣到头上，一照镜子，还真像个老太太。我索性又把妈的大褂子也穿上，又叼起一支大烟袋，在屋里扭呀扭。这时，恰巧有一个小战士进院，小战士进院就喊："老乡有人吗？"我叼着大烟袋走出来问："干啥呀？"小战士笑嘻嘻地上前："大娘，借我水桶用用吧。"他还真把我当大娘了。我稳住劲不笑，又问他："借水桶干啥呀？用坏了你赔得起吗？"小战士急了："大娘啊，咋会弄坏呢？"

这时我姐姐和我妈走进门，我姐姐一看我打扮成这样就"哇"的一声大叫起来："哎呀妈呀，你可真能折腾，这怎么又装成老太太了呢？！"她上前一把抓下我头上的帽子，露出我光光的脑袋，又抢下大烟袋，我妈妈在一旁乐得直不起腰。这可把小战士弄糊涂了，他摸着脑袋："哎呀，你不是大娘啊！"我姐也笑了："他明天贴个胡子，你还得管他叫大爷呢。"我这才大笑起来。

宣传队演完三天大戏以后，应农会的邀请，要协助儿童团排两个小戏，一个是秧歌剧《兄妹开荒》，一个是小歌剧《锯大锅》，两个戏都选我做男主角，女主角选了六年级一位姓王的女同学。因为是秧歌剧，又要唱，又要扭，排戏时女同学总是爱面子，扭扭捏捏。可是我像是过了电，又像是上紧了发条，劲太足，又敢扭，又敢唱，围观的人越多越来劲，这可把辅导老师乐坏了，直夸我有灵气。

之后，我们儿童团终于在宣传队和农会组织下，决定为全村演出了。演出地点仍旧是火车站前广场，仍用宣传队演出的舞台，农会也给挂了幕布和汽灯，那阵势完全跟真的一样。

演出那天晚上，人来得特别多，村民们听说是儿童团演出，兴致更高，老头老太太七姑八大姨全来了，广场上黑压压一片，说的笑的斗的闹的比唱大戏还热闹。

锣声三响，老师上台报幕，首先请农会主席讲话。农会主席说："咱们儿童团演出可是破天荒头一回，要是演得好，还打算让他们到外村去演演，扩大宣传嘛，希望乡亲们多鼓励！"他这一动员，乡亲们的叫声更加热烈。

大幕拉开了，我头上扎着羊毛巾，肩扛锄头，在乐队伴奏下，踩着锣鼓点，扭着秧歌步走上台，高声唱道："雄鸡，雄鸡，高呀么高声叫！"

这一叫，台下的叫声又起，很多人喊着我的小名起哄，我的劲更足了。这时我的自我感觉，简直就是宣传队的大演员，真是神采飞扬。这台演出可以说太成功了，我在村内成了家喻户晓的人物。

这时我的决心已定：我要参加部队宣传队。

一天下午，我偷偷跑去找宣传队辅导过我们的老师，对他说："我要参加你们宣传队。"

他惊喜地："好啊，你今年几岁？"

我自豪地："十三了！"

他有些失望："太小了。"

我焦急地："不小了。"

他说："我们不光是演戏，我们还打仗呢。"

我兴奋地："太好了，我最喜欢打仗了！"

他说："那也得跟你的家长谈谈。"

我说："可不敢跟我妈说，家里要是知道了，那就全完了。"

他说："那你想怎么办？"

我说："我想偷偷跟你们走。只要你们肯收我，我就瞒着家里，趁你们出发，偷偷跟出村。只要离开家，我就是你们的人了。"

其实他们很喜欢我，说我有灵气，可爱。他回去请示了队长，说可以按我的办法做。这可把我乐坏了，回到家偷偷准备了几件衣服，还找了块包袱皮包上，藏在一个隐蔽的地方，单等那一天到来。

这一天终于盼到了，部队要出发了。

听说国民党中央军要打过来，他们想消灭这支八路军，八路军想避免这一仗，便主动撤退。

宣传队同志对我说："天黑以后，到村外路口等。"

一听这消息，我这心就怦怦地跳起来。我真的要当兵了，真的要当演员了，马上就要远走高飞了，我一跳三尺地跑回家。一进门，看见全家人都坐在屋内，姐姐一看见我回来了，立即将门关上。妈一把抓住我，就像抓住一只要飞的鸡。屋里的大嫂、弟弟，还有侄儿侄女们都眼睁睁地望着我——那天家里唯独没有父亲和哥哥。

姐姐走上前，从背后拿出我的衣服包，厉声审问我："说！你是不是想跟宣传队走？！"姐姐长得很漂亮，就是脾气厉害，全家人都怕她。今天她这一问，吓得我腿都抖了，哪里还说得出话。

妈把我抓得更紧，唯恐一松手我就会跑掉了。她含着泪叫着我的小名说："柱儿啊，你不要家啦，你不要妈啦，我白养活你这么大了。你要走，我就不活了！"妈妈大哭起来。

妈是农村妇女，没文化，但非常慈祥，从没打过我，我非常爱她。今天她这一哭，我这心就像扎了一把刀，再也受不了，也大哭起来。我委屈地说："妈！我想去演戏，我想当演员！"

不等我说完，姐姐就大声说："当什么演员，你是那块料吗？！"

我大声说："我是！人家都说我很灵，人家宣传队决定要我，叫我在路口等！"

我姐声音更大："等什么？！你才几岁，还没有枪高，人家要你干什么？越说你还越来劲，今天我就站在这里，看你敢往哪跑？！"

弟弟也上前拉住我："哥，我不让你走。"

大嫂也说："庆铸啊，就别再让妈生气了，千好万好，哪有在家好？"

完了，全完了！姐姐堵在门口像个二郎神，妈妈老泪纵横。可我已经和宣传队说好在村口等，人家宣传队找不到我，岂不是失信于人？再说，失去这次机会，这辈子就别想再当演员了。想到此，真是悲痛欲绝，忍不住跺着脚放声大哭起来。

宣传队走了，八路军全走了。村里空了，我的心也空了。还没等我缓过劲，国民党中央军就进了村。

这支国军果然不凡，一色的灰棉衣军装，步兵肩扛七九式步枪、卡宾枪，还有各种美式轻重机枪，还有八匹马拉的大炮。

正在百姓观看中央军的仪容时，人群突然大乱，不少人纷纷往家里跑去。原来是中央军开始抓人，强令村里的青壮年往前线送弹药，跑不及的就被抓住，每人扛一箱子弹。于是村街大乱，跑的、叫的、骂的，情景令人感到恐怖。

我和几个小伙伴开始还在看热闹，没反应过来，结果也被中央军里的一个四川兵一把抓住，强迫我们往前线送弹药。我们真的扛不动，一路上东倒西歪、跌跌撞撞，一直到下马塘东边的摩天岭，我和小伙伴才趁乱连夜逃回了家。

那晚我家全家人一夜未睡，不知我被抓到什么地方去了，也不知是死是活，正在担心时，忽见我回来了，全家人惊喜得大叫起来，我却抱住妈妈号啕大哭。等我哭够了，我才跳着脚大骂中央军。

这就是我在两年内见到的第三支军队。后来村里盛传一首民谣："想中央、盼中央，中央来了更遭殃！"而我日日夜夜地盼望八路军能再打回来，我仍向往那支八路军宣传队！

三、改名偷偷参军

自从1946年年底八路军撤走，国民党中央军就占领了从本溪到安东这一带铁路沿线，并建立了国民党政权。但到了1947年底，八路军又打回来了，把国民党军压缩在本溪至沈阳这一条铁路线上，而从本溪至安东这一带农村全成了解放区。我的家乡获得第二次解放。下马塘也重新恢复农会政权，重建了民兵基干队、妇女会、儿童团，我第二次被任命为儿童团团长。

1948年5月，妈妈突然染病不治，临终前竟一句话也没说就断了气。我悲痛欲绝。母亲去世以后，我家的生活很困难，我偷偷哭过很多次，不明白人活着有什么意义。

1948年夏，八路军换防，村里又来了一支部队，还来了一支宣传队，驻扎在村北。这支宣传队比前年那支小，从前那支叫纵队宣传队，现在这支叫师宣传队。但他们也是有男有女，也唱歌跳舞，打霸王鞭。每天也到河边练嗓子，练压腿，一个个也踢得很高。他们也很年轻，大的不过二十多，小的不过十五六岁。有两个小女孩，好像还没我大。他们一个个活蹦乱跳，朝气蓬勃。

他们这一来，我已经快死了的心又复活了。我又不分昼夜地盯着他们，围着他们转，看他们唱歌跳舞，看他们在广场上排戏。

后来渐渐我打听到，他们叫独立三师宣传队。是近两年刚刚组建的东北师。宣传队中有不少人是本溪、桓仁、宽甸等地的人，是真正的本溪老乡。

这可乐坏了我，我又重新燃起参军的欲望，我要当演员，我要参加他们宣传队。

我参军的决心已定。这一次必须严格保密，决不让家里任何人知道。

我吸取了前年的教训，待这支部队换防离开之前，突然参军，立即离开家乡，生米做成熟饭，让家里神不知鬼不觉。

为了参军，我苦思冥想，盘算必须改个名字。

我的学名叫张庆铸，这个"铸"字又难认又难写，不少人不认识这个字，常常瞎喊什么"张庆涛"。这次趁参军改一改，既是为了保密，也为起个好听好记的名字。

我偷偷地找到了做代课老师的堂哥，求他帮我改个好名字。他找了一本词典，问我："你想不想叫个古人的名字？"我说："好啊，只是古人有奸臣有忠臣，我可不想起个奸臣的名字叫人骂！"他就说："这就碰碰运气了，你闭上眼去摸，也许能摸个好人名。"我想也可以，碰碰运气吧。他将词典翻到"张"字部，我就闭上了眼睛，心里直祷告："老天爷啊，你保佑我吧，让我参军参得成，就给我个好名字；要是参不成军，就给个奸臣的名。"我心想要是真摸了个奸臣的名，我就不参军了。

我的手指顺着"张"字部往下摸，摸到一处我不动了。堂哥问我："还换不换？"我坚定地说："不换！"他说："你睁开眼睛自己看。"我睁开眼一看，手指正按在"张良"的名字上，我大叫地跳起来："太好了，张良！他是汉朝刘邦的军师，是个大忠臣，我就叫这个名字了！"

因为名字改得好，所以更坚定了我参军的决心。

四、如愿以偿

一天傍晚，我偷偷地找到村北的宣传队的驻地，找到了宣传队的领导，一位是宣传队的队长，一位是指导员，我鼓起勇气地说："我想参军，我想参加你们宣传队。"

指导员问："你叫什么名字？"

我自豪地："我叫张良。"

队长也有了兴趣："咦？这名字好啊，大将军。"

指导员笑了："刘邦的军师啊，不简单。你今年多大？"

我犹豫了一下后坚定地说："十六。"

指导员又问："是虚岁还是实岁？"

我不懂，什么虚岁、实岁的，只能实说："我不知道，东北都这么算。"

指导员明确地说："那就是虚岁，你实岁十五。"他又看了一眼队长说："十五岁小了点。"

我一听就急了："不小了！十三岁那年我就当儿童团长了，我还差点参加了十一纵队的宣传队，要不是我妈抱住我不放，我早就是老兵了。"

队长"噢"了一声："十三岁就想当兵了？你知道当兵为什么吗？"

我挺起胸膛："当兵就是为了打国民党反动派，为了解放全中国！当兵还为人民服务！"

指导员笑了："行啊！这小伙子一笑还有两个酒窝呢。"

我也笑了，是为了让他再看看这对酒窝。

队长拍板了："留下吧，可是你不能怕死、怕吃苦呀！"

我高兴得几乎要跳起来，就大声地说："你们放心吧，请考验我！"于是，我穿上了两尺半的大军装，正式参加了东北独立三师宣传队。

一个星期后，村农会主席领着我姐姐找到宣传队来，我被叫进了队部。我姐姐一看见我就抱住我大哭起来，她责怪我说："你参军怎么也不跟家里说一下？"我笑着说："我要是说了，你们还能放我走吗？"

姐姐已无可奈何，只能苦笑说："一个人在外边，可要处处当心了，这可不像在家里。"

村农会主席大笑："好啊，一人参军全家光荣！不，是全村光荣啊！我今天代表村农会、代表全村欢送你啊！打老蒋嘛，人人有责。我们还准备动员村里的年轻人，都向你学习，踊跃报名参军！希望你在部队上早立功、早入党，为咱全村争光啊！"

原来我还是全村自愿当兵的第一个人。

村农会送我一些慰问品，有一对枕头、一个慰问袋，装有牙刷、牙膏、毛巾等物品，算是村里正式送我参军，再不是偷偷私自参军了。

姐姐也给我带来几件衣服，还给我一支钢笔，我一直带在身边。

又过了几天，部队接到命令出发，要去打仗了，我随着部队深夜离开了我的家乡——下马塘。

当部队趟过村里那条小河，我想起了曾在这里洗澡、游泳、抓鱼的情景；当部队上了村边的大山时，我又想起了曾跟随我姐姐她们在山上采野菜、采山果，我曾将裤子当口袋，挎在脖子上……

今天，我要走了。养育了我十五年的家乡，真是难舍啊！我回望那埋着我母亲的五道沟口——那里有我十五年的母爱。别了——母亲！别了——家乡！别了——我的亲人！我暗自发誓：我一定要像个人似的活着，为故乡争光！

I 在战斗中成长

一、参加辽沈战役

1948年秋，东北野战军在东北进行了著名的辽沈战役。根据中央关于"封闭蒋军在东北加以各个歼灭"的战略方针，东北野战军一面在锦州围歼范汉杰部，又在辽西地区阻击廖耀湘兵团，同时围困长春郑洞国部。我们独立三师的任务就是配合兄弟部队死死困住长春守敌，使他们既不能逃跑，也无敌军援助而成瓮中之鳖。

我们部队从本溪附近走了上千里，作为新兵蛋子的我也经历了上千里强行军的艰苦锻炼，终于到达了长春外围。这时的长春守敌已被我军团团围困住了，我军的战术是"围而不打、逼其投降"，真是到了"针插不进、水泼不进"的地步。

我们这边是死死地困住敌人，而锦州那边则正在围歼范汉杰部，捷报每天不断地从前线传来，让我们热血沸腾。在围困长春期间，我们宣传队一面收集锦州、辽西战场上的捷报，一面收集全国解放战争各条战线上的英雄模范事迹，用以激励我军的斗志。

在众多的英雄模范事迹中，最最感人、最最令人难忘的是在解放河北隆化的战斗中，年仅十八岁的战士董存瑞舍身炸敌暗堡的英雄事迹。他冲到敌人的暗堡桥下，才发现没有带炸药包的支架根本炸不毁敌人的暗堡。但此时总攻在即，我军已发起了冲锋，他头上的敌军暗堡喷着火舌，战友们纷纷倒下，董存瑞奋不顾身，他毅然地举起了炸药包、拉开了导火索，与敌人同归于尽。他用自己的血肉之躯，打开了胜利之路。他的英雄事迹深深地感染了我们每一个人,我们都立志做一个董存瑞式的好战士!

长春解放后,我们师奉命立即南下攻打沈阳。在经过几个月的部队生活锻炼后,我已俨然像个小"老"同志了。行军再远我也不会掉队了,而且每到宿营地我也可以效仿老同志为新战友烧开水洗脚了。

更令我兴奋的是,我也可以在行军途中跟随老同志们站在路边打快板、唱歌,激励战士们的斗志了,尽管我们自编的快板不合辙、不押韵。例如看见炮兵战士拉着马尾巴跑,我们就大喊:"这位同志真是好,拉着马尾巴往前跑!"如看见有人扛着两个背包、两支枪,我们又喊:"这位同志的阶级友爱深,他背着两个背包两支枪,就是保证战友们不掉队!"战友们听了哈哈大笑,达到了鼓舞士气的目的。

沈阳一战,我们师也涌现了一位董存瑞式的英雄战士。在接近沈阳市区时,敌军以三辆坦克封锁了我军前进的道路,当时我们师还没有重炮,还不可能摧毁敌人的坦克。一位战士奋不顾身地冲到敌人的坦克面前,可是他手里没有炸药包,只有两颗手榴弹,他便爬上敌人的坦克,猛地拉开坦克的舱盖,将拉开火索的手榴弹塞了进去。当他正准备离开时,敌人又将冒烟的手榴弹扔了出来,他一看就转身一把将手榴弹又塞了回去。为了防止手榴弹被敌人再扔出来,他便用身体死死地压住了坦克的舱盖,手榴弹爆炸了,炸死了敌人,炸瘫了坦克,但也炸昏了他自己。他成了我们师的一等功臣,成了董存瑞式的英雄战士。在庆功会上,我还亲眼见到了他——一个貌不惊人的战士,竟然做出了这样惊人的事情。他名叫车喜庆。

二、第一次登台

沈阳解放后,我们独立三师奉命驻守沈阳,成了沈阳卫戍师。

我们师宣传队也得到充实了:第一,有一批具备高中以上文化的沈阳青年参军到了我们宣传队。第二,有几位曾在国民党军乐队待过的艺术人才补充到我们宣传队。第三,我们缴获了一大批铜管乐器,从小号到大号全有。这一下,我们从人员到乐器面貌一新,为此我们师宣传队也改名为"卫士剧社",并成立了军乐队。当然,军乐队除了少数有专业水平的人才从事专门职业、使用专门的乐器外,大多数人还是兼职的,如我等一类,主要职业是"打杂",什么都干。需要合唱,我就是合唱队员;需要跳舞,我又是舞蹈演员;需要军乐队演奏,我又是军乐队的队员。但我在军乐队中纯属"滥竽充数",如军乐队出街,为壮军威,我便抓起拉管,做演奏状。但我的手不够长，拉不到位。我又试过吹小号，但嘴又无力。最后只好当鼓手，打小鼓。这还可以，因为打大鼓的同志是在国民党的军乐团待过的，有两下真本事，可以教我几套鼓点。就这样，我在军乐队里的职务就是小鼓手，但我又是话剧队的演员，又是道具员。

进沈阳以后，我们剧社演出过一台歌剧《血泪仇》，剧中没有我的角色，队里就分配我和小吴同志负责大小道具。

大道具如桌椅，小道具如碗筷、烟袋之类。过去在农村演出，当然都是向当地的农民借，那叫就地取材、得心应手。可今天到了城市演出，城里人没有这些，那只好买或是自己做。有些东西是买也买不到、做也不会做，就得另想办法。

戏里有一座庙，庙里有一座神像。要是今天，自然有美术、置景做一座神像。但在那个年代，美术还做不成这样的一座神像，借又借不到，没办法，只能活人化妆、穿上戏服坐上去当泥做的神像。这任务就落在我们道具员的身上，所以我和小吴就轮流上台当神像。好玩的是，我们俩也需要化妆，也需要穿上服装，换场时也得紧忙，搬完香案、桌椅后，马上端坐在神台上，大幕一开就闭目养神、一动不动。为何要闭目？因为眼睛不能乱动，容易让观众看到，又容易和台上的演员交流，引起笑场。因此我们必须闭目端坐、一动不动。经过这样的演出锻炼，我的内力、定力大增，打下了坚实的"武功"根底。

三、参加平津战役和平解放北平

沈阳解放后不久，部队开始动员"打到关里去，将革命进行到底！"

为什么进关还要特殊动员呢？因为我们师是东北独立师，还有四野部队的战士也大多是东北人。东北人的家乡观念较重，不轻易地离家进关的，尤其有"山海关"的观念，一入"山海关"就离东北远了，进关出关，对东北人来说是件大事，很多老人是宁死不进"山海关"，所以今天部队要特别动员"打到关里去，解放全中国"。

部队经过三天的动员、讨论，士气如潮，战士们纷纷写决心书、请战书，强烈要求："打到关里去，解放全中国，誓将革命进行到底！"

部队进了关后并没去打天津。党中央对天津、北平的战略是"隔而不围"或"围而不打"，主要是分割包围，阻断傅作义部队南逃。因此我们师奉命与兄弟部队配合围困北平。

当时我们师只负责包围北平的一个角，很像是在长春外围的"铁桶战"，每一个角都是撕不开、打不烂的。南边的淮海战役在六十多天的时间里，解放军已消灭了邱清泉、李弥兵团等五十五万余人，还活捉了杜聿明。傅作义部队已被困在城内，又与蒋介石失去了一切陆上联系，一切可能的援军全被解放军分割包围，华北解放区已连成一片。作为一个作战的将军这实在是太可悲了。傅作义部队已完全陷于绝境。经党中央的再三敦促下，傅作义部队起义了，接受了我军的改编，北平得以和平解放。

北平和平解放后，东北电影制片厂摄影队及华北军区政治部电影队要合作拍摄纪录片，录下我军接收傅作义部队的防务画面。这个镜头就是我们师的战士和我们师宣传队的一位副队长共同完成的。日后，我每每从历史纪录片中见到这个镜头时，都使我回忆起过去那珍贵的情景。

1949年2月3日那天，我们师还参加了"北平入城式"。我们宣传队分乘两部卡车，军乐队在一个车上，车前挂有毛泽东、朱德的巨幅画像。我仍旧打军鼓站在车边，雄赳赳地接受了站在前门箭楼上的林彪司令员的检阅。此时作为一名人民解放军战士，我心里充满了光荣与自豪！我们一面接受司令员的检阅，同时又接受道路两旁的北平市民的欢迎，这还是我一生中的第一次。

这时我们从东北来的兵就俨然成了"老同志"。那时是战争年代，人成熟得快，"老"得也快，其实那时我才刚刚十六岁，但我已是"老同志"了。因为我已参加了辽沈战役、平津战役，我的胸前已挂上了"东北解放纪念章"和"华北解放纪念章"。

北平解放后，我们师改番号为二〇八师，又被任命为北京卫戍师，成立了北京卫戍司令部。

我们在北京驻防期间，卫士剧社一面演出话剧《气壮山河》，一面筹备参加"开国大典"。

话剧《气壮山河》是反映我军战士同日本侵略者进行殊死战斗的戏，它歌颂了我军战士视死如归的英雄气概。我在剧中扮演小战士，这是我参军后真正当演员的第一个戏。

四、我荣幸，我是开国大典的鼓手

我们在北平的第二件大事就是筹备参加开国大典。开国大典需要海、陆、空三军及诸兵种联合举行盛大的阅兵式，接受党和国家领导人的检阅，向世人展示人民解放军的雄壮军容。同时组织一支庞大的军乐团现场奏乐，以壮军威。军乐团以华北军区文工团军乐团为主，抽调各兵种文工团的军乐队为辅，组成开国大典军乐团。我们二〇八师军乐队约二十人奉命参加，我荣幸地以军鼓手的身份入队。

我们在南苑机场集训数月，十分正规、严格，朱德、彭德怀等党和国家领导人多次检阅了我们的合练。从每一件乐器的单个演奏到同一乐器的合奏，从分部演奏到合练均必须达到标准。我的小鼓水平真是不比不知道，一比吓一跳。我原来只是"老和尚打鼓"——一个点，十分单调。这次一看同行专家，那鼓点犹如暴风骤雨、气势如潮，吓得我出了一身冷汗。从此我每日是鼓槌不离手，吃饭时就以鼓槌敲桌子，开会时则以鼓槌击腿，加上专家同行的指教，我竟达到了预期的水平，从此不再是"滥竽充数"了。

1949年10月1日，盼望已久的开国大典终于开始了。那天，我们军乐团与诸兵种的检阅部队均在凌晨三点之前就进入到指定位置。天亮前，游行的群众和身后的数千名少先队员也已就位。我们军乐团的位置是在天安门广场的中央。

下午三点整，毛主席、朱德总司令等党和国家领导人登上了天安门城楼，三十万人的广场上鸦雀无声，人们都在期待那庄严的时刻。

毛主席终于以他那高亢的声音向全世界宣告"中华人民共和国中央人民政府成立了！中国人民从此站起来了！"这是世界的最强音，这个声音结束了中国百年的屈辱历史，宣告了蒋家王朝的彻底覆灭，并宣告了中国人民的解放事业取得了最伟大的胜利。无数革命先烈的遗愿终得实现，中国革命已翻开了新的一页。

我们军乐团奏响了国歌，第一面五星红旗在国歌声中冉冉升起。我那剧烈跳动的心跳融入了我的鼓点，这是我对共和国的激情永驻。泪水早已模糊了我的双眼，那隆隆的礼炮声仿佛是我军的进军号角，又仿佛是我军那千军万马的行进脚步声，这脚步声中也融入了我的步伐，也有我对共和国今日的追逐。

检阅开始了。你看：那是威武雄壮的步兵，那是庄严神圣的炮兵，那是铁骑铿锵的骑兵，更有那一支神鹰般的空军。当人们仰望机群掠过天安门上空时，人们纵情欢呼起来，人民军队更强大了！

我作为开国大典军乐团中的一名成员，为每一支接受检阅的部队伴奏，心里充满了自豪，我们更感到骄傲和荣耀的是我们也受到了毛主席、朱德总司令等党和国家领导人的检阅,这在我的一生中也是最最荣耀的事!

直到今天,我仍能在开国大典的纪录片中找到我年轻时的身影。我常常在家里的电视机前,对着小孙子们大叫:"看哪,开国大典军乐团,爷爷就是那个打小鼓的!"

开国大典之后,我们师移防到河北宛平县,我们卫士剧社则移居到北京卢沟桥畔。1950年春天,部队号召大生产,我们一面排练歌舞节目配合部队的生产,一面赶排大型歌剧《钢骨铁筋》(又名《钢铁战士》)。这次我扮演战士小刘,歌颂我军战士的英勇顽强和面对敌人严刑逼供的坚强不屈。这台戏在部队引起了较大反响,战士们纷纷表示要向张志坚和小刘学习,学习他们的硬骨头精神。

1950年夏天部队整编,我们独立二〇八师被合并到二十兵团六十六军,我们师宣传队也合并到六十六军文工团。六十六军当时驻防天津一带,我们文工团驻杨柳青。六十六军是正规军,六十六军文工团也是一支大型的正规的、综合性的文工团,团内分话剧队、歌舞队、乐队等,我被分到话剧队。

合并之后,团里赶排胡可同志的大型话剧《战斗里成长》,我被委以重任,出演赵石头一角。这部戏实际上是以赵石头为主线,讲述苦大仇深的一家人如何失散,父子二人又如何在战场上相认,父亲如何教育儿子提高阶级觉悟,不能只为一家一己报仇,歌颂了一个战士的成长过程。

我第一次担任这么重的角色,只能潜心向导演、向老同志们学习,刻苦磨炼,力求塑造一个性格倔强、一心复仇、勇往直前而可爱的战士形象。

这部戏后因朝鲜战争爆发,我军奉命赴朝参战而停止了演出。

经受朝鲜战场血与火的考验

一、目睹美军轰炸新义州

1950年6月,朝鲜战争爆发。先是朝鲜与韩国交战,随后美国派兵援助韩国,并以联合国的名义纠集了十几个国家的军队出兵朝鲜,同时又派美国第七舰队进驻台湾海峡。8月,美国战机不断轰炸我国东北安东等地。9月中旬,美军又从朝鲜仁川登陆,朝鲜人民军腹背受敌,朝鲜战局急剧恶化。

10月下旬,朝鲜首都平壤失陷,美军直逼我国边境鸭绿江边。美军总司令麦克阿瑟狂言:"再过一天,我就可以到鸭绿江边饮我的战马了!"

战火已烧到东北边界,年轻的中华人民共和国已受到战争的威胁。

10月初,朝鲜领导人金日成正式向中国求援,希望中国派兵援助朝鲜。10月8日,中央人民政府人民革命军事委员会主席毛泽东正式下令,成立中国人民志愿军,出兵朝鲜参战。并委任彭德怀为志愿军总司令。第一批出国部队以四野的三十八军、三十九军、四十军为主,又调四十二军、五十军、六十六军共同组成志愿军。

六十六军因在天津一带参加秋收,晚了几天才收到命令。记得当时我们正在为抢收小麦的部队演出《战斗里成长》,部队接到命令扔下镰刀就上了火车,连夜赶往安东(今丹东市),我们六十六军文工团与军直属队在一起,也是不顾一切地背上背包就走。

到达安东才知道要去参加抗美援朝战争。部队立即紧急动员,让每一个参战人员了解此战的目的、重要性。战士们一听说要同美帝国主义作战就来了劲,纷纷表决心,誓死保卫祖国,誓同朝鲜人民共存亡。

但是当年我们的武器装备实在太差,仍是解放战争中缴获国民党军队的武器,甚至还有从日本军队缴获来的"三八大盖"。要去与当时世界上最强大的美帝国主义对抗,就显得有点力量对比太悬殊。但是军力的对比还要看正义与非正义、侵略与反侵略的士气。我们是正义的反侵略之师,所以具有压倒敌人的气势。

我军的作战部队在到达安东后,立即越过鸭绿江进入朝鲜,不久就与敌军接上了火,而且反将战线向南推回了几十里。

我们军直属队则奉命暂驻安东待命。安东与朝鲜的边界城市新义州仅一江之隔,鸭绿江就是两国的界河,江上的鸭绿江大桥由中国和朝鲜两国的边防战士共同守卫,一国一半。鸭绿江大桥也是两国人民通商的重要通道,火车可以直达朝鲜的首都平壤。因此

◎ 赴朝鲜前

安东市虽小，但实属边界战略要地，但当时已被战火所笼罩。

到达安东的第二天，我们文工团全团到鸭绿江边领略鸭绿江两岸的风光时，却亲眼目睹了新义州惨遭美军B29轰炸机的肆意轰炸。这爆炸声犹如地震，犹如天崩地裂，我们都感到脚下在震颤，房屋在摇晃，耳朵在轰鸣。虽然距离我们还很远，但声波已震得我们个个变色。不久，就看见江南岸的新义州上空笔直地升起了一座巨大的烟墙，这黑色的烟墙方圆足有两三公里，垂直上升，遮天蔽日。烟墙升到空中，天立即黑了，烟云已笼罩了我国的安东上空。又过了几秒钟，空中开始坠下巨大的漂浮物，这是被爆炸气流卷上空中的物资，大家看见坠下的巨大漂浮物中竟有汽车的轮胎、木门、木窗，还有燃烧着的树木、瓦片……大家纷纷躲进楼内或防空洞以免被击伤。美军轰炸了大约半个小时后离去，新义州已成一片火海、成了人间地狱。

由于美军轰炸新义州，又一次引发了朝鲜的难民潮。大批无家可归的朝鲜难民拖儿带女，扶老携幼，自鸭绿江大桥的南侧向安东涌来，均聚在桥北我国境内。我们文工团奉命前去安抚，为其送水送饭，找医护人员为伤者包扎喂药。朝鲜百姓因逃亡仓促，几乎没带衣物，有人的衣服已被烧焦，衣不遮体，我们就脱下自己的军装为其披上；有些小孩饿得直哭，我们就给其喂饭。朝鲜难民一面感激我们中国的人道主义精神，一面控诉美帝国主义的侵略暴行。他们声泪俱下，哭诉家园被毁灭，希望中国人民志愿军为他们报仇。当翻译同志将他们的话翻译给我们听时，我们个个义愤填膺，誓为朝鲜人民报仇雪恨！

二、战地医院护理员

进入朝鲜后我们发现，文工团原本计划像在国内战争时期那样，除了战地宣传、鼓动外，还准备利用适当时机进行慰问演出，眼下看来是不行了。因为敌人控制了白天的制空权，我军被迫只能在夜间行动，所以演出活动几乎是不可能的了。因此上级决定将乐队的铜管乐器送回国内，将全团化整为零，以"一切为战争服务，一切为战士服务"的原则，重新调整队伍。凡懂英语、日语、朝语的均到前线当翻译，去管理俘虏。部分男同志到后勤部兵站负责带领民工担架队，或运送弹药。又组织部分同志担任战地宣传小分队，到前线进行宣传、鼓动工作。余下的女同志，年龄小的统统到战地医院担任护理员，对伤病员进行护理工作。我虽然自觉可以到宣传小分队去，但上级还是让我到战地医院担任护理员。

朝鲜的冬天来得太早了，11月在华北平原仍是金秋季节，但在朝鲜北部山区已是漫天白雪。我们的部队因来得太急，许多人还没有换冬装就到了前线，连日征战，后勤供应不及时，许多战士竟还穿着单衣。风雪突然袭来，不少战士得了冻疮。尤其是一线的战士，面对敌人，白天只能隐藏在战壕里不能走动，到了夜晚可以活动时，许多战士早已冻僵，个别战士竟然整个身体和冰雪冻结在一起，还需战友们用铁锹将其铲起，帮助活动四肢，才能救回一条性命。但是许多人的手脚已冻僵、冻黑了，不得不送到战地医院。

我们按照医生的嘱咐，对每一位冻伤的战士均采取冻伤急救处理，就是绝对不能用火烤，不能用热水洗，只能用雪水轻轻地擦洗。这犹如东北冬天溶化冻梨，如果用热水洗或火烤，冻伤就会迅速溃烂、变质、坏死。而用雪水溶解，慢慢缓解出体内的寒气，方可使肢体复苏。这绝不能性急，只能要求护理员以最大的爱心、耐心、细心去擦洗，待缓解后再施以冻伤膏药。但许多战士还是没等送到医院，肢体就发黑、变臭了，最后只能被推上手术台截肢。为了更多被冻伤的战友不被锯掉手脚，我们发誓一定要更尽心地护理，一定要医治好他们的冻伤，重返前线！

三、元旦夜攻打三八线

我在朝鲜战场上最难忘的岁月，还是在1950年的元旦之夜，我军全线攻打三八线。

那次我们文工团在战地医院的同志跟随战地医院进入了战地前沿的预定地点。这是一个很隐蔽的山洼，距前线部队只隔了一座山，有十来间民房分散在山沟里，不易被敌机发现。

战前经过动员准备，我们的任务很明确，就是协助医院的医生、护士做好护理伤员的工作。医生、护士负责抢救手术、输血、打针等专业，我们则负责护理、洗换纱布，照顾伤员的起居，吃、喝、拉、撒、睡，烧开水，给伤员洗烫脚，换洗衣服等一切勤杂事务。战斗未打响之前，我们已经按分工各就各位，准备了充足的柴火，水缸里也蓄满了水，锅里的水也开了，炕也烧热了……

夜里十点钟，全线总攻的时间到了！我军的炮兵阵地就在医院的后山，只见一排排炮弹带着火光从我们头顶上空扑向敌军阵地，敌军阵地上立即火光一片，那半边天全被映红了，炮声、枪声立即连成一片，真是壮观极了，令我们激动不已。

很快就有伤员被抬下来了，担架队将伤员交给我们就又返回前线了。我们立即将伤员分类，需要做手术的立即送手术室，需要消毒包扎的由护士处理，经过处理的伤员一部分留在战地医院，一部分立即转移到后方医院。一切井然有序。

战斗很激烈、很残酷，伤员越送越多，我们医护人员也越来越觉得人手不够用了。医生在手术室已经不停地做了三天三夜，没人替换，也不可能轮流休息，连吃饭、上厕所的时间都没有，只能由女护理员喂饭给他们，由熟练的老护士代替他们喘息一会儿，就又上了手术台。

我和几个女同志负责换洗纱布，用烧开的水煮纱布来消毒，然后挂到外边的树枝上晾晒。而所用的水本是山沟里冰层下的一点点水源，现在已根本不够用了，只能将冰刨下来，将干净的冰雪放到锅里烧化。

我愿意出去刨冰、化雪，这样可以跑来跑去不会犯困。我最怕让我守在炉边烧水，烧开水虽很温暖，但很寂寞，又容易犯困。我干到两天两夜时还能顶住，但第三天、第三夜时，我已经筋疲力尽，眼睛怎样也睁不开。尤其是守着炉火时，那熊熊的跳跃的火焰就像在引发你的幻想。我看着看着就睡着了，自己也变成天兵天将，敌魔正向我喷火，我身上已着火了，但我是不怕疼的，我旋转上升，但我从空中摔下来，疼了！很疼！我醒了，我的鞋已着火，烧到了脚，原来我是被火烧疼醒的。这时我身边的地上也有火，我吓得赶紧扑灭火，幸好面积小，三两下就将火扑灭了，但我还是吓得一身冷汗。这房子是草房，见火就着，一旦着火了，后果不堪设想。房里的炕上全是伤员，若是烧坏了伤员，我就完了！这场火只是烧坏了我的一只大头鞋，万幸！我急忙跑到外边用雪擦脸，把雪往脖子里塞，让寒冷驱散我的睡魔，我终于清醒了。从此我怕见火，尤其不敢死死地盯着火苗看，因为一看就犯困，就要睡觉。我只能不看，需要添柴，就往里送劈柴板子，但不敢盯着看。

我躲过了一劫，但还是有人中了睡魔的邪。有位战友睡着了，他负责的那间房着火了，火势很大，夜里半边天都映红了，没法救火，没有水！赶去的人只能钻进去抢救伤员。那间房有六位伤员，救出来五位，还有一位重伤员自己不能动，又不能喊，所以没人知道。待到清查人数时，房已烧塌，重伤员被烧死了。大家都红了眼，这位不慎导致失火的同志自己几次扑进火场救伤员，自己也被烧得不像人了，当知道还有一位重伤员没救出时，他痛不欲生，几次想跳进火中与之同归于尽，均被大家死死拉住。我们眼睁睁地看着他的那间房烧散了架,化为灰烬,那位没被救出的重伤员也化为了灰烬。他没被敌人打死,却死在战地医院这场大火中,大家的心都碎了,那位造成失火的同志哭着喊着:"我该死!我有罪!"最终他受到了严厉的军法处分。

这场大火更把我吓得七魂出窍:若是我也造成了失火,我还能活到今天吗?不敢想!我只知道我还是幸运的,在朝鲜虽然没同敌人面对面地打过仗,但还是有几次死里逃生的经历,还是命大,都逃过了厄运。

在那艰难的三天三夜里,我们没时间吃饭,就只能抓几把炒面塞进嘴里;没时间喝水,就抓一把雪放进嘴里;没时间睡觉,就只好在克制不住的时候站着打瞌睡。原来站着、走着也能睡,只是不能睡久,几秒钟、几分钟的睡。

熬过了三天三夜,战线又向前推进了。我们的战地医院并未跟着走,又一批人跟了上去,我们倒成了"后方"医院。这时伤员来得少了,相对稳定了,这才替换着休息。我与另一位同志日夜轮换,只能半天一换、半夜一换。我俩负责一间民房,照顾六位伤员。这六位伤员的伤不算太重,太重的已转去后方医院。

我很敬佩他们,也常常在闲时与他们聊天,听他们讲述很多有趣的战斗经历。他们说美国鬼子貌似强大,其实很怕死,上前线时每人身上都藏着一张投降书,只要是我们逼近了,他们一见我们的刺刀就举手投降了。这儿伤病员个个是革命的乐观主义者,从不计较个人得失,只要有仗打,就什么都不顾了。

第三次战役打了八天,将战线向南推进了一百多公里,已到达北纬三十七度线,直到志愿军司令部宣布第三次战役胜利结束。

四、我们是最可爱的人

第四次战役后,我们六十六军奉命回国休整,自从1950年10月入朝参战,至1951年5月回国,历时八个月。我们心里明白,我军入朝以来已连续打了四个战役,打得英勇顽强,但终是以劣势的武器在同最现代化装备的敌人搏斗,也损失严重,一个军只剩下一半,回国休整的决策是正确的。

我们文工团被命令以分散的形式,以最快的速度到安东集结,我和老战友李留奎同行,归国途中经历了美军轰炸平壤和在中朝边境遭敌机扫射的惊险,总算平安回国。但我们文工团有十三位战友牺牲在朝鲜,他们永远也回不来了。

没想到祖国在八个月里也已天翻地覆,全国掀起了"抗美援朝,保家卫国"的热潮,人人以支援朝鲜前线为荣,全国捐献飞机、大炮,并把中国人民志愿军称为"最可爱的人"。我们六十六军是第一批回国休整的志愿军,因此受到了祖国人民最最热烈的欢迎。

从安东坐上火车至天津,要经过大小数十个车站,每经过县城大站,列车都须停下,以接受当地党政军民的热烈欢迎。有的站还致欢迎词,群众为我们戴大红花。有的站台上敲锣打鼓扭秧歌,把一箱箱的慰问品,一头头整猪、整羊送到列车上。有些站上的大娘大嫂又像当年劳军一样,把煮熟的鸡蛋、炒熟的花生、大枣、榛子、核桃、苹果、梨,一样样地塞到我们的手里、衣兜里、帽子里,我们感动得热泪盈眶。他们说:"幸亏有你们在前方打仗,我们后方老百姓才能安心过日子。""你们流血牺牲,才有百姓的安居乐业。""你们是全国人民心中最可爱的人。"

1951年6月,我们部队又回到天津一带驻防。我们六十六军直属队在杨柳青举行了隆重的庆功大会,表彰英雄模范。令我感到欣慰的是,我也立了功——立了两个小功。更令我激动的是,党委已批准我加入了中国共产党。

党旗下,我庄严地举起了右手,庄严地宣誓:"誓为共产主义奋斗终生!"从此,我在履历表一栏郑重地填写上:"1951年6月加入中国共产党。"

在长春电影制片厂拍摄电影《董存瑞》

一、调入华北军区文工团

经过一年多的休整补充,部队又恢复到战前的实力,准备第二次入朝作战。为适应二次入朝作战,我们军文工团也决定改变建制,将原军文工团一分为三,变为三个师宣传队,隶属师部指挥。于是人员作了大调整,全团的创作人员、话剧、舞蹈、美术、乐队全部重新分配,使力量均匀又便于灵活指挥。

正当三个师宣传队的名单即将公布时，华北军区文工团派干部来选拔人才，引起全团人员的极大关注。华北军区文工团创建于原八路军晋察冀边区，前身为著名的"抗敌剧社"，是全军历史最悠久、业绩最辉煌的大军区文工团之一。团长刘佳是著名的戏剧家（后任华北军区文化部部长、八一电影制片厂厂长）。文工团人才济济，分话剧队、歌舞队、管弦乐队、舞台美术队、杂技队等，是全军各文工团仰望的标杆。

这是一次极特殊的机遇，凡被选中者则犹如一步登天，步入专业、正规的文工团，走一条专业化之路。而未选中者则下到师宣传队，到基层、到前线，走一条"一专、三会、八能"之路。结果，只有三个人获得了这次机会：话剧表演方面，选中了我；舞蹈专业方面，选中了李留奎；舞台美术方面，选中了张志鹏。

1952年5月，我们三人调入华北军区文工团之后，李留奎被分到舞蹈队，我和张志鹏分到话剧队，他在话剧队的舞台美术队任舞美设计，我则在话剧队当演员。

我调入华北军区文工团不久，团里要排胡可编剧的《战线南移》。此剧是新创作的反映抗美援朝战争的题材，它反映了我志愿军与朝鲜人民军并肩作战，为狠狠打击美帝国主义侵略而将战线向南推移。

为了更深刻地把握主题，塑造鲜活的人物形象，总团领导决定全团创作人员到朝鲜前线深入生活，亲身体验和学习志愿军的英雄气概。

1952年夏天，我随全团第二次赴朝鲜前线，到志愿军指挥部和一线阵地，在坑道里与战士们同吃、同住、同学习、同执勤。我们白天跟战士们一起生活，夜里一样执勤，甚至到前沿阵地观察体验。除了向战士们学习外，我们还辅导战士学习文化，辅导排练文娱节目，教唱歌等。在漫长而充实的"三同"活动中，我们与战士们交了朋友，建立了深厚的革命情谊，对他们誓死保家卫国的奉献精神、革命乐观主义精神有了进一步的体验。

从朝鲜回来，我们全团立即投入到话剧《战线南移》的紧张排演中去。在此剧中，我扮演志愿军通讯员何玉成，扮演我军高级指挥员的有李树楷、贾六、李炎、白平等，扮演连以下干部、战士的有罗辉、王润身等，扮演朝鲜人民军干部的有史可夫、刘炳章等。全剧气势宏大，结构严谨，人物众多，将朝鲜战场上敌我双方的军事、政治较量表现得淋漓尽致，歌颂了我志愿军与朝鲜人民军不畏强敌、并肩作战、英勇杀敌的顽强精神，歌颂了他们高度的爱国主义和国际主义精神。

《战线南移》排演后在北京大华电影院隆重公演，引起了首都文艺界、话剧界及各界人士的极大关注和好评。他们普遍认为这是近年来话剧表现现实生活、描写现代抗美援朝战争的最优秀剧目，对编剧胡可、导演丁里、孙民以及诸多演员均给予了高度评价。这是我第一次参加如此大型的话剧演出，第一次在首都舞台上出现，也引起了报界的关注和好评，这对我的鼓励很大。

在日后的三年内，我相继参加了话剧保留剧目《战斗里成长》《英雄阵地》等的排练和演出。在《战斗里成长》一剧中，我扮演通讯员双儿，与魏坚演对手戏，他扮演通讯员四海，我俩的搭配表演给全剧增加了新鲜的亮点。

◎ 1952年10月，从朝鲜回国后留影

我在华北军区文工团最大的收获，一是坚定了"为兵服务"的观念。总团团长刘佳多次教育大家："部队文工团的使命就是为兵服务！"所以要求全团面向生活、面向连队，要向战士学习，学习他们的革命乐观主义精神、热爱祖国为人民服务的革命献身精神。为此全团每年定期到连队当兵，深入生活，与战士打成一片，学习战士过硬的军事本领，学习他们顽强的训练作风，把自己锻炼成一个真正的战士。只有自己是个合格的战士，才能在舞台上塑造出真实、动人、可爱的战士形象。"为兵服务""向生活学习""向战士学习"的思想和作风影响我终生。

我的第二大收获是"坚定了学习再学习的思想作风"和"干到老学到老"。我们部队文工团的人员大多是从小参军，过着艰苦的战争生活，很少有机会到大专院校学习深造。唯一的就是靠自学，把部队当成大学校，把生活当成大学校。坚持面向生活，面向部队，坚持自学，刻苦地学文化，学习社会知识。学习古今中外名著，吸收一切有用的知识，充实提高自己的才干，用到实际工作中去。书本上的知识要学，社会上的知识更要学，因为我们是演员,是塑造人物形象的人类灵魂工程师,所以首先必须武装自己,不断提高自己的文化水平,丰富提高自己的艺术修养,以跟上时代前进的步伐,与时代同步。

二、出演电影《董存瑞》担任男主角

1955年初,长春电影制片厂导演郭维到华北军区文工团找到我,他是经我们话剧队长介绍认识我的。他见到我便开门见山地说长春电影制片厂准备拍摄一部歌颂战斗英雄董存瑞的电影,他们正在物色扮演董存瑞的演员,文工团领导推荐了我。他希望我先看看剧本,然后再交换一下意见,还特意问了一句:"你知道董存瑞同志的英雄事迹吗?"我笑了:"那还能不知道?他是全国人民家喻户晓的战斗英雄,他也是我的崇拜偶像!"郭维导演也笑了:"听说你也是15岁参军?"我腼腆地答:"是!"他又说:"听说你参军时,部队嫌你小?"我说:"是啊,不够年龄,个长得小。"他问:"后来怎么办?"我说:"我13岁时就当儿童团长了,我会讲很多革命道理,我一跟他们'蘑菇',他们就同意了!"郭维导演更笑了,他说:"你看看剧本吧,明天下午我们再谈。"他走了,队长又特别关照我:"回去好好看剧本,这可是个极其光荣、伟大的政治任务。"

回到宿舍,我躺到床上一口气将剧本看完了。合上剧本,胸中如翻江倒海,热泪汹涌而出。董存瑞站在敌人桥下毅然托起炸药包高喊"为了新中国,前进"的巨人形象深深地震撼了我。董存瑞的英雄事迹,我早在1948年秋我们独立三师围困长春时就听说了。建国后,他的事迹被编进小学教科书,还被改编成歌剧搬上过舞台,更被各种报纸、杂志广泛传颂,他已是全国人民家喻户晓的英雄楷模。但是,作为电影文学剧本这还是第一次看到。这个剧本把董存瑞写活了,不仅写出了他的伟大,更写出了他的平凡;不仅写了他的英雄行为,还写他的倔强、执着、顽强进取的"四虎子"性格;不仅写出他令人崇敬的一面,更写出他可爱的、活生生的英雄形象。作为一个演员,这样的剧本是梦寐以求的。因此,读完这个剧本,我已经跃跃欲试了。

第二天,郭维导演准时来了,我强压内心的激动。他问我看了剧本有何感想,我说:"剧本把人物写活了,激起了我强烈的创作欲望。"他又问:"你有董存瑞那个年代的生活和情感吗?"我说:"我和董存瑞是同一时代的人,都是在十五岁时为了一个共同目的而参军,我也有过为了新中国而献身的渴望，我想我和他的心是相通的，我一定能塑造好他的形象。"郭维导演再次笑了："你去长影试镜头吧。"

这是我生平第一次到电影厂，第一次试镜头。这种排戏、试戏的活我还很不习惯，因为演惯了舞台戏，习惯了同观众的交流，一下子没有了观众的反应，要同摄影机交流，总有点把握不住。为适应这种环境，就只能多到摄影棚、多在摄影机前去练戏，消除对水银灯的恐惧，这才可能入戏。

试完镜头，导演并没让我们看样片，就直接带了样片去北京审查，听电影局领导的意见。我们好不容易盼到导演从北京回来，可是郭维导演的脸十分严肃，看不出喜怒哀乐，我依旧摸不透上级对这批试镜样片的态度。最后，导演让全体演员看样片。一听说可以看样片，我心情反而紧张起来，因为我还从来没在银幕上看过自己的形象，更不知道自己的造型、表演像不像董存瑞，这像与不像就是此次试镜的成败关键。

当银幕上第一次出现我的影像时，我几乎被吓呆了：那么大的银幕，那么大的一张脸，脸上所有的皱纹、黑斑无不历历在目，我感到自己丑极了。忽然觉得这么丑的形象怎么会是董存瑞？！银幕上的我和我想象中的英雄人物差距太大，看完样片，我已吓出一身冷汗。

我一句话也没说，默默地回到宿舍，思想在激烈斗争：我的任务是塑造亿万人民热爱的英雄董存瑞，这个形象应是魁梧的、高大的、令人崇敬的，而我本人是太渺小了，身材瘦小，也并不可爱，总之实在感到太不相称了，我绝不能去破坏英雄的形象。为此，我决定退出竞选，请求第二天立即返回华北军区文工团。

我的请求令郭维导演很惊讶，他没想到我会在看完样片之后，表现得这么不自信。他同我作了一次长谈，这次谈话是我永生不能忘的。他说：你的思想根源是把董存瑞神化了，你对自己不自信，感到本人身材矮小，不够高大。他强调指出：过去中国的古典小说就是把英雄神化了，受这种影响，现代一些歌颂英雄的戏剧，也把英雄写得过于高大、完美，仿佛都不食人间烟火，使之过于脱离人民群众，人民群众对于这样的英雄人物有些高不可攀，可望而不可即。这一次，他要塑造一个不同以往的英雄人物，既不是天神，也不是高、大、全，而是生活在人民中间，最最普通、最最平凡的一个英雄战士。他性格倔强、甚至有些执拗，对生活热烈追求，有时又有些偏激，过于简单，然而又是可信的、可爱的。这一次，就是想塑造一个这样平凡的、可信的、可爱的、真正的人民战士形象。他们正是看到我身上有这样的特点才选择了我。他还说这一次的试镜样片，不仅长影党委一致认可，北京电影局领导也十分肯定。他们认为如果能充分挖掘演员身上与人物生活相近的潜力，充分塑造人物的性格魅力，影片就有成功的希望。

郭维导演又分析了我的特点，他认为我15岁参军的经历就与董存瑞相像，而我多年的部队生活，参加过东北解放战争和抗美援朝战争的生活经历，又是十分宝贵的创作源泉，只要端正认识，一定会有新的创作特色。

郭维导演又说："你不要打退堂鼓了，长影党委已经决定就是你演了。这任务很光荣、也很艰巨，你必须以董存瑞的精神去塑造董存瑞！"

郭维导演这一番话犹如给我打了一支强心针，又恢复了我的创作信念。说实话，我本来就矛盾，这个剧本实在写得好，我太爱董存瑞这一形象了。只是我担心自己的身材矮小，不像董存瑞；又怕自己长得丑，丑化了英雄。今天郭维导演说我长得不算矮，再说个子太高了也演不了15岁时的四虎子形象。他又说我长得并不丑，还夸我一笑有那两个酒窝呢，说我有一股特殊的魅力。这可太让我高兴了，既然长影党委已决定由我扮演董存瑞，我就必须端正认识，树立信心，以百倍的努力去完成这一伟大的任务。

全片拍完以后，我还没来得及看看全片，就回到沈阳军区抗敌话剧团报到去了。

三、《董存瑞》首映大获成功，荣获文化部一等奖

1956年，就在第一届全国话剧会演后期，北京大华电影院首映电影《董存瑞》，邀请导演郭维率领该片主演张良、杨启天、张莹、张辉、王寅申等出席首映式。

放映前，我们照例到台上站成一排，由郭维导演分别作了介绍，他也简短地讲了几句话，我们就坐到楼上的观众席同观众一起观看此片。此时的观众对我们很不熟悉，谁演什么也搞不清楚，所以我们很安静地与大家一起看了全片。

我们应该说也是第一次看全片，我和大家拍完分别的时候，影片才进入后期制作，不可能看到配音、配乐、混录后的全片。今天第一次看，我又冒汗了，这次是又紧张、又兴奋、又激动，同这么多观众一起看，我还是被带进戏了，中途有几次跳戏，是怪自己演得不好。但一进入隆化战斗，我就被戏卷了进去，尤其是进入攻打隆化中学，遭遇桥型暗堡、牛玉合牺牲、董存瑞奋不顾身地冲入桥下，但无炸药包支撑点，他奋力砸击桥基，就在一块基

石即将被击落时，总攻的时间已到，战友们排山倒海般地冲来，又在董存瑞的眼前中弹倒下，一批批地倒下……看到此时，我胸口被堵，热血沸腾，我也几乎要冲上去举起炸药包。董存瑞牺牲了，我也和观众一样热泪盈眶。

电影院的灯亮了，我仍沉浸在难忘的回味中，直到观众像潮水般向我们涌来，我才猛醒。

我看见人人的眼角都挂着泪水，还有些女孩子仍在流泪，他们呼喊着："四虎子！""董存瑞！"他们举着手中的小本子要求签名、要求合影、要求与我们握手。人们挤过来，许多人站在椅子上伸着手呼喊着，我不知道该怎样应付。我极力地为他们签名，极力地去握每一只伸过来的手，他们又哭又笑，大喊："四虎子，太好了！""太感动人！"

就在这时，我看不见身边的郭维导演，人们不认识他这位幕后的真正英雄，竟把他挤过来又挤过去，不知几时他竟被挤出了人群之外，待我想找他时，他已踪影皆无。

另几位演员也被围成一圈又一圈，人们在他们身边喊着："连长！""牛玉合！""郅振标！"人群中我们像观众一样激动。

这时我们才意识到我们的影片被观众接受了，我们扮演的人物被他们认可了。观众的眼睛、情绪，他们的眼泪、欢笑告诉我们："这部影片成功了！"我们的眼泪也流了出来，因为这正是我们一年来的努力和期待，我们期待"董存瑞"能永远地活在人们心中，期待这部影片能千秋万代地放映下去，鼓舞全国人民为新中国而奋斗。

北京大华电影院的首映，拉开了全国上映的序幕，《董存瑞》像一场风暴席卷全国，全国掀起了"董存瑞"热。我被到处邀请参加首映、见面、座谈会，甚至参加几千人的报告会。学生们把一条条鲜艳的红领巾系到我脖子上，把一束束鲜花献给我，我享受着董存瑞同志从未享受到的一切热爱。

在欢迎会上，我一次次地对观众们说："我不是董存瑞，我只是一个普通的部队演员。"但人们几乎把我看成是活着的董存瑞。我不知道该怎么办，许多会议领导推不掉，我很尴尬，潜意识告诉我："这要出事的，搞不好就会闯祸。"

《董存瑞》这部影片获得了文化部1949—1957年优秀影片一等奖，我本人获得"优秀演员一等奖"（金质奖章）。

《北京日报》举办全国观众投票，推选当年"最受欢迎的五位演员"，白杨以《为了和平》当选第一名，我以《董存瑞》当选第二名，郭振清以

◎ 《北京日报》举办"1956年最受欢迎的影片和演员是谁?"的评选活动,影片《董存瑞》在"最受欢迎的五部影片"评选中名列第一,我因担任该片主演,以第二名当选为"最受欢迎的五位演员"之一

《平原游击队》当选第三名,李景波以《新局长到来之前》当选第四名,香港的吴楚帆以《家·春·秋》当选第五名。

1957年春,我又因扮演董存瑞,荣获沈阳军区"一级先进文艺工作者"称号,出席了沈阳军区英模代表大会。这是我第一次荣获先进文艺工作者荣誉。

《北京日报》将齐白石老先生的原画真迹,由郭沫若先生亲笔题字后,作为奖品赠予我。此已成为国宝级的文物,我永远珍藏留念。

1957风涛扑面

一、参加全国第一届话剧会演

1955年,在我参与拍摄《董存瑞》的过程中,全军系统文工团奉命整编,集中保留几个大军区文工团,成立专业化剧团,如广州军区成立战士话剧团,南京军区成立前线话剧团。北京军区(原华北军区)只保留歌舞、杂技、军乐队等综合歌舞团,取消话剧团,在北京地区加强总政话剧团,沈阳

军区成立抗敌话剧团。

沈阳军区抗敌话剧团以原华北军区文工团话剧队、西北军区文工团话剧队、沈阳军区文工团话剧队联合组建。调广州军区文工团团长丁洪同志出任抗敌话剧团团长，任命李树楷、贾六等同志任副团长，团址设在沈阳市，隶属沈阳军区政治部。抗敌话剧团内设话剧一队、二队，另设舞台美术队，全团180余人。我被分在话剧一队当演员。

建团不久，恰值文化部将在1956年夏在北京举行中华人民共和国成立以来第一届全国话剧会演。为参加此届会演，"抗敌"决定以胡可同志的话剧《战斗里成长》为参演剧目。此剧为华北军区文工团保留剧目，但在此次整编中，演员变动很大，原主演葛振邦、林韦均留在北京没来。为此"抗敌"重新组织演员阵容，李树楷出演赵营长，李炎饰演教导员，谢国城饰演赵石头，贾六饰演赵父，霍克饰演仓奶奶，魏坚饰演通讯员四海，我饰演通讯员双儿，罗辉、白平、王润身等饰演战士甲乙丙等，孙民任导演。

1956年夏，"抗敌话剧团"出演的《战斗里成长》在第一届全国话剧会演中夺得演出一等奖，编剧、导演及主要演员分别荣获一、二、三等奖。全面丰收，一炮走红，抗敌话剧团在全国名声大振，我因饰演通讯员双儿也获文化部优秀演员三等奖。

同年，八一电影制片厂将该部话剧改编拍成电影，导演为严寄洲，演员为"抗敌"原班人马。原定由我出演赵石头，拍摄前我因患肺结核病，需住医院治疗，因此临时改换演员，我便失去了此次拍片机会。

二、亲历整风运动

1957年是我一生中遇到的第一个黑色灾难年。

当时全国开展了轰轰烈烈的整风"反右"运动。在"大鸣大放"的高潮中，我们抗敌话剧团正在为沈阳军区的部队进行慰问演出，演出的剧目是苏联著名话剧《舰队的毁灭》，我在剧中扮演"见习水兵"。

因为巡回演出，我们对社会上的"大鸣大放"并不关心，但是当党决定"反击右派进攻"时，倒引起我们的关注。随着运动的深入，被打成"右派"的人越来越多。尤其令我们吃惊的是，电影界许多知名人士也相继被打成"右派"。其中长春电影制片厂最甚，《人民日报》以头版显要位置刊登相关文章，主题都围绕着长影"小白楼的风波"或"揪出反党反社会主义的大右派沙蒙、郭维、吕班"。这几人我们很熟了：沙蒙是电影《上甘岭》

的导演，郭维是电影《董存瑞》的导演，吕班是《新局长到来之前》的导演。这三部影片在全国已家喻户晓，因此他们被打成"右派"已引起全国关注。而对于我，更犹如一声霹雳：《董存瑞》的导演已是"右派"，扮演"董存瑞"的演员还能脱得了株连？果然，不久社会上便传说"张良也是大右派"。而当时我们正在锦州一带演出，听到这种传说我和大家也都一笑了之。

深秋，休假刚结束，团里宣布全团进行整风学习。党委又要求党小组长带头交心，起模范作用。我当时正是一个党小组长，只好响应号召，带头向党交心，带头澄清糊涂认识。

灾难由此而生。党小组会上，我带头发言："最近社会上揪出许多'大右派'，尤其是长影，将沙蒙、郭维、吕班几位大导演也打成'右派'，就把我搞糊涂了。据我所知，他们都是三八年参军的老同志，又都是从延安过来的，这几年对党的贡献很大，他们拍的《上甘岭》《董存瑞》《新局长到来之前》已在全国家喻户晓，现在被定为'右派'，心里很为他们可惜。他们是不可多得的人才，应该尽量挽救，还是不推到敌人的阵营为好……"

我发言后第二天被通知开支部大会，会议由支部书记主持，他一上来就说："今天开支部大会，请张良同志把昨天在小组会上的发言再说一遍。"

我心一横，就把在小组会上的发言原原本本又说了一遍。末了，又补充一句："如有错误，请大家批评指正。"

我刚说完，就有人站起来发言，批判我思想右倾，丧失立场，同情"右派"，替"右派"鸣不平。接着发言的人越来越多，批判的言词也越来越尖锐，处处上纲上线，纲也越来越高，一个比一个厉害，说我"替'右派'翻案"，就是"反党"。我第一次经历这种运动，第一次遭遇到这样的打击，心里很难过，也很不服气。会上谁说我想替'右派'翻案，我就对他说："你干脆说我就是'右派'。"谁说我"反党"，我就反驳说："你去翻翻我的历史，我十五岁参军，十八岁入党，是党培养我长大，我的骨子里就没有'反党'这两个字。"如此对抗了几天，一直僵持不下。

后来，团里老导演孙民同志找我谈话。孙民是我十分敬重的导演，他十分同情我的处境，语重心长地对我说："冷静点，冷静点，好好听我说，这些天你太不冷静，失去理智是要犯大错误的。我是过来人，你要知道现在是在整风，你还是太年轻，不懂得什么是党的整风。我太了解你了，你是个好演员，还该演更多的戏，不该因为任性，斗气而毁了一生的前途。你一定要听我的话，不许对抗，立即检讨，深刻检查自己的错误，争取同情和原谅。"

那晚上我一夜未睡，趴在灯下写检查。几次写不下去，想横下一条心死了算了。想想孙导的苦心挽救，只得硬着头皮写下去。这一夜真是一次生死抉择，如果不是孙导一番话，如果不是还想演戏，还想做演员，真的就会去死了。

在第二天的支部大会上，我第一个站出来主动提出发言，向组织和群众承认错误。我的检查应该说还是深刻的，让大会主持人措手不及，本来今天的大会应该继续对我批判，没想到我会一百八十度大转变。从领导到同志态度也有了很大转变，大多数人都表示欢迎我今天的态度，似仍需继续加深认识，一定要挖到犯错误的根源。我明白这些同志还是希望我回头，不忍心将我推到敌人的阵营里去。

在批判我的同时，我的日记、书信也全部被收缴检查。结果证明我还是纯洁的，没有一点反动言论，有的只是记着如何奋进，如何做人，如何报效人民。

虽然躲过了"右派"帽子，但我还是被停职反省。

三、被《人民日报》点名批评

抗敌话剧团的整风结束了，话剧团又开始到哈尔滨、长春一带为部队演出。这次是演三个独幕话剧，一是《喜相逢》，一是《喂！你是哪里？》，一是《三星高照》。团里开恩，允许我参加演出，将功补过，还让我在三个独幕话剧中担任主角。

在哈尔滨演出期间，我接到父亲病危的电报，上级只批准我往返三天的假期，因不能影响全团的演出，我只能匆匆而去，匆匆而回。待我忍痛向父亲告别后的第二天，父亲逝世，终年才六十岁。我只能化悲痛为力量，继续参加演出，以求将功赎罪，企盼不要将我定为"右派"。

这期间，《人民日报》以大半版的篇幅刊登了抗敌话剧团团长丁洪同志的文章，标题是《一个青年演员的歧途》，文章中披露了我在"反右"运动中的错误，批判我因骄傲而犯了立场性的错误。

这篇文章开了一个先河，像我这样一个青年演员，也值得在《人民日报》上给予批判。当然也达到了另一目的，让全国人民知道了我犯了一个什么性质的错误。而我则心灰至极：一个青年演员如果失去了观众的信任和喜爱，他还如何从事这一神圣的专业？！

四、下放三十八军当兵立功

1958年初，我的处分结论终于批下："在整风反右运动中，犯了严重的立场性错误，故决定给予留党察看两年的处分，并给予行政降一级处分。"

处分一下，上级命令我立即下放到三十八军当兵改造。我与同受处分的一位年轻导演田某，立即脱掉原来的军官服，换上士兵服，打起背包，第二天就到驻扎在通化的三十八军报到去了。

◎ 1958年在三十八军当兵锻炼

我被分配到一一三师三三五团一营三连。三十八军是原四野的王牌军，在朝鲜战场上屡立奇功，被彭德怀司令员誉为"万岁军"而通报全军嘉奖。我所在的三连，正是魏巍的著名报告文学《谁是最可爱的人》所描写的与阵地共存亡的英雄三连。

在三连，每天我同他们一起吃住、摸爬滚打。每天的科目，战士们练一遍，我就练十遍。投弹，我就是投一百遍，还是超不过战士。但我决不灰心，我一定要按照要求完成军训的所有科目。

1958年秋，部队要进行军事拉练。为适应现代战争的需要，全军要进行八百里立体战争军事演习。同练的还有空军、坦克、炮兵及防化部队。

演练开始，我们背负着重达八十多斤的装备每天行军六十里，边走边演习、打仗，如同实战。有时打防守，有时配合坦克、飞机打攻击，有时又打防化学战，人人都带上防毒面具，边打边防毒气。打到什么地方，就露宿在什么地方，自己支帐篷、挖坑、立灶、做饭。

八百里实战演习历时四十多天，每个人都晒得像黑人一般，我瘦了二十斤，但出色地完成了所有的训练课目。演习后总评，我荣立了三等功。

在八一电影制片厂的新天地

一、借调拍摄电影《战上海》

1959年初,我在三十八军突然接到沈阳军区的命令,令我即日返回抗敌话剧团待命。我只好与三连的战友们告别,彼此相处近一年,大家已难舍难分,互祝前程远大。

我返回抗敌话剧团,团领导通知我,八一电影制片厂拟拍摄电影《战上海》,借我去演一战士。军区领导考虑到我一年来当兵的表现,已同意。团领导嘱咐我勿失良机,一定认真工作,演好这一角色,切不可掉以轻心,因党内的处分尚未撤销,仍需认真改造。

我遵嘱按时到了八一厂。此时方知在我当兵的一年中,总政文化系统为强化八一电影演员剧团的实力,从全国几大军区话剧团抽调主力演员补充到八一厂演员剧团,单是沈阳军区抗敌话剧团即调来了七人。他们走后,抗敌话剧团的实力大大削弱。

《战上海》是一部描写1949年我军解放上海的彩色故事片,系八一厂的重点影片,导演为少壮派王冰同志,据说他曾任某军文工团团长,精明、果断、很有魄力。该片演员阵容也很强大,我方人员有:南京军区话剧团著名演员丁尼出演军长,原六十六军文工团团长李舒田(后任八一厂导演,是我的老团长)出演团长,广州军区文工团团长李长华出演连长。抗敌话剧团的王润身(已调八一厂)出演班长,我出演战士小罗,老艺术家胡朋出演母亲。"敌方"人员有:北京青艺老演员王班出演汤司令,福建军区唐克出演敌少壮派军长,八一厂老演员刘季云出演敌老奸巨猾的刘义军长。

该片拍摄外景全在上海,内景在八一厂摄影棚。此片场面浩

◎ 电影《战上海》剧照

大，曾调了一个师的兵力协助拍摄，这在当年亦算空前。

拍摄中，周恩来总理、陈毅副总理曾到八一厂摄影棚观看拍摄，这对全摄制组以及全八一厂都是极大的鼓舞。

在这部影片中，我的戏并不重，只是一个小亮点，一块小色斑。但我全情投入，力求让自己扮演的小战士色彩鲜艳、让人喜爱。

二、正式调入八一厂演员剧团，参演《林海雪原》《三八线上》

也许是八一厂领导对我在拍《战上海》期间的表现比较满意，也许是听说了我在下放期间的表现，故决定调我到八一厂来。经与沈阳军区协商，我于1959年11月正式调入八一厂演员剧团，从此正式走上了专业电影演员这条路。

我调进八一厂后接拍的第一部故事片是史文帜导演的《三八线上》。这是一部描写朝鲜停战以后，我人民志愿军与朝鲜人民军如何在三八线上并肩守卫、粉碎敌人的破坏，保卫和平的故事片。这是根据一部同名话剧改编的，演员大多是原话剧团的人员，只我一人临时替换上去，出演志愿军战士"小不点"。此剧因剧本单薄，公映后反响平平。

同年，我又接了刘沛然导演的《林海雪原》。该片是根据曲波的同名长篇小说改编的，该小说在社会上影响很大、深入人心，塑造了杨子荣、少剑波等英雄形象。因此我们的影片未拍就已引起社会的广泛关注。

该片的演员也集中了八一厂最优秀的演员班底。正派：王润身饰杨子荣，张勇手饰少剑波，师伟饰白茹（小白鸽），我饰高波。反派：毕钰饰座山雕，姜湘臣饰大麻子，刘季云饰神河道人，杨成轩饰小炉匠，里坡饰傻大个。

该片内景全在八一厂摄影棚内完成，外景全在东北长白山一带，我们冒着零下四十度的严寒拍摄。哈气成冰，大家的眉毛、胡子上都挂着冰花，连摄影机、汽车的发动机都冻得不转。机器必须用火烤了才转，但人不能烤，尤其演员要的就是这种天然神韵。可是眉毛好了，脸又不行了，脸被冻僵，脸上的肌肉不听使唤，该哭不像哭，该笑不像笑，全是不到位的尴尬相，弄得导演也哭笑不得。

该片正反派演员均有出彩表演，上映后亦有较高的上座率。只可惜我演的高波，为给主戏让位，被一剪再剪，最后只剩下一个虚设的龙套。因为一部故事片的篇幅有限，面面俱到实不可能，只能围绕攻打威虎山等主要事

◎ 电影《林海雪原》剧照

件,塑造杨子荣、少剑波等几个主要英雄人物,其他的只能舍弃。如果是几十集的电视连续剧,便可以展开来写了,那时高波的牺牲便会十分动人了,但电影中竟没敢让他牺牲,这只能算是个小小的遗憾。

在拍《林海雪原》期间,我虽失去了高波的戏,但在政治上、生活上均有所得。

先说政治上的收获。"反右"运动后,我受到"留党察看两年"的党内处分。经1958年当兵改造,又经1959年借拍《战上海》,我的党内察看期已到,剧团支部经过讨论,却认为对我还不够了解,需延长一年继续观察。直到1961年底,拍完《三八线上》《林海雪原》两片,经剧团支部再次大会讨论,才同意"如期撤销两年察看"处分,恢复一个正式党员的权利、义务,实际上我被留党察看是三年。

从此,我又得以恢复政治生命,此乃一生大事,数年来耿耿于怀莫过于此。当然我一直将此压力变为动力,时时处处记住"反右"中的政治教训,不敢再越"雷池"半步。胆小、谨慎、不再乱说乱动,尤其在政治问题上,决不乱发议论、乱表态,一扫过去的狂傲之气。今日撤销处分,也绝非"一劳永逸",正如支部书记的训导:"不要以为撤销处分就万事大吉了,不吸取教训,仍会再铸大错!"

情定终身

在政治上获得新生的同时，我和苦恋六年之久的恋人王静珠也终于修成正果。王静珠是一位对我人生产生重大影响的女子，可以说，我的人生没有王静珠就构不成一台戏。命里注定，谁也拆不开我俩。我和王静珠的故事详见我2003年出版的自传《情爱不老》，此处仅作略述。

一、初识王静珠

认识王静珠纯属偶然。1956年夏，在第一届全国话剧会演期间，刚演完《董存瑞》的我在话剧汇演期间众多靓丽的人群中，有一位姑娘特别令我眼亮。她年轻、漂亮，染了一头金黄色的头发，梳了两条齐腰的大辫子。那年代没人敢染头发，所以她很特殊、很扎眼。

这就是我对王静珠的最初印象。说来也巧，我越是注意到她就越能碰到她，她的眼神好像与我心有灵犀似的。为了追逐这种异样的眼神，我竟几次刻意地等候在楼梯扶手边，只为了再一次与她擦肩而过。

这女孩让我心动，让我着迷，可是我竟没敢上前与她说话。汇演结束了，曲终人散。从此我再也没有见过她的面。回到了抗敌话剧团的住地，我很懊悔，怎么就这样轻易放弃？！当然，我也曾替自己解脱：现在漂亮的姑娘很多，说不定还能遇上比她更漂亮的。但是我在漫长的期待中，她的身影总是在我眼前闪动，拿她和现在生活中的姑娘相比，几乎再也没有遇到一个能超过她的人，她竟成了我择偶的一个标杆，一把衡量的尺子。有了她的形象，其他人再也不入眼。

1956年秋，八一厂决定把我们团演出的话剧《战斗里成长》搬上银幕拍成故事片，并决定由我出演主角赵石头，于是我们剧组再次住进八一电影制片厂。

当时恰值八一厂首映《董存瑞》，厂工会请我与全厂职工见面，并参加一个放映后的职工座谈会。我又与这位美丽的姑娘相遇了。

我定定地望着她，她也是定定地望着我，这一瞬间，她一定也想起了我，想起了那一次彼此的擦肩而过。我对她微微地点点头，她立即报以嫣然一笑，她的脸红了，赶紧低下头去。后来她报名发言，她语音清亮，思路敏

◎ 1952年初到北京八一厂的王静珠

捷，一口标准的江南普通话。她很激动，但她到底说了些什么，我竟全然没有听进去。

在她发言时我却在想：她竟是八一厂的人，这可太好了，这一次我可要抓住机会，一定要设法单独和她见一次面，单独谈一次话，告诉她我这几个月来的相思之苦；明确告诉她，我对她有那"意思"，也一定让她对我表态，是否对我也有这个"意思"。

这晚上我失眠了，脑子里总在想她那嫣然一笑，想那从暗中投来的目光。想我们还是有缘的，不然怎么可能再见到？怎么会那么巧，她竟在八一厂？又怎么这样巧，我会来八一厂拍片，这岂不就是天作之合？！这一晚上我好兴奋，这是天赐良缘让我们重逢，这一次，我必须打起二十四分精神，再也不可错失机会。

从剧组的战友谈论中得知，这位黄色大辫子姑娘是八一厂军教片室动画车间的，叫王静珠。苏州人，苏州美专毕业，1952年就来八一厂了，是国家第一批统一分配来的大学生。

一天，我从摄影棚出来，路过八一厂院内的一座小桥，我远远地看见王静珠倚在小桥的栏杆边正同一位海军军官谈话。海军军官很年轻，也可以说长得很帅，穿一身笔挺的海军军服，神态显得很高傲。而王静珠对他似也热情。不知为什么，她的这种"热情"让我受不了。我不知道他们俩是什么关系，也很怕这是一种什么关系。我急匆匆地从他们身边走了过去，连看都不敢看他们一眼，似是回避，实则逃避。走了很远，我才有些自责：这是为什么？人家二人谈话与我有何相干？怎么会连这也忍受不了？

又有一天傍晚，王静珠突然应邀来到了我们的集体宿舍。她此次来是为了向我们团的老化妆师严某讨教，她还带来了她自己的一本素描画册，请严老师指点。她同我们团很多人都熟悉了，于是很多人都围了上去。有人看她的画册，有人同她谈话，屋里的气氛立即热烈起来。不知为什么，我没有围上去，也没有同她谈话，我独自躺在自己的行军床上拿了本书看。

◎ 艺术照

这晚，人人都明白，她此次的来意是"醉翁之意不在酒"，向严老师讨教是假，想看某一个人是真。但那个人是谁？我假装看着书，假装对她的到来并不在意，但实际上我太在意她的到来，太在意她的一举一动了。我心里坚信她是冲着我来的，只是在众多人前我不敢正视、不敢表现，众目睽睽之下我只能拿本书挡住自己，怕被人看到我已经对她有了"意思"。但我发现她的视线竟也一直盯着我未断。我很满意，庆幸自己的判断成功了，她果然是冲着我来的，我感到无比欣慰。

多少天来，我都在想：找个机会同她单独见一次面，告诉她，我对她有"那个意思"，不知道她对我是否也有"这个意思"，如果双方都有"这意思"，就可以摊开来谈谈，不必这么躲躲藏藏。如果她根本没那"意思"，也可以从此断了我的单相思之苦。

但是偏偏那些天试镜、试妆、排练，日程安排得很紧，没时间、没机会找她单独会面，想摊牌也不容易，只能再等机会。偏偏连这样的机会也没有了，我突然病倒了，咳嗽、低烧，到三〇一总医院一检查，说我患上了肺结核。那年代得肺病，就犹如得了癌症，是大事，我精神很紧张，想不住院都不可能。我被剧组撤下来送回沈阳军区结核病医院治疗，剧中的角色也被替换了。结果这一住就是三个多月，病稍痊愈，又被转去兴城疗养院疗养，又是两个月。终于病情好转，肺病变成钙化点，病愈出院。这时《战斗里成长》电影也刚刚停机，全剧组离八一厂返团。

我这一次病得真是太不是时候，既耽误了一部戏，又耽误了我和王静珠可能的"摊牌"机会。

二、坦露心曲

因《董存瑞》影片在全国放映,每天都有许多观众寄信给我,每封信又都渴望我复信。这每天看信、复信成了我的精神负担。

有一天,我收到一封没有写抬头称呼的信,信里写道:"你扮演的董存瑞获得了成功,受到了大家的称赞和尊敬也是正常的,但你不该骄傲。你在八一厂拍片期间,我一直在观察你,表面上你还算谦虚,但在内心深处,你已滋长了一种骄傲情绪……"

这就是王静珠写给我的第一封信。

晚上,我一个人躲到无人处偷偷地看这封信,看得我脸红心跳,犹如在看一封情书。其实我们还没"摊牌",这只是我一厢情愿,她根本不知道我有这"意思",她的信也看不出有半点那种"意思"。她也没有真的批评我,只是担心怕我骄傲,怕我退步,怕我伤了观众的心。她在信中说道:"你塑造了一位亿万观众信赖的英雄,这很不容易,谁也没见过董存瑞,但人人相信了银幕上的就是董存瑞。人们还把你当成是活着的董存瑞,虽然你自认为自己不是,但你不该冷落了观众的心,你该自重、自爱,处处以英雄为榜样,切不可骄傲自大。"

我久久地望着这封信,久久地沉浸在一种莫名的激动之中,她的信写得很诚恳、很感人,让我倍感亲切。我久久地回忆着她的音容,她那染了黄发的大辫子、她那富有江南口音的普通话、她那从暗处发出的热烈目光、她那欲言又止、悄然离去的身影……

当晚,我就提笔给她复信了,这也是我给她的第一封信。

就这样一来二去,我们开始通信了,在很长时间里,我们竟一直保持着没有抬头没有称呼的信。不是不想写称呼,但称呼什么都觉得不合适,叫"同志"吧,似乎远了,我们自感比同志还亲近。叫"爱人"吧,还没到这份上,再说如此直呼也太俗气。其实那些天天喊"爱"的不一定真爱,而在心里真爱的又未必都挂在嘴边、写在纸上。

我们通了近一年的信,竟真的找不到一个"爱"字,但彼此都感到这爱的程度,愈来愈深、愈来愈烈。

1957年秋巡回演出后,我趁机请假去了北京,去八一电影制片厂见了王静珠,向她道出了我心里埋藏已久的心声。我说:"我终于来了,终于可以向你'摊牌'了。今天我郑重地对你说:我爱你,一辈子都爱你!"王静珠也庄严地说:"我也爱你,无论你将来是荣是辱,我将一辈子和你守在一起,永不变心!"

从此我们成了真正的恋人。

三、共历磨难,终成眷属

当时,我除了在整风运动中受到组织批判外,还被《人民日报》点名批评,处境很是狼狈。正当我心灰至极,王静珠从北京给我发来一份电报,上写:"张良同志,报文已读。我坚信你仍是人民喜爱的好演员,望振作自重,投身到无限的为人民服务中去,王静珠。"

因为被审查,我与她已几个月没通信了,今得电报喜极而泣,知她还爱我,还信任我,我立即给她复信,告诉她我可能离开抗敌话剧团,下到连队当兵。我又违心告诉她"我可能一辈子也回不来了,忘了我吧!"但她又回信了,她说:"不要怕,我爱你,无论你去哪里,我都会追随在你身旁,哪怕天涯海角,你再不孤单,因为有了我……"我就是揣着这封信下放连队当兵去了。

经过几个月部队生活的改造锻炼,我荣立三等功。当我从三十八军向她拍电报立功报喜的时候,得知王静珠却为了我从总政报名下放北大荒。真是天意弄人,而我随后又被上级从三十八军调入八一厂。幸运的是,她在北大荒得到王震将军的帮助,奇迹般地调到了北京的中央农垦部,在农垦部杂志社任编辑。

静珠回到了北京,就在西单的中央农垦部工作,每个星期天,我们都可以相聚了。一对苦情、苦恋的人终于苦尽甘来。一天我俩商量着说:"咱俩结婚吧,免得再失去对方!"可是结婚也不容易,还不知道上级能不能批。她说:"打个报告,争取一下,我们也不小了。"我算了一下,若到春节结婚,我已二十八岁,静珠也二十六岁了。在当年亦属晚婚晚育了,于是我们下决心试试。此时已是1960年年底,报告上写着"希望能在1961年春节结婚"。

◎ 结婚照

结婚报告送交八一厂演员剧团，经团长李力同志、协理员（支部书记）薛骏同志签名同意，又送交八一厂政治部主任转递八一厂领导，层层签名同意，这才批准我们结婚。

在领取结婚证书后，我们就定在1961年春节除夕举行婚礼，地点就在八一厂演员剧团。八一厂经济宿舍的一间平房就是我们的新房。

经济宿舍，顾名思义，就是住房条件比较简单。一排单人平房，每间约有二十平方米，简单到没有厨房，没有厕所，更没有洗澡房。洗澡全要到八一厂的集体澡堂购票洗澡，还不是每天可洗，每周六凭票洗一次。厕所是公厕。厨房没有，如立灶则在门前放一蜂窝煤炉，用木板钉一个小雨篷遮雨，就在此露天烧饭、炒菜，其他的准备工作放在屋内。

为我们主婚的是八一厂故事片室主任、大导演冯一夫和他的夫人——演员剧团协理员（支部书记）薛骏同志。来参加婚礼的除剧团在家的演员（不少人在外地拍戏未归），还有故事片室的导、摄、美方面的同志，以及动画车间静珠的老同学、老同事。房间小，不可能全进屋坐，只能分期分批。进来的也无非是喝杯茶、抽支烟、吃块水果糖。

那年代结婚很简单，什么东西都是借的，我们只买了几斤水果硬糖，参加婚礼的人只能每人一颗糖，因为没有那么多杯子，连水也没得喝。新婚夜我和静珠相拥而泣，能走到这一步太不容易了，彼此发誓：白头偕老，永不分离，再遇到天大困难也不能说散！

渐入佳境

一、拍《碧空雄师》苦练跳伞

刚度完蜜月，我便接到任务，上八一厂的新片《碧空雄师》。该片是我国第一部描写年轻的伞兵部队在执行抢险救灾任务中与当地人民的鱼水情的故事。

导演是袁先，主要演员均是八一厂演员：赵汝平扮演一号战士大海，我扮演二号战士李二娃，张勇手扮演伞兵连长，王晓棠扮演女民兵连长。

因该片是第一次描写中国伞兵的戏，演员没有伞兵的生活经历，故决定全组到开封伞兵部队体验生活。

我们真正需要体验的是伞兵如何进行训练以至从飞机上跳伞，这一过程如不经亲身操作，很难准确地把握跳伞的要领和神态。所以决定，体验生活从一个新兵入伍开始，从第一次的伞兵培训科目直至送上飞机跳伞，让我们学习、体验全过程。

我们又向伞兵部队首长提出请求，希望能允许我们在强化训练后，真正地从气球或飞机上跳一次伞，以

◎ 电影《碧空雄师》海报

增强这种真实感的体验。部队首长经认真研究，竟同意了我们的请求，但条件是必须全部完成地面科目训练，经正式考试合格，方可进行空中跳伞。我们很兴奋，为达到空中跳伞的目的，决心做好地面训练。

地面训练科目是很艰苦的一套全过程。第一步是跳一米高的地面平台，以打好跳伞着陆的动作基础。这一步要求跳一个星期，每天不停地从一米平台跳下，练好双腿并拢及身体重心。第二步更难了，跳三米高平台，目的是掌握双脚着陆的支撑力。因空中跳伞着陆时，双脚需承受数十公斤的冲击力，如不打好基础，很可能会造成膝腕关节骨折，此一步亦需七天的苦练。第三步跳联合操纵架，此架高五米，完全仿飞机舱门建造，训练的目的是从背伞到跳离舱门，以及停在空中整理伞带、操纵方向、处理空中险情、最后着陆。这一步正是跳伞的全过程，如训练精确，即可实施空中跳伞了。我们的训练是严格的，教官一丝不苟，完全像培训一个新伞兵。

这时期正值我国三年困难时期，每人每月的粮食定量为二十八斤。平均每天不到一斤粮，只能是早二两、中晚饭各三两。三两就是三个小馒头，也就是三口，根本吃不饱。菜也定量，不可能以菜带粮。因此，我们每天都是处在饥饿状态下接受强体力训练，这只能靠信心和毅力去支撑。

经过艰苦训练，我们成功地进行了一次五百米空中气球跳伞。这次跳

伞，伞兵部队还为我们颁发了证书，作了一次历史性的记录。

影片《碧空雄师》如期开机，外景定在广州，内景仍在八一厂摄影棚。这是中国第一部伞兵故事片。

二、演出话剧《哥俩好》

八一厂剧团决定排演由南京军区白文、所云平同志编剧的话剧《哥俩好》，特请电影导演严寄洲任话剧导演。排此剧的目的很明确，先在舞台上练兵，为部队作慰问演出，待戏成熟即改编成电影故事片。

此剧演员均由八一厂剧团全团演出，由我扮演陈大虎、陈二虎两兄弟，言小朋扮演班长雷历金，王心刚扮演指导员，邢吉田扮演洪军长，曲云扮演老大娘。

这是一台喜剧，如何演喜剧，谁也没有经验。严导演说："咱们就瞎子过河，摸着来！"对我来说，最大的难题是如何在舞台上塑造两个性格不同的双胞胎形象，而这恰恰是舞台上的喜剧基础。两兄弟都是我一个人扮演，哥哥陈大虎性格内向、憨厚、朴实、腼腆、拘谨，对人很有礼貌；而陈二虎则性格豪放、热情、任性、执着、倔强，犹如一团火，奔放、热烈。但他们都是刚入伍的新战士，一样的面容，一样的军装，不说不笑时俨然就是一个人。但只要一说话、一走路，就应立即被人分辨出两人的不同，那便是性格上的差异。我就紧紧抓住这哥俩的同和异去探索舞台戏的人物塑造。

舞台上最大的困难是能不能同时出现两兄弟，导演要求我必须在一转身的瞬间就能鲜明地表现两个不同的人物性格。如有一场戏，哥俩争着为群众做好事。弟弟二虎给大娘做豆腐，不懂装懂，倒多了卤水，闯下祸，他先去办点事便从第一道边幕下场。紧跟着哥哥陈大虎从第二道边幕上场，也想帮林大娘做点好事。大娘却把大虎当成了二虎，发生了误会。这两兄弟一个从第一道边幕下场，一个从第二道边幕上场，方向相同，但路已不同，人亦不同。

我的办法是从两个方面让观众去认识和区别两兄弟：

一是服饰——二虎活泼任性，他的军容从不整齐，军帽几乎一直有点歪，一会歪向这边，一会歪向那边，衣服的风纪扣领口从不扣，皮带上还常常插着个弹弓；而陈大虎则不同，他的军装从来都十分整洁，挑不出一点不规范之处。观众一看他们的服饰就知两人的不同。

二是性格——二虎性情豪放，说话很快，走起路来像一阵风；而大虎沉稳，说话腼腆，和气。二虎向人敬礼时，手指岔开，头微向后仰，显得很自信；而大虎则手指并拢，头微向下，恭敬地望着对方，显得很谦虚，很有礼貌。因此，在舞台上，即使我刚从第一道边幕风风火火地下去，马上又从第二道边幕斯斯文文地上来，观众就会大笑地认出这是"哥哥来了"。

两个人的军装相同，但穿着不同，行为不同、性格不同，区别就显得很大。虽说只在转瞬之间，亦可清晰地辨认出一个是闯祸的愣小子，一个是替弟弟"背黑锅"的憨哥哥。《哥俩好》正是靠这孪生兄弟的差异，在舞台上赢得了一阵又一阵的笑声。

但演这出戏真的很累，整出戏全在两兄弟身上，不是哥哥来就是弟弟去，全场只见我一会从右上，从左下，一会又从左上，从右下，累得我在后台走马灯一般团团转。舞台上没有分身术，只能一个人跑来跑去像变魔术。但这也带来了巨大的快乐，每当听到台下观众的笑声，我就疲劳尽消，因为这已达到舞台演出的目的，寓教于乐。

这台戏演出时间很长，我们先为部队作慰问演出，后在北京民族文化宫剧院卖票公演，场场爆满，很多人隔夜就去排队买票。

更有趣的是北京人民艺术剧院也公演《哥俩好》，同名，同戏，与我们同时唱对台戏。有竞争才有市场，这更激发了我们的创作热情，潜意识里就是要一比高低，看谁能赢得更多的观众。

结果，还是我们八一厂剧团略胜一筹。因为这是一台战士的戏，战士的气质、战士的形象、战士的神韵，观众还是要看我们八一厂剧团的战士气质。

三、沈阳军区为我改正"反右"处分

1961年11月12日，我的长子降生了。这时仍是国家三年困难时期，听说毛主席已带头禁荤、减食、种菜、吃小球藻了，全国人民也都心甘情愿地吃糠咽菜，但却是我的大喜之年。春节结婚，年底得子，又演出了《哥俩好》获得成功，又在政治上获得改正，使我的精神获得解放。

1962年，就在我们在民族宫礼堂演出《哥俩好》的最高潮时，沈阳军区派来干部，为我在1957年"反右"运动中所受的处分作改正。他们已将改正决定送交八一厂党委，又给我送来一封道歉信，对在1957年整风运动中我的错误性质及处分作了新的结论。道歉信原文如下：

张良同志：

您好。关于你在1957年反右派斗争中，因有某些错误，当时在话剧团范围内进行了一些批判，受到党内留党察看两年之处分。我们根据中央和总政有关指示精神，对你的问题做了认真研究甄别，并决定撤销原给予党内留党察看两年处分，有关方面的材料，一律从档案中撤出销毁，其他材料上有记载者，也一律销掉。

这个问题主要是由于我们当时对上级指示领会不深，掌握政策界限不够准确，缺乏认真地调查研究，再加上在政治运动中群众难免有些偏激情绪，因此对某些同志批判处分欠妥当，也是在所难免的，这点谨向你表示歉意。从你本人来说，当时在思想认识上有些模糊的，对问题的看法上是有些片面和偏激情绪，作为一名党员来说，是不应该的。当然这些问题是过去的问题了，从这几年的实际斗争中相信你早已解决了，但是我们应从这一事件中得到有益的教训，还是为妥的。希望你愉快地卸掉包袱，轻装前进，努力学习政治，加强团结，做好工作。你还有什么意见请来信告诉我们。

致以

敬礼

中共沈阳军区政治部机关委员会
1962.6.26

收到这封信，又得到送信人的面谈，我感到非常温暖，非常受感动。我们党对1957年的"反右"扩大化做了认真检讨，并对每一位受到错误处理的同志都做了认真甄别纠偏，使很多同志得以恢复自由，这充分体现了共产党的实事求是作风，体现了党的伟大。我很感谢党，决心以更好的工作成绩报答党的挽救。

这是我在1962年里的特大喜事。

四、荣获《大众电影》百花奖最佳男演员

话剧《哥俩好》演出成功，八一厂决定拍成电影故事片，仍由严寄洲导演并改编，电影中，演员阵容稍作调整，让张勇手代替言小朋出演班长雷厉金，其他人员不变。

◎ 1962年被授予上尉军衔后留影

外景地定在云南昆明、丽江一带，也为了给昆明部队演出几场话剧《哥俩好》，因此出外景地还带上全部的布景、道具，取道贵阳，转乘汽车进昆明。

《哥俩好》一剧先在昆明演出若干场，以慰问昆明驻军，后在丽江一带拍外景，一切倒还顺利。拍电影用特技解决了两兄弟相会谈心的镜头，特技摄影师何如同志想了很多办法，用两次曝光法、替身法、遮挡法、换头术等技术，把我一个人扮演的两兄弟不仅放在了同一画面，还可以走，还可以互相拥抱、握手、谈心，制造了很多乐趣。当然还要特别感谢做我替身的演员，正是他的奉献、合作，才成就了哥俩的相聚。这部电影日后在全国放映，赢得了广大观众的喜爱，为赢得"《大众电影》百花奖"铺平了道路。

◎ 电影《哥俩好》剧照

1963年，第二届"《大众电影》百花奖"的观众投票结果揭晓，我以很高的选票获得最佳男演员奖。而最佳女演员奖的桂冠落在张瑞芳同志头上，一部脍炙人口的电影《李双双》，还成就了仲星火同志，他获得了最佳男配角奖的桂冠。这一届的最佳导演奖被八一厂的王苹同志获得。

第二届"《大众电影》百花奖"的颁奖典礼在北京全国政协礼堂举行，周恩来总理、陈毅副总理出席了我们的颁奖大会，这令我们获奖的人员感到十分振奋和荣耀。为我颁奖的是当时的中国文联主席，著名文学家、历史学家郭沫若先生。颁给我的奖品是由老舍先生的题字、被镶在一个大镜框里的奖状。老舍先生的题字是：

气壮肩双虎，男儿斗志昂；
都夸哥俩好，应胜汉张良。

《大众电影》第二届百花奖，赠给最佳男演员奖获得者张良同志
张良同志于《哥俩好》中兼扮"双虎"
一九六三年五月 老舍题

最令我们激动、难忘的是敬爱的周恩来总理、陈毅副总理接见了我们全体获奖者并与我们合影留念。他们一一同我们握手道贺,当敬爱的周总理握住我的手时,他亲切地对我说:"你演得像个战士!"

我兴奋至极,这是总理对我的最高奖励!我当了这么多年的兵,演了这么多年的兵,无非就是希望能演得像个战士。今天,周总理正是给我最高肯定,鼓舞我坚定不移地为战士塑像。

写到此,我情不自禁地走到一张大镜框前,仰望当年周总理与我们获奖人员的合影。

在合影上,周总理、陈毅副总理并没有按惯例坐在中间,而是分坐在第一排的两边。许多人看此照片无不惊奇地问:"这是为什么?""总理没坐中间,那中间这位是谁?"说来这又是一段美好的回忆:

当时,照相的座位已排好,大家请总理在前排正中就座。这是理所当然的事。可是周总理不坐正中,他说:"今天是你们的盛会,应是你们获奖者坐当中,我和陈老总是来祝贺的,祝贺者坐两边吧。"

大家坚决不肯,没办法,总理又说:"这样吧,咱们谁的岁数大谁坐中间。"大家笑着说:"肯定是您岁数大!"他也笑了:"不一定!"他于是报了自己的出生年月,大家互望,这时杨小仲(《三打白骨精》影片导演)不好意思地说:"我虚长总理一个月。"周总理大笑:"大一个月也是大哥嘛。没说的,你坐当中。"他走上前扶杨小仲坐上中位,一回身拉住我的手说:"小张良,咱俩坐边上。"便坐到边位,我一看不行,又将总理扶起,我坐在最边上,让总理坐在第二位。那边陈毅副总理也效仿总理,他就坐在最边位,让张瑞芳坐在第二位。大家笑个不停,照相师喊了几次:"照相了,不要动!"大家依然在笑,于是留下了这难忘的画面。

五、周总理鼓励我要自信

1963年夏,我们八一厂演员剧团又在北京公演了话剧《霓虹灯下的哨兵》。这出戏在当年的北京也曾引起轰动,因为演员阵容也是八一厂剧团最优秀的。由田华扮演春妮,我扮演陈喜,刘教级扮演连长,于纯绵扮演指导员,李炎扮演赵大大,王毅扮演童阿男,喜霞扮演阿香。

经精心排练,舞台美术、灯光照明也突出了八一厂的特点,令人耳目一新。因此这台演出在北京也引起轰动,很多观众也是冲着这些演员来买票看。

没有想到周总理也在一个周末来看我们的演出，大家奔走相告，搞得气氛很紧张。本是正常演出，倒像是为总理演的专场，大家心都提到嗓子眼，唯恐出一点错。但越紧张越要出事，虽然没有忘掉台词，可脸上的肌肉都绷得很紧。动作也有些失态，总之整个演出走了一点味。

演出结束后，周总理还到后台看望大家，他总像一团火，让大家感到温暖。他又像慈父，能消除孩子心灵上的恐惧。他哈哈笑着同每一个演员说话，他很喜欢李炎演的赵大大，说他演得好，憨厚可爱。也夸奖田华演的春妮，说她演出了一个老区军属的质朴和贤惠。他也看到了我，他却说："张良同志，我看你很紧张嘛，好像也不自信。"我不好意思地说："我不敢和田华配戏，她岁数比我大，演她的丈夫我就很不自信。"这一说大家也笑了。

其实我只是说对了一半，真正的原因是我演惯了小战士，很不习惯演一个排级以上的干部，更不习惯演这种丈夫妻子一类的戏，暴露了我的局限性。就我个人的人物创造来说，基本上是失败的，给我的教训很大。这给我敲了一次警钟，必须拓宽戏路，再不能满足现状，我必须逐渐适应去演不同的人物，塑造不同的有血有肉的人物形象。

六、借上影拍《家庭问题》

1964年，我应上海电影制片厂的邀请去拍《家庭问题》。该片的故事是写一个叫杜福民的青年，在工人家庭长大，从技术专科学校毕业之后，一心想当一名技术员，走一条工程师的道路。可是他那老工人出身的父亲看出他有些轻视劳动，轻视工人，便向厂长建议，先不让他当技术员，先到车间当一段工人以便端正思想认识。不想这一决定引起小儿子杜福民的不满，也引起了老伴和全家人，甚至外婆、大姨妈等人的围攻，引来一系列家庭问题。

上影老演员张伐演父亲，我演杜福民，北影赵联演哥哥杜福新，谢怡冰演母亲，张翼演厂长，张小玲演小玲，吴茵

◎ 电影《家庭问题》剧照

演大姨妈。导演傅超武。

这是我从影以来，第一次没穿军装演一个工人，能与张伐、谢怡冰、吴茵等老师配戏很感荣幸，因此兢兢业业，虚心向老师们请教。

接受《霓虹灯下的哨兵》的教训，我决心演好这个不是军人的杜福民，我认真研究剧本，研究人物特性。人物的基调还是可爱的，单纯的，他只是急于走一条"白专"道路，自以为专科学校毕业，比父亲、哥哥都有文化，可以超越工人，从一个技术员直接干到工程师，万没有想到遭到父亲的阻拦以致搞得家庭不和。他是个转变人物，在事实教育下，他转变认识，积极苦干，取得可喜成绩，更加受到大家的尊敬和喜爱，所以不是落后人物，不能当阿飞似的演。就算他甩掉工作服，摔掉劳动工具，他也只是因为受了委屈，自尊心受到伤害，是在父兄面前的一种撒娇。何况他从小受到母亲、大姨妈等人的溺爱，哪里受得了这种气。按这个基调，就算烫了飞机头，穿了丝绵衣，怕苦怕累，人还是可爱的。只是让人担心他的变化，关注他的发展。这部戏我倒要时刻注意克制军人的习性。我当兵、演兵的时间长了，坐立都是军人的习惯，绝不可露出半点军人的特点。有一次排戏，一不留神露出军人的神态，令演父亲母亲的老演员们大笑，他们还说："看，张良还真像个军人"，吓得我出了一身冷汗。这是什么环境，什么人物，怎么可能有军人的姿态？我赶紧收紧，向上海小青年的特点靠。

虽然这部影片我演得不算好，但确是我出演的第一部工人的戏，总算是脱离了军人的影子，而演了另一类人物。

七、在广东拍《打击侵略者》

1965年，八一电影制片厂决定拍《打击侵略者》。这部戏与后来的样板戏《奇袭白虎团》取自同一题材，是讲述我志愿军与朝鲜人民军并肩作战打击美帝侵略者，痛歼敌伪"白虎团"的英雄事迹。

导演华纯，演员仍以八一厂为主。李炎饰军长，胡晓光饰政委，于纯绵饰团长，我饰侦察班长丁大勇，黄焕光饰小豆豆，张勇手饰人民军侦察员，王效中饰"白虎团"团长，维佳饰美军上校。

这部戏所描写的生活都是我很熟悉的，因为我曾两次赴朝鲜参战，本人便是志愿军宣传队员，因此对这部戏充满感情，也想运用自己的亲身经历，演好丁大勇的形象。

对这一人物的塑造，我极力区别于董存瑞和《哥俩好》的大虎、二虎，这是我演兵的又一个重要形象。除赋予他机智、勇敢的共性,更应塑造好他在前沿阵地被火烧的坚忍不拔的英雄气概。在他的身上体现了战斗英雄邱少云烈士的大无畏革命豪情。我们的志愿军战士,之所以被人民尊为"最可爱的人",就是因为他们在祖国最需要的时候,可以毫不犹豫地献出自己最宝贵的生命。丁大勇的顽强战斗精神,和他的大无畏气概,正是基于对祖国、对人民的高度热爱。对这一人物塑造,我同样付出了巨大的爱,希望能给观众留下印象。

这部戏的外景是在广东东莞的樟木头拍的,最初我以为一定会选在东北,因为那里的山势与朝鲜很像。但到了樟木头一看,这样的山树木很少,稍做加工,更像战场。朝鲜战场的山已被炮弹、汽油弹炸平,连岩石都几乎变成粉末,山头浮土盈尺,所有的树木都被烧毁,只剩下长短不一的木桩。战士们就是这种环境中凭借着毅力同敌人作战。樟木头的山很适合加工成战场,而东北的山树木茂盛,只能是战前的形象,很难改造成战场,这我更佩服导演、美工师的眼力。

这部戏的内景、坑道、指挥所、敌"白虎团"团部等,全在八一厂棚内搭景,八一厂摄影棚很大,真装得下千军万马。

《打击侵略者》是我在"文化大革命"前拍摄的最后一部影片。刚刚完成便接到上级命令,令八一厂部分创作人员随总政组织的"四清工作队"到山西沁县参加"四清",我便随队前往。

◎ 电影《打击侵略者》剧照

身陷"文革"

一、八一厂搞"文化大革命"

1965年秋，我随总政"四清"工作队到山西沁县参加"四清"。在"四清"工作队，我认真工作，并认真学习毛主席著作，做出较大成绩，被工作队评为"学习毛主席著作积极分子"，受到工作队的表扬。

1966年春结束"四清"返回北京，局势已是"山雨欲来风满楼"，北京已揪出"三家村"，并打倒了彭真、罗瑞卿、陆定一、杨尚昆，而这四个人都是中央的高层领导人。我们不敢问为什么，只能老老实实地跟着毛主席闹革命。

八一厂的"文革"大火是被解放军艺术院校的部分造反学生们点燃的。他们号称"星火燎原战斗队"，冲进八一厂来点"革命之火"，在墙上、马路上到处刷大标语："革命无罪，造反有理！""砸烂八一厂文艺黑线！""誓死捍卫毛主席革命文艺红线！""打倒八一厂走资派！""横扫一切牛鬼蛇神！"

八一厂犹如社会的缩影，社会上政治运动进展到哪一步，八一厂内的造反派便如法炮制。待到中南海的八三四一部队支持八一厂的"革命造反委员会"夺了权，压垮了其他的两派群众组织之后，他们便成立了"三结合"的革命委员会，开始按照江青的指示"清理阶级队伍"。

于是高音喇叭每天不停地在"勒令"。凡被"勒令"者必须立即到达指定地点，之后这些人便被摘掉领章帽徽，被关进"牛棚"，进行长时间的认罪、悔罪和劳动改造。

"牛棚"就是"牛鬼蛇神"集中认罪、改造的场所，官名"训练队"。那些被关在此处的人，均是被定为敌我矛盾的"七类人"：地（主）、富（农）、反（革命）、坏（分子）、右（派）、叛徒、特务。

这些人每天要学毛著，早晚要向毛主席请罪、悔罪两次。除每天在会上交代罪行，大家互相揭发、批判外，便是劳动改造，每天按照指令去扫街、剪树枝、烧锅炉、运煤、淘粪……

每天高音喇叭里都能"勒令"十几次，最多一次竟能"勒令"进去二十多人。这令八一厂内十分恐怖，凡与"革造会"对立的组织、个人，凡自觉在历史上有过"污点"的人,均有朝不保夕之感,日日担心会被"勒令",因为一旦被"勒令",就失去了一个公民的一切权利和自由,也更没有了做人的尊严。

我也有危机感,因为早在"文革"之初,剧团的几位支委就在工作组组长的支持下,写过大字报,说我在1957年就应该是"漏网右派"。我很惊奇,他们中有两位还是我在抗敌话剧团时的老同志,他们应该清楚沈阳军区在1962年对我的平反,今天怎么可以这样推翻历史,硬说我是"漏网右派"?但我当时也没有真正放在心上,我心想运动嘛难免不偏激,就算他们要害我,也很难推翻大军区一级党委的决定。但是随着运动的发展,我的担心日甚,这真是一场史无前例的大革命,连国家主席、开国元勋都被打倒了,还有谁能逃得了厄运?尤其到了"清理阶级队伍"阶段,每天高音喇叭都在"勒令",一批又一批人被关进"牛棚"。我心里明白,造反派就是不以"漏网右派"之名抓我,单是"三名三高""文艺黑线"也足以将我关进"牛棚",只是时间迟早而已。

1967年6月的一天,我就听到高音喇叭里在喊:"勒令!漏网大右派张良,速到揪斗办公室报到,不得有误!"

随即揪斗办的造反派撕掉了我的帽徽和领章,我被专政了!

剧团批斗会之后,我家来了几位"革命小将",要我交出全部的奖品、奖章、奖状,他们说这是"十七年文艺黑线"的"罪证",他们无产阶级革命派要搞个"十七年文艺黑线的罪恶展览会",以便教育群众。之后相继到家中进行二次抄家,我被迫交出了一大部分奖章、奖状(不是全部,我有意留下一部分),结果那些珍贵的奖品便一去不复返了。计有:文化部奖励我的"董存瑞表演一等奖"的奖状和金质奖章,还有第二届百花奖的老舍题词,还有……一大批全没有了。"文革"后我曾一再追索,但杳无音信,最后只好认了。

二、被扫地出门

一天,"牛棚"领导向大家郑重宣布"勒令":"自今晚八时至明晨八时止,全部在训练队的被管制人员立即从原来的住房搬迁出去,以便让无产阶级革命派入住。全体被管制人员的新住址全写在莲花池工人住宅区的门上,自己去找!务必于明晨八时前搬出,并将室内打扫干净,否则后果自负!"

他宣布完此令后又说:"之所以让你们与工人的住房对调,是因为十七年文艺黑线、三名三高政策让你们养尊处优,享尽了资产阶级的生活方式。今日让你们也去过过工人的生活方式,这更有利于你们的思想改造!"

这一道"搬迁令"犹如一声霹雳,将大家震昏了,被迫搬家、被扫地出门竟成了残酷的事实。

这一夜、这一路上所见的,全是"牛鬼蛇神"大搬迁,一家家拖儿带女、扶老携幼,全守在推车旁,扶着摇摇欲坠的箱笼,推着沉重的手推车。路上人不断、车不断,大搬迁、大展览,尝尽了辛酸苦难和屈辱,人人的眼里在流泪、心里在流血!

我也在规定的时间内搬出了旧居,也按规定将房前屋后打扫干净,静珠又恋恋不舍地流了不少眼泪,这终究是我们的结婚新房啊。不忍离也得离,狠狠心拉起她就走,不要回头,去"鸡鸭房"安置新家。

新居只有八平方米,放了一个张床、一张小床后已然满了,其他书柜、衣柜、箱子、炉子、锅碗瓢盆……全部堆在门外露天。

经全家人几天的努力,一个重新布置装饰的新家便有了新的色彩,再看不见烂砖头,再看不见条条砖缝,再不怕"针眼斗风",我们又有了一个新家!这是用报纸,杂志糊布景一样装饰起来的新家,这个家将支撑我们度过一段更加艰难的岁月。

三、被令复员还乡

在"牛队"熬过了一个寒冷的冬天,每日里被劳动改造、扫街、挖煤、早请示、晚汇报……到了第二年春天我被解放了,从牛队出来,回到演员剧团生活,继续接受改造,但这已不是被"专政"了。

我回到剧团不到一个星期,厂里就宣布全厂部分干部到山西"五七干校"劳动,我也在内。

我们走了,唯有静珠带着两个儿子坚守在"鸡鸭棚"度日。我是和总政下"五七干校"的队伍一道走的,浩浩荡荡的队伍开到山西省侯马市。到了侯马又转乘汽车开到一处十分隐蔽又险恶的山洼内。原来此处是一所关押重刑犯的监狱。

监狱修在山洼里,陡峭笔直的山体成了三面坚固的天然围墙,而另一面则是高墙、铁丝电网和高大的铁门,周围山体上都修有岗楼和哨兵。监狱内的犯人还没迁移完,我们只能坐在山坡上看着他们迁移。院内的犯人全都戴着脚镣,叮叮当当地被拖上汽车。终于走干净了,这才令我们下去,按已分配好的窑洞搞清洁卫生。一个窑洞可以睡十几人,我们领到消毒水先消毒,再分配床铺。

"五七干校"有两大任务:一是政治学习,提高阶级觉悟;二是劳动,改造思想。劳动就是种麦子、种棉花。从下种、施肥到除草、护苗都要干,晚上才是班组开会学习总结。我和剧团中刚从"牛队"解放出来的几个人为了将功赎罪,获得宽大处理,我们几乎是在全天忘我地劳动,连中午也不休息。还为大家洗衣服、刷鞋、修理劳动工具,一连几个月天天如此。

秋天到了,干校通知我立即返回八一厂,我被复员了。同时还有一批老演员也被宣布复员。我几乎不敢相信这是事实。我曾努力赎罪、以求宽大,没想到还是被无情地宣布复员了。我被告知,对我的处理决定由厂革造会当面宣布,于是我返回了八一厂,听候处理。

从干校返回的第二天,厂革造会正式向我宣布处理决定:我被定性为"漏网右派",不戴帽子,敌我矛盾按人民内部矛盾处理,开除党籍,行政降三级,按复员还乡。我完全傻了,万万没想到被如此定性处理。

第二天静珠也被通知复员了,并被明确告知"按照《复员条例》'在哪参军回哪去'",她应回到苏州去。

回到家中我俩相对无言,革造会让她去苏州,令我去东北,这是要拆散我这个家呀。静珠立即与苏州家里联系,让他们立即与苏州复员军人安置办联系。静珠胞弟雁江到处求人辛苦无比……可是两天以后,苏州回复:只能接收王静珠,不能接收张良(若干年后,苏州安置办透露,当年八一厂早已派人前往苏州,严令不准接收张良。我们被蒙在鼓里)。苏州的路堵死了。

革造会又通知:凡已定复员人员,一律要在9月15日前离京,不准在京过国庆——这真是环环相逼。我一家人分离在即,我实在不忍心一家人就此天各一方,只得再次找领导陈述,希望给我一条生路。这位领导竟对我大发雷霆,他厉声说:"你是什么人,还敢挑挑拣拣?!你是敌我矛盾,本该发配你去新疆劳动改造,本着宽大才让你复员还乡。别忘了,你的'帽子'还在人民手上,不老实,随时可以给你戴上!"我吓得哑口无言,战战兢兢退出办公室。一路走,一路想,只能横下心,一个人回东北。

此时,疾病缠身的静珠毅然放弃复员回苏州的机会,坚定随我复员回东北。她说:"我可知道你在想什么,告诉你,休想说出绝情的话,我们的命运早已经拴在一起了,要么一起死,要么一起活,谁也不可能把我们全家分

◎ 一家三口合影

开。你不要以为我去苏州就可以活,我们不在一起,谁也活不下去。我不会让你一个人去东北,我决不允许任何人把你逼到死路上去。实在活不下去,也要吊死在一棵树上。我们是夫妻,不是同林鸟,我们必须生死与共。"

这些话掷地有声,天地可鉴,我一身的热血全沸腾起来:妻呀!就让我们一起去闯这生死之路!人要是连死也不怕,还有什么可以逼我们一家分离?!第二天,我们已一腔豪情准备去东北。

9月中旬,我们全家人离开了北京。汽车经过天安门前,我低下头不敢看,因为这里留下了我太多的记忆:1949年初,我们解放了北平,在前门接受过检阅和参加入城仪式;10月1日的开国大典上,我曾经以军鼓手的身份参加了阅兵式,见证第一面五星红旗从这里升起;又是一年的10月1日,我乘《哥俩好》的彩车经过天安门,再次接受毛主席的检阅……今天,我又过天安门,但这次是被流放,是被驱逐……我把头深深地低下,我不忍心再看,不忍心再回首。

可是汽车偏偏这时停了下来,只听见静珠在喊:"买两支冰棍!"是她让汽车停下,只为了给孩子买两支北京冰棍。实际上她是想让孩子和我再多看一眼天安门,多留一点记忆。

汽车还是开走了,路过北池子路口时,我还是忍不住回过头,深情地向天安门望去……

迁回东北故乡

一、来自本溪县委的温暖

那年我已三十七岁，离开故乡已经二十二年了。故乡已经没有亲人，也不知它今天变成什么样。当年我走时才十五岁，还未成年，今天我却带了妻儿归来，这不是衣锦还乡，而是一身凄凉，归来接受监督改造。

火车行进了两天两夜才在本溪市停下，我们还要转乘去本溪县小市镇的火车，因为县市分家，本溪县所在地已从本溪市迁到了小市。我要到县政府的"复员军人安置办"报到，听从他们新的安置，才知道下一步、下半生的路如何迈步。

终于找到了县政府，当时也叫"本溪县革命委员会"。县复员军人安置办的两位负责人意外的热情让我吃惊，他们居然还说："欢迎你啊，张良同志！欢迎你回老家！"我已经快一年没有听到有人喊我"同志"了，今日骤然听来已不习惯，难免惊讶不已；又因意外见到他们笑脸相迎，这也是久违的了。

没错，他们确实真热情。他们说："早听说你要回本溪县了，我们等了很久，当然也知道你在这场大革命中站错了队，受到处理。没关系，还是同志嘛，还是老乡嘛，回来就好，家乡欢迎你。说实话，你演的董存瑞太好了，我们很为你骄傲。怎么说家乡人还是喜欢你。这样吧，你们走了两天两夜，也累了，先住下，县委招待所条件不好，先克服一下，休息一下。明天你再来，我们再谈谈下一步的计划。"

多么意外的一次开头，多么令人愉快的接待！静珠的脸上竟露出了笑容，说明她精神上准备的比这还要坏。

本溪县委为妥善安置我的工作，三次更改了安置方案，最后县里决定：把我留在小市，保留我的城市户口，让我到县木材公司去当工人，并保留我的工资，让我"在县委的眼皮底下接受监督改造"。

得知这个消息，我做梦也不敢想还会让我留在小市。我已说不出话，只有激动地含着热泪频频点头！

县委领导对我说："县里考虑到你十五岁在建国前就参军，家乡已无亲人；又考虑你的错误也都是1957年的历史认识问题，并没有新罪；又考虑你曾为党为人民作出过贡献，本着党的给出路政策，反复考虑，还是决定让你留在县委的眼皮底下，对你、对你爱人都好。你也不用再愁她犯病找不到医院了，这里条件再差也还是比在农村强。"

我的眼泪实在控制不住了，我几乎要哭出声了，但又不敢放肆，就继续听他说。

县委领导又说："县里保留你被降三级以后的工资，因为地区差的关系，你的月工资可能只有五六十元了。你爱人王静珠同志，因为是1952年参加工作，又因身体不好，县里就不安排她工作了。说实话，她也不属于这儿，这里本来安置的是复员军人，就先让她休息，好好养养身体，也可以照顾你和孩子。你看这样好吗？"

我还能说什么？县里已经为安置我开了三次会，作了三次大的改变，真可谓是仁至义尽。给了我全家人出路，给了最大的挽救，我只能千恩万谢，表示对党的感激。表示一定好好改造，决不给县委丢脸，决不辜负县委和家乡人民对我的期望。

二、我的新工作——木材搬运工

县木材公司直属本溪县政府，全公司干部、职工有一两百人，是当时县里的大型国营企业，专营全县的木材购销。木材如同钢铁，属于国家的统购统销物资，不准私人买卖。当时木材公司下设许多科室，如购销科、质管科、会计科等，还有木材购销门市部，并附属一间大材厂和一间木材加工厂。

堆积木材的大材厂就在火车站附近，有露天足球场那么大的一块地，堆着各种规格的原木。最大的直径有一米五粗、足有六米多长，是东北上等的红松。最小的就是做房檩的木头。这里大量的是直径几十厘米不等、长约两三米长的原木，可以破成板材。这些原木都是从本溪县各林场运来的，经鉴定材质，订好价钱即可卖出。

我的具体工种是在大材场搬运原木，就叫木材搬运工。工友是一群街道上的"三变工"女工，到这里挣日工资的，如果一个月不缺勤，她们可以拿到三十元钱，这在当年已不算少了。她们很能吃苦，不管春夏秋冬，不论风霜雨雪，一天都不停，除非负责人宣布没活干她们才不来。

我在她们中间是唯一的男人，这使我很尴尬，自尊心有点受不了。干活时我总是设法躲开她们，但偏偏又躲不开。因为有些木头都很粗重，一个人扛不动，必须要两个人扛才行。我很倔，总想一个人扛，可我费尽吃奶的力气，还是扛不起来。她们就耐心地教我，告诉我扛木头是个体力活，要两人扛讲究配合，不可逞能，能扛多重就扛多重，不要超负荷，过重会扭了腰、伤了筋。总之既要胆大又要心细，心中要时刻想着对方的安全，不可只顾自己，这是合力合作，一定要讲友爱。

我跟着她们，从陌生到熟练。工种熟了，人也熟了。我了解她们，她们也熟悉了我。我们之间渐渐地话也多了，也可以每天听她们说各种百无禁忌的玩笑话。

我不敢插嘴，只能在心底构筑两道防线：一道是政治防线——时刻提醒自己是不戴"帽子"的"漏网右派"，我的"帽子"就捏在人民手中，稍不留神或忘乎所以，就可能被重新戴上而被专政。因此必须老老实实，不能乱说乱动。另一道是道德防线——为妻子而设的家庭防线，为了忠于爱妻，必须不近女色，不苟言笑，不得对任何女人产生邪念。此防线已构筑多年，"固若金汤"，但仍不可掉以轻心。尤其今天在众大嫂中犹如鹤立鸡群，更不敢有一丝轻浮妄动。为此谨小慎微，竟赢得了众大嫂的敬重。

我有时暗自庆幸，初到小市就与她们在一起劳动，她们竟给了我那么多的关怀和帮助。

我的每天生活充实而有规律：早晨六点钟必须起床，要立即到井边挑两担水，然后和好一天用的煤。七点半上班，半小时向毛主席"早请示"，然后开始干活。十二点收工吃午饭，下午一点开工，五点半收工。下班后，"三变"女工可以回家，我们正式工必须留下用一个多小时的时间学习政治，向毛主席作"晚汇报"，总结一天的工作，交代第二天的工作，往往到晚上七点多钟才能回家。此时天已黑尽，人也筋疲力尽，回到家洗洗脸、洗洗脚就困得不想吃饭了，勉强吃了饭。静珠是江南城市女子，第一次到东北农村生活，又要照顾两个孩子，又要在艰苦的环境中去做这一日三餐，其艰难可想而知。所以下了班我尽量多做点。还须帮静珠洗碗，封上炉火，里里外外检查一番，这才爬上炕，倒头便睡。

很快的，我在大材场总算扎下了根。我不怕吃苦，也敢迎着困难上，但也有体力透支的时候，因为每天劳动量很大，这是我一生中最辛劳的岁月。

三、到木材加工厂改当翻楞工

一天，木材公司的领导突然决定将我调到木材加工厂去当翻楞工，不再让我与"三变"女工扛木头了。他们说那个露天场地来往人员复杂，总有一些人围观起哄，不利于我的工作，到木材加工厂换换环境。

木材加工厂与大材厂相邻，顾名思义，是专门加工各种木材的。这是室内作业，一间有两个篮球场大的厂房，内设三台不同规格的电锯。最大的一台电锯可以将六米长、直径一米半粗的原木破成方材、板材。而为这台电锯供料的是一台大电动跑车，车上有两个人，一人负责开车，另一人负责操作机械。车下有两个工人站在平台上负责供料和翻楞。当电动跑车上空了时，翻楞工负责从身后的木垛上移过来一根原木上车，是为供料。当原木被电锯锯掉表面树皮时，须翻转一面，两名翻楞工就要及时地将车上的原木翻转一面。就这样不断地按需要翻转原木，将巨木锯成板材。

我的新工种就是当翻楞工。领导给我一天的时间让我站在旁边观察、实习，由一位熟练的工人带我。我还不笨，半天就学会了，后半天就拿起撬棍实习。第二天我已是正式的翻楞工了。

下班后要集中学习，小结一个小时后才能回家。在这里工作，较之大材场，免去了风吹日晒雨淋，相对来讲还算轻松了些，起码不再被人干扰。一切都正规了，我在想这可能是我一辈子的职业了，再不想什么演员职业。

从离开八一厂，我的书大部分已被上交或没收，其他一部分也当废品卖了，只带了极少的几本书来。当工人还看什么书？要什么文化，文化早成了"万恶之源"，如今新的职业要求我学好新技术，眼下我是翻楞工，但说不定我将来可以接替老师傅当木工。因我已对木工的工种有了兴趣，从现在开始注意观察，偷偷学习技术，终有一天我会实现这个梦想。我做了翻楞工以后，心情好多了，每日上班很准时，工作中也兢兢业业，一丝不苟，从没出现任何差错，很得老师傅们的赏识，也赢得了同车间工人们的好评。而这时候我们发现，原来静珠是带着身孕来小市的。这尽管给我们的生活带来了很大的困难，给静珠的身体和生活也带来了无比的痛苦，但是我俩依然坚强地迎接着一切。

四、意外受伤

当翻楞工后不久，我在工作中为保护年轻工人意外受伤，导致握撬棍的右臂被滚动的原木砸伤并脱臼，左手掌骨断裂。当时滚木力量很大，我的撬棍还没插准方位，木头已砸到我的撬棍上，右肩受剧烈震动当即脱臼，左手的撬棍恰恰握在左手掌心，一砸之力太大，木杠垫断了掌骨，若不是我用全身顶住滚木，后果更不堪设想。

受伤后，大夫为我做了"牵引复合术"，让骨折处复位，以便打石膏夹板。大夫给我开了一个月的全休假，嘱咐我绝对不可用左手劳动，在家也不许。我返回木材加工厂，向领导交了假条证明。

休假后，我要求工作，这时我的伤手还没痊愈，骨折的部位虽然已接上，但很脆弱，稍加重力仍会断裂，只能做轻微劳动。出于我的再三要求，领导决定让我暂时去我最初扛木头的大材场当更夫，夜晚打更、巡逻。

更夫这活不累，但须守夜，值班时间是晚上八点到第二天早上八点。

大材场的夜很静，时有月光，可以看到木垛。有时无月光，漆黑一片，伸手不见五指，这时就靠一只大手电壮胆。手电的光柱很强，能照出二三十米，足以看清隐蔽的角落。这不禁使我想到电影《平原游击队》里的老更夫敲着铜锣喊着"平安无事喽"，可是我不能喊。我曾幻想，若能遇到几个坏人，让我创造个奇迹，也许能将功赎罪。

每晚出巡我都在企盼这个机会。我紧张地望着每一个木垛，那黑漆漆的角落里，总像是有一双贼的眼睛在向我窥视，我也总是极隐蔽、极迅速地靠过去，我会突然向那角落亮出手电，但我看见的只是一堆杂草，或是一只惊恐的野猫，瞪着一对圆眼望着手电，然后就'嗷'的一声窜出铁丝网去。我也立刻松弛下来，骂一声"野猫"，然后心里就唱道"平安无事喽"，又向前踱去。每晚如此，渐渐我感到自己是在演戏，在这无人的深夜，自己骗自己，过一把"英雄"的瘾，大材厂成了我的又一个舞台，仍不甘沉沦，不甘被埋没。

有时又想：快死了这颗心吧，认命吧，我已被赶出历史舞台，还是老老实实做好更夫吧。可是又不甘寂寞，总是在无人的深夜，迎着月光，站在木垛上，跃跃欲试，重新演一遍我曾演过的角色，那陈大虎、陈二虎、四虎子、董存瑞……可是往往又颓然泄了气。

不管怎么说，也许是我的"英雄行为"吓跑了贼，这么多天竟始终没遇到一个坏人，我感到很遗憾。可是渐渐却又感到有了新危机。

我的手掌骨折处又出现新的问题，已经解下了夹板，手却再也伸不直，始终处于半握拳状。到医院一检查，手因夹板夹得久了，骨折处已长牢，X光检查，断茬复位不好，中指向内缩进几厘米，这是其一；其二，是手掌肌肉萎缩，手掌伸不直了。

大夫征求我的意见，想不想把断骨砸开，重新复位。我不同意。其一，缩进几厘米无大碍，若砸开复位等于又断了一次，又需修养三个月。不！绝不干这傻事！其二，掌肌萎缩可以锻炼，只要不怕疼，还是可以把肌肉拉开，逐渐恢复弹力，只是时间长短而已。

我选择了后者，每天都用热水泡手，在水中锻炼伸掌握拳。虽然很疼，但必须做、坚持做。犹如舞蹈演员的每天压腿，一天不压腿也会无弹力，也会举不过顶。我整整坚持锻炼了几个月，直到完全恢复了握力，完全达到了受伤前的臂力、握力。于是我又恢复了原工种，仍做回我的翻楞工。我又能重操撬杠、重新站在原木平台、重新听到了跑车的轰鸣和大电锯的刺耳尖叫，我又找回了一个强者的姿态。

五、静珠上京"治病"谋求为我平反

1970年5月，在艰难的岁月中，家中迎来了一个小生命，我的女儿降生了，这给我们全家带来了无尽的欢乐和希望。生她那天，一道阳光正射进母亲的产床，我为此给女儿起名字叫海霞，期望为我们带来好运。

1971年9月，已是我们全家来小市两周年之际，回想这两年中的坎坷生涯，可谓死去活来，但却也锻炼了我们，考验了我们。

刚过国庆，大约是10月中旬，小市街头巷尾爆炸了一颗政治原子弹：党中央副主席、毛主席的接班人林彪叛逃，摔死在蒙古国的温都尔汗！当时还是小道消息，大家都在交头接耳，但是听说过的人无不目瞪口呆："啊？这是真的吗？！"谁也不敢相信，又不能不信，这在每一个平凡的百姓家中引起了巨大震动。

这林彪一死，毛主席失去了"天才助手"，那这"文化大革命"还搞不搞？人民担心的是还会不会引起新动乱！

在中国，往往小道消息会变成大道消息。果然，报纸上终于公开发表了这一特大新闻，随之全国开始了"批林整风运动"。

我本已对政治、对国家的大事逐渐麻木，我这样的人已不应再关心什么国家大事。可是在木材加工厂，这个最最偏僻、最最基层的角落，人们却在关注政治。那唯一的一份《人民日报》每天被不同的手几乎翻烂。每晚的班务会变成讨论"林彪死党对国家的危害"，人们怎么能不关心？它时刻牵扯着国家的命运和人民的生存信念。

每晚，我都把在木材加工厂木垛中听到的消息告诉静珠，静珠却比我敏感，她预感形势可能会往好里变。

11月底，我们看到毛主席开始为被打成"二月逆流"中的一些中央老同志平反了。一批老同志得到解放，这令群众欢欣鼓舞，形势果然在向人民期待的方向转变。

12月，在静珠再三的强烈的要求下，本溪县委决定给静珠安排一份工作，也许是为了照顾这个体弱的江南女子，就将她安排在商业站。商业站又具体安排让她到百货商店当售货员。静珠欣然接受，她早已向县委表过态：让她做什么都行，但绝不当家庭妇女！因此第二天她已高高兴兴去上班，到百货商店的文具部站柜台，当文具售货员。没想到当时大家对这"张良老婆"产生了极大的好奇。经理只得让她改行当了商场美工，利用她的特长布置百货商场环境。

1972年5月，静珠旧病复发了，也许她的胃经受不住东北的严寒和粗粮，她的胃疼日益严重，小市医院没办法，只能建议她到外地大医院治疗。

这次静珠毅然决定上北京，她要去解放军总医院治疗。因为临复员时，解放军总医院曾给她的住院证明上写了"必要时可回院复查治疗"的话，她认为总医院一定能收她住院。

这一次，她坚决提出要一个人去北京，把三个孩子都留给我，怕我一个人管不了，所以千叮咛万嘱咐。我为了让她安心前去治疗，极力让她放心，不要有后顾之忧。

静珠第一次提出：全家人到小市照相馆照一张合影，我也同意。这是来小市以后第一次拍全家照，所以很认真，我和静珠仍穿旧军衣，这是我俩的常服，也没有其他便服；三个孩子就是平时的衣裤，也没有穿什么新衣。也确无新衣，这倒很真实地记录了我全家当年静珠上京前的生活状态。

静珠这次是一个人去北京，我实在很不放心，但她坚决不让我陪她去。她走时很伤心，一直不停地流泪。我当时不知道她还另有企图，只以为她恋家、恋孩子。却不知她这次去北京是以治疗胃病为借口，实际上是想去北京八一厂寻找机会，为我政治上寻求平反。她是冒了极大的政治风险去的。

静珠坚定地认为我是爱党爱人民的，我是蒙冤的，绝不能含冤一辈子。我是应该继续为人民做出贡献的。她一直不服气，待到林彪反革命集团东窗事发，毛主席醒悟并为错打的中央领导平反，连《人民日报》也发表社论强调"对广大革命干部一定要惩前毖后、治病救人""干部是党的宝贵财富"时，她对党充满信任，所以她才下定决心，要为我进京，伺机寻求昭雪。

当然，当时北京的政治形势仍很严酷，"四人帮"的势力仍然很大，搞不好完全可能作为翻案而丧命。她以誓死一搏的决心去北京，已准备付出最大的代价，直至献出生命。后来我才知道她为何离开小市时泪流不止，为何抱住孩子不放，她是准备一去而不复返了！

我不知道，她一丝也不让我知道，她知道我这人太正统，太过顺从，若知道了她的目的，决不会让她去的。其实她已经做了充分的案头攻略，她只有一个人默默地去了。

这是她到北京后给我一封长信才使我得知内情，我又一次悔恨自己迟钝，不该这样轻易放她去，我怕又将她、将我、将全家人再一次推到悬崖边。

六、八一电影制片厂为我平反

经过几个月的斗争，才终于有了新结论，终于能为我所接受。这个新结论是：

……在1968年清队中，张良同志因1957年的问题，被揪斗立案审查，1969年6月30日八一厂革委会决定，对张良定为右派分子，开除党籍，由文艺九级降为十二级。

经复查：张良同志在1957年整风反右运动中，因犯错误，受到批判、教育。1958年6月26日和1962年8月22日，中共沈阳军区政治部机关委员会已做出过组织处理。应维持中共沈阳军区政治部机关委员会的决定。

在清队中，对张良同志揪斗、立案审查，并在1969年6月30日定为右派分子，开除党籍，降三级的决定是错误的，予以撤销。

中共中国人民解放军八一电影制片厂
革命委员会核心小组
1972年5月25日

有了这个新结论，对我的平反便画上了句号。我恢复了党籍和原文艺级别，但能否恢复军籍，还需等总政的指令。

此时广州珠江电影制片厂派人来八一厂与我协商调去珠影工作事宜。为此我又征求八一厂的意见，是回八一厂，还是先去珠影。八一厂的意见：总政尚未恢复职能，八一厂仍未走上正轨，建议我先去珠影工作，待八一厂恢复原职能再让我返回八一厂。

总之我仍是八一厂的人，为此我决定先去珠影工作。

珠江电影制片厂为我打开的另一扇门

一、心事重重初识珠影

1972年11月初，我们全家告别本溪县到广州去，这一天令我终生难忘！本溪县委以丁元功主任为首，主要领导全部到火车站送行。木材公司以及木材加工厂、大材场的领导、工友和静珠所在的商业站领导以及百货公司全体职工也到车站为我们一家送行。

广州是广东省的省会，是岭南最大的一座城市。1960年我曾在那里拍过《碧空雄师》，记得当时我们住在位于黄花岗的空军招待所，曾到黄花岗七十二烈士墓参拜，也曾参观过毛泽东早年创办的农民运动讲习所，似乎也曾去过中山五路、北京路。

当时我对广州的印象，远不像北京那样清晰。毕竟从1949年解放北平起我就随部队驻扎那里，1959年调入八一厂后又一直住在北京，直到1969年9月离开，前后长达二十年之久，如何能不熟悉？！

今天举家要迁往广州，广州什么样？未来的新家什么样？珠江电影制片厂什么样？一切渺茫，我苦思冥想无所答，反平添了许多忧愁。

旅途中我的头很涨，几十年的风风雨雨全在脑海里翻腾：想到儿时在学校被日本人强令到铁矿上"勤劳奉仕"，想到苏联兵提着枪在村口追迁妇女，想到国民党兵抓住我强令往前线送弹药……忽然，我又想到我在拍摄《董存瑞》时到敌军阵地上火线侦察，在敌人的地堡下拉响炸药包……忽然，我又想到我被造反派剃了光头批斗，一个造反派在身后狠狠地往我头上打了一巴掌，令我低头；又想到在木材加工厂，一个造反派将一根横木贴着我头皮横扫过去，我几乎毙于木下……

几十年啊，几十年的往事汹涌澎湃、翻滚袭来，我几乎招架不住。我猛然坐起，大有"抽刀断水"之势。但我"断"不住这情感的波澜，反而感到头太小了，容不下这几十年的风霜雨雪。但我绝不能再沉于这陈年往事，而今举家南迁正是为了开创新生活，我该去想如何开创新岁月！

我曾是部队的演员，曾在舞台上、银幕上扮演过二十年我军战士的形象。虽经这一场动乱中断了十几年，而此去珠影诚然是为重拾演艺生涯，再塑银幕形象。我该调整好心态，去迎接新的考验。

但全国文化形势仍很严峻，虽林彪死党已被揪出，可"文化大革命"之势并未消减。而文化艺术事业的恢复更遥遥无期，全国只有八个样板戏，各大电影制片厂仍处于瘫痪状态，几时才能步入正轨？

想想未来，一片茫然。珠影念我昔日贡献，仍肯收留我，并望我重建演员剧团，为日后重新拍片做准备。总之已见光明，我该振奋精神，夺回失去的青春，尽早为国家为人民做出新的贡献。

珠影位于珠江南岸，西靠近中山大学，东靠近赤岗，属于郊区。周围全是农村农田，还没有一条像样的公路，也没有一家像样的商店，只有一家很小的百货供销社和一间副食品供应站和粮店。粮店按户口本、粮本按月供应米、面、油；副食品供应站按副食本供应禽、肉、鱼、蛋。但这些并不是每月必有的，有什么供应什么，但凭票供应的基本可以保证。

珠影厂是1956年建厂的，听说建厂时八一厂曾派各工种骨干前来支援，厂虽不大，但设备也较齐全。有独立的洗印车间，可以制作拷贝；有正规的录音车间，大录音棚可以容纳二百人的大乐队；有照明车间、化服道车间，还有大中小三个摄影棚；大摄影棚内可以同时搭三堂内景，如此规模和八一厂的设备也不相上下了。

珠影各个车间的工人、干部在"文革"中没受多少冲击，仍在坚守岗位。而故事片的创作队伍受冲击就比较大，演员、乐队人员全部下放到干校劳动去了。编剧、编辑、导演队伍也大多数下放，只在最近才陆续落实政策，分期分批地往回调，已调回的便全放在编导室学习待命。

过了半年，原演员剧团的演员三十余人陆续从韶关的"五七干校"调回厂。同时又将八一厂被复员的邢吉田、王孝中、张怀志、柳城、王毅等十余同志调进珠影。

珠影决定恢复演员队，委托我担任演员队的负责人，并委任我为演员队党支部书记。要求我尽快将下放到各地的演员都汇拢返厂，尽快组建演员剧团。剧团团址设在大摄影棚后的一座二层小楼，那里除了已有几间办公室，还有一个六十平方米的房间，可作会议室兼排练场，也可作健身房。

演员们返厂很兴奋，都感慨必须以加倍的努力夺回失去的青春，纷纷要求排戏，尽快恢复演员的业务训练。

此时恰值省委下令组织慰问团，要在1974年春节前赴粤北山区慰问红工煤矿。演员队于是委托付伯棠同志为导演，赶排了几出小戏作为演出节目。在春节前，以广东省委主要领导为首组成庞大的慰问团，带一台话剧、一台歌舞、一台杂技到红工煤矿进行慰问演出，受到了煤矿领导以及坚持在第一线的煤矿工人们的热烈欢迎。此行共演出了十余场，部分同志还下到矿井深处向坚持一线开采的工人们进行慰问，受到省委领导的表扬。

二、拍摄电影《枫树湾》初任副导演

1975年，湖南省话剧团创作演出了一出大型话剧《枫树湾》，描写毛泽东同志在大革命时期领导湖南农民运动，歌颂农民打土豪、分田地，参加秋收起义的历史画卷。

广东省委宣传部很重视，决定让珠影改拍成电影故事片。珠影领导又决定让卢珏、林岚、刘欣三位导演联合执导此片。珠影领导的决定很得人心，之所以启用三位导演联合，旨在锻炼队伍。"文革"至今已近十年，珠影的业务创作人员已经十多年没拍过故事片了，人人如饥似渴，纷纷请战。但一部故事片怎能容纳那么多创作人员？只能在保证影片质量的前提下，尽量多配备些创作人员，达到培养、锻炼队伍的目的。因此除三位导演联合外，还配备三位摄影师联合：黄永湖、李生伟、魏铎，又配备了两位副导演：冼碧莹、张良；一位助理导演、三位场记。如此类推，副摄影、摄影助理等以及美术、化服道人员全配三套人马。全摄制组出发时浩浩荡荡十分壮观，一个个"横枪跃马"跃跃欲试。

我初任副导演，组内有人并不服气，私下里说我"跳了两级"，按常规副导演应从场记干起，再经过助理导演才可升为副导演。这是常规的导演升职途径。可我已做了十多年电影演员，对场记、助导的工作也并非一窍不通，一下子做副导演只能迫使我加倍的努力，从头学起。我已下决心改行不再从事演员职业，潜心向导演行业上发展。虽然眼下能力不够，但方向已定，做副导演正是一次学习机会。因此我暗暗用功，一面苦读有关导演业务的书籍，一面用心观察，熟悉导演工作范畴和程序。甚至私下里学习分镜头,学习卡秒表,熟悉秒尺换算……

不干这一行不知这行的难处,俗话说"隔行如隔山",过去只做演员,不知道导演的业务还那么难,今日做了副导演,设身处地地想"假如我是导演,又该如何应付?"这下才知道难了。演员和导演完全是两个不同的行当,演员只要演好自己的角色,可以不管摄影、美术、作曲如何。但导演则不同,他面对全组,除必须深透研究剧本、确定剧本的主题和风格、样式外,还需统率全组实现全片的风格样式,更需驾驭演员去塑造人物形象,协调摄、录、美、作曲,实现全片的艺术追求……

难,很难!尤其对于一个外行人更是难于上青天。

我在几十年里已养成一个性格:就是知难而上!看到了难处,才看到了差距,也更明确了学习方向。"饭要一口一口地吃,路要一步一步地走!"不可能一口就吃出个胖子,但必须刻苦、加倍地努力。加倍就是别人使六分力,我就使十二分力。

《枫树湾》是我第一次任副导演,第一次接触导演业务。从筹备、研究剧本一直到混录双片完成,我跟了全过程。这是我从影以来第一次跟全程,也是第一次这样用心地跟了全程。这才发现自己竟爱上了导演这一行。

三、大悲大喜的 1976 年

1976年,好难忘!唯有我们这代人在一生中经历过这样重的大悲恸!

1月8日,敬爱的周恩来总理逝世。噩耗传来,中国人有几人不悲恸!想起总理几次接见我、几次深情的谈话,我更是泪湿衣袖。总理的逝世给全国人民带来了巨大的悲痛!

这一年中悲恸接踵而来。7月6日,朱德委员长逝世。9月9日,毛泽东主席逝世。一年中三位国家领导人相继逝世,人民顿感天塌地陷,仿佛真是到了"世界末日"了。

经过十年"文革"动乱浩劫,国家已支离破碎,人民如处在水深火热之中。如今三位国家主要领导人又相继逝世,人民失去了领路人,真不知国家该往何处去?!

此时,以江青为首的"四人帮"又嚣张至极,加紧篡党夺权的阴谋活动,人民更担心国家的前途,人人哀叹:国家、人民又要遭殃了!

大悲!一年中三次大悲,乃此生之最!但大悲之后竟有大喜!10月6日,以华国锋、叶剑英为代表的党中央以迅雷不及掩耳之势,一举粉碎了

"四人帮"及其篡党夺权阴谋。这一喜讯犹如春雷轰鸣,犹如火山爆发,人们纷纷走上街头,欢庆这一场伟大的胜利,欢庆重见天日!

四、事业危机拟另觅新途

粉碎"四人帮"之后,珠影让陶金导演执导故事片《斗鲨》(原名《黑桃皇后》),陶金导演选我做他的副导演兼扮演片中的侦察排长郭东山,使我夙愿以偿。本片男主角请张国民扮演(他曾主演电影《金光大道》)。反面主角请史进、陶白莉、付伯棠扮演。此片描写上海解放初期,我军侦察兵同国民党潜藏特务作斗争,保卫大上海的故事,歌颂我军侦察兵的英勇机智。

这部影片是我阔别银幕十二年后的首次复出。十二年对于一个演员实在是太漫长了,何况又正是我的黄金岁月。今日复出我已四十五岁了,四十五岁还去扮演一个二十岁的战士,实在是感到力不从心。面对血气方刚的张国民,我已有自卑感。年岁大了,体形也已开始发胖,远不似当年那么虎虎有生气。我再也找不回自信,看了全部样片更无自信,心想我的"大势已去",确有"无可奈何花落去"之悲。

演完《斗鲨》,我心情很苦闷,对演员事业产生了动摇。当年我曾有过辉煌,一部《董存瑞》曾获得国家文化部授予的"优秀演员一等奖"(金质奖章),一部《哥俩好》又获得第二届"《大众电影》百花奖"最佳男演员奖。但这都成了历史,过去了的将永不再来。一场暴风雨已将我这"盛开之花"打得支离破碎,怎样再面对爱你的观众?!

深夜,当孩子们都已睡去,我才与静珠谈起这苦闷,我自觉前途无望,必须另觅新途。静珠因爱我才爱我的演艺生涯,就在1957年,我因在"反

◎ 电影《斗鲨》剧照

右"斗争中受到批判处分，她仍坚定地支持我、鼓励我东山再起。她坚信我可以在演员的事业上再创辉煌，果然再复出后我就夺得百花奖最佳男演员的桂冠。

今日，十二年后我又复出，但今非昔比，我的青春已逝，如何在演员的道路上再创辉煌？！静珠也很痛苦，她不忍心见我走到如此处境。演员事业终究是迷人的、有魅力的，不然怎么会有那么多人百折不挠、锲而不舍呢？又怎么还会有成千上万的青年苦苦追求？静珠说："你终究是走了三十年的演员之路，对此你已是'驾轻就熟'，怎么可以轻易谈放弃？不到万不得已就绝不可以放弃！"

静珠分析说："有些演员的路很宽，可以从年轻一直演到老年。但这也有个转型期，也有个痛苦的磨合过程，有人失败，有人成功，这也靠坚忍不拔的努力。你可能不同，你的戏路较窄，过去只演小战士，这当然不行。能不能有所突破，去演中年人或其他的角色？戏路的宽窄也要靠自己去拓展，假如在转型期能成功拓展，岂不是别有洞天？也可以不这么急于改行了！改行终究是痛苦的，又犹如婴儿学步，几乎要从头来，何况并非一定成功。就说转行做导演，也不是人人可成功。电影学院那么多学导演的有几个人功成名就？何况做导演的条件十分苛刻，必须有充分的思想准备。现在已处在竞争时代，优胜劣汰，谁也没有十分把握一定能闯出一条新路。"

静珠建议我分两步走：第一步维持现状，不放弃演员这条路，但必须努力拓宽戏路，扩展天地；第二步是潜心学习导演业务，提高文学修养，努力奠定导演基础，一旦时机成熟，就大胆实践，验证自己的才干。她总说：机遇只给思想有准备的人。

我很同意她的分析，看来只能分此两步。但我总觉得自己的年岁只会越来越大，戏路也将越来越窄，倒不如更多着眼于第二步。第二步必须具备两个条件：第一是具备导演的业务能力，要有一定的文学修养，要懂得导演的职能。第二是要有一定的创作能力，既能改编他人的文学作品，也能独立创作自己的剧本。尤其是后者，只要能创作出较好的剧本，就已具备驾驭剧本、独立执导的能力。因此我与静珠商量，应该在两年内，全力抓剧本创作，这是衡量自己文学修养、检验导演素质的机会。

静珠很同意我的见解，她说有自己的剧本十分重要，这犹如一块"敲门砖"，当然必须是块好砖，才能敲开导演的大门。如果是个毫无价值、毫无新意的烂剧本，恐怕也就堵塞了这条路。

写剧本，写自己熟悉的生活，写老百姓愿意看的故事，创造美的生活、美的人物，就可能打通这条路，这一点我俩都有共识。

静珠说她愿意助我写电影剧本，但她承认，写剧本她是外行，从没写过。我也承认，我更是外行，只是事业所逼，不得不"杀出一条血路"。于是我俩决定：携手共创未来！那时我俩的口号是：努力奋斗，夺回失去的十年！

写什么？到哪里去写？几十年的生活经历告诉我们，绝不能"闭门造车"。必须到生活中去，写自己熟悉的生活，生活才是源泉，是"取之不竭，用之不尽"的唯一源泉。

五、到苏州创作《梅花巾》

最熟悉、最有感情的地方是哪里？是自己的家乡。静珠说："到我的家乡去吧，那里山清水秀、人杰地灵，几千年的吴文化蕴藏着无尽的宝藏，只要潜心挖掘，必有所获。"

苏州是静珠的故乡，是生她养她的地方。她于1935年出生，上有父母，下有兄弟，她排行在兄与弟之间，备受全家呵护。她学的是电影动画科，专攻电影动画。十八岁毕业后，是国家第一批统一分配生，分配到八一厂从事军事动画，是新中国培养的第一代电影人。"文化大革命"中被迫复员陪我去了东北，三年中几乎病死，后来是在我木材公司领导的关怀下回苏州治病。是苏州的乡亲、苏州的专家大夫，是苏州的水土挽救了她，令她重获新生。这么多年，她念念不忘的是如何报答故乡的挽救之恩，因此她第一想到的就是回故乡写点什么。

苏州于我更是魂牵梦绕，因为娶了个"苏州美女"，我也被苏州人称为"苏州女婿"。因为对妻子的热爱，"爱屋及乌"我也爱上了苏州。因为多次探访苏州，苏州的拙政园、狮子林、虎丘山、留园等等，每每让我流连忘返。就连那听不懂的苏州评弹、迷人的吴侬软语也令我如痴如醉。苏州的小桥、流水、白墙黑瓦都留下了我俩的漫步身影；园林中的假山、岩洞更是刻上了我俩永恒的爱。苏州于我的感觉就是天堂，就是人间仙境。

今日静珠提议去苏州寻梦，恰合我意。于是我俩专程请了"创作假"到苏州去。

感谢苏州文化局热情接待了我们，对我们"写苏州"的创作设想给予了极大的支持，并给予了一切方便。

我们想了解苏州的面很广，既要了解苏州的历史，也要了解今日苏州的新貌，更想了解苏州刺绣艺人和苏州评弹艺人在新旧社会里的不同命运。

我们专访了苏绣顾老，她是苏绣"乱针绣"的创始人，她对苏绣艺术的继承和发展有过杰出的贡献。然而她在旧社会的苦难遭遇竟是一部动人的血泪史，只写她一个人，已可写出一本动人的书。

我们还专访了许多评弹老艺人，谈起旧社会评弹艺人的苦难经历，他（她）们竟声泪俱下。想不到评弹艺人在旧社会里是那样被恶霸欺凌压榨，然而他（她）们演唱的评弹却又那样迷人销魂。

苏州实在是美不胜收，而最最令人难忘的是：人美（姑娘美）、园林美、刺绣美、评弹美。我俩决心把这"四美"搬上银幕，以寄托我们的情思，歌颂那源远流长的吴文化。

几经周折，多次反复，我们终于编织了一出《梅花巾》。用以展现这苏州"四美"在新旧不同社会里的不同遭遇，歌颂新社会，使奄奄待毙的苏州刺绣、苏州评弹重获新生。

剧本刻意塑造了一对孪生姐妹——白梅、红梅用以象征评弹与刺绣两大艺术在新旧社会里的不同命运，展示了两姐妹的不同性格，上演了一场生生死死、恩恩怨怨的人间悲喜剧。

《梅花巾》剧本被苏州市委宣传部、市文化局，以及苏州文艺界同仁认可。他们在座谈会上动情地说："你们两夫妇这样爱苏州，写苏州，歌颂苏州，苏州人民就全力支持你们，我们一定携手共创《梅花巾》。"

六、《挺进中原》成我演艺生涯终结

就在我与静珠精心编织剧本《梅花巾》之时，峨嵋电影制片厂导演张一要拍电影《挺进中原》，歌颂刘邓大军挺进大别山的壮举。他邀请我出演一位炮兵营长。

我思想斗争很是激烈，演不演？这已不是小战士了，是一位久经战火考验的炮兵营长，戏写得也很可爱。

静珠也看了剧本，她鼓励我说："演！你不是想拓宽戏路吗？这是一次机会。从人物性格和人物造型上下些功夫，说不定就能闯开。"我也觉得可以试试，这是我从影以来出演干部级别最高的一次。这次是营长，还是个炮兵营长，粗壮、豪放、爱憎分明、疾恶如仇、火爆热烈……好！可以试试，何况我已四十六岁，又长了一岁，应该有别于以往的任何一个角色。假如按

◎ 电影《挺进中原》剧照

我的年龄、经历，我应该可以演到师长、军长才对。于是我答应去出演这个营长，旨在扩展戏路。结果更惨！职务固然大了，岁数也大了，我的身体也发胖了，可是脸没变，依旧是"娃娃脸"。即使挂满了胡须，也还是小装大，吓得我再也不敢看了，拍完后没看全片我就跑了，这便成了我演艺生涯的一个句号！

开启导演生涯编导《梅花巾》

一、《梅花巾》做我导演敲门砖

《梅花巾》剧本几次送审，几次打下来修改。最后终于被珠影党委通过，这时已是1979年末。

珠影党委书记蔡辉说："过去审查剧本很少动心，今天看《梅花巾》我还落了泪。"一位副厂长说："你们俩夫妇还真写出了苏州四美，但能不能拍出来就另说了。"

谁来执导《梅花巾》？珠影党委内部分歧很大。按道理，谁写的剧本谁执导。但此剧本不同，"张良从来没独立执导过，这样一部戏交给他还有些不放心。拍不好，岂不浪费了这个剧本，又浪费了国家资金？！"党委还在犹豫。

我急了，去找洪遒厂长恳切请求："让我自己导吧，给我一次机会！"洪厂长一张口就是几个问号："你行吗？有把握吗？你知道一个导演肩负多大的责任吗？这不是开玩笑，国家要投资几十万，损失了就是犯罪！"

我更急，有些慷慨激昂："您知道，我已下决心不当演员了，我必须闯出一条新路。我已做过三部电影的副导演，为了这部戏我们两口子已付出了几年的心血。我在苏州已经选了景，各级都愿支持我，助我一臂之力。我也下了决心：只能拍好，不能拍坏。这关系到我下半生还有没有可走的路。是骡是马，我只要这一次机会，请党委给我信任！"

我的激动竟让洪厂长眼亮。珠影党委终于拍板，让我独立执导。厂里的"生产通知书"上写着：彩色故事片《梅花巾》导演张良。

看了这份任命书我并没有欣喜若狂，而是感到千钧重担压在了肩上。

这是真的了，不是玩笑。我可从没上过电影学院，没有系统地受过导演专业的培训。仅有的只是自学的一些电影理论、常识，还没有一次实践。今天担子压上了，才立刻感到它的分量！

我必须立即找一位好的制片主任帮助我，还需找得力的摄影师、美工师、副导演，这都是我的左膀右臂。影片的成败与班子人马的好坏是绝对分不开的。

导演是什么？在摄制组里他就是"统帅"，要能"呼风唤雨"，要能驾驭将士，统领三军。若统帅无能，将士必乱。只有镇定自如，运筹帷幄，才能上下同心，战无不胜。

我第一次独立组织起筹备组前往苏州选景，时已1979年12月。情报告诉我：苏州的梅花约在每年3月初盛开。我必须不误时机，准时抢拍到苏州"香雪海"的梅花。梅花象征着我剧本中的两位主角，若拍不到梅花，只能再等来年了。

选景不难，写剧本时景已在我心中，所以带全组一看就中。最难的是选剧中的女主角，我心目中"苏州出美女"，心想必然会是美女成群。万没想到跑遍了全苏州竟没有一个理想的。我要求的女主角要从十五六岁演到二十多岁，一个人扮演红梅白梅两个人物。

姐姐白梅是个乡村绣女，贤惠端庄、清纯可人的姑娘。妹妹红梅是个被义父（评弹艺人）抚养长大，从小跟着义父走码头、串书场，饱经风霜之苦，养成一个男孩性格，是个倔强刚强、爱憎分明、不畏权势、敢爱敢恨的姑娘。她的性格同姐姐完全不同，要演得反差较大才好。

可是我竟找不到一个合适的人选，这可愁坏了我。专业剧团的女演员都年岁太大了；艺校、评弹学校的学员又太小了，高低不就。报纸上竟把我找不到合适女主角的事给披露了出去。这下自告奋勇、毛遂自荐的女孩又踏破了门，推也推不走。

我想这也好，说不定"天降斯人"，遂每来必看。谁知来应试的女孩一个个体态臃肿、膘肥体壮，全是"红卫兵"形象，没一个苗条秀丽的。

我问苏州人："这是怎么回事？"他们说："'文革'以后长起来的这茬姑娘个个'能打能杀'，你想要的白梅，要么老了，如王静珠；要么还在娘肚子里，等下一茬吧！"我叫苦不迭……

咦？！天助我也，竟找到个合适的小白梅。这小姑娘叫华锋，刚八九岁，与我的小女儿海霞一般大，清纯可人，苏州本地人，我便选定她来演八九岁时的红梅白梅。

大白梅几经周折，最后定的是上海歌剧院的王琴宝，总算未负我望。一切就绪，《梅花巾》如期开机。这是我第一次独立执导。拍摄很艰难，真是费了九牛二虎之力，终于完成。

《梅花巾》到北京送审，受到电影局较高评价，认为我执导的第一部新片起点较高，路子很正。影片拍得感人、好看。局领导都鼓励我再接再厉。影片公映以后也受到诸多好评，广大观众也认为是"文革"以后较感人的一部戏。认为故事感人，两姐妹形象可爱，苏州环境拍得很美，很有地方特色和民族特色，因此，票房收入也很不错。

1981年8月，《梅花巾》参加了第五届加拿大蒙特利尔国际电影节，我随中国电影代表团前往参加。《梅花巾》并未参赛，只是作为"会外放映"。

《梅花巾》在电影节期间只放了三场，我们代表团三人像跑马灯似的赶去参加，没想到去看片的外国观众还很多，尤其第三场八百人的观众厅几乎满座，反响热烈。演到剧终观众还报以热烈的掌声，不少加拿大朋友还与我们握手表示祝贺。一位外国朋友说："影片拍得非常美，我一定要到中国去看看。"一位华人协会主席十分激动，他说他已经很多年没回中国看看了，看了《梅花巾》勾起他的思乡情怀。那苏州刺绣、苏州评弹、苏州山水真是太美了，我一定要回去看看。还有一位华人大学讲师，频频与我握手，表示祝贺这部影片成功，还热情邀请我们到唐人街去共餐，一起欢度中秋节。

《梅花巾》后来又参加了第一届马尼拉国际电影节，并被安排在电影节的首映式上放映，还荣获该电影节的"金鹰荣誉奖"。在这座荣誉奖杯上还刻下这样一句话："作为1982年马尼拉国际电影节首场放映影片，《梅花巾》以其曲折和精湛的技术为本届电影节树立了楷模。"

1983年，《梅花巾》又被送去参加第七届开罗国际电影节，又获"金像荣誉奖"。这次本片主要演员王琴宝、章杰二人出席了电影节，受到了隆重而热烈的欢迎。我虽然没去，但也分享了这种快乐。

我第一次执导故事片，就取得这些荣誉，这对我的鼓舞很大，也坚定了我做导演的信念。因为这部影片使我跨进了导演之门，奠定了我后半生的基业，我庆幸自己可以不再走演员这一条钢丝了，还可以在导演的事业上摸索前进。

二、农村喜剧片《回头一笑》

1981年初，珠影文学部向我推荐珠影编剧周杰的剧本《笑着向历史告别》。这是一出讽刺喜剧，描写农村"左倾"路线把农民搞得很穷，农民无所适从、哭笑不得。党的十一届三中全会以后，拨乱反正，纠正极"左"思潮，号召农民发家致富。农民心有余悸，想富又怕再搞运动，一些别有用心之人又乘机煽动搞运动，吓得农民个个胆寒，最后在工作组的引导下才打消了顾虑，大胆去走富裕大道。

剧本辛辣、大胆、有力地讽刺、批判了极"左"路线给农民造成的苦

◎ 电影《回头一笑》海报

难。据说周杰是根据真实的故事创作的,颇有生活气息,我很喜欢这个剧本,决定拍一部"讽刺喜剧"形式的影片。原剧本来的片名是《笑着向历史告别》,在正式拍片时我把影片名改为《回头一笑》。

样片被领导审查得很严。当时讽刺喜剧在我国还是一种极为敏感的艺术形式,果然,经审查,好几场戏被"勒令"重拍,被认为丑化了古劳模的形象。我想不通:不是我丑化了他,是现实中的极"左"路线把古劳模折磨得人不像人,这正是"左倾"路线的错误。这时,我才真正意识到1981年还不是拍讽刺喜剧的时候,政治还是第一,我必须无条件服从。

影片送审,电影局没说好,也没说坏,就算通过了。但是评论界认为"这不是喜剧","是捅人胳肢窝","让人笑不出的喜剧"。

不管说什么,我只得出一个结论:今后再不搞喜剧!我只能在拍摄的正剧中加进某些喜剧因素,但这不是喜剧,也免去按喜剧标准评论的麻烦。我在以后的《雅马哈鱼档》《少年犯》中都做了尝试。实践证明,这效果还不错。

今天,相隔二十年后,《回头一笑》又出了正版影碟,居然有人买来看,还给我打电话说看了觉得挺好笑的,说极"左"路线真能折磨人,愣是把个古队长折磨"病"了,看了让人很心酸难过,听了这话我心稍觉宽慰。这个戏没大成就,但可以算是真实地记录了那一段历史。敢于揭露批判极"左"路线给农民带来灾难的影片还不是很多,这部《回头一笑》可算作是一个填充。

拍摄引起轰动的《少年犯》

一、王静珠情陷少年犯

1982年,珠影厂长会议决定任命我为厂长助理兼艺术中心主任一职,让我统管珠影的艺术创作队伍,并抓故事片的艺术质量。

孙长城厂长与我谈话,明确讲要我将来接任即将离休的艺术副厂长而抓全厂的艺术生产。而我偏偏自知不是当官的材料,因此一再请求党委免去对我的任命。厂长不允,说这是党委的决定,必须无条件服从,并要我以党性保证做好这一工作:抓好队伍建设,抓好影片质量。

但自我任厂长助理兼艺术中心主任一职起,我就没有一天安心过,虽然每天准时坐班,主管全厂的艺术生产,但脑子里仍在思考自己下一个剧本的选题,总希望能找机会导演自己的影片。

这也是悲剧,不愿做的事,又要勉强去做,而自己想做的事偏偏又不能如愿去做。如此整整两年。我终于忍不住,多次向厂长申辩,要求辞去行政职务,恢复我的导演职能。最后孙厂长才同意我可以在两年中拍一部自己喜欢的影片,但不可以辞去现任的行政职务。我能争取到这个拍片的权利已不容易,所以赶紧策划我的下一部影片。

早在《梅花巾》完成之后,我即与静珠商议下部戏写什么。静珠说她想去写北京"四合院的六家人"。实际她是想以"文革"中八一厂被赶进"鸡鸭棚"的六家人为背景,去写"四人帮"对文艺工作者的迫害。这里边肯定有很多辛酸动人的故事耐人寻味。我也同意,因为这是自己亲身经历过的,揭露批判"四人帮"的罪行也是我们不可推卸的责任。为此静珠独自一人前往北京,她要搜集补充素材。

一个偶然的机会,静珠被司法部的一位友人领去参观一个"电影遗忘的角落",她第一次到了北京市少年犯管教所,见到了她从未听说的少年犯。在大操场上一千多名少年犯穿着囚服。男孩子一律剃光了头,女孩子全是齐耳短发,笔直地站着正听管教干部讲话。

这个年龄是人生中最最美好的年华,他们中许多人本应还依偎在母亲的身边,享受家庭的宠爱,可是他们却成了罪犯!

越往下去,听得越多,她的心就越沉重。不行!这才是真正被"四人帮"毒害了的、愚昧的一代呀!这一代的被伤害,危及家庭、祸及社会,这是何等的残酷呀!她被震怒了!再也不想写文艺工作者如何被迫害了,也不想写老干部如何被迫害了,她决心去写他们,去写这一代——这几乎垮了的一代!他们才是国家的未来,垮了他们就是垮掉了未来,挽救他们才能挽救下一代。

静珠从北京回到珠影,逢人便说少年犯。她还在文学部内游说,希望有人能与她合作同写少年犯题材。可是听到的人无不摇头:"写什么?写少年犯?中国有少年犯吗?中国允许写少年犯吗?这不是同情犯罪吗?这样的禁区你也敢闯?!"

静珠在外边碰了壁，碰得灰头土脸，仍不死心，就开始说服我。我也怕，比别人还怕，我几乎被打成"右派"，我还被开除过党籍……我余悸未消，提起胆寒。我劝她换换话题，她不听，我还发了脾气！这是我俩结婚以来第一次我对她发脾气。其实半真半假，只是为了把她吓回去。可她是谁呀？怎么可能被我吓住？！她大哭起来，说我没有共产党人的良心！没有文艺工作者的责任感、使命感！说我自私，只顾保自己，不顾社会，不顾孩子们的命运！

　　我没有吓住她，反被她骂得心觉理亏，心里隐隐作痛。这艺术家柔弱的肩膀，到底能承担多大的社会责任？这社会责任，到底需不需要艺术家去承担？

　　为了缓解矛盾，我妥协、让步、请她原谅，并同意她的"讲和条件"：每晚听她读采访笔记，听她讲一个少年犯的故事。每天晚上她读一段、讲一段，我则像听故事，心想无所谓，消磨时间嘛。

　　但有一个女孩的故事让我动了心：这个女孩十四五岁就和坏男人鬼混，他父亲将她用铁链子锁在家里，她竟也能跑出去。她把自己的头发染黄了，打扮得跟外国女人一样到大宾馆与外国人鬼混。她父亲在大宾馆里找到她，劝她回家，她不仅不认父亲，还当着外国人的面，打他父亲的脸，骂她父亲是流氓，令她父亲无地自容……

　　我激动地拍案而起："还有这样的事？！"静珠还找出这姑娘的照片给我看，告诉我这是真事，这姑娘今年才十七岁。我坐不住了，惊问这些全是真事？！

　　我走过去翻开她的笔记，那么厚的两本笔记。还有孩子们和她在少管所拍的照片。从这些照片上看，他们还年少，十分清纯，怎么也看不出他们当年犯罪的影子，但他们却已成为了罪犯。

　　我被静珠的真情感动了。她说："你看到的只是一个孩子，你想到过他身后的父亲、母亲、哥哥、弟弟、爷爷、奶奶、外公、外婆、亲友们吗？他们是何感受？一个孩子的背后牵扯着一大片，牵扯着学校、老师、同学，牵扯着居委会、公安派出所等大半个社会，他们是害人者，同时也是受害者，能不让人揪心吗？！"

　　我深深地感到这些孩子才是"文革"中受伤害最重的！是啊！王静珠不写少年犯如鲠在喉，我若不陪她去闯"禁区"确实辜负了艺术家的责任。于是我下决心陪她一道去，到大墙内那神秘的、被电影人遗忘的角落去！

二、难产的《少年犯》剧本

1982年3月起,我们请了创作假,先从广东走起,陆续采访了广东、北京、山东、辽宁、上海等地的少管所,搜集青少年犯罪方面的素材。

在北京、辽宁、山东和上海,我们都曾在一千多犯人的大会上许过愿,告诉他们,我们一定会把这个剧本写出来,一定会替他们呼吁社会消除歧视,给他们以出路,希望他们发奋图强、改过自新,做有益于社会的人。

今天,我们只是走了三省两市的劳改场所,全国还有多少省市的监狱和劳改犯?他们不也同已经看过的一样:一色的青少年,一样在呼吁社会的挽救?!我们不能再等下去了,应该立即动笔,去呼吁社会、呼吁父母亲们去关注青少年犯罪!

从上海归来,我俩以极大的创作激情投入到剧本的创作中。创作素材多得有些顾此失彼,那时电影厂很少会想到搞电视连续剧,也没有人敢写几十集的电视剧,我们是电影人,只能一心扑在电影上。

我与静珠分工:先讨论,后拟故事大纲,再拟细节提纲,然后她写初稿,我写第二稿送文学部初审,听听修改意见。她再写第三稿,我改第四稿,然后再送审。

此剧本是注定要难产的,因为下生活的作者与没有见闻过少年犯的审查者彼此在意识、观念上差距很大,很难拉近。就如何对待犯罪青少年的认识上就差距很大。例如:如何看待今天的监狱?如何认识劳改干部?劳改干部如何对待犯罪少年?如何认识劳改干部对少年犯"像父母、像教师、像医生"?对待犯罪少年该不该这样"三像"?对待犯罪少年是以严为主,还是以挽救为主……审查者与剧本作者的认识就很难统一。

待我们改到第八稿时,又赶上中央下令"严厉打击刑事犯罪",全国展开了严打斗争,电影厂领导认为我们的剧本与现在的严打精神背离,便决定将剧本冷藏。继之又决定作退稿处理,就这样《少年犯》剧本被退稿。

退稿对于作者就意味着作品被"枪毙"。我们很想争辩:中央的严打政策与劳改政策上的"挽救"是不矛盾的,这犹如一只手的手心手背,但再争辩已无意义,剧本被毙已成事实。此时已是1983年末,我们从此负了一笔心债。

我们把剧本压在箱底,但并没死心,静珠一面流泪一面说:"挽救孩子没错!我一定要呼吁天下的父母亲们:救救孩子!"

三、拍摄《雅马哈鱼档》

静珠又回到她的文学部里当编辑看稿件；我又坐回到我的艺术中心主任的座位上，做起我的官员职责（实际上我写剧本完全是在业余时间）。每天除了开会、审查影片、看剧本、关注拍摄进程，还负责解决中心内人员的各种日常矛盾、琐事，甚至到夫妻吵架、闹离婚或为结婚人员盖章，事无巨细，搞得头大。实在不想坐这个宝座，我便到处物色新剧本，暗暗准备扶起一个剧本，走出去拍片。

恰好文学部向我推荐了一篇刚出版的中篇小说《雅马哈鱼档》，光听这名字就怪新鲜的，便连夜捧读，一看竟爱上了这一群"烂仔"。那街边仔阿龙、海仔，竟像是我昨天在少管所里见过的一般，仿佛他们刚从拘留所中放出来，仍想"捞世界"，在改革开放的春风里也想"赚人格"，但他们遇到了许多困难。社会能不能容忍他们？能不能拉他们一把？给他们一席之地？让他们去走一条新路？

这篇小说也是立意挽救失足青年，很像《少年犯》的姐妹篇。可是我们的《少年犯》被"枪毙"了，不能投拍。我想应该立即扶起这一个，帮助这些街边仔、街边女支起这个"雅马哈鱼档"。

于是我要了这个题材，约了小说的两位作者见面，请他们立即动手改编成电影剧本，希望他们写成一个"广州当代的市井风情画"。珠影领导同意了我的题材申报。待剧本成熟，我已理直气壮、意气风发地拍起了《雅马哈鱼档》。

在这部电影里，我全情灌注了两种爱：

第一，全力塑造这群小人物。这群人可不是以往银幕上的英雄豪杰，他们是一群被人俗称为"烂仔"的街边仔、街边女。过去这些人是不可以成为银幕主角的，但今天，我却要树立起这些人的形象，让人们关注他们的生活，给他们以同情和爱。

个体户是改革开放才造就的一批新人物、新名词。在过去的极"左"路线下，他们都是历次运动被割的资本主义"毒草"。然而今天，在改革的春风里，他们是第一批把广州染红的鲜花。正是他们——各式各样的个体摊档，才使广州的经济繁荣复苏，才迎来了欣欣向荣的新气象。因此，他们功不可没。他们也应理直气壮地登上中国银幕，同样应成为银幕的主角而受到社会的尊重。

第二，全情塑造广州的新形象。立意营造一种完全的南国风情、南国的都市风格，拍一部犹如《清明上河图》那样的南国都市风情片。如果说《梅花巾》我立意一个苏州味，那《雅马哈鱼档》就要追求一个广东味。

广州好不好？好！但是"文革"以来已经有许多年吃不到活鱼，吃不到烧鹅和味美价廉的艇仔粥了。就在党的十一届三中全会以后，广州忽然活了，国营商店活了，个体私人商店也活了。那琳琅满目的摊档，真像是"忽如一夜春风来，千树万树梨花开"的景象，连姑娘们也花枝招展如蜂似蝶，令人心旷神怡。

说来奇怪，我自1972年底来广州，至今已十多年，从来没像今天这样觉得广州如此之美。那有三百年历史的成珠茶楼熙熙攘攘、古色古香，浸透着广东人的传统饮食文化；而那珠光宝气的西濠夜市，却又尽显当代的商业文明。那鱼档上的喷水池内跳跃着鲜活的大鲤鱼、那沙面的小艇上又飘着艇仔粥的清香、那烧鹅档上流油的烧鹅令人垂涎，那五光十色的服装档、各式新潮的奇装异服，让姑娘们流连忘返……

时代在前进，广东作为改革开放的排头兵，我们电影人就有责任去记录时代，反映时代的脚步。电影人应该和时代同步。我一定要充分展示这开放之奇花，一定要尽情去描绘这新时代的南国风情画。在这部《雅马哈鱼档》影片里，我灌注了自己对南国都市的爱。

在《雅马哈鱼档》的案头思考中，我很动了一番脑筋：这部影片我将赋予它什么特色？

《梅花巾》我走的是一条传统戏剧化道路。按传统的起承转合模式结构剧本，追求戏剧冲突，追求典型环境与典型性格……结果有得有失。老百姓虽然很喜欢这种传统的戏剧模式，但电影评论界也有少数人批评影片太传统、没出新。这不能不引起我的思考。

这几年我看了一些介绍西方新现实主义和新浪潮方面的电影和资料，感到很新鲜。尤其对那些"主题多样，题材的日常性，人物要有杂色，环境要有生气，最大限度地接近生活的初始状态，启用非职业演员，走上街头拍摄，追求自然光效"等等主张很感兴趣。但对那些淡化主题、淡化情节、淡化人物的主张却不敢苟同。中国观众已经受几千年的传统文化熏陶，不可能在一朝一夕之内改变这种传统的欣赏习惯，对一切外来文化都不可原样照搬。必须与中国的现实相结合，合理借鉴，适当取舍。我认为不妨大胆尝试，闯一条新路。

这一次，我就想将传统的戏剧性与西方的纪实性相结合：用戏剧性组织情节，刻画人物，追求可看性，用纪实性的手法选择非职业演员，组织实景拍摄，追求真实性。力求把这部影片拍得生动、活泼、真实、自然、亲切、感人。

（一）关于启用非职业演员

意大利影片《偷自行车的人》启用了一位非职员演员获得了成功，这对我鼓舞很大。这一次《雅马哈鱼档》选演员也的确遇到了困难，为了真实地反映广州的生活，人物像不像广东人也是关键。主角阿龙的扮演者我已选定哈尔滨人张天喜，这已不是广东人形象；女配角葵妹，我选了汕头女演员许瑞萍，还算沾了广东边；而女主角珠珠和男配角海仔又是地地道道的广州街边仔，若再找北方演员来演，人物的广味就变了，不纯了，这将影响影片的地方特色与真实性。为此我决心保住真实性和地方特色，只有坚持选用广东籍演员来演。但广东籍演员又实在找不到合适的，我这才冒险启用非职业演员。

我首先在高第街找到了一位开皮鞋档的黎志强来饰演海仔，又在佛山的兴华商场找到一位广东妹杨丽仪来饰演珠珠。这两位演员的广味十足。但是这四位演员一排戏，可给自己出了个大难题。四个人四个地方的语言，张天喜一口东北话，许瑞萍一口汕头普通话，杨丽仪一口佛山话，黎志强一口广州话，谁也不会说标准的普通话。但四个人的形象很有特点，放在一起就是活脱脱的广州街边仔、街边女，味道浓极了！为保住这味，我让了步，让他们各自用自己的方言说台词，只要求能真实地表现出人物的性格和心态。

这一招很灵，他们因为受语言限制一度约束了表演，现在语言放开了，顾虑消除了，人物也就活了，性格也出来了。尤其是海仔和珠珠越来越像，他们身上散发的底层人的生活气息很浓烈，这种不是表演的表演，简直令两位专业演员相形见绌。相比之下，张天喜更不像广东人了，更缺乏街边仔的那种痞味儿。我不得不让演员们一起下生活，让他们到菜市场的鱼档去体验生活，又在珠影厂家属区里摆了一个鱼档，让他们亲自操刀杀鱼、卖鱼，让他们滚出一身的鱼腥味儿。

功夫不负有心人，专业演员与非专业演员相互学习，取长补短，从生活中练就了一身的卖鱼功夫，他们终于成功地扮演了《雅马哈鱼档》的主人。

因为启用黎志强、杨丽仪获得成功，我更大胆地竟将剧中的于德麟、肥婶、烧鹅仔、发廊的靓仔等人物全用了一群非职业演员来扮演，他们人多势众，没有恐惧感。拍戏时跃跃欲试、争先恐后，均能按我的要求去表现"那一个"人物。因为他们本来都是来自广州底层，很有生活基础，表演上得心应手，甚至连台词也改成地道的地方语言，戏更有味道了，让我们欣喜不已。因为在全片用了百分之八十的非职业演员，这部戏占尽了"广味"。

（二）关于实景拍摄，最大限度地还原生活

为了拍出浓郁的当代生活气息，最大限度地还原生活，我要求摄影以纪实的手法拍摄。不刻意追求画面构图，不追求变焦，但追求自然光效，追求一个阳光的光影。让摄影机代替观众的眼睛，追求自然、追求真实。

有些戏不能组织拍摄，就采用偷拍，让演员不化妆，混入街头人群，以抓取真实。如西濠夜市是80年代初广州最富现代气息的一条街，商铺鳞次栉比，灯火辉煌，人流如潮。如果组织拍摄、封街，将人群变成群众演员，马上就会变了味道，失去了原有的沸腾景象。为了不变味儿，最大限度地保留这生活气息，我组织了偷拍，让演员阿龙、珠珠混入人群，让两位摄影师怀抱两台摄影机，藏起镜头偷拍，效果奇佳。

又如，芳村鱼栏是广州珠江上的一个露天鱼市。每天清晨天刚拂晓，在白鹅潭江面上就聚集了上百条渔船在进行交易。广州鱼档购鱼者全到此采购活鱼，他们就在每条船上交易，场面十分动人。但也绝不可能组织拍摄，也没钱、没能力组织，只能偷拍。拍摄前我已多次实地演练，让演员混入渔船，让摄影机跟踪。实地拍摄时为防意外，我们多准备了一台摄影机，随后全部藏起，让演员随机应变、尽情发挥。那蒙蒙晨色、百条渔船，那渔民的粗犷豪放，那舱内鲜活的大鱼，那一沓沓人民币，那一筐筐鱼过秤的场景，这一切都是鲜为人知的。就是广州本地人，每天虽然吃着活鱼，也从没见过这活鱼是从这芳村鱼栏的这些船上贩来。正因为用了这样的偷拍，才保留了生活的原汁原味。类似的偷拍还有很多，突出了影片的生活气息。

（三）搭一条"龙珠街"

"龙珠街"是贯穿全片的一条主要场景，"雅马哈鱼档"的兴衰发展全在这条街上展现，因此这条街关系着影片的成败，绝不可大意。

起初为了找这条街的实景，我与摄影、美术已经像梳头发似的把广州市的大街小巷全"梳"了一遍。类似"龙珠街"的鱼肉市场在广州有很多，但要真正符合我戏中要求的又几乎一条也没有。没办法，只能选了一条"光棍街"（一无所有的），要求美工师搭一条"龙珠街"出来。以"雅马哈鱼档"为核心，周围布置葵妹鱼档、烧鹅档、发型屋、服装档等。美术师张之楚很费了一番工夫将场景搭出来，正合我意。于是我每天动用一二百名群众演员，买百十斤活鱼，几十只烧鹅，在这条人造街上拍戏，把一切都布置得像真的，竟骗得附近的居民信以为真，每天都有老太太到我们的"雅马哈鱼档"来买活鱼。演员不卖给她，她又去买烧鹅，烧鹅仔演员也不卖，气得老太太大叫："你们怎么有鱼有鹅就是不卖？！"还是制片主任去解释半天才作罢。这"龙珠街"的布置几可乱真，后来获得了"金鸡奖"的最佳美术奖。

在人造的"龙珠街"上拍戏，要求向生活靠拢，把假的拍成真的。摄影、照明都必须拍出实景的味道。群众演员也必须严格挑选、认真培训，不可以像木头般呆立，每个人物都必须活起来才可能还原生活的原味儿。

（四）探索的收获

《雅马哈鱼档》是我认真追求的一部戏，除了追求戏剧性、纪实性的结合，还追求时代气息、生活气息，要让欣欣向荣的街市面貌诱人、迷人。

我还十分注意影片的节奏，不搞长镜头，要求演员的内外节奏都加快，不许拖泥带水，影片的剪辑节奏也要快，这才反映了时代的脉搏，也更让年轻观众喜欢这部影片的明快、热烈。

《雅马哈鱼档》在全国上映后，反响强烈。观众不仅喜欢影片的内容，更喜欢上阿龙、海仔、珠珠这群年轻人。"雅马哈鱼档"也成了个体户的代名词，人们一反极"左"思潮，第一次承认了这些个体户也是国家商业的重要组成部分。

人们也喜欢这部戏的风格、样式，并把这部影片誉为"第一部南国都市片"，将我誉为"南国都市片的举旗人"。

《雅马哈鱼档》在北京举行的中外记者招待会，受到了一群外国记者、外国大使馆官员的欢迎，也受到了北大、清华大学生的欢迎。饰演海仔的黎志强、饰演珠珠的杨丽仪、饰演阿龙的张天喜，都成了观众喜爱的演员。

《雅马哈鱼档》还参加了1985年初的第三十五届柏林国际电影节的展映活动。1985年被文化部授予优秀影片二等奖；又获得1985年第五届"中国电影金鸡奖"最佳美术奖以及最佳摄影奖提名、最佳剪辑奖提名。

《雅马哈鱼档》的成功更巩固了我的导演地位，广大观众承认我不仅是一位好演员，也是一位好导演。这极大地鼓舞了我在导演的专业道路上继续探索前进。

四、司法部长解禁《少年犯》

《少年犯》剧本被退稿的结局成了我和王静珠的一大心病，我们没有一天不在想如何让它复活。想来想去，只能依靠高层领导人的支持。因为当初到公安部采访时，曾得到了公安部的大力支持。近两年中央调整充实了司法部，将原由公安部代管的监狱、劳改场所均划归司法部统管，今日若想复活《少年犯》剧本必须请司法部领导过目，并得到司法部的支持。

静珠趁我在北京召开《雅马哈鱼档》中外记者招待会之际，便给司法部部长邹瑜同志写了一封信，详细地汇报了我们采访少管所，创作《少年犯》的过程，申诉了我们对失足青少年的关注和承诺，并汇报了我们因此片不得投拍而造成的困惑和痛苦。随信还寄给他一本《少年犯》文学剧本，请他审阅批示。

1984年12月，司法部在上海龙柏饭店召开全国司法工作会议。一天，全国司法会议办公室突然通知王静珠立即赶去上海，说司法部部长要约见她。她立即赶赴上海龙柏饭店。第二天上午，她应邀到了一间大会议室，见会议室内已坐满了各省市司法局局长，邹瑜部长坐在正中主座。

经介绍后邹瑜部长请王静珠坐下，便开始讲话。邹瑜部长开门见山地说："张良、王静珠两位同志终于打开了监狱的大门，关注了被电影遗忘的角落，并且深入到劳改部门采访，写了一个电影剧本叫《少年犯》，反映党的'教育、挽救、改造'的政策，歌颂了劳改干部'像医生、像教师、像父母'那样挽救失足青少年。剧本我已经看了，觉得写得很真实、很生动，也很感人，是一部难得的好剧本。可是地方电影厂不敢接拍这个题材。我想这样的好戏是很难得的，也是司法部门非常需要的。我们能不能自己筹集资金，支持他们夫妇把这个影片拍出来呀？张良在珠江电影厂，看看在广东，广东司法局能不能投资拍摄呀？"

邹瑜部长这一问竟令广东代表尴尬，他们表态说："支持拍这部电影是好事，可我们还穷，一下子还拿不出这么多钱拍……"

就在此时，上海司法局局长李勇夫同志站起来说："我虽然没看过这个剧本，但我完全相信邹瑜部长的介绍。我们司法部门确实需要电影协助我们教育，加速改造工作。广东有困难，还是我们上海司法局独立投资拍摄吧，我们完全有能力出资和配合张良夫妇俩拍好这部影片。"

事情竟这样出乎王静珠的预料，不仅邹瑜部长首肯了剧本，而且立即得到了上海司法局的支持，可以独立出资拍摄。这令王静珠激动得热泪盈眶，她由衷地感谢邹瑜部长的支持，感谢上海司法局的支持，并表示一定不遗余力地拍好此片。

1985年初，我又委托王静珠带了制片、会计赶赴上海与司法、劳改两局领导进一步磋商、落实投资金额，以及如何挂靠电影厂厂标等具体事宜。最后双方决定由上海劳改局投资六十万元人民币，再由张良导演联系决定挂靠电影厂标的问题，最后只要求投资方与电影厂署名"联合出品"。双方一致推举王静珠为监制人，代表双方监督全片的质量和财务支出。这在1985年初全国尚无先例，最后又被电影局认可，于是王静珠被传媒誉为"中国电影第一位女独立制片人"。

五、《少年犯》拍摄花絮

（一）第一次用监狱实景拍电影

利用实景拍摄，省时、省钱、真实、可信，已被导演们普遍接受。但此片利用监狱拍摄便引来诸多争议。关键还是观念上的差异。以往银幕上的监狱就是铁牢、铁窗、铁丝网、哨兵。监舍冰冷、潮湿、恐怖。中国银幕在1949年以后基本上没有反映过，因此人们对监狱的形象概念仍是旧社会的印象。但今日据我所走访的三省两市的劳改场所，与过去的概念浑然不同，今日的监狱更像是工厂、学校。为此我曾向多人宣传解释，但信者极少。今日要拍犯罪少年在少管所服刑（他们都是被判了刑的），如何表现监舍现象？若表现得很坏，则会歪曲、丑化了今日的现实，不符合党的政策。但若表现得很美，则又脱离了群众的观念，也同样不实际。

我走过五个少管所，比较起来广州的太美，山东的太土，北京的太大，比较适中的还是上海的少年犯管教所。那里的管理条件好，也便于投资单位的协助和配合。上海少管所既有监舍的铁门、高墙的威严，又有监舍的清洁明亮，既像工厂，又像学校。

如今的监狱管理是要求"生活制度化，行动军事化，卫生经常化"。少管所虽有高墙，但无电网；虽有铁门，并无哨兵。对犯罪少年实行半天学习文化，半天劳动的制度，以便为他们日后刑满就业创造条件。

我们的影片必须真实地反映今日监所的现实，既不美化，也不丑化，给观众展现一个真实的大墙内幕。因此决定全部实景均在上海少管所内实拍，不做任何美化加工，真实记录犯罪少年服刑、改造的全过程，这才能引起观众心灵上的震颤。

实景没做任何加工,但囚服在征得上海劳改局的同意后做了改动。原囚服(也称所服)一律是灰色或黑色,银幕形象很是单调、难看。为了区别电影与现实,提高囚服的内涵,我对美术要求设计出既有犯罪服刑的含义,又要注意青少年的青春特色。后来经多次共同讨论、研究,将影片中的囚服设计为半胸式灰白条相间的制服。灰白条象征监窗,服式是开胸的夹克衫式,又似学生,也活跃了银幕形象。这令劳改局、犯罪少年都能接受。实践证明,观众也接受了这一形象,尤其是犯罪少年的家长更喜欢这样的所服,说没美化,也没丑化。但扛着"铁窗的条杠"只能让孩子更重视现实,增强了改造的欲望。这一服式直到现在一直成为各国各地监狱内效仿使用的劳改服样式。

实践证明,采用监狱拍摄,增强了影片的真实感和震撼力。

(二)第一次用少年犯主演少年犯

剧本投拍前,关于谁演剧中的少年犯成为焦点。最初,我曾让副导演到专业剧团寻找,但均无合适人选。也曾到过几所学校去物色,看到学生们如花似玉、风华正茂,又不忍心让他们去扮演少年犯。尤其担心孩子们进了少年犯管教所体验生活而反被感染。迫不得已,我决心启用犯罪少年饰演少年犯。

我这一想法令全组震惊。"用在押的少年犯饰演少年犯",古今中外尚无先例。第一是导演敢用吗?第二是政府敢同意吗?第三是犯罪少年敢演、会演吗?第四是观众敢相信吗?!

我大胆地提出这一方案是基于党的开放改革政策。中国实行社会主义的开放改革已破了古今中外的先例,中国的监狱改革启用"三像"和"六字"方针也破了中外监狱的先例。那么启用在押的少年犯扮演少年犯,也必能破例。

我的方案果然得到了司法部的支持,允许我大胆启用。上海司法局、劳改局下令我在上海少年犯管教所任意挑选,凡入选表现出色的还可为他们提供一个"将功赎罪"的机会。

我如得尚方宝剑,开始在全少管所内物色,犯罪少年们经所长大会动员,个个振奋精神、跃跃欲试。

最后,经过细致的考察及培训,在全所上千名少年犯中选中了十八位男女学员试戏。经试戏挑选,从人物的外形及性格,选中了三人饰演主角方刚、肖佛和沈金明。

主角选中了，他们敢演吗？会演吗？全组都担心。只有我相信他们的个性都是极其聪明机灵的，只是在监规管教，在不许乱说乱动的严格制度下，被捆住了，一个个循规蹈矩，哪里还敢演戏。

我排戏时，请管教干部离场，我要求他们要像正常人一样真听、真看、说真话。我要求他们"不是演戏地演戏"，就是这样，要真说，要动心、动情地说，而不要虚假地演戏！

我立刻让朱曼芳与小蒋健对一对肖佛与记者的那段台词，让肖佛对记者说"我有三个爹三个妈，可他们谁都不要我……"这一次他不演戏了，像真的在说他自己了，立刻就感染了在场的每一个人。大家从此明白：原来演戏就是这样，要真！真的听、真的看、说真心话、真的去做。

（三）少年犯自己作曲、演唱主题歌

我们影片的作曲原本请了上海电影制片厂一位著名的作曲家，可是他几次为"主题歌"作曲都没有被我通过。根本的问题是他缺乏犯罪少年在铁窗内的特殊感受，还捉摸不到犯罪少年那颗悔罪的心。

为此我突发奇想：在上海著名的提篮桥监狱中，正关押着一批音乐界犯了罪的人士，他们服刑日久，不知能否配好这首名为《心声》的主题歌？

在监狱长的支持下，有五六个人报名愿意配曲。监狱给了他们创作时间和条件，但是他们做出的曲子一样没有让我满意。他们可能是急于想表现自己的才干，又求大，又求洋，个个曲子都像大交响乐，根本不似犯罪少年如泣如诉的"心声"。

无奈，我转回少管所的排练场，对十八位少年说："主题歌还没写回来，专业作曲家体会不到你们的悔罪心情，成人监狱的成人犯又贪大求洋，不对味。你们有没有勇气自己写？写一首你们自己呼唤妈妈、向妈妈倾诉悔改心声的歌？"

他们听了我的话全傻傻地站着，陷入了沉思。我又把我和王静珠合写的歌词给他们念了一遍，把我的要求又讲了一遍，让他们回去试试，大胆参与，不要怕！

第二天排戏时，扮演沈金明的小王对我说，小李写了一稿，问我想不想听听。我很惊讶"这么快！"便问："怎么听？谁唱？要不要伴奏？"小王说小李用吉他伴奏，小王自己唱。我当即停下排戏，让几位主创人员一起来听。大家围坐四周，小李（也是十八位犯罪少年之一）便手抱吉他，小王站在他身边，他们一个弹一个唱。

当那吉他揪心似地弹起过门，小王含着泪低声地唱起"……妈妈，儿今天叫一声妈，禁不住泪如雨下……"这时，我们每一个人都动了情。吉他的过门骤然紧了起来，小王激昂地唱到"……想昨天，儿像脱缰的野马，狂暴粗野，乱踢乱踏……又恰似狂风暴雨，摧折了未放的花。妈妈……"这一声"妈妈"竟把我们的眼泪全叫了出来！

我"拍案而起"，连声说："就这个味！这就对了，就是这一个了，这才是犯罪少年向妈妈悔过的心声！祝贺你们也谢谢你们！"

我采用了小李的这个曲子，还请了专业作曲家来做辅导润色，就决定让小王自己唱。没想到这首歌竟打动了亿万观众！

记得在正式录音那天，王静珠坐在录音棚内面对小王说："我就是你妈妈，你面对我唱吧！"让他用真感情像对着自己的妈妈那样唱！王静珠流着泪听，小王淌着泪唱。此情此景真实、感人！

日后，上海市文化局、上海市广播电视台和《解放日报》社还联名授予这首《心声》的词曲作者以"上海首届通俗歌曲创作比赛优秀奖"。小李、小王被宽大释放后，在社会上风光了好一阵！这首歌的影响之大啊！几十年后仍有四十岁上下的中年人对我唱过，而且只字不差。

六、戏剧性与纪实性相结合

这部戏在拍摄中我的总体要求是纪实性报告文学性，大量以纪实手法真实地再现生活，力求逼真、感人。但是还要以戏剧性组织情节，描写人物的性格、心情，使戏更集中、更真实、更感人。

例如：方刚等四名少年犯被押往少年犯管教所。途中路过闹市，雨中，方刚突然从囚车的窗户上看见母亲和妹妹从人行道上窜出来追赶囚车。路上人多、雨大、地滑，妹妹跌倒了。囚车上的视线被重重叠叠的雨伞挡住了、拉远了，他再也看不见她们了，无限的惆怅。这短短的一组戏就是戏剧

◎ 电影《少年犯》剧照

性的结构运用了纪实性的手法拍摄的，达到了感人的力度。

又如："家长接见"与"向家长汇报演出"两场戏完全是戏剧化的结构。为了等家长接见，方刚头一天就洗了澡，还让肖佛也洗了澡，但第二天全队集合，被接见的少年犯都欢天喜地地去了，唯独他和肖佛没人接见。他们返回宿舍后犹如两头困兽般在咆哮，这时传来礼堂里汇报演出的歌声"妈妈……"在演出的高潮时，肖佛跑来报告，方刚吞了剪刀……

这一切结构都是戏剧性的，但仍然以纪实性的手法拍摄，不要求完整的画面构图，只求真实、自然、生动、达到撼人心魄的力量。

关于"家长接见"一场戏，拍摄时摄影师是含着热泪在拍摄的，观众也无不是含着热泪在观看。一些人问我怎么会这么感人？这就是对真情的追求。

为了拍好这场戏，我们做了很多准备。如少管所的家长接见日，按规定每月举行一次，我戏中的接见必须与真的接见相结合才能产生感人的力量。如果人数少，感人的力度就不够。我在拍此场戏之前，将每月一次的家长接见临时改为两个月一次，许多家长和孩子都盼得心焦。

拍之前又请了不少群众演员，对这些群众演员事前说好要他们对少年犯进行帮教活动。要求他们必须以真情扮演父母兄弟等亲人，接见时要以情动人，像真家长一样。

而真的少年犯中有不少人被家庭抛弃，从入所以来就无家人来探。现在他们大多悔悟知错，渴望得到亲人接见，偏偏无人可见。这次拍片事前经过摸底动员，凡要求会见亲人的少年犯均可出席家长接见日，由假家长接见，以满足心理上的需求。他们都很高兴，为了这一天，他们也苦苦地盼了很多时日。其中有一个女孩，犯罪判刑以后就没家人来看她，已一年多了。她日夜苦盼，企望向家人认罪，请求宽恕。但家人仿佛已把她忘掉，她想想就泪流满面。这一次，我们给她安排了一对老夫妇，做她的"外公、外婆"，要她有什么话尽管对"外公、外婆"去说，她激动不已。没拍这场戏前，她就总是问："哪一天能见我的外公、外婆？"她的期盼比任何人都急切。

到了正式拍戏那天，真的家长、假的家长全掺在一起，当孩子们从门外走进来，真的家长一眼就认出了自己的儿女，急得大叫："孩子！妈在这里！"弟弟、妹妹也大叫："哥！我们在这儿！"就这一声叫，就能让人断肠。那些假家长也动了真情，人人眼含热泪、喊儿唤女。少年犯见了亲人早已泣不成声，不少人抱头痛哭；而那些会见假亲人的少年犯一见假父母眼含热泪、并无半点嫌弃，更是被感动得一个个假戏真做。那位女孩见了"外公、外婆"只叫了一声："外公！外婆！"就已说不出话，大哭着扑到"外公、外婆"的怀里，那"外公、外婆"更是心痛不已，抱住孩子又哭又叫，此情此景，就是铁石心肠的人也会动情。

摄影师早已是泪眼模糊，端着摄影机找不准焦点，我几次劝他："忍住！好好拍！不许漏掉！"这才像拍纪录片似的记录下这感人的一幕。

当然还有些细节是组织的。如："小弟弟入了少先队，一定要把红领巾送给哥哥戴！""一个犯罪少年在听母亲的临终遗言"等等都是生活中曾经发生过的"事件重演"，加强了这组戏的感人力度，加上沈金明（小王饰演）会见奶奶的戏等，这一场"家长接见"的戏犹如重磅炸弹让人难忘。

"向家长汇报演出"那场戏的歌和舞，都是犯罪少年自己唱、自己演，我们只是请了一位舞蹈老师给他们用现代舞排了排。那时是1985年，现代舞还没流行，孩子们第一次跳现代舞，很认真、也很刻苦，排练时要多次扑倒在地，几个女孩子膝盖都摔破流了血，但他们不让队长知道，仍不顾一切地练习。正式拍戏时，她们望着台下的亲人，犹如从心底喊出："妈妈！救救我吧！"她们双手伸出扑向台前，她们的真情也很让人难忘。

一部戏，不管用什么手法，能达到感人、难忘就是目的。影片《少年犯》中的纪实性与戏剧性的结合，再次证明了它是有生命力的。

七、审查"婆婆"多

影片终于拍完了，但审查的"婆婆"多。第一个"婆婆"是上海市司法局、劳改局的领导和挂靠单位深圳影业公司的领导。他们是此片的主管，所以第一关必须从这里过。但那天审查还来了上海政法部门主要领导。我坐在他们身边，提心吊胆地看着他们的脸色。他们一会儿笑、一会儿哭，最后用力地鼓掌，说了许多好话。他们说可以上北京了，这部影片"很好，没错！"

第二个"婆婆"是深圳市委，因为深影直属市委宣传部。这是主管领导的领导，这一关万万不可越过。那一天，深圳市委主要领导全来了。看后反响热烈，市委书记梁湘说："这是一部很有教育意义的影片！"市委常委周尔康说："这部影片剧本好、导演好、演员好，是一部很好的影片，我看这部影片可以得奖！应该给个大大的奖牌！"

第三个"婆婆"是文化部电影局。这是主管终审的领导，这个"孩子"能不能出生，全凭这里的"婆婆们"一句话！

那天是1985年10月5日,参加审片的领导有文化部主管电影的副部长丁峤、陈荒煤,电影局局长石方禹,前电影局局长(原八一厂厂长)陈播以及电影局各处处长。放映后,审片厅掌声一片,反映强烈!

文化部副部长丁峤首先发言,他说:"这是一部很好的影片。题材新、选题好,用少年犯主演少年犯的做法别开生面,影片拍得很真实、感人,是一部很有教育意义的好影片。应精益求精,力求更好一些……"他还建议司法部对这批小演员给予宽大、减刑、释放等奖励,这对宣传党的劳改政策很有好处。

文化部副部长陈荒煤说:"这部影片拍得很好,很感人,是部好影片,应好好抓一下,使它成为一个精品!"

前电影局局长陈播说:"这部影片很成功!首先是作者长期坚持深入生活,这十分重要!这部影片好在既有生活、又有艺术,靠这两点就足以赢得观众!"

电影局正式通过了影片,令我如释重负!我们的"孩子"《少年犯》可以出生了!它一出生就受到了夸奖,令全摄制组人员欢欣鼓舞!

回想从体验生活到创作剧本,至今已有三年零十个月了。能让剧本起死回生,还得感谢司法部部长邹瑜同志,因此当晚我和王静珠就去拜访了邹瑜部长。他听了电影局文艺处处长介绍审片的情况后十分高兴,当即决定10月7日请公检法各级领导一起看片,并决定将此片送中央书记处审查。又与文艺处长商定以"司法部、文化部、外交部"的名义联合举行中外记者招待会。又决定,邹瑜部长将出席在上海举行的影片首映式。并将进一步落实宽大、奖励等措施,以便大造声势宣传党的政策。

《少年犯》影片经过诸多"婆婆"的审查,取得了意料不到的好评,我们决心认真修改、精益求精,力争再上一层楼!

八、引起轰动的上海首映式

1985年11月23日,这一天很难忘。影片《少年犯》在上海大光明电影院举行了隆重的首映式。

司法部长邹瑜同志专程从北京赶来参加,上海市委、市政府,以及上海高等法院、检察院、公安局等单位的主要领导均来参加,上海各界嘉宾及观众共一千多人前来参加,盛况空前。

以往一部影片的首映式无非是该片导演率主要演员与观众见面。但这一天则不同，司法部部长邹瑜同志首先讲话，高度评价了这部影片的社会价值和艺术价值，并代表司法部向摄制组五位同志颁发首枚"法制文艺优秀奖"（金质奖章）。获得此项殊荣的是：编剧兼制片人王静珠、导演张良、制片主任郭衡宝、摄影师阎序中、主要演员朱曼芳。

邹瑜同志还亲笔题词，向摄制组赠送条幅。条幅上写："《少年犯》影片凝结着两种灵魂工程师的心血，是电影艺术与司法实践成功的探索。"

上海劳改局向我和王静珠二人各赠送了一套公安警服及各颁发一件"业余劳改干部"证书，允许我们到任何劳改场所采访。我和王静珠当场穿起警服，引发了全场经久不息的掌声。

上海市劳改局因参加拍摄影片的少年犯有立功表现，决定对十八位少年给予减刑、释放等宽大奖励，并经上海检察机关、中级法院批准，当场宣布。这将首映式推向了最高潮。其中扮演方刚的陆斌、扮演肖佛的蒋健、扮演沈金明的王佶，以及主题歌《心声》的作曲者李春生等少年获得当庭释放奖励。其父母等亲人早已获得通知拿了新衣服在等待。一经宣布当庭释放，亲人们与少年相拥而泣。场面感人至极！王静珠更是满脸热泪！

会后放映影片，观众重温此情，无不感动得热泪盈眶。

上海首映式成功，引发了全国各省首映热潮，均要求我们带演员参加，我们只能尽全力配合。但也只走了辽宁沈阳、陕西西安、湖北武汉、广东广州。其他城市只能抱憾。

这年，《少年犯》影片荣获1986年广播电影电视部优秀影片奖。颁奖会上，广播电影电视部部长艾知生亲自为我颁发了奖杯、奖状。

《少年犯》又获得1986年第九届"《大众电影》百花奖"最佳故事片奖。颁奖会由著名的老一辈电影艺术家白杨主持，并由司法部部长邹瑜同志颁奖。当从邹瑜部长手中接过"百花奖"奖杯时，我心潮澎湃、感慨万千，由衷地感谢党和人民给予我们的荣誉。

《少年犯》于1987年又获上海《文汇报》《中国电影时报》"新时期十年最佳故事片奖"，我本人获"导演荣誉奖"。

《少年犯》于1988年又获《中国广播影视》杂志"新时期十年最佳影片奖"，我本人又获"新时期十年影视十佳导演奖"。获此十佳导演殊荣的是（以得票先后排列）：

谢晋：2466824票；张艺谋：2218978票；赵焕章：2075090票；吴天明：1990935票；张良：1806079票；凌子风：1542078票；吴贻弓：1211575

票；陈凯歌：1022976票；史蜀君：986491票；杨光远：958548票（以上选票，经天津大学计算机系统计，天津市公证处验证，《中国广播影视》杂志社公布）。

1989年，《少年犯》又获伊朗第七届曙光旬国际电影节少儿影片国际赛类最佳演员奖；同年又获第六届伊朗发吉尔国际电影节"蝴蝶奖"。

2018年，《少年犯》在第二十一届上海国际电影节"电影频道之夜"活动中，入选为"40年·40部——纪念改革开放四十周年年度影片"之一，该片为1985年代表影片。

在新南国都市电影中奋勇前进

一、再碰敏感政治题材《逃港者》

记得在1972年底，我初到广州，很令我惊奇的是百姓间均在窃窃私语着一个重要话题：逃港！我也听说广东这些年不断有青年不顾边界边防军的阻挡而逃往香港。

党的十一届三中全会以后，颁布了富国强民的新政策，但并没遏制住广东逃港的势头。在深圳还诱发了万人闯关的逃港高潮。这是怎么回事呢？长期以来一直像个谜在困惑着我。

1980年，我与王静珠到深圳、蛇口工业区采访，恰遇好友熊秉权在蛇口工业区任职，他陪我们参观了工业区。他指着海面，遥望对面的香港落马洲说："我刚来蛇口时，这里的海水又腥又臭。每天早晨都可以看到漂在海面的逃港者的尸体，这里是一些人的逃港通道。"

我们在罗湖采访，又听罗湖区委书记说："过去好多年，都有个逃港的问题困扰着我们，年轻人向往香港的表面繁荣。"

在罗湖、在沙头角都可以看到边界上那长蛇一般的铁丝网，以及香港的英国国旗和守军。边界永远有一种神秘而恐怖的面纱，香港那边又有令人神往的诱惑。怎么会有逃港的现象？我一直想解开这个谜。

其实"逃港"还是近一二十年内才发生的事。自从腐朽的清政府当年将香港租借给英国政府九十九年之后，百年来香港的经济并无大起色。中华人民共和国成立初期，香港的经济还十分落后，那里的生活用水、用电、粮食、蔬菜等无不依靠广东供给。50年代初，香港同胞不满港英政府的统治，还举行过反英抗暴斗争，不少同胞还从香港逃回内地。然而，近一二十年情况发生了逆转，国内极"左"思潮泛滥，阶级斗争扩大化，人民生活水平日渐下降，而香港却利用天时地利迅速地繁荣起来。香港、广东本一水之隔，且有剪不断的亲情联系，香港的经济繁荣与内地的经济萧条形成了反差。在香港做工一个月可得数千元，在内地种地一年仅得数百工分，于是造成心态不平衡，加之香港极右势力的宣传、工厂老板用人招工引诱，还有"蛇头"的蛊惑，便发生了屡禁不止的逃港现象。

"逃港"在广东被称为"偷渡"，"逃港者"被香港称为"大圈仔""非法入境者"。双方官方都不允许，这边禁逃，那边禁入，抓住都会被重罚。尤其是香港边界建了长龙一般的铁丝网，由英军日夜巡逻。我方也有边防军守卫，但"逃港者"恰恰不顾一切地从海上、陆地上频繁地偷渡，为此造成死亡者无数。尤为甚者，一次竟有万人冲关，强行越界，真是"拿枪堵也堵不住"。然而，后来终于出了奇迹。

党的十一届三中全会制定了"富国强民"政策，又将深圳划为经济特区，实行"对外开放，对内搞活"方针。仅短短六年，深圳竟从原来一个贫困的边陲小镇建设成一个繁荣的现代化新城。那日新月异的建设速度，大刀阔斧的改革，引起了海内外人士的广泛关注。深圳繁荣了，人民变富了，农民一下子变成几十万元户。当年"枪都堵不住的逃港风"也就烟消云散了。

罗湖区区长说："我们这里再也没有人外逃了。"

我曾见过一位六次逃港未遂者，他大笑着说："那几年我六次逃港，六次被抓回来。今天你就是放我逃我也不逃了。"

有人说："现在这么好，傻瓜才外逃。"

时过境迁，当年的逃港者有人成功，有人失败，有人被抓回来，有人被淹死在海上……那些"逃港成功者"在香港生活得怎么样？内地亲人仍时时关注着他们的生活和命运；那些"逃港未遂者"的昨天、今天又如何同命运搏斗？在"逃港者"的眼中，香港到底是"天堂"还是"地狱"？反之，在香港同胞的眼中，"内地"是否就是"愚昧、贫困、落后"？

这段历史即将过去，若能客观反思也颇有益处，于是我决定以此题材创作一部故事片。

剧本是请《深圳特区报》的一位年轻的记者陈宜浩同志写的。记得那年到深圳寻找合作者，却无人敢应。有人私下说："这题材太敏感，政策性太强，又是'禁区'，还是不碰的好！"

但陈宜浩却大胆举手说："这题材我熟悉，也有生活，我敢写！但我从没写过电影剧本，不知怎么写，若与张良导演合作，我就干！"

王静珠说："我们两人会全力助你，但均不挂编剧名，我只做你的责任编辑。张良直到扶你剧本完成，他只做导演，望你打消顾虑，大胆创作！"

这次合作十分愉快，我们一起到深圳体验生活，搜集素材，一起拉大纲、想情节，直到他的剧本被珠影采纳，我也做好了导演的准备。

影片《逃港者》在创作、拍摄中遇到了许多敏感的政策性问题，例如：如何描写外逃的历史背景？如何表现十年动乱中群众的生活困境？如何正面表现偷渡、外逃？如何表现香港的繁荣和阴暗面？如何真实地描写逃港者的个人命运？如何表现深圳特区六年的建设成就和逃港未遂者的心态变化……

这些都是政策性很强的边缘敏感问题，稍不注意则可能铸成大错，但解决这些问题既不能回避，也不可以政治说教。这是故事片，还是要从人物出发，用事实说话。关键还是分寸的把握，电影局在审查影片时也说："贵在分寸把握得当。"

影片拍得很艰苦，有不少镜头是在香港拍摄的，大部分是在深圳拍摄，但结尾一场戏的改变，令我至今难忘。

原剧本的结尾是在罗湖桥头（香港一侧），钟哲夫（周里京饰）被阿毛（钟哲夫的妻子）拦回去，不准他回深圳探亲，他只能眼睁睁地望着刘莺（朱琳饰）与阿昌等人过关而去，露出无限的惆怅……

到香港选景时意外发现一个名叫"落马洲"的地方，距深圳只一水之隔，近十年突然变成旅游胜地。到此观望深圳新貌的人越来越多，不少台湾同胞因不能回大陆探亲，竟到此地用高倍望远镜瞭望故乡。那种深情，那种对故乡的思念尽在两行热泪之中，令人热血激荡。

因此我决定影片的结尾改在这里拍，钟哲夫因妻子阿毛的阻拦不能返回故乡看望母亲，于是转来落马洲用高倍望远镜瞭望深圳故乡。

实拍那天，恰巧有一队台湾老兵旅行团到此观光，均是七十岁左右的年纪，满面沧桑，都有妻儿服侍，他们一个个排队等候在高倍望远镜前，无一人说话，只是依次上前。当他们伏在望远镜前瞭望大陆时，竟有人满脸泪水、抽泣不止，久久不肯离去，那种深情实在是用语言无法形容。我急令摄影师偷拍，并让主演周里京夹在其中。此情此景感人至极，实非组织拍摄所能达到，我兴奋不已。但冲印时发现摄影机出了故障，镜头损失大半，我又懊丧不已。

《逃港者》记录了广东在非常年代中一部分年轻人的彷徨，也记录了深圳的崛起令逃港历史的结束。

影片上映前，香港报纸曾以《题材大胆，会惹麻烦？》为题评论过此片。影片上映后，《深圳特区报》以《一部叫好又叫座的影片》为题，报道过广东文艺界座谈《逃港者》的实录。影片曾引起了各界的广泛关注和评论，很使我高兴。

二、拍九集电视剧《破烂王》

早在我筹备拍摄《逃港者》之际，从本溪家乡来了两位同志，他们持本溪市委的介绍信和邀请函，邀请我和王静珠两位回家乡作贡献，拍摄一部六集电视连续剧《破烂王》，并言明要我借此机会为家乡电视台培养队伍。盛情难却，何况是老家邀请，我一口应承，答应待《逃港者》送审通过，立即赶赴本溪筹备拍摄。

我抽空读了《破烂王》的剧本，令我震撼、喜悦。这个戏是刘鹏越同志根据本溪市物资回收公司总经理张玉金同志的部分真人真事加工创作的。写了一群收破烂的人，如何在改革春风中奋发图强、争取自身的人格、地位、锐意改革创新并做出伟大的业绩。剧本塑造了一群收破烂的人的鲜明形象。最令我动心的是改革的春风也吹到了这个被社会遗忘的角落。这群收破烂的人过去是不被社会看重的，被人讽刺为"人下之人"。尽管回收废品的公司冠以"物资回收公司"，但人们的习惯仍称他们为"废品公司"或"破烂公司"，称这群回收废品的人为"老废品""老破烂"。

谁又关心这一群人的喜怒哀乐？谁又在意他们的辛酸苦辣？旧社会有一句话叫"社会有下九流，收废品的到了头"，可见其行业的低贱。

然而今天，这群收废品的人借改革之东风奋起，他们也要改革，也要争取自身的人格、价值，也要为社会作大奉献。他们说："我们物资回收公司经营的绝不是废品，收废品的人也绝不是废人！我们要变废为宝，把物资回收公司变为'不开矿的矿山，不种树的森林'，变为常青的事业，万岁的事业，把收破烂的人变为大写的人！"

◎ 夫妇俩在辽宁本溪拍摄电视剧《破烂王》时留影

　　这一群人令我动心、令我起敬。这又是一群不为人知的人、又是一群社会最底层的人，我决心以最大的爱心去塑造他们，我一定要让社会重新认识他们、重新理解他们，给他们以爱和尊敬，从此不再称他们为"老破烂"。

　　这个戏写了好大一群人、很广的一个面。写出了收废品的辛酸苦辣、喜怒哀乐，也写出了他们的志气、个性，给了我极大的创作激情。我立志，用这部戏为全国的收废品行业正名、争气。以便推动全行业的改革，提高全行业人的尊严和价值！

　　为了这部戏，我数次往返本溪，与市委领导统一认识。并确定演员．确定外景地，此时，王静珠一边以责任编辑身份协助作者完善剧本，一边以监制人身份先去本溪筹备，待我们的《逃港者》影片审查通过，我就立即赶赴本溪投入拍摄工作。

　　这部戏，我任总导演，执行导演金作信，摄像是我的老搭档王亨里．美术也是老友张之楚，作曲也是请了我的老战友傅庚辰，而静珠又被本溪市委委任为本片的监制。与我们合作的是本溪市电视台，电视台也组了一套摄制班子。市委领导虽一再要求我们进行传、帮、带，但我们不敢当老师，只能互相交朋友、互相学习、切磋技艺。

　　我第一次拍电视剧，第一次使用摄像机，第一次用录像带而不是电影胶片，免去了胶片洗印。这时我发现电视的屏幕小、景深范围窄，可以减少灯光甚至不用照明。还可以缩小群众场面，甚至可以偷工减料、粗制滥造，像社会上已经泛滥的某些电视剧一样。

当我意识到我也可以成为"粗制滥造者"时，我立刻感到心惊肉跳、直冒冷汗。我当即为自己敲响了警钟：决不能随波逐流做个庸俗的匠人，必须以电影人的姿态、电影的手法、电影的精雕细刻去刻画人物，去精雕每一个画面，使电视连续剧成为长篇的电影巨制。为此，我要求摄、录、美、化、服、道等一切部门，仍如拍电影一样去过细地做好自己的工作，正因如此，全局的艺术效果、人物、画面的魅力才被社会普遍称赞。

这部戏全部在本溪实景加工拍摄，我要求突出表现地方特色——东北的纯朴乡风、乡情，以及独特的地方语言。

演员也大部分用本溪市话剧团、沈阳话剧院以及沈阳军区话剧团的老演员，他们演起东北人形象逼真、神韵十足，更有地方特色。我只从南方带去三位演员，我让珠影的刘延饰演男主角王玉河，让刚入影视大门的刘蓓饰演女主角古梅，让老演员魏坚饰演收破烂的考古学家徐光璧。他们与东北演员相映生辉、别有情趣。

全剧人物大大小小数十人之多，但全体演员均全情投入，演得栩栩如生，性格鲜明突出，给观众留下了难忘的印象。

这部戏的音乐也很突出，尤其是主题歌，曾热唱大江南北，经久不衰，傅庚辰同志贡献很大。这部戏被辽宁省授予"优秀电视连续剧一等奖"，又获得东北三省电视连续剧"金虎佳作奖"，又获第八届（1987年度）全国优秀电视剧"飞天奖"电视剧类提名。

三、策划创作《女人街》

结束了《破烂王》，我的思想又回到广东这开放改革的最前沿。许多观众喜欢我的《雅马哈鱼档》，他们不断有人写信给我，鼓励我搞姐妹篇，鼓励我继续关注广东的改革步伐，塑造新人形象。

恰此时广东《当代文坛》杂志发表了一篇洪三泰同志写的报告文学《中国高第街》，叙述了高第街古往今来的历史，更着重描写了高第街上639个个体摊档在开放、改革的大潮中如何吸引了全国29个省市的个体经商者，将高第街商业街变成了辐射全国的"新丝绸之路"，出现了许多令人称赞的个体先进摊档。这些现代年轻人的经商意识、竞争精神使我眼亮，立刻唤起了我搞《雅马哈鱼档》姐妹篇的创作欲望。虽然这还只是一篇报告文学，还不是小说，没有完整的故事和动人的人物形象，但我似乎已看到未来电影的雏形。这条商业街和这条街上的个体年轻经商者，他们的经商观念、经营手段，以及现代的信息意识、竞争精神，足可以演绎一幕幕动人的戏剧。他们的经商理念较之《雅马哈鱼档》里的阿龙、海仔们又前进了一大步。就是这条商业街较之改革之初的龙珠街也是更规范、更繁荣了。假若剧本写得好，人物塑造得好，一定能以《雅马哈鱼档》姐妹篇引起全国观众的关注。

我的这一想法与珠影厂厂长交谈，立刻得到了他的支持，他嘱咐我立即与作者联系，不可迟误。

恰此时又见到电影局局长石方禹，他对我抓题材很感兴趣，问我继《少年犯》《雅马哈鱼档》《逃港者》《破烂王》一系列当代尖端题材之后又抓了什么题材，我坦言想将《中国高第街》报告文学改编成《雅马哈鱼档》的姐妹篇。他一听就有了兴趣，待他也看了这篇报告文学后，立即约我谈话，他说："你抓的这个题材十分好，恰恰正是我们要探讨的社会主义初级阶段中，处于商品经济竞争社会里，人的关系和人的心态变化，它显然比《雅马哈鱼档》又深了一层。如果改编得好一定会很好看。珠影抓'南国都市文化'趋势很好，这也是你的优势，可以继《雅马哈鱼档》后搞个南国都市片系列，我期待你的新突破！"

得到电影厂厂长、电影局局长的支持，我的劲更大了，立即邀洪三泰同志会晤，请他以高第街题材为我写个电影剧本。洪三泰很兴奋，立即应邀，但他一再表示，从没有写过电影剧本，不知道该怎样结构故事、塑造人物。他强烈要求我与他合作，如我同意联合编剧他就"触电"，若我不同意，他就不干。我无奈地只好应承与他合作，嘱咐他大胆发挥、不必顾虑，让王静珠做责任编辑协助他。

洪三泰的创作激情被调动起来，在我们讨论了几天大纲之后，他便"躲"起来去写第一稿。

我与静珠也立即到广州越秀区委宣传部联系深入生活，采访高第街等几条重要的商业街，以及近几年崛起的一些著名的个体商业大户。在他们的协助下，我们走访了高第街第八工商所并与高第街个体青年座谈。以及西湖夜市、清平市场等几条商业街，还与几位著名的个体大户作了深入访谈，这给了我极大的启迪。他们都看过《雅马哈鱼档》影片，大家说："时代不同了，广州年轻人度过了初创业的懵懂期，现在成熟了，路宽了，我们也看得远了。希望新影片能表现我们的商业道德和竞争意识,更表现我们的人生追求和发展。个体户被人歧视的年代结束了,我们也成了社会主义商业的重要组成部分,因此也应看到我们对社会主义商业的新奉献。"

深入生活使我更接近了他们,更理解、认识了他们,也树立了塑造一群有别于《雅马哈鱼档》的新人的信念。

从一篇报告文学改成电影剧本,这是一个艰巨的、漫长的过程,由于大家齐心协作、认真对待创作,剧本经过几易其稿,洪三泰写前两稿,我写三四稿,他改第五稿,我改第六稿。剧本终于按原定计划完成,并被珠影正式通过,此时已是1988年10月。

剧本通过时易名为《女人街》,因原名《中国高第街》太过于真实,实际上也不可能真在高第街拍摄,更不可能局限于高第街的真人真事。因此在与洪三泰讨论剧本大纲时已明确,要虚构一条商业街,既不是高第街,也不是西湖夜市,而是广州几条著名新商业街的综合概括。这条街上是一群年轻女性经营的女性用品街。各式各样的现代装饰的店面,专卖各种女性用品,如女性时装、女性头饰、女性内衣、女性化妆品、女性婚纱等等,然而光顾这条街的并非全是女性,还有她们的男伴。当然我们重笔要写的还是经营这条女人街的几位出色的年轻女性,她们已越过了广州个体青年的起步阶段,进入了第二阶段和第三阶段。经过到生活中深入生活和采访,我逐步了解到广州个体青年的创业"四部曲"是这样的:

第一阶段:他们刚刚起步,以少量的资金在街头巷尾摆摊设档,本人既是业主又是劳工,如《雅马哈鱼档》中的阿龙、珠珠、海仔们。

第二阶段:他们经过多年的拼搏,已积累了一定的资金,开始到闹市区租赁店面,经营起"精品屋",他们雇佣一两个帮手,自己做老板,只管进货和结账。

第三阶段:是他们梦寐以求的,也是个体户的分化阶段。有了较大的盈余,有人开始买楼、结婚、生孩子,为自己构筑"安乐窝"。有人却又返回国营企业去端"铁饭碗",以求"保险"。

第四阶段:有人转去国外求学深造。更有人已不满足于做个体小业主,犹如鲤鱼跳龙门一般,做起了私营企业主,开工厂、设专卖店、雇工数十人或百人,将私营企业越做越大,这便是腾飞的阶段。

我们的《女人街》主角欧阳穗红终于做到第四阶段。然而另一女主角白燕只做到第三阶段就想买楼、结婚、抱孩子。但是她们在这条街上却演绎了令人炫目的商品战、信息战、人才争夺战以及智慧大战。她们的挫折、进取，她们的喜怒哀乐，她们的爱情争夺就构成了这一幕五光十色的生活戏剧。

这部戏旗帜鲜明：是《雅马哈鱼档》的姐妹篇，是我的第二部"南国都市片"。写开放，写改革，写改革大潮中的"弄潮儿"，写广州的新市井风情画。

剧本完成了，又遇到了拍摄资金的困难。珠影厂也在改革，想寻求社会合作，厂长要求我去寻求第二投资者，既是与社会资金合作共同拍摄。我找到在广东刚刚崛起的健力宝集团，说服他们与珠影共同投资拍摄《女人街》，他们一口应承，但要求必须挂"联合出品"。这要求并不过分，出了钱理应联合。但请示电影局却不同意，仍坚持电影厂独家出品，其他投资者只能挂"赞助"或"鸣谢"。结果这次没联合成，令《女人街》的拍摄暂时搁浅。

四、以党籍作保证拍摄《女人街》

电影局不准与投资者联合出品，这极大地挫伤了投资者的积极性。没办法，只能仍然由电影厂独资。但电影厂也遇到资金不足的困难，当年一般一部故事片已不能少于一百三十万元的成本，有些复杂的大片已在两三百万元左右。

我们的《女人街》成本，制片主任精打细算也不能少于一百三十万元。与厂领导谈判，厂长斩钉截铁地说："不行！绝对不给一百三十万！要么不拍，要拍只给八十万，多一分钱都不拍！"

这近似不讲理了。厂长们也清楚地知道当时八十万是绝对拍不了这样一部故事片的，尤其是这样现代新潮的"女人街"。单只用布景搭一条街也已近三十万预算，何况还有其他。当然那年代的演职员酬金还很低，每人每部片酬都还没超过八百元。但摄影机、胶片等已很贵，总之，只给八十万是绝对有些有意为难我了。

没办法，要么不拍。我思想斗争很激烈，也曾想过不拍，怕拍了受气。可是写《女人街》剧本，从下生活到创作，前后已近一年，难道一年的心血就这样白费了？！咬牙拍吧，钱又不够，俗话说："一分钱也能逼死硬汉"，这滋味真不好受！我在底下与制片主任反复商量，他总说八十万干不了，可多一分钱厂长也不给了，气得我眼睛发蓝！

在一次厂办公会上，我一咬牙、一跺脚，大叫："拍了！八十万就八十万，我拼了！"副厂长说："立军令状！就八十万保证不超成本，以你的党籍作保证！"

办公会上厂长们都在，加上各处处长，一个个虎视眈眈地盯着我。因为以前也曾有过导演说话不算话，当时要的成本不高，但拍到一半又追加成本，全片拍完已超成本一倍，害得厂长们学聪明了。今天他们虎着脸要我立下军令状，要以党性保证：若超了成本就受党籍处分。

我第一次遇到这阵势，以往我拍的任何一部片都没超过成本，而且全赚了钱。一部《雅马哈鱼档》已卖出两百一十五个拷贝，创下了当年的全国之最。今天拍部《女人街》，竟用八十万元成本卡我，还要以党籍保证，我心里不平衡！我很想发火，但又火不出来，又舍不得不拍，只能忍气吞声"认"了。我一狠心地说："下军令状吧，如果超了成本就开除我的党籍！"

用党籍保证才拿到八十万，厂里让我与制片主任共同承包，保证以八十万元拍完此片。如果"三项指标"（指成本、胶片、周期）超一项就扣罚我们两人的工资与奖酬金。若节约了成本，可以从节余中抽百分之五十作奖酬金奖励。我们心里明白：节余是不可能的，力保不超成本才是万幸！

怎样才能不超成本？只能层层承包。摄制组人人保证：摄影部门保证不浪费一尺胶片，美术置景部门保证不浪费一尺木头，照明不浪费一度电，制片计划不浪费一天，导演不浪费一个镜头……如此类推，人人精打细算，凡"大手大脚"者摄制组便炒他"鱿鱼"，另请高明。人人如履薄冰、小心翼翼、兢兢业业。请演员也如此，太高价的大牌不请。大家知道我"善用非职业演员"，这次全鼓动我尽量多请"非职业"演员。结果男女主角、男女配角，百分之八十全是第一次演电影的新人。饰演女主角欧阳穗红的是一位职业时装模特，从没演过戏。饰演男主角贺伟雄的，是广州中国大酒店的一位服务生。饰演女配角白燕的茅海童当时还是一位舞蹈演员，第一次演电影。饰演三位外来妹的，只有刘蓓一人是专业演员，其余两人全是业余的。全片演员百分之八十是非职业演员，酬金较低。

但我急了，大叫："人可以业余，戏不能业余，每一个人物都不能失了水准，每一位演员都必须上台阶！要令人刮目相看！"

演员一到齐，立即组织排戏，日夜赶排，直到达到标准。因为"不浪费一个镜头"的要求，就是要看演员的戏。戏好可以一次过，戏不好，拍八次也可能不过，逼得演员们个个兢兢业业。

这部戏的化妆、服装、道具与《雅马哈鱼档》截然不同，《雅马哈鱼档》要求演员不化妆，和生活中的常人一样。而《女人街》则要求人人化妆，而且化浓妆。服装亦如此，不是便装，而是新潮的时装。尤其是几位女主角，人人必须与时代同步：化浓妆、穿时装、着名牌衣裤。因为时代不同了，1988年广州街头靓女成群，尤其是时装档业主为推销时装，一个个打扮得花枝招展，十分新潮，仅此一项也已构成了一道迷人的风景线。

这就是生活、时代的新变化，她们的新潮装扮很令全国人眼亮。但化、服、道工作人员又叫苦了，他们大叫："导演啊，钱不够，买不起时装！你知道一套时装多少钱？是便服的十倍、二十倍！"我也大叫："不会想办法吗？标准不能降低，钱多一分也没有。可以借嘛！向演员本人借！据我了解饰演欧阳穗红的演员就是时装模特，她自己又开时装店。可以请她穿自己的时装，最多补她一些折旧费。其他演员也如此，以每套折算，凡多用一套就多给一套的折旧费，不是比买更便宜？！"服装员笑了。我又说："服装的款式、色彩要由美工师定，必须符合人物、符合场景，这个标准不能变！"

美工师、服装员果然与演员们商量，人人愿意奉献，而且穿着自己的时装合身，既节约了成本，又丰富了人物的色彩，一举两得。

美工师又叫了："导演啊，戏里这条女人街怎么办？如果搭一趟景，最少三十万。如果到一条真街去实拍，人家要每一天的营业损失费。每一个档口、店面一天要五千元，如果占了十个店面，拍七天就是……"

我急忙举手喊道："打住！不能真搭一条街！《雅马哈鱼档》的龙珠街可以搭，那时候便宜呀！一个'雅马哈'档口几根竹竿、几张草席、几块木板就行了。今天一个'穗红时装店'搭得起也摆不起。那几百套时装摆得起吗？搭全街肯定不行，用真街拍戏也肯定不行，咱们赔不起营业损失费。"

刚讲到这里，美工师又大叫："这也不行那也不行，怎么才行？"

我这才说："我想自己搭半条街，利用半条商业真街，在西湖路上造一条'女人街'。白天真街可以照常营业不要让他们店家受损失，晚上停业以后借给我们拍戏，这不是两全其美吗？"

听了我的话，美工师笑了，制片主任也笑了。可是他越笑越尴尬，他说："西湖路是闹市，车水马龙，白天有几路公交车从这条路上通过，公安局能同意在这拍吗？何况戏多，可能要拍十来天，店主营业和交通怎么办？停业？让公交车改路？还笑得出来吗？"

我一想，是啊，公交车怎么办？那半条真街能让我们拍半个月？不行，必须求得市公安局的支持。

　　第二天，我与制片主任、摄影师、美工师一同拜访广州市公安局局长。局长出乎意料的热情，他听了我的阐述请求后，他将公安处处长、交警大队队长等领导全请来了。他说："张良导演要拍《女人街》，歌颂咱们广州的改革开放，这是好事，咱们必须配合、支持。他要在西湖路闹市上搭半条假街，利用半条真街做成'女人街'，可能要拍半个月。你们几位处长看看，在交通上、维持治安上能不能助他一臂之力？"

　　公安局局长这么一说，等于定了调，几位处长也热情地出谋划策，表示全力支持。最后一致决定可以在西湖路上搭半条假街，也不用让公交车改道，只要加强交通管理就行了。维护治安也可以，只需多派些警察。派去的同志不用给劳务费，只要跟摄制组一起吃盒饭即可。我们千恩万谢，从公安局出来后，那份高兴劲自不必说。

　　制片主任又提醒：还需求助工商局，说服那半边真街上的几家服装店的个体业主能配合拍片，补偿要合理，切勿狮子大开口。经与工商局和私营企业家协会磋商，又与几位业主洽谈，终达协议：我们用其真店名拍片，以宣传此街的商业价值。几家店主全力配合，不计损失报酬，只求我们不要用半个月，力求能在十天内拍完最好。我们又征得工商局同意，在我们用景片搭起的半条街上，设十余个档口，临时招商，不收税，只求活跃商业街的气氛，以减轻我们布置店面的费用。工商局全力支持。

　　结果愣是让我们在广州的闹市中心的西湖路上搭出了半条街景，做成了"女人街"主街。真店面"凯莎琳时装店"做了戏中女主角欧阳穗红的时装店，没做任何加工。而在她的对面假街上，布置了贺伟雄、白燕的"雄燕时装店"和鞋店老板阿坤的鞋店，这家鞋店也是请了一家真鞋店按我们的要求布置成店面，白天他们照做生意，晚上给我们拍戏。如此一来，"女人街"一景只用了一小半的成本就做成了。这条街的戏较多，原计划需用十五个工作日才能拍完，因准备充分，只用了七个工作日就拍完了，而且保质保量。

　　我们由衷地感谢广州市公安局、广州市工商局和广州市私营企业家协会的热情相助，才解决了我们资金短缺的困境。

　　《女人街》是《雅马哈鱼档》的姐妹篇，又是我的"南国都市片"三部曲的第二部，既保持了我的戏剧性与纪实性相结合的艺术风格，又强化了它南国风情画的地方特色。在剧情和人物关系、人物性格上又增强了生活喜剧特色，让观众感受到全片风趣幽默、轻松愉快，增强了娱乐性和可看性。观众再一次从全片的专业与非专业演员身上看到了表演的质朴、自然、真实、可信。更看到了女人街上那种商品竞争、信息竞争、智慧竞争和人才竞争的火药味，而且还从几位打工妹身上看到了广州的人才辐射。

《女人街》保持了它的清新活泼、节奏明快。但人物塑造还嫌功力不够，剧本对男主角贺伟雄的塑造尤显不足。他本是二女相争的人才，但其智慧、作用表现不够，削弱了相争的意义。

《女人街》送审上映还有插曲。到电影局送审，获电影局及影协专家一致好评，全片不需任何改动。电影局审片组说"此片思想倾向的把握很好，真实地再现了青年人在爱情、事业上的欢乐和苦恼，真实地表现了改革开放形势下青年人的生活途径。影片有较强的观赏性，保持了《雅马哈鱼档》的艺术风格和地方风情，并有深层次的探索（如皮鞋店老板的上当）。但人物的性格描写还不完整，如贺伟雄……"

电影局决定将此片作为建国四十周年的献礼片，并作为"首届中国电影周"的首映式片。

但过了几个月，电影局又取消了这个决定，并下令不许《女人街》参加百花奖评选。这些决定在电影界引起了轩然大波，大家都不明白、不理解这个决定是出于什么理由。电影局也不回答电影厂的质疑，以致香港报纸也为此发表了疑问，但仍无从解答。

又过了一年，此片获广东省优秀影片三等奖，才算画上了句号。

此片的拷贝数卖了不少，且赢得了观众的喜爱。

五、三下深圳创作《特区打工妹》

1990年是深圳特区成立十周年大庆，两年前我与王静珠已在酝酿搞一部电影为深圳十周年献礼。

在创作《女人街》时，我们曾到东莞和珠江三角洲一带采访"三资企业"，惊见成千上万的打工妹均在制衣厂、玩具厂内劳动，问及家乡何处，所答不一，有来自四川，有来自湖南，亦有来自粤北山区，均属贫困地区。她们的年龄之小、劳动时间之长、生活之苦，令我们震惊。但也正由于她们的奉献，成就了特区的三资企业，也繁荣了珠三角的经济，功不可没！由此而想，深圳特区的繁荣不也和她们的奉献分不开吗？

一日，我偶然路过广州火车站，又见站外广场坐着近千名女孩，一个个背着棉被、衣物等行李席地而坐。她们一脸的稚嫩、一脸的茫然，我不禁上前询问，原来都是初来广州，竟是为到特区、为到珠三角打工而来。她们刚下火车，等待厂主前来领人。第一次离家远行，有人脸上还留有泪痕，但也有人神情振奋、跃跃欲试。

打工妹，打工妹！我忽然萌发了创作欲望：就去写写她们吧！写写她们为何远离故乡，到陌生的特区，在三资企业工厂内打工，她们正是青春年少，为什么要把大好年华奉献给特区建设，她们对人生有何希望，又有何喜怒哀乐？

《女人街》影片中我们已经写了三位外来打工妹，这一次我们就以她们为主线，去写一部真正意义上的特区打工妹，去揭示她们鲜为人知的生活命运，去歌颂她们对特区十年的奉献。

这是中国开放改革的新生活，是中国电影还没人接触的新领域。我激动地想：这又是一个新题材，就让我再大胆地迈进一步。

1990年1月，元旦刚过，我与王静珠便前往深圳，做了一个长期的生活采访计划。我们得到了深圳市委宣传部的热情支持，他们说："张良同志，你们又选了一个好题材，我们一定全力配合你们，更希望你们的《特区打工妹》早日问世。"

在宣传部的协助安排下，我们做了三次采访计划：春节前半个月，重点采访高层领导及各区政府，了解特区政策和十年的建设经验与成就，从宏观上把握党制定经济特区的战略意义。

春节后再来了解采访三资企业，从不同的侧面了解企业主（资方）、中方厂长们十年来的感受以及他们的切身体会。这些三资企业很多，只能选重点采访，选有代表性的。

第三步就是要深入工厂、车间、班组。甚至就回到宿舍和她们交谈，观察她们的生活现状，亲身感受她们的喜怒哀乐。我们甚至亲临外资工厂去观察生活，和外商交谈。多次拒绝参观的蛇口三洋电子厂的日籍商人首次为我们开启了大厅并接受了采访。我们用了整整六十天进行采访，笔记本记了满满几册。三下深圳，感受越来越深刻。

更使我们感动的是一些青年人要做现代"盗火者"，像古希腊神话中的普罗米修斯，勇盗天火，给人类以光明。他们到特区来不只是为了赚钱，还是为了"偷技术"，"偷现代化建设和现代化管理"方面的经验技术。一旦学成，就回内地办工厂，去推广这里的经验。不少人回到家乡，帮助山区脱贫致富，为人民创造新生活。

这才是我们要发掘的"金子"，他们闪闪发光，令我们久久激动不已。我们终于找到了剧本的主题和人物的内核。

我们在影片中塑造了婷妹、杏子、四喜等男女青年形象，他（她）们是千百万打工妹、打工仔的化身。写他们在这场大工业震荡中个人情感的裂变，写他们在新时代里勇于重塑自我形象，勇做"盗火者"，勇于为国家的四化，为家乡的脱贫致富而贡献青春和才干。

当然，我们也写到港商、资本家的不同侧面，也写了彩云、春花等女青年的失落……

《特区打工妹》在拍摄时有两件事曾引起新闻媒体的关注，一是我请来了北京电影学院一年级的一个班学生包演了本片的男女主配角；二是我们办了一期群众演员培训班，作为全片的群众演员。

当时我们选演员时遇到难题，专业剧团没有这个年龄段的演员，非专业的也一时难以找到这么多合适的人选。我到北京电影学院，看中了刚入校的一年级班的两位同学，老师很为难。这批学生刚入校，还不该外借拍片，若学习基础打不好，怕影响全程。但又不愿拂了我的盛情，只能与我商量：若只借走两个人会影响全班的学习进程，就不能借了；若一定要借，就全班十个人一起借，老师也跟着，边拍片边教学，在实践中学也可创条办学新路，但是可能增加制片的费用。

我一想，这样可行。借全班能激发他们的积极性，学校还可以将拍片的成绩作为考核依据，摄制费用稍增加也不是大问题。但我有了一个班的学生，反而多了可选择的余地，没选上主角的也可以演配角。因此我毅然用了全班同学，让刘爽饰演婷妹，刘燕军饰演四喜，王倩（现名王茜）饰演杏子，俞飞鸿饰演春花，邵兵饰演中方厂长，全是主要角色。其他几位同学也人尽其才，饰演了戏份较重的配角。在全片拍摄中摄制组成了他们学习、实践的课堂，极大地调动了学生们的创造积极性。当然，与导演的交流也丰富了他们的学习内容，何况电影学院培养学生的终极目的还是要到社会、到摄制组去实践、去塑造人物。

这次一年级班的集体实习，等于走了三年的学习进程，他们在总结时都觉得收获很大。这在电影学院也是首创，校长、老师们也较满意，我也满意，学生们不负众望，都很刻苦。他们塑造的婷妹、四喜、杏子、春花等形象也很得社会的好评，日后这个班终还是出息了几位演员，皆大欢喜。

第二件事，是我委托王氏公司办了一期群众演员培训班。来报名的有两百多人，最后录用三十人，经过培训后跟摄制全程。全是女孩子，让她们扮演打工妹，从戏中"招工"开始，演"离别""进深圳""进工厂""做工"，直至全片结尾的"万人大家乐"。这次好处极大，女主角身边的群众演员全是经过培训的，她们入戏快、不抢戏、不破坏戏的气氛。

例如："村中送别"一场戏，戏里要求女孩子们坐上大客车，车一启动，车下父母一声喊："小妹，来信呀！"车上的女孩们便一片哭声，叫爹的，叫娘的，喊奶奶的，哭喊成一片。一个个凭窗眺望，涕泪横流。此情此景，感人至极。这些群众演员女孩子入戏快，尽情地宣泄，真哭真喊。我已喊停多时，她们还大哭不停，真情动人。

如果不是经过培训，临时请来，哪有这种激情？何况以往请来的群众演员都只是为了玩或是为了钱，越是动员大家哭，他们越是笑，副导演们越是喊"不要笑！"他们越笑得厉害，能把导演的肺气炸。这次，我全培训，经合格录用，便保证了我全片的气氛和谐，不因群众的戏不好而重拍，不因群众的戏不到位而破坏主演的情绪。她们从头跟到尾，也过足了戏瘾，两全其美，皆大欢喜。

《特区打工妹》是我的又一部充满时代气息、充满岭南风情的"南国都市片"，是我继《雅马哈鱼档》《女人街》之后的第三部曲。影片送到广电部电影局审查，获得了高度赞赏，说是一部真正的主旋律影片。坚持了现实主义的创作手法，突出歌颂了新时代年轻人的志气。人物形象鲜明，戏很感人，题材新颖别致，很有新意。

中国电影家协会还专门召开了研讨会，著名的电影评论家罗艺军说："这部剧作很有特色，敏感地抓住了现实题材，写了山区的落后和深圳特区的巨变，内涵丰富、深刻、独特。几个人物都处理得很好，表演也好，很到位。全片保持了张良一贯的艺术风格，很令人高兴。"

著名的电影史学家程季华先生说："影片开头写得很好，生机勃勃。全片处理很感人，可能有人会拿这部影片与日本的《野麦岭》比，不能比，这部影片绝对是八十年代的社会主义，女工们的命运、发展都与《野麦岭》不一样。影片表现了许多特区的经济特色、特区的工业和生活，会帮助观众了解特区。这是一部编剧、导演、演员均好的戏，是张良最好的一部戏！"

《特区打工妹》影片于1991年被广播电影电视部授予"1989—1990年优秀影片奖"。又获得1991年第三届哈尔滨冰雪电影节铜杯奖、1992年广东省第四届鲁迅文艺奖。

六、拍电视连续剧《岭南春秋》

早在1990年春天，我和王静珠为拍摄《特区打工妹》时到深圳布吉镇体验生活，欧官成镇长说："我这里有一个全国闻名的南岭村，国家主席等领导人全来看过。这个南岭村村主任张伟基是全国人大代表、全国劳模，这是个人物。这个村过去叫'鸭屎围'，穷得连裤子都穿不起，可是现在富得流油。这个村有很多故事，可以写成一个好戏，你们两口子不妨去看看！"

他这一介绍竟激起了我俩的兴趣，我们立即去拜访这位大名鼎鼎的南岭村长。

张伟基是位大忙人，平时很难见到。可是那天他却专门留在村里等我们，还一见如故，热情得很，一见面他就说："张良啊，我得谢谢你，是你主演的电影《董存瑞》教育了我，不然我也去逃港了。有一次我真的跑了一半路，一想人家董存瑞为什么牺牲的？我逃港又算什么？这才没逃成！"说完哈哈大笑……

他带我们参观了南岭村，一路走一路说："过去这里是穷山村，到处是鸭屎，所以叫'鸭屎围'。"他指给我看一片又破又旧的房屋，说："那时全村的人都住在这里。今天全搬进了新房，这里成了教育基地，不拆了，留给子孙后代看。现在村里办了工厂，越办越多，你看山前山后全是工厂。村里还修了礼堂、学校、图书馆、文化室。全村人都住进了那一大片像花园一样的新住宅。富了，真富了。但富了更该为后代创造条件，让他们永不变色！"

好美啊，新南岭村。那新家一栋栋都像豪华的别墅，有三四层，围墙、大铁门、小院，家家还有小汽车、车库……看得我眼晕。

回到他的办公室，张伟基坐到大班桌前才无限感慨地说："村里有几件事对我的刺激太大了！一是两次村民大逃亡。第一次是1968年，也是我想跑没跑的那次。第二次是1978年。这两次每一次都跑了一两百人，村里的青壮年全跑光了，只剩下老弱病残，看得我心疼啊！那次1978年5月23日，我在大队当副支书，有人报告说村里的年轻人结伙逃港，连我老婆也跑了！我立即和大队长等人去追，追到梧桐山看见了村里人，百般说服才说服了一部分人回来，但还是有不少人逃了过去。我回家问老婆：'你为什么也逃？！'老婆说：'不逃怎么活？每天拼死拼活地干，才挣四毛八分钱，你是党员可以不养家，我不是党员，我得养家！咱家总得有一个人出去挣钱吧？孩子们还小，你又不能走，只能我去了，我要能挣点钱，也可以养活你们！'我老婆的话像千斤重锤敲在我心上：男人养活不了老婆孩子，老婆就要逃港！

"第二件事，1980年改革开放了，一批逃到香港去的村民富了，想回家看看。他们见了我，有意掏出洋香烟在我眼前晃，显摆他阔了，我当看不见，劝他们回乡投资办厂。他们讥笑说：'南岭村是有名的鸭屎围，这么脏的环境，还会有人来？'也有人说：'我们连村里的茅厕都不敢进，我们每人出五块钱，你们还是先雇人把厕所搞清洁了，让我们去蹲厕所吧！'更有人说：'我就是死在香港，也不让我的骨灰飘回南岭村！'听了这些话，我像被火烧、被针刺，南岭村真的穷透了？！还有一件事，村里有个女孩爱上了村里一个男仔，可是她的父母坚决不允，一定要她远嫁。女孩不嫁。

"南岭村的人是有志气的，不能被穷压死。南岭村的村长张伟基是深圳最早一个骑了自行车亲自到火车站去接外商，亲自用自行车把他推回来办厂的人。1980年，借改革的喜讯，办了第一家内联厂。我们靠卖地皮建厂房，村里赚了一百五十万。穷了大半辈子的人见了这一百五十万眼都花了，有人主张全分给社员，我坚决不依，这一百五十万不是好挣的，村里能不能富，全靠这笔钱去周转。

"我们干部开会研究得走'借鸡生蛋'的路，自己没人没钱，可咱们有土地呀，得把家园收拾干净了，请人来这里办厂。于是动员全村人改造环境，吸引港商。这招果然灵，港商到村里村外转了一圈，高兴地说：'这里挺干净，可以建厂。'于是签了约，几家加工厂就这样建了起来。可是问题又来了，村里是泥路，交通很不便，来料、出货都很困难，加上电力也不够，电话也不通，许多港商又不肯在这办厂了。我们想：'没有梧桐树，难引凤凰来'，就下决心整治投资环境：铺路、修电站、修邮局、修水库……这下行了，港商纷纷来办厂了。

"现在村里富了、变了，这你们也看到了，可是又出了一个笑话。有位逃港的乡亲回家探亲，坐了的士回家。车到了南岭村，他不认识了，他说这里不是他家，叫司机往前找。找了一圈又回到原来的地方，他仍说错了，这不是南岭村，于是又开车回了深圳。他打电话回家，说他迷了路，让家人去深圳接他回家。结果还是接回到这里，他下了车东张西望，全变了，惊得他目瞪口呆！"

说到这里，张伟基大笑，笑得好开心。

王静珠说："太动人了，这就是一部电影。可惜电影的篇幅有限，容纳不下，咱们搞一部电视连续剧吧，故事我都想好了，就写南岭村三十年的变化，名字就叫《南岭春秋》。"

张伟基很爽朗，说可以，可以写，教育后代嘛！他全力协助。但必须由我亲自导演，张伟基才认可。这都是1990年3月决定的事。

王静珠邀请《破烂王》的编剧刘鹏越同志来做《南岭春秋》编剧，王静珠全力协助，做责任编辑，共写成四集。由于题材新颖，故事生动，中央电视台主动提出和王氏公司合作出品。就这样，王氏公司负责摄制，中央电视台在黄金时间播出，作为向党的十四大献礼片。此协议一签，对我鼓舞很大，我决心选上佳的班底，制作一部优秀电视剧，作为对深圳特区十年建设的又一奉献。

1990年9月，《特区打工妹》影片封镜，12月获电影局通过，我立即将精力移至《南岭春秋》，将原名《南岭春秋》改名为《岭南春秋》，虽只有一字之别，但意义颇大。一则可免去写真人真事之嫌，再则将剧本故事涵盖整个广东岭南，不只是写一村变化，而是写十年特区农村的巨变，更有典型性、代表性。南岭村主任张伟基也很高兴这一易名，也省去为南岭村歌功颂德之嫌。

四集电视剧《岭南春秋》于1991年春摄制完成，5月被中央电视台审查通过、播出。该剧很得深圳特区和中央电视台的赞赏，认为此剧是深圳特区农村十年改革的一面镜子，热情讴歌了特区农村的十年巨变，全剧形象生动，深刻感人，岭南特色浓郁，不失为一部优秀的电视连续剧。此片一再被有关单位借去放映，作为宣传改革开放的教材。

七、走访珠三角乡镇企业，创作电影《龙出海》

1992年初，邓小平同志视察南方并发表了举世瞩目的"南方谈话"，极大地鼓舞了全国人民，尤其激发了广东、深圳特区人民更加意气风发，决心以更大的干劲去创造更辉煌的业绩。在南方谈话的鼓舞下，我也想再拍一部影片，讴歌开放改革与新时代同步。

我在认真选题的过程中，注意到了广东"四小虎"的崛起，这"四小虎"是广东的中山、顺德、东莞、南海。这十年里，他们走出了一条具有中国特色的发展社会主义商品经济的新路，并在全国率先进入了小康社会，已引起海内外人士的广泛关注。

我从报纸上注意到了这"四小虎"创造了各种形式的集体所有制。如：顺德的"乡镇办工业"和"大型企业为主"的集体经济模式、中山的"市办工业和大型企业集团"为主的地方国营经济模式、南海的"县、镇、村、联合体、农户"五个轮子一起转的模式、东莞的"三来一补遍地开花"模式。

按我的本意,如果有足够的时间,我都想去看看,亲身感受一下这几个不同的经济模式所创造的神奇效益。但毕竟时间有限,我只能选取我最感兴趣的一个点,于是我制定了一个新的"下生活采访"计划,从佛山走起,走顺德、走中山……

我是广东省第六届、第七届人大代表。省人大要求人大代表到广东省各地视察,我于是借助人大视察的机会想一举两得,便提出先视察佛山、顺德的乡镇企业。

人大代表视察由当地人大组织协助,各地政府有关部门均认真向人大代表介绍相应的情况。因此,在佛山的七天访查中,佛山市经委主任、佛山市乡镇企业管理局局长以及南海县委常委,均向我介绍了十年来佛山乡镇企业的发展概况,并陪同我访问了大榄镇、平沙镇、石湾区所属的乡镇企业。我与有关领导、专家座谈了乡镇企业的经济发展概况,使我初步认识了乡镇办的企业性质、成就和发展中遇到的种种困难。

当然,我的采访目的不只是为了向省人大写一篇"视察报告",我的真正目的是为了寻找激动人心的故事,寻找卓越的乡镇企业家代表,以便去构思一部动人的故事片。

佛山七天的视察结束,我又申请继续视察顺德,这一次我邀王静珠与我一起采访。

在顺德我们得到了县委的极大支持,县委副书记邓德炯同志为我们做了三个小时的介绍,全面地介绍了顺德的"乡镇办工业、办企业"的模式,使我们眼前一亮。仅听他介绍的一组数字,我们已经很兴奋了。

他说:"十二年来顺德的工农业总产值已达九十七亿元;工业创值八十六亿,是1978年的六倍,是1948年的四十四倍。目前(1991年)全县有工业3680家,超千万元产值的工业有二百零三家,超亿元产值的今年已达二十家。"他诙谐地说:"这是什么概念?目前内地一些县、市的工业总产值没有超过一个亿的还很多,可是我们一个县超亿元产值的工业已达二十家。"

我们的情绪被他调动起来,急于想去看看这二十家超亿元的乡镇企业,想去一一采访这二十家乡镇企业的领导人。

经县委安排,第二天我们就下去了,一个镇一个镇地走。

这里的四个镇，乐从、容奇、桂洲、北滘下属的镇办企业，正是引人瞩目的创亿元大户，那"裕华""美的"电风扇，那"容声""科龙"电冰箱，那广东电饭锅等日用电器，已成为国内外的名牌抢手货。

没到顺德之前，我也认为乡镇企业不会超过国营大工厂、大企业，但到此一看竟然让人目瞪口呆。这里比国营大企业毫不逊色，且产品质量尚有独到之处。

我们在珠江（容声）电冰箱厂参观（现为海信科龙电器股份有限公司），那巨大的厂房，那现代化的生产流水线，比国营大厂有过之而无不及，尽管它是镇办企业。这家厂的总经理办公大楼就比国务院办公楼还阔气，来此参观的全国人大、政协委员们曾对此引发争议。

有人说："一个乡镇企业搞这么豪华的办公楼干什么？这是典型的讲排场、摆阔气！"

有人反驳："这正是中国特色的社会主义，镇办企业已经上了这个档次，国营的还远吗？"

我为此访问该厂总经理潘宁，他的回答更出乎我意外，他说："我们电冰箱厂的规模、气派的确很大，这是企业的发展需要。我们的镇办企业要与西欧、美国的大企业对等做生意。如果我们厂的规模很小，质量很差，厂容不整，人家还来吗？"这让我十分振奋，乡镇企业已经跨出国门，与世界经济接轨，这正是中国乡镇企业对中国经济发展的又一奉献。

我和王静珠走了这么多镇办企业，听了这么多大人物的经验介绍，耳濡目染，激动不已。一个电影的故事渐渐成形，一些乡镇企业家的形象渐渐清晰。

顺德是龙舟之乡，顺德的男女龙舟队多次在国际龙舟大赛上夺冠，佭为海内外华人争气。为此，我们更强烈地要把顺德的龙舟队写进这部戏，让它象征国魂、国力。

于是影片的片名就定为《龙出海》，主题就是歌颂珠江三角洲乡镇企业的崛起，塑造一批年轻的、现代的乡镇企业家形象。歌颂改革开放为现代农村经济注入了新的生命活力。影片突出广东农村的地方色彩，并突出轻喜剧的艺术风格，让人感到清新、明朗、活泼、愉快。

《龙出海》影片被电影局定为向党的十四大献礼片，并获得上海第二届农民电影节"银絮奖"。最令我们兴奋的是，特委领导们首肯影片说："谁要参观顺德，了解我们改革开放的经过，就先看电影《龙出海》。"

八、再闯禁区拍《白粉妹》

20世纪90年代中国电影大滑坡,电影市场低迷,电影院门可罗雀,电影观众少得可怜,全国电影厂都在哀叹"不拍不亏,越拍越亏",亏得无人敢拍电影了。

过去电影厂每年由拍十余部故事片到现在只拍一两部了,仅此一两部如果国家不补贴,仅靠观众票房也绝收不回成本了。制片厂不得不将危机转嫁给导演,谁想拍片,谁去找投资,再承包盈亏。如此一来,不少导演吓跑了,"下海"经商拍广告去了,一些年轻导演胆大的,还在坚持,但也亏得胆战心惊。

我也不敢拍了,不如趁机休整,访访老友……

1993年夏,我与静珠往返深圳拜访老友,在布吉镇会老友欧官成(镇委书记)。一见面欧书记就说:"我已经给你们想好了一个电影题材,拍《少年犯》续集。"我立即打断他:"续集很难拍,十个有九个失败!"他有些急:"不是拍一般的续集呀,是写今天一个大的社会问题,青少年吸毒呀!你知不知道今天青少年吸食海洛因毒品而犯罪的越来越多?"

他这一问竟把我们惊呆了,我们第一次听说现在有人吸毒,而且还是青少年。我当时绝对不相信,便说:"这不可能!三十年前周恩来总理就向全世界宣布过:中国是个无毒国。怎么可能又有人吸毒?!即便有,也是个别的,不具普遍的社会意义。"我似乎要驳回欧书记的话,他不但没有被我驳回,似乎已激动,又近似质问:"你们太善良、太闭塞、太不了解生活了!现在青少年吸毒已很严重,你们如果不敢正视、不敢写,我不客气地说:你们就失去了一个艺术家应负的责任!"

这次谈话对我们的震动很大,但我们仍不敢相信这问题真会严重到这种程度。我们过后又去拜访了宝安区领导,偶然谈及欧官成的建议,他很认真地说:"这问题可不是小事,欧官成在下边工作,当然知道问题的严重程度。现在青少年吸毒犯罪确实严重,单单吸毒已不可忽视,吸了毒又去犯罪就成了大的社会问题。只是不便多宣传,因为这终究有损开放改革的形象。实话说,我们宝安就有个强制戒毒所,如果你们有需要,我可以带你们去看看。"

这么一说,竟证实了欧官成的话,我仍半信半疑,决定去宝安区戒毒所看个究竟。这里关押了许多吸毒犯,而且百分之九十以上都是未成年的青少年。这个场面令人发指！从戒毒所回来，我和王静珠竟无一句话，心里堵得很。

激动之情难按，我拍案而起！海洛因竟如此猖獗，一人吸毒竟危害全家、危害社会，不呼吁社会禁毒，良心何在？！

我与王静珠商定再闯一闯禁区，去碰碰这个尖端的社会问题。我们返回广州，立即制定了一个下生活采访的计划，通过广东省司法厅的协助，去广州深圳几个大的监狱、劳改场、少管所、戒毒所，全面了解近几年青少年吸毒给社会造成的危害。

经过数月采访，广东的大小监狱、劳改场、戒毒所已跑了大半，这才知道当年青少年吸毒已很严重。一下到监狱劳改场，才知道那里都设了戒毒大队，如今的青少年犯罪，十之八九都因吸毒买不起白粉而偷窃、卖淫、抢劫、杀人。真是令我们震惊。

这是个令人震惊并可能引起争议的题材，写得不好可能惹祸。有不少好友，甚至当权者均劝我俩不要碰这个题材，说这仍是禁区，写得出也不一定通过。他们说："任何领导都一样，你说这个地区好话，都会笑脸相迎。你揭这地区的隐私、阴暗面，都不会给你好脸，何况国家！"但有些朋友又力主一定要写，写以警世。因为大家太不了解吸毒的危害，尤其青少年更对海洛因无知，只当吸一口好玩，寻求那种"飘"感，吃一粒"摇头丸"只当跳舞时可以更疯狂、刺激，却不知正一步步走向无底的深渊，待他们明白时已晚，花样的年华已不复再，多少青年竟惨死在毒品之下。

我们的思想斗争很激烈，最后还是下决心写写看。

剧本原名为《少年吸毒犯》，后觉得太露骨，改为《白粉仔》，最后定为《白粉妹》。还是由王静珠写第一稿，她写第一稿时就住在深圳市戒毒所内，遇到难题便于请教戒毒所的管理人员，也便于随时采访吸毒青少年。因此这里的医生、护士、管教干部，以及吸毒人员全对她很熟，到处都喊她"王阿姨"。

这个剧本从1993年秋天动笔，直到1994年秋才定稿。她一稿，我一稿，反反复复，争论不休。有时她否定了我，有时是我否定了她，彼此矛盾尖锐时竟写不下去了，夫妻伤了和气，不吃饭、不睡觉……

孩子们也生气了，大声劝解："不能写就不写了！何苦为了几个吸毒犯一写剧本就争论不休，不得休息？"

此剧本想由王氏剧本公司独立拍摄，独立发行。可是电影局仍坚持必须与电影厂合作，挂厂标。最后电影局同意挂"珠江电影制片公司与王氏影视业剧本有限公司联合出品"。

剧本最终仍由珠影领导拍板，他们说："剧本很好，主题很震撼，很有教育意义，可以挂珠影合作出品。但珠影无钱投资，可自筹资金、自主发行，珠影愿全力配合。"王静珠这才独自一人去深圳寻找投资。在宝安区委的大力支持下，她从深圳宝安区筹得两百万元无息贷款，将来从票房收入中返还。这是王氏公司第一次贷款拍摄。

珠影厂为了支持此片，不收厂标费（管理费），珠影与王氏公司联合出品，仅是为了拥有出品权。

钱找到了，还需政府官员的支持。我们邀请中国电影重大题材领导小组组长丁峤同志和广东省委以及深圳市委相关领导为影片顾问。

1995年3月，影片《白粉妹》在深圳市戒毒所举行了隆重的开拍典礼。来自北京、广州、深圳、香港的各界人士共三百余人参加。

1995年3月29日，《白粉妹》在深圳开拍，距6月26日国际禁毒日还有不足90天。我们必须全力以赴，赶在6月26日前举行首映活动。

影片终于在5月6日停机，并立即赶赴上海做后期。6月1日赶去北京电影局审查通过，6月15日带第一标考第二次北京送审，6月19日出正式拷贝，速度之快已无先例。

这边广东省委宣传部已定于6月23日在广州举行隆重的《白粉妹》首映式，以宣传纪念国际禁毒日，深圳也已定在6月28日举行首映式，之后亦将赶赴各地举行首映，以配合"禁毒日"的宣传。

首映式很隆重，省委宣传部副部长刘斯奋同志亲自主持并讲了话。首映后的观众反应出乎意料的好，人们感叹、震惊！这几乎是开放改革以来首次大规模的禁毒宣传，许多观众第一次感到毒品危害的严重性。当他们看到白粉女小丹最后死在法庭上，无不哀叹、为之惋惜。许多人不由得联想到自家读书的孩子，若不抓紧教育，任其自流也难免重蹈覆辙。一些学生看后也说："过去不认识毒品，只当吸一支香烟没事，谁知香烟里还夹着白粉害人，今后可要提高警惕！"

《白粉妹》影片受到欢迎，给我们鼓舞很大。趁势又参加了许多地区的首映宣传活动，如上海、苏州、南通、常州、无锡等地转了一圈，观众反应热烈，这不仅宣传了禁毒，也宣传了影片。

九、影片发行的苦与乐

这次上海永乐电影公司采取"分账式"付款，而不是往年的一次性买断。"分账式"的好处是票房越好，制片方分的就越多。只要影片票房不停，分账则继续。所以永乐公司要求摄制方一定配合宣传，也就是要我带几位主要演员到处赶场与观众见面，以便吸引更多的观众来买票。为了早日还清宝安的二百万贷款，也必须不辞辛苦地去赶场。这时政治的禁毒目的与经济效益已捆在一起，座谈会、见面会是为了社会效益，但也为经济效益。

我的心里一直着急，怎样才能从全国的影片发行中拿回两百万？静珠管发行，比我还急，她有时站在发行的立场也催我多跑几家电影院。

影片的成本回收，主要靠发行收入。早时一部电影的发行由中影公司垄断，一次性买断发行权，影片发行好坏便与制片方无关，亏了任他倒霉，赚了几千万也不再分你半分。现在改革了，制片方可以与全国各地的电影公司协商购销，大城市（北京、上海）可以实行分账式，其他省市还不行，只能仍采取卖拷贝与一次性卖断结合。至于老（革命老区）、少（少数民族地区）、边（边远地区）、穷（贫困地区）地区只能听之任之，人家说"我这地区只能给五千元买断终生"，你也得认。其他地方必须讨价还价，为此不少制片人自己背着拷贝全国到处跑。有些地区风气不正，还得请电影公司负责人吃饭，私下塞红包，哀求多买几个拷贝。有的影片质量不好，卖不出去，导演、制片人给电影公司经理下跪、哀求，也还是不买。电影公司经理私下对我说："越是这种情况越不能买，买了这种影片没人看，我能给观众下跪吗？"

市场真是很残酷啊！这次我们发行《白粉妹》，有人对我说："张导！你也辛苦辛苦，找两个人陪你全国跑吧，必要时也得请人吃饭，也得准备几个红包。不这样，你就准备亏吧！"

我和王静珠商量，怎么办？王静珠斩钉截铁地说："绝对不能这么办！你都六十出头的人了，那么跑，不要命啦？！我们只能听天由命。"

她决定：除了已经去过的上海、北京，其他全国二十一个省市不再去人，只通过电话联系，至于能卖几个拷贝或是卖断某一地区的版权，都得凭良心了，对方给多少钱都认了！

她果然到处打电话，今天这个省，明天那个市。电话很不好打，不是电话号码不对，就是没人接听；好不容易等到有人接听了，又说管事的经理不在。反反复复多次才能联系上一个省，但对方却说："我这里是老少边穷地区，只能五千元买断版权！"她的心立刻就凉了。最初联系上的几个省都是这个口气，她放下电话哀叹："全国怎么会有这么多老少边穷地区呦？！"

功夫不负有心人，终于有人热情地在电话里说："我们早就听说《白粉妹》是《少年犯》的姐妹篇了，早就期待买拷贝了。当年《少年犯》在我们地区创下了最高的票房纪录，观众人数也创了第一呀！今天《白粉妹》也错不了，你和张良导演的片子是信得过的，我们也会给你们个好价钱！"果然，他们买了好几个拷贝，也给了很高的价钱。王静珠对我说时眼里还滚动着兴奋的泪水。

又一个省的电影公司经理，王静珠对他说："我们的《白粉妹》旨在挽救孩子，铲除毒害，期望能得到社会的认同。"对方说："我们很理解你们的良苦用心，我们这里也发现吸毒的了，虽然不像广东、云南那么多，但这很像是瘟疫，传播得很快。你们的影片很及时，我们这里非常需要，谢谢你们为社会又拍了一部好影片！"

又是一个省电影公司，王静珠在电话上说："我们这部影片的男女主角都是第一次演戏的学生，全片没有一个名演员，没一个大腕，可能影片的号召力差些。"对方说："一部影片的好坏不在有多少名演员，你王老师和张良导演就是我们心中的名人，是比大腕还高的人民艺术家！我们一定买你们的影片，一定给好价钱！"

这些话很温暖人心啊！给多少钱已变得很不重要了，电话竟传达了这么多友谊和信赖。谁说商品时代无真情？人间自有真情在！王静珠就是一个电话一个电话地与全国二十几个省市沟通了，我们王氏公司准时把拷贝发向各地，各地的购销款也如期寄来，很少发生拖欠。

原定是在一年后还清两百万贷款，可是王静珠心急，不肯等到一年以后，于是王氏公司在六个月内已将借宝安区委的两百万元全部还清了。

深圳市委副书记李容根同志高兴地说："张良、王静珠是好样的，是可以信赖的！"

因为如数还清了贷款，人们惊得目瞪口呆："电影这么大滑坡，这样不景气，你们还能还清两百万，简直是奇迹。"

当然，六个月还钱时，并不都是影片购销款，明眼人知道电影票房款远不会这么快回笼，最迟的竟在一年之后才能陆续寄来。可是我们着急，必须讲信用提前还，因此动用了王氏公司的存款分两次付清了贷款。当时，我们也是准备承担亏损风险的,如果卖不够两百万,就算王氏公司亏了,也不能让宝安区委亏损。当然,最后的结果还是令人高兴的,《白粉妹》赚回了全部投资成本,还略有盈余。那年代还能有盈余是很能令人惊奇和眼红的。

上映后,《白粉妹》得到了社会效益和经济效益双丰收。《白粉妹》在1996年获得第四届中国人口文化奖"著仁杯"一等奖;1997年又荣获广东省宣传文化精品奖。

老来闲不住

一、喜获"中华影星"称号

1995年10月,广播电影电视部在北京隆重庆祝"世界电影一百年""中国电影九十年",并颁发了"中国电影世纪奖"。一些跨世纪的中国优秀影片和优秀艺术家获得了"中国电影世纪杯奖"。《董存瑞》影片获得了"世纪杯奖",郭维导演与我出席了此次颁奖礼,领取奖杯后,我们两人合影留念。这年郭维导演已七十二岁,白发苍苍;我也六十二岁了。回忆起1955年拍摄《董存瑞》影片时,他才三十二岁,我刚二十二岁,距今已时隔整整四十年。同年12月,我又出席了在北京人民大会堂举行的"中华影星"颁奖礼。

"中华影星"当选一百二十六人,是为纪念中国电影九十周年而经过广电部评选委员会慎重研究推选出来的。入选者是自中国第一部电影故事片问世至今,集内地、香港暨台湾的历代影人,可谓历史悠久、规模宏大。入选影星自1905年洪警铃老先生起,直至1995年奚美娟止,概括了中国电影九十年的历史。可谓人才辈出、明星荟萃。入选者每人获赠"表演艺术成就杯"一座,均篆刻上获奖人的名字。

颁奖礼当日,凡在世的影人均集聚北京(除有特别原因者未到)隆重纪念"世界电影一百年""中国电影九十年",并领取一本象征一生荣誉的《中华影星》画册和"表演艺术成就杯"一座。12月27日,江泽民、李鹏等党和国家领导人在人民大会堂亲自接见出席电影界"世纪之光"大型文艺晚会的主体代表并合影留念。

我为自己当选为"中华影星"并与国家领导人合影而倍感荣幸。中国电影九十年的历史长河中也留下了我的足迹，我深感欣慰。

二、超期服役

1996年1月，珠影干部处正式通知我办离休手续。按国家"六十岁办离退休"的规定，我已算"超期服役"了。如今办离休我心甘情愿，立即填了表，交了照片。领导说："因你在1984年前工资级别已是文艺七级，离休时可享受厅级待遇。"这时我才知道只有办了离休才可享受厅级待遇。但厅级有何待遇？干部处长解释说："你现在每月工资是八百元，离休后，每月可领离休养老金一千两百元，比从前每月多得四百元。此外日后若调整住房，也可以调住四房一厅住房。若出差，亦可乘坐飞机、轮船的头等舱了……"

我笑说："有这么多好处，那就快办吧！你若早十年告诉我……"他抢着说："早十年就是你想离休也不能给你办！"大家哈哈一笑！

人生也本该哈哈一笑。

珠影领导并不希望我真的从此离职休养，于是郑重地与我谈话，要求我继续担任艺术委员会主任一职，继续关心珠影的艺术事业。

艺术委员会本是闲职，虽非正规职业，但自改革开放成立以来也已十余年。被应聘为艺委会委员的均为珠影在艺术上有建树、有学识的一批老中青影人，有编剧、导演、演员、作曲、美术和突出的编辑人员。与此同时还成立了一个技术委员会，亦由资深的摄影、录音、剪辑、洗印等技术人员组成。

电影厂历来审查影片、样片、完成片时，均由"三委"（艺委、技委、党委）人员共同讨论决定。而艺委、技委的意见仅供党委参考，决定权尚在党委。但艺委、技委的意见也可以左右党委，所以党委十分珍视艺委、技委的意见，遇到重大难题，艺委、技委意见更显重要。所以艺委、技委委员颇认真职守，讨论起影片质量，也从不徇私情。为了认真发言，凡被审查的影片主创人员（编、导、演等），即便是艺委会委员，也一律回避，实行背靠背讨论。并建立严格纪律：任何人不得将艺委讨论意见透露给该片的主创人员，更不准提名道姓地说原话，凡违反此规定的，如情节严重，可将该人开除出艺委会。因此艺委会在讨论影片时，方能以艺术为重，不惧情面，认真提出可供参考之意见。因意见中肯，富有建设性，也很为该片主创人员所重视。

珠影艺委、技委共有五十余名委员，但因为大多数人均在忙于业务，每次能来参加审片的只有少数人而已。我被任命为艺委会主任也已近十年，本以为趁离休卸任，不料又被续聘，如此又干数年。关心珠影的艺术创作，也是我的一件乐事。

三、全国美好家庭

1996年，由全国妇联、中国家庭文化研究会、中央电视台联合主办的"第四届全国美好家庭"（安尔乐杯）评选活动中，我和王静珠组成的家庭被评为"美好家庭"并授予奖状以资鼓励。

我俩很以此为荣，很重视这一奖状。因为它肯定了我们夫妻在家庭和事业上的进取与努力。几十年来，我们风雨与共，爱情上坚贞不渝，事业上相濡以沫，从没动摇，从没停步，彼此珍爱有加，人皆笑称"模范夫妻"。我们不敢自称模范，但却以此感到安慰。我这几十年如没有静珠的坚强信任与支持，也绝走不到今天。而她，若没有我的爱与关怀，也很难走到现在。我们夫妻几十年从没有吵架、红脸，只是在写剧本时才吵吵闹闹。我俩在创

◎　全家福：其乐融融的一家人

作中，总是力争求得对方的同意，创作状态极为认真。有时为了剧本的细节、有时为了人物的台词，这种争吵是有益的，只可惜我怕伤了感情，不敢大吵。如若不怕，敢让静珠畅所欲言，我的影片可能还有长进，想来懊悔莫及。获得"美好家庭"奖，甚感欣慰。

这几十年，想一想还真不容易。我由衷地感谢爱妻——静珠！虽然来日无多，但当格外珍惜，我此一生能得她一知己足矣！

谢谢全国妇联给我们"美好家庭"的荣誉，这比给我一个"金鸡"还重要，我将以此信守终生。

四、参加 1998 年央视春晚

1998年元旦刚过，忽接中央电视台邀请去参加这年春节的电视联欢晚会。

中央电视台的春节联欢晚会可是越办越红火，已记不清是从哪年开始，每年春节晚上全家人便守在电视机旁，一边包饺子一边看八点的春节联欢晚会，以至看到零点，全家人在欢庆的钟声里互相拜年，去迎接一个新的春天到来。年年如此，春节晚会已成我家过年的重要内容。

偶尔孩子们也想变变方式，建议到酒楼去吃年夜饭，免得在家操办年夜饭太累，又买又做，又洗又刷，不如到酒楼方便。可是往往因包不到理想的包间，更因看不全春节晚会的节目而遭大多数人拒绝。因此还是老规矩，年三十晚上雷打不动在家包饺子，全家看春节晚会节目。待年夜以后，孩子们给老人拜年送孝敬费，老人给孩子们压岁钱，一家人乐也融融。

1998年春节要变了，我已同意应邀去参加中央电视台的春节晚会，这次我是上电视出节目，全家人在电视机前看我们的节目。孩子们不习惯，我不在家坐在老太爷的位置上发号施令，仿佛就不像过年似的，因此曾劝我推掉节目仍在家一起过，说这样红火。我反复想，还是以大局为重，上春节晚会，和全国的电视观众一起过春节，也可趁机向全国的观众拜拜年。

中央电视台搞一台春节晚会还很不容易，过去不参加不知道，这次去了才知道还挺复杂。

一台春节晚会节目有的已在数月前筹备、挑选、排练。唱的、跳的都要与音乐、灯光、舞台效果合成。最复杂的就是合成，过去没有大屏幕，如今舞台上也有了大屏幕，可以放电影、放电视，内容更加丰富。一台晚会最多时有一千人在台上同转，就这调度也不容易。可怜那些现场执行导演早早喊哑了嗓子，到了该叫劲真喊的时候却又喊不出来了。

这个节目叫《正方与反方》，参加"正方"的全是在电影中扮演我军正面英雄人物的，如：《平原游击队》中的李向阳（郭振清饰）、《英雄儿女》中的王成（刘世龙饰）、《地道战》中的队长高传宝（朱龙广饰）、《董存瑞》中的董存瑞（张良饰）、《红色娘子军》中的吴琼花（祝希娟饰）。而参加"反方"的全是在影片中扮演反派人物的，如：《红色娘子军》中的南霸天（陈强饰）、《闪闪的红星》中的胡汉三（刘江饰）、《渡江侦察记》中的敌军情报处处长（陈述饰）、《红旗谱》中的冯兰池（葛存壮饰）、《地雷战》中的日本军官山田（王孝中饰）。

◎　参加1998年央视春晚节目《正方与反方》

我军人物一个个血气方刚、英雄伟岸；而反面人物一个个老奸巨猾、阴险毒辣。双方各五人，上场后各报姓名与扮演人物来历。正方一报，观众出于对英雄的崇敬，均报以热烈掌声；反方人物一报，观众出于对反派人物的熟悉，掌声加笑声比正方有过之而无不及。排戏时，正方总是想"压制"反方要他们"收敛点"，怕他们"喧宾夺主""正不压邪"。但反方却从不收敛，一副"自以为是""傲视群雄"的姿态。他们在生活中都是德高望重的老艺术家，演起反戏来让人望尘莫及，五体投地。但正方人物自视正面人物，决不可以被反方压倒，我们必须以"英雄气概""气势"压得反方弯下腰去……这本是一出小喜闹剧，正反方互斗，斗出点情趣。能逗观众一笑，便算达到了春节晚会健康一笑的目的，也可以让电视观众重温这一群老艺术家们昔日的风采。

当大家在台上自报姓名和年龄时，观众一听到最小的祝希娟也已六十岁，最老的陈强老师已八十余岁时，全场热烈鼓掌，但又情不自禁发出惋惜的叹息声。当我自报"拍摄《董存瑞》时二十二岁，今年我已六十五岁"时，台下也是一片"哇"声。

有什么办法，岁月不饶人，四十几年的岁月像刀在每人的脸上刻上了一个"老"字。老了，但只求还有余热报效社会。

为了这个节目,我们半个月前就去了北京,反复排练,直至中宣部部长丁关根审查通过。大年三十晚上直播,直播时我们也很激动,因为亿万观众正守在电视机前,像我家一样,眼睁睁地看着你。我也知道这时候全家老小都期待看这个节目,我也好兴奋,好激动。我们电影演员不像歌唱家、舞蹈演员,他们可以年年上春节晚会,而我们只此一次机会而已,所以还是很珍惜这次机会。因为这台晚会的收视率实在太高了,除了全国观众,还有全世界的华人地区也都争看中央电视台的春节晚会。难怪一些小品演员,千方百计也要挤进这台晚会,这对一个演员来说实在太重要了,真的可以"一夜成名",家喻户晓。

我很荣幸在六十五岁时,还上了中央电视台的春节晚会,更欣慰的是这台《正方反方》还获得了观众评选的一个纪念奖,观众很喜欢这个节目带给他们一段回忆、一片欢笑。

五、参加八一厂五十年厂庆

2002年8月1日,是八一电影制片厂建厂五十年大庆。两个月前,八一厂庆祝厂庆筹委会就来函来电,热情邀请我和王静珠一同回去参加五十周年纪念厂庆。王静珠初接电话还不敢相信地问:"是请张良同志一人回去,还是请我们两人?"

对方答:"是两人,是张良同志和你王静珠同志两个人一起回来!大家很想你们,你们是八一厂的老同志啊!"

听清了这句话,王静珠激动地流出了眼泪,八一厂还想着我们。放下电话,她久久地坐在办公桌前,她的思想乱了……

终究是八一厂建厂初期的老同志,她1952年8月未满十八岁就由国家统一分配,从家乡苏州直接去了北京初建的八一厂,对八一厂有着割不断、理还乱的深情。那里留下了她最美好的青春年华,留下了她的苦与乐、爱与恨,往事像刀一样刻在她的心上。她很想回去看看当年与她有恩的老同志,还要去看看那些曾害过她的人今天如何。总之她的心乱了,一直在思量,见了他们该如何面对、该说些什么。

我和她的心态不同,因为我常去北京,常回八一厂,不像她累积了几十年的恩怨,何况我也早把过去的恩怨看得很淡。"文化大革命"的灾难是很难说清楚的,害人的、被人害的都走过一条不幸的路。就算害人的没离开八一厂、没离开北京,但他们的政治生活、家庭事业就一定很顺吗?就一定没有内疚、自责吗？！我很宽容，早已原谅了过去，原谅了一切对不起我的人，我不要他们当面向我道歉，因为不是他们发动的这场动乱。除非那些罪大恶极、不可宽恕的人，他们事实上也都受到了惩罚，又何必再去纠缠？！何况这几十年中我自觉活得比他们好。

八一厂的人几乎都很羡慕我在珠影，凡见过我的人均深情地说："你没回来对了。"当见我们推出一部又一部的南国都市电影，他们很为我们高兴，衷心地祝贺我们的成就。

因此我不像王静珠那样怀恋旧怨，我倒有一种游子回归的感觉。我也一直将八一厂视为母厂，不管我走了多少年，我终究曾是八一厂的人。

我在八一厂走过一段难忘的电影演员生涯之路，从《战上海》起，直至《打击侵略者》止，我相继拍过近十部电影，尤其是《哥俩好》一片，将我推上百花奖最佳男演员的宝座，是八一厂将我培养成为最佳演员，因此我终生不忘这段恩德。

当然我也更爱珠影，是珠影将我培养成为电影导演，我以《梅花巾》《雅马哈鱼档》《少年犯》等片再一次登上了"新时期十年影视十佳导演"的宝座，是珠影厂将我培养成"十佳导演"。

我这一生有两个高峰，作为演员我难忘长影、难忘八一；作为导演则更感激珠影。今天是八一厂建厂五十年大庆，我当然要高高兴兴地去为八一厂拜寿！

八一厂五十年厂庆活动是设在八一厂大摄影棚内，是本厂演员和职工共同主持并演出的一台歌舞文艺晚会。所有的内容都围绕建厂、创业、发展、辉煌这些主题而歌颂八一厂五十年的战斗历程，内容十分感人。看到动情处，不少老同志掉下了热泪！我俩的心也在颤抖，因为八一厂的历史也是我们的历史，八一厂的辉煌也曾有过我们的汗水和劳动。尤其是王静珠，当从大屏幕上看到八一厂建厂初期的纪录片，战友们在拔草、盖房，在休息、拔河比赛，那些穿着军装的"土八路"一个个土得掉渣的笑脸，她早已激动得热泪盈眶。

演出中我还被邀请上台和演员剧团的新老战友们站在一起，共同祝贺八一厂五十华诞。当节目主持人庞敏同志把话筒举到我面前问："张良老师，八一厂五十年大庆，你有何感想？"我真是百感交集，望着台下的老领导、老导演、老同志们不由不说出："我太激动了！我忘不了八一厂的老领导对我的多年培养，忘不了八一厂的老导演们给予我的教诲，忘不了全厂老同志们给予我的支持。我是在八一厂演出《哥俩好》后才获得大众电影百花奖最佳男演员奖的荣誉，我永远感激八一厂，感谢母亲！今天在庆祝八一厂建厂五十年大庆之际，我衷心祝愿八一电影制片厂——我的母亲，更加辉煌！"

我的话赢得了全场热烈的掌声。

这是我的真心话。在台上，我望着陈播等老厂长坐在台下第一排时，就想到当年在八一厂，正是他们一次次地给我任务、给我机会，让我去演戏。当我看到已剩下为数不多的老导演们，就想起当年在拍《战上海》《三八线上》《林海雪原》《哥俩好》《碧空雄师》《打击侵略者》时他们的亲切指导。当我看到四周看台上那些白发苍苍的老头、老太婆都曾和我在一个摄制组里滚过，他们中有人是我的制片主任、摄影师、美术师、录音师，那些已经白发苍苍的老妇是我的化妆师、服装师、道具师，她们还在我的脸上抹过油彩、喷过硝烟的黑灰，还帮我去换洗那被汗水湿透了的军装。他们还笑骂过我："死张良、皮猴、调皮鬼、捣蛋鬼！"因为那时我年轻、顽皮、爱开玩笑，大家都叫我"皮猴"。今天他们都老了，许多人都老得不敢认了，许多人早已不在人世……八一厂还是我恋爱结婚、成家生子、经历"文革"的恩怨之地，实在是令人终生难忘。

怎么能不激动？那时我们都只有二三十岁，都是血气方刚，都是风华正

◎　参加庆祝八一厂五十周年活动

茂。从不知疲倦，党指到哪里就到哪里，从没有二话。

今天好了，全国走了一条改革开放的康庄大道、走了一条富民强国之路。多亏了东山再起的邓小平、多亏了党的第三代领导人，不然我们怎么可能再回八一厂同庆五十年大庆？！

五十年间，八一厂也发生了很大变化。我们走出生产区，在生产区与生活区相邻的地方，原本有一条小河，还有一座小桥，这曾是一道很美的景致。不知哪一年小河填平了、小桥拆了，但难拆八一厂老人心上的记忆。今天我俩又走到这曾是小桥的地方，伫立良久，我忽然问："哎！那一年你和一位海军军官在这里谈话，你们到底谈些什么？"

她大笑："到今天你还吃醋啊？其实我正在拒绝别人求爱……"

是啊，人生本如五味瓶，酸甜苦辣咸才有滋味，什么东西放多了就不好吃了，可是若什么都尝一点点，也是蛮有情趣的。

我们又走到老经济宿舍的最后两排，最后一排曾是八一厂演员剧团的团址，倒数第二排就是剧团的家属区了。这一排的第一间房曾住着老演员刘季云，第二间住着大里坡夫妇，第三间住着英俊的王心刚，第五间住着美丽的王晓棠，第六间住着我和王静珠，那是我们的结婚新房……如今事过境迁、人各东西，但我们分明还能听到旧时的笑声……

静珠低声说："我们的大儿子、二儿子都是在这里出生的……真难忘啊！"

是的，那时我们还不到三十岁，年轻、潇洒。虽说这个家没有厨房，没有厕所，但仍觉得日子过得很充实、很幸福，那小屋里有过我们无尽的欢乐。

那时的王静珠在我眼里真是美极了，尤其是生过第一个孩子。她那红润的脸色、细腻的皮肤，曾不知吸引了多少人回头。我倒真的不吃醋，反觉得很骄傲，因为这是我张良的老婆。只可惜这段时光太短了，很快就被暴风雪掩埋了……

北京这些年变化太大了，修了四环路又修五环，为了迎2008年奥运会，还要修六环路。这次来八一厂已经连大门也找不到了，原大门成了四环的立交桥，如今后门成了正门。莲花池，我们当年住的"鸡鸭房"成了三环路，就是当年的莲花池大水塘现在已是繁华的北京西火车站了。

我想趁现在城里还没大变，赶紧带静珠去看看。

我们决定用一个下午的时间逛西单和北海公园。北海公园必须旧地重游,因为它是我俩初恋约会的地方,怀大儿子时还在这里划过船、照过相。生大儿子时,我还每天爬上白塔山顶去买牛奶。今天在老地方再照几张相片,以便两相对照。

我们又用一个下午去逛东单、王府井,去天安门广场照相。

天安门也是必须去的,因为它见证了我一生的荣辱。

在我十五岁时随解放军进了北平,"北平入城式"上那摔死在温都尔汗的林彪还在前门箭楼上检阅过我们的入城部队……

1949年10月1日,我以一个军鼓手的身份参加了开国大典……

1963年国庆,我曾站在《哥俩好》的彩车上,接受过毛主席等国家领导人的检阅……

1969年9月,我们一家被迫复员还乡,并被命令必须在9月20日前离开北京时,我们低头路过这里……

我还要重新站在我曾经打过军鼓的地方照张相,以证明我这一生对得起一个革命军人的荣誉,我没有愧为一个革命老战士。

这一趟回八一厂过厂庆,我俩很兴奋,很满足。该看的老同志都看到了,该回忆的地方也去了,了却了几十年的心愿。最大的满足是王静珠,见到了老同事、老同学、老地方,她无限感慨,几十年的岁月竟把一个个年轻人变成了老头、老太婆。若再过若干年,大家又会变成什么样?还有机会相聚吗?她很珍爱此行,把几筒胶卷全印出来,又一次次地加印,给每一位合影的老领导、老同学都寄去照片,自己也专门买了一个大相册,一张张地按时间、顺序排列,还写了解说词。她要把这次相聚珍爱永远,让这次情爱当成永久的回忆。

人生要永远留住快乐!人的心灵是可以净化的,更可以升华。但愿明天更美好!但愿儿孙们能开创出一片新天地,比父辈、祖辈更幸福!

六、忙忙碌碌的十三年

2003年8月,董存瑞生前所在部队隆重纪念战斗英雄董存瑞牺牲五十周年,特邀请我参加,这是我有生之年第一次出席这样大会。

那一天出席活动的除了董存瑞生前所在部队全体官兵还有当地党、政、军各级代表,以及董存瑞近亲属、还有已经复员转业地方的董存瑞部队历年班长、连、营、团长等代表——规模空前、十分隆重。

令人难忘的是,除部队首长郑重介绍董存瑞在解放隆化战斗中为清除敌人暗堡而手托炸药包英勇牺牲的英雄事迹外,今天的董存瑞团全体官兵集体宣誓:誓做董存瑞的接班人,为祖国的强大英勇奋斗!他们豪迈的誓言让我热血沸腾,再一次受到革命英雄主义的教育。

会后还有难忘一幕,董存瑞的亲妹妹董存梅同志与我见面。她是第一次见我,她说当年她还小,看电影《董存瑞》多次泣不成声,她记不住亲哥哥长什么样,却深深记住了电影中的哥哥,她说:"我想他就应该是那样!"让我很感动。

还有难忘的是一群人,有军人,有地方干部他们纷纷与我握手、郑重地向我敬礼,还喊着"向老班长报到"。他们一个个"自报","我是×年董存瑞班班长","我是×年董存连连长",他们中还有××年的团长,一个个英雄伟岸,令人起敬。他们都笑称我是他们的老班长,说当年一入伍,第一课就是看电影《董存瑞》,他们决心一生一世都做董存瑞的接班人,让董存瑞舍己为民的精神世代相传!真的很动人,很难忘,我说:"我虽然老了,我也一辈子做董存瑞的精神传人!"

9月,我出席广东省委召开的建设文化大省动员会,分组讨论会上见到省委书记张德江同志,他列席我们的分组会,听大家的建议,我也发言谈了我对建文化大省的感想建议。张德江书记很亲切,平易近人,还与我对话,鼓励我们多拍好电影,为文化大省出力。到会的文艺界人士个个深受鼓舞,

◎ 老中青三代电影人合影

决心贡献自己的力量。

2004年6月,我应邀参加中央电视台组织的"心连心"艺术团到西柏坡老革命根据地演出采风,向老根据地人民学习,又一次受到革命传统教育。老一辈党和国家领导人,就是在西柏坡决策打倒国民党反动派,解放全中国。党的工作重心从农村转向城市,从战争转到建设,这一伟大转折,决定新中国的成立。

2005年1月,我写的自传体书《情爱不老》由花城出版社出版发行,受到广大读者欢迎,许多人写信向我祝贺,并表达他们的读后感,让我非常感动。

4月,我应中央电视台邀请,参加拍摄《艺术人生》节目,我和王静珠在朱军同志主持下,畅谈我俩对人生的追求,对电影事业的追求还有对爱情的追求。这一节目播出后,对照我的书《情爱不老》也加深了读者对书的理解,也更激起对该书的兴趣。

在京期间也受到广电总局党组书记赵实同志接见。她刚刚读完《情爱不老》,说读后很激动,看到二位电影艺术家对电影艺术追求的执着、爱情之路的曲折以及人生的坎坷,这一切就是一部很动人的电影,让人感叹、难忘。赵实同志的鼓励将鼓舞我俩的后半生更加努力地为党的电影事业奋斗,还热情建议,此书可以找机会改编电影。

11月,中国电影金鸡百花电影节在海南三亚举行,该届电影节正赶上

◎　与王为一等赴京参加中国电影百年活动

中国电影百年，中国电影表演学会邀请著名电影专家组成评审委员会，经数月认真评选，评出"电影百年百位优秀演员"。这百位优秀演员从有史以来之胡蝶、阮玲玉等始，包括港澳台著名演员，直至近代的白杨、张瑞芳、秦怡、田华、于洋、王心刚、王晓棠、张良等共百人。每人获赠荣誉奖杯一座，均刻以实名，光荣之至。

12月26日，国家在北京隆重纪念中国电影百年，由中共中央宣传部、国家广电总局、文化部在人民大堂召开纪念大会。

◎ 中国电影百年"国家有突出贡献电影艺术家"奖牌

会前，各地隆重推选出席纪念大会人员。珠江电影制片厂推选王为一、张良、丁荫楠、胡炳榴、孙周、何群同志为正式代表，王静珠还被广电部列为广东省的特约代表共同出席北京盛会。临行前，珠江电影制片厂郑重为代表举行了送行会。因其他几位同志已在北京，只有王为一、张良、胡柄榴、王静珠四人，接受了鲜花等热情欢送。

12月27日晚，在人民大会堂举行预备会，会上由中宣部部长刘云山宣布为纪念中国电影百年，中央将重奖电影界对中国电影作出重大贡献的有功人员，国家人事部、国家广电总局授予50名电影艺术家"国家有突出贡献电影艺术家"的称号（享受省部级劳动模范待遇）。50名获奖艺术家按序排列坐在前排座位，个个神情庄严、兴奋、激动，永记这一生最神圣、光荣的时刻。这50名艺术家中有珠影丁荫楠、张良，还有广东著名电影编剧梁信。

此外，国家广电总局还对另外50名电影艺术家授予"优秀电影艺术家"荣誉。他们中有珠影的胡炳榴、王为一、孙周、何群。

12月28日上午在人民大会堂举行隆重的纪念大会，中央领导接见全体电影艺术家代表并发表重要讲话，会后与全体代表合影留念。

合影时，我和田华、庞学勤三人被安排站在胡锦涛总书记和温家宝总理身后，非常荣幸的是胡锦涛总书记还在我三人的请柬上签名留念。太珍贵了，我将永世珍藏。这张千人合影照片至今悬挂在我家客厅中央，难忘这百年一遇的幸福时刻。

28日晚，北京展览馆礼堂演出"世纪之梦"大型音乐会，我与于洋、于蓝、王心刚、秦怡、田华、王晓棠等13人组成合唱队，演唱电影歌曲《义勇军进行曲》引起全场观众共鸣，此情难忘。

29日，参加中国电影博物馆揭幕典礼，许多电影艺术家塑造的经典银幕形象被塑成立体的雕像永存馆中，其中也有我在电影《董存瑞》中塑造的董存瑞手托炸药包的雕像。

◎ 在《董存瑞》海报前

赶上了中国电影百年，在百年的中国电影长河中也留下了我的足迹。

2006年，5月参加中国电影基金会在贵阳举行的"电影万映"活动，以推动中国电影的繁荣发展。许多老艺术家应邀参加其中，于蓝、刘江等都已年过八旬，但精神饱满，全程投入。

2007年6月，广东省委宣传部、广东省文联、广东省档案馆与珠江电影制片公司联合举办"广东电影艺术家七人展"展出七人在电影事业上的突出贡献，有图片、有录像、有实物，真实、形象、生动。这七人是：丁荫楠、王为一、张良、胡炳榴、孙周、何群、梁信。

"七人展"开幕式上，广东省政协主席、省委宣传部部长到会剪彩，并为每人颁发五万元资金。该活动引广东各界关注。

9月《羊城晚报》发起评选"岭南文化名人50家"活动，经社会评选，最后揭晓，我亦名列其中，荣获荣誉证书、奖杯。

2008年6月，珠江电影制片公司庆祝成立50周年暨成立珠江电影集团，同时举办"岭南电影艺术"研讨会。我导演的《雅马哈鱼档》《女人街》《特区打工妹》南国都市三部曲引发专家普遍关注。

11月26日，广东省委宣传部、广东省文联、珠江电影集团联合举办"张良从艺六十周年艺术研讨会"，与会领导、专家学者对我六十年从艺经历和贡献给予高度评价和充分肯定。国家广电总局党组书记赵实，和电影局、中国电影表演艺术学会都发来贺电、贺信。老电影艺术家于洋、王晓棠也发来

◎ 从艺六十年艺术研讨会与子女合影留念

贺信。令我十分感动,衷心感谢!

2009年8月,出席中国电影表演艺术学会在山东日照举行的第十二届"金凤凰奖"。本届将"终身成就奖"授予田华、王心刚、王晓棠、张良四位老电影艺术家。颁奖后还举行学术研讨会,我等四人都发表了获奖感言,由衷地感谢亦让老中青同业电影人动容。这是我有生以来第一次获"终身成就奖"。

10月,我出席"北京青少年公益电影节",该电影节系由当今青少年组办、评选出十部"最喜爱的电影"和"十位最喜爱的银幕形象"我主演的电

◎ "金凤凰奖"终身成就奖颁奖现场

影《董存瑞》被评为"最喜爱的电影"和"最喜爱的银幕形象"之一,这让我十分欣慰,说明今日之青少年仍然热爱革命老电影和革命英雄形象。

11月20日,珠江电影集团邀请我为新招进来的年轻电影人讲课,进行"传、帮、带"。珠影曾经辉煌,今日光环不再,如何激发今日年轻人热爱电影、热爱珠影,再造珠影辉煌?我自知时过境迁,我一人之经验已无济于事,但责任重大。珠影是珠影人之珠影,必须重整旗鼓,培养接班人,必须要他们爱珠影,为新的电影事业奋斗。我讲得声嘶力竭,他们——新珠影人,能否接受?

2010年4月,在山西太原市应邀参加"民俗电影节"。电影节在古香古色的常家花园举行,各地热爱革命老电影的业余电影人利用自带的老式放映机在露天放映革命老电影,引来无数热爱老电影的观众围观。加之具有地方特色的民俗艺术表演,别开生面,也是一次推动电影繁荣的民间动员令。

电影植根于人民,他们不忘革命老传统,呼吁今日电影人勿忘人民、勿忘革命传统,一定为人民拍出喜闻乐见的好电影,真良苦用心啊!

12月,广东省委宣传部、省文联、省作协在省委礼堂举行隆重的颁奖典礼,为十五位老艺术家授以首届"广东文艺终身成就奖"。广东省委书记汪洋、省长黄华华以及省人大、省政协、省纪委等领导全部出席颁奖典礼,会场气氛隆重、热烈。十五位老艺术家一一上台颁奖、发表获奖感言,场景十分动人。

这十五位获得首届广东文艺终身成就奖的是:王为一、红线女、杨之光、陈翘、陈国凯、张永枚、张良、郑秋枫、金敬迈、罗家宝、姚璇秋、梁伦、梁信、梁素珍、潘鹤。

我也光荣入列,这是我生平第二次获得的终身成就奖,说明广东省委、广东省人民肯定了我对广东电影事业的奉献。我是非广东籍的外来人,但我热爱广东,四十年来满腔热情投入到广东的改革开放新生活,编导了一批歌颂广东新生活的新人新事,我执导的《雅马哈鱼档》《女人街》《特区打工妹》《龙出海》成了"南国都市片"的代表作。我已融入广东人民中,除了广东话说得不标准,我确认自己也是半个广东人了,今后决心继续为广东的电影事业作出新奉献!

2011年1月,广东的亲朋好友和我的儿女们为我和王静珠举行"五十年金婚晚宴"。

转眼结婚五十年了,那年——1961年我二十八岁,王静珠二十六岁,几

◎ 2010年首届广东文艺终身成就奖颁奖典礼

经磨难才结成连理。这年我已七十八岁，王静珠七十六岁，已经儿孙满堂，真是喜事连连，幸福晚年。想来不易，自当加倍珍惜。

2012年春节前夕，广东省委宣传部长和省文联领导到我家来进行慰问，提前拜年。老伴王静珠高兴了，端出自己包的饺子让领导尝鲜，这热腾腾的水饺代表了我们老电影人对广东省领导的感激之情，也是鱼水之情。领导和艺术家就该这样心连心，才能铸就一番大业。

2012年，我的日记里还沉痛地记下一串名字，他们是人民热爱的老电影艺术家陈强、张瑞芳、黄宗江，还有珠影著名电影人胡炳榴、章杰、王志刚都逝世了，太沉痛。祝愿他们一路走好。

2013年2月，王静珠的自传体小说《痴爱一生》由花城出版社出版了，书的前言是我写的，这在我们这个家庭是件大事，亲朋好友拿到书开始传阅，赞声连连。

5月，广东省妇联读完《痴爱一生》非常激动，特邀请王静珠和我到她们妇联开联谊会，畅谈读后感。许多同志发言盛赞我俩的传奇人生，真挚的爱情故事，以及在电影事业上的卓越奉献。她们说张良同志的艺术成就绝对离不开王静珠的支持，你们俩的完美结合，才是一对夫妻的真正典范。这在今天许多青年人把人生、爱情当成游戏，你们的夫妻情爱更显无比珍贵。

10月，珠江电影集团授予王静珠"特殊贡献奖"，以奖励其对珠影、对电影事业的贡献。

2015年1月，广东省委宣传部新任部长庹震到我家进行春节慰问。

4月，北京八一电影厂拟建"名人馆"专程派人到我家采制我的手模，并进行录像采访。

9月，应中国电影家协会邀请，出席在吉林市举行的第二十四届中国金鸡百花电影节，在这届电影节上，我和王晓棠同志同时荣获"中国电影金鸡奖"终身成就奖。

颁奖礼十分隆重、热烈，我和王晓棠同志在登上颁奖台时，全场起立，热烈鼓掌，我们享受到人们的尊重和祝贺，享受到所有电影人的关爱和祝福。这是每一个电影人的最高梦想，只有年过八十岁、德高望重、功勋卓著，才能拿到这个奖。

那天为我和王晓棠同志颁奖的是中国文联党组书记赵实和中国电影家协会主席李雪健。这是我一生中第三次荣获终身成就奖项，而此次是影界最高荣誉。

在接受媒体记者采访时，我说：我要衷心感谢一生中对我有恩的三个电影制片厂。第一，感谢长春电影制片厂，在1955年邀请我主演电影《董存瑞》让我荣获国家文化部1949—1957年优秀影片、优秀演员一等奖，领我迈入电影行列。

第二，感谢八一电影制片厂，给我参演多部影片的机会，并让我在1963年因《哥俩好》影片荣获第二届"《大众电影》百花奖"最佳男演员奖。

第三，感谢珠江电影厂，给我机会让我在改革开放的三十年里，当导

◎ 我和王静珠两人多次走上电影节红地毯

◎ 第二十四届金鸡百花电影节颁奖现场

演,放手让我深入生活,创作一大批歌颂新生活的"南国都市影片"让我荣获了国内外多次大奖。

我的终身成就奖应该属于他们,属于与我并肩战斗的战友们。

最后,也要感谢我的妻子王静珠。正是她给我写的电影剧本《梅花巾》《少年犯》《特区打工妹》《白粉妹》等等,才让我拿到国内外大奖,正是她用一生的爱才支持了我实现人生梦想。

至此,这是我拿到的第三个终身成就奖。我把它们放到我家荣誉柜的最显要位置。

我一生爱惜荣誉,我尽力了。今天我老了,登上奖台时两腿发抖,但我没有用拐杖支撑,我还是上去了、步上人生最高台阶,我上去了!

11月,从吉林颁奖回来,我必须立即去做白内障手术,有一只眼已被白翳蒙住,令我看不清奖状上的字。手术做得很成功,又恢复了最佳视力,我兴奋极了,仿佛又迎来了第二春。

2016年1月,广东省委宣传部新任部长慎海雄同志在珠影蔡伏青董事长陪同下到我家进行春节慰问。第一次见面,很亲切,很热情,他谈了如何改造珠影的设想,很实际。我们这些老人还能说什么,只能期待。如今好啊,全是年轻人治理国家大事,他们年轻,血气方刚,敢想敢干,但愿能闯出一片新业绩。

1月29日,珠江电影集团在珠岛宾馆举行工作总结表彰大会,我应邀参加,还请我坐到主席台上。

总结大会之后是表彰有贡献的干部职工,我也与他们颁奖。

最后是表彰老电影人,我和丁荫楠同志被授以"特殊贡献奖"。我二人激动不已,发表获奖感言。在珠影工作四十余年,全仗老珠影人的信任支持,如今很多老同志都不在了,太怀念他们了。回想当年一起拍片,与我搭档的制片主任、摄影师、美工师等,许多人先我而去,太痛惜。对老一辈人的痛惜,更期待年轻一代珠影人有大作为,期待他们再造辉煌。

6月,广东人民出版社几位同志登门传达省委宣传部指示,今年要为岭南文化名家(得过第一、二届广东文艺终身成就奖者)出书,内容包括个人传略、著作、文章、社会评论文章等。我领会了精神,准备配合寻找资料。

10月,珠江电影集团领导与离退休干部召开座谈会,汇报半年工作,他们在许多方面都作出新业绩,受到离退休干部的欢迎,大家热情鼓励他们再接再厉,作出更大贡献。之所以鼓励是因为老珠影积压的问题太多,积重难返,谁来干也不容易。今天蔡伏青董事长雷厉风行,大刀阔斧,让大家看到了希望。大家千叮咛万嘱咐:"一定要拍出人民喜欢的好电影。电影厂第一使命就是拍好片!"

11月,广东省文联召开文代会,我应邀参加。

当月27日我又应邀参加出席全国第十届文代会,28日随团到达北京。29日,全国文联党组书记赵实、副书记李前光等领导到我下榻宾馆进行慰问。赵实说我是参加文化会最年长代表,83岁,其他老同志年岁都没有我大,让我感到无比光荣。我表示感谢,并表示全程参加,保证不迟到、不早退,做一个合格代表。

30日,第十届全国文艺工作者代表大会在人民大会堂隆重开幕,习近平总书记作讲话。这是我第一次现场聆听习总书记的讲话,感到他确有大国领袖风范。身材魁梧,语言铿锵有力,态度和蔼可亲。近些年他的治国理政、富民强国、反贪倡廉、强军等政策深得民心,

◎ 2016年参加第十届全国文代会

让我们感到做中国人的骄傲；今日又听他对文化、对文艺工作者亲切教导，心中无比激动。

分组会上，我畅谈了自己的感受，愉快地以旺盛的精神参加完大会全程，我骄傲地以83岁高龄参加全国文代会。

我的传略可以到此结束了。来日方长，我坚信我可以健康地活到一百岁，像我们珠影的前辈、老师王为一老先生，活一天，干一天，也奋斗到一百零一岁！

我一生乐观、勤奋，因为赶上了好时代。

谢谢广东省委宣传部为我们出这本专辑。

谢谢珠江电影集团给予我的关怀。

也谢谢爱妻王静珠一生给予我的关爱，让我俩一生情爱不老。

2018年

广　州

第二篇
张良作品

I 表演艺术代表作

I 《董存瑞》

一、电影简介

电影名称：《董存瑞》

摄制单位：长春电影制片厂

公映时间：1955年

电影类型：黑白故事片

导　　演：郭维

编　　剧：丁洪、赵寰、董晓华

主　　演：张良、杨启天、张莹

故事梗概：影片以战斗英雄董存瑞的真实事迹改编。1945年，年仅16岁的董存瑞参加了八路军，在战火考验中加入了中国共产党。1948年5月，在解放隆化的战斗中，董存瑞被任命为爆破队长，为了配合总攻，他们炸毁了敌人的碉堡群。就在总攻冲锋号已经吹响之际，突然迎面遭到经过伪装的桥型暗堡扫射。为了减少战友伤亡，在找不到炸药包支撑点的情况下，董存瑞在桥下毅然以身体作支架，高举炸药包炸毁暗堡。

获奖情况：影片《董存瑞》荣获中央文化部1949—1955年优秀影片一等奖，张良本人亦获"优秀演员一等奖"（金质奖章）；影片《董存瑞》在《北京日报》举办的"1956年最受欢迎的影片和演员是谁？"的评选活动中，以第一名当选为"最受欢迎的五部影片"之一，张良因主演该影片，以第二名当选为"最受欢迎的五位演员"之一。

◎ 电影《董存瑞》海报

二、主演心得

我扮演董存瑞的体会

张良

记得在影片《董存瑞》开拍之前,导演郭维同志和我们说过这样的话:"我们的影片将献给祖国的社会主义建设者们,献给为解放全国而斗争的人们,献给祖国年轻的一代,让人们看了我们的英雄董存瑞之后,感到身上增加了一种力量,增加一种克服一切困难、冲开一切障碍的力量!"我们全组同志在影片实拍过程中的一切努力,也就是为了这个目的,为了让董存瑞的精神力量鼓舞我们前进!

在影片中,我光荣的饰演董存瑞。几个月的摄制工作中,我生活在不同时期的董存瑞的生活里,我体验着董存瑞的痛苦和愉快,我和他同命运,共呼吸,了解他内心中的情感和一切愿望。

"我要做个真正的战士!"这是董存瑞所强烈追求的欲望。为了这个,他遇到了许多刺激和挫折;同样为了这个,他克服了一切困难,以顽强的毅力达到了这个目的。在最初,因为年纪小要求参军人家不要,他曾和郅振标分头去跟赵连长和王平"蘑菇"。为了当个战士,他曾在反"扫荡"战争中一个人离开了自己的大队跑到王平阵地上去参战,并在王平同志牺牲后,下定给人民服务、给王平同志报仇的决心,拿着王平同志的党费,和郅振标一块又找到了连部。他顽强的追求着他所追求的生活,他并不动摇自己的信心和毅力。他这种顽强进取精神鼓舞了我,使得我有力量克服困难去塑造这一个英雄人物。

我是个年轻的舞台演员,从来没有拍过电影。在形象创造中,我遇到了许多困难,最初,我不知道怎样来创造这个形象,不知道用什么来表现他的崇高品质。在摄影机前我表达不出董存瑞的思想情感,全组三十几个人经常在烈日下用期待的眼光看着我,等着我,我焦急、痛苦,不知道怎么办。因为戏演得不好,内心的谴责经常使我的眼眶充满着痛苦的泪水。但是我又偷偷地咽了回去,我感到自己要是表达不出董存瑞的思想和情感,就对不起党的信任,对不起董存瑞。

我看到董存瑞为了自己能当个真正的战士,他采取了一系列的行动,我想,我要创造董存瑞形象,也就应该像他一样,采取一系列的行动,用一种顽强的精神来达到这个目的。于是我反复地阅读剧本,在没人的地方一个人偷偷地练戏，虚心诚恳地倾听着导演的启示和意图，认真的考虑大家的意见，为了能够很好地表达出董存瑞内心中的一切，我常常夜里睡不好觉。

记得在拍王平负伤那场戏时，正是在燥热的夏天里，一个镜头接着一个镜头拍，一遍又一遍的试，精神过度紧张和太阳的曝晒，使我感到头晕，好几次如果不是抓住山石，就会摔下山去。在拍敌机轰炸、抢救玉兰子那场戏时，我从很远的趴墙拐角处跑出来，冲过爆炸的烟雾，卧倒在镜头前喊着："趴下小妹妹！"一遍又一遍的演，脚发麻了，手也擦破了，我感到浑身难受。这个时候，我似乎看到炸弹在董存瑞的身旁爆炸，敌机在头上吼叫，眼前是烈火燃烧的房屋，火中有病人和孩子的喊叫，董存瑞奋不顾身地冲了进去，他并没有顾及火是否会烧到自己，他看见火中烧的是病人和祖国的第二代；我又看那到炮弹纷飞的战场，隆化中学前桥头暗堡的两挺重机枪喷吐着火舌，它夺去了我们多少可爱战士的生命。董存瑞的肉体并不是铁打的，但是他冲上去了，为了祖国的解放事业他冲上去了。为了人民的自由和美好的生活，他一只手把炸药举到桥肚，燃烧的导火线在他眼前冒着火花，董存瑞在这时想的是什么呢？是祖国、是人民、是生活、是胜利！为了这个，他献出了他宝贵的一切，他没有想到自己。他是想着未来，对未来的美好生活怀着巨大的信心和希望，他相信胜利必定属于人民。

在董存瑞的面前，我感到了自己的渺小。但也正是因为我是在体现着英雄的形象，我感到我必须像他一样去生活，一样去战斗。以后，无论工作到什么时候，无论反复排练多少次，无论是天热口渴，也无论遇到什么困难，我没有任何怨言和灰心，我感到一种愉快和安慰。在工作中我努力在自己的身上培养起英雄人物的思想品质。用英雄董存瑞的精神来塑造英雄人物。我觉得自己就是董存瑞，我的身上增加了一种说不出的力量，它支持和鼓舞着我去完成英雄形象的创造任务。

现在影片拍成了，虽然我没有完满的塑造好董存瑞的不朽形象，但是在这次工作中我从董存瑞身上获得了教育。我知道我今后该怎样生活，该怎样更顽强更忠诚地对待自己的事业！

◎ 电影《董存瑞》剧照

《哥俩好》

一、电影简介

电影名称：《哥俩好》

摄制单位：八一电影制片厂

公映时间：1962年

电影类型：黑白喜剧片

导　　演：严寄洲

编　　剧：所云平、白文

主　　演：张良、张勇手、王心刚

故事梗概：影片根据所云平的话剧《我是一个兵》改编。陈大虎、陈二虎是孪生兄弟，同时参军又被分配到一个连队，大虎在八班，二虎在二班。二虎活泼、任性，自由散漫，他和大虎偷换武器；又误将军长当炊事员，要和军长换领章；在帮助林大娘做豆腐时，他冒冒失失地把豆腐做坏，闯了一个祸。大虎怕二虎受处分，就代替二虎承担了过错，为的是叫二虎好好练射击，为二班争得荣誉后再去坦白，不料二虎在打靶时没及格。大虎的射击成绩优秀，民兵来向他学习时，误把二虎当成大虎，闹出了一场笑话。二班长雷利金虽然多次帮助二虎，但由于急躁、主观，工作方法简单粗暴，收效甚微。后经指导员和军长的耐心启发、教育，二虎终于克服了缺点。兄弟俩都成了"五好战士"。

获奖情况：影片主演张良获第二届"《大众电影》百花奖"最佳男演员奖。

◎ 电影《哥俩好》海报

二、主演心得

"哥俩"的同和异——我演陈大虎、陈二虎的一点体会

张良

一个演员的最大愉快，就是能遇上个好剧本，假如再有一位好导演、好的创作集体，那么他的愉快就更大，创造的欲望就更强，他的所有的愿望都会得到导演和全体合作者们的支持和帮助、并使它逐步的实现。在这次的《哥俩好》演出中，我可以说集中了这几个方面的愉快。白文、所云平同志为我们写出了这样一部好戏。还记得第一次读剧本的情景，我久久地坐在那里，如痴如呆的傻笑着，深深地被剧本情节吸引住了。陈大虎、陈二虎、雷班长、洪军长，还有那几个各有特色的战士，都活生生地站在我的眼前，尤其大虎二虎这哥俩的形象，更深深地吸引了我，激起了我的创作欲望。

想法和现实总是有距离的，摆在我面前的是这样一个重大的新课题：我同时扮演两个角色。一个人演两个角色，一样的军装，一样的脸如何分辨得出？我接到剧本后的最大难题，就是如何区分开这两个人，进而想到如何从性格上使他们更不同、更可爱。

从剧本上看，哥俩都是新社会培养起来的一对新人，是人民公社里的好青年。他们有着同一的美好理想：当一个真正的兵，保卫祖国的社会主义建设；也有着共同的好品质：忠诚勇敢、热情向上。他们初到部队上来，都还算不上一个好兵，但是他们有着不可动摇的志向。在这些方面，他们有许多相同的好品质，但是又有各人性格上的绝对不同。大虎待人处事忠厚诚恳、腼腆拘谨；二虎则热情豪放、无拘无束。作为演员，不仅应看到他们共同的好品质，更应着力刻画他们的不同性格。我就是本着这些想法，开始了我对这两个人物的探索。

首先，我想了解这哥俩在对待同一事物时的个人想法和态度。比如在帮助群众干活这一点上，大虎是觉得：帮群众干活是解放军的光荣传统，自己当了兵，就应该学习老同志们的精神，发扬这些传统。所以他在干活时是老老实实、勤勤恳恳，毫无个人打算。而二虎则是为了完成个人的立功计划。这哥俩都有着进取心和荣誉心，大虎更多的想到了集体，二虎更多的想到了个人。为此他们就有了两种截然不同的态度。根据他们的不同思想不同态度，再本着他们的性格，去找出他们各自的性格特征、外形特征，更明显的区别开这两个人，是我在创造人物时走的第二步。我想在他们一出场，就

给观众留下比较鲜明的印象。除了在人物的整个精神状态上，我极力掌握住大虎的老成腼腆、二虎的机灵豪爽外，还选择了两个人在敬礼时动作上的不同，以帮助观众去识别人物。这两种敬礼，一则是从他们的性格出发，再则是吸收了生活中常见到的现象。生活里我见到许多新战士，他们在敬礼时，有的过像二虎那样叉开两个指头，挺胸扬头显出他们性格上的豪爽。有的又像大虎那样，手慢慢地贴着身子拉上来，头歪过一点去就他的手，显示出他们那么沉稳腼腆。这两种敬礼都算不得标准，但是放在这一对刚刚入伍的新战士身上，又是这样一对性格不同的哥俩身上，我想这种夸大还是可以的。此外，在着装上也想给人物作些区别。同样的军装，由于大虎的懂事爱清洁，军装总是穿得整整齐齐、干干净净。由于二虎的顽皮、淘气，经常东跑西跳掏鸟窝，所以帽子总是有些歪，衣服也任它长短不齐。当然这只是在敬礼和着装上给人物一点区别，而真正重要的，还是应该注意如何在典型环境中，表现人物的典型性格。因为剧本中对二虎有着较多的描写，我也就想着重谈谈自己在表演二虎这样几场戏时的性格掌握。

第一幕：连长授枪，二虎不要。这不要的态度也可以表现得很温和，用商量的态度。但是我想二虎此时的心情是平静不下来的。由于前面几段戏的发展，二虎已经认准了："我当了兵，发的枪肯定比民兵的好，而且一定会把那支冲锋枪发给我，这我事先已经和班长说好了。"所以他满怀信心，等着发好枪。万没有想到连长发的却是那支自己拉了半天没拉开的步枪呢！因此，在表现二虎此时的心情时，我是先由兴奋期望、突转惊愕，继而委屈不满，噘着嘴迟疑着，极不情愿的接过枪，转回身越想越窝火，越看越憋气，再也忍不住便冲口喊出："我不要这支枪！"这之后，对着连长和指导员的两种不同的开导方法，我表现二虎一面去商量，企求换支好枪，一面又板起脖子硬要。之所以这样，就想能表现出二虎复杂的心情，和他那憨直、倔强、又充满稚气的个

◎ 电影《哥俩好》剧照

性，使他能在这第一场里就给人留下个可爱印象。

第二幕，二虎遇见了军长，直到换领章这一段戏，剧作者为人物一个十分真实可信的情节，在排这段戏的时候，我和邢吉田同志都遇到了很大的困难，思想上有很多的顾虑。他是担心如果把军长演得过于嘻嘻哈哈，就有损形象；而过于严肃了，或是过多的端起了军长架子，就又不亲切，从而激不起二虎交朋友换领章的欲望。我呢？则更担心，过于顽皮，在这样的军长面前是有损两个人的形象的；而若一般的平平淡淡的处理，又挑不起这一场喜剧的热潮。固然，就二虎的性格来说，凡是他认为可以亲近的人，他就什么都可以做得出来，但是观众对军长怀着很深的敬仰，假如二虎任他的性格发展，破坏了观众习惯了的敬仰心情，就又会导致不可收拾的结果，观众情感通不过，这场戏就算失败。可是二虎若十分正经起来，这又不是他的性格。怎么办呢？本是一场好戏，要是我们演员把它演坏了，岂不是犯了罪？我们同导演一起做了较长时间的探求，一点一点从人物心理上去研究，在动作上更认真甄别选择，又经过了多次的演出实践，就演到了今天的这样。今天邢吉田同志在舞台上树立起来的是这样一位军长形象，亲切和蔼，热情风趣，他是以一个普通劳动者的身份出现，穿了一身褪了色的旧军服，戴了一顶大草帽，又挑了一副设进的水桶，无一处不和普通的士兵一样。对二虎这样一代新战士，充满了无限的爱和关怀，对他们身上的缺点，既能细心诱导，又能耐心严格的说服教育。这就给我的二虎表演创造了那么好的条件。一看到他，我就可以任我的聪明、毫不勉强的把他当成炊事员，再看他那和善的面孔、斑白的头发，就立刻感到他像公社里的老大爷，继而听他回答说：这么大年纪来服兵役，是保卫祖国人人有责，就更确信不疑了。把将军的军衔错认为和自己一样也是个列兵，使二虎更加高兴，这样二虎和老洪之间，除了老小之分外，级别、身份双方都很平等，不是上下级也便没了拘束，二虎就可以在这个可亲的炊事员老头面前，任意敞开他那纯洁的胸怀，更无顾忌的提出自己的一切要求和愿望。由于老洪这个形象的感染，加上自己对二虎这个人物的理解，就在相识和换领章这段戏的表演上，给二虎的性格来个大胆的解放。让他喝了一碗水再要一碗，自己端端正正的坐在桌上，军长跑来跑去的为他服务，让他兴奋起来爬到桌上跷起了脚，掰腕子掰不过就两只手一块上，直到后来抱着军长的脖子交朋友，跳到背上抢领章。在做这些十分可笑而又大胆的动作时，我时时告诫自己不忘一条：注意行为的分寸，不能失去一个孩子对老人的尊敬，不能破坏了军长的尊严，不能顽皮到不可信不可爱的程度，要从人物出发，从性格出发，真诚的表达二虎的心情愿望，让舞台上所发生的一切，既可笑而又真实可信。

第三幕，我想着重表达出二虎在射击前的复杂心情和客观上几个压力给他的影响。

在连队，我深深体会到一个战士的最大愉快和苦恼是能不能在射击场上打优秀。这不仅关系到个人的荣誉和集体的荣誉，而且关系到一个战士对祖国的责任。就二虎来说，他的心情更为复杂，他想射击优秀的愿望压过了一切。这不仅因为他是个战士，肩负着对祖国的责任，而且因为他有着许许多多个人想法，就刚一入伍那天，就和女民兵林水秀挑了战，这次靶场上要输了，那脸还往哪放？！此外，最最重要的，是自己订了个立功计划，其中重要的两条，是帮群众干好事和射击打优秀。自从把林妈妈的豆腐做坏了之后，干好事这一条吹了。因为虚荣心作怪，怕坦白了受处分，就隐瞒了错误，单等射击打了优秀，立了功，保住了班里的集体荣誉再坦白。为此，孤注一掷，把仅有的一点希望都押在一次的实弹射击上了。他告诉自己，拼尽全力也得争个优秀。但事与愿违，射击前，雷班长、林水秀先后同他谈了话，他们的每一眼、每一句话都像看穿了他的秘密，都像在说做坏了事不坦白，你没有共产主义风格。二虎最怕的是提起做坏豆腐这件事，可偏偏水秀老提。林班长说今天打靶，林妈妈、洪军长也都要来，二虎就再也沉不住气了，他感到隐瞒错误的秘密就要暴露了，要是在射击场上当着这么多人一宣布，受处分不说，今后还怎么见人？为此，在表演这几段戏的时候，我注意将二虎的心情一点点拉紧，真实地接受对方给予的每一个刺激，使他愈想自卫愈受窘，愈想镇静愈慌乱。在表演二虎被喊出列，趴到靶台上射击时，更加大胆地运用了夸张的方法，使他的出列步法、精神状态完全和大虎的两样，让人感到大虎是那么神情自如，镇静泰然；二虎是那么心怀鬼胎，慌乱无主。尤其在读二虎这句词时"报告：射手陈二虎射击准备完毕"，我几乎是一口气将这句话吐出来，观众只能含混不清地听到"陈二虎"……"完毕"几个字，使观众相信他是由于这大的慌乱才打了不及格，并非出于他的平时不努力。让人们在善意的笑声中，看到他那虚荣心缺点招致的苦恼，又在这亲切、关怀的笑声中，同情他这一场不幸的遭遇。

二虎有着进取心和顽强的毅力。在他从无知到有知，从幼稚的、不实际的追求荣誉，到他真正成熟的过程中，缺点是难免的。而这些缺点的产生，又都是因为他那"美好"的愿望所驱使，所以这些缺点在他身上，也并

◎ 张良在《哥俩好》中分饰陈大虎、陈二虎二角，1963年获第二届"《大众电影》百花奖"最佳男演员奖

不影响他的可爱。剧作者对陈二虎、雷班长的描写，都是怀着极深的爱来批评他们的缺点错误，让他们尽快地成长，而没有一丝的嘲笑。演员在掌握创造人物的整个过程中，也应本着这种精神，不是任意的夸大他们的缺点，而应着力在事件中深刻的表达他们的思想，刻画出他们的可爱性格，让他们在笑声中成长为一个好战士。为此，在第四幕中，我便着力刻画他的思想转变过程，让他在军长面前，诚恳地、沉痛地、但又不失去他那倔强的可爱的性格。在和军长打扑克牌这一场戏里，我选择了这样几个动作，想继续突出二虎的性格：如坐在凳子上的姿态，上身靠近伏在桌上，跷起凳子的两条后腿，让人一看，这就是二虎，只有他才会有这动作；哭了之后，军长送手绢过来擦眼泪，倔强地躲过，自己抓下帽子擦了两把，光着头硬着脖子随军长走去。第四幕的结束，二虎和班长间的矛盾解决了，思想统一了，通过以往的事件、首长的教育，双方都认识了自己的错误。我表现二虎是那么认真地向班长检讨，又以他固有的性格，向班长表示自己的决心态度。

喜剧艺术是通过笑来发挥它的社会作用的，但演员的表演切不可以笑为目的。在任何艺术中都允许有夸张，喜剧中表演上的我想就更被允许。但夸张得必须合理、可信，必须始终从人物出发，更真实地刻画人物的典型个性。我们的演出，为了突出喜剧的风格，在导演处理上、演员表演上都大胆地使用了夸张，但是由于自己的思想水平和艺术修养水平的限制，加上对喜剧的表演缺乏较深的理解，因而在人物掌握上和表演上都还存在很多的问题。在夸大和真实上还缺乏分寸，还不能十分准确地表现出人物的复杂心情和个性。第一次同时扮演两个角色，更是没有经验，创造中有些顾此失彼，没能将哥俩的形象都鲜明地树立起来，尤其陈大虎的形象还很不完整，自己在今后的演出中,对大虎形象的创造更努一把力。并把以往存在的缺点逐步克服,以求得在认识上表演上都有所提高。

在这一次的舞台演出中,我始终很愉快的原因,是我在这两个人物创造中,得到了两位导演和全体合作者们的那么多帮助,他们十分具体地帮我选择和肯定人物的性格动作。没有这集体的帮助和努力,我很难想象这两个人物会怎样树立起。

◎ 电影《哥俩好》剧照

Ⅱ 导演艺术代表作

1 《梅花巾》

一、电影简介

电影名称：《梅花巾》

摄制单位：珠江电影制片厂

公映时间：1980年

电影类型：彩色故事片

导　　演：张良

编　　剧：王静珠、张良

获奖情况：本片于1981年参加第五届加拿大蒙特利尔国际电影节展映活动；获1982年第一届马尼拉国际电影节"金鹰荣誉奖"；获1983年第七届开罗国际电影节"金像荣誉奖"。

◎ 电影《梅花巾》于1982年获第一届马尼拉国际电影节"金鹰荣誉奖"

◎ 电影《梅花巾》于1983年获第七届开罗国际电影节"金像荣誉奖"

◎ 电影《梅花巾》宣传画

二、电影文学剧本

1. 1978年,苏州

气势雄壮的"北寺塔"巍然耸立。俯瞰全城,房屋栉次邻比。横跨河面上的"万年桥"车水马龙,桥下船帆往来如梭。喧闹的观前街,人如潮涌。

2. 风景秀丽的拙政园内

兴高采烈的游人不断发出爽朗的笑声,情侣们漫步河边,儿童们在花前穿行,年老的夫妇亦相挽于林荫树下。在画舫的游人中间,走着两鬓如雪的老华侨郭月庭,他望着周围的景致,无限感叹,画外响起哀婉的评弹歌声:

天涯海角四十载,
游子回乡泪眼开,
骨肉折散心痛切,
山水依依忆旧来。

他越过假山,走上曲桥,扶着栏杆俯身水面。又响起凄楚的画外心声:"时间会消失,万物会变幻,为什么抹不掉我几十年的沉痛记忆?这曲桥水面又如同昨日,可是我的亲人又在哪里?"

他俯身,水面上的倒影渐渐变成两个人,一个是年轻的郭月庭,一个是他的妻子美玉,他们相偎在桥栏旁,无比亲昵。突然水波荡漾,一尾金色的鱼游了上来,仿佛偷看两人相爱,美玉轻轻一挥手,金鱼如害羞般潜往水底。水面渐复平静,两张笑脸又相偎一起。

◎ 电影《梅花巾》剧照

突然一尾黑色的大鱼从二人的脸面上冲了出来，张着大口，鼓着凶恶的眼向二人张望，美玉不由惊得后退，郭月庭用力一挥手，大黑鱼猛然甩尾，溅起许多水花。水珠溅到老华侨的脸上，他从回忆中惊醒，看见水面上一群金鱼在争食面包屑。他怅然起立，走出画面。

3. 虎丘山的剑池

郭月庭走进画面，突然听见一串银铃般的笑声，抬头望去：一个年轻美丽的少女，沐着阳光，正由高处跳跃而下。

在这一刹那，少女忽然变成了美玉，她身材苗条，步态轻盈，飘飘然跳下来，投进了年青的郭月庭怀抱。

又是一串动人的笑声，郭月庭醒来，高坡上的少女飞跳下来，越过了他，扑向身后一位男青年的怀抱，这位男青年背着琵琶，他们相依着走去。郭月庭望着他们的背影。

心声继续："我多么羡慕他们的生活，可我年轻时，却完全是另一番岁月……"

他的深沉的面孔上，映出一座木楼。

4. 郭月庭的家

年轻的郭月庭怀抱三弦正在练唱评弹。

妻子美玉坐在窗前的绣架前刺绣"梅花巾"，这近完成的绣品，构图新颖，色彩清雅，绣工精细。

绣架下有一摇篮，躺着两个将近周岁的双胞姐妹，一样的清秀面孔，一样在两眉中间涂着红痣。她们仿佛都沉浸在安详宁静的气氛中，听着郭月庭婉转动人的评弹歌声。郭月庭唱道：

云烟烟，烟云笼帘房。

月蒙蒙，月色色昏黄。

阴霾霾，一座潇湘馆。

寒凄凄，几扇碧纱窗。

呼啸啸，几个琅玕竹。

草青青，数枝瘦海棠。

病厌厌，多愁黛玉女。

冷清清，独坐象牙床。

他的优美曲调传到走廊楼梯上，门外已有数人静听，此时他的师兄夏月清夫妇也从房内走出，欣赏地听着。

当郭月庭唱到"冷清清独坐象牙床"时，门开处，夏月清夫妇连同众人已纷纷进来向郭月庭祝贺。

夏月清："月庭啊！你这个曲调可是太美了，比较师父教咱们又进了一步，这一垒字，这一拖腔，足以表明了黛玉潇湘馆的寂寞。"

此时又听夏妻在后喊道："你们快来看呀，美玉绣的梅花真是活灵活现了。"众又拥至美玉绣架前争看刺绣。

一妇女："这枝梅花，真像美玉嫂子，那么清秀。"

一人说："把梅花的精神都绣出来了。"

夏妻："这两口子真是天生的一对，一个手那么巧，一个唱得那么好，真是咱们苏州城的骄傲了。"

众热烈赞同。

郭月庭："谢谢大家的鼓励，我现在该到书场去了，今晚上就想试试这个曲调。"

众："快去吧！祝你的新曲调成功！"

楼外院庭内，一阵狂风吹落了竹竿上衣服。

5. 茶楼书场

正在演唱的郭月庭，突然被一碗茶水泼到脸上，听得台下骂道："你唱的是什么调？！"

军阀的儿子丘龙一条腿踏在凳上骂道："你他妈的也想创造新调，也敢标新立异？来！过去看看他的牙齐了没有？"

几个凶汉冲上前去。丘龙从侧门偷偷走出。郭月庭嘴角流血，琴落地下，被一只脚踏得粉碎！

6. 楼梯、卧室

郭月庭衣衫褴褛，艰难地爬上楼来，猛听一声凄厉的呼救，急忙冲上来推开房门惊住。

美玉两手紧紧抓着梅花绣巾挡在胸前，惊慌后退，丘龙赤膊上身，步步紧逼，狞笑着说："不给我这个梅花绣，我就连人一起抢，有了你这个美人儿，还愁没有好绣？！"说罢冲上来，紧紧抱住美玉将她按倒在床上。

郭月庭愤然疾呼："住手！"急上前抓住丘龙的双腿用力拖到地下，美玉慌忙躲到月庭身后。

丘龙站起来哈哈大笑说："一个穷说书的敢同我动手！好好好！"一把揪住郭的衣领，随手一拳，郭撞到楼板上，房屋乱颤。丘龙又追上一连数拳，郭毫无还手之力，被击倒在绣架旁。

丘龙笑着拔出了匕首，美玉惊叫冲来，被丘龙随手抢去梅花巾，用匕首连砍数下，梅花绣巾被劈成数片飘落地上。

丘龙笑说："叫你也凉快一下吧！"刷！投出匕首。

郭月庭急躲，匕首钉在地上，郭猛看见绣架下柴斧，急抓起，丘龙冲上来，郭反手一斧，丘龙的脸血肉模糊，颓然倒地狂叫！

郭月庭、美玉惊慌失措。警笛声四起。

7. 沿山小路

郭月庭不顾一切地奔跑着，身后远远地追逐着几个警察，再远处跑着披头散发的美玉。

8. 天平山的一线天

郭月庭跑来，顺"一线天"的石阶爬了上去。警察追来，亦从此处爬了上去。

9. 树丛

郭月庭急隐于茂密的树丛。警察越过树丛向前跑去。美玉惶惶奔来，被一只手拉进树丛。警察向远处开枪。

10. 枫桥

月夜，繁星，闪着星光的河水，小船。岸边美玉扑在郭月庭的怀里，极力压低悲怆的哭声。夏月清夫妇各抱着美玉一个孩子立在一边。

夏催道："月庭！该走了！"

夏妻："弟妹！快放月庭走吧，人命关天，抓住就完了！"

郭月庭扶着美玉，走到夏月清面前。

郭："师哥！师嫂！我把美玉和孩子拜托给你们了！"说完欲跪，被夏连忙扶住。

夏："师弟！你自己可要保重了。"

夏妻："躲过了风口，再来接他们母女。"

郭："让我再看一眼孩子！"

夏夫妇忙把孩子送上来，郭望着两张小脸凄然地说："孩子，爸爸对不起你们了！"泪滚滚而下。

美玉拿着破碎的梅花残巾走到郭月庭面前说："绣这块梅花巾，本希望全家团聚美好，可是竟……这一块你拿去，看着它，就像看见我和孩子了！"说罢又哭。

郭接过梅花巾残角。

犬声阵阵，远处闪动着手电光。

郭月庭登上船头，一老汉奋力摇船。

夏夫妇极力挥手。

美玉疯狂地在岸边追逐着船只。

船越来越远了。

美玉扑倒在岸边。

船中的郭月庭不停地挥动着梅花残巾。

此时传来寒山寺凄厉的钟声。

岸边的美玉被夜色笼罩，模糊一片。

11. 枫桥头

四十年后的郭月庭，手捧梅花残巾热泪盈眶，望着行船，流水，心声继续："此地一别，竟四十余年，我的美玉，我的两个女儿，你们今天都在哪里？！"

一辆小轿车驶到枫桥头停住。

侨委青年干部小周从车内下来，远远喊道："郭老先生！您一个人躲到这里，真让我好找。"

郭月庭连忙擦去泪痕，站起来。

小周走上桥头笑着说："郭老先生，这地方风景还不错吧？"

郭："是啊很美！几十年没来这了。"

周："那您一定记得张继写的《夜泊枫桥》的诗喽？"

郭："记得！"

月落乌啼霜满天，

江枫渔火对愁眠。

姑苏城外寒山寺，

夜半钟声到客船。

小周："您记得真清楚，这诗里写了那么美的意境。"

郭："可是过去这枫桥夜半，并不都是美的，有多少离乡人，听了寒山寺的凄厉钟声，都是心肝欲裂啊！"他不愿再说下去，便转话题说："小周啊！我打算在最近返回美国去。"

小周一听忙说："郭老先生！您还没有同要找的亲人见到面，怎么能急着走呢？现在全苏州都在为您寻找亲人，肯定会找到的。"

郭:"我实在感谢政府和乡亲们一个月来对我的大力协助,真是过意不去。四十多年了,那动乱的年代,多少人家破人亡,哪能全得团聚?也许她们母女……"一阵心酸噎住。

周:"您千万不要灰心,听领导说,您的亲人很有希望找到,最近又有新的线索……对了!文化局今晚特意为您安排一场评弹,让您再听听家乡的曲调。这一个月,您也很累了,听听评弹,也许能给您增加一些快乐!"

郭:"那太好了!实在感激!"

12. 人民剧场门前

剧场门口,观众从四面八方涌来。

郭月庭在文化局干部和小周的陪同下,步上剧场台阶,举目望去。

一块巨大的广告牌上写着:中篇评弹《梅花巾》由江苏省评弹团演出。

郭月庭不禁一怔念出声来"梅花巾"。

镜头迅速推上"《梅花巾》"三个字成片名。

川流不息的人群,和剧场内的观众寻找座位。

迭出"编剧、导演、演员"的字幕。

13. 剧场内

字幕完,响起了开演的铃声。

熙熙攘攘的观众逐渐安静,场内座无虚席。

郭月庭坐在六排中间,左右有文化局干部和小周相陪,再右边坐了一位白发妇人和一对中年夫妇,都在兴奋地等待开幕。

场灯暗了。

紫红色的丝绒大幕徐徐拉开。

舞台当中放了一张半桌,右手坐了一位男演员,怀抱三弦,左手坐着一位中年女演员,怀抱琵琶,身穿中式旗袍,十分得体,一朵梅花别针斜插胸前,虽淡妆薄粉,但面容清秀,风韵异常。

只见她十指尖尖拨动琴弦,琴声十分婉转悦耳,她轻启朱唇唱道:

暖风吹雨花弄色,

古城红梅又逢春,

几遭浩劫香魂散,

春雷阵阵再团圆。

郭月庭聚精会神地听着,场内鸦雀无声。

女演员唱道：

看今朝，花红柳绿人欢笑，

忆往昔，凄风苦雨愁满天，

花落花发年年有，

谁曾见，梅花巾上血斑斑。

郭月庭睁大两眼，一怔。

女演员唱道：

旧时姑苏绣花女，

人似桃花，命如黄连，

尖尖十指弄彩线，

恰似神女降人间。

在郭月庭眼中，舞台上的女演员忽然变成正在刺绣的美玉，她安详、美丽，画外唱着：

生一对双生姐妹人人爱，

娇小妩媚招人怜，

美玉又变成女演员，仍在弹唱：

遭浩劫，慈父避祸他乡奔，

水茫茫，一叶孤舟何时还？

郭月庭更加神情关注。

女演员唱道：

逢战乱，硝烟滚滚炮声紧，

活生生，一家骨肉被拆散。

郭月庭放眼望去，琵琶声中，舞台上已是硝烟滚滚，战马奔腾，画外唱着：

血染的梅巾分四块，

天涯涯，何处再团圆？

舞台隐去，只见纷乱的马蹄，奔跑的人腿，大队逃难的人群向镜头拥来。

突然有人尖叫："鬼子来了！"

一队日军骑兵，枪刺上挑着军旗，挥舞马刀冲杀过来。逃难的人群惊慌四散。人群中跑着美玉和夏月清夫妇，美玉与夏妻各抱一女孩，夏月清背着衣裹，彼此拉牵着奔跑。突然有几匹战马奔来。美玉惊叫。夏妻被马蹄踏倒，孩子滚落一旁，马蹄从夏妻的身上踏过。

夏月清避开战马扑上来抱起孩子，又去抱夏妻，见她嘴里涌出鲜血，艰难地说："你要保住师弟的孩子！……"死去。

夏月清伏尸恸哭。

美玉拖着孩子被人群裹着向前，她惊慌四顾，不停地喊着："师哥！阿姐！"无人应。

人群中又喊："马队又来了！"人群更加疯狂地跑去。

杂乱的马蹄，奔跑的人腿，变成了飞快转动的火车轮。

14. 列车上

美玉抱着婴儿，立在拥挤纷乱的人行道内，逃难归来的人群，嘈杂一片。

靠窗坐着农村绣女芬嫂，头上扎着白孝布，面容悲戚，听到孩子哭声，回头望去。

美玉立在身边，两目痴呆，时而傻笑，怀中的孩子喑哑地哭着。

芬嫂十分同情，便挪动身躯，让出一点座位说："阿姐！来我这里坐一会，孩子饿了吧？"

美玉仍痴呆两目，仿佛没听见。

芬嫂就硬拉她坐下说："这年头！让孩子也遭罪！"美玉望她一眼仍凄然无话。

芬嫂："这孩子有一岁了吧？叫什么名？"

美玉望望孩子说："叫白梅！"

芬嫂："她爸爸怎么没和你们在一起？"

美玉不由凄然泪下："她爸爸被人逼跑了，她还有个双胞姐妹红梅也丢了……"已泣不成声。

芬妈感情所动也潸然泪下。

15. 梅村小站

此时车停在小站。

一些人挤下车去，又一些人挤上车来。

美玉呆视窗外，见一群人拖儿带女从窗下经过。突然她睁大双眼惊呼："我的孩子！红梅！"便把手中的孩子交给芬嫂，不顾一切地挤下车去。

她冲下车门，呼喊着："红梅！我的孩子！"奔上前来，一把夺过前边妇女怀中的孩子，紧紧抱在胸前，哭喊着："红梅！孩子！"

周围的人群愕然惊住，抱孩子的妇女更加凉呆不解，美玉怀抱的并不是孩子，而是一个包裹。

汽笛长鸣，火车又开动了。

美玉仍贪婪地抱着包裹哭着，亲着。

芬嫂从窗口探出身来大喊："阿姐！车开了，你的孩子！"

美玉猛然惊醒，回头望去，车已开动。便抱着包袱奔向车门。身后妇女追喊："我的包袱！"

美玉定神一看，怀中是一包袱，不见红梅，吓得连忙扔掉，又向已经开远的车门奔去。

美玉追逐着车窗，一人大喊："从车门上来！"美玉又往回跑，此时车门已砰然关闭，她又奔下节车门，所有车门相继关闭。

芬嫂焦急地喊："阿姐！快上车！"

美玉疯狂地追逐着车门。

列车驶离站台，愈来愈快。

美玉狂喊着："我的孩子啊！"伏倒地上。

列车远去。

列车冒着浓烟，飞快地奔驰着。

芬嫂抱着孩子焦急地向窗外张望。

山坡上，美玉披散着长发追逐火车。

她跑上了山顶，立在悬崖边。

列车拖着浓烟向山脚下驶来，大地发出隆隆巨响。

美玉突然张开两臂，扑向山脚下的列车，狂喊着："我的孩子啊！"向断崖下跳去。

她美丽的身躯在空中飘盈着，缓缓下坠，山谷里，回荡着她凄厉的喊声。

芬嫂紧紧地闭上了双眼，泪水滚滚而出。

尖锐的汽笛代替了美玉凄厉呼喊。

列车浓烟也湮没了她美丽身躯。

16. 梅林小路

大片梅林，梅花正在凋谢，阵风吹来，雪样的花葩飘落在地上。

芬嫂孤单一人，抱着拾来的孩子，踏着残梅，缓缓走来。她走到树下，坐在青石上，捧着孩子仔细端详：

美丽的小脸，长长的睫毛，明亮的眼珠，两眉中间涂着红痣，不哭不笑，十分安静。

芬嫂又像发现什么，从孩子颈下解下一样东西，展开一看，竟是半片绣有梅花的残巾；巾虽残破，但绣的梅花精细好看。

芬嫂望着，泪水涌上眼眶。

17．夏月清家

另一块梅花残巾上，滴上了几滴泪水。

夏月清坐在孤楼木床上，抱着孩子，望着半片残巾流泪。

室内一片零乱，劫后残楼，桌椅歪倒地上，墙角是断了的琵琶、三弦，一只碎相框依在墙边。

夏月清走过拾起相框，是他与妻子的合影，更加凄楚，望着房间，望着孩子，喃喃地说："什么都没有了，孩子呀！只有你我相依为命了。"

响起凄凉的琵琶乐曲。

18．一棵老梅树

弯曲苍劲的枝干上，雪花飘然落下。

雪花渐化春雨。

老树枝头初绽花蕾，一棵梅花灿然开放。

19．梅林小路

大片梅林，梅花盛开。

一只娇嫩的小手，从枝头摘下一枝梅花。

七岁的白梅，背着柴筐，拿着梅花走在这芬妈（芬嫂）曾走过的梅林小路上。

20．芬妈家

在三面环水，四围翠竹之中，有一低矮的茅屋。

三十几岁的芬妈，面容憔悴，坐在茅屋前的绣架上刺绣。

白梅从竹林深处举着梅花欢跳着跑来。

她跑到绣架前，放下柴筐，把梅花插到绣架上，就扑到芬妈的怀里，抱住脖子，无声的亲昵。

芬妈习惯了孩子的亲爱，顺从地放下针线，闭上眼睛，任孩子亲吻自己的腮鬓。然后就又搂住孩子，亲吻她的头发、眼睛。

母女二人相亲了好一会儿，芬妈才微笑着轻轻推开白梅说："行了！让妈快绣吧！明天还要交货呢。"

白梅便顺从地从怀中移开，依在芬妈的身旁看她的绣针一上一下。

　　绣地上已然绣好几朵牡丹花，十分鲜艳，现在在绣两只蝴蝶，栩栩如生。

　　白梅问道："妈妈！你的蝴蝶几时才能飞出来呀？"

　　芬妈边绣边答："等我绣好了眼睛，它就飞出来了。"

　　白梅："蝴蝶能留在咱们家，不往别处飞吗？"

　　芬妈："那可不能。这些花都是人家的，蝴蝶也会跟花飞去的。"

　　白梅："那你就绣两朵花，留在家里好吗？"

　　芬妈："行啊！"

　　白梅："妈妈，那您教我自己绣好吗？"

　　芬妈深情地望着她说："行啊！等我给你做个绣花绷，就教你绣！"

　　白梅高兴地："噢太好了，好妈妈！"

　　芬妈："阿梅呀！去帮妈把药罐倒了，洗洗干净。"

　　白梅应声："好的。"已经跑进屋里。

　　她从床边取出药罐，跑到竹林外的路上，把药渣倒在地上。忽然滚出一样东西，拾起一看，是只小药漏，一块纱布缝在圆的铁丝上。

　　她看了一会，忽然眼睛一亮，忙跑到池塘边，蹲下身刷洗药罐和药漏。

　　清清的池水，映着她美丽的身影，她一会儿仔细清除药漏上的药渍，一会儿又用小手把池水中的倒影扰乱。

　　芬妈仍在认真刺绣，听白梅喊着"妈妈"跑来。

　　白梅拿着药罐，举着药漏兴高采烈地跑到芬妈身边说："妈妈！我有绣花绷了，你看！"

　　芬妈一看，是只小白药漏。

　　白梅："我就在这上面绣，绣一朵梅花，等花绣好了，就能引来蝴蝶！"

　　芬妈："好孩子！来！妈现在就教你绣。"说完拿出一根针，抽出一条线又说："你要先学会辟线，这一根丝线里，藏着四十八条丝呢，你去把它一根根分出来，那一根，就是蚕嘴里吐出来的。"

　　白梅高兴地拿着这条线，坐在门边小凳上，透着明媚的阳光，捻动手中的丝线，丝线渐渐分离，小手指挑出一根极细的丝，透着阳光，犹如悬在空中的蛛丝，缥缥缈缈。

　　白梅望着这根丝，仿佛看见了一条美丽的大蚕正在吐丝，白梅的小手伸过去，就从蚕的口中抽出这条丝来，好长好长啊，晶莹透亮。

一根！两根！三根！五根。

娇嫩的小手指挑着丝线。

渐渐丝线变成了琵琶弦，五只小手指拨动着，发出了悦耳的琴声。

21. 夏月清家

镜头中一只琵琶，五只小手指拨动琴弦，镜头拉出，是小红梅正在弹奏演唱，周围坐了一群小观众。

小红梅坐在高凳上，完全学着父亲的样子在演唱：

云烟烟，烟云笼帘房，

月蒙蒙，月色色昏黄，

阴霾霾，一座潇湘馆，

寒凄凄，几扇碧纱窗……

琴声单调悦耳，嗓音娇嫩迷人。

楼梯上，夏月清眼眶乌青，衣衫破烂，步步挨上楼来，忽听有人弹唱，急忙推开房门，见小红梅正襟危坐，地下坐一群小观众，便厉声喝道："不许唱！"

红梅与小听客全愕然呆住。

红梅急忙从高凳上滑下，把琴放回原处。

小听客惶惶不安地从夏月清身旁溜出去。

小红梅跑上前抱住爸爸，夏月清这才倚在门边忍住身上的剧烈疼痛。

红梅抬头望去，夏月清闭眼锁眉，衣服破烂。知又挨打后，红梅叫声"爸爸！"眼泪已涌上眼眶。她扶着爸爸走进来坐在椅上，赶紧用小手为父亲按揉，不知伤在何处便周身按摩……

夏月清痛在身上，苦在心头，经小红梅一番抚慰，已热泪横流。

红梅的眼泪这才流出来说："爸爸！你尽受人欺负！以后不要唱了，你，教给我唱，等我长大了，挣钱养活你！"

夏月清惊愕地睁开泪眼：

◎ 电影《梅花巾》剧照

"什么？教给你唱？不！你不能学唱！今后你永远也不许学唱！"

红梅吃惊地望着父亲。

夏："去，孩子！收拾东西，明天随爸爸去跑码头！"

22. 吴镇

年节前，小镇街心一片繁华。

街道两旁的商店、广告，琳琅满目，马路两侧摆满了各式小摊贩：食品、玩具、百货……

芬妈领着左顾右盼的白梅在人群中穿行，她们在吴镇绣庄门前停住。

芬妈："阿梅！妈进去交货、领活，你在这里等我，千万不要走远。"

白梅应着"嗯！"仍四处观看。

绣庄分号经理郑怀仁站在柜台内，验收芬妈交来的货，芬妈在挑选绣样。

白梅仍立在门前看热闹。

忽见书场的堂倌站在桥头高喊"开书啰！"

一群孩子嬉笑着跑向书场方向。

白梅向绣庄内张望，犹豫不决。

23. 茶楼·书场

村镇茶楼与城市不同，这里光线暗淡，烟雾蒸腾，茶座上挤满了乡镇的穷苦大众，堂倌穿梭般送水，小女孩高喊："香烟！瓜子！"

夏月清坐在台上的半桌边演唱评弹。

小红梅坐在边角的小凳上，捧着茶壶聚精会神地听父亲弹唱。

夏月清唱道：

丝纶阁下文章静，

钟鼓楼中刻漏长，

檐铃响，响叮当，

崔莺莺，莺语唤红娘，

红娘呀！

月明明，明月当空照，

去张张，张相公可得在书房，

切思思，思切情深重，

倩双双，双美出西厢，

深夜夜，夜深长街立，

草青青，青草隐池塘。

小红梅听之入迷，不禁随父而唱，微启朱唇，声音细嫩，轻轻模仿，惟妙惟肖。

坐在"状元台"边一老汉眯着眼，一直盯住小红梅观察，见她模仿得句句不差时，频频点头赞赏。

正当夏月清唱得入情，小红梅学之入神时，忽听茶座内有两人高声谈笑。

一些听客见两人旁若无人，无不气愤避开。

两人似喧笑自若。忽一人高声喊道："小声点！是听说书，还是听你们的？"

两人大怒："老子花钱买乐意，你他妈的管得着？！"

一人："你妨碍大家就得管！"

两人："好好！"说时摔一把茶壶过去。

那人一躲，竟砸到另一人头上，顿时头破血流，茶楼哗然大乱，桌椅乱翻，茶壶乱丢！

夏月清见势不好，忙收起三弦。迎面走来一人说道："好啊，聚众闹事，蛊惑民心，跟我来吧！"

夏月清丈二和尚摸不着头脑，只管喊着："先生！"仍是手足无措。

来人："我们商会会长'请'你。"把个"请"字咬得狠，拖得长。

书场场主急忙上前劝解："先生！他初来本地，不懂规矩，明天我陪他重礼叩拜，请您转告会长……"

来人："迟啦！如今打伤了人，少不得要走一趟，少啰唆！"身后又上来两人，一齐威逼着："走！"拉起夏月清就走。

小红梅一见哭着扑上前，抱住夏父。

夏父："孩子！别怕！爸爸跟他们去一会就回来！"

红梅仍哭喊着："爸爸！"众人已簇拥夏月清走出了茶楼。

红梅跺脚大哭。书场场主上前说："孩子！别怕！你就坐在这里别走！这些人因为你爸爸没去送礼拜访，故意刁难，我去看看，设法借点钱送去，保你爸爸回来！"说完走去。

红梅傻愣愣一个人立在原处流泪。

刚刚听书的老汉走来说："小姑娘，我听你唱得不错，好好跟你爸爸学，将来好挣钱养活你爸爸！"

红梅睁大泪眼，望着面前的老汉像是懂了什么。

24．街心

几个杂耍拳棒的人，吸引了不少观众。忽听一小女孩喊道："叔叔！佲伯！"众回头。

小红梅抱琵琶立在街心说："我爸爸被人抓走了，说送去钱就能放回来，我给叔叔伯伯唱两段，给我几毛钱，救我爸爸出来！"说罢弹琴唱道：

人道苏杭是天堂，
天堂歌女唱苏杭，
姑苏城里百花舞，
清清流水绕画廊，
多少富翁高堂卧，
山石曲桥任彷徨，
一席吃尽千家饭，
穷汉终年饿肚肠，
渔人不知鱼虾味，
贫女不知白馍香，
绣女巧手绣百鸟，
百鸟飞往富家堂，
人人都说苏杭美，
那有穷女赞苏杭。

在红梅演唱时，小白梅从人群中挤进，听红梅唱得凄婉动人，泪花闪闪凝神相望。

红梅唱完，众人纷纷叫好，把钱抛来。

白梅见众人送钱，便也探手袋内，却只掏出一只绣有梅花的小药漏，犹豫了一下，走到红梅跟前说："你唱得真好，我没钱给你，这是我绣的梅花，想送给你，要吗？"

红梅接过一看，是一朵很清秀的梅花，十分欢喜说："你绣的真好，我最喜欢梅花，真谢谢你了！"爱不释手。

白梅一边帮红梅拾钱一边问："你多大了？叫什么名字？"

红梅刚说："我七岁了……"就听远处有人急切地喊"白梅！"白梅急忙应了一声往外就跑，边跑边说："我也七岁了，我妈喊我，等会儿再来看你！"已挤出人群。

红梅望着白梅挤出人群,怅然若失,手里握着梅花药漏和钱,久久凝视不动。

夏月清满头大汗挤进人群,见红梅抱琴立在当中,听人喊:"小妹妹!再唱一段吧!"

红梅一眼看见爸爸回来了,兴奋地跑上去紧紧抱住说:"爸爸!我有钱救你了!你看!"举起手中的钱。

夏月清一见惊住:"钱?!你从哪弄的钱?!"

红梅:"是叔叔伯伯送我的。"

一老汉上前说:"这闺女一片孝心唱得动人哪!"另一人:"将来一定有出息!"

夏月清浑身颤抖压低声音对红梅说:"谁让你出来卖唱?!我几时教你卖唱救我?!""叭"一掌打落红梅手中的钱。

红梅惊呆了,双膝跪倒喊着:"爸爸!"

25. 水道·行船

波光粼粼的水面上。

两只木船正上下相错而过。

一条船上,芬妈搂着白梅依在桅杆旁。

另条船上,夏月清扶着膝前的小红梅,红梅望着手中的梅花绣。

两条船向着不同的方向,渐渐远去。

上述画面里,伴随评弹歌声:

天涯咫尺亲骨肉,

绿水青山不相逢,

点点梅花千条线,

何年姐妹得团圆?

26. 人民剧场内

画面又回到大剧场舞台,红梅放下琴道白:"人生最大的不幸,莫过于丧妻离子,亲人不得团聚,如今小姐妹相遇不认,聚而又别,茫茫天涯何时再得相见?谁知他们日后怎样长大?大了又将遭遇什么不幸?!"

红梅道白时,老华侨郭月庭已满眼泪水,不敢仰视,周围观众亦不少人暗暗抽泣。

郭月庭刚刚擦去泪水,又听台上唱道:

白云悠悠无定所,

绿水潺潺难返还，

送别了童年风和雪，

却已是雪后寒梅又一年。

弹词声中，舞台迭出苍劲的老梅树，潇潇春雨，化成纷纷瑞雪，老树枝头初绽花蕾，又一树梅花灿然开放。

27. 芬妈家

绣地上一朵鲜艳的梅花。

一双白皙的手在绣架下剪断彩线。

已经十九岁的白梅站在绣架前亭亭玉立更加清秀可爱，她走到窗前，挂窗外望。

村外山路上，成群游人向香雪海走去。

白梅从窗前转过身来说："妈妈！今天又有许多人去香雪海赏梅。"

正在刺绣的芬妈，已两鬓斑白。

芬妈："是啊！今年香雪海的梅花格外鲜艳，你应该到香雪海去看看，去做一次仿真绣，这样可以使你绣的梅花更有精神。"

白梅兴趣更浓，连忙收拾绣架。

28. 香雪海梅林

现在正是早春二月，香雪海的梅花盛开。

从山上望去：远山苍翠层叠，碧空白云连着太湖万顷碧波，湖上船只如织，山下，绵延数十里的梅花，红白相间，交相辉映，阵风吹来，幽香十里，令人心旷神怡。

山上赏梅亭旁，聚集了多人围观乾隆皇帝为香雪海亲笔题写的题词。

成群的游客在梅林中穿行，清静的梅林，如今喧闹非常。

赏梅亭上的茶座，更是熙熙攘攘座无虚席，靠栏杆处，聚了七八个男女青年学生，桌上沏了茶，还摆了照相机，画夹子，水果之类。此时正在品评景致和梅花的性情。

青年甲："这香雪海，如果没有乾隆皇帝的题名，能有今天的盛况吗？"

青年乙："要是没有香雪海的梅林盛景，乾隆又怎么会到此一游呢？！"

正在赏梅的青年石磊转回头说："说得妙！香雪海的梅林不是为皇帝栽的，梅花也不是趋炎附势之徒，要是只慕皇帝的题名而来，岂不是辜负了梅花的性情。"

甲："梅花性情孤傲，从不与群花为伍，有什么可爱？"

一女学生："梅花实在是苦命花，常言说：红花还须绿叶扶。可是梅花开时，连半片绿叶也没有，真不如别的花富丽堂皇。"

石磊："梅花的可贵就在于甘守清贫，不追求富丽，她敢抗风雪，逆潮流而放，这点恐怕有些人也不如她。"

丙："梅花的性情终究要吃亏，傲霜斗雪又怎么样？还不是要被风雪摧残？！一旦春回大地，百花盛开，谁又见她笑立枝头？！"

石磊："风刀霜剑可以毁掉她的肢体，但是不能毁掉她的灵魂。还记得陆游的咏梅诗吧！无意苦争春，一任群芳妒。零落成泥碾作尘，只有香如故！"

说罢立起身说声："失陪了，我还要去画画。"便走了出去。

众人惊愕地望着他的背影。

甲说："他的思想同他的出身实在太不相称了！"

女说："这才是个极孤僻高傲的人！"

此时女学生许丽华打扮时髦从另一侧跑上来说："哟！你们倒有诗意，躲到这里清静，哎！见到我表哥石磊了吗？"

甲："他性情孤傲，不与我辈为伍！"

女："丽华小姐！你还真得缰紧这位表哥、否则他会爱上梅花而不与你为伍的。"

众青年哄然大笑。

丽华不满地甩头走去。

丽华站在梅亭边高喊："表哥！石磊！"

29. 梅花丛中

石磊坐在折叠凳上，支着画板，正面对梅林作画。画布上是大片梅林，画得很熟练。

他画着，忽然停住了笔，目光如同定住，只是望着前面出神。

原来在他取景的梅林丛中出现了十分美丽的农村绣女白梅。她身材苗条，面庞清秀，系着江南农村的折花围裙，立在梅树下出神地观察着花形，此情此景，如诗如画。

石磊见此情景，大气也不敢出，犹如在密林中偷看湖中的天鹅，生怕惊飞了再不得见。

白梅全不觉身外有人，仍专情看花。

石磊屏息望了好一会，忽然灵机一动又举起画笔连连在画布上勾画，立刻在画布上的梅花丛中出现了白梅的窈窕身躯，本已鲜艳的梅花，衬以白梅的秀姿，更加诗意盎然。

白梅专情地赏梅。石磊痴情地作画。白梅偶然抬头，望见青年石磊眉眼频抬，笔动如飞，初不解，继而悟到他在画自己，顿时面红耳赤，急转身跑去。

石磊激情满怀，笔笔有神，当他再一抬头，画框内的少女不知几时隐去。他睁大两眼四处寻看，踪影皆无，如若所失，弃笔呆坐。忽然抓起小凳，收起画板，向白梅隐去的方向步步寻去。

白梅绕过树丛，余惊未消，见身后无人才定下心来，走到刺绣架旁，重拿绣针，连连绣去。她针下的梅树苍劲挺拔，朵朵梅花带雪怒放。

她绣着，忽然针亦不动，两眼直盯住前面树丛出神。

原来梅花丛中，半隐着石磊的俊秀面孔。他正睁大两眼望着白梅发愣。他面前是花丛前的绣架，坐着如花似玉的白梅专心刺绣，此番情景，又是一番诗意，石磊完全痴呆了。

白梅望着花丛中如此深情的石磊，已不知所措，忙低头取针，不意竟扎到针尖上，哎呀一声缩回手，手指已被刺破。

在这一瞬间，石磊也如被针刺，浑身一震，情不自禁地问道："扎手了吧？"

白梅慌忙低头，握紧手指，连连掩饰说："不！不！"

石磊坚持地："快看看！出血了没有？"

白梅慌乱地看了一眼手指说："不要紧。"

石磊紧张地："我从小就怕见血，一看见血就全身发冷。"

白梅抬起头惊奇地望着石磊。

此时石磊已绕到白梅身后端详刺绣，白梅忙站起躲开，望着石磊的眼神。

石磊看着刺绣，不禁失声夸道："好绣！真是幅好绣！你还有这样好的绣艺！"

白梅害羞地说："我不会绣的。"

石磊真诚地说："不！你绣的确实好！可是你为什么不先在绣地上打好画样？"

白梅："我不会画，是来学做仿真绣。"

石磊："仿真绣！这倒是逼真生动。要是你有个好画稿，不是绣起来更方便吗？"

白梅："绣庄发的画稿千篇一律，我不喜欢。"

石磊："是的！绣庄的画稿都是迎合世俗恶习。可是你绣的倒很出新，这才是真的美。"

白梅惊奇地睁大了两眼。

石磊："你家住在这附近吗？"

白梅点头："梅村。"

石磊还想问，听丽华在远处喊声"表哥！"

石磊回头一看，丽华已经气喘吁吁跑来。

丽华："表哥！你怎么一个人跑到这里？让我到处找！"

石磊："大家各自画画找我干什么？"

此时白梅已收起绣架走去。

石磊回视白梅后影无限情深，许丽华也望着问："这个村丫头是谁？"

石磊："偶然遇见。她会一手好刺绣。"

丽华扁嘴说："哼！一个穷绣花，还值得你夸！"说罢硬挽石磊走去。

30．沧浪亭苏州美专

美专设在风景秀丽的沧浪亭园林内，此时学生们三五成群聚在罗马式的素描室外和假山湖畔散步。

石磊独自坐在山上的亭子里望着画板出神，画板上仍是那张未画完的《梅林少女赏梅图》他拿着画笔，心神不定，后收起画板走去。

31．梅村

幽静的梅村小街，石磊身背画板，东张西望。

左边屋里绣架旁一中年妇女在刺绣。

右边房内一老妇人在刺绣。

转过街角，见几个妇女迎面走来，有的拿着绣绷有的拿着绣地和丝线。

一妇女："今天绣庄发的花样更俗气了。"

一少女："丝线这么湿，怎么绣？！"

少女乙："怎么没见白梅来领活？"

少女丙："白梅可真聪明，自己弄了个花样在绣。"

她们从石磊身边走过。

石磊无精打采地踱上了村外石桥。

石桥上，石磊心灰意冷回头张望，梅村小街一目了然。

他又无目的地转望前面：水湾绕着竹林，竹林深处露出一段篱笆。

他忽然眼神一亮。

竹林中闪出一个少女的身影。

他情不自禁奔下桥头。

32. 竹林中

石磊急急跑来喊着："喂！你停一下！"

前边的少女转回身来，果然是白梅。

石磊喜出望外，气喘吁吁地说："真是你，找得我好苦啊！"

白梅惊奇地："您找我？"

石："是啊，我找遍了梅村，没想到在这里遇见，真太高兴了。"

梅："您找我有事吗？"

石："那天在香雪海见你一面，你的刺绣艺术给我留下很深的印象，今天特意来送你几张刺绣画稿，不知你喜欢不？"说时蹲下身打开画夹。

白梅看着石磊纯朴诚挚的面孔，和那宽宽的额头上渗着的滴滴汗珠。

石磊取出几张花鸟画递给白梅说："你看好吗？"

白梅一看，花的色彩鲜艳，鸟的形象逼真，便连连说："画的太好了！"

石："你要是喜欢，就都送给你，刺绣时可做个参考。"

梅："太感谢您了。"

石："你的绣工很好，要是能懂得绘画，一定能绣出很好的艺术品来。"

梅"您是画家吗？"

石："我在学画，可还没到家，要是你愿意，我是可以在绘画上帮助你的。"

白梅感激地望着石磊。

石磊亦深情地望着白梅。过了一会儿。

石磊："好吧！我该回城去了。"刚要走，忽然又问："你叫什么名字，可以告诉我吗？"

白梅："我叫白梅！先生您……"

石："我叫石磊，石头的石，群石成磊。"

白梅微笑了。

石磊又说："好吧，我走了！"可是并不走，仍呆呆地望着白梅。

白梅说："我家住在这里，您能到家喝点水吗？"

石磊兴奋地："这倒是很渴——很渴望的。"说罢随白梅向竹林深处走去。

33. 芬妈家

白梅领石磊走进家门，一面让座一面喊："妈妈！有客人来了。"

芬妈从内室出。石磊忙起立谦恭地称呼："伯母！打搅了！"

芬妈："快请坐吧！不要客气，您从哪来？"

◎ 电影《梅花巾》剧照

石磊："我住苏州城里，在美专读书。前天在香雪海遇见阿梅，看她绣工很好，今天来送她几张画稿。"

芬妈："阿梅可惜不会画画，要是有你的指教，一定会有长进。"

石磊："不敢当！我也是爱好刺绣艺术。"

这时白梅送上茶来。石磊起立环视小屋，见靠窗处并排放了两张绣架，便走过去看：

一张上绣着绣庄发下的活。

一张上只绷了绣地，尚未开绣，上面放了一块残缺的梅花绣巾。

石磊对这块残巾产生了兴趣，见它虽破，但绣工很美，便问："这是你绣的吗？为什么把这样一幅好绣，剪成这样？"

白梅："我还绣不了这样好，听妈妈说，这块绣巾是在我小的时候逃难，从一个疯女人手拾来的，她丢了两个孩子就跳崖死了，可怜只留下这块残巾。"

石磊听后无限同情地说："没想到，这块残巾，还有这样一段故事。它倒是应了陆游的词：零落成泥碾作尘，只有香如故。你看！她虽然支离破碎，但一点不减她的艺术魅力。"

芬妈："阿梅倒是很喜欢她的，总想模仿她的绣法，按她的样子再绣一幅，可是总想不出她全幅绣巾是什么样。"

石磊："原来的样子很难想象，不过可以想到当初那位女人绣这块梅巾一定是想取梅花的顽强精神，给自己增加勇气，可是被残酷的命运毁灭了。今天阿梅要绣，应该增加一些新意。我倒是有个想法，想在这块残巾的基础上，帮你画幅新图，好吗？"

白梅感激地："那可太好了！"

芬妈："要是你能帮她画，就算了却她的一大心愿。"

石磊深情地："好吧！阿梅我来画，你来绣。"

34. 美专宿舍

灯下，石磊聚精会神构思画稿，旁边放着梅花残巾。

一幅梅花翠竹的单幅画正在上色。

石磊不停地画着。

石磊停笔卷画。

35. 芬妈家

白梅拉开画卷，一幅别具新意的国画《梅竹图》跃然醒目。画幅上老梅树苍劲挺拔，一树红花灿然生辉，一丛翠竹辅于侧，梅竹相映，绿叶红花，给人以无限生机，仿佛梅竹同心，更增加了傲霜斗雪的勇气。

白梅万分激动连说："画得太好了，把我心里想的都画出来了。您快帮我勾在绣地上，我要立即就绣。"

阳光透过窗户斜射进来，投进一条条光影，白梅和绣架都沐浴在光影里，绣地上的反光，使白梅的脸更加鲜嫩可爱。

石磊坐在门口，正把白梅在光影中刺绣的动人景象描入画布。

此时伴入评弹歌声：

大地寒凝一片白，

艳艳梅花傲雪开，

丛丛翠竹伴梅侧，

双双迎得断春来。

白梅停下绣针问石磊："您看我在这里再绣一朵花好吗？"

石磊走来看绣面，白梅指说："在这里。"

石磊边看边摸着绣地说："很好！这里再绣一朵花会使全画为之一

新。"刚说到这里竟触到针尖上"哎呀"一声忙缩回手。

白梅惊问："扎手了吧？"

石磊掩饰："不不！"

白梅坚持："快看看出血没有？"

石磊："不要紧的。"

白梅："您现在全身发冷吗？"

石磊："冷？"顿时悟到，便更深情地说："我现在是热血沸腾！"说时用力一挤手，忙将手指按在绣地上，印上一滴血印。

石磊："阿梅！快绣！就在这滴血上绣一朵花。"

白梅疼爱地望望石磊，便伏下身，绕着这滴血迹针针绣去。

插曲《梅竹同心永相爱》（王静珠词）：

热血催春寒梅开，

锈针引出情丝来，

情丝绵绵抽不尽，

梅竹同心永相爱。

春催寒梅开，

引出情丝来，

阿哥阿妹心相印，

永远不分开。

波光船影的太湖之滨，二人一起画画。

花丛前，二人在研究花形的结构。

36. 杜家客厅

这里是花园般的住宅建筑，山石湖水连着豪华的雕梁画栋的客厅。客厅的条几上摆了许多工艺刺绣品。绣庄老板杜松年与其妻姚凤仙正在品议绣品的优劣，吴镇分号绣庄经理郑怀仁边展开绣品边介绍。

郑怀仁："这些戏装是城关一带收上来的，这些被面都是吴镇乡下的刺绣。"

杜松年："嗯！吴镇绣乡的质量还不错。怀仁！最近时局动荡，国军在华北战场同共军争夺激烈，江南吃紧，这类绣品应尽早收上来，发往南洋一带。"

郑："是！"

杜："最近国际上将举办一次手工艺品博览会，我想在咱们苏绣中选几幅佳品送去竞选，你看如何？"

郑："这次得奖作品有什么奖励吗？"

姚凤仙："听说有奖章、奖牌还有大笔的奖金，当然得奖者还可以名扬天下了。"

郑："这可是千载难逢的机会，太太何不亲自出马，也绣几幅去参加竞选？"

姚："我整天陪着他、应酬世面，那还坐得下来，不过这一次，我倒极想试试，我想我要再不绣，你们也真是送不出真正的传统苏绣。"

郑："太太的绣艺早就名贯苏杭，但愿这一次您明星高照！"

杜："怀仁兄！我还有一事相托，小儿年底结业，想让他尽快成亲，再送往国外深造。所以想找个绣娘，代绣一些新房用品，不知乡下可找到好的绣娘？"

郑："这事简单，就包在我身上吧！"

杜："好！拜托了！"

此时许丽华从外入，娇滴滴喊声："舅舅！舅妈！"

姚热情迎上："哟！是丽华呀，快来坐！"

郑趁势说："丽华小姐多日不见，越长越美丽了。好！你坐！我告辞了！"

杜："恕不远送！"

郑："请留步！"走出客厅。

杜转回身问道："丽华，最近美专的课程如何？你和磊儿相处得不错吧？"

丽华："课程一般。我表哥好久不在学院，我怕她生病在家，特来看望！"

姚："磊儿不是一直住宿在沧浪亭校内吗？几时生病回家？"

杜："怎么回事？是不是他新进在社会上结交了什么人？"

丽："不！表哥性情孤傲，社会上的一般朋友他都看不上，只是……"

杜："有什么话实说，何必吞吞吐吐？"

姚："你和磊儿的关系又不一般，有什么说出来，舅舅替你做主！"

丽："表哥已经许多天不在学院上课，经常早出晚归，一个人跑去乡下。"

姚："他去乡下做什么？"

丽："春天去香雪海赏梅，表格遇见一个穷绣花，不知怎么被她迷住了，还给她画了许多像，可对我……"抽泣起来。

杜："会有这样的事？这还了得！阿根！"管家阿根从外入。

杜："你去趟美专把少爷叫回来。还有，把他的学业、画稿都拿来我看。"

37. 美专宿舍

石磊把白梅的画像用摁钉按到墙上，墙上琳琅满目，多半都是白梅的不同画像。

此时敲门声问："少爷在吗？"

石磊："什么事？"

阿根："老板请你马上回去一次。"

石磊犹豫一下，收起画板上的画，便去开门。阿根进门一看惊愕地："呀！这么多画像？少爷画的技术很熟练了。"十分赞赏地观看。

石磊洗了手说："走吧！"

阿根："少爷你先走一步，我再看两眼，以饱眼福！"石磊说："走时关好门！"便走了出去。

阿根立在每张画像前仔细观看。

38. 杜家客厅

杜松年正在盛怒中踱步。

杜："我在上海、苏州苦心经营，送你到高等学府深造，指望你一朝成器光耀门庭，谁知你不务正业，竟与穷绣花勾搭，这成何体统？！"

石磊："我没有想过应该怎样继承祖业光耀门庭，我是画家，只要追求艺术，追求真善美！……"

杜："住口！穷绣花哪里有什么艺术？！穷绣花有什么真善美？！"

管家阿根进说："老板！少爷的学业！"

管家呈上石磊的画夹，摊开桌上，尽是白梅的画像。

杜气极，指着画像说："这就是你的学业？这就是你的艺术？！"说罢连连撕坏画像，边撕边说："叫你真善美！"而后把残片掷于石磊的脚下说："我就是要断了你的痴心妄想！"

石磊眼睁睁看着心爱的画像被撕坏，心如刀绞，欲止不能，欲拾不得，气急转身跑出。

杜松年仍在吩咐管家："阿根！马上去买火车票，立刻把他转去广州艺专，叫他离开苏州越远越好！"

39. 沧浪亭美专宿舍

石磊冲进屋门，怔住了。室内窗上，画板再没有一张白梅的画像。他疯狂地在乱纸堆中寻找，又到书架上去翻，终于找到唯一的幸存者：《梅林少女图》的画稿，不禁拥到胸前，热泪滚滚呼出："阿梅！"

40. 火车上

石磊坐在窗前，如痴如呆，窗外景物如飞，列车忽然驶进山洞，车厢内一片昏暗。

41. 芬妈家

夜，孤灯，绣架。

白梅低头频频刺绣。《梅竹图》上滴上泪水。白梅抬起头来，满面泪水，停下针，痴痴呆望门口，门外漆黑一片。

白梅的眼又被泪水蒙住，黑洞洞门口也是雾水蒙蒙。

突然，蒙蒙雾中出现石磊憨直的笑脸，他举着手中的画像给她看，招手让她过去。

白梅惊喜站起，险些撞倒绣架，连忙扶住，再看门口，依旧黑洞洞一片，不禁失声痛哭。

躺在内室床上的芬妈闻声转过身来说："阿梅呀！快来睡吧！我看石磊很忠厚，不要瞎想，这样要生病的……"

白梅抬头说："妈妈！你别催了，我马上来睡！"说罢吹熄了灯，黑影中仍喃喃地说："我就来睡！"

42. 茶楼·书场

红梅坐在书场的侧室，捧着茶壶，听着夏父在书场内弹唱《三国志》。

夏月清怀抱三弦坐在半桌侧，唱道：

汉末当年运数终，群雄割据逞威风，

可叹天子浑无主，乱臣贼子结帮凶，

曹操占据中原地，孙权虎踞霸江东，

弟兄桃园三结义，茅庐三顾访卧龙，

隆中鼎足三分定，赤壁之战破曹公。

场内观众听之十分出神。

忽然门外走来数人，推开人群，让一穿黑色制服、胸佩国民党党徽、头戴礼帽墨镜的人走了进去。

场主慌忙将来人让至"状元台"的首位。"状元台"上的老少听客无不悚惧退让。堂倌献上茶来。

场主:"现在唱的是夏调、《三国》,您老人家想听什么?"

黑衣人:"《三国》听腻了,还能唱什么?"

场主:"《西厢》《红楼》都唱得。"

黑衣人:"唱段《双挡西厢》吧!"

场主一愣:"他只一人,唱不得双挡。"

黑衣人:"叫他过来!"

夏月清已闻声恭立于前。

黑衣人:"夏月清!唱段《双挡西厢》听吧!"

夏:"我一向单挡,没人为我拼挡。"

黑衣人:"你的女儿不是唱得很好吗?"

夏一惊:"小女年幼,从没学唱。"

黑衣人:"这就怪了,明明有人说你女儿才貌双全,曲调惊人,我才慕名而来,难道让我败兴而归吗?!"

夏:"实不敢瞒,怕是街人误传。"

黑衣人:"误传也罢,我既然来了,就让你女儿出来见见,随便唱点什么吧!"

夏月清还想说什么,见两个大汉怒目逼上,夏连连后退,委曲相求道:"我女儿年幼,实在不会唱,让我唱吧,唱几天也行!"

保镖:"你就是唱死,谁听你的,我家先生难道是为你来吗?"

夏:"可你们总不能逼我的女儿!"

"叭"夏的胸前挨了一拳。

保镖:"谁逼你的女儿?不识抬举!"

"叭"又是一拳,夏月清踉跄退去撞翻桌椅。

红梅突然出现在门口大喊:"不许打我爹爹!"两大汉惊住。

红梅急忙扶起夏月清。

夏:"孩子!没你事,快回家去!"

红:"爸爸!我扶你,一起回去!"

保镖挡住:"哪儿去?"

红梅厉声:"回家去!"

保镖:"轻巧!今天不唱得先生开心,叫你有家回不去!唱!"

夏:"你们这是逼命来了,我就是死,也不让她唱!"

保镖:"好吧!那就对不起你了!"二人虎视眈眈地逼上来。

红梅挡住父亲大喊:"不许动手!我唱!"

夏月清抱住红梅:"孩子!唱不得!"

黑衣人转过头说:"今天红梅姑娘首次破口登台,大家都要肃静!"

红梅安抚父亲坐下,走上台,抱起琵琶。

观众们提心吊胆,望着红梅。

红梅憋住满腔怒火,猛然挥动五指,琵琶骤然发出裂人心肺的声音,曲调惊人。

观众们惊得张目结舌。

红梅两眼喷射着火花,开口唱出《木兰辞》。

红梅声音洪亮有力,凄然悦耳,怀着满腔愤怒,恨不得将十指化作利剑,整个词曲唱得昂扬豪壮,震得满座如醉如狂。

夏月清从未听过红梅唱得这么好,今日见她气度凛然,完全成人,激动得热泪盈眶。

黑衣人初听弹词句句带骂,已是怒不可遏。但又觉得词曲动人红梅性格倔强,再看她貌似天仙,横眉立目,也有一番情趣,就又转怒为喜,不觉甩下墨镜,凑近身细看。

夏月清一见黑衣人甩去眼镜,脸上出现一条极深的刀疤,不由大吃一惊,仔细认去:

黑衣人刀疤的脸上迭出十八年前,丘龙抢夺梅花巾,被郭月庭反手一斧的情景,过去那血肉模糊的脸,正好叠在丘龙今天的刀疤脸上。

夏月清认出丘龙,吓得冷汗淋淋。

红梅全不觉,仍激昂在唱。

丘龙看之入神,听之得意,不觉厉声叫"好!"同时猛击桌面,震得全屋皆颤。

红梅趁势停琴。

丘龙喊道:"好一

◎ 电影《梅花巾》剧照

副歌喉！今天红梅姑娘不负我丘某！好好好！把钱留下！给姑娘做身好服，保养保养！改天我再来听唱！"

说罢立起身，众保镖簇拥而去。

听客们一哄而散！

场内只剩下父女两人。

红梅这才放下琴扑到夏月清的怀中痛哭。

夏月清扶着红梅的头说："孩子！你今天救了爸爸的老命，可也毁了你自己！"

红："爸爸！不是我不听您的话，今天我要不唱，他们决不放过您。"

夏："你就不该从小偷偷学唱！"

红："我从小跟您跑码头，看到大家都喜欢您的夏调，我能不动心？我爱评弹，一直都希望能接替您。如今，您老了，再经不住风吹雨打了！您就让我唱吧！我能挣钱养您老了。"

夏："好孩子！我知道你的心，你唱的也确实好！可你怎知道吃这碗饭的艰难？今天不要说你一个女孩子，就是你的亲爸爸不也是被今晚这个人逼得妻离子散，家破人亡吗？！"

红梅大惊："您说什么？我的亲爸爸？"

夏月清："是啊！今晚就对你实说了吧！这个人是市党部专员，'金荣社'的流氓头子，就是他，会毁了你的一切！你看！"从怀中掏出半片梅花残巾递给红梅。

夏："这块残巾是你妈妈绣的，十八年前，丘龙为了夺这块梅花巾，逼死了你妈妈，逼跑了你爸爸，又失散了你的双胎姐姐，害得你们全家至今不能团聚，这片残巾系着你一家四口人的命！今天丘龙又看中了你，我能把你再往虎口里送？！"

红梅手握残巾，如痴如呆，两目直视。

夏月清见状大惊，连连摇撼红梅双肩大叫："孩子！你怎么啦？你快说话呀！"

红梅依然僵立不动。

夏月清大哭："孩子！你醒醒！你可再不能有个好歹了！孩子啊！……"

红梅终于透过一口气，看看爸爸，看看手中的残巾，泪水滚滚。突然，双手举着梅花巾向天呼道："爸爸！妈妈！姐姐！你们现在都在哪里呀！"

痛哭失声。

哭声震撼着夜空。

一道闪电，一声巨雷，倾盆大雨掩埋了世上的一切！

43. 芬妈家

又是一道闪电，雨斜射窗口，油灯欲灭。

白梅急去关上窗户。

芬妈在油灯下刺绣，老眼昏花，看不真切，渐渐头昏目眩，刚要站起竟摔倒地上。

白梅慌忙跑来扶起芬妈进里屋床上躺下。

白梅："妈妈！太累了！再不能这样拼命了！"

芬妈："我一时头晕，躺会就好了。"

白梅："您身体有病，总是瞒着我。"

芬妈："傻孩子！妈没病！你看躺会就没事了。"说时想坐起来再去绣。

白梅急忙扶住不让起来："妈！您就躺会儿吧！"

芬妈："妈那件绣活是绣庄等着要的，要尽快送去，好买点米和药回来。"

白梅："妈！我会帮您绣的，我长大了，家里的事您也不用再操心，我会买米买药回来。"

说完拧了一块湿毛巾放到芬妈头上，便走到外间的绣架前坐下帮芬妈刺绣。

窗外雨滴一阵紧似一阵。

白梅就着油灯，埋头刺绣。

夕阳西下，炊烟缕缕，牧童归去。

夕阳窗前，白梅仍在刺绣。

繁星点点的夜空，只有小屋一处昏灯。

灯下的白梅剪断线头，又抽出一根丝线，就着油灯双手辟线，可是丝线分开来犹如乱麻，一根根缥缥纱纱，银星乱舞，两眼发重，沉沉欲睡。勉强挑出一根丝来，又穿不进针孔。

白梅低头看绣地，绣地上的图案也是迷迷离离渐渐模糊一片。

白梅已经伏案睡去。

东方呈现了鱼肚白。鸡叫声中，白梅被惊醒。坐起一看，绣地上一片油迹，不知几时碰翻了油灯，溅了灯油。白梅心慌意乱，连忙找来废纸、破布，又吸又擦，额头上渗出了滴滴冷汗。

忽听芬妈在里屋的床上说："阿梅啊！今天去吴镇，买点米和药回来。"

◎ 电影《梅花巾》剧照

白梅含泪应声。

44．吴镇绣庄

郑怀仁从柜台内迎出来说："是白梅来啦？几月不见，越发漂亮了！"

白梅脸色灰白，把包袱放到柜台上说："您验货吧！"

郑："不急！有件好事对你说，咱们绣庄总经理想请个绣娘，绣批新房喜物，你心灵手巧最合适。我推荐你去，可愿意？"

白梅："我妈妈病了，我脱不开身。"

郑："总经理可是出很高的价钱哪！"

白梅："我没出过家门，妈也不会让我出去，您去请别人吧！"

郑讪讪地说："哟！还端起了架子，这真叫甘守穷命！"说罢让白梅打开包布，摊开绣件，仔细验看，忽然大怒。

郑："啊？！白梅你怎么油污了绣地？这样的绣品也好送来？！"

白梅："我不小心溅了油，已经处理干净，你高抬贵手……"

郑："这可是绣庄的规矩，绣坏了重绣，弄脏了绣地须照价赔偿！今天，你就把这幅绣件拿回去自己用吧，再照样绣一件送来，不然永远不许再来领货。还有，告诉你妈妈把欠绣庄的两百万元一起送来，绣庄等用！去吧！"

白梅愕然呆立。

45．吴镇街心

白梅心神恍惚走上街心，耳边只听母亲在说："买点米和药回来。"又听郑怀仁说："把欠的两百万元一起送来。"

街上一阵叫卖声："卖啦！贱卖！"

街上的大招牌也写着："不惜血本大贱卖。"

白梅的眼里不断出现"自卖自身的乞儿""卖字画""卖故衣""卖旧货"……

白梅走到一个空处，打开包袱，把"风穿牡丹"的缎绣被面举到胸前。几个人走来看。

一人："这被面绣的倒是别致。"

另一个人："针法很好，绣工很精细。"

一人："好东西啊！可惜不是好年头！"

一人："是啊！这年头兵荒马乱，米贵如山，谁还有心去睡缎子被面？"

一个蓬头垢面的孩子挤进来拉住一人喊："爸爸！我饿了！"

白梅无力地垂下双手，慢慢走出画面。

46．河边堤岸

白梅走在堤岸上，耳边又响起芬妈的话："买点药和米回来。"郑怀仁凶恶的声音："把欠的二百万元一起送来！"

白梅的脚越跑越快。

47．芬妈家

白梅冲进家门，一头扑倒床上痛哭起来。

芬妈从床上侧起身，轻轻扶住白梅剧烈抖动的双肩。

院内，郑怀仁踱到芬妈家的窗前问："芬嫂在家吗！"里面问："谁呀？"郑："是我，听说您病了，特意来看看。"说罢走进屋去。

郑怀仁进屋，东张西望，走到绣架前，忽然怔住，凑前细看：一幅庄重秀丽的《梅竹图》已经完成。郑目瞪口呆。

白梅擦去眼泪走出来。

郑："你妈妈病好些吗？我来问问那笔钱能不能按期还哪？！"

白梅："我妈妈病得很重，那笔钱还得求您宽限几天。"

郑："宽限几天就会有什么还钱之道吗？"

白梅哑口无言。

郑："你妈的病不治行吗？家里的饭不吃行吗？欠绣庄的钱不还行吗？你身为孝女，怎么可以置之不顾？！"

芬妈出门颤抖着说："郑经理！请您不要逼我的孩子，那笔钱，我拼了命也会还你，我的女儿不能出去当绣娘！"

郑："那好吧！现在就拿钱来吧！"

芬妈气极："你！"突然昏倒在地。

白梅扑上来抱起芬妈连喊："妈妈！"

郑怀仁又喊："白梅！你替还债吧！"

白梅哭着："你不要说了！我去当绣娘！我来还债！"

48. 苏州阊门大街

街上车马纷杂。断臂断腿的伤兵、乞儿、国民党军官、太太与地方豪绅构成的繁华。

报童叫喊着当天报纸的主要标题。

街上的招牌、标语，均反映1948年夏天的政治特点。

郑怀仁领着白梅在这奇特的人群中穿行。

郑怀仁旁若无人。

白梅胆战心惊跟在后面不敢斜视。

经过"静园茶馆"。

台上红梅正在弹唱评弹，一声声传到大街上，白梅偷偷看了一眼，忽然一阵怪声叫好，吓得急忙躲开，追上郑怀仁走去。

49. 杜家客厅

郑怀仁正在向杜松年介绍白梅。

郑："杜老板！这就是给少爷请的绣娘。"

杜松年坐在椅上端详着白梅。

姚凤仙从内出说："我看看！哟！长得倒还端正。带来亲手绣的绣样没有？"

郑怀仁："带来了。"对白梅："把你的绣品呈给太太看看。"

白梅打开随身带的包袱，从中取出另一小包双手呈上。

姚凤仙接过放到台上并不看却喊着："李妈！"

李妈从内出称呼："太太！"

姚："她是刚请来的绣娘，你带她上楼去吧。"

李妈："是了，太太！"便招呼白梅说："来吧！姑娘。"

白梅不走，眼睛望着自己呈上的小包对太太说："太太！您先看看我的绣样，我好拿走。"

姚凤仙："不急！你先上楼吧，我看了再给你。"

李妈："姑娘！跟我来吧！"白梅跟随李妈走了进去。

郑怀仁："这个姑娘人极老实，很听话，绣的东西远近闻名，包让少爷满意。"

姚凤仙："定钱给了吗？"

郑怀仁："先付了一半，期满总付。对了，我还有点事，先告辞了。"

杜："好好！劳您费心了。"

姚凤仙打开白梅的布包，展开绣品，不由大吃一惊。

杜松年见状也走过来看，也惊得张目结舌。

姚凤仙手中的《梅竹图》绣工精细，构图新颖，色彩幽雅动人。

杜松年半响才说："这可真是一幅绝妙的佳作！"

姚凤仙依然呆看，不知如何回答。

杜又说："可惜是出自一个穷绣花之手，不然送去国际博览会，一定能名列前茅，而誉满全球啊！"

姚凤仙愈加睁大眼睛，呆看《梅竹图》。

50．李妈卧室

李妈开朗地对白梅说："阿梅呀！今后你睡这儿，我给你做伴。来来！我再领你去绣楼看看！"

51．绣楼

三面玻璃窗的绣楼内，已经放好了较精致的绣架，李妈领白梅进来，走到绣架前说："今后，你就在这绣。"又轻声说："你要记住，太太也会绣的，很会挑剔，自己要留心才是！"

白梅听了频频点头。

52．姚凤仙卧室

姚凤仙也在卧室内支了一副红木雕刻绣架，此时，姚凤仙在紧身的旗袍外面罩了一件极华丽的纱衣，作为刺绣罩衣。她坐在绣架前，踌躇不决，手拿绣针无从下手。

杜松年推门进来说："你真想露一手！"

姚凤仙："是啊！国际博览会上的皇冠对我太吸引了，要是能争个头奖，松年！我就是世界上的苏绣皇后了。"

杜："你很久没绣了，心不慌吗？手不抖吗？还能超得过穷绣花吗？"

姚凤仙一听，泄了气慢慢脱去了纱罩衣，踱了几步。忽然又抓起纱衣罩在身上说："我还得绣！我决不让别人超过我，我一定要让所有的人都拜在我的脚下。"她走到绣架旁，重新抓起绣针。

53．绣楼

白梅坐在绣架前埋头刺绣。

绣地上正绣着鸳鸯戏水。

伴入评弹歌声：

孤单乡女坐绣楼，

为人作嫁几时休，

抽尽心丝红颜老，

世人谁知绣女愁。

歌声中，白梅坐在灯下刺绣，忽然抬头望去，窗外的天空布满了绚丽的朝霞。白梅的脸上泛起媚人的红光。媚人的脸上迭出一幅幅光华秀丽的绣品。鲜艳的绣品上又映出白梅苍白的脸。

54．楼梯、新房

一阵娇滴滴的笑声，姚凤仙引着许丽华走上楼来，越过走廊。两人进入新房，许丽华惊喜非常。室内焕然一新，中式家具、西式用品，床上床下饰以各种名贵刺绣。

姚凤仙："怎么样？鬼丫头！满意吗？"

丽华："实在太好了，可是……新房虽好，没有新郎还不是白搭？！"

姚："傻丫头，有了新房还愁没有新郎？！明天拍个电报让你表哥尽快回来就是！你舅舅说现在时局不稳，要你们尽快结婚，再到国外去！"

丽华："我爸爸来信说要送我们去瑞士度蜜月，他出全部的旅游费。"

姚："你爸爸只要动动银行的零头，也够你们周游世界了。"

丽华："噢！舅妈！我太幸福了！"

55．绣楼

李妈推门进来，给白梅送来一杯热茶。

李妈："阿梅呀！你也该休息一会了，哪能从鬼叫又绣到鸡叫，这样身体要搞坏的！"

白梅苦笑说："我年轻，不碍事的！"忽然一阵心酸："我出来几个月，也不知妈妈身体怎么样，我真想家了！"泪涌了出来。

李妈同情地："是啊！难为你了！过去说：'父母在，不远游。'你这也是没法子啊！不过也快熬出来了，听太太说很快给少爷结婚，你再绣二件，新房的用品也就齐了。"

白梅："他家少爷不在本地吗？"

李妈："在广州读书。唉！给弄到那么远的地方！"

白梅："李妈！我刚进府时，交给太太一件我亲手绣的样子，怎么太太还不还我？"

李妈："可能她太忙，忘记了，你放心吧，她会还你的。"说完走出去。

白梅陷入沉思。

56．广州·艺专

绘画室内，一群学生在画模特儿。

一校差走到石磊跟前递上电报，石磊展开："母病重，速归。"

石磊收起画板走出去。

57．宿舍

石磊走进宿舍，开始整理衣物。他走到画板前，看画板上的《梅林少女图》已经完成，白梅的形象逼真可爱。

石磊坐下来，呆呆看着，镜头推向白梅的脸。

58．绣楼

白梅无限凄楚，仍在埋头刺绣。

59．姚凤仙卧室

姚凤仙穿了睡衣，坐在杜松年的身边。

姚："松年，国际博览会已经开幕了许多天，怎么咱们送去的绣品还没有消息，到底有没有希望？"

杜松年抽着雪茄："这届博览会，规模宏大，好多国家都送去了精巧的手工艺品，就不知道我太太的运气怎么样了。"

突然门打开，阿根手执电报闯进卧室。

阿根激动地喊着："恭喜老爷太太！外电报道，太太的刺绣，荣获本届博览会的大奖！今日各报都发了消息，全城都在准备向太太祝贺了！"

姚凤仙兴奋得几乎晕倒，她狂喊："噢！松年！瞧我的运气，我终于当上了苏绣皇后！"

杜松年连忙吩咐管家："快！吩咐下去！收拾客厅花园。等奖品送到，我要大宴来宾，祝贺太太得奖！"

报纸醒目标题："苏绣皇后姚凤仙女士获本届国际博览会大奖！"

报纸上落下雪片般的贺电、贺信！

60. 杜府花园客厅

湖山环抱的客厅,张灯结彩,光华照人。

大厅正中壁上悬挂着精裱一新的《梅竹图》图下铺着大红丝绒的条几上,供着耀眼的盾牌和奖状。

厅内四壁挂着名绣《四美图》,四角放着精美的盆景。

客厅内外,湖畔台榭都布满了餐桌。万国旗横跨树间。气球、彩灯相映生辉。

爵士乐中,绅士政客、太太小姐,华装丽服,济济一堂,热闹非常。

杜松年、姚凤仙盛装待客,姚凤仙服装绚丽无比,犹如鹤立鸡群。

姚杜二人举杯向各桌敬酒,到一桌前,众起立祝贺。

一政客:"姚女士绣艺超群,誉满全球,实该大贺特贺!"

一儒者:"《梅竹图》之美,美在作者别具匠心,姚女士一向心地圣洁,智慧超人,才能有此绝世佳作!"

姚凤仙谦虚地:"过奖了!全靠大家的福!请!"

众举杯过顶,一饮而尽。

61. 绣楼

李妈匆匆入,嘴里絮絮不停:"哎呀!全府都闹翻了天,只有你一个人在这清静,快走!去帮我上菜!"

白梅无奈,被李妈硬拉走去。

62. 厨房

炉火熊熊,铁勺飞舞,厨师们热汗淋漓。

李妈拉白梅进来,又吩咐众人:"该上暖锅了!快!"随手端起一暖锅给白梅,"阿梅!送上去!也去见见世面!"

白梅端着暖锅。

63. 客厅

端着暖锅的白梅,战战兢兢走上前来。

绅士们猜拳引令,酒已半酣。一个人醉醺醺从白梅身边滑过,白梅慌忙躲开。又两个人突然在耳边喊着:"八匹马呀!五奎!五奎!"白梅心惊肉跳,眼花缭乱。

白梅慢慢走向前,抬头望去,忽见正厅悬挂着《梅竹图》,不由一愣,仔细看去,有一朵梅花在翠竹叶中耀然醒目,她两眼盯住了梅花。

梅花中出现了石磊以手指鲜血按到绣地上说:"快绣!绣一朵心花"和

白梅绕着鲜血针针绣去的镜头。

白梅呆住了,听得周围人说:"杜太太绣的《梅竹图》,真是苏绣中的状元!姚女士真不愧是咱们苏绣皇后!"

白梅不禁喃喃自语:"不!这是我的《梅竹图》,是我的!……"

一人听见凑上问:"你说什么?这是你的?"

白梅微微点头,茫然四顾说:"是我绣的!"

一男人哈哈大笑,"你一个穷佣人敢到大庭广众之下说疯话!"

又一人:"她也想当苏绣皇后!"

众人哄堂大笑。

姚凤仙正在应酬,听得笑声回头张望,见众人围着白梅取笑,急急走来。

一男人迎着姚凤仙说:"太太!你的女佣要夺你的苏绣皇后宝座了!"

又一人说:"她居然说《梅竹图》是她绣的!?"又是一片哄笑声。

姚凤仙走到白梅跟前问:"你来干什么!?"

白梅:"太太!这……"她指《梅竹图》。

姚厉声:"还不下去!你怎么能到这里!"

白梅睁大了吃惊的双眼。

姚吩咐佣人:"快扶她下去!快!"

几个人接过白梅手中的暖锅,扶她下去。

众围着姚问:"她怎么回事?"

姚擦着冷汗:"是个神经病!"

64．厨房

白梅呆呆地被扶进厨房,她用手按住胸口,难以忍受内心的剧烈疼痛。

李妈连忙迎上问:"阿梅!你怎么了?"

白梅微微喘过一口气,细声无力地说:"李妈!我的《梅竹图》挂在墙上,他们却说是太太绣的,我认得,那是我的。"

李妈大惊:"啊?你的?你没认错吧!?"

白梅:"不会!确实是我带来的那幅,那上面还有……还有一朵用血绣成的梅花。"

李妈:"在什么位置上?"

白梅:"画的右角,一片竹叶中间。"

竹叶中间,那朵带血绣成的梅花。

李妈端着菜不动声色向上张望。

李妈走回厨房，白梅迎上。

李妈："果然是！可是阿梅！这可得慎重，还是先别说了，不然要闯出大祸！"

白梅："不！我得要回来，这幅绣，我谁也不能给的！"说完不顾一切冲了出去。

65．客厅

许丽华奇装异服跑进人群，尖声喊着："舅妈！恭喜您了，我来迟了一步！"

姚凤仙抱住丽华："噢！我的心肝！也恭喜你了，你表哥今晚就回来了。"

一女人送上两杯酒说："祝你们双喜临门吧！"

二人接过酒杯互碰刚要饮，听有人喊："太太！"姚停杯转头。

白梅立在面前说："您说过看完就还我。"

姚凤仙勃然大怒："混账！这是什么地方，敢到这里胡闹！还不出去！"

白梅："太太！我求求您还给我吧！这幅绣，我谁也不能给的……"

许丽华忽然大惊："啊？是你！"

姚凤仙惊问："你认识她！？"

丽华向姚低语："她就是那个迷住表哥的穷绣花！"

姚凤仙愈惊！

白梅又说："太太！这是我用心血绣成的，你不能夺了我的！"

姚凤仙丢掉酒杯，咬牙切齿地说："什么？！我夺你的？不要脸！"

"叭！"一记耳光打在白梅脸上。

白梅眼冒金星，连退数步，一阵晕眩，突然倒地上两手向天惨然呼出："天哪！"

一列火车，拉着长笛尖啸着冲上前来。

石磊紧咬嘴唇，两眼如火，望着窗外的景物飞奔而过。

66．李妈卧室

白梅扶床痛哭，李妈坐在旁边相劝，一群女佣围着无限同情。

67．姚凤仙卧室

杜松年焦躁地踱步。

姚凤仙急不可耐地说："你倒是想个办法呀，她这一闹，明天要是满城风雨可就完了。"

杜："愚蠢！当初就不该听你的话，这要是被外国人知道了，真要臭名天下了。"

姚："这也不是我一个人的主意，现在总得想个对策呀！"

杜："刚才丽华说什么来？"

姚："他说白梅就是迷住磊儿的穷绣花。"

杜大惊呆住："噢！是了！我说好像在什么地方见过，那些画像竟是她！"忽然倒抽一口冷气："这就更麻烦了，磊儿今晚的火车就到！不行！必须连夜把白梅送回到乡下！"

姚："要是她回到乡下到处说我们抢了她的《梅竹图》……"

杜："那就不能送乡下，可是……有了！先把她锁在后花园的小黑屋里，就说她有神经病！"

姚："对！"急出。

阿根推门说："太太！少爷回府了！"

姚、杜同时惊呆。

68. 客厅

风尘仆仆的石磊立在《梅竹图》下凝眉仰望。

一个仆人边收拾边介绍说："太太的手艺，在国际上得了大奖，今天大宴刚散，您要是早回一步，也全赶上了！"说完走出。

石磊疑惑不解，忽听身后喊："磊儿！"

杜、姚已至客厅，石磊迎上。

姚凤仙："今天火车晚点了，车接到你吗？"

磊："接到了。我接到电报说妈妈病重，可是您？"

杜："妈妈想你心切，不过找个托词。你一路上辛苦，今晚早点休息吧，明天再谈。"

磊："好吧！爸爸妈妈晚安！"

李妈迎出来说："您回来了？"

石磊热情地："李妈！您老人家好！"便随李妈走了进去。

69. 石磊卧室

石磊脱去外衣，李妈端进茶来。

李妈："少爷！我该给您道喜了！"

石磊："李妈！您总忘，不要称我少爷，叫我名字不是更亲近吗！"

李妈笑说："本来改了的，分久又忘了。"

石磊："您说我有什么喜事？"

李妈："明天您和丽华小姐结婚，可不是大喜？！"

石磊惊："啊？结婚？明天？！这从何说起？"

李妈："怎么？你不知道？"

石磊："我从来没同意和丽华结婚啊？！"

李妈："这是老爷太太的主意。"

石磊："怎么可以强加于人？！"

李妈："新房都布置好了，请个绣娘绣了几个月，你不去看看新房吗？"

石磊："不看！我又不想结婚！不过，李妈，我问你，厅上那幅得奖的刺绣是我妈亲手绣的吗？"

李妈："大家都说是的！"

石磊："我不听大家的奉承话，您说您见过她绣吗？"

李妈不语。

石磊："我可以肯定不是她绣的。您知道她是从哪儿弄来的吗？"

李妈仍不语。门外传来阵阵哭声。

石磊急躁："深更半夜谁还在哭？！"

李妈："您刚回府，还是先休息吧！"

石磊："不！李妈！家里到底出了什么事？"

李妈："太太为你请的绣娘，今天忽然看见得奖的绣品，说是她绣的，太太打了她，刚才是她在哭！"

石磊大惊："她说是她绣的？她是什么地方人？"

李妈："香雪海的梅村。"

石磊："多大岁数？"

李妈："十九了。"

石磊急切地："李妈！快带我去看她！"

70. 李妈卧室

李妈带石磊进屋，看见一群佣人仍围着白梅，白梅哭着："李妈！"

李妈上前说："大家先去吧！"一众退去。

李妈对白梅："阿梅！快别哭了，有人来看你了！"

白梅慢慢抬起头来，已如泪人，用手帕擦着泪水，面里而坐。

石磊局促不安地立在门口，看不见白梅的脸，停了一会，问道："你是梅村的吗？"

白梅背身微微点头。

石磊又问："你认得梅村的白梅吗？"

白梅的全身猛然一震，犹如僵住不动。

石磊恳切地："你不要怕，回过头来说话好吗？"

白梅迟疑片刻，慢慢转过头来，忽然看见面前站着石磊，惊得立起，连退数步，喃喃地说："啊？是你？"

石磊一见也惊呼出来："阿梅！"

白梅："真的是你！"急步冲上前来。

石磊也急步冲上："阿梅！是我！"

石磊紧紧抓住白梅的双手。

白梅颤抖着说："你！你怎么找到了这里？"无力地靠在石磊胸前，呜呜哭出声来。

李妈见状退出室外，关上了门。

石磊抱着白梅，百感交集无从说起，只是轻声地唤着："阿梅！阿梅！你吃苦了！"

白梅扶着石磊，哭声中断断续续地说："你跑到什么地方去了？这么久不见你面……"

石磊："我到广州去上学，路太远了，阿梅！我真想你！"

他们紧紧地抱在一起，白梅把头藏到石磊的怀里，石磊无声地亲着她的头发。

过了好一会，白梅问道："磊！你怎么知道我在这里，怎么会到这里来找我？"

石磊："我不知道你来，我也刚从广州回来，这是我的家……"

白梅一听，猛然抬起头来惊视着石磊问道："这是你的家？……你是这里的少爷？！"

石磊慢慢点了下头说："阿梅！你听我说。"

白梅突然从石磊的怀中挣脱出来，惊慌后退着说："这么说，明天你就要结婚了，我出来当绣娘，都是为了你！"

石磊激动地："阿梅！我明天决不结婚！这是他们强做的安排！"

白梅："我太傻了！你骗了我！你妈妈骗了我！你们抢去了我的《梅竹图》！你们抢走了我的一切希望！"失声痛哭起来！

石磊激动上前说："阿梅！你听我说！……"

白梅见他上前，便把双手乱摆哭喊着："你不要过来！我不要听！我什么都不听！……"

房门突然被打开，阿根管家立在门外说："少爷！老爷请你马上去一次！"

石磊不理，又欲上前。

白梅仍死命地摆着双手喊着："不！你不要过来！"

石磊无奈停住说："阿梅！你安静些，等我回来，你一定要听完我的话！我就回来！"说完转身走出去。

室内只剩下白梅一人，她忽然转过身伏在墙上双手乱捶大哭起来。

门开了，两个黑影向白梅逼近。

李妈突然冲进挡在两个大汉的面前说："你们要干什么？还不出去！"

一大汉说："她有神经病！必须马上隔离！"说时用力推开李妈，二人急步上前，抓起白梅的双臂，拖了就走！

李妈追着喊着："她没有病！快放开她！"追出门去。

室内空寂无人，李妈在远处喊叫。

71. 姚凤仙卧室

杜松年暴跳如雷："你大胆，放肆！"

石磊浑身颤抖说："我今天也一定要说！你们骗够了别人，又来骗我！你们骗我出去，骗我回来，又要骗我结婚。今天，又骗到一个清白无辜的姑娘头上，骗了她的刺绣，到国外去盗名窃誉！你们已经够富了，可还要抢夺她唯一的一点财产，要知道，一个姑娘丢了宝就会送命！你们的良心何在？！"

杜松年："你住口！你也是神经病！我也要把你关起来！"

72. 杜家花园黑屋

黑屋门被打开，两个人拖了白梅推进门来，门又砰然关上，室内漆黑一片。

73. 夏月清家

夜，一个巨大的黑影罩着步步向墙边退去的红梅。

夏月清突然推门进来喊道："先生！"

黑影人转回头，原来是狞笑着的丘龙。

夏月清："先生！您有什么事？对我说。"

丘龙走来："对你说！好吧！我年岁大了，需要一个贴心的内房，我看中了红梅。这也是你的福气，将来你在码头上也可以放心无虑了。"

夏："谢谢先生的好意，小女承受不起。"

丘龙："她承受不起！那么你承受得起啰？！"说着掏出几根金条放到桌上，又从身后掏出手枪也放到桌上。

丘龙突然变脸厉声说："夏月清！你愿意做个亲家，还是做个冤家？！"

夏月清茫然无语。

丘龙缓和下来："不说话，就是同意啰！"转身又向墙边的红梅踱去，边走边说："去吧！你也到天堂去享受享受吧！"

夏月清突然大喊："丘龙！你不能逼人太甚！"冲上来，挡在红梅面前。

丘龙："我就是逼你又能怎么样？！不识抬举！"一把抓住夏月清，用力往旁一甩，夏月清被甩出好远，撞到桌上。

红梅大惊喊着："爸爸！"刚欲上前，被丘龙一把抱住，挣脱不掉。

夏月清从地下爬起抓起门边的利斧喊道："丘龙！今天我同你拼了！十八年前你逼跑了她爸爸，逼死了她妈妈，今天，又来坑害他们的孩子，你！就别想从这屋里出去了！"

说时反手拴上房门。

丘龙一听，猛然转头盯住红梅，立刻叠上美玉惊慌的面孔，恍然大悟！"噢！原来是她的孩子！好！那就让她代替她的母亲来还账吧！"

夏月清："还是让我来替他们全家算账吧！"说罢向丘龙挥斧砍去！

丘龙后退两步躲过，突然用脚勾起一条板凳，抓在手中，用力向夏月清砸去，夏月清急躲，丘龙趁势扑上抓住夏月清的手腕，双手一举利斧飞出窗外。反手一拳把夏月清打翻在地，顺手抓起桌上的茶壶，猛力向夏月清的头上砸去，夏月清脑浆迸裂，惨然死去。

丘龙直起身来得意的狂笑！突然身后响了一枪，他眼一瞪，又是一枪，浑身又一震，踉跄转回身望去。

红梅两手紧紧抓住枪把，用力扣动扳机，枪又响了。

丘龙庞大的身躯，颓然倒地！

警笛声四起。几个丘龙的保镖从楼下奔上楼来，用力推门不开，奋力顶撞，破门而入。

保镖围住丘龙的尸体，一个保镖命令："追！"几人从窗户跳出。

74. 杜府花园小屋

屋内漆黑，门外有人开锁，忽然门开透进白光。李妈立在门边轻声唤着："阿梅！快出来！"

白梅从黑影中站出来，抱住李妈痛哭。

李妈："快别哭！快！跟我走！"拉起白梅就走。

75. 花园后门

她们绕过假山，走到后门。

李妈急促地："孩子！快跑吧！他们要害你，赶紧出城回家去！快！"说时把白梅推出门外。

白梅双膝跪在门外，哭道："李妈！谢谢你老人家的大恩大德！……"

李妈心急如火："孩子！快别说了，逃命要紧！"

白梅立起身来，惶惶跑去。

76. 街巷

白梅穿过大街，钻进狭巷。

白梅沿窄巷急急跑来。

另条窄巷，红梅急急跑来，她左弯右拐，穿进另一条斜巷。

一条窄巷，三个保镖急急跑着，左顾右看，钻进一条斜巷。

红梅不停地向前跑。

白梅不停地向后跑。

红梅忽然听见脚步响，抬头望去，一个人正向自己跑来，急忙闪进墙边的黑影里。

白梅惶惶跑来，不时回头张望，从红梅的身边跑了过去。

红梅回头看了看，又向前跑去。

白梅急切地跑着，突然同几个人撞个满怀，被人一把抱住。

一保镖："就是她！夏红梅！"

白梅骇急大喊："我不是！"

另一保镖："打！打死这个臭说书的！"

三人围住白梅拳打脚踢，一人抓起白梅的双手说："我让你再弹琴！"用力一拧。

白梅举起双手惨痛呼叫！昏倒地上。

77．杜府楼上

石磊急急推开李妈的房门，室内空无一人。

石磊沿走廊急促呼叫："阿梅！你在哪里？李妈！李妈！"跑下楼去。

石磊一路轻声呼唤着："阿梅！"经过庭院，绕过假山，来到后花园。

78．街巷

红梅气喘吁吁地跑着。

忽然见前面闪出几个人影向这里走来。

红梅左顾右看，忽见一扇小门未闭，急忙闪身进去，将门合上。

79．花园后门

石磊从假山后钻出来，一眼看见躲在小门边的红梅，便急忙跑过去，紧紧抱住。

石磊："阿梅！别怕！你听我说，我同他们决裂了，这里再不是我的家了，我要和你一起走。梅，你要相信我！"

月光下，红梅睁大两眼，惊慌地望着石磊。

石磊继续说："阿梅！你在这里等我一会，我去把咱们的《梅竹图》拿来，决不留给他们！梅！千万不要走开！来！你先躲到假山后面，等我一会，马上就来！。"

石磊把红梅安置到假山后，就匆匆绕过假山向后走去。

80．客厅

石磊已经把《梅竹图》取了下来。

一个佣人从后面跑来大喊："不好了！白梅跑啦！"

石磊一惊，碰倒了桌上的贺喜蜡烛，拿起《梅竹图》急急向后花园跑去。

倒在桌上的蜡烛点燃了桌布，引起熊熊大火。

81．后花园

石磊跑到假山旁，急切喊着："阿梅！我来了！快出来！"并不见人，遍寻不见，连连喊着："阿梅！"跑出后门。

82．客厅

烟火一片，众家人都在救火。

杜松年立在一边气急败坏问阿根："白梅找到没有？"

阿根："没找到！连太太的《梅竹图》也不见了，一定是白梅偷走了绣品，又放了火。"

杜："快派人去把她抓回来！到梅村去抓！"

83．街巷、拱桥

红梅从窄巷内钻出，奔向拱桥。

红梅越过拱桥，跑向城外。

84．水路堤岸

红梅沿河边的窄堤急急跑来。

身后划来一条带篷的船。

红梅不停地跑着。

篷船越过红梅，突然钻出几个人跳上岸，抓住了红梅。

一人喊着："管家！她身上没有那幅名绣！"

管家阿根立在船头喊："抓回去再说！"

众推红梅上船。

85．姚凤仙卧室

姚凤仙问杜松年："白梅抓回来了，怎么处理？"

杜松年："告她盗名窃誉，放火抢劫，送进监狱！"

姚："要是她还死咬住这幅梅花图是她绣的怎么办？"

杜："是啊！刁民的嘴是很厉害！可是上帝为什么也要赐他们一张会说话的嘴呢？！"

姚听着，忽然睁大了两眼！

86．花园·黑屋

红梅被两个大汉紧紧抓住双手，一个大汉端着药碗，强给她灌了下去。

红梅终于挣脱两手大喊："我不认识你们，抓我来干什么？！"

一人："我们可认识你！盗名窃誉、放火抢劫，你还变得挺厉害！"

红梅："我没有！我冤枉！你们……"突然喉头发紧，失音，再也说不出话了。她扭动脖子，用手捏喉

◎ 电影《梅花巾》剧照

咙，汗流满面，颓然倒地。

87．监狱·牢房

红梅醒来，已经躺在潮湿的铁牢内。

一阵皮鞋声，红梅望去。

一个狱卒打开了牢门，又两狱卒从走廊内，拖着满身鲜血的白梅进来，丢在地下，狱卒锁了铁门离去。

白梅苍白的脸，昏迷不醒。

红梅轻轻爬过去，看白梅气息微弱，两手鲜血淋漓，十分同情，便从怀中掏出手帕，为白梅擦去头上的血迹，擦时露出缝在手帕上的一朵梅花，不禁又展开看了一会。

白梅渐渐醒来，慢慢睁开两眼，看见了牢房的铁栏杆。

红梅守在她身边，含着晶莹的泪。

白梅看见了红梅，轻声问："这是什么地方？"

红梅张了张嘴，但是没有说出声。

白梅又问："你是谁？怎么和我在一起？"

红梅依然泪花闪闪说不出话。

白梅："你不会说话吗？"

红梅点点头，又帮着白梅擦去腮边的泪。

忽然她见得白梅的面孔很熟，便凑近了仔细端详。

白梅也睁大了眼，奇怪地望着红梅。

红梅望着，忽然白梅的脸上映出童年时，自己在街头卖唱，小白梅送她梅花药漏的情形。红梅不禁激动地把小手帕张开，上面缝着一块纱布仍旧是那朵梅花，只是年头已久，仿佛枯萎了一般。

白梅激动地睁大两眼，望望梅花，又望望红梅，挣扎坐起说："你就是那卖唱的姑娘吗？"

红梅激动兴奋地连连点头。

白梅张开两臂，两人紧紧抱在一起，泪水从二人的腮边滚滚流下。

88．姚凤仙卧室

室内一片混乱。

几个佣人慌慌张张提了皮箱出去。

姚凤仙还在寻找什么，床上开着一只皮箱。

杜松年急进催道："快点吧！不然就赶不上飞机了，还要东西干什么？！"

姚跺着脚说："这次跑出去，不知几时才能回来呢！"

管家跑进来说："老爷！快走吧！共军已经攻占了南京！"

杜、姚同时惊呆！

89. 街头·布告

一群人向刚刚贴出的布告拥来。

一张印着国民党党徽的大布告，上写：

罪犯夏红梅，女，十九岁，江苏省吴县人。以演唱评弹为业，妖言惑众，煽动暴乱，更为甚者，枪杀我党国志士，企图推翻党国之大业，罪大恶极，判以极刑，立即执行！

苏州市高等法院
中华民国卅八年四月廿六日

镜头甩向另一张布告上写：

罪犯白梅，女，十九岁，江苏省吴县人。以刺绣为业，勒索钱财，放火烧毁名府花园。实属罪大恶极，判以无期徒刑！

苏州市高等法院
中华民国卅八年四月廿六日

90. 牢房

芬妈呼喊着："阿梅！"奔向铁栏。

相偎在一起的白梅、红梅闻声望去，芬妈隔着铁栏伸着双手。

白梅一见猛然站起，踉跄奔上前，喊着："妈妈！"母女隔栏相抱！

芬妈老泪纵横哭着："女儿！你受苦了！都是妈不好，不该让你出去当绣娘！"

白梅哭着："妈妈！孩儿不孝，不能侍奉您到老，您要自己保重了。"

芬妈："他们瞎了眼，判你无期徒刑！"

白梅："妈妈！他们说我是唱评弹的，还说我杀了人，判我死刑，我再也见不到您了！"

红梅突然睁大了泪眼，浑身颤抖。

芬妈："孩子！你好冤枉啊！"

母女相抱痛哭！

芬妈从怀中掏出半片梅花残巾说："孩子！这个我带给你，知道你很喜欢她，今天我全告诉你吧！绣这片梅巾的就是你的亲生母亲，我找不见你的亲爸爸和亲妹妹，今天，你就带了她，到阴间去找他们相认吧！"

白梅泣不成声："好妈妈！"

一直颤抖望着她们的红梅忽然站起来，从怀中掏出了半片残巾，走上前去拉过白梅的手，将两块残巾拼在了一起。

芬妈一见大惊："孩子！你是红梅？！怪不得这样相像。"

白梅也惊喊："你是妹妹？！"

红梅张着嘴说不出话，频频点头，扑到芬妈和白梅的怀抱。

白梅哭着："我的好妹妹！想不到今天在这儿相见！"

铁栏内外，母女三人，哭抱成一团。

几个狱卒凶恶地跑来，拉开了芬妈。

行刑队，长枪实弹，走过来站立在牢房走廊的两侧。

一个狱警打开牢房铁门，高声喊道："夏红梅！"

姐妹二人同时怔住了，相视片刻，几乎同时向前跨了一步，同时张嘴，但只有白梅说出声来："我就是！"

狱警不禁一愣。

面前的两姐妹一模一样。

狱警犹豫着喊道："夏红梅出来！"

白梅又上前一步答道："我是！"

红梅急忙拉回白梅，自己走上前来。

白梅用力把妹妹拖到了身后，自己又走上前。

红梅睁大两眼，死死抱住白梅不放。

白梅回过身来，轻轻摸着红梅的头发和脸说："好妹妹！你让姐姐去吧！你我长了这么大，姐姐还没为你做过一件事，这次就让姐姐代你去吧！"

红梅抱住姐姐大哭不放。

白梅又说："姐姐残废了，再不能绣花了，我代替你去找妈妈，你留下来，替我去找咱们的爸爸！"说罢猛地推开红梅跑出了铁门。

红梅张着嘴冲上铁门。铁门已砰然关闭。

白梅在行刑队的看押下走向长廊，她转回头，举起手中的残巾喊着："亲妹妹！再见了！"

红梅咬紧了嘴唇，血从嘴角流出来，手上的梅花残巾飘然落地。

响起凄楚的评弹歌声：

（唱词） （画面）

梅巾初拼又离分， 白梅在行刑队看押下步过长廊。
姐妹又做异路人，
难得狱中重相会， 红梅飘落绣巾，昏倒在铁栏内。
姐代妹死妹断魂。
苏城姐妹盼救星， 白梅被看押着，步入刑场。
快来神兵救苦人，
天公何时开慧眼， 红梅身带重镣，望着牢房上的小窗。
驱散寒夜赐天明。

91. 人民剧场内

此时镜头回到剧场内，观众已是四面悲泣。老华侨郭月庭一手摸脸，泪流满面。台上的红梅放下琵琶，擦去泪痕又开始道白，她说道："国民党阴差阳错，逼得一个清清白白的绣花女，走上断头台。大家一定为可怜的白梅命运悲愤不平，但是，事有凑巧！就在白梅押赴刑场这天，苏州解放了。排山倒海的解放大军，从虎口里挽救了苏城姐妹！白梅得救了！红梅也从铁牢走了出来！"

此时，琵琶声起。

就在红梅道白之时，场内的观众亦是悲一阵，喜一阵。

老华侨更是听到"苏州解放了""白梅得救了"时，激动得破涕为笑，频频擦泪。此刻又听琵琶声起，抬头望去，台上的红梅又开口唱出（随着唱词出现画面）：

（唱词） （画面）

春雷阵阵滚滚来， 红梅在女战士的相扶下，步出了
铁门重重层层开， 层层铁门。
神兵救下评弹女，
砸断喉锁唱未来。
枯木逢春发新芽， 芬妈沿医院走廊走来推开房门。
老梅又开连枝花， 病床上同时坐起红梅与白梅。
今朝姐妹重相见，
明日再把江山画。
旧时扭断绣花手， 在X光照射下，
妙手回春再接嫁， 医生为白梅医断手。

旧时有嘴难开口，　　　无影灯下的红梅
今朝哑女重说话。　　　医治哑喉。
唱遍词曲今日好，
巧手再绣苏城花，　　　（银幕上同时出现两个画面）
苏城姐妹谱新曲，　　　一边白梅刺绣；
古城处处发春华。　　　一边红梅对大镜练唱。

92. 刺绣研究所

绣研室女主任拿着一卷画稿走进绣室，经过一排排绣女，走到白梅的绣架前，白梅正在装订绣绷。

女主任："白梅同志，美术学院一位教师送来一幅画稿，很有诗意，我们想请你把它绣出来，好吗？"

白梅："主任同志，我的手治好以后，拿起针就心慌，手也抖，真怕再也绣不好了。"

主任："不要怕！慢慢会好的。旧社会留给我们的创伤，不是一朝一夕可以治好的，只要往前看，想想未来的美好生活，就会有信心和勇气，你一定能绣出更新更美的画。"说罢把画卷交给白梅微笑着走出去。

白梅慢慢展开画卷，出现大片梅林。盛开的梅花，全部展开，出现了白梅赏绣的情景。

白梅一怔，凝神望去，画幅上梅林，微风拂动，白梅立在花前赏花，石磊坐在一边眉眼频抬，正在紧张地画。

想到此番情景，白梅无比激动，强抑住感情坐下来，不忍再看，将画卷向旁推去。

93. 拙政园内

一片热烈的掌声。

花园内，横跨树间的"夜花园文艺会演"的横幅字条。

临时舞台上，红梅手抱琵琶满面春风正在谢幕，观众的掌声持续不绝。

石磊站在人群中，目不转睛盯住红梅。

红梅转身走向后台。

石磊急忙从人群中挤出来，向后台跑去。

红梅走到后台，一群舞蹈女演员跑过去候场，红梅拿起布套装琴。

石磊走来激动地喊道："阿梅！"

红梅应声回头，见一陌生人立在面前。

石磊:"啊!真是你!"

石磊激动地:"阿梅!真没想到今天能在这里见到你。我太高兴了。你几时又学会了评弹,唱得又这么好,我简直怕认错了!"

红梅惊疑地望着石磊,听他又说:"新中国成立前夕,我本想跟你一起走,可是你生我的气,没有等我,我不怪你。今天解放了,你我一定要倾心地谈一谈。"

红梅听他说到新中国成立前夕,忽然想到追捕的夜晚,花园巧遇的情景,不由微笑着说:"好吧!咱们是应该好好地谈一谈了。"

94. 香雪海梅林

又是早春二月,香雪海梅花盛开。

石磊领着红梅,穿过赏梅的人群,来到当年作画之处说:"阿梅!你还记得这里吗?"

红梅望着梅花嬉笑地说:"这地方太美了,过去我怎么就没来过呢!"

石磊一愣:"你怎么能忘记呢?那年香雪海赏梅,我就是坐在这里画画,你就是从那棵树后转出来……"说到这里,两眼发直,望着前边不动。

眼前的梅树下,立着白梅,她手扶花枝,微嘻双目,望着石磊不动。

此情此景,似画非画,似梦非梦。

石磊惊愕两眼,转头望去,身边的红梅朗朗而笑。再看树下,白梅仍娇羞带怨。

石磊呆然木立。

红梅朗朗笑说:"你不是要倾心地谈谈吗?那还傻愣着干什么?还不快去?!"说罢大笑着跑走。

石磊惊喜过望,走上前来。

白梅无比娇羞,低下头去。

石磊走到白梅面前轻轻唤着:"阿梅!"

白梅抬起头来,含着一汪晶莹的泪。

石磊手扶白梅的肩头……

镜头迅速转过树后,又渐渐升起,香雪海梅林如海,江山愈加秀丽。

95. 人民剧场内

镜头又回到剧场,观众已转悲为喜。

老华侨更加激动地望着舞台上的红梅。

红梅更加激情的唱道:

旧社会，艺海沉沉多磨难，
姑苏城，民间艺术被摧残，
评弹女，唱不完心头恨，
绣花女，绣不出锦绣前程，
解放后，园林处处花似锦，
更思念，孤苦无依的老父亲，
梅兰菊竹有会时，
独问天涯要亲人，
爹爹呀！半块梅巾难团聚，
您可知，女儿双双长成人，
唤一声亲爹爹你在哪里？
梅花巾几时拼齐再不分？！
……

红梅唱时，坐在台下的郭月庭早已万分激动，此刻听到声声呼唤老父亲，更不能自制，不禁热泪盈眶站起身来，举起手中的半片梅花巾喊着："这半片梅花巾在我这里……我就是你们的亲父亲！"说时走到台前，递上梅花巾。

全场观众早已愕然，纷纷起立观望。

红梅放下琴，走下台来，掏出梅花巾半块。

台下的白梅此刻也从人群中举着半块梅花巾跑上前来。

三块梅花巾拼在一起，恰是一幅，尚缺一角。

父女三人抱头痛哭。

全场观众无不为之感动。

石磊扶芬妈走到三人面前相劝，三人仍哭得难解难分。

文化局干部和小周也上前相劝，三人这才收泪，互相介绍芬妈和石磊。

文化局干部说："郭老先生！血染的梅花巾已经结束了一代历史。今天你们父女团聚，展示了两代艺人的新生！过去美玉绣梅花

◎ 电影《梅花巾》剧照

巾惨遭迫害，白梅、石磊合作的《梅竹图》也没有抗住严冬的摧残！可是今天，请您到刺绣研究所看看！"

96. 刺绣研究所展览厅

文化局干部指着一幅巨绣《迎春图》说："今天，白梅同志又绣了一幅《迎春图》，这才真正迎来了山花烂漫、万紫千红的春天！"

老华侨抬头望去：《迎春图》上百花齐放，气象万千，绣工精致无比，真是绝世奇珍。

镜头向《迎春图》推去，化为实景，伴随起评弹女声合唱：

（唱词）　　　　　　（画面）

长江后浪推前浪，　　群女在《迎春图》中跳舞。

一代更比一代强，

历代苏州出美女，　　以白梅为首的群女在百花园中刺绣。

难比今日二梅香，

姐妹艺术春常在，　　以红梅为首的群女华服演唱评弹。

锦绣河山万年长。

（画面）

一幅精美的刺绣《大白孔雀》。

一幅精美的双面绣《猫儿扑蝶》。

一幅壮丽的乱针绣《万里长城》。

一幅十八米长的巨幅长绣《万里长江图》。

虎丘山、天平山、灵岩山、枫桥、北寺塔、网师园、狮子林的秀丽景色上，迭出职员表。

香雪海的梅林层层，推向一棵梅树枝头，在一朵盛开的梅花花心里，跳出了"剧终"二字。

　　　　　　　　　　　　　　　　1978年4月初稿　广州
　　　　　　　　　　　　　　　　1979年3月3日三稿　广州
　　　　　　　　　　　　　　　　1979年4月24日四稿　苏州
　　　　　　　　　　　　　　　　1979年5月17日五稿　广州
　　　　　　　　　　　　　　　　1979年7月4日六稿　广州

三、导演心得

探索与实践——《梅花巾》艺术小结

张良

拍摄影片《梅花巾》是我学习和探索导演业务的第一次实践,所以也很想在影片完成后,通过艺术总结吸取经验和教训,更望得到领导和同志们的有益教诲,以便能在今后迈出新的一步。

以往的经验证明:一个好演员,之所以被人们喜爱,总是因为他具有某种特色。同样,一部好的影片,也由于具备某种特色而受人喜爱。因此,这种艺术特色就成为影业同辈追求的目标之一。这种特色是什么?就是演员的个性,影片艺术的个性。

我首次实践,也想在《梅花巾》影片中追求一点特色,使它能有一点生命力。

《梅花巾》的主题是写"苏州刺绣"与"苏州评弹"两大姐妹艺术的今昔遭遇;也是写白梅、红梅两姐妹在新旧社会里的不同命运。

剧本的特定环境是苏州,苏州是著名的文化古城。她那具有两千多年历史的"苏绣"是我国四大名绣之珍宝,为祖国的文化艺术在国际上赢得了很高的荣誉。而"评弹"艺术又源于苏州,她的悠久历史,别具一格的演唱形式,和那优美动听的曲词,都深受广大人民的喜爱。今天要想表现好这样的题材,首先就要求影片具有浓郁的地方色彩和鲜明的民族化风格。而这正是我们想要在这部影片中所追求的主要特色。因此就大胆地作了如下的探索和尝试。

(一)情节结构上的民族化形式

这些年国内放映了许多外国影片,确有许多好作品值得学习。但也听到群众有这样的反映:影片虽好,不容易看懂。我想,这不是因为中国人水平低看不懂,而是因为各国的民族习惯不同、表现形式不同所造成的。因此国产片如何探求为大众所容易接受的民族形式和内容就成了重要课题。

我很喜欢中国的古典小说和章回小说的形式,就很想尝试用这种形式结构一部影片,来探索这条影片民族化的道路。

章回小说的特点是有头有尾、层次分明,群众喜闻乐见。我就试着用这种方法结构全片。

影片的开头是老华侨郭月庭回苏州寻亲,因在公园中偶遇一对双胞姐妹，触动情怀，不禁联想自己多年失散的孪生女儿。他坐在"扇亭"边，望着一池春水，回想起旧年的岁月。这些回忆镜头，就如同章回小说的目录"惹是非书场遇辱""救弱妻刀劈丘龙""断肠人枫桥诀别""水茫茫各奔天涯"。一下子就把一家人的命运拎到观众面前，让观众随他一起去寻找妻儿的下落。

这样开头，故事容易展开，观众也易接受。剧情向下发展，是他应邀去听了一场评弹演出，书名竟叫《梅花巾》，他一愣，观众也会一愣，因为观众已经知道了他的妻子所绣梅花巾的遭遇，也会奇怪这场书难道是唱他一家人的遭遇？果然就这样巧，就是唱的郭月庭一家四口人的悲惨历史。郭月庭自不必说，他怀着万分激动的心情，随着声声唱词，去追寻妻儿的身影。观众也激起强烈的兴趣，倒要听听他这一家人经历了一种什么样的磨难。于是舞台上出现了马蹄、人腿，一场战乱就从这里展开去。

故事展开以后，我就紧紧扣住两个女儿的两条线索，仍用章回小说那种"话分两头、各表一枝"的办法，分别表现两姐妹的不同生活和命运。一会去介绍白梅，一会去介绍红梅，把两姐妹的命运紧紧扣在一起，这种联结不是孤立的，而是有机的，互相呼应的。

例如用两回书并列、平行交叉的方法去表现两姐妹，一边描写"苦白梅深夜思磊"，一边描写"斗恶棍红梅怒唱"。下边又写"弱绣女杜府遇难"，接过去是"勇红梅枪杀丘龙"。这就把两姐妹的命运联系起来，而且也使性格上有了呼应和对照。

关于影片的结尾，曾有两种意见，有同志建议用悲剧结尾，就是让白梅在苏州新中国成立之前，被反动政府杀害了，郭月庭只找到红梅一个女儿。另种意见是让白梅活下来，新中国成立后又找到了石磊，续上了爱情，最后找到了父亲，一家三口人得到了团聚。我想来想去，还是倾向于后者，一则剧本的主题是写两姐妹的今昔生活，一定要包括新中国成立后的生活情形。再则这样写也符合于群众的民族习惯，人民从传统的艺术形式要求，也希望能父女团圆，预示了父女三人的美满前程。所以还是按现在这样结束了，做到了有头有尾。

这样结构全片，确是有意按民族样式作的尝试。但这是否就叫民族化了呢？是否就符合广大群众的心理要求呢？还待群众给予批评和鉴定。

（二）塑造一对不同性格美的姐妹形象

以往在故事片中已有多次表现孪生兄弟或孪生姐妹的戏，但多以喜剧的形式出现，利用其容貌的相同，造成许多误会、巧合，引人发笑，这一次我们的双胞姐妹，想不使人发笑，希望她们的命运能得到人们同情和关注。

我们想把农村绣女白梅塑造成为一个温柔、娴静、朴实、善良而又软弱的姑娘，想把评弹艺人红梅塑成刚直、倔强、热烈、奔放的性格。同时又表现姐妹俩共同具备的真挚、热烈的情爱感情，表现她们共有的真、善、美天性。

两姐妹长到九岁，用一个重场戏来表现二人纯真善良的天性。一边小白梅在芬妈母爱的抚育下学习刺绣；一边小红梅受义父夏月清的熏陶学会了评弹，一边是母女的挚爱感情，一边是父女的关怀和疼爱。在描写夏月清挨打回家之后小红梅的感情时，用了这样几个镜头：红梅扶着受伤的父亲躺在靠椅上，便伏在爸爸的腿边，望着父亲满脸伤痕。衣衫破碎，遍体泥水，不由热泪盈盈。又不知父亲伤在何处，便用小手去按摩爸爸的胸口，谁知这一揉倒把夏月清的眼泪揉了出来，红梅的眼泪也止不了，便对父亲说："爸爸，您老是受人欺负，今后不要唱了，我替您唱。我去挣钱养您老。"夏月清一听惊起，连说："不！你不能唱！我走错了路，可你不能啊……"这几个镜头就表现了小红梅对父亲的疼爱感情，和父亲对女儿前途的关怀。

"吴镇桥头，红梅卖唱"一场是对父女感情的进一步揭示。夏月清到吴镇跑码头开书，又遭"地头蛇"的纠缠、勒索。小红梅无奈到街头卖唱，讨钱救父。偏又巧遇小白梅，然而彼此并不相识。这时渲染了一下小姐妹的感情，一个为救父唱得情真意切，一个听得动心热泪盈盈。最后小白梅把自己亲手绣在药漏上的一朵梅花送给了红梅，使得这对双胞姐妹第一次相遇照面，聚而又别，突出了悲剧感。然而重笔还是描绘父女的感情，夏月清回来，红梅捧着钱跑上去说："我有钱救你了！"夏月清一见钱就知道是卖唱换来的，他恨自己走错了路，更怕女儿再步自己的后尘，虽多次制止红梅不许学唱，可是偏偏她又到大庭广众之下来卖唱，因此一气之下，把红梅手中的钱打落地下。红梅是个孝女，今见爸爸生气，连忙跪在地下，爬过去抱住爸爸求饶，这时的夏月清已自知错打了红梅，便老泪纵横蹲下来紧紧搂住了女儿，这一老一小泪洒桥头，表现了父女俩的真、善、美感情。

两姐妹长大之后，就进一步去刻画她们不同的性格和纯洁的美的心灵。

"香雪海石磊遇美"这场戏，主要描写青年学生石磊初遇白梅的思想感情。同时表现白梅腼腆、羞涩、温柔、娴雅的性格。他们在梅林初遇，还不是初恋，所以要求演员把握住感情的真挚、纯朴、内在和含蓄。但是我们还是描写了这对青年从初恋到热恋的过程。这个过程完全是按当时的民族传统习惯，没有现代青年那样的热烈拥抱，更没有现代影片那种慢动作的追逐奔跑。他们只是坐在草屋里，一个专心致志的绣着石磊画稿的《梅竹图》；一个深情的画着少女刺绣的动人景象。他们一画一绣，却把无限的情爱通过绣针、画笔连在了一起。正如伴唱的歌词中所描绘的："热血催春寒梅开，绣针引出情丝来，情丝绵绵抽不尽，梅竹同心永相爱"。

白梅的命很苦，性格也很软弱，这在她去到杜府当绣娘的几场戏中，都作了刻画。尤其当她的《梅竹图》被姚太太剽窃之后，她到了客厅辨认、讨要，以至遭到围攻、羞辱、毒打。她的真、善、美灵魂同假、恶、丑的富人、太作了鲜明的对比。

对于红梅性格的刻画，主要通过两场戏。一是红梅怒唱《木兰辞》，一是枪杀丘龙。

丘龙逼夏月清父女唱双挡，意在红梅。夏月清为保女宁死不肯。保镖准备以死相胁，红梅为救父，毅然登台。这场戏就是要红梅把满腔愤怒，通过一首《木兰辞》倾泻出来。镜头处理是：红梅登台以后，观众忧心忡忡提心吊胆，突然听得琵琶响起，其势如暴风骤雨，红梅愤然挥指，慷慨而唱，其声铿锵有力，昂扬豪壮，竟惊得丘龙等人一个个张口结舌，目瞪口呆，有力地烘托了红梅的刚烈性格。

红梅的性格不仅有刚烈的一面，也有柔顺的另一面。当丘龙等人走后，书场上只剩下父女两个人时，又描写她如何跑下台来，扑到爸爸的怀里，痛哭起来，以倾泻她另一种蒙受屈辱后的感情。

而在另一场戏里，枪杀丘龙，是她性格发展的必然结果。丘龙逼她作妾，这是她宁死不从的。丘龙杀死夏月清，红梅必誓死复仇。她虽身单力孤斗不过丘龙，但她急中生智，抢过了丘龙的手枪，开枪杀死了丘龙。人们决然相信只有红梅才能杀死丘龙替全家人报仇。

为了更深的揭示两姐妹的性格和心灵美，便有意在牢房中姐妹相遇、相认、争死等戏中作了重笔刻画。

这场戏是有些巧合，但古人说"无巧不成书"，所以我也不回避这种巧合，只要合情合理，符合民意。

白梅被打得遍体鳞伤被拖进了牢房，红梅爬过去看她仍在昏迷不醒，便用手帕帮她擦拭额上的血迹。这是同命相怜，人之常情。

姐妹相认之后，狱警前来提刑，白梅已知判死的是妹妹红梅，自己倒是无辜受冤害。但她还是毅然挺身而出，代替妹妹去死，以保住这唯一的亲妹妹。可是红梅此时也知姐姐无辜被冤，便决心以死相替，再不能让姐姐屈死九泉。于是引起姐妹争死。拍到这场戏，特别要求扮演两姐妹的演员王琴宝同志，能充分展示两姐妹纯洁、善良的美好感情。不要有任何虚假人为或有意夸大的痕迹。姐妹争死，是她们心灵美的具体体现，但她们不是英雄，不是什么伟大的人物，她们是一对普通的善良的女孩子，她们不会慷慨激昂，迈着阔步走出牢房，她们只是乐于为自己的亲人去死，乐于为自己的亲人作一点应做的事。

（三）对地方特色的追求

一部具有民族化风格的影片，无不包含着鲜明的地方特色。所以，我也不放过对地方特色的追求。

我着重追求的目标是表现苏州"四美"，刺绣美、评弹美、人美、园林美。"苏州刺绣"的特色、"苏州评弹"的特色和苏州城乡、风土人情的地方特色。为了拍好"苏，绣"的特点，我们请苏州刺绣研究所的老师们，专门为我们设计、描绘了"梅花巾"、《梅竹图》等戏用道具的画稿，并运用苏绣的针法特点，绣制了《梅竹图》，使它具有真正艺术美的价值。同时让饰演白梅、芬妈的演员认真学习刺绣的方法，以做到形象神态的逼真。同时为了表现好苏州评弹的艺术特色，不仅慎重决定唱段的曲调，而且请评弹界有影响的余红仙、孙珏亭等同志演唱，保持了评弹艺术的美。而且在演唱的形式上，书场的陈设上，都请苏州评弹团的老师作了指导，便在影片中得到了所要追求的地方特色。

另外，本片除所有的苏州外景都在苏州拍摄外，还把些具有苏州地方特色的内景也选用实景拍了，都较好地体现了苏州的地方特色。如著名的寒山寺、枫桥、双塔、香雪海、太湖、拙政园、怡园，以及东山的雕刻大楼，都为影片增强了地方色彩，使人感到真实、亲切。

（四）关于音乐民族化的探索

我在作导演阐述时曾说：苏州不仅有美妙的刺绣艺术，还有娓娓动听的评弹和富有乡土气息的江南民间音乐。本片不仅要表现苏州人民心灵的美和刺绣艺术的美，还要表现评弹艺术的美和江南民间音乐的美，以达到声画并茂的境地。其总的要求就是要使影片民族化、音乐民族化。

《梅花巾》的整个故事，基本上是以剧场里双挡评弹演唱的形式唱出来的。这种形式本身就决定了全片的音乐风格是民族的，不是西洋的；是以评弹音乐和民族乐队为主的，而不是大的管弦乐队或现代的电子琴伴奏。确定了这个前提，就可以在民族化的特点方面下工夫了。就可以集中研究表现评弹艺术的特色和民歌、民间音乐的特色了。

剧本为了塑造红梅、郭月庭、夏月清等评弹艺人的形象，为他们设计了六个唱段，以表现他们不同的艺术特色。如郭月庭演唱的弹词开篇《梅与竹》；小红梅九岁时学唱的开篇《潇湘馆》；夏月清演唱的开篇《三国》；大红梅演唱的《木兰辞》；红梅与群女弹唱的《姐妹双双谱新曲》以及贯串全剧的双挡评弹《梅花巾》。这六段唱段由于紧紧围绕人物的性格和情绪设计唱腔，都有力地表现了人物的个性，同时表现了评弹艺术的特色，富有较强的形象感染力。

对音乐的第二个追求，是用江南的民间音乐烘托白梅的性格和形象。

红梅是评弹艺人，有评弹音乐为其陪衬。白梅是农村绣女，只有江南的丝竹乐才能烘托出她那美丽、温柔、娴雅的性格。所以，作曲傅庚辰同志选中了这一音乐基调，来塑造白梅的音乐形象。如这段戏，白梅到绣庄老板家当绣娘之后，日夜在绣楼上刺绣，配合画面有一段民歌伴唱，以倾诉绣女的哀愁，歌词是：

> 孤单乡女坐绣楼，为人作嫁几时休，
> 抽尽心丝红颜老，世人谁知绣女愁。

作曲把这首歌完全用民歌的形式配唱出来，而乐队伴奏只用了最古典的三件乐器：箫、古筝、二胡，却把这夜静更深、孤灯、绣女的凄凉处境和人物的悲苦命运，充分地表现了出来，使人更加同情白梅。

类似这样的音乐伴奏，还用了多处，都有力的刻画了人物，烘托了主题、渲染和加强了剧情的发展。

实践证明：影片的风格样式决定着音乐的民族形式，而音乐的民族形式又反过来深化了影片的主题和加强了影片的民族化色彩。这是我们这次探索的一点体会。

（五）特技摄影表现人物的新探索

以往故事片运用特技摄影表现孪生兄弟已有许多成功的先例。就是何如同志本人也曾在影片《哥俩好》中，成功地把我一人扮演的两兄弟摄入同一画面，而且可以做到扶肩搭背。

这一次为了表现好白梅、红梅两人的悲苦命运，不仅特技摄影要能扶肩搭背，而且要求出新，能更深刻准确地反映在一个画面中两姐妹的思想感情。剧本描写了两姐妹的多次相遇，而且每次不同，要求摄影技术十分复杂。例如"吴镇桥头红梅卖唱"一场戏，剧本描写小红梅站在围观的人群中哭诉，小白梅从人群外挤进来听。镜头分切处理也可以达到这个效果，但是我用一个特技摄影的全景镜头，来表现两姐妹的不同思想感情，让小红梅在前景哭诉，小白梅从她身后的人群中挤进来，一目了然，十分真切。这种镜头的两次曝光因群众多，很难准确，但还是拍出了如意效果。又如小红梅蹲在地上拾钱，小白梅走到她身边送她梅花绣，我仍用全景的特技镜头表现，这时根据观众的心理要求，人们很想把两个双胞姐妹的对话、感情看得更清楚些，于是我又跳了一个近景，仍用特技拍，让小姐妹面对面站在一个画面里，互相问答。这个镜头的戏很长，对话很多，感情也很细，所以镜头更难拍，要求两次曝光合成的时间要十分准确，不能露半点痕迹，不仅前景的两姐妹形象要真实，而且后景围观的群众也要看清楚，才能浑然一体。

最后，我由衷地感到《梅花巾》摄制组是团结、友爱，值得怀恋的。摄制组绝大多数成员均能同心同德、团结互助，共同度过了艰难的岁月，赢得了创作的胜利。

1980年11月5日

广州

《雅马哈鱼档》

一、电影简介

电影名称：《雅马哈鱼档》

摄制单位：珠江电影制片厂

公映时间：1984年

电影类型：遮幅式彩色故事片

导　　演：张良

编　　剧：章以武、黄锦鸿

故事梗概：20世纪80年代初，广州龙珠区的待业青年在党的个体政策鼓舞下，纷纷在龙珠街办起了个体摊档。有的开发型屋，有的开烧腊档，有的卖拉肠粉，有的开衣服档。龙珠街顿时变得熙熙攘攘，一派兴旺。

一度失足的待业青年阿龙，从拘留所回来后，看到和自己一起的待业青年都有了职业，居然都当上了万元户。决心自己也开个鱼档做生意，赚点钱，也像人家一样，钱包满了，就像个人了。为了开鱼档，重新做人，阿龙把家里的电器和贵重物品拿去卖掉，凑上一些钱买了一辆日本进口的"雅马哈"牌子的摩托车。为了使名声响亮，他们将鱼档的名字用摩托车牌子取名"雅马哈鱼档"。

在做卖鱼的生意中，由于他们不懂学赚钱还需先学会做人之理，一味去赚钱，不择手段，结果搞得身败名裂，鱼档也垮台了，营业牌照也给于得燊收走了。三个人只好各奔东西：一个流落街头，重操旧业；一个被母亲所迫要去找澳门客；一个不知如何是好，徘徊在漩涡之中。

曾经被他们视为竞争仇敌的葵妹，这时候向他们伸出了热情之手，邀请阿龙参加她的鱼档，发挥一技之长，专负责运鱼。不出一个月时间，葵妹按利润分成，阿龙得到不少钱……

在王所长的引导下，尤其是看到葵妹在街头卖鱼的服务精神；大师兄

◎ 电影《雅马哈鱼档》宣传画

"烂仔强"如今当上了个体户的先进，有了面子，又有了钱；曾被人们贬为"街边仔、街边女"的个体青年如今有了社会地位和人的尊严。阿龙开始悟到了人的价值不是职业和金钱，而是对社会的实际贡献！

在众人的热心帮助下，珠珠和阿龙又重归于好，海仔也找回来了。葵妹的鱼档和阿龙的"雅马哈鱼档"联合起来组成了一个规模更大的"雅马哈鱼档"。

获奖情况：本片参加1984年柏林国际电影节展映活动；于1985年获文化部优秀影片二等奖；又获1985年第五届"中国电影金鸡奖"最佳美术奖及最佳摄影奖提名、最佳剪辑奖提名。

二、导演心得

影片《雅马哈鱼档》导演阐述

张良

（一）时代背景、主题思想、人物基调

《雅马哈鱼档》是描写八十年代广州的几个待业青年，如何在自谋职业的个体鱼档生活中，学习赚钱，学习人生，探索人的价值。最初他们是用钱

◎ 张良（前排左五）与《雅马哈鱼档》演职人员合影

去衡量人的价值的。他们认为有钱的人才是高尚的，没钱便不是人，所以他们不择手段去赚钱，结果在现实生活中碰了壁。渐渐地他们看到，有钱人并不一定具有人的价值，没钱人不一定没有人的尊严，地位高的人由于思想行为不好反贬低了他的实际价值；地位低下的人，由于能为群众造福，就赢得了群众较高的赞誉。他们似乎觉得钱并不能真正代表人的价值了，人只有在他对人民对社会有所贡献的时候，才有了他的实际价值。于是他们从一味赚钱的漩涡中摆脱出来，向广阔的真正的人生河流游去。去学习如何做人。这便是本片的主题。

"如何做人？"是古往今来一切文学艺术的永恒主题。也是现实生活中每一个人的追求。懂得早而又解决好的人，也许会名扬千古为亿万人所效仿，而那些不懂如何做人的人，轻则糊涂一生，重则贻误自己，倾害他人，甚或成了历史的罪人。

雅马哈鱼档上的几个年轻人，可不可能糊涂一生而又贻害他人呢？完全可能！因为他们从童年起就过着十年动乱的野蛮人生活，没有人教会他们如何生活，也没人教他们做个有理想有道德的人，反教会了他们狂暴粗野，打架造反，倾害他人。只有当社会发生了根本的变革，铲除了祸根之后，他们才可能在阳光下，慢慢矫正扭曲了的身躯，挺拔向上健康成长。

这几个年轻人所生长的时代，是和我们每一个人同步的。年长的犹如是阿龙、海仔们的父兄，年轻的都是他们的同辈人。他们短短的二十五年足迹，都是在我们身边走过的。我们可以说，是看着他们出生，拉着他们学步，又看着他们学坏，自己只能摇头叹息，无能为力。

"四人帮"倒台之后，党的十一届三中全会制订了各项政策，这才给广大待业青年开辟了广泛就业的前景。他们有的重新进校求学，有的要自学成才，有的进了工厂，有的当了农民，有些搞了个体摊档经营。他们在从工、从农、从学、从商中找到了自己的位置，也在为社会作贡献中看到了自身的价值。那些觉悟早表现好的青年，都成了各行业的中坚骨干，而觉悟迟的人则还在各种漩涡中挣扎。但是今天的社会，毕竟是好人多坏人少了，那些一度失足的青年，只要肯回头，总有更多的手伸向他们，拉他们上岸！

80年代，是奋发变革的年代，千百万青年人犹如是一滴滴水珠，一片片浪花，从四面八方聚拢来，汇成了大江大河。他们共鸣着一个巨大的声响，组成了时代的最强音，那便是医治十年创伤，振兴中华！！！

这便是本片的时代背景和青年主人公们的人物基调。

（二）风格与样式

一部影片，可以像一首优美的田园诗，也可以像一首抒情的小夜曲，有的像史诗，有的像撼人心魄的《正气歌》。

我们的《雅马哈鱼档》不是《正气歌》，也不是《小夜曲》。她该是一幅犹如《清明上河图》一般的"广州当代市井风情画"。

在这幅画卷里，我们力图通过雅马哈鱼档的兴衰变化，展现80年代广州个体营业的繁荣发展，展现高速建设中的城市新貌，展现一代新人的崛起，展现他（她）们的理想和情操。

在这幅画卷中，既有闹市如潮的龙珠街市场，又有独具特色的芳村水上鱼栏，既有古香古色的成珠茶楼的新景，又有完全现代的琳琅满目的西濠夜市。那沙基涌边的艇仔女将令人神往；那龙珠街头的卖鱼女葵妹将令人仰望；那娇小的珠珠又有如徐徐春风沁人心脾；那剽悍凶蛮的阿龙居然也有了凛然正气！

在这幅画卷中，一定要看得见广州浓郁的生活气息，一定要嗅得出南国的独特芳香，一定要听得到那跳动的奔腾向前的时代脉搏，一定要摸得出每一个神态各异的脸庞。

这是一出富有南国特色的抒情正剧。

这是一幅色彩绚丽的广州当代市井风情画。

（三）演员表演

艺术是什么？艺术就是把那滚滚向前的生活，把那即将消逝或已经消逝了的生活重新拉到观众面前，复现生活中的美丑、善恶、是非。促使人们思考、判断以及决定其取舍态度，激励人们以更高的理想、情操去创造更美好的未来。

什么叫塑造形象？其实现实中的每一个人都是在生活的大舞台上，按照个人的理想塑造自己的形象。这个形象塑造工作往往是要付出几十年的艰苦努力，有人把自己塑造成政治家、历史学家、军事家、艺术家，然而不管怎么说，每个人都在为自己塑像，只有历史才是观众，才能判断其善恶、美丑、好坏。我们的艺术家，就是要重塑这些形象。

今天，我要求演员抛弃以往不切实际的表演概念，不要追求如何表演，而去深刻体验人物的生活、感情。去追求人物的"如何做人，做个什么样的人"。

以"阿龙夺葵伯档口"的戏为例，阿龙不是恶混，不会无理取闹。那他为何气势汹汹而来？这是他"气不打一处来"的缘故。请看，他从拘留所出来，要开个鱼档，重新做人，可是开鱼档比他做人还难。起初钱不够，买不起摩托车，后来于得奀刁难他不发牌照。他亲自到茶楼会过了于得奀，反被训了一顿，后来不得不花大钱才买回牌照，到此时才算万事俱备了。偏偏又来个葵伯挡路，占了档口，其实档口本是葵伯早定的，是海仔向阿龙编了瞎话，才激怒了阿龙。阿龙想，于得奀咱惹不起，我让一步，可你葵伯是个糟老头子，怎么敢挡我的路？！阿龙就把对于得奀的满腔愤怒都发泄到葵伯身上来，这叫借题发挥，逼着葵伯让路！这样看，阿龙气势汹汹来才是合情合理的。如能准确地表达出这种情绪，才能动人，才不是"演戏"。

又如海仔在雅马哈鱼档开张时的声嘶力竭的叫卖，为什么要这样？是滑稽好玩吗？只是逗人一笑吗？不是！他是在与葵伯竞争，是在争夺顾客。他如果不大声疾呼，就拉不来顾客，就赚不到钱，而赚不到钱就意味着失败、失业，就可能又去过游荡生活……所以他不遗余力，因为这事业牵扯着他三人的命运，这样叫卖才有了内在的动力。

我要求每个演员都能这样去分析角色，找到内在根据，以此激励自己去真听、真看、真做，切不可把表演流于形式。没有灵魂的表演、只是躯壳，有情感的表演，才是艺术。

我希望专业演员、非专业演员要互相学习、互相帮助，共同完成这一生活群像的塑造，让每一个人物形象在这幅"广州当代市井风情画"中，给观众留下难忘的印象！

（四）对各部门的几点要求

1. 摄影与照明

摄影应按本片所追求的"风情画"艺术风格，尽量采用纪实性手法拍摄，让摄影机真正代替观众的眼睛。对摄影总的要求是要生活、自然、逼真。

为了更生活更逼真，摄影机不能像过去那样过多地采用固定机位，而多采用不固定的机位。画面构图和用光尽量减少对演员的限制，让他们根据人物的生活需要在这龙珠街上随意活动。当然这是人物的生活需要，而不是演员本人的需要。因此摄影的机位，应更灵活、自然、达到逼真的效果。而为了更逼真，许多戏要求摄影师采用纪录摄影的方法，要手端摄影机步入街头人群，以迅雷不及掩耳之势抢拍下美妙的瞬间，动人的神态。你的摄影机要为所欲为，神出鬼没。例如"西濠夜市""芳村鱼栏""追车"等戏均需如此拍摄，才有味道。

关于摄影用光必须遵循纪实性的特点，注意真实。晴天拍摄，人物必须是共享一个太阳光，该顺则顺，该逆则逆，不可过分搬动太阳为我所需。阴天更应注意不出现非光源的不合理光影，室内的光源要合理，不可光影零乱。

摄影是光的艺术，没有光便没有艺术，没有光也没有世界，所以一切美妙的构图、气氛、意境，都必须通过光去体现。试看清晨、傍晚的龙珠街市，正是朝霞和夕阳的光勾画出动人的色彩，而拂晓的"芳村鱼栏"，是靠了江面上的万盏灯火和弥漫在江心的晨雾才造成这迷人的画境。而"西濠夜市"的现代气氛，更是通过不同角度，不同色彩的光，组成这绚丽多彩的世界，如果没有光，何以有如此壮丽的夜市景色？！人物亦是在不同的光影下，才愈鲜明生动。所以如何用光，实是本片摄影成败之关键。

我把摄影和照明一起谈，实感这是摄影艺术不可分割的整体，只有你们通力合作，创造性地用光、构图选择色彩才能达到更高的艺术境界。

2. 录音

电影既是视听艺术，就应充分调动观众的视听器官，创造性地运用声音效果，造成真实的立体的银幕空间。本片既然是"广州当代市井风情画"就应在充分表现市井风情画面的同时，充分表现出声音风情画的立体空间。这声音包括人声、自然音响、音变和环境音响。对于这些声音的要求是自然、

◎ 张良（持话筒者）在现场导演《雅马哈鱼档》

逼真、富有距离感、运动感、空间感。

虽然本片的演员状况和我们的录音设备不可能做到同期录音，但是要求全片的录音能达到同期录音的效果，即除了人物的对话外，还应有丰富的真实的背景声响。如龙珠街上的喧闹声，车铃声，广东方言的各种叫卖声、喷水声等等。又如"成珠茶楼"的喧闹声，"芳村鱼栏"的各种音响组合。"西濠夜市"的各种声音等等，都是风情画的重要组成部分，必须真实地展现在画面空间之内。录音的声响处理，以自然、真实为主，不可过于单调，画面的声音气氛不能怕影响人物对话而过于减弱，不要破坏观众亲临其境的信念。

本片既追求声画结合，也尝试运用声画分离的艺术效果。如阿龙参加全体青年的经验交流会上看到了秦兆强。他立即联想到当年自己与秦兆强被追捕入狱的情形。过去的影片处理是画面闪回，但这已用滥了，易引起观众的厌烦，本片此次不采用画面闪回，而企图利用声音闪回，造成视听的幻觉，以补充观众的联想。其他场景亦大量运用自然音响，环境音响以创造立体空间，达到生活的逼真感。为此，要求本片的录音在实拍现场录一条完整的参考声带，以便在后期制作时，充分利用这些元素，创造出逼真的生活意境。

3. 音乐

本片的音乐应追求广东的地方色彩和现代的音乐特点。由于广东的经济特区地位和现代生产力的高度发展，人们已进入高速度、快节奏的时代。因此。必须利用现代的音乐节奏来反映现代的生活特点和青年人的思想感情。从这个含义上说，古老的广东音乐已不可能完成这个任务，但是又必须强调音乐的地方色彩，希望作曲能使现代音乐与传统音乐有机地结合起来，实现本片艺术风格的统一。

此外希望把有声源音乐结合起来，更好地供托人物的性格和心情。既可以使有声源的音乐带有主观色彩，也可以使无声源的音乐带有客观性。如"阿龙醉卧长堤"时从"珠江夜游艇"上发出的有声源音乐，可以与人物此时的情景完全成反比，造成不协调。

关于乐队的配器上，不可排斥电子琴和现代打击乐。

作曲应充分了解广大青年对现代音乐的追求和爱好，更深地反映青年们对新生活的向往。

电影既然是综合艺术，本片的成败与各部门关系极大，希望都能创造性地付出劳动，出色地完成本职工作，共同齐心合力为拍好《雅马哈鱼档》而奋斗！

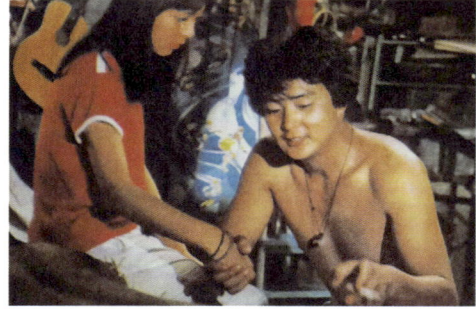

◎ 电影《雅马哈鱼档》剧照

《少年犯》

一、电影简介

电影名称：《少年犯》

摄制单位：深圳影业公司

公映时间：1985年

电影类型：彩色遮幅宽银幕故事片

导　　演：张良

编　　剧：王静珠、张良

获奖情况：张良因导演本片，于1985年获司法部"法制文艺优秀奖"（金质奖章）；本片获1986年广播电影电视部优秀影片奖；获1986年第九届"《大众电影》百花奖"最佳故事片奖；获1986年青年影视爱好者活动周"影视明星太平洋杯"青年最喜爱的电影故事片奖和纪念奖；获1987年上海《文汇报》《中国电影时报》主办"新时期十年最佳故事片奖"，张良本人获"导演荣誉奖"；获1988年《中国广播影视》杂志主办"新时期十年最佳影片奖"，张良本人获"新时期十年影视十佳导演奖"；获1989年伊朗第七届曙光旬国际电影节少儿影片国际赛类最佳演员奖；获1989年伊朗第六届发吉尔国际电影节"蝴蝶奖"。

二、电影文学剧本

1. 晨　某市·区公安分局拘留所

一抹朝霞衬着长长的围墙、长长的电网。远看是那样明媚，近看则又显得灰暗。铁门边站着荷枪的武装警察。

2. 晨　拘留所内

长长的走廊，左右两排监舍。一位巡逻的干警从走廊深处迎面走来，周围不时传出铁门撞击声。另一名干警押着一名囚犯向走廊深处走去。巡逻干

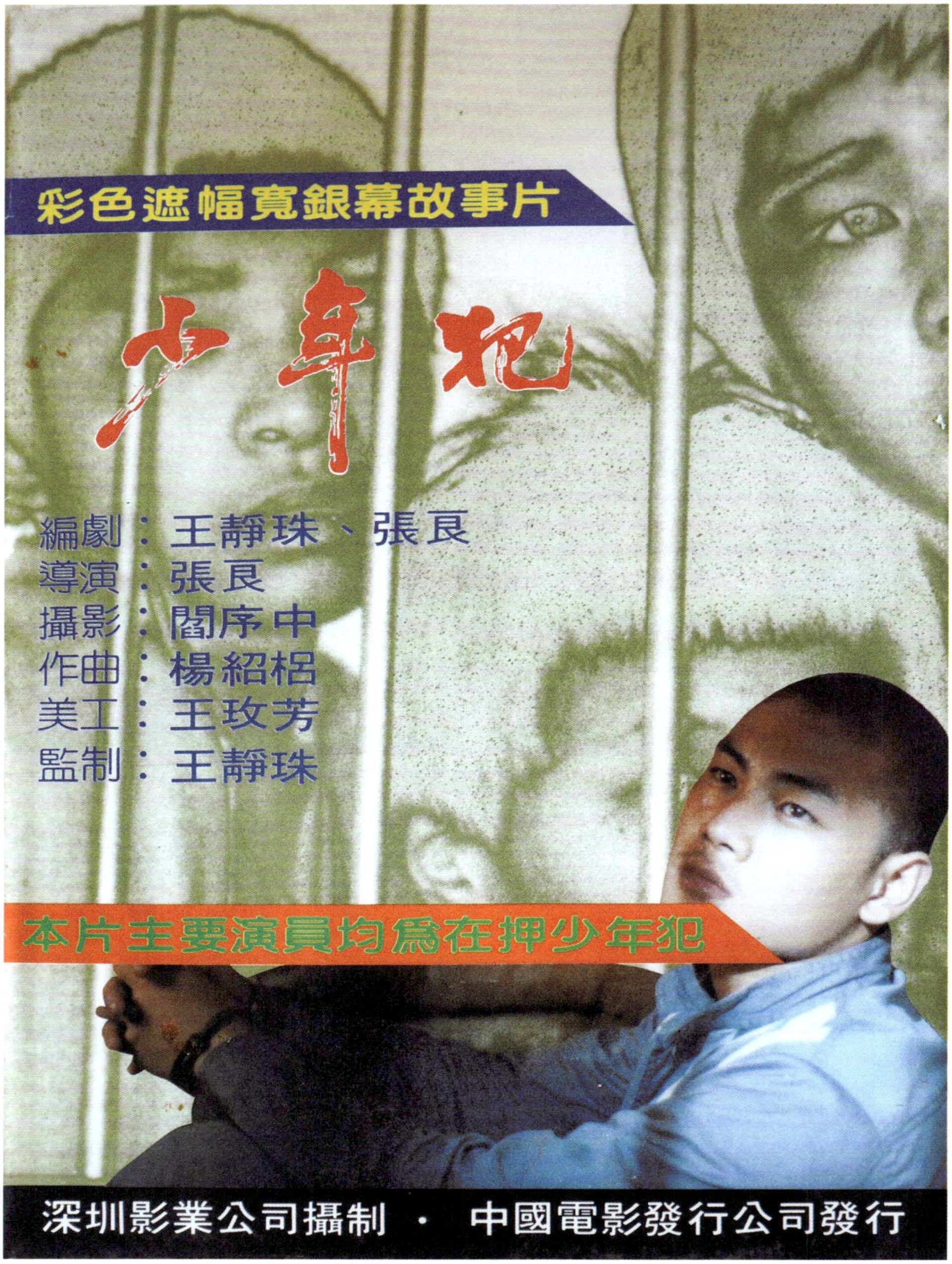
彩色遮幅寬銀幕故事片
少年犯
編劇：王靜珠、張良
導演：張良
攝影：閻序中
作曲：楊紹梠
美工：王玫芳
監制：王靜珠
本片主要演員均爲在押少年犯
深圳影業公司攝制 · 中國電影發行公司發行

◎ 电影《少年犯》宣传画

警走到十一号监舍前停住。十一号监舍的铁门上，瞭望小窗无声地拉开了，巡逻干警窥视着。透过瞭望窗，看见不满十平方米的监舍内，靠墙端坐着十名囚犯。他们有老、有小，形态不一，默默端坐，不时斜眼看着瞭望小窗。

3. 拘留所走廊上

拘留所楼梯连着走廊，一位中年干警陪着女记者从底楼走上来，铁门里的巡警给他们打开铁门，客气地向他们打招呼。

巡警："你好！"

中年干警进门介绍："这位是记者谢洁心同志。"

巡警："欢迎！"

谢洁心："你好！"

巡警关上铁门："请跟我来吧！"三人径直向十一号监室走去。

一间间的监室（横移），铁栅内席地坐着的男囚犯，他们都是低头抱膝，不时有人从眼角射出两道阴冷的目光。

巡警、干警、谢洁心走到十一号监室铁门前。巡警打开铁门，向大家扫视一下。监室内囚犯们无言地席地而坐。

中年干警跨前一步，打开文件夹喊道："我叫到谁，谁就出来！阮五、方刚、沈金明、肖佛，都带上自己的东西出来！"

叫肖佛的一跃而起，欣然答应，毫无惧色地走上前施了个礼："是放我出去吧？"

巡警瞪了他一眼，掏出手铐将肖佛和阮五铐在一起，又将方刚和沈金明铐在一起。

肖佛在观察中年干警的神色，就在他被带出门时他问巡警："大叔！我们还回来吗？"

巡警："不回来了，该给你换个地方住住了。"

4. 拘留所院内

院内的车棚下停着几部三轮摩托车，不时有干警驾驶摩托车驶出大门。

另有不少公安人员快速地进出办公楼。

中年干警押着方刚等四名少年犯从主楼的大门台阶上走下来，后面跟着谢洁心。他们向停在院内的小囚车走去。

小囚车的门被干警打开，少年犯们带着各自的行李上车，方刚的手里只拿着一个小挎包，肖佛两手空空，唯有沈金明和阮五的手里拎着花被褥等行李，行动十分不便，他们互相牵制着一个随着一个跨进囚车。

一位青年干警提着谢洁心的旅行包走到谢洁心的跟前:"谢记者,您的行李也放在车上吧?"

谢洁心:"好的,谢谢你了!"

中年干警:"让您坐小囚车去实在委屈您了!"

谢洁心:"我要求这样的,这样可以看到全过程。"

拘留所的大门外,几个过路的人在向内观看,在这些人中有一青年正向她招手喊道:"妈妈,你来一下!"

谢洁心对干警:"是我儿子,我看看就来!"

谢洁心的儿子陈林,十七岁,长得很高大匀称,一表人才,他挎着书包向前走了几步。

谢洁心笑容可掬地迎出来,问儿子:"你怎么还没走啊?"

陈林:"我要等你走了再回去。"

谢洁心:"别等了,看这天马上要下雨了。要是你爸爸有信,就寄到劳改局转给我,你在家要听奶奶的话,可要用功读书啊……"

陈林打断她:"放心吧!妈,你再给我留些零用钱!"

谢洁心边掏钱边说:"怎么还要钱,你可不要胡花!"

陈林接过一张十元人民币,又从母亲手中抽去一张十元人民币,高兴地扬扬手:"你快去上车吧,拜拜!"

谢洁心望着陈林的背影,不放心地嘱咐着:"过马路当心!

快下雨了!"陈林头也不回,匆匆穿过了马路。

小囚车内。

谢洁心钻进了小囚车,中年干警让谢洁心坐在看押席位上,自己坐在门边,随手关上门,窗外已开始下雨。

汽车发动了。

谢洁心回头看看车内。

铁栅的门已锁上,在铁栅的里层端坐着方刚、肖佛、沈金明、阮五。他们的脸上毫无表情,木然呆坐。

5. 启动的小囚车

囚车旋转着闪光器鸣笛驶出,围观的人急促地往两边分开。

谢洁心透过车窗向围观的人们注视;人们拥着向车内窥望,议论不断。

囚车内端端正正坐着方刚等四人。突然方刚的眼睛一亮,极力向后看去。人行道上,逆着人流跑来母女二人,母亲大约五十上下,头发已花白,形容憔悴，手里拉着十三岁的女儿小妹，她们慌慌张张地追奔汽车而来。

方刚紧张地站起来抓住了铁门。

人行道上一位戴眼镜的瘦弱男子气冲冲地急步走来，抓起母女两人的胳膊，不容分说，拉了就走。

方刚的眼里满是泪水，他极力睁大泪眼望去：

大街上，春雨如烟，淹没了母亲的身影，只见各种颜色的雨伞在远处和近处跳跃，渐渐模糊成一簇簇光斑。

方刚再也看不见母亲的身影，头重重地顶到铁栅窗上。

6．烟雨中

小囚车行驶在繁华市区。

小囚车在僻静的市郊行驶。

7．小囚车内

干警正和谢洁心谈话。

干警："记者同志！你能到我们这地方来，决心可不小啊！"

谢洁心笑："监狱在人们的心目中确实是很黑、很恐怖的形象！不过，我倒很想看看咱们今天的监狱！"

干警："是啊！社会上太不了解我们了，这一次希望能给您留下个新鲜的印象。"

坐在后座里的肖佛装作若无其事的样子，小声问身边的沈金明："哥们，是第一次吗？"

沈金明痛苦地点点头，胆怯地轻声问："这是往哪儿送？"

肖佛俨然大哥一般："别怕，我进来多次了，什么都懂。现在是往劳改场送，去过劳改场吗？"

沈金明惶惑地摇摇头。

肖佛："劳改场都是大铁丝网围着，带电的，碰上就完了。夜里还有狼狗巡逻，进去就别想跑出来。"

沈金明恐惧地睁大双眼。

方刚也盯着肖佛，他在判断肖佛的话有多少真实性。

肖佛越说越起劲："夜里有大狼狗巡逻，白天管教干部的手里都拿着乌棍，谁要是不老实就'咔'给你一下。"说着朝阮五的肚子捅去，阮五吓得"喔唷"一声。

干警回头瞪了肖佛一眼："小家伙！你在散布什么谬论啊？！"

肖佛急忙低下头不说话了,可他又偷偷向窗外望去。

小囚车在公路上行驶,两边是葱郁的田野。

肖佛突然感到异样,情急地大叫:"你们这是把我们往哪儿送啊?"

中年干警:"到了,就往这儿送。"

随即响起刺耳的刹车声,四少年犯惊慌地向车外看去。

8. 少年犯管教所

窗外出现一堵高墙和一道威严的大铁门,铁门边挂着一块大木牌,白底黑字,赫然写着"少年犯管教所"。

方刚、肖佛等四人吓得目瞪口呆。

大铁门发出沉重的声音,慢慢地自动启开了。小囚车驶进铁门。

少管所赵所长从办公大楼里热情地迎出来和走出囚车的谢洁心亲切握手。

赵所长:"欢迎你啊,谢洁心同志!"

谢洁心:"你好!"

中年干警介绍:"这是赵所长,这是刘队长。"

谢洁心:"你们好!"

赵所长:"先到休息室休息吧,你的住处我已经让人安排好了。"

谢洁心:"我来给你们添麻烦了。"

赵所长:"哪里,你们当记者的。能到我们这地方来,我们是求之不得呀!走吧,先进去休息一下。"

谢洁心:"不用了,能不能请位同志先把我的箱子送去,我想跟这些小家伙一起去报到,行吗?"

赵所长:"没问题,我已经通知各中队,为你开绿灯,保证你的采访调查畅通无阻。"

谢洁心:"实在太感谢了,那我先走了。"

这时小刘队长和中年干警已经带着方刚、肖佛等四人向后院走去。

肖佛等人边走边紧张地四处张望。

高楼、大树、花坛、草坪。

在路旁的矮树下,一群少年犯在锄草,他们透过小树枝窥视新来的陌生人。他们的目光都很短促,一闪、一闪,令人捕捉不定。

沈金明突然惊骇地转头望去。

一队少年犯肩扛劳动工具,雄壮地喊着一、二、三、四,从他们的面前走过去。

肖佛四人被带到了一个大操场。

大操场上有几个中队的少年犯正在操练，有的在迈正步，有的在练左右转，然而在整齐的队列里，依然有人斜着眼偷看。

方刚突然紧张地向后看去。

有两个武警押着一名戴着手铐的凶恶少年急急走来，少年衣衫凌乱，沾满烂泥，显然是刚刚抓回的逃犯。他们急急走来，越过了四人，向另外一处小院走了进去。

方刚望着他们的背影，低下头，若有所思。忽听干警催促"走啦"，才又急忙随上队伍。

四个少年被带进了一座六层大楼。

青年干警走在前面，中年干警走在最后。

他们一层一层地向上走去。

每一层楼都有一道铁门，他们越过了铁门，又向上层爬去。

沈金明已是虚汗淋淋。他突然摔倒，谢洁心赶忙扶起他。

肖佛的眼骨碌乱转，他在观察每一层的变化。

方刚的脸更加铁青了。

阮五只是低头喘气。

他们终于在最后一道铁门前站住了，铁门上方横着一块小木牌，上写"第一中队"。

青年干警上前拍打着铁门。

一名队长走出来向来人望了一下，启锁打开了铁门。

当沈金明最后一个迈进门时，铁门又被重重地关上了；整座楼都回响着上锁的声音。

沈金明听到这声音，脸更加苍白了，惊吓与虚弱使他无力地瘫坐在地上。

9. 市内·繁华的大街

醒目的霓虹灯广告商标。拥挤的人群。往返的各种车辆。

10. 西餐馆内

在一个僻静的角落，桌上是丰盛的西式盘菜，谢洁心的儿子陈林正陪着一个娇艳的少女在吃西餐，他们喝着啤酒，喁喁密谈。

陈林："你为什么不敢到我家来？"

少女:"你爸爸好吓人的。"

陈林:"他上个月出国了,要两年才能回来!"

少女:"那你妈呢?"

陈林:"她呀,真奇怪,忽然对少年犯罪有了兴趣,要去搞个社会调查,把自己也关进少管所了。"

◎ 电影《少年犯》剧照

少女:"你家里不是还有奶奶吗?"

陈林:"她已经老糊涂了,最疼我,在家里什么都听我的!"

少女腼腆地低下头。

陈林靠近少女的脸,亲热地低声说:"我现在绝对是自由的王子了……"

少女羞涩的脸,突然紧张起来。

桌下,陈林的手向少女的大腿摸去。

少女惊慌地喘息着。

11. 少管所中队宿舍

值班少年犯命令新入所的十名少年犯:"你们都过来,面向着墙坐下,快!"

肖佛凭老经验第一个面向墙坐在地上,他将两手向后一背,挺起腰,低下头。

值班少年犯看肖佛做得很准确,便对大家说:"对了,都照着他的样子坐好!动作要快!"

众人看着肖佛的样子,都席地而坐。

刘队长陪同谢洁心入内。

刘队长礼貌地请谢洁心坐在桌旁,自己就开始接收工作。

他打开文件夹,翻阅着档案。

肖佛偷偷转头望去,冷不防被值班少年犯踢了一脚。他压低声音警告:"老实点,不许乱动!"

刘队长喊："方刚！"

方刚应："有！"站起来。

刘队长打量着方刚，一边在登记表上核对："你今年几岁！"

方刚："法院不是问过了？"

刘队长："这是入所登记。"

方刚没好气地："十六！"

刘队长："判了几年？"

方刚不耐烦地大声答道："五年！"

刘队长："犯了什么罪？"

方刚："你们不是说我是持刀伤人吗？"

刘队长："怎么是'你们说'？你没有持刀伤人吗？"

方刚："别人不也拿着刀要伤我吗？"

刘队长："可是你先动了手，把人家造成终身残废！不是吗？"

方刚："知道了还问！"

刘队长想发作："嗯？！"但又忍了下来，继续问："读了几年书？"

方刚："我怎么知道？"

刘队长："读了几年书都不知道？"

方刚："我读是读的初中，可是你们一会儿抓我，一会儿又放，学校也一会儿开除，一会儿收回，这怎么读书？"

刘队长无可奈何地："你下去吧！肖佛！"

肖佛赶紧答应："有。"急忙站起，揉了揉快坐麻了的腿。自语地："腿麻了！"

刘队长："你叫肖佛吗？"

肖佛："是。没错！"

刘队长："还有别的名吗？"

肖佛："那多了，你问哪个？"

刘队长："都说说！"

肖佛："是！哥儿们叫我，'八级钳工''小天窗''小佛爷'，后娘叫我'王八蛋'，还叫……"

刘队长不耐烦地："行了，你的籍贯！"

肖佛："我习惯吃肥肉、睡懒觉，还习惯……"

刘队长睁大眼睛："我问你籍贯，家住哪？"

肖佛："喔！明白了，我家住镇江。"

刘队长："你父亲的名字。"

肖佛："我父亲……你问哪个父亲？"

刘队长瞪大眼睛："你能有几个父亲？"

肖佛："我有三个爹，三个妈，谁知道你问哪一个呀？！"

谢洁心惊讶地注视着肖佛。

刘队长也愕然地望着肖佛，好一会儿他才缓和了口气："一个一个说，先说你的亲爹、亲妈！然后再说你的后爹后妈……"

12．阳光下

一把理发剪像铁犁耕耘着泥土，方刚的乱发被犁出道道白沟。

水喷头下，肖佛的光头上涂满了肥皂，他在冲刷满手的污垢。

他们的脏衣服被抱走，放上了整齐的少管所所服。

宿舍。已经换了新所服的方刚等十人，正在班长的口令下练习"起立、坐下。"

班长："大家注意，到少管所以后，必须学会生活制度化、卫生经常化、行动军事化。现在听我的口令：起立，坐下；起立，坐下；起立……"

唯独方刚懒洋洋地总比别人慢一拍。

班长大声训斥："方刚！你怎么搞的？拖拖拉拉！"

方刚不满地慢慢站起来。

班长："注意听我的口令，坐下！"

方刚偷偷把身边杨雄的小凳踢到一边。杨雄重重地坐到地上，他立即爬起来朝若无其事的方刚扑去。

全班大乱。

13．女队缝纫车间

几十名女少年犯正在女队长的指导下踏着缝纫机加工服装。赵所长陪同谢洁心走进车间。

女队长热情迎上，并向全队招呼："大家停一下，赵所长有点事。"

赵所长走到当中向女少年犯介绍说："同学们！这是《社会与家庭》杂志社的记者谢洁心同志，你们就叫她谢阿姨吧！她要在咱们所生活一个时期，还要和你们交朋友。她很关心你们的前途未来，谁愿意找她谈谈都行，今天就算第一次见面吧！现在欢迎谢阿姨讲话。"

众女孩鼓掌。

谢洁心激动地望着女孩子们，不由得眼泪涌上来。她感情激动地："同学们，我第一次到少管所来，今天见了你们，我……我心里很不是滋味儿，你们都还小啊，本来都该在父母的身边，都该在学校里读书的（她哽咽住了）……可是你们……当然，这里也像家，老师们也像父母一样，可我还是盼望你们能早一天改好，能早一天回到家里和亲人们团聚，我愿意帮助大家，咱们就交个朋友吧！"

女孩子们望着谢洁心的脸，听着这些深情的话，不少人低下头去。

14. 拂晓　少管所

高墙内响起了起床号声和哨声。

监舍大楼，一层一层的灯亮了。

一层一层的铁窗内响着班长的叫声："起床！快！起床！"

15. 方刚宿舍内

睡在双层床上的少年犯们争先恐后地爬起来穿衣，叠被。

沈金明边穿衣服，边拿笔在床旁墙上划了一道。

肖佛爬起来问："你干吗？"沈金明不理睬，忙着叠被。

方刚睡在上铺睁眼看看大家，又蒙头睡去。

肖佛只穿了条短裤，焦急地在找自己的衣服，他见隔床阮五的床头上拦着裤子，便扯过来穿上。

班长跑过来推醒方刚："你怎么还睡？出去晚了要罚的！"

方刚坐起来大怒："这是他妈的谁定的规矩，这么早起床？这不是存心整人吗！"

这时阮五带着哭声喊道："我的裤子没了，谁看见我裤子了？"

肖佛热心地关心阮五："什么丢了？是不是裤子？别急，好好找找！"

阮五一开始还认真地听，听到后来没好气地："废话！我还不知道找？！用你说？！"

此时楼下传出集合的口令。

肖佛从床上跳下来跑到窗边张望，又急急跑回大喊："方刚！不好了，楼下集合了，快！"说完向门外跑去。

阮五忽然眼睛一亮大叫："肖佛！你站住！"

他冲到肖佛面前抓住他的裤带："你他妈的偷我的裤子！"

肖佛狡辩："别赖！孙子才偷你的裤子！"

阮五："你就是孙子！看！这裤带上还有我的名字哪！"

肖佛理穷："那我的裤子谁偷了？"

阮五："谁管你，脱下来吧，孙子！"说时用力一拉，连肖佛的内裤也一齐拉到脚下。

肖佛急捂住下体大骂："你要流氓！耍流氓！"

方刚跑上前照阮五当胸一拳，阮五应声倒地，喊叫着："方刚！你敢打人？！"

16. 拂晓　操场

透过朦胧的晨雾，一队一队的少年犯在各自队长的口令下跑步，有的队很整齐，有的队很零乱。

管教队长冯志学威严地喊着口令："注意力集中，跟上脚步，一，一二一，那是谁？跟上！一，一二一，那是谁？手还插在裤袋里？！"

队列里，方刚的手插在裤袋内。他瞪了一眼冯志学，不情愿地抽出手来，然后猛地往下一蹲，身后的阮五等人收不住脚，一个个从他的身上摔了出去，队形大乱。

冯志学不动声色地看着。

稍远处的赵所长、谢洁心也在向这边看。

队伍重新集合，管教队队长冯志学正威严地向全队训话："自我介绍一下，我是你们新中队的队长，叫冯志学。今天我们初次见面，我的脾气你们日后就知道了，你们的脾气我也能摸到，我希望大家相互都克制些。从今天开始，你们必须在严格的纪律约束下过新的生活！"

全队冷冷地听着。

17. 晨　中队楼前

一队队的少年犯刚操练完，正满头大汗地爬楼梯。冯志学与谢洁心边上边谈，在他们的身边不断地有少年犯快速跑上。

冯志学："洁心同志，今天您也这么早就起来了？"

洁心："是啊！我想看看这些小家伙一天到底是怎么生活。"

冯志学："这儿的生活可以说是既丰富、又枯燥。"

洁心："你们对这些孩子是不是管得很严？"

冯志学："不严不行啊！一个个都野惯了，当然他们都受不了，就像松鼠刚关进笼子里！"

洁心："现在这时候他们在做什么？"

冯志学："洗漱、打扫卫生。"

洁心："我一个人在楼里随便转转，不要紧吧？"

冯志学："行！没事！"

18．晨　洗漱间

刚刚出操归来的少年犯们个个满脸汗水，正挤在水龙头前漱口刷牙。

方刚脖子上挂条毛巾，手里拿着空牙刷在出神，他左右看去：一张张布满白沫的嘴。

肖佛挤到方刚跟前一看就明白了："别急，你等等！"他转身挤到粗壮如牛的杨雄身边，嬉笑地："哥儿们！挤挤，咱们一块洗！"

杨雄眼一瞪，用屁股一拱，说声："滚一边去！"竟把肖佛撞出好远，几乎摔到地上。

肖佛爬起来说："好！惹不起，咱还躲得起！"便挤到方刚面前，得意地递给他一支大管"美加净"牙膏，又轻声地："以后缺什么，跟我说一声。"

方刚十分赞赏肖佛的机智，得意地将牙膏挤到牙刷上。

此时，肖佛突然哀叫着跪到地上，原来是杨雄抓了他的手在用力扭曲，肖佛随着他的扭动在哀叫翻转。

杨雄："小佛爷！你他妈竟敢偷到祖师爷我的头上了，我杨雄偷的时候，你还在吃奶呢。说，今后还敢不敢了？！"

肖佛疼得几乎倒在地上。

方刚正在刷牙，满嘴泡沫跑过来挡到杨雄面前，轻声地："放开他！"

杨雄横了方刚一眼，蔑视地："哟喝！嗑瓜子嗑出个臭虫，你他妈的算老几？！"他一眼看见方刚抓着的牙膏便大叫："啊！原来他是给你上供啊！还给我！别让老子动手！"

方刚拿起牙膏在杨雄的脸上晃了晃，突然一把扼住杨雄的脖子将他顶到墙上。此一招使杨雄毫无还手之力，任方刚将手上的牙膏往脸上挤去，先是画了两道白眉，后又画了两撇小胡，最后方刚一张嘴，将满口的泡沫尽数喷到杨雄的脸上，说声："还你了，彼此不欠！"

肖佛慌张地从地上站起来，拉方刚的衣袖。

方刚转头一看。门口站着的谢洁心正忧心忡忡地望着这一切。

肖佛走到谢洁心面前嬉笑说："谢阿姨，咱们是一个车来的，请多多关照。"

方刚干笑："咱们是闹着玩呢！"便走到一边去。

洁心惊讶地："这是玩吗？"

杨雄活动下脖子笑着说："这里边闷得慌，闹闹开心呗，你可别跟队长说呀！"

洁心："好！不说！不过再玩的时候手轻一点，可别这样！"她用手比划卡自己的脖子。

众少年大笑。方刚突然将水龙头打开，水冲到杨雄头上、身上，大家又是一阵哄笑。

19．女队饭堂

热气腾腾的饭菜桶，女队班长在给排成一队的女少年犯们分菜。

谢洁心走到桶边看了看，又走到已经蹲在一边吃饭的女孩子面前亲切地："这些饭菜够吃吗？"

女孩笑着说："够，还吃不完呢！"

洁心："每天都一个花样吗？"

少女："不！每天的饭菜都不一样，我们有自己的伙食委员，每个星期都是自己订的菜谱！"

洁心："菜的味道怎么样？有家里妈妈做的菜香吗？"

少女望望洁心，想说什么终于没说出来，难过地垂下头吃饭了。洁心转头看去。

一张张似成熟，又未成熟的少女的脸。

20．男队饭堂

长着鹰鼻的暴连星正拿了一把长把勺给大家分菜，他轻声催促："动作快点，别磨蹭！"

门边，刘队长正和谢洁心谈话，不时扭头看看队内的秩序。

洁心："队里的孩子全是判了刑的吗？"

刘队长："是的，都经过法院宣判。"

洁心："一般的刑期多长？"

刘队长："这要看罪行的轻重，轻的只一年，像沈金明这样的；重的也有判十年廿年的，像杀了人的！"

洁心惊讶地："啊？他们这么小也有杀人的？"

刘队长："别看他们小，混劲上来，天不怕地不怕，什么都干得出来，根本没有法制观念。"

洁心倒抽了一口冷气："噢，真不可想象……"

一少年犯跑来报告:"刘队长,您电话!"

刘队长:"好!洁心同志,帮我照看一下,我马上回来!"说罢离去。

洁心转头向饭堂内看。

肖佛排队走到菜桶边,甜甜地:"暴大哥,我刚来,您老多关照。"

暴连星微微一笑:"你的嘴挺甜呀!你喜欢吃什么?"

肖佛:"我喜欢吃肥肉。"

暴连星:"好!把盆放好!"说罢假意给他捞点干的,实则给了肖佛一勺清汤。

肖佛一惊:"这……"

暴连星眼一瞪:"走!"

杨雄在后一拱肖佛,将他推出队外。

暴连星往杨雄的碗里满满地盛进一勺肉,杨雄得意地越过肖佛,坐到桌前叼起一块肉。

方刚都看在眼里,他不动声色,走到菜桶前,将碗撂在桶边。

暴连星头也不抬,往方刚的碗里盛进一勺菜汤。

方刚不说话,只把盘子一斜,让菜汤又流回桶内。

暴连星勃然大怒:"喂!你捣什么乱?!"

方刚低声地一指杨雄:"给我像他一样的菜。"

暴连星嘲讽地:"嗬!刚来他妈没两天半,牙磨齐了吗?"

方刚转头怒视:"刚来又怎么样?"

暴咄咄逼人地:"刚来就应该老实点!你也敢和老的争食,滚一边去,畜生!"说时重重的一掌把方刚打了出去。

方刚勃然大怒冲上前:"畜生!骂谁哪?"猛地一掌。

暴连星冷不防被打出数步倒地,他急忙爬起来,抢起手上的长把勺,照方刚的头上劈头盖脸地打下来。

沈金明吓得眼一闭,只听"哐当"一声,睁眼看去。

菜桶翻在地上,方刚已和暴连星扭在一起,滚打在汤水里。

肖佛冲上前尖声起哄:"打!打死这狗娘养的!"

众少年犯一齐上前劝架:"别打了,这是犯新罪!"

洁心冲上前,手足无措,她声嘶力竭地大喊:"快拉开!孩子们,这可不是闹着玩的,要出人命啊!"

然而,周围一片混乱,根本没人听她的。

冯志学和刘队长匆匆走进食堂。

满地的饭菜、汤水、饭碗、筷子……暴连星和方刚继续扭打在汤水里。

冯志学厉声喊道："住手！"

众少年犯闻声僵立在四周。暴连星也从汤水中慢慢站起来。

唯独方刚仍没有住手，又举起菜桶追着暴连星……

冯志学一个快步，从方刚手中夺去菜桶，大声喊道："刘队长！把他铐起来！"

刘队长听到命令，立即拿出手铐走到方刚面前，边铐边低声地："瞧！我刚走一会，就给我惹这么大的祸！"他气急，手铐拉得很紧。

谢洁心的身上溅了好多汤菜，她忧心忡忡地望着方刚和冯志学。

冯志学对方刚严厉地："又是你方刚，在外面打惯了手，又到里边打，好嘛！不给你点特殊待遇，你也不懂什么叫厉害！"

大声："送禁闭室去！"

肖佛、沈金明恐惧地望着方刚戴着手铐从面前被带了出去。

21．夜　中队办公室

冯志学伏在灯下记事，干警们进出。

谢洁心在桌上翻着几册少年犯的档案。

洁心："冯队长，能把方刚的档案给我看看吗？"

冯队长："可以！"走去拿出方刚档案递给洁心："您还不休息吗？"

洁心："你们不也没休息吗？"

冯队长："我们可晚了，还要参加晚上的日评会，夜里值班还得查铺。"

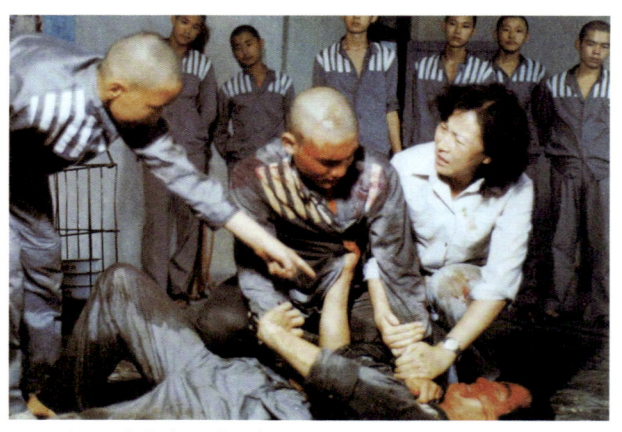

◎　电影《少年犯》剧照

洁心："真是好辛苦啊！"

冯队长："辛苦倒不怕，只求别出事！"

一干部进来问冯志学："冯队长，你参加没参加小组日评会？"

冯队长："有什么新的情况？"

干部："三班陈福

根的鞋丢了，后来查出是被人塞到厕所里，暴连星在房里追着打肖佛……还有……"

冯队长："好吧，等会儿我去！"

干部走去。

洁心："冯队长，真难为你们了，这么多孩子，每个人一天出一件事，也够你们忙的了。"

冯队长苦笑："有什么办法呢？虽说犯了罪，可都还是些孩子，罪是犯了，可没一个人懂得，这是犯法。有一个少年杀了人，自己主动报了案，可是在法庭上，他居然说：'我承认，人是我杀的，现在没事了吧，我可以回家了！'弄得法官哭笑不得，那么大的杀人案，他居然不当回事。"

谢洁心："你恨他们吗？"

冯志学叹口气，站起来戴上帽子："我是恨铁不成钢啊！谁没有父母？谁没有儿女？谁又愿意让自己的孩子落到这种地步？你忙吧，我到小家伙那儿去开会。"

谢洁心感慨万分，叹了口气，低头看方刚的档案。

22．夜　洁心的家

陈林的卧室里，聚集着七八个男女青年在看20英寸彩电上的外国录像。

一个男青年在忙着倒换录像带，其余的人横躺竖卧，搂搂抱抱，欣赏着屏幕上不堪入目的镜头。

一女青年赞赏地："瞧人家，这才叫艺术！"

一男青年："中国再过一百年也赶不上人家！瞧，中国电影连个接吻的镜头都不敢拍。"

一女青年："就凭这一点，中国的电影也别想打进世界！"

在一个长沙发上，陈林正拥抱着一个少女（已经不是在西餐馆里的那个），他的嘴向她逼近，少女躲闪着。

奶奶端着点心进屋："小林！快，让大家吃点心吧！都看了好几个小时了，怎么也不知道饿！"

奶奶放下点心，看了一眼电视，赶忙皱起眉头，再一看，陈林正拥抱着一个女孩。奶奶大喊："小林！你出来！"

陈林走出门："奶奶，你喊什么？！"

奶奶没好气地："小林啊！你妈临走时不是说了不许你招这些不三不四的人到家里来吗？"

陈林："又不是我请他们来的，是他们自己要来的，我有什么办法？"边说边去开冰箱拿出可乐就喝。

奶奶："现在的电视台也太不像话，放这玩意儿。"

陈林："我说奶奶，你别不懂，这叫录像带。电视台，要真有这些那才好了呢。"

奶奶："小林，你怎么又换了一个女孩？"

陈林："奶奶！"不耐烦地走到一边。

奶奶："你还像话吗？"

陈林："奶奶，你别老古板了，现在什么都讲开放，人家国外根本不讲什么结婚，那叫同居，你还这么不开化。"

奶奶气极："给你爸爸知道了非揍死你不可。"

陈林大笑："你知道，你知道我爸爸现在在国外怎么样？他天天晚上看的可是外国电视，比这还厉害哪，这叫紧跟世界潮流。我说奶奶，反正你也跟不上了，还是少管吧！"说完返身回卧室。

奶奶追到门口："陈林！"

陈林已将门关上。

里屋传来陈林等年轻人的嬉笑声，奶奶伤心地摇头。

电话铃响，奶奶去接电话。

奶奶："喂……你是洁心啊，好，家里都好……小林……"她看看室内，放低声音："他在温习功课哪，挺好的，你就别惦记家里了，就安心工作吧，啊！我不要紧，你忙吧，你去忙吧！"奶奶轻轻放下电话，伤心地抹着眼泪。

23．夜　女队宿舍

一个暖瓶被摔得粉碎。发出的响声在这深夜里更加刺耳！

赵所长和谢洁心一齐跨进女队监舍，女队长上前迎住。

赵所长："又发生了什么事？"

女队长报告："还是那个叫高翠翠的闹监，因为和同班的一个女孩子吵架，打了起来，晚上不吃饭，瞧，半夜又闹起来！"

此时屋里传出高翠翠的吵闹声："放我出去，我没有罪，凭什么关我进来，说我是流氓，比我还流氓的人多着呢，你们敢抓吗？！"

一女干警的声音："你老实点！不许吵闹，再不听就对你采取措施！"

高翠翠："你别吓唬我！我见的多了，没什么了不起，我高翠翠什么都不怕！"说时，只见她映在窗上的影子猛地脱去上衣，又脱去背心……

谢洁心重重地叹了口气："这么小，怎么会这样？！"

赵所长："这几年的开放政策带来了国家的好形势。门户开大了，带来了新鲜空气，但是也跟着进来了一些灰尘、苍蝇……没想到一些青少年竟学起西方的性解放，这类犯罪就多了起来！"

24．夜　禁闭室

不满八平方米的小黑屋里，方刚依墙而坐，仰望天窗，眼里射出仇恨的光。

25．夜　男队宿舍

方刚的床空着，其余的少年犯都在酣睡。

冯志学打着手电在逐一巡看。肖佛的腿伸在外边，冯志学轻轻地把他的腿放回被内。阮五的胳膊垂在床边，他放回被内。突然他发现沈金明的被子里有一点亮光，他轻轻拉开被子，见是一只小手电筒在亮，电池已快用完了。时亮时暗。他再一看，床头放了一本翻开的英语课本。

冯志学将书本合上放回枕边，望着小沈床头墙上划着的若干道道……他禁不住仔细端详起沈金明的脸。

一个没有任何邪念样子的脸。

冯志学沉思起来。

26．晨　操场上

几个队的少年犯正从楼里走出来，准备去上工，队长们在喊集合口令。操场上的队伍不断地被带走。

赵所长和谢洁心走来。

赵所长喊道："冯志学！"

冯志学跑来敬礼。

赵所长："现在去上工吗？"

冯志学："是的，让新入所的到车床去实习一下！"

赵所长："嗯，哎，方刚怎么样了？"把冯带到一边。

冯志学："还在禁闭室。"

赵所长："哎！应该放出来，还是要多进行正面教育！"

冯志学："这小子野性未改，我想煞煞他的邪气！"

赵所长："邪气要煞，但要实事求是。中队的小家伙们昨夜里向我反映,说打人并不是方刚先动手。那起因还在暴连星,他利用你们队长给他的权力克扣新来的小家伙们,打菜只给汤水,吃饭不准吃饱,这怎么能行呢?"

冯志学愕然:"会有这样的事?暴连星平时在我的印象里还是挺靠近政府的。"

赵所长:"哼!问题就在这里,他阴一套,阳一套,迷住了你们的视线,可要当心啊!不能利用犯人来管教犯人,这样会犯错误的!"

冯志学:"是!我马上把他放出来!"

赵所长:"对,要好好做做方刚的思想工作,要做得他心服口服。"说完走去。

冯志学:"是!"

谢洁心:"冯队长,我和你一起去,这小家伙倒是满倔的!"

冯志学:"走吧。"

27．禁闭室办公室

洁心从桌上的热水瓶里倒了杯热水,端到正站在门边的方刚面前,亲热地:"来,方刚,喝点水!"

方刚不理,扭过头去。

冯志学看方刚的手上还戴着手铐,便问值班队长:"怎么还戴着铐子?"

值班队长:"这小子很犟,怎么也不让解!"

冯志学伸手从值班员手里接过钥匙,走到方刚面前想为他松铐。

方刚猛地转过身去。

冯志学:"不解?!你判了几年哪?"

方刚不语。

冯志学大声:"回话!"

方刚:"五年!"

冯志学:"五年,一千八百廿六天,能总戴着铐子过吗?"

方刚:"这有什么,脑袋掉了不过碗大的疤!"

冯志学:"这是从哪部电影里学的?"

洁心:"方刚啊!可不能说气话,冯队长可是为你好,他是来接你回中队的!"

方刚:"谢谢了,我还没住够。"

冯志学："方刚！你进了少管所还行凶打人，这是犯新罪，对于这一点，你必须有清醒的认识。不过，暴连星的错误更严重，他倚仗班长的权势，随意克扣你们这些新来的，不把你们当人，这是新的狱霸作风，也是不能容忍的，我准备撤了他的班长职务，让他在全队面前检讨。你哪，也要接受教训，现在跟我回中队。"

方刚理直气壮地："我不回去！我没什么可以接受教训的，像我这样的人，一辈子就这样了。"

冯志学大怒，猛地一拍桌子，吼道："再也不允许你们就这样了！父母养你们这么大容易吗？国家花这么大力气挽救你们容易吗？！这么小就想破罐破摔，何时算了？！现在跟我回去？！"

冯志学的威严镇住了方刚，他趁势上前打开方刚的手铐。

谢洁心也激动地上前拉住方刚的双手，一边抚摩他手上的箍痕，一边痛心地说："可不能泄气，你才多大呀？将来还有几十年的好时光，一定要听话！好好改造！"

冯志学从口袋里掏出一条毛巾一支牙膏，递给方刚："以后，生活上缺什么可以跟队长说，不许偷、抢别人的，偷抢都是可耻的。"

方刚的眼有些潮湿，低下了头。

28. 黄昏　男队监舍

少年犯们坐在床前小凳上自学，收音机内传出英语教学声音："中国面积多大啊……"

肖佛低头在写什么。

肖佛的手在本子上画了个小鸡，又在小鸡的嘴边写着："妈妈，妈妈……"

杨雄突然跑到沈金明床前，抢走了收音机。

杨雄："给我听听。"其他少年犯跟着围上去抢着听。

沈金明："别抢了，快还给我……"

肖佛听到播出"樱"的插曲："妈妈……"抬起头听。

杨雄等抢着收音机，拨到别的台。

肖佛忙喊："别拨，别拨，就听这个……"站起。

大家还在抢，肖佛喊："就听这个……"

杨雄："这有什么好听，我要听迪斯科。"又拨到别的台。

一直站在窗前的阮五突然压低声音喊："快！来了，过来了！"

众愣了一下,马上又蜂拥到玻璃窗前。

杨雄劲大挤到最前面,大家都屏住气往下看。

楼下,远远地走来女队,女队长在喊口令,众女少年犯步伐整齐地走过来。

阮五从人群里挤出来,硬把沈金明拉到窗前。

众少年犯哑然观看。

女队,一张张充满青春活力的脸。

一个个随着脚步在上下起伏的胸脯。

一条条修长而匀称的腿。

男队窗上,一张张痴呆的脸。

女队终于从楼下消失了,留下空荡荡的马路。然而立在窗前的少年犯们依然不动,仿佛头脑里的形象还在飘动。

忽然有人调响了收音机,清亮的音乐又把大家拉回到楼上室内。

沈金明喊:"快还我,要过时间了。"

杨雄阻挡:"别还!听听音乐!这收音机是冯队长的,又不是你自己家的。"

沈金明:"是冯队长专借给我的,快拿来!现在是英语讲座时间了。"

杨雄:"别狗鼻子插葱装象了,劳改犯学什么外国话。"

一少年犯:"我连中国话还没学会呢!"

另一少年犯:"你是不是想考大学呀?别白日做梦了!"

杨雄:"说真的,还是给咱哥们讲讲你过去的风流事吧!"

有人应和:"对,讲了就还!"

沈金明仿佛受到污辱一般,脸红了:"你们不觉得庸俗吗?!"

杨雄:"咳呀,干都干了,还来什么假正经!"

沈金明气急大叫:"我过去就干了一件不是人的事,以后改还不行啊?"

◎ 电影《少年犯》剧照

忽然班长喊:"立正!"

众少年犯慌慌张张跑回自己的床前站定。

冯志学跨进门来喊:"稍息!"他环顾大家的表情:"你们在做什么?"

沈金明偷偷看着杨雄手里的收音机。

冯志学立刻觉察到:"现在不是英语讲座时间吗?"他走到杨雄跟前:"拿来!"

杨雄乖乖地交出收音机。

冯举起收音机:"这是小沈自学英语借给他的,你们怎么能拿来玩,影响他的学习?如果你们也有兴趣,也可以一起学,但决不能对他讽刺打击,破坏沈金明自学,懂吗?"

众:"懂了!"

冯志学把收音机拨到英语讲座台,里边发出清晰的英语教学声,他把收音机递给沈金明:"学吧!"

沈金明感激地望着冯队长。

29．塑料压制车间

机声隆隆。少年犯们在不同的机床前紧张地操作着。

中队干警不时走动着,检查产品的质量。

30．少管所院内

赵所长等领导陪同一群男女外宾来参观,洁心也在其中。

宣传壁报色彩斑斓。

一美国妇女兴奋地:"你们这里好美啊!不像是少年罪犯管教所,真像一座学校。"

一翻译将她的话译成中文。

31．美术工艺品车间

外宾很有兴趣地在观看女少年犯的工艺作品。

一男外宾:"啊!手巧极了,如果不是我亲眼所见;我简直不敢相信是她们做的!"

翻译译成中文。

32．压模车间

赵所长陪同外宾走到沈金明的机床前,恰好见他压出一只精美的保温杯外壳,他们带着浓厚的兴趣停步观看。

一女外宾问赵所长:"我可以和他说话吗?"

赵所长:"可以!请随便。"

女外宾:"你今年几岁?被判了几年刑?"

翻译将中文告诉沈金明。

沈金明问所长:"我可以回答吗?"

赵所长鼓励地:"问什么答什么,不要怕!"

沈金明边想边回答,虽然不算流利,却能用英语准确回答了外宾们的问话。

这引起了全体外宾的惊讶,议论纷纷。

赵所长问翻译:"他们说什么?"

翻译:"小沈说,我今年十五岁,因为我触犯了刑律,被判了一年零六个月的徒刑。外宾说,他的英语说得很流利,在这里边会有这样的人才,不可思议!"

赵所长很感欣慰。

女外宾又问:"你觉得这里好吗?你对自己的前途有信心吗?"

沈金明仍用英语回答。

翻译又译给所长听:"他说,这里的管教对我们很好,我对自己的前途很有信心!"

外宾十分兴奋,纷纷与沈金明握手,有的竟与沈金明合影留念。

全车间的少年犯都很振奋,他们激动地望着沈金明。

方刚不停地搬运着成品,也很兴奋。

肖佛一边在快速地修刮牙刷把上的毛刺,一边往沈金明那边观看,他羡慕极了。

冯志学走到沈金明身后,高兴地拍打着沈金明的肩头:"好!沈金明入所以后认罪好、劳动好,以后希望你把外语学

◎ 电影《少年犯》剧照

习抓紧！"

肖佛："他每天晚上偷偷看英语书，还怕你们批评他！"

冯志学："干吗批评？我还要在全队面前表扬他呢。以后队里给你创造些学习条件，你要把外语学下去！"

沈金明感激地望着冯队长："是！我一定好好学。"

冯低头看肖佛的动作十分快速熟练，便夸奖地说："肖佛，你这两手挺灵的嘛！"

肖佛得意地："干我们这一行的（习惯地做了个偷窃动作）全凭这两只手了，不灵还行啊！"

冯志学："不过得使到正道上。"

肖佛："冯队长，没想到我这两只手劳动起来也挺灵。你让我使机器吧，我保证一学就会。"

冯志学忍不住笑了："我不埋没人才，明天你到机床上试试，怎么样？"

肖佛甜甜地笑了："太好了！"

33. 废品垛

方刚将一筐废品用力抛到垛上去，拾起空筐准备走，忽听有人低声喊："站住！"方刚回头一看，是暴连星站在面前。

方刚警惕地："你要干吗？！"

暴连星大笑："别怕，我不干吗，咱们都是一个笼子里的。"把方刚拉到隐蔽的地方。

方刚："那好！咱们就把过去的事一笔勾销！"

暴连星："痛快！来！哥们儿，抽一支（他掏出一包美国香烟，递给方刚一支，后又索性把全包都塞给他）有福同享嘛！"

方刚看着美国烟，奇怪地："你在这里怎么会有这个？"

暴连星不屑一顾地："我们家老头子给的，他是市里的这个（翘起拇指向上指）。"

方刚："你爸爸常来看你吗？"

暴连星："他敢不来吗？我是他家的独根苗。"

方刚意识到时间长了："不行，我得回去了！"

暴连星挡住："哎，说正经的，你是好汉还是孬种？"

方刚："什么意思？！"

暴连星："要是好汉就跟我想办法出去，这哪是咱哥们儿待的地方，五年还不熬成水了，只要你能跟我合伙一块跑，我带你到全国转转，保证吃香的喝辣的。"

方刚惊讶地："这不是要逃狱吗？抓回来一辈子全完了！"

暴连星："不跑，这辈子还有好啊？档案里永远装着'劳改犯'，三个字，没人把你当人。"

方刚两眼发直，望着地面。

冯志学警惕地从墙边走来，方刚低着头往回走去。冯有所察觉，向废品堆紧走几步一看。

暴连星的背影迅速消失了。

34．夜　中队课堂

青年女教师许虹正在给中队上地理课。

墙上贴着两条红纸标语：

弃旧图新，向昨天告别。

为了四化，要奋起直追。

许虹在黑板上画了一张全国地图，又勾出各省的区域线。

坐着听课的少年犯，有的看黑板，有的搞小动作。

谢洁心悄悄走来，在最后一排坐下。

沈金明突然从书桌里翻出一张卷着的字条，他好奇地打开来一看，上面写着：

"陌生的朋友，我是你同桌的女生，生活太寂寞了，我们能彼此认识一下吗？勿泄，切切！"

沈金明看着字条发愣。

杨雄凑过来："什么？谁给你的？给我看看。"

沈金明忙把字条塞进口袋。小声地："别闹，老师看见了……"

许虹转回身："谁能上来标出各省的位置、省名？"

少年犯们面面相觑，不敢登台。

许虹等待、巡视，忽然听到有人打鼾，她奇异地："咦，怎么有人睡觉？"

众立即坐直，表示不是自己，唯肖佛双手握着书本，挡着一个人。

许虹命令："肖佛，你上来写写！"

肖佛紧张地："不！我不会！"

许虹:"标出你老家的省份也行!"

肖佛:"地图上找不到我的家……我也没有家。"

许虹:"你怎么了?站起来!"

肖佛无奈站起,书本倒在桌上,露出方刚酣睡的脸。

许虹不悦:"大家看看,政府花了这么多钱为你们补习文化,想叫你们成为有知识、有文化的人,可是竟有人上课睡觉!叫醒他!"

众互相观望,没人敢叫。

许虹:"怎么不叫?"

坐在方刚邻桌的阮五说:"老师,方刚很厉害的,叫醒了他会打人的!"

许虹:"打人?还了得!"她快步走到方刚面前,命令阮五:"你来叫,我看他怎么打人!"

阮五胆怯地:"这……"

许虹大声:"叫!"

阮五无奈,走到方刚身边,眼睛看着许虹,用手推方刚,初推不醒。阮五一时胆大,用手拉方刚的耳朵,这一拉,竟把方刚拉醒了。

方刚感到疼痛,朦胧醒来,见阮五在拉自己的耳朵,立即火冒三丈,冲起来朝阮五的脸面就是一拳。

阮五猝不及防,应声便倒,不料手一甩正打在许虹的眼镜上,眼镜落地,砰然粉碎。

许虹大怒:"方刚!你敢搅乱课堂秩序,还敢打人,去叫冯队长来。"

一少年犯应声跑出去。

方刚已知闯祸,但仍不嘴软:"谁让他上课拉我的耳朵!"

冯志学匆匆赶来,见许虹蹲在地上拾镜片,便走到方刚面前:"啊!又是你方刚,刚刚好了两天半,就又来劲了,你怎么敢上课捣乱?"

方刚不服:"谁捣乱,我睡都睡着了,能捣乱吗?"

冯志学:"谁让你上课睡觉?"

方刚:"我没情绪学!"

冯志学:"你是不是都会啊?"

方刚:"谁不懂?不就是'祖国啊,我的亲妈!'我的亲妈都不要我了,我学什么?!"

众哄堂大笑。

冯志学大怒："你！"他又立即把手缩回来，压了压火，极力平和地说："你知道你们为什么会犯罪吗？就是因为从小不好好学习，没文化，既是文盲，又是法盲，现在政府花这么大的精力挽救你们就是要把你们……"

方刚不耐烦地："行了！早听腻了，说得天花乱坠，到头来还不是'劳改犯'，三个字，算了！老子就这样了！"

冯志学忍无可忍，手一抬："你！"

方刚针锋相对："怎么？！你还敢打人？"

冯志学："我打你是轻的。"

方刚冷笑："我谅你不敢打，政府有规定，干部打犯人就是犯错误，还要扣奖金，你们当管教的，每月工资还不够两巴掌的，你敢打吗？"

冯志学脸气得铁青，他抡起巴掌，朝方刚的脸上就是一掌。

这一声响把全队都震动了，一个个鸦雀无声地坐回原位。只有冯志学、方刚、许虹僵立在课堂中间。

谢洁心默默地走出教室。

35. 夜　操场

清冷的月光，空荡荡的操场。谢洁心一个人忧心忡忡地向监舍大楼走来。

刘队长从监舍的铁门内走出来，恰好遇上洁心。

刘队长："是您啊，这么晚了，怎么还没睡？"

洁心："睡不着，孩子们的情绪怎么样？方刚他……"

刘队长："唉！这些孩子也真够气人的，我们当队长的真得长两个肚子，一个肚子装饭，一个肚子装气。"

洁心同情地苦笑："他们终归还是些孩子啊！"

刘队长："是啊！要不冯队长也不会挨批了。"

洁心惊讶地："挨批？！"

刘队长："是啊！你看，赵所长把他批了快两个钟头了。"他向前一指。

洁心顺手看去，操场的尽头，树影下，赵所长仍在严厉地批评冯志学。因为他们离宿舍区很远，听不清他们说了些什么，只见冯志学深深地把头埋在膝盖上。

洁心不无同情地感叹："干你们这一行的也真够难的了！"

此时身后的铁门骤响，二人回头一看，教员许虹惊慌地跑出来急问：

"看见冯队长没有？"

刘队长一指："在那儿！"

许虹急急向前跑去，身后刘队长喊："出了什么事？！"

许虹边跑边答："方刚吞吃了一把折叠剪刀！"

刘队长和洁心一听大惊："啊？！吞吃了剪刀？！快！快抢救！"匆匆向铁门内跑去。

36．监舍大楼

几个少年犯抬着又哭又闹的方刚从监室的铁门内冲出来。冯志学、赵所长也已赶到。冯志学抢前一步，二话不说推开众人，独自抱起方刚向前跑去。

方刚在冯志学的怀里拼命挣扎、扭动，哭喊着："我要死！我不要你们救！"

监舍大楼的铁窗前挤满了一张张惊恐的小脸，他们看见冯志学抱着方刚冲向了停车场……

37．夜　市中心

灯光如昼的大街上，救护车在飞驰。

38．救护车内

方刚躺在担架上，依然不停地扭动身躯，又哭又叫。

冯志学、刘队长、许虹围在方刚身边，冯志学把方刚抱在怀里，劝慰说："方刚！千万不要大动！你要听话！"

方刚大喊大叫："我要死！我不活了！"

冯志学："不！你不会死的，我们一定要救你！"

方刚："不！我不要你们救！"

冯志学更紧地搂着方刚，深情地说："方刚！刚才是我错了，我不该打你，我向你道歉！现在你不要讲话，我一定要救活你！"他转向司机，激动地大喊："司机同志！把车开快点，再快！"

救护车鸣着笛，超越着其他车辆向前飞驰……

39．夜　少管所大门

大铁门突然大开，从内急急驶出两辆三轮刑警摩托车。

40．夜　所长办公室

灯火通明的所长办公室一派紧张气氛，干警们匆匆进出，赵所长在给劳改局领导打电话汇报情况。

赵所长："方刚已经送到医院去急救，是冯志学亲自送去的，还没有挂回电话，九队的暴连星趁抢救方刚混乱之机逃跑了，我们已经派人去追……是！一定及时抓回来，决不能让他再到社会上去犯罪！……"

此时谢洁心独自坐在墙角，双手紧抱两臂，她痛苦地想着："方刚能救活吗？要是救不活怎么办？暴连星能抓回来吗？要是抓不回来又会怎么样？！……"

41. 晨　操场

哨声、脚步声连成一片，一层层铁门打开了，一层层的少年犯从铁门里跑出来冲下楼梯。

楼梯上一群向下飞奔的脚。

脚，变成了整齐的队列，随着一声"立正——"的口令声，全都静止不动了。

操场上集合了全所的犯罪少年，管教队长们列队站在队伍的两侧。

赵所长巍然迈步跨上了讲台，他目光炯炯地向台下扫了一眼。台下几百名少年犯鸦雀无声地望着台上。他轻轻地喊了声："稍息！"只听"刷！"的一声，复又寂静。

赵所长又顿了顿才开始讲话："同学们！你们都知道了，昨天夜里，我们所发生了两件事：一是方刚吞吃剪刀，一是暴连星趁混乱逃跑。暴连星一逃出去就作案，他打伤了一个刚下夜班的老工人，扒了衣裳又抢了钱。现在暴连星已被抓获归案！"

队伍一阵波动，少年犯们禁不住向两侧寻看。他们很想看到暴连星现在的神态，可是赵所长又开始讲话了。

赵所长："至于方刚，我也可以告诉大家，他吞吃剪刀是假的，他是想制造混乱，掩护暴连星逃跑。他原以为冯队长打了他还会加害于他，可是在救护车上，他看到冯队长、刘队长都是那么一心一意地救护他，而且冯队长还诚恳地向他本人做了检讨，承认自己打人是错的，并且表示一定要救活他，方刚被感动了，这才下决心坦白承认错误。方刚制造混乱，以假象掩护暴连星逃跑的错误是严重的，但是他能够承认错误，主动坦白，并有悔改表现，因此所里决定，对他免予处分，现在欢迎方刚归队！"

站在队列里的肖佛、沈金明等人听着赵所长的讲话真是又惊又怕，真为方刚的命运担心，直到听了最后一句这才破颜而笑。肖佛禁不住带头鼓起掌，以至全所少年犯都热烈鼓起掌来欢迎方刚归队。

冯志学将方刚带到队列边，轻轻拍拍方刚的肩，低声说："归队吧！"

方刚一直低着头，此刻才仰起脸感激地望着冯志学，那一闪一闪的晶莹目光似有无尽的话，但他只是咬了咬嘴唇走回了队列。

赵所长站在台上继续威严地大声说："现在把逃犯暴连星带上来！"

立刻，两名武装干警将戴着手铐的暴连星带到台前。大家看到此时的暴连星依然穿着那位老工人的衣服，只是全身都是泥水，狼狈不堪。但他满不在乎地昂着头，仿佛在向全体显示自己："哥们儿够派！"

赵所长宣布："暴连星抗拒改造，逃跑以后继续作案，已经构成新的犯罪，现在把暴连星送到检察院，依法加重处理！带下去！"

暴连星被带走了，全所少年犯目送他离去。他们的目光里既不是幸灾乐祸，也不是毫不介意，似乎在思考这一正一反的处理给予自己的启示。

42. 塑料压制车间

机床有节奏地运动着，色彩鲜艳，式样不一的产品从不同的机床里滚出来。中队干警不时走动着，检查产品的质量。

肖佛已经站到沈金明的机床上，在沈金明的帮助下，肖佛压出了有生以来的第一只产品——一只精美的保温杯外壳。肖佛兴奋极了，一把抓过来，但马上又丢掉了，他喊了声："哇！这么烫！"立即用手套垫着第二次抓起了保温杯壳，他狂热地喊着：

"看！这是我自己亲手做的，我也能当工人了。"他拿着这件产品在寻找冯志学，当他看见冯志学和谢洁心正在另一架机床上时，他不顾一切地跑了过去。他站在两人中间，高高地举着产品，眼里滚动着泪花，兴奋得大喊："队长、阿姨！我做的！这是我亲手做的，我也能当工人了。"

冯志学拿过产品仔细检验着，高兴地："好样的，干得不错，继续干吧！"

肖佛接过产品，向冯队长、谢洁心各鞠了一躬，然后兴奋地回到机床边。

一直望着肖佛的洁心感慨万分，她几乎是自语地："今天大概是他一生中最难忘的日子了！"

冯志学也感叹道："是啊！同样是这双手！……"

肖佛站回到机床前，压制着第二件……

43. 夜 办公室改成的洁心的卧室

谢洁心已经在桌上摆好了笔和记录本，小电炉上还煮着咖啡。肖佛在门外喊:"报告!"洁心急应:"进来,快进来!"

肖佛推门进来,毕恭毕敬地站在门边:"谢阿姨!队长说您找我?"

洁心高兴地:"是!我要找你谈谈。来,进来,到这里坐!"她拉过桌前的椅子。

肖佛拘谨地:"不!我不坐。"他退缩到门边,本能地依着墙蹲下来,双手抱住膝盖,十分驯服地低下头:"阿姨!您审问吧!"

◎ 电影《少年犯》剧照

洁心大吃一惊,她望着肖佛的神态,心都抽紧了,她慢慢走上前,像慈母般蹲在肖佛的对面,抚摸着肖佛的头,温情地:"你干吗要这样呢?阿姨不是要审问你,我是想和你聊聊,随便拉拉家常。你看,这是我住的房间,懂吗?别怕,到阿姨这里就像到家一样,好吗?"

肖佛仰起头,发愣地望着洁心。

洁心拉他起来,坐到桌前的靠椅上去。

洁心:"这是我刚烧的咖啡。来,你也喝一杯。喝过吗?"

肖佛调皮地笑笑:"……不瞒您说,我什么都喝过。"礼貌地接过杯子。

洁心也笑了:"喔!这倒看不出来。"

肖佛:"小时候,我曾经为了一杯牛奶,给后来的妈赶出来。以后,我就发誓,以后我自己搞到钱,一定把能喝的都喝个够。这些年,真的,我什么都喝过了。"

洁心:"恐怕喝过的不都是甜水吧?一定有苦的辣的,对不对?"

肖佛很是老练地回答:"那当然了,药是苦的,酒是辣的呗!"

洁心苦笑了一下,坐到桌前,打开了笔记本,轻声地:"听说你有三个爹三个妈,是怎么回事?"

肖佛俨然像个小大人一般叹了口气:"说来话长着哪!这都是奶奶给我讲的,说我爸爸妈妈是在'文化大革命'中造反结婚的,可是生了我,他们又要离婚,判决离婚的那天,他们谁也不要我,是奶奶把我抱回来的。"

洁心:"奶奶待你好吗?"

肖佛："奶奶待我可好了，可她很快就死了。"

洁心："奶奶死了以后，你是不是回到了父母身边？"

肖佛："没有！我爸爸离婚以后又找了个新妈，我妈也找了个新爸爸，可他们还是不要我。后来，我爸爸把我送给另一家人，叫我管他们叫爹妈！"

洁心："那时候你几岁？"

肖佛："五岁！"

洁心："那家爹妈待你好吗？"

肖佛："好个屁！我刚去，他们把我当成个小玩意儿……唉！说来还是我自己的命不好，有人给我算过命，说我命硬，克爹又克妈！"

洁心笑他这么小还懂得算什么命。

肖佛认真地："真的！后来都应了！"

洁心亦认真地纠正他："什么真的？你的爹妈不是活得好好的？！"

肖佛："唉！可他们是叫我给冲散了；我奶奶也是叫我给克死的。我的第三个爹妈本来是不生孩子的，可自从要了我，一冲就生了，而且一连生了两个。你说我苦不苦？我从六岁起就背他们，把屎把尿，买米买菜。"

洁心："你那么小，会吗？"

肖佛："哎呀！人没有学不会的，一打不就会了。每天都是捡弟弟妹妹的剩饭。有一次，那个妈给弟弟煮了杯牛奶，让我喂他喝，我闻着那味儿可香了，就偷偷尝了一口。哎呀，可甜了，我想再尝一口，谁知三尝两尝叫我给尝光了；这下完了，后妈追着打我，骂我是贼坯、王八蛋，不可救药，就把我赶了出来，叫我去找自己的亲爹妈！"

洁心："你去找了吗？"

肖佛："找了，找到了，可我的亲妈说我那后爹很厉害，绝对不会要我，要我去找自己的亲爹。可我亲爹又说，我那个后娘更厉害，更不会要我。记得我哭着不肯走，我爹就把我领到大街上，塞给我两毛钱，对我说：'你再也不要回来了，自力更生去吧！'打那以后，我就真的自力更生了……"

洁心听到这里，已是满眶的泪水，她望着面前的肖佛。

肖佛不明白洁心阿姨为什么会哭，便端起咖啡来喝。可能是话说多了，口干了，又可能是想起了那杯牛奶……他喝着，想着，说着……

洁心的眼泪滚滚欲滴。

泪水中，眼前的肖佛忽然变远变小，变得模糊了。

泪水滚动中，七岁的小肖佛衣衫褴褛，踯躅街心，无人理睬。

车站候车室，小肖佛依偎在墙角。

在满是摊档的大街上，小肖佛伸手向路人乞讨。

在熙熙攘攘的饭店里，小肖佛在捡吃剩菜。

角落里两个青年望着小肖佛，桌上吃得杯盘狼藉。

两个青年站起来走到肖佛面前塞给他两块面包。

肖佛连连作揖。

两个青年拉起肖佛的手，肖佛随去。

在一个阴暗的地下室里，一青年在教肖佛偷窃术。

一盆滚开水，投进几片薄薄的肥皂。

肖佛的手伸进去，烫得马上抽出来。

肖佛哭肿了眼睛。

教唆犯的凶狠的脸。

滚开的水，肖佛的手伸了进去，夹出肥皂片。

衣袋，手从容地夹出钱包。

书包，手从容地夹出钱包。

亦是在泪水中，肖佛各式各样的脸：痛哭的、欢乐的、吃的、喝的、满脸苍白的、满面鲜血的……

灯下的洁心，含着满眶的热泪在奋笔疾书。

快速书写的笔，只看见稿纸上写着：社会与家庭……

稿纸一张张翻过，有的滴上了泪水。

44. 夜　洗漱间

水龙头下，方刚赤裸上身，涂了满身的肥皂，正在用力搓洗。

肖佛匆匆跑来，惊讶地大喊："哎呀！这么冷的天，你不要命啦？！"

方刚兴奋地："快来，你也洗洗，明天是家长接见日，洗洗干净，叫妈看了高兴。"

肖佛泄气地："接见和我有什么关系，我才不洗呢！"

方刚："你那么多爹妈还能不来一个呀，快！陪陪我行吧？！"

肖佛犹豫地："好吧！我可是为了陪你。"说时，脱去上衣，露出条条肋骨、处处伤疤。他猛地把头伸到水龙头下，水花四溅，他凄凉地大叫："哎呀！好冷啊！"

45. 晨　操场

迷人的曙光，绚丽的朝霞。

少管所内响起了嘹亮的军号声。

少年犯们服装整齐，带着小板凳跑到操场上集合。

礼堂门口，竖起一块大标语牌，上写："热烈欢迎家长们！共同负起挽救孩子们的责任！"

干警们站在礼堂门口的两边，正把提着大包小包的家长们热情地迎进礼堂。

操场上，各个中队都在点名。

冯志学站在队前喊："周洪兵、沈金明……"

凡被喊到名字的，都兴高采烈地走出来，站到另一队列。

肖佛对念名漠不关心。

方刚则全神贯注，队长每喊一个名字，他都紧张一下。

冯志学念完了名，把名单塞进口袋。

队列里只剩方刚、肖佛等十余人，松松散散地留在原地。

冯志学向着队列："没念到名的由刘队长带回宿舍自习！"他又转向新队，"念到名的注意！立正！向右转！齐步走！"

方刚沉重地低下头去。

46. 礼堂内

长条椅子上已经坐满了探望亲人的家长们，忽听门外喊起"一二三——四！"大家不约而同地伸长了脖颈向门外看去。

少年犯们排成整齐的一列队从大门走了进来。

家长们哗然而起，开始寻找分别多日的既熟悉又陌生的面孔。

少年犯们更是睁大双眼在寻找自己的亲人。

一位母亲不顾一切地奔上前喊："洪兵！妈在这儿！"

洪兵一愣，立刻跑上前向母亲敬了一个礼，便扑到母亲的怀抱，母亲紧紧地搂住儿子，她的六岁的女儿，紧紧抱住哥哥的腰。

礼堂内，人声鼎沸。孩子喊妈妈、妈妈喊儿子、哥哥喊弟弟、姐姐喊妹妹……人们奔跑相认，各自拉到自己的座位上去。

沈金明半跪在母亲和奶奶的面前。

老奶奶热泪盈眶，用手抚摩着孙儿的头，金明无言地把头依偎到奶奶的膝盖上。

沈金明的母亲在旁边低声说："从你判刑以后，奶奶天天想你，天天掉泪，没想到最近眼睛就看不见了！"

沈金明更伤心地流着泪，抱着奶奶的腿说："奶奶！我对不起你！奶奶！……"

满头白发的老奶奶，看不见孙儿的面孔，却用颤抖的手不停地抚摸着沈金明的脸，哽咽着："……小明啊！奶奶都这么大年纪了，还能等你出来吗？"

沈金明激动地："奶奶！能！我知道错了！你可一定等我回来呀！"

奶奶断断续续地："……我等你……你可好好的，早点回家！……"

47．男少年犯监室

方刚像一头困兽，瞪着两只充血的眼睛，在屋内不停地走动。

肖佛趴在铁窗前，望着操场，凄厉地唱着电影歌曲："妈妈！妈妈！看看我吧！……"

方刚突然冲过来大喊："别唱了！你就是有一百个爹妈也没人来看你了，咱俩是没人要的人了，懂吗？！"说罢放声大哭起来。

48．礼堂内

谢洁心望着这一簇簇的人群，望着这令人心酸的悲喜场面。

一个母亲打开包袱，给儿子带来了学习用品。

一个父亲从挎包里给儿子拿出了衬衣、袜子等生活用品。

一个七岁的弟弟从自己的脖子上解下了红领巾，硬要挂到哥哥的脖子上，哥哥躲闪着硬是不让戴……

一位父亲激动地站起来，粗脖子红脸地训斥儿子……儿子转过脸去……

一位姐姐给弟弟播放着母亲的录音，录音机里传出母亲临终前微弱的声音："我是看不见小冬回来了，等他改好了，叫他到我坟上去看一看，我也就瞑目了……"听到这里，这个少年犯止不住号啕痛哭起来。

他的哭声使所有在哭的母亲们止泪凝望。

冯志学和谢洁心走到痛哭的少年犯身旁，冯志学深情地扶住他的抽动着的肩膀。

49．宿舍

方刚把头蒙到被子里哭。

肖佛偎依在方刚床边极力安慰他："好哥哥，别哭了，你和我不一样，我才是没人要的哪！准是你妈妈病了，要不就是……"这时礼堂里传来音乐声,肖佛痴情地听着,喃喃地说:"你听!现在开始向家长汇报演出了。"他慢慢走到铁窗前,抓住铁条专注地望着窗外……

50. 礼堂内

犯罪少年们向家长的汇报演出已经开始了。舞台上灯光映衬着一组雕塑般的舞蹈造型,他们仿佛是一群落水者刚刚被搭救上岸,他们有蹲有站,有的跪着把手伸向前方,犹如听见了远方母亲的呼唤。一位少年犯从人群里缓缓走出来,走到台口,人们看见他的眼里饱含着泪,他向着台下的母亲、亲人,唱着自己的心声:

妈妈!

儿今天叫一声妈,

禁不住泪如雨下。

高墙内,春秋几度,

妈妈呀,

你墙外苦盼,

泪血染白发。

音乐节奏骤然加快,灯光变幻迷离,少年犯们狂奔狂舞起来,衬着那凄

◎ 电影《少年犯》剧照

厉的歌声：

　　想昨天，儿像脱缰的野马，

　　狂暴粗野，乱踢乱踏。

　　妈妈呀！

　　儿跌入急流，

　　几番沉浮，不能自拔。

　　又恰似狂风暴雨，

　　摧折了未放的花。

舞台上一道强烈的闪光，一阵轰鸣，如山崩，如地震，孩子们全部蜷缩在一起。过了很久很久，他们才渐渐在歌声中舒展开来，那位少年继续深情地唱着：

　　妈妈！

　　儿今天叫一声妈，

　　早见您热泪腮边挂。

　　高墙内，春风吹拂，

　　妈妈呀！

　　你墙外可见，

　　枯枝发新芽？

　　为明天，儿洗刷满身污泥，

　　弃旧图新，立志奋发。

　　妈妈呀！

　　有妙手回春，

　　残枝败叶，又放新花。

　　儿已被扶上骏马，

　　去追回失去的年华。

　　妈妈呀，妈妈呀，

　　待儿回家时，

　　再喊您亲爱的妈妈！

这歌声如泣如诉，阵阵激荡着母亲们的胸膛；那舞蹈似别家多年的浪子，幡然悔悟向母亲狂奔而来。待到他们一齐扑倒在台口，将大半个身子探向舞台外，向亲人们伸出了求救的双手时，坐在观众座上的家长们早已按捺不住，"呼"的一声站起来，不少母亲不顾一切地扑上前去，紧紧地抓住了他们的手，又把他们紧紧地抱在了怀里，生怕他们又狂奔而去。这时礼堂里响起暴风雨般的掌声。多少热泪，多少抽泣都被这如潮的掌声淹没。

就在这沸腾的掌声中，突然，一个少年犯推开礼堂的侧门匆匆跑了进来，他焦急地张望、寻找，谁都没有注意他，直到他一手拉住冯志学和谢沄心，不由分说拖着向外跑时，人们才看清他是肖佛。

51．监舍大楼

几个少年犯抬着方刚从铁门内冲出来，冯志学抓住了他们，把方刚抱在了怀里。这一次方刚脸色惨白，双目紧闭，不哭不叫，冯志学倒更怕了。

铁门内，肖佛正急急向洁心叙述着："我没他力气大，拉不住他，他一连吃了两把折叠剪刀！"

洁心转回身无力地抓住了铁门，她绝望地自语："完了！这回可真的完了！"

52．监狱医院手术室

冯志学似热锅上的蚂蚁在不安地走动。

赵所长和洁心匆匆走了进来："怎么样了？"

冯志学迎上去："正在手术！"

此时两位医护人员从手术室走出来，冯志学和赵所长立即围上前，急切地："怎么样了？大夫？"

医生摘下口罩，递过托盘："看看吧！"

众急低头看去。

托盘内放着两把带血的折叠剪刀。

洁心禁不住倒吸了一口冷气，冯志学急问："方刚人怎么样？"

医生："幸亏你们送得及时，否则也很危险。现在流血过多，已经输了血，需要好好养一养！"

冯志学："行！人好就行！"

赵所长："医生！这两把剪刀让我们带回去吧，它会时时提醒我们，决不能让犯罪少年们感到自己已经被家庭和社会所抛弃。"

53．傍晚　方家院外小巷

身穿警服的冯志学和洁心正向一位妇女问路，妇女指着前边："拐过路口就到了！"

冯志学礼貌地说了声："谢谢！"便向前走去。

又一妇女神秘地拉住指路的妇女："哎！公安局的人又来干什么？准没

好事！"

　　指路的妇女："他们找方文忠的家，他的儿子不是被抓起来判刑了吗！"

　　另一妇女："不是又出事了吧？走！跟着看看去！"

　　她们尾随着冯志学走去。

　　傍晚，方家小院。

　　方刚的父亲方文忠正在为学生们补习功课。两张方桌连在一起，七八个学生正在专心致志地做笔记。突然一个小女孩慌慌张张跑进来，急急喊道："方老师！有个公安局的人找你！"

　　方文忠一惊，抬头一看，这位公安局的人已然走到自己的面前。

　　冯志学亲切地问："请问这是方文忠，方老师的家吗？"

　　方文忠冷冷地："你们是……"

　　冯志学又跨近一步："我们是从少年犯管教所来的！"

　　一听"少年犯管教所"几个字，正在复习功课的学生们都惊愕地抬起了头，方刚的母亲和小妹也从房里探出头来。

　　站在远处看热闹的几个妇女恍然却又鄙视地："啊！他是劳改干部啊！"

　　方文忠故作镇静地答道："我就是方文忠，你们有什么事吗？"

　　冯志学一听他就是，如见亲人一样："啊！是这样，您的儿子方刚正在我的中队进行管教。"

　　方文忠冷冷地打断了他："你搞错了吧，我根本没有儿子！"

　　冯志学一愣："怎么？你不是方老师吗？"

　　方文忠："我是方文忠，可我没有儿子。我再说一遍，我只有一个女儿叫方小妹。对不起，再见！"他说完这些话再也不看冯志学一眼，便又招呼学生们复习功课了。

　　冯志学呆立了良久。

　　远处的谢洁心把这一切都看在眼里。

54．小巷

　　仍是这条小巷，冯志学和谢洁心已经在走回头路了。洁心不解地："这个方老师怎么会这样呢？太不近情理了！"

　　冯志学猛地一拍额头，恍然大悟地："啊！我明白了，这又怪我了！"

　　洁心愈发不解："怎么？"

冯志学停下来："唉！我不该穿着这身警服到他的家，犯人家属自尊心都是极强的啊！"

洁心也似乎明白地点点头。停了会儿她说："这样吧，再晚一会儿我一个人去，也许我更容易接近他们……"

55．夜　方刚家的卧室兼客厅

晚饭还摆在桌上，可是谁也没吃一口，方文忠独自坐在一边，方母依在桌角，小妹倚在门边。

方父："这也没什么好怕，我早向派出所声明了的，我与他早断了父子关系。"

方母："万一他是来说方刚的情况……"

方父："说什么也不听，眼不见，心不烦，这么个败类，已经让全家丢尽了人，还嫌不够啊！他再来还是不见……"

此时传来敲门声。

方父急避，回头嘱咐："要是他们又来，就说我到学校里去了！"说完走进内室。

方母顿了一下，才让小妹去开门。

小妹开开门，谢洁心走了进来。

小妹："阿姨！您找谁？"

洁心："我找你爸爸，方老师！"

小妹："您是？……"

洁心："我是《家庭与社会》杂志社的记者，我叫谢洁心！"

小妹高兴地："妈！这位阿姨就是经常写文章的谢洁心阿姨，您昨天晚上还在提起她写的文章呢！"

方母："啊！快请进吧！真是久仰了！您怎么会到我这里来？小妹，沏茶！"

洁心："啊！还没吃晚饭哪？"

方母："是！他爸爸到学校去还没回来。"

洁心："我在搞一个社会调查，想了解一下'文革'以后的家庭情况变化，所以到处走走，到处问问，希望您能帮助我。"

方母："只要我能办到的。"

洁心："原谅我开门见山地提问题，好吗？"

方母："您是记者，随您的意！"

洁心："好！听人说，您有个儿子是吗？"

方母痛苦地："这怎么说呢，过去是有过一个，可现在……"

洁心："他现在不是还在少年犯管教所吗？"

方母："不！他已经不是我们的儿子了，我们早就当他死了……"她痛苦地抽泣起来……

洁心："他要是真的死了，倒也省心，可他还活着，这才使你们当父母的更揪心是不是？你说家里已经同他断了关系，可是你们全家的心，没一天不被他牵着挂着，是不是？"

方母痛苦地低头不语。

洁心："我最近到少管所去搞调查，见到了你的儿子，还同他做了较长时间的谈话！"

方母一惊抬头。

小妹惊讶地："您见到了我哥哥？！他……"

方文忠紧张地听方母申斥小妹："小孩子少插话！"

洁心："我也是孩子的母亲，有也像任何一个母亲那样爱自己的孩子，我甚至可以不惜一切代价去满足他们生活上、学习上的要求，我也是希望他们能长大成人，成为一个对社会有用的人。可我到少管所一看，那里边关押着一千多少年犯，大的不过十八岁，小的只有十四岁，这能不令人触目惊心吗？"

方母带着泪珠，吃惊地望着洁心。

洁心说："难道他们的父母都希望自己的孩子成为罪犯？'文化大革命'过去多年了，青少年犯罪率并没有下降，这不能不说是'文革'的毒素已经渗入了我们的第二代，第三代，当然，也包括现代的西方资产阶级毒素；政府正在全力挽救孩子，可是你们做父母的竟不负责任地将孩子推出门外！"

方母："不！我们一直在教育孩子，可是我们没有能力阻止他去犯罪！"

谢洁心："我不同意你这种说法，我们每一个人生活在世界上，都好像在激流中行船，推一把则可能堕入江心，拉一把则可能上岸。试想方刚，十二三岁第一次犯错误的时候，你们如果不是打骂、恫吓，而是说服教育，他会怎样？再想想……"

方文忠仍然听着："……当方刚陷进犯罪道路的时候，你们不把他推出门去，而是用父爱、母爱去溶化他，他又会怎么样？"方文忠有所感触地坐起来。

谢洁心："……人，是要拉一把的，更何况，他还是个孩子呢！"

方母难过地抽泣着，低下了头。

谢洁心："方刚在少管所这几个月进步很大，他才十六岁呀，就算服五年刑出来，也才二十一岁，未来还有几十年的生活哪。可就在他努力改造，想成为新人的时候，又一次被你们当父母的推下水去，这一次，可是推上了绝路！"

方母抬头："怎么？"

谢洁心："我问你们，接到少管所寄来的家长接见通知书了吗？"

方母："接到了，可他父亲说，我们已经断绝了父子关系……"

谢洁心十分激动："父子之情，人之天性，怎么可以这样绝情绝义……人，可以经得住社会的磨难，可就是经不住亲人的抛弃！他这么小就自杀，难道不是你们造成的吗？！"

方文忠惊愕地站起。

方母站起："怎么？"

方小妹惊叫："我哥……他死了吗？"

方母惨叫一声："啊！"昏倒在地。

谢洁心："快……"

小妹惊呼："妈！你怎么啦？！爸，快，妈昏倒了！"

方文忠不顾一切地从内室冲出来，抱起方母放到床上急救。

方母睁开眼，抓住方父哭喊着："我要孩子！你要还我孩子！"

56．日　劳改局医院

冯志学、谢洁心陪着方文忠夫妇、方小妹提着水果、罐头，点心等物走进"市劳改局中心医院"大门。

在装有铁窗、铁门的医院楼梯上，一位穿白大褂的医生带众人上楼。

方母胆战心惊，边走边哭。

医生阻止："同志，请克制些。"

方父赶紧应："是！"他劝慰方母："到了这里不能哭哭啼啼影响别人！"

方母点头："是！"

但她止不住泪，看见楼梯上亦是铁门铁窗，更加伤心，反哭得迈不动步。

医生停住,不悦地:"您这样子去见病人,效果是不会好的。病人刚刚手术不久,身体虚弱,再经不起任何刺激。请您多为孩子的健康着想!再这样……"

方父急忙:"医生放心,她到里边一准不哭!一准不哭!"

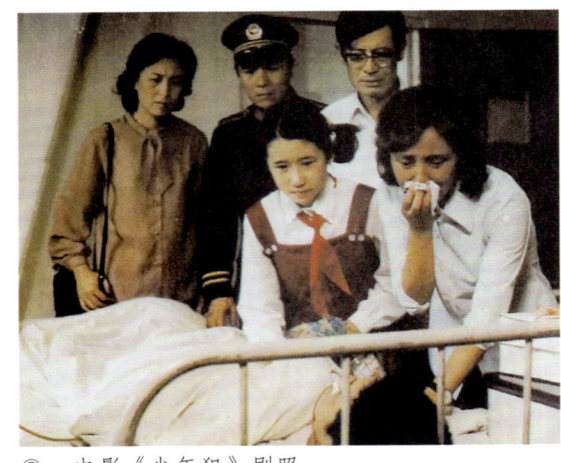

◎ 电影《少年犯》剧照

他们又继续向上走去。

医生带着方父、方母等人走进病房的铁门,越过其他犯人病床,走进方刚的特护房间。

方母走进特护房,医生以手指嘴示意轻声。

方母停住看去。

方刚躺在病床上,床边立着吊瓶输液架。方刚面色苍白,双眼紧闭。

方母忍不住热泪滚滚,紧走几步走到方刚床前,她极力以手捂嘴控制自己不哭出声。

方父和方小妹亦站在她的身后,饱含着泪水望着方刚。

方刚紧闭双眼。

方母慢慢抓起儿子的手举到自己的嘴边、腮边,她亲吻着,泪无声地流下。

方刚朦朦胧胧地睁开眼,无力地转过头来。首先映入眼帘的是母亲满头灰白的头发,继而是憔悴塌陷的泪眼和沿着皱纹流淌着的条条泪痕。他吃惊地睁大双眼,不敢相信这是事实。可是他分明感到了母亲嘴唇在手背上的温热。

他又转头看去,看见小妹的泪眼,他似乎听见她在喊他,这声音似乎很远,他已经很久没听见小妹喊"哥哥"了,哪怕是哭骂的喊声也听不到了。可是今天又响在耳边,竟是那样地亲切……他急抬眼看去,小妹的身后站着父亲,许多年来父亲在他的印象里都是横眉立目,可是今天父亲的眼里满是深情、歉意……

方刚再也不敢看了,又紧紧闭上眼,可是两行热泪却流出了眼眶。

方母不顾一切地抱住了儿子,她搂着方刚的头,在脸上吻着,啊!这就是失而复得的儿子呀!

方父手足无措,他抓住方刚的另一只手,可是儿子的手上还带着输液的针管,他又轻轻地放下了。他摸了摸儿子的肩,想起了儿时的小刚骑在自己脖子上的情景。啊!今天他仿佛是一下子长大了,看他紧闭着眼,又想起每天喊他起床,催促他去上学……

小妹无声地取出哥哥爱吃的水果罐头……

冯志学和谢洁心却闪在一旁擦泪。

这无声的语言,情感的交流……

深情的父子、母子间的心灵的对话,溶解了多少年的怨恨。

57. 深夜　洁心宿舍

目睹了方刚一家人的悲欢离合,洁心感慨万千,她激动地记录这一天的感受……忽然她停住了笔,想到了自己的儿子,便抓起了电话……

洁心:"是小林吗?……我是妈妈!你现在在做什么?……怎么还在复习功课?你可得要注意休息呀!……妈妈这几天太激动了,少管所的生活表面看十分枯燥单调,但是人的感情都……喂,你是不是在听我的话?……旁边还有别人吗?没有?那你注意听我的话!我看到那么多犯罪少年,我当然想到了你,爸爸妈妈老出差,奶奶又管不了你,我真有点担心。啊呀,我不是怀疑你。可是你要知道,每个犯罪少年都不是想犯罪才去犯罪的,可怕的是他自己犯了罪还不知道这是犯罪,你懂吗?……喂!喂!怎么没声了?喂!喂!"对方的电话断了。

58. 深夜　谢洁心家

陈林紧紧抓着电话,可是没声音了。他低头一看,一青年用手按住了话机键子。他又转眼看去,几个青年正凶狠地盯着他。

陈林恐惧地望着周围的几个青年:"你们想干什么?"

一青年:"想溜,是不可能的,咱们都是拴在一起的蚂蚱,懂吗?识时务,跟我们再走一次!"

陈林:"不!我不去!"

青年猛地打了陈林一个嘴巴。

一女青年叼着香烟,冷冷地看着他们。

59. 日　少管所大门外

在通往少管所大门的路上,冯志学、谢洁心、刘队长以及肖佛、阮五、杨雄等少年犯分别提着行李、挎包等物在送沈金明出所。

沈金明的母亲激动地阻挡着送行人："都别送了！冯队长，快留步吧！"

冯志学拉着沈金明的手："小沈啊！减刑释放是所里对你的奖励，也是为了支持你去参加高考，你可要争口气啊！"

小沈："我记住了，请您放心吧！"

杨雄挤上前："沈金明，原谅我，我不该说那些嘲笑你的话！"

小沈："我真的感到你的进步也很快！"

阮五也挤上前："沈金明，你要是真能考上大学，咱们也跟着光荣光荣。"

小沈点点头，忽然他扭头寻找。肖佛一个人低着头走在最后。

沈金明走到肖佛的身边，一手抱住他的肩，一手从挎包里掏出一只小收音机，塞到肖佛手里："这是冯队长送给我的，我再送给你。你还小，好好学习，还能赶上。"

肖佛听了这些话，泪都快流出来了。沈金明的减刑释放对他来说，心里有一股说不出的滋味儿。

60. 夜　中队的教室

冯志学带着中队的少年犯们在看电视。赵所长走了进来，一干部让出座位。

赵所长："冯志学，小沈送走了吗？"

冯志学："送走了！小沈出所以后，对肖佛的刺激很大。"

赵所长："怎么，他的父母还没来看过他？"

冯志学摇摇头，"我已经给他的几个爹妈都去了信，全不理睬。最后还是他的亲妈来了信，可又强调自己的处境困难，说这个后爹坚持不肯收养。"

赵所长有些气愤："还是叫他的亲爹来，法院不是判决由他抚养肖佛的吗？"

冯志学："唉！法院判决已经几年了，他就是不执行，谁又把他怎么样了？我是担心肖佛出所以后的日子怎么过。"

沉默，大家似乎都在想肖佛出所以后的生活情形。他现在十四岁，明年出去也才十五岁，这么小便无家可归，将来岂不是……

赵所长斩钉截铁地："你再亲自去一趟，一定找到他的亲生父亲，要他负起做父母的责任！"

冯志学激动地点点头："就去！"

61. 日　少管所院内

在少管所门前的草坪上，阮五、杨雄等人正在修整、剪枝。阮五回头发现了什么，便捅捅身边的杨雄："喂，你看！"

杨雄转头看去。远处路上，冯队长带着肖佛走来，今天的肖佛服装特别整齐，头发也梳洗过了。

阮五奇怪地问："肖佛穿得这么正经，干什么去？"

杨雄："今天他爸爸来看他了！"

阮五惊奇地："啊？这不是太阳从西边出来了吗？"

杨雄："真不容易呀，他总算又有家了。"

谢洁心看见肖佛走来，便迎上去。

肖佛高兴地喊了声："谢阿姨！"想告诉他自己的大喜事。

洁心微笑说："我已经知道了。"冯志学问："你不来吗？"

洁心："不啦！人多了反会使他父亲难堪，等他们父子见了面，我再^别找他父亲谈谈。"她低头看见肖佛板着脸，面有难色，便劝慰说："别紧张，见了你爸爸一定亲热些，因为你以后就要跟他过了，懂吗？"

肖佛点点头。

冯志学拍拍肖佛的肩："咱们走吧！"

洁心感慨地望着他们的背影。

冯志学边走边问肖佛："你有多久没见过父亲了？"

肖佛想想："七年吧！从那次他把我领到大街上塞给我两毛钱，叫我……"

冯志学惊讶地打断他："以后一直没见？"

肖佛点点头。

冯志学咬咬嘴唇，没再说什么，便又领着肖佛走去。

走到大门旁的家长接待室门前，冯志学习惯地整了整自己的军容风纪，跟在他身后的肖佛也照样扯了扯自己的衣服。

冯志学转头看看肖佛紧张的神情，便说："哎！别这么板着脸，笑笑！"

肖佛尴尬地做出微笑状，可这比哭还难看。

冯志学笑了："哎！别这样！要这样！"可是肖佛始终做不出微笑状，

冯志学不得不再教他，给他做示范，直到他认为满意了。这才拍拍肖佛的肩，郑重嘱咐："对！就这样！"可是当他转回身去时，肖佛脸上的那点微笑早已烟消云散，变成了铁板一块。

冯志学推门进来，抱歉地："让您久等了！"他说时把身后的肖佛拉到自己的胸前："叫爸爸！"

肖佛极力睁大眼睛想看看阔别多年的爸爸，他深深地鞠了一躬，可是眼睛始终盯着爸爸的脸：啊！他变了，似乎不那么凶狠了，仿佛年轻了，现代了，但说不出是好看还是不好看。

肖父从靠背椅上站起来，望着面前的儿子连连说："啊！好！好！好几年不见，想不到长这么大了，出息了吗？"

冯志学高兴地："肖佛这几个月进步很快，他非常聪明，已经学会单独使用车床了……"

肖父打断了他的话："是啊！这孩子从小就不傻，当然这还要靠你们的专政……啊，管制。不，教育，对！教育教育……你也很忙是不是？可以不陪我们了，我想，让我们父子俩单独地谈一谈，这对沟通……沟通彼此的感情……"

冯志学果断地："也好！你们父子是该单独在一起谈谈了……"可是肖佛的手紧紧地抓住他的衣衫不放，冯志学不动声色地轻轻松开肖佛的手，亲切地："快去给你爸爸倒水，我等会儿来接你！"说罢，走出门去。

屋里只剩肖佛父子二人了。肖佛轻声地："爸爸！我给您倒水……"刚想挪步，听到父亲喊："别倒了，你过来咱俩谈谈！"肖佛转回身想对父亲笑笑，可是脸上的肉不知怎么竟颤抖了起来……

62．门外路上

冯志学一个人在踱步，正在修剪树枝的阮五、杨雄等少年犯便围上来问："冯队长！怎么样了？他爸爸会收他吗？"

冯志学："会的。人心都是肉长的，哪有父母不爱自己孩子的？有的父母一时不肯收养，那也是叫你们气的，只要你们真正改好了，谁见了会不喜欢？"

少年犯们尴尬地笑了。

冯志学拍拍他们的肩："去吧！好好干活吧！"

众人欢笑欣慰地走去。

63. 室内

肖佛的脸上滚出豆大的汗珠，他惊恐地望着父亲由于暴怒而变了形的脸，父亲的辱骂像炸雷般在耳边轰响，他再也忍受不了了，突然，夺门冲出。

正在踱步的冯志学看见肖佛冲出来急问："怎么啦？你干什么去？"肖佛余悸未消，狠狠一跺脚向监舍跑去。

冯志学急回头看，肖佛的父亲也从门里走出。他见队长在路边，便走过来，以十分委屈的语调说："这孩子离我时间久了，一点父子感情也没有了，我劝他日后跟我过，他反说我不是他爸爸。你看，我一把没拉住他，跑了！唉！我实在是无能为力了，也谢谢你们的关心，再见吧！"便向墙边的摩托车走去。

冯志学一切都蒙在鼓里，愣愣地，待听到摩托车响，才有些恍然，忙上前制止："哎！你不能走！"可是肖父的摩托车已经驶过他的身边，并且不屑一顾地对冯志学来了声："拜拜！"冯志学追到大门外大喊："你回来！"肖父已经一溜烟地拐向了公路。

64. 少管所院内

肖佛疯狂地向回跑着。

正在同少年犯一起修剪树枝的谢洁心上前挡住他："肖佛！你干什么去？！"

肖佛一见，这才叫了一声"谢阿姨！"一头扑到谢洁心的怀里大哭起来。

洁心搂着肖佛爱抚地："别哭！快说给我听，怎么回事？"

肖佛低着头："他不要我的，他说我是贼胚，还说我是老鼠屎想坏了他家的一锅汤……反正！我，我再也不要爸爸妈妈了！"他忽然扯开嗓子向天呼喊："我再也不要爹妈了！"

65. 日　车间内

炉火熊熊，机声隆隆。

方刚等少年犯正在队长的指导下烧制保温瓶胆。此时的方刚俨然成了熟练的工人，他戴着墨镜、手套，灵巧地操作着，头上冒着汗。

肖佛突然举着一张报纸抢进来大喊："哎，快看！沈金明考上了大学，谢阿姨还写了篇文章哪！"

众急围上观看。

一张报纸上的醒目标题：

《挽救孩子，造就人才！——从失足青年沈金明考上大学谈起》（特约记者　谢洁心）

66．日　大操场

一对大的高音喇叭正在广播谢洁心的文章。

全所近千名犯罪少年排着整齐的行列在收听这声声震撼心弦的广播。

广播员浑厚的声音："犯了罪的青少年，应当受到法律的制裁。但是党对他们的政策，不是抛弃，更不是消灭，而是经过感化、教育、改造，将他们造就成祖国有用的人才。

"他们同样是祖国的花朵，只是受了病虫的侵蚀。

"他们同样是祖国的孩子，只是像得过了一场传染病。

"所有的父亲们、母亲们，都应该负起挽救孩子的责任，不要歧视他们，更不能抛弃。

"社会各阶层的人民，应该欢迎他们改正错误，允许他们继续升学，要妥善安排好他们的就业……"

方刚、肖佛、阮五、杨雄在听。

"他们一定会为祖国做出新的贡献！"

一排小号激昂地响起来，吹起雄壮的乐曲。

一排鼓手在激动地奋力击打。

以乐队为向导，开始了全所绕场游行。

小刘队长急急跑到冯志学跟前慌张地报告着什么事。

冯志学大惊，转头看去。

谢洁心望着游行的少年犯，激动地在擦泪。

冯志学走到谢洁心跟前，激动地："谢洁心同志，我代表孩子们谢谢您了！"

洁心激动地："别这样说，我应该代表所有的母亲们谢谢你们！"

冯志学："很惭愧！我们既不能把所有犯了罪的孩子们都改造好，也不能防止没有犯罪的孩子们不再犯罪。"

洁心："那是需要全社会的人一起来做的。"

冯志学："是啊！"他顿了顿："刚才所部来电话，说是您家的街道委员会让您马上回去一下。"

洁心疑虑顿生："街道？有什么事啊？"

冯志学安慰地："不会有什么大事的，好像您家里出了什么事，您也该回去看看了。"

67．黄昏　市区

洁心从一辆公共汽车上匆匆挤下来，拐进了通向自家的里弄小巷。

一位妇女迎过来："洁心同志，你回来了，好久不见了？"

洁心点着头，无心地、边走边答："啊！出差了！"

这时有几个青年从后追上来，越过她向前跑去。洁心惊奇地向前张望，不少的人从家里跑出来都向一个方向跑去。她不解地加快了脚步，突然迎面跑来一青年抓住了她，上气不接下气地："谢阿姨！快回去看看吧，家里出事了！"说罢慌忙逃去。洁心认得他是儿子陈林的同学，但喊不住他，便随着人群向前紧跑几步，拐过了墙角，突然惊呆了。

家门前停着一辆警车，围了几十人，几名武装警察正把几个青年押上囚车。她看不清被抓的是谁，只听奶奶在哭喊："小林啊！小林！我可怎么向你爸爸妈妈交代呀！"

警车的笛声响了，车向她驶过来，她向后一退让过了擦身而过的警车，禁不住又冲上几步。看见了！警车内的后玻璃上紧贴着儿子陈林惊恐苍白的脸。他张着嘴，仿佛在喊、在哭，他多盼望妈妈来救救他……可是警车走远了，洁心的头在晕眩，心已然提到了喉头，她竭力望去，警车消失了，只留下一条空巷……

洁心如木雕、泥塑般立在街心。

镜头拉起来，洁心的身影越来越小，镜头继续向上拉去，拉出了千家万户，洁心的身影已被淹没了。这时，空中传来少管所孩子们向家长汇报演出时唱的《心声》，这歌声是那样地让人心碎：

妈妈！

儿今天叫一声妈，

禁不住泪如雨下。

高墙内，春秋几度，

妈妈呀，

你墙外苦盼，

泪血染白发。

……

三、导演心得

《少年犯》创作回顾

张良

有的同志形容一个导演：拍摄一部故事片好像是十月怀胎，"婴儿"尚未出世，做母亲的已是忧心忡忡，担心起孩子的未来命运—是好？是坏？是健康？还是残废？！

我呢？何尝不是如此，只是自觉又有不同，因为人家的"孩子"都是写的英雄、好汉，而我们的孩子是些少年犯。如若说人家是"怀胎十月便可分娩"，而我们是怀了三年又十个月。我常自忧：也许这是个"难产儿"，说不定还要做剖腹大手术。

我把影片送审看做"产房接生"，做母亲的尚未走进产房，心已经抽紧了——期待与担心、焦虑与痛苦是紧紧地交织在一起的。

1985年9月25日，上海市政法委员会初审《少年犯》，我仿佛是抱着"早产的婴儿"第一次登上了法庭的受审台，我不敢仰视政法书记、法院院长、劳改局长们的脸，我真怕他们会在我的孩子头上勾上一红笔！可是我万没想到，他们看完影片后居然说："这孩子将来会不错的！"

我带着上海法官们的祝福到深圳市委去进行二审，因为深圳市委是孩子的第一个公婆。也许是"公婆"们对"儿孙"有特殊的偏爱，深圳市委看后表示要给"孩子"挂块金锁牌。

我是又惊又喜地进了北京，文化部电影局才是所有"婴儿"的真正摇篮。1985年10月5日下午，"部长、局长还有许多助产士们"云集"产房"。我昏昏然准备去承受刀剪利器……可是场灯一亮，飞来一片掌声，我环目看去，不少同志的眼角还挂着热泪，在他们的热情祝福声中，我们的孩子竟平安降生了！我们的《少年犯》终于在这大千世界，有了一席之地，回到住宿地，我和静珠久久呆坐在一起，谁也不说话，只觉喉头梗梗地，心里酸酸地……我望着妻子头上的根根白发，心里一阵酸楚。近四年她仿佛是苍老了十岁，谁也不可能理解她的苦心，只有我心里明白，为了这些少年犯，她是用泪血染白了鬓发！

（一）生活在召唤

有位记者问我们："你们怎么会想到要写少年犯？"

我回答他：那里是想到要写，说实话，四年前我们还不知道中国会有少年犯，就是对成年犯的看法也是过时的。

1980年年底我和王静珠在完成了影片《梅花巾》的创作之后，曾相约再合写一部电影剧本《六合院的晨夕》描写"文化大革命"中有六家革命文艺工作者如何被扫地出门之后，住进铁丝网围着的养鸡养鸭房，在那黑云翻滚，灭绝人性的岁月，这六家人是怎样的患难相交，生死与共……

为此，王静珠同志只身返回北京，重游旧地忆旧事。可是在北京期间，她听到看到许多革命老干部在"文革"期间所遭受的迫害比我们更深重。王静珠改变了创作《六合院晨夕》的意愿，决定去写"四人帮"如何残酷迫害革命老干部。她走访了最高人民检察院和公安部，采访了大量的冤假错案……可是有一天，公安部的领导把她领到了北京市少年犯管教所，让她亲眼看看"四人帮"制造的另一大灾难！王静珠的心一下子又被少年犯们抓住了。她从来没到过少年犯管教所，更是生平第一一次见到这么多的少年犯！大操场上，近千名犯罪少年站在一起，竟是黑一压压的一大片。他们中有男也有女，男孩子们都被剃成了光头，女孩子们剪成齐耳短发。他们的年龄大的不过十八岁，小的只有十四岁！她想了解。他（她）们都犯了什么罪？'公安部的领导对她讲："你不会想到吧，他们的罪行并不都是反党反社会主义的言行，而是极端个人主义。盲目追求西方的资产阶级生活方式，而去偷、去抢、去杀人犯罪！别看他们年龄小，可是犯罪的手段却是多样化、成人化。他们也不是地、富、反、坏的后代，而是我们工人的孩子，农民的孩子，多数的是革命干部子弟，一句话，百分之九十以上都是我们自己人的后代！"

王静珠的心由震颤而战栗，她痛心地感到：是这场史无前例的"文化大革命"制造了这批畸形儿，这场大灾难不仅危害了我们新老两代人，更危害了我们的第三代！

"快救救孩子！"她从心底发出这样的呼喊，孩子是祖国的未来，失云了他们，中国也便失去了下一代。她深深的觉，得个人的恩怨不足挂齿，急国家之急，忧人民之忧才是我们应尽的责任。她于是再次决定不再书写老一部如何受迫害，她想依然健在的老一辈已经站起来肩负起挽救社会的重担，青少年犯罪的问题亟待全社会去挽救，这是关系到如何培养造就下一代的大问题为此她决心去写少年犯。

王静珠从北京回来，逢人便说少年犯，她盼望有多数的作家了解这样的题材，更希望能有人与她合作。可是一提到少年犯、监狱、劳改场，许多人便瞠目结舌,文艺界几十年视这些劳改场所为禁区。高墙、铁门俨然隔绝了另一个世界!她的游说不仅没得到支持,反有不少同志劝静珠不要碰这样的题材。他们说:"同犯人打交道搞不好也会把自己变成罪犯。"

"文革"刚过,文艺界同志余悸未消是在所难免的。她在外边找不到同情便回到家来,多少个夜晚她都是含着热泪叙述着那大墙内的一幕幕家庭悲剧。她说:表面看来大墙内关押的只是一个家庭中的一个小小成员,可是这一个孩子后面,竟牵扯着父亲、母亲、哥哥、弟弟、姐姐、妹妹、祖父、祖母一大串亲属,而这一大串人同犯罪少年之间是心连着心,肉连着肉的,他们几乎是在犯罪少年被判刑的同一天起,就把自己的心和高墙连在一起。那千八百个犯罪少年是牵连着大半个社会呀!

我被王静珠的真情感染了,更被那千百个不幸的家庭打动了。王静珠不写少年犯如骨鲠在喉,我不陪她去"闯禁区"确有负了艺术家的责任,于是下决心陪她一道去,到大墙内那神秘的被人遗忘的角落里去。

(二)生活、激情、使命

我俩从1982年初开始到广东省少年犯管教所深入生活,为了扩大视野,也为了对中国的监狱作广泛深入的了解,我们又深入到北京、山东、辽宁、上海等地的监狱、劳改场、少年犯管教所生活和采访。原本计划还去南京、武汉等地的少年犯管教所,可是走到上海之后,心里已像灌了铅般沉重,我们看到各地监狱、劳改场所关押的犯人,无论是年龄、职业、出身、犯罪的性质,都是那样的相像,少年犯管教所里自然都是十四至十八岁的犯罪少年,而监狱、劳改、劳教场的关押对象80%以上都是三十岁以下的青年。每当我望着他们一个个剃了光头的脸,一个个穿着囚服的健壮身躯就禁不住要流泪。他们都是生在新中国,长在动乱的年代,是一群犯法不知法,犯罪不知罪的文盲、法盲和流氓。他们既是害人者,又是被害者,不管人们愿意不愿意承认,他们都是我们自己的后代!这真是令人痛心的、大悲剧。

◎ 电影《少年犯》编剧王静珠(左一)与演员谈心

在广东少管所里看管着三个

未满十三岁的孩子，我惊奇地问：他们还不到法定判刑的年龄啊？！可是干警回答我：他们是犯了、杀人罪。他们三个人竟然以十分残忍的手段，用一块大水泥板活活地压死了一个十岁的小女孩……

同样是在广东，干警指着一位正在舞台上唱歌跳舞的女孩子说："十几年前我们在这里管教过她的母亲，可是十几年后的今天，我们又管教她的女儿和儿子！"我几乎是不敢相信地问：她的儿子也犯了法？但这是事实，她们姐弟是同案盗窃犯。

在北京少管所，一个十五岁的少年犯，竟然狂热地追求西方的性生活，她染了一头金黄色的头发，染了红指甲，穿着半裸体透明的裙服，专门跑各大宾馆同外国男人鬼混。她的父亲在咖啡馆里找到了她，苦苦劝她回家，可是她竟然不认自己的父亲，著在大庭广众下动手打自己父亲的嘴巴……

在山东少管所一个十五岁的男孩子向我哭诉："我有四个爹，四个妈，可是他们谁都不要我，我从七岁就被赶出家门到社会上流浪，是一位大姐姐收留了我，可是她教会了我偷、撬，教会了我犯罪……"

在辽宁，在上海，我都听到、看到一些犯罪少年吞食异物企图自杀的。他们有的是真想死；有的只是逗好汉、好玩；有的是为了获得一次"保外就医"，与家人团聚的机会。为了这些，他们小小的年纪竟然敢吞筷子、勺子、铁钉，最严重的是一个少年连吞了两把折叠剪刀，因为他的父母抛弃了他，他感到前途无望！

当然各地的少管所改造好了的孩子是占绝大多数的，有的就了业，有的重新上了学，可是也有相当数量的犯罪少年是出了少管所的大门又进了监狱的大门，他们有的"二进宫"（重犯），"三进宫"，更严重有人被判了死刑！

改造好了的自然是由于监狱、少管所、派出所、居委会、机关、工厂、学校互相配合，采取积极的"综合治理"政策，对失足青少年满腔热情的扶助、挽救。像沈阳马三家子劳教场，一位姑娘即将解除劳教，可是她无父无母无家可归，如任其回到。社会必然因无生活出路而重蹈覆辙。为了彻底挽救她，劳教场的领导为其找了位老工人夫妻认了父母，当地居委会又积极保送这位姑娘进工厂当了工人，工厂的工会共青团又组织了一个帮教小组，热情关怀，绝无半点歧视，这姑娘感激涕零，视共产党为再生父母，她从此得救！

另有发生在北京的一案，也令我深思：一女犯罪少年刑满释放了，她回到家去，居委会并不为之安置工作，时间一久，年岁渐长，家庭的歧视日甚，社会上的一些男流氓又找上门来，逼其下水，她不愿意再走回头路，便再求居委会给予工作，居委干部竟说："不是不给你安排，如今好人家的孩子还待业呢，何况是你，慢慢熬着吧！"这冷冰冰的语言，那冷冰冰的面孔，还有那冷冰冰的家，她哪里熬得下去。可她，又不肯再屈身于流氓的纠缠，最后只能写封绝命书上吊自杀了！

少管所苦苦救了她三年，可是社会上的偏见、歧视竟害了她一世！这是多么惨痛的教训！

多少次的家长接见会上，我们是用泪眼望着他们一家家的泪眼，多少位家长拉着我们祈求我们向社会呼吁：救救孩子！多少犯罪少年又痛心地向我们倾诉：我们一定悔改，一定重新做人，社会千万不要歧视我们，更不要抛弃！

谁没有父母，谁没有儿女，谁又愿意自己的子女落到这种地步？！

一种责任感激励着我们要把这一切都写出来，一种使命感，紧迫感鞭策我们不可懈怠！我们在广东、在辽宁、在山东都是向着千百名犯罪少年许过愿的：我们一定要把电影《少年犯》写出来拍出来，为你们铺一条悔过自新的路！更呼吁社会的父亲们、母亲们共同承担起挽救的责任！

人是需要拉一把的，更何况他们还是些孩子！

少年犯罪固然有他们自身的责任，但真正应该承担责任的还是我们的学校、家庭、社会！试想孩子刚生下来懂得什么是黑白、善恶、美丑？还不都是从大人那里看到、听到、学到的！史无前例的十年动乱把一切都颠倒了，黑的说成是白的，美的说成丑的，善的说成恶的。社会经济的大倒退，造成了新的物资贫困，意识形态的混乱，造成精神支柱的崩溃。多少家庭瓦解了，把孤儿抛向街头；多少人失去了正常的信仰和理想追求；多少人铤而走险去犯罪；大人们尚且惶惶不可终日，何况他们这些孩子！他们小小的年纪本不会偷，本不会抢，是大人们的"战斗队"做出了打、砸、抢的榜样，是他们的父兄先为他们做出了公私不分的"表率"。

孩子们知道什么是黄色录像、黑色录像，还不是他们身居高位的父兄首先带了他们去看。

病毒是你传染给我，我再传染给他的，彼此传播、蔓延，造成恶性循环，终于酿成了众多青少年犯罪的瘟疫！

既然是社会的诸多原因造成了青少年犯罪，也应该由社会共同承担根治的责任！《少年犯》剧本容纳不下这么大的主题，一个半小时的电影概括不了这么庞杂的社会内容。我们企图寻找一个突破口，切开一个断面，折射若干社会问题，促使更多的人去思索。我们的剧本主题便是八个字"挽救孩子，造就人才"，把他们造就成材，才是最大的挽救！

我们只是想把作品当块砖，以便引出玉来，只是想让电影成为一个"挽救的接力棒"，让社会上更多的观众接过来，传下去，共同的承担起责任！

这就是生活给予我们的激情、责任、使命！

（三）《少年犯》与《雅马哈鱼档》

1982年夏我和王静珠从上海少年犯管教所返回广州，立即以巨大的激情投入《少年犯》的电影剧本创作，一稿、二稿，直至1983年夏已经写了七稿，但仍没能被批准投拍，我心急如焚，唯恐中途夭折，果不出所料，全国开始执行《从重从严从快的打击刑事犯罪活动》的命令，有人认为：我们的剧本基调与、"严打"的气氛不合，所以剧本"冷冻"起来。其实政府的"严打"措施与"挽救"政策本无矛盾，"严打"中被处以极刑的只是极少数，绝大多数青少年罪犯被宣判后依然是在"教育、感化、改造"的政策下予以挽救。但是党的这样的劳改方针政策并不为社会大多数人所理解。

我们的《少年犯》剧本经过较长时间、的冷冻之后，被做了退稿处理，从此我和静珠就负了一笔心债！

1983年底，珠影文学部向我推荐了尚未出版的中篇小说《雅马哈鱼档》，我连夜捧读，兴奋不已。除了那扑面雨来的新生活气息和别有情趣的广州地方风情吸引了我之外，更有几个新人拨动了我的心弦，那便是一对曾蹲过拘留所的"烂仔"阿龙和海仔。他们仿佛是我们"少年犯"剧本中的方刚和肖佛，似乎昨天还在拘留所、少管所里与我见面，可是他们今天被释放回到了社会，他们不想再走旧日老路，决心去闯新生活。不仅想当耀眼的万元户，更想赚钱赚人格！他们并不是什么扭转乾坤的英雄好汉，而是些有过污点的小人物。小人物并不都是可悲可唾弃的，他们在祖国"四化"建设大业中，同样有值得尊敬的地位！这个剧本仿佛是我们《少年犯》的继续，"少年犯"犹如是他们的昨天，可是《少年犯》不能投拍。

我决心扶植起这一个。我把几年来对失足青少年们的挽救之情都给了阿龙和海仔，我决心让人们谅解他们的过去，理解他们的现在，更热爱他们的未来！我更盼望生活中一度失过足的青少年们都能像阿龙那样去搏、去进取。用自己的双手去创造一个新世界！《雅马哈鱼档》拍完上映之后，得到了人们的承认，我要感谢影片的两位作者，是他们的剧本使得我"挽救失足青少年"的感情得以继续！

（四）五十个人一条心，共同承担社会责任

1985年2月司法部部长亲自下令投拍《少年犯》，广东省委领导指示深圳影业公司承担拍摄任务。《少年犯》犹如得到了减刑特赦，我于是振奋全部心力去从事这一创作。但是眼前最大的难题是深圳影业公司没有摄制人员队伍，而需要我自己去招聘摄制组。结果不到五十个人的摄制组竟来自廿二个不同单位，不少的人是第一次接触电影的"门外汉"，就是一些主要创作干部，如制片、美工、第一副导演、副摄影、照明组长等等都是第一次被逼上了重要岗位，为此，许多旁观者很为影片的艺术质量担心。

◎ 电影《少年犯》开拍典礼

作为导演、影片艺术的主要负责人，我何尝不懂摄制组的人员素质将决定影片的质量，人们的担心是正常的，可是，我在无力寻找水平较高的创作人员情况下，必须尽一切努力充分调动现有人员的创作积极性，变被动为主动，变不利为有利。

我们的摄制组成员虽然实践经验不多，但五十个人一条心是最为有利的条件，许多同志报名来时都说过这样的话："我看了剧本很感动，愿意和你们一起去承担挽救孩子的责任！"正是这共同挽救孩子的责任心把我们扭到了一起，才使我们有了克服一切困难的勇气！

实践证明，矛盾是可以转化的，不利的因素在一定的条件下可以转变为有利因素，困难再大，只要不被吓倒，反能练就出一批硬汉！我们的口号是"边学边做、挽救孩子、造就人才"。组内人确是一边在刻苦学习业务，努力完成本职工作，一边在做挽救犯罪少年的教育工作，我们选了十八名犯罪少年做演员，对孩子们的口号要求是"学演戏、学做人"。而我们全组同志都当义务宣传员协助管教队队长做他们的思想转化工作。

当同志们回顾这一段创作历程时，无不感慨地说，我们既锻炼了自己，也教育挽救了孩子；既拍出了影片，也参加了社会的"综合治理"行列。

（五）采用监狱实景拍摄

利用实景拍摄这在当今时代几乎是被导演们普遍接受的，因为它省时、省钱、真实、可信。但是利用少年犯管教所的实景拍摄《少年犯》,就存在一些争议和困难。其根本原因是社会上观众对现代监狱认识上的差距。在人们的习惯观念里监狱、劳改场、少管所,不管名词上有何区别,其实质都是一样的:铁牢阴森、恐怖,犯人狰狞、可怕,管教人员都是冰冷的。但这是旧观念,是几百年来旧监狱的遗留印象,绝不是今天监狱的形象。我曾向很多人宣传:我们的监狱像工厂,像学校。很多人没到过监狱,所以都笑我在宣传、在美化,其实我说的是事实,但真实的并不都能使人相信。我曾为此犯愁:如何表现今日的少管所形象?如何缩短观众认识上的距离?我曾经到五个少年犯管教所里生活、体验、观察,外观上虽有不同,但是在如何对待犯罪少年上,都是采取"教育、感化、改造"的政策。

就是监舍也绝不是旧监狱阴冷潮湿的形象,如今的监舍可以说是宽敞、明亮、清洁、整齐。对犯人们的管理制度是"生活制度化、行动军事化、卫生经常化"。少管所虽有高墙、铁窗、铁门,但并没有哨兵和电网。少管所里有工厂、有课室,实际半天劳动半天学习,以便让他们补习文化知识,学会就业本领,可见今日政府对犯罪青少年的改造,根本立足点在于挽救而不是惩罚。但是这一切并不是每一个观众都能理解,都能相信的。假如我迁就一部分人的习惯认识,把现代监狱表现得阴森恐怖,则严重地歪曲了现实,假如我过分地把监狱表现得是阳光、是鲜花,则又脱离了现实,同样也脱离了群众,因为这终究是第一次把镜头对准大墙内。

我牢记"艺术的可贵真谛在于真实"的话,任何虚假、做作都将被人民唾弃。《少年犯》要想深入人心,唤起父、母亲们的共鸣,必须拍得真实、生动、感人,必须让镜头真正代替观众的眼睛,带领观众一起到高墙里去,看孩子们是在怎样的环境下开始了一天的生活。看他们是怎样服刑、改造,怎样表现自己的喜怒哀乐。人们太不熟悉这样的生活了,我必须让人们强烈地感受到这是真实的、可信的,以引起心灵上的震颤,进而再引发人们去思索:他们为什么要过这样的生活?怎么会犯罪?社会、学校、家庭要承担些什么责任?如何防

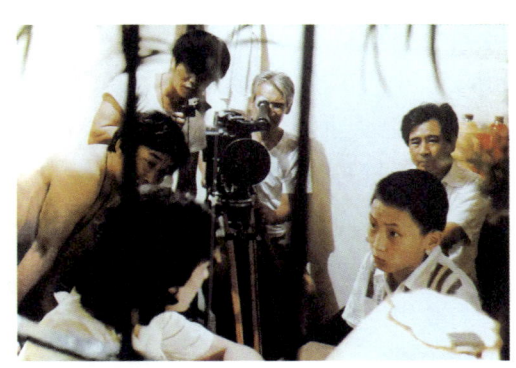

◎ 电影《少年犯》导演张良(右一)在拍摄现场

止孩子们再犯罪?

为达到上述目的,我决定在上海少年犯管教所里拍实景,用纪实性的拍摄方法真实地记录下犯罪少年们的生活、学习、劳动的场景,以便造成逼真感,激起观众们的强烈感情!

我们很少改变实景,亦不做大的加工,只是将宿舍、饭堂、课堂的墙壁颜色改成灰色,使影片的色调统一。犯罪少年们的服装是改变了的,原来少管所有统一的所服,只是式样色彩不甚理想,这一次我们重新设计成灰白条相间的半胸式制服,灰白条象征着铁窗。我们曾征求孩子们的意见,他们说式样喜欢,灰白条也能接受,犯了罪是要有些压力,有压力才更利于改造。可见他们对自己的身份有充分的认识。

实景拍摄并不意味着自然主义的毫无选择,纪实性也并非毫无舍取,任何场景必须符合剧情的需要,因为这是故事片而不是纪录片。

(六)关于启用少年犯扮演少年犯

影片的另一难题是谁来扮演少年犯,导演们都知道选择演员是影片成败的一大关键。

我曾考虑过请专职的少年演员来演少年犯。可是全国少有的几家儿童剧院没有我们合适的人选。我也想用在校的中学生来扮演少年犯,可是又有不可克服的困难,一则他们没有犯罪的生活,又不可能体验。二则演戏不自然,不会演戏是可克服的,而没有生活则是不可逾越的。如果我逼着他们到少年犯管教所和犯罪少年在一起生活,去体验,弄不好会教会他们犯罪,这又不符合本片的主题宗旨,主题在于"挽救"而不是"教唆"。为此决定启用在押的少年犯扮演少年犯!

这一念头连我自己也感到惊讶,因为至今为止,中外尚没有启用在押服刑的犯人拍电影的先例,这不是导演们敢不敢用,而是政府的政策准不准用,不准则一切都成空想,准用之后还有可用不可用的困难……

根据我几年来对劳改

◎ 张良、王静珠在电影《少年犯》拍摄现场

生活的观察，和对党的政策的理解，自信是可行的。因为中国劳改政策的根本着眼点是"改造人，造就人"。只要是有利于改造、造就，都可以破先例。启用在押少年犯扮演少年犯，虽无先例，但也符合"改造、造就"的政策，我想如让他们学演戏、学做人，即可以通过影片教育改造自己，也可以"现身说法"教育别人，且他们"现身说法"尚可达到演员们无法达到的社会作用。当然让他们演电影有利也有弊，有利的条件是他们熟悉犯罪少年的生活，他们每一个人的犯罪经历都有和影片人物相似之处，所以他们完全能理解人物的性格、心情，便可能有比常人更真的表达能力。此外据我观察，这些犯罪少年大多是些很聪明、很机灵的孩子。他们的犯罪原因十分复杂（我已在导演阐述中做过专述），他们虽愚昧无知，但不愚蠢，虽不知荣辱，但有自尊心，引导得法，仍可以恢复他们的聪明和才智，使之为社会做出有益的事。当然不利的条件是他们根本不懂得演戏，在服刑阶段赎罪的思想压力很大。但充分的权衡了利弊，我认为利大于弊，为此向司法部门郑重地提出了启用少年犯扮演少年犯的建议，而且得到了支持。我深感这不是导演的勇敢，更不是猎奇，而是党的"改造人，造就人"的劳改政策所取得的又一次胜利！

（七）如何引导犯罪少年学演戏、学做人

得到司法、劳改两局领导的批准，我在上海市少管所内挑选扮演少年犯的主配角演员。我的第一要求是"形似"，第二是"神似"。如方刚的雄壮、刚强，肖佛的瘦小、机灵，沈金明的文弱、秀气……为便于筛选，每一个角色都选了三个备用对象。在筛选过程中，我曾普遍征求他们的意见，凡对拍电影有顾虑的，可以尊重本人的要求退回原中队。因为电影的影响很大，为此，有几名少年申请退出。但我对愿意留下拍电影的少年们郑重地说："你们一经跟我走上银幕，我可就要断了你们再犯罪的路，过去你们在社会上犯罪，很少有人认识你们，可是今后拍了电影，全国的人都可能认识你了。过去通缉令上的照片不过几寸大，今后如再犯法，整个银幕就是一张最大的通缉令，所以再也不能搞犯罪活动了，必须从此走一条新路！"他们听后都郑重地表了决心：一定不辜负政府的希望，立志做新人！

我对这一群特殊小演员们的要求只是两句话："学演戏、学做人！"

我又征得了司法、劳改两局的同意，在我的导演阐述上写了这样的话："无论哪一位犯罪少年，在拍电影过程中，确有卓著贡献者，劳改局将授以劳改光荣称号。直至向法院申报，给予'减刑'或'释放'的奖励。"被选为演员的犯罪少年们兴奋至极，个个摩拳擦掌表决心，表示一定要演好戏、做好人、走一条新路！

决心是好下的，可是真让他们去演戏可就难了。他们一背台词头就涨大了，到了排练场一抬脚迈步，腿先软了。想当年他们个个自诩为"英雄好汉"，可是谁知今天一间小小的排练场，竟吓得他们腿胆子转筋，浑身冒虚汗。看他们张口结舌的窘态，实在替他们可怜，组内几位老同志心疼地说："也实在难为他们了，生平那里受过这样的罪！"

我很理解他们的处境，且不说根本不懂如何演戏，单就每天结队到排练场来，都是由管教队长们看押着的，他们终究是些犯人，思想的负担很重，他们怎么敢像影片里的方刚那样放肆？！要想使他们敢演戏，必须首先解除思想上的重负。为此，我要求摄制组的全体同志关心他们，爱护他们，不歧视、不嫌弃，和他们交朋友，鼓励他们演好戏。摄制组年长的要像待自己的孩子一般亲近他们；与他们同龄的，要视他们为兄弟姐妹。由于全组同志的共同努力，他们犹如冻僵了的幼苗，逐渐溶化，终于恢复了正常孩子们的天性。但解除顾虑仅仅是自如的开始，可是读台词时依然是拿腔拿调，走路对依旧装腔作势，原来他们以为这就是演戏。怎么样才能使他们懂得演戏并不是这样演，而是要真实地表现出入的正常神态呢？

一天，扮演肖佛的蒋健，在排练与记者谢洁心的谈话一场戏时，又开始"背台词"了，全没有肖佛的神态。我便有意将戏停了下来，宣布休息，主动引他闲聊天。他见不是排戏，便松弛下来，洋洋得意地说："导演！您选我演肖佛，绝对对了！"他的神态引起全场人的兴趣，都问："怎么对了？"他顿时滔滔不绝地说起来："你看！肖佛有三个爹三个妈，我是两个爹三个妈，不是很像吗？肖佛七岁就被赶出家到外边自力更生，我也是七岁上就离开家流浪鬼混了。肖佛有个奶奶很'疼他，可她很快就死了；我也有个奶奶，也死了。就连老家也像，我老家也在镇江……真是太像了！"他十分兴奋，手舞足蹈，我又引他讲他的童年生活，他更加活灵活现，津津乐道，仿佛谈的不是自己而是某位名人的苦难史。他自己越是这样无所谓，听的人越觉难过，不少的人眼都湿润了。他的年龄、经历真是同肖佛太像了。而他讲的竟是那样的自然、生动。我不失时机地打断了他的谈话，充分肯定了他这不是表演的表演，让在场所有的小演员都注意了他的讲话神态，启发他们应该这样演戏，而且不露表演的痕迹。

由于多次的讲解，反复引导大家讨论，终于使他们理解了"演"与"不演"的界线，也使他们懂得了在彼此交流时要真听、真看、真做。当然，我们的要求是在逐渐加深，确定了"形似"的合适人选之后，便要求他们在不断的排练中向剧本的人物靠近，逐渐做到"神似"。这些今天看来都是很简单的。可实际上几个月来想激发起他们的真情实感实在不容易，因为这终是在"演"，在重复以往的记忆。为了达到预期的效果，几位老演员们不厌其烦地教他们，必要时我也要亲自上阵做示范。有人说他们当初像根木头，我也承认，但我认为他们是檀木，不是朽木，所以他们终可以雕成大器！

为了使他们能在学演戏过程中真正学会做人，摄制组的同志们还做了许多动人的"戏外戏"。例如摄制组为鼓励他们学习，给每人买了一本精致的日记本，王静珠同志在每个封页上都郑重地题了勉励词，希望他们能在日记上说真话、记真情，天天做好事不做坏事。

影片拍完之后，又进行了认真的日记评比，凡记得认真，敢讲真话的均得到了奖励。为他们自己树立了可学习的榜样。在拍片过程中，摄制组许多老同志以身作则，对他们进行身教言教。烈日、酷暑，同志们谁也不离拍摄现场，可是却让犯罪少年们轮流着到树下歇荫，使他们亲眼看到拍电影并不都是为了好玩，而是一项艰苦的事业。也使他们懂得了摄制组的叔叔、阿姨们为了早一天拍好影片，早一天给他们的未来铺路，大家付出了多少心血！但拍摄并不是一帆风顺的，不是每一个参加拍片的犯罪少年都懂得了"学演戏、学做人"的重要。他们往往还会一边拍戏一边在犯新的错误。其实这有什么奇怪，他们终究还是些未成年的孩子。有一次，我带着摄制组进少管所拍摄，可是负责他们的管教队长却冷冷地说："几天也拍不成了，他们打架了，打得鼻青脸肿！"我一看果然不假，挨打的少年眼睛被打成了乌眼睛，打人的少年因触犯了所规，正面对着墙在做自我反省（静坐反省）。当时拍摄正在紧要时刻，停一天的损失十分惨重，可偏偏他们不争气，因为打架几天都不能拍摄。我把十几个小演员都召集到一起，痛心地对他们说，由于这次打架，给国家造成了多大的经济损失，也给他们自身的改造设置了新的障碍！他们这些孩子的心很费解，有时很冷，有时又很热。他们可以抗得住大的重压，可是又往往抵不住几句动心的话。我的严厉批评，他们可以无动于衷，可是当我提到今天早晨六点钟，大墙外已经有几十位家长守候在角门边等待家长接见了，他们的眼睛便湿润了。当我问他们中一位犯罪少年:"你知道你判刑后,你的母亲是怎样替你还债吗?"他愕然不知所措,待我告诉他:"你的母亲是靠卖血替你还债!"时,他竟号啕痛哭起来!他们这些孩子横起来九条牛也拉不回的,可是回心转意之后,真是让你又疼又爱。他们终于明白打架是犯了新罪,沉重的表示一定要将功补过。

不要以为他们犯了罪心就一定是黑的,不是的,他们也能做出令人眼亮的事。一次,我得了重病,一连几天高烧不退。他们知道后,便集体请求队长带他们到我的住地来看我。他们都是没有工资的人,只有每月几元钱的生活费,可是他们却自动集了钱给我买了个大西瓜和水果罐头,还写了封很感情的慰问信。当他们十六个孩子一齐站到我的床前,由一位女孩子动情的读这封信时,我的眼泪便止不住地流出来。谁说他们冷酷无情?谁说他们不通人情?只要你认真地看看他们的眼睛,你就会由衷地感到一定要拉他们一把,他们绝不该被抛弃!

几个月的拍摄过程,我们和这些犯了罪的小演员们就是这样互相激励,互相关怀,共同前进的。在银幕学演戏只是学表,生活中学做人才是学本。有了学做新人的欲望,才能真正理解拍电影的目的。

令人高兴的是这些昔日的"浪子"不仅成功地扮演了方刚、肖佛、沈金明……还成功地为影片的主题歌《心声》配了曲,还由他们本人演唱了主题歌。当我们在银幕上看到这位犯罪少年手拿话筒,泪流满面,深情地唱了声"妈妈"时,我们的心不也是在跟着他一齐流泪吗?他们的歌声怎么会有那么大的震撼力?还不是他们悔罪的情真、渴望挽救之意切,不由你不向他们伸出手去。

影片拍完了,上海中级人民法院在上海市少年犯管教所内开庭宣判,对参加拍片的这十八名犯罪少年都分别给予了奖励,他们中有六名得到了减刑,有十二名得到了当庭释放。这本是件极令人兴奋的事,可是我们的心依然不能平静,我们的影片目的绝不仅仅为了释放这十几个人,我们是希望把这挽救之情通过影片传下去,让千千万万的父亲们、母亲们、每一位公民们,都能承担起挽救失足青少年的责任!

(八)关于"纪实性"与"戏剧性"

有人喜欢"纪实性",有人喜欢"戏剧性",有人说两者是不可调和的,我对"纪实性""戏剧性"研究得不深,但我想尝试着使二者合一,既有"纪实性"也有"戏剧性",使影片产生新的魅力。

我确信"纪实性"将增强影片的逼真感；而"戏剧性"则可以使矛盾集中，增强其艺术的感染力、震撼力。当今时代许多艺术家已不受旧的戏剧样式束缚，并非喜剧中不能有悲，悲剧中不能有喜，不少影片恰是喜中有悲，悲中有喜，使观众在情感上达到多层次的满足。我从《雅马哈鱼档》开始，一反《梅花巾》单一的传统戏剧化样式，而去追求纪实性、开放性，并也想尝试着与戏剧性的结合。我的原则是不受任何条件束缚，只要有利于表现真实，有利于突出主题和人物，有利于抒发感情，都可以为我所用。因此，我并不注意长短镜头，而是根据戏的节奏与人物的感情发展需要该长则长，该短则短，绝不过分人为强制。我追求逼真的生活气息，但不是生活的自然主义罗列，而是有选择、有组织、有概括，只是选择概括得同生活的原貌相同，而不露任何人工组合的痕迹。例如《雅》片的龙珠街市场，并不是现实生活中的广州一条街，而是根据戏的需要，人为加工的各种摊档，街中的所有赶市人流都是临时群众的演员，只是运用了纪实性的拍摄方法，达到了逼真的艺术效果。《少年犯》的拍摄亦如是，只是更注重"纪实性"与"戏剧性"结合运用。例如，谢洁心陪同四个少年犯初入少管所的一路所见，若按真实的生活，少年犯们多是直接被囚车送到宿舍楼门前下车便上楼，看不出犯罪少年们第一次入所的紧张心情。为了突出孩子们的紧张、恐惧、好奇、惶惑的复杂感情，有意地组织了这场戏，让他们一路走来，看到了树下拔草的小脑袋，和结队而来的少年犯，又看到了大操场上集训的男女少年，更有刚刚抓回的小逃犯，让他们感到既新奇又恐惧，进而去想"我不久也将和他们一样的"。他们的这种心情实际上也是观众们的心情，我们是让观众和他们一起走进少年犯管教所来，让他们一道感受这陌生的人和环境……

又如"家长接见"和"汇报演出"，我试探着采用戏剧化与纪实性的结合。方刚急于想和亲人见面，头天夜里就洗了澡想让父母看了高兴，可是操场点名时，一个个少年被叫了出去，唯独没叫到自己，回到宿舍犹如困兽一样。然而肖佛又不同，虽然有众多妈，但他自知无人看他，便也没有焦心如焚的痛苦，与方刚形成鲜明的对照。操场点名是"冷"与"热"的对比，被点到名的心热如火，没点到名的心冷如冰；礼堂的家长接见又与凄凉的宿舍形成对比，直至一曲"心声"的汇报歌舞，把双方的情绪推向高潮。这一切处理都是戏剧性的，但是拍摄方法坚持了纪实性，使情景达到了逼真、感人的艺术目的。这次家长接见并不全是真的家长，而是半真半假，以假乱真。

拍摄是完全按照预期的效果组织的。真实生活中家长接见是以中队为单位每月一次，而我们则组织了几个中队（包括女队）同时接见，为了使人数达到剧情要求，又组织了群众演员参加其内。

为了使群众演员能像真家长那样动情，我们事先向所有的群众演员做了动员，讲解了挽救失足青少年的社会意义，让他们动真情、说真话，假戏真做，把被接见的犯罪少年当自己的孩子般看待，满腔热情地劝他们走回正路。女队有一名女孩，从判刑以来就没有家长来见她，这一次，有一对老夫妻愿以外公外婆的身份接见她，这个女孩子明知这是在拍电影，可是她依然被两位老人的真情感动了，她一边流泪一边向老人诉说了自己的不幸遭遇，由于群众演员们都能像真家长那样与犯罪少年们谈心，就使接见会场达到真假难分的境地，使我们拍下了那样动情的画面。

当然艺术不是照相，更不是生活的原形照搬，总有选择、加工、提炼，我们在接见这场戏里组织拍摄了"小弟弟给哥哥戴红领巾"，"犯罪少年听母亲的录音遗言"等镜头，就使整组戏更加真切了。

回顾这两次拍片，我的深切体会是"纪实性"可以使形象更生动、更逼真，而与"戏剧性"相结合便可产生大的情感震撼力！有助于塑造人物和深化主题。

（九）关于影片的结尾设想

早在电影文学剧本定稿时，摄制组就对现在结尾产生过激烈的争论，正如今天影片试映以来听到的不同反映一样，有人说："谢洁心是那样全身心地挽救失足青少年，竟没有管好自己的孩子，岂不是等于自我否定？"也有人说："像洁心这样的好心人，却得到这样的报应，情感上通不过！"

我完全能理解这些同志的心情，可是现实生活绝不是想象般好。所有当父母的从婴儿落地起就不会希望自己的孩子将来要成为罪犯。生活并不是好心的人必得好报，更不是好人的孩子都能成为好人，坏人的孩子一定

◎ 时任司法部部长邹瑜（左二）、电影局局长石方禹（左三）向张良（左一）、王静珠（右一）祝贺电影《少年犯》获奖

是罪犯，不是所有教育人的人家里一定不出罪犯。生活是复杂的，导致犯罪的因素更是千变万化，任何人都不能丧失警惕！

在我们写《少年犯》剧本的四年中，在多少次的家长接见会上，亲眼见过多少医生、教师、干部，甚至公安局长、劳改队长的儿子犯了罪！多少父母含着满眶的泪向我们诉说孩子犯罪的经过，有的父母竟然企图让自己坐牢以便赎回孩子，他们说自己反正老了，可孩子还有几十年的未来啊！当然，罪是不能替代的，但是，父母一辈子为儿女操心受的罪不是比坐几年的牢更重多少倍吗？！但是父母的苦心并不一定都能保证孩子不犯罪！我们也知道中国人看戏的传统习惯是希望"一好百好，皆大欢喜"。可是现实生活是还有相当数量的孩子正在犯罪，我们能够高枕无忧、视而不见吗？每一位做父亲的，做母亲的，不该想想自身的责任？我们的社会不也该想想为什么"文革"后，已经十几年了，还有这么多的青少年犯罪？！

当然对我们影片的这个结尾持肯定态度的观众还属绝大多数。我们既感谢他们给予的鼓励，也感谢持反对意见的同志们的好心，因为你们更想到了生活应该是这样而不该是那样。使我们感到宽慰的是大家看完了《少年犯》的结尾都认真地想了，这是我们创作人员们梦寐以求的。任何艺术家都希望自己的作品能给人以生活的启迪，帮助人们认识生活并推动生活前进。当然，我也希望我们的作品能在社会中产生这样的作用。

（十）影片的遗憾之处

"电影是遗憾的艺术"并不单指它的"一次过"的创作特性，更重要的是编导有的认识跟不上时代，对现实生活还没有更深刻的洞察，亦没有更准确的概括力和表现力，此外便可能是粗心大意的疏漏……对我个人来说，上述诸种原因都有，因此《少年犯》的遗憾之处便更多更大。

本片的最大遗憾是剧本揭示青少年犯罪的社会原因还不够深刻、广泛，而更多的指向家庭。家庭固然是社会的细胞，固然是导致青少年犯罪的原因之一。但只能是"之一"而不是"唯一"，真正导致青少年犯罪的因素是相当复杂的社会因素。当然像肖佛从七岁被三个家庭抛弃而犯罪，家庭的因素是主要的，但导致家庭的破碎、离异则又是社会的诸多因素，何况肖佛七岁流落街头，直至被引诱教唆着去犯罪便又是社会因素了，这也正如我在导演阐述中详细理论"青少年犯罪的主客观因素"一段中所述。而我们的影片只是单方面论述家庭所要承担的社会责任，并没能由此引伸展开去揭示更深刻的社会根源，使得本片的主题还不够深刻有力。当然，本片的容量、结构、样式是注定完不成这么大的主题使命的，只作"抛砖引玉"，这是自我原谅。

遗憾之二是对人物的刻画笔墨不细，并不是"纪实性"影片不注重人物塑造，只是不入为的神化、丑化，而去追求人物的真实、生动。我在人物塑造上不写"完人"是对的，但不等于刻画性格发展不精细，在对影片中几个主要的少年犯角色的性格、思想发展都刻画得还不够，亦如方刚的思想转变基础，沈金明的犯罪性质及认识，甚至暴连星的犯罪根源，以至家庭与社会的影响，刻画都嫌不够，如果处理得好，笔墨再细些，可能更有助于主题的深化。就是对谢洁心的刻画也不够，只是写了她金心全意挽救青少年的一面，忽略了她对待家庭、儿子的关心上的明确态度，我们企图去写谢洁心的两面：对社会工作，对挽救失足青少年是倾注了全部心血的，但是对自己的儿子则掉以轻心，关心不够，或者只是一般的关心，还没有更有效的控制办法。由于对谢洁心这个人物的戏铺垫不够，没有真正写好谢洁心的两面，因此也影响不少观众对结尾的接受。

此外，影片还有许多制作上不精细、疏漏之处。

我渴望得到理论界、批评界、影界前辈同辈人的批评帮助，以便迈出更踏实的一步！

谢谢！

《逃港者》

一、电影简介

电影名称：《逃港者》

摄制单位：珠江电影制片公司

公映时间：1987年

电影类型：宽银幕彩色故事片

导　　演：张良

编　　剧：陈宜浩

责任编辑：王静珠

故事梗概：现今的深圳市，一片繁荣。原是返乡知青的刘莺，已当上了碧涛酒店经理。在她赴港考察前，手拿着一束白花来到一墓碑前，悼念恋人叶涛。在赴港途中，刘莺思绪万千。她想起了十五年前，她和恋人叶涛以及同村伙伴荔花、王盛、二牛、阿昌等人一起逃港的情景。逃港时她因惦念孑然一身的外祖母无人照料而返回，叶涛他们则逃过去了。不久，据逃过去的荔花来信说：叶涛在泅海途中被鲨鱼咬死了。后刘莺与当年的民兵营长李振国结了婚，婚后感情不和，现已分了居，因而她更加思念以前的恋人叶涛。

这次刘莺到香港考察和洽谈生意时，却意外地得知叶涛还活着，并且意外地与他相会了。两人默默相对，说不清是风是雨，说不清是恩是怨。重赐旧缘无限悲欢，欲断难断，欲连难连……原来，被鲨鱼咬死的是二牛，叶涛则为了同村逃港者的出路，与一个大资本家的傻侄女结了婚。其他逃港者：王盛因抢劫死于警察乱枪之下；荔花沦为烟花女子，隐没在红灯区之中；只有阿昌靠自食其力，当了一家酒店的楼面部长。

刘莺回深圳了，阿昌受刘莺的约请到碧涛酒店培训楼面服务员也回深圳了。由于叶涛受控于大资本家，只得孤零零地站在深圳对面的落马洲，通过望乡亭上的望远镜，遥望家乡，思念亲人……

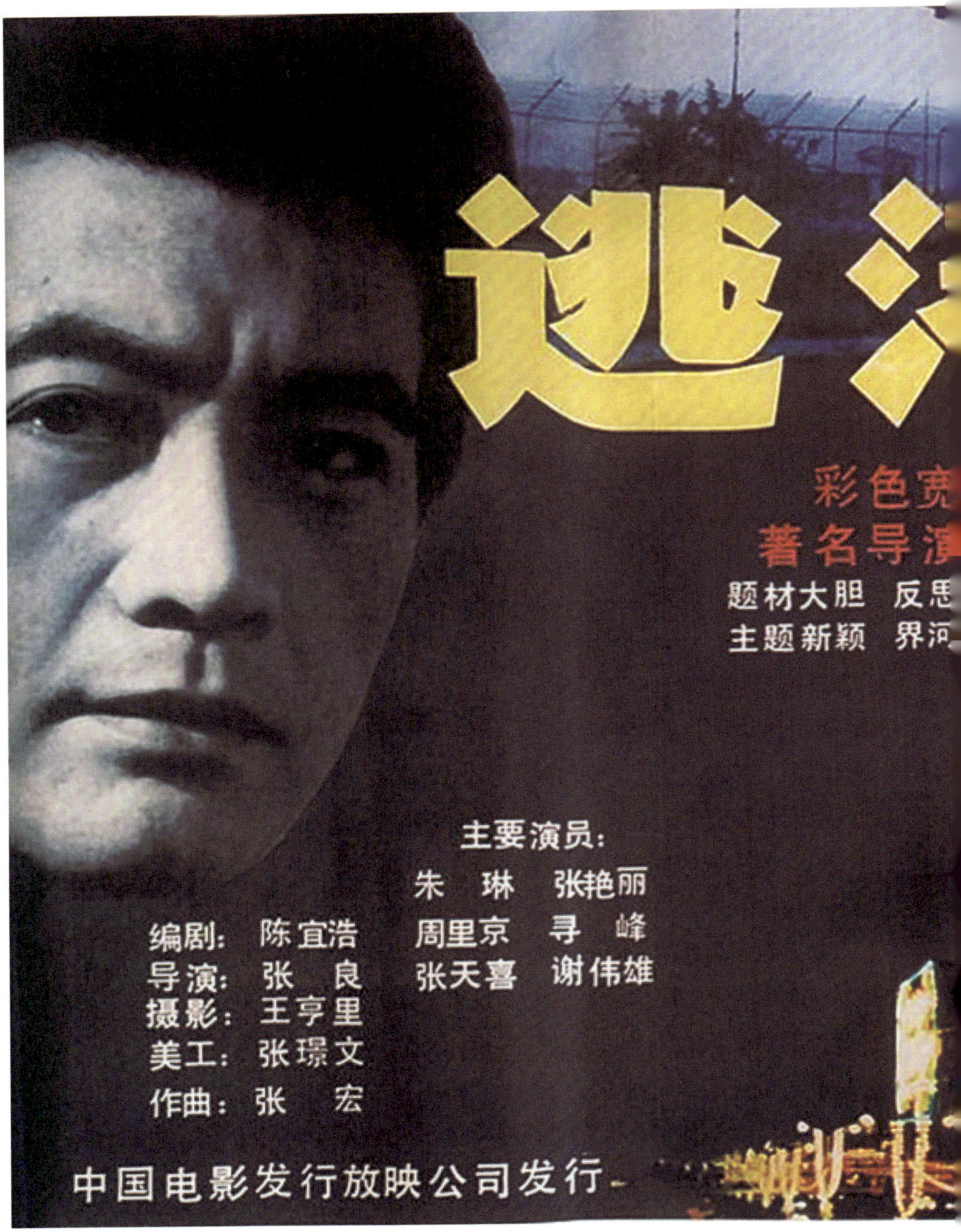
逃
彩色
著名导
题材大胆 反
主题新颖
主要演员：
朱 琳 张艳丽
周里京 寻 峰
张天喜 谢伟雄
编剧：陈宜浩
导演：张 良
摄影：王亨里
美工：张璟文
作曲：张 宏
中国电影发行放映公司发行

◎ 电影《逃港者》海报

二、导演心得

《逃港者》导演阐述

张良

（一）影片的时代背景与整体意念的把握

剧本描写的是80年代中期，深圳碧涛酒店女经理刘莺在赴香港谈判生意前后，回忆70年代初与同村青年外逃香港的经历。

逃港，顾名思义即外逃香港。"文革"中期和"文革"后期广东沿海部分青年，不甘忍受"四人帮"的极"左"束缚和由于政治动乱造成的贫困，向往资本主义的"自由""幸福"，冒死外逃。

凡了解中国近代史的无不知道，百年前香港被腐败的清政府屈辱租借英国就是就年之后，百年来香港的经济从无大的发展；直至新中国成立初期香港仍旧是处处不同内地，事事依赖广东。被英政府统治的这块弹丸之地上，住着不足百万人，两百万人中百分之九十八是中国人，中国人中有一多半是广东人，所以百年来广东和香港便有着千丝万缕的亲密联系，值得注意的是历史上常常是香港居民不堪忍受英政府的残暴而逃往国内。然而近一二十年却发生逆转，不少青年人却向香港逃避。

但事物是发展的。自从粉碎"四人帮"、清除了极"左"毒害之后，中央召开十一届三中全会，决定在深圳地区建立经济特区，实行"对外开对内搞活"的特殊经济政策。从1980年蛇口荒滩第一声炮响迄今不过短短六年。蛇口——那当年"逃港者"纷纷从此下水的地方却变成了拥有近五十万人的现代化工业城市，她不仅成了中国通向世界的重要"窗口"，而且产生了一种向外扩展经济的辐射力。去多年的穷乡变成了万元村，过去的穷户变成了万元户。当年的知青、庄稼汉当上了厂长、经理，学会了管理现代企业。而变化中又一奇迹是经济繁荣促进了边界稳定。若干年来拿枪堵也堵不住的"逃港风"煞住了，深圳、宝安、蛇口地区近几年不仅再没有逃港者，反而有数百名外逃者向政府申请返乡定居，已有不少人愿投资参加家乡的经济建设。这一切变化不能不发人深省：当年何以会有那么多人冒死外逃？如今又是什么力量勾起了外逃者的乡魂？

本片正是从这一角度去探索"逃港者"们的心理变化，从而揭示人的命运、人的价值在不用历史时期的不同变化。

历史是人创造的，但人有被历史所改造，然而任何历史更被一种巨大的

◎ 电影《逃港者》剧照

力量左右着,那边是不用历史时期执政者们所采取的政策和路线,决定了历史的进退!

本片不是历史教科书,不可能详尽地论述这一历史时期的是非曲直,但是本片反映了深圳经济特区六年来的建设新貌,理直气壮地歌颂了中央开明、开放的新经济政策,使人相信,这便是中国的希望!

逃港已成历史,本片将给人民以新的希望、信心和力量!!

(二)影片的风格、样式

抒情的正剧样式;

纪实性与戏剧性相结合的艺术风格;

浓郁的港、深地方色彩,地方风味十足的南国风情片。

(三)影片的构成设想

本片以现在时回忆过去时的方式叙述故事,构成两个时空。

1. 现在时——80年代中期的深圳与香港;

2. 过去时——70年代初期的广东沿海农村与香港元朗一带的边界渔村。

影片便是采用现在时与过去时的不断跳跃、对照,以强化新时期的印象。

两个时空的色彩基调构想是:

现在时的深圳——洁白、素雅、庄严、华贵;

过去时的农村——贫穷、萧条、冷漠、凝固;

现在时的香港——繁华、拥挤、冷热色的交杂;

过去时的香港边界——灰暗、阴沉、神秘莫测。

色彩造型:现代深圳一白色基调为主;过去的农村和香港边界均处以冷色调,而现代香港则以冷热色调交杂。

摄影的构图与运动方式亦与之相适应,过去时镜头以切为主,造成凝固、封闭的印象。现在时的深圳以运动镜头为主,造成紧张、愉快、自然、流畅的印象，而现在时的香港是大运动量的镜头和静止镜头的交替，从而造成空间狭窄、拥挤繁华、冷热悬殊的总印象。

摄影与美工的总体造型意识均从上述基调出发。希望庄重、大气、自然、亲切，既是历史的真实现象，又是精美的艺术品。而且是继《雅马哈鱼档》之后的又一部充满港、深地方色彩的南国风情片。

任务是本片一切创作部门的创作主体，一切从人物出发，一切从生活出发，创造符合时代历史真实的典型人物。

刘莺——70年代初期的返乡插队知青，一度想随所爱之人叶涛一起逃港，终因对家乡亲人的眷恋而未逃成。1980年深圳建立特区后，她积极参加"电大""业大"学习，自学成才，成为特区第一代能熟练掌握现代酒店管理业务的女经理。

作为特区女强人的刘莺，个人的家庭生活并不十分美满，她强烈地爱着叶涛，但传来消息也套在头都是被鲨鱼咬死，她的心破碎了。与之同时，憨厚的民兵连长李振国又强烈的爱着她。叶涛死后他凭着挚着火热的感情赢得了刘莺的信任、终在建立特区后建立了家庭。但婚后的刘莺依旧深恋着失落的感情。李振国并不能填补以往的空虚。赴港谈判生意，意外与叶涛重逢，又勾起往日炙热的感情，但他逐渐又发现叶涛确实是不存在了，面前的钟哲夫再不是当年之所爱，他们之间的距离很大，只有复杂的乡情在缠萦。

叶涛（钟哲夫）——与刘莺同时代的返乡插队知青，狂傲、自恃、不安贫困、向往资本主义的生活方式。家乡的贫穷，极"左"政策的束缚和香港生活的诱惑，促使他外逃。

逃港后个人生活的不幸福，事业上的个人奋斗、竞争、拼搏，十余年的熏陶演变，终成为孤傲、冷峻、空虚、自负的现代经纪人钟哲夫。这是个在特定历史时期塑造的特殊人物，内心世界充满了矛盾。偶遇刘莺又重新燃起了爱情之火，但现实中使他意识到彼此间不可逾越的距离。他通过对家乡，亲人身怀愧疚不敢反顾，但家乡的巨变吸引，母亲的宽容慈爱都深深激动了他这游子之心，他深深意识到当1997年香港回归时，不该重蹈覆辙外逃，应该为家乡的经济振兴尽绵薄之力。

本片人物众多，历史剧跨度比较大，几个主要人物王盛、荔花、阿昌、李振国、廖娣、秀娟、大牛等，由于历史的演变和生活磨砺，人物的核心基调都有较大变化。

王盛从一个朴实的农村青年，因经不起家庭破裂的沉重打击，自暴自弃坠入香港黑社会充当劫匪身亡；他由向往个人家庭幸福的仇恨社会的演变发人深省。

荔花的堕落更是大陆妹逃港后残酷遭遇的真实写照，许多女逃港者都匠经不住金钱的诱惑而坠入烟花，落得悲惨的下场。

阿昌从一个自卑自贱变成为一个谦恭、自强的酒店楼面经理。

李振国从一个极"左"时期的民兵连长成长为新型的农民集资食品厂厂长，都显示了人在不同历史时期的不同价值。

全体演员精心塑造，使每个人物都成为有血有肉的难忘真实形象。

音乐与录音是本片能否达到立体的视听形象的重要手段，我们必须从创作的第一步起便把音乐、录音放在战略的前幕位置上予以考虑。现代世界的音乐，以翔实丰富的、立体的、多层次的。我们的任务是运用音乐、音响塑造形象，用声音去丰富构图，用声音去创造画外空间，用以引导和丰富观众的想象，使人物情绪延伸。

自然我们必须严格注意声源、音质和空间感，以便把银幕变成一个真实的立体的形象世界。

我们影片的哲理主体，是应该产生积极的人生价值和良好的社会效益。

我们影片的精细制作，亦应创造出动人的艺术价值并能确的较佳的经济效益。

我们的影片是为人民大众的，要毫不掩饰地追求雅俗共赏的艺术形式。

望全组同志同心协力，奉献给人民一部精湛的电影艺术。

一九八七年二月六日
珠影

1 《女人街》

一、电影简介

电影名称：《女人街》

摄制单位：珠江电影制片公司

公映时间：1989年

影片类型：遮幅式彩色故事片

导　　演：张良

编　　剧：洪三泰、张良

编　　辑：王静珠

获奖情况：本片获广东省优秀影片三等奖。

二、电影文学剧本

1. 序幕

《女人街》主题歌（王静珠词）

女人街，

女人的世界。

女人的心像迷宫，

女人的爱似烈火。

女人的手，

勾画了七彩人生；

女人的拼搏，

扰乱了男人的界。

啊！

迷人的女人街，

淹没了男人的女人街。

◎ 电影《女人街》海报

歌声中出现以下画面，同时拉出演职员表。

繁华的商品小街，人头如蚁。

一排新潮的服装档，飘逸的时装琳琅满目。

一架穿衣镜前，一位年轻的女郎脱下连衣裙，套上了一件耀眼的婚纱，她的男友将一顶雪白的婚纱帽戴到她的头上。

年轻的女郎两颊如潮。

一排男顾客痴呆的眼神。

两位姑娘沿街走来，走到一家腰带档前驻足观望。

腰带姐在这如林的腰带中为顾客挑选。

束在姑娘纤细的腰上。

宽宽的腰带，铜钉发出耀眼的光芒。

一排闪闪发光的耳环。

一把穿耳枪举到姑娘的耳垂上，姑娘紧张地闭上眼。

穿耳枪"叭"的一声击中耳垂。

姑娘惊恐地叫了一声。

一对新潮耳环挂到姑娘的耳郭。

一条细长的腿，套上了一条绣着黑花的丝袜。

穿着黑丝袜的脚穿上一双尖尖的细高跟皮鞋。

穿着黑花纹丝袜的腿在各式各群的腿中穿行。

一排金黄色的铜灯，罩着一排黄金的首饰柜。

一条金项链挂在一个女人雪白的酥胸上。

一群低垂在金饰品柜面上的头。

一双双闪着异样光芒的眼神。

2. 日　女人街口

繁华的大街，单车、汽车的车流。

拥挤的人行道上，如蚁的人流在碰撞。更多的人流涌向一条小街。

小街的街口竖着一块醒目的路牌，端然写着"女人街"三个大字。

◎　电影《女人街》剧照

就在"女人街"路牌下,站着两位北方姑娘,她们的手上各提着一个旅行手推车,小车上还捆着一只大的花格尼龙袋。年长的叫程丽英,辽宁人,十九岁。年幼的叫付小莲,四川人,十八岁。

她们焦急地左右张望寻人。

程丽英(用东北方言)埋怨地:"刚才你不是还和她在一起吗?!"

付小莲(用四川方言)委屈地:"是的啰,可是一转眼就不见了,我也不敢到处乱找……"

丽英:"我早告诉过你们吧?这广州不能乱闯,偏不听!"

小莲紧张她:"丽英姐!你说她能不能找到这女人街?"

丽英:"她哪里知道女人街在哪!"

小莲:"咱们要不要去报告警察找人?"

丽英:"哎呀!警察会管你这么多!"

这时,突然驶来一辆的士停在路边,一位年轻姑娘撞开车门,连滚带爬地跑出来,扑到程丽英的怀里大叫:"我可找到你们了!"

程丽英和小莲一看,惊喜地:"赵巧珍!该死的!你跑到哪里去了?!可吓死我们了!"

赵巧珍(山西人,十八岁,用浓重的山西方言说话):"我的妈呀,我一转眼就找不见你们了,我都吓哭了。后来我想起你说的,在广州找不到路就坐出租车,嘿……"

路边的的士司机猛按喇叭,探出头大叫:"小姐!付费呀!"

巧珍顾谓两人:"他喊什么?"

丽英:"他让你付车钱哪!"

巧珍大悟:"哎呀!该死!该死!"

司机不解:"什么!我该死?!"

巧珍付钱道歉:"不!我该死!对不起呀!谢谢你啦!多亏你啦!你太好啦!……"

的士早已扬长而去,巧珍开心大笑。

丽英嗔责:"还笑!要是把你丢了怎么办?!听着!既然你们把我当大姐,就得听我的(两人点头应是),你们头一次跑广州可不是玩的!这是什么地方?!(她压低声音,神秘地)隔壁就是香港!"

两人紧张地左右张望。

丽英语较轻:"这里可复杂了,什么人都有!"

这时走来一人靠近小莲，低声地："换港币吗？要不要打火机、电子表……"

小莲吓得直退大叫："你做啥子嘛！你不要爱（挨）我这么近！"

丽英上前用广东语音："你走啦！她是外地人吗，你这是违法的嘛！"

那人左右打量三人，悻悻离去。

丽英："瞧见啦？！这里尽这号人，千万别搭理，否则缠上你没完！好了，现在跟我进女人街！"

两人高兴跳起："好啰！进女人街了！"说罢转身欲跑，被丽英一把拉住。

丽英："慢着！不能跑，小心挤丢了。都把钱放好，小心小偷！"

两人撩起衣裙，每人腰上一只腰包。

丽英大叫："别显摆了，还怕小偷不知道啊？！（两人忙用衣裙遮住）记住！咱们今天的主要目的是找那家招工的店，不是买货。就是买，也别傻啦呱叽地不还价！"

两人齐声："记住了，大姐！"

丽英这才运运气："拉紧我衣服，别松手，跟我来！"

她们犹如冲锋陷阵，一个拉住一个衣角向人流里挤去。

3. 日　女人街

女人街是一条古老的商业街，被80年代兴起的个体经商者改造成为一条繁华的、现代的专卖女人生活用品的商品街，因为经商者大多是女人，又是专营女人用品，故而俗称"女人街"。

女人街上有中高档的个体时装店、头饰店、皮鞋店、首饰店、亦有腰带档、耳环档、玩具档、手提袋档、化妆品档……林林总总，五花八门，应有尽有，故游人顾客极多。且因商品经济在全国的发展，全国各地的个体经商者均到此采购，就又成为零售、批发的集散地，所以此街的人流量极大。

此街繁华、拥挤、喧闹、色彩丰富、人货争艳，令人耳目一新，眼花缭乱，充满了迷人的情趣。

此时三位姑娘正彼此拉牵着，挤撞着，游荡在女人街心，她们的视线被各种货物吸引。

小莲的眼神一亮，便使劲拉着前边的丽英，又回头拉身后的巧珍，三人挤到一间服装档口前。

小莲指着一衣服问："这件多少钱？"

档主："五十四元。"

小莲吐舌："这么贵！"

巧珍亦指一件："这件呢？"

档主："这是时装，一百九十八块八。"

两人同时"哇！"了一声。

巧珍："能便宜些吗？"

档主："你给多少？"

巧珍想了想："五十八，行吗？"

档主不满地拖着长音："小姐呀！会买东西吗？你要有，我都买！"

丽英赶紧拉两人离去。

在一僻静的街角，丽英回头训巧珍。

丽英："你怎么这么还价呀？不走自找挨骂吗？"

巧珍："不是你教我要讨价还价的吗？"

小莲："人家丽英姐教你只压三分之一的价嘛，你压得也太狠了。"

巧珍嘟哝："这广州这点不好，干吗要讨价还价？！等我开店……"

丽英忽然大叫："喂！你们看，那家店多棒！"

三人抬头望去。

这是一间装饰华丽的现代时装店，门楣上一列烫金大字"凯莎琳时装店"（以下称"穗红店"）的招牌。

店门两侧各立一女时装模特，店内尽是大衣镜、玻璃柜、不锈钢衣架，顶棚上镶着若干盏小型聚光灯，照在色彩艳丽的时装上显得更光彩照人。

此时店主欧阳穗红小姐（二十四岁）正在细心装饰她的三位售货小姐，让她们穿上最新试制的时装，以便招揽顾客。

顾客见状围在店前不散，丽英拉着小莲巧珍挤进人群。

与穗红店斜对门的是新坤鞋店，店主是阿坤夫妇。阿坤（三十岁）生性爱凑热闹，见穗红店人群拥挤，便对老婆说了声："你照顾一下，我去看看。"走出店门，挤进人群，大嗓喊道："哇！好靓啊！欧阳穗红小姐是不是要搞时装表演啊？"

穗红抬头笑道："我想推出几套最新设计的时装，你多捧场啦！"

阿坤："太美了，'没得弹'！我赞助几双新式皮鞋让小姐们穿穿怎么样？保证把人挺起来，衬得服装多靓！"

耳环妹挤进人群："我拿几副新潮耳环让小姐们试带一下，行吗？"

腰带姐也跑来:"试试我的新式腰带吧?"

穗红高兴地:"来,全拿来,我专门爱宣传新时式!"

阿坤、耳环妹、腰带姐三人应声跑出。

(新坤鞋店)

阿坤跑进来从货柜上取下三双新潮高跟鞋。

◎ 电影《女人街》剧照

坤妻疑惑地:"你急三火四干什么?"

阿坤:"穗红在时装表演,我去做做广告……"

坤妻大叫:"告你个头!你给我老实点,别只往女人堆里钻。"

阿坤嬉笑着捧着鞋逃离店门。

(穗红店)

人群活跃起来,人们兴致勃勃地鼓动着:"这几位小姐太漂亮了,给我们表演一次啦!"

小姐蹬上了高跟鞋,人立即挺拔多姿。

小姐戴上了亮晶的流星耳环,更加光彩照人。

欧阳穗红走到音响组合柜前,轻轻按下电键,立即乐声大作,奏起强劲的现代音乐。

三位小姐不约而同地踏着节拍,扭动腰肢,款款走动起来,俨然同时装模特一般。

众人一片声喊好,小姐们更加神采怡人。

喝彩声惊动了对门的"雄燕时装店"(以下称"雄燕店")此时二十八岁的店主贺伟雄和二十二岁的拍档女老板白燕正在应酬顾客,听见音乐和喝彩声不约而同地抬起头向对面张望。

穗红店内三女往返穿梭走动。围观者们喝彩、鼓掌。

白燕不服地:"她们又搞什么新花招?!"

伟雄:"穗红可真行!"

白燕瞪了伟雄一眼。

欧阳穗红走到顾客面前:"多谢诸位捧场,这是本店最新试制的服装,欢迎大家参观、选购、多提宝贵意见!今天本店推出的新产品一律八五折优惠！"

顾客们一下涌进店内。

丽英围到一位小姐身边，兴奋地问："你这套衣服要多少钱？"

小莲在欣赏一位小姐的耳环："太美了！"

（雄燕店）

白燕一把拉住贺伟雄往店内拖："别看啦，眼都红啦！"

一中年妇女问白燕："请问你们店里的婚纱就这一种样式吗？"（她指架上的婚纱）

白燕热情地："是的！这就是全市最新样式了！"

中年妇女摇头："这式样太陈旧了。"说罢离去。

白燕追出："这还旧啊？这是最新的了！"

伟雄拦住："别喊了，人都走远了！"

阿坤兴冲冲跨进来，两声大喊："喂伟雄老板！看看人家穗红，生意做得多红火！"

伟雄："穗红这一招可够厉害的了！"

白燕："有什么好厉害？！不是吹！我要是穿上时装扭一次非把全街刨昏了不可！"

阿坤："哇！"

伟雄："你来呀，你敢扭，我就敢唱！"

阿坤："白燕小姐要是真这么干，非把穗红毙了不可，你和伟雄表演一次啦！"

白燕兴起抓起伟雄的手高高举起。

阿坤大叫："穗红！快看哪！"

欧阳穗红向对面望了望。

阿坤鞋店内的坤妻闻声走出大叫："阿坤！进货啦，你给我回来！"

阿坤扫兴地："这老婆！寸步不离！"匆匆走出。

白燕望着穗红店，得意地笑着，忽然眼一亮，嘱咐伟雄："阿雄！你看店，我看到一个熟人。"说罢走出店门。

（穗红店）

程丽英正同欧阳穗红对话。

丽英："这些衣服都好，我每样都想买一件。"

穗红："好！我还可以给你些优惠。你是从东北来的吧？"

丽英："是，沈阳。"

突然白燕从身后把她抢住，丽英回头一看，惊喜地："白燕姐！是你？！你怎么在这里？！"

白燕亲热地："我还想问你几时来的，走！跟我来！"

丽英："等等，我还想买几件衣服。"

白燕："这急什么！（她转向穗红）穗红老板生意真火旺啊，把我们全顶了，总得留口饭给我们吃啊！"

穗红："白燕老板真会讲笑，还望你手下留情了，你能把我的老同学都挖了去拍档，就怕我这店门也保不住了。"

白燕得意地："拍档算什么，再拍几天我一定请你吃喜糖！拜拜！"拉起丽英转身出店。

欧阳穗红刚举起手又慢慢放下。

白燕把丽英领到当街，用手一指："表妹！你看，这就是我的店！"

丽英抬头一看："你什么时候又跑到这里开了服装店？（她念道）'雄燕时装店'咦？！"她急忙从口袋里掏出一张招贴广告，彼此相对，惊喜地："这就是我们要找的店哪？！"

白燕拥丽英："走啦，进去再说。"

丽英："等等，我还有两个小伙伴，我通知她们一下。"说完跑到隔壁的耳环档上拉住正在买货的巧珍："喂！那家店找到了，我先去，你和小莲马上来，别忘了，这！"她一指。

巧珍回头看："嗯，你先去，我就来！"

丽英跑去。

巧珍仍在和耳环妹讨价："我要是多买，你能按批发价给我吗？"

耳环妹："那要看你买多少了，我这货都是货真价实的。"

（雄燕店内）

白燕拉着丽英的手："怎么来了也不找我？"

丽英："还说呢！我到后仓街都问遍了，说你早就不卖烧鹅了。"

白燕笑："那是哪年的黄历，你看现在好不好？"

丽英羡慕地："好！太棒了！"她掏出广告给白燕看："这是你们贴的招工广告吗？"

白燕看："是啊？！你怎么会有？"

丽英："我和我爸住在大众旅社，满楼都是你们的广告！"

白燕笑:"够劲!满楼都是!够劲!"

这时巧珍,丽英跑进来喊:"丽英姐!"

丽英介绍说:"这是我表姐白燕!她俩是我的新朋友,她是……"

巧珍抢答:"我叫赵巧珍,和电影《人生》那个巧珍同名。"

小莲:"我叫付小莲,四川人。"

丽英:"就是她们看了你的招工广告,想到你店里做工的!"

白燕高兴说:"是嘛?!等等!(她喊)阿雄!你来!"

贺伟雄打发走顾客走到白燕面前:"有事吗?"

白燕介绍:"这是我表妹和她的小朋友,她俩想来做工的。"

丽英:"还有我,我也想做。"

白燕:"他是老板,贺伟雄先生!"

三人恭敬地:"贺老板!"

丽英悄悄拉白燕的衣角,低声地:"这店不是你自己的吗?"

白燕坦然地:"啊,是我和贺老板合伙开的,贺老板是我的最佳拍档!"

丽英惊喜地:"拍档——拍拖——啊,你们都结婚啦?!"

伟雄紧张地:"不,别误会,拍档不是拍拖,更不是结婚,拍档只是合伙的意思,是我和她合资,合伙开店!"

白燕不满地:"神经病!这要解释多么多干什么?!就说是拍拖,就说是结婚又怎么?!"

伟雄愈紧张:"别!这要实事求是,尤其当着这么多小姐的面,请别误会!"

白燕:"少废话!"

伟雄:"还是说清楚点好!对!你,你(他指三人)还有你!是吗?想到本店做工?"

三人同声:"是!老板,我们想做工!"

伟雄:"你们的目的?"

三人抢答。

丽英:"我是想学裁剪广东时装。"

小莲:"我是想学会了回去开店!"

巧珍:"我是想赚钱!还有……"

伟雄:"很清楚了,请问小姐你有什么特长?"

巧珍:"我会挑水,扫院子……"

伟雄:"这里用不上。"

巧珍:"我还会推磨子,磨面!"

伟雄:"更远了,你会不会算账?"

巧珍:"会!我们家的账都我算,我会数小九九,一一得一,一二得二,二二得四……"

◎ 电影《女人街》剧照

伟雄:"可以了!可以了!你们二位小姐?"

丽英、小莲同时回答:"我们也会,一三得三,二三得六,三三见九……"

伟雄纠正:"三三不是见九,三三是得九。"

丽英纠正:"三三得九是广东的叫法,我们东北叫三三见九!"

小莲:"我们四川叫'三三见九(用四川方言)'!"

巧珍:"我们山西叫'三三得九(用山西方言)'!"

白燕:"行了,会算账就行,不管叫'得九',还是'见九',别把钱算给别人就行!"

伟雄:"对!这点十分重要!所以要考试!"

三人:"还要考?"

伟雄:"不用了!咱们双方试用一个月再说,彼此满意再签合同,不满意,就离婚!"

三人惊:"离婚?!"

白燕:"就是,用你们北方话,就是吹灯,拔蜡!"

三人:"行!试一个月!"

伟雄:"和你们说话真痛快,一言为定!为了欢迎几位小姐和我们合作,今天晚上我请几位小姐饮茶!"

巧珍:"啊?!才请我们喝茶呀?还不请吃饭?!"

丽英:"饮茶就是吃饭!"

巧珍:"喝茶怎么是……"

小莲紧拉:"一样!一样!谢谢老板!谢谢!晚上见!"

巧珍："晚上在哪见？"

白燕："你们不是住在大众旅社吗？我们晚上六点钟去车接你们！"

三人："好！晚上见！"

4．日　大众旅社

这是一间普通旅客住的低档客房，一间筒子形的屋子里一字排开十余张单人床，住的全是女客，现在是下午四五点钟，女客们陆续归来，在每人的床上摆开刚采购来的货物，真是琳琅满目，不亚于小摊那样丰富。

丽英、巧珍、小莲三床相邻，此时三女正摊开所有的货物让自己的父亲、哥哥、姐姐检收。

丽英向父亲："爸！你看好了，这一共是五十件，价钱都在这张单子上。"

丽英父："行了，你放心！你真的留在广州不回去啦？"

丽英："咦？咱不是说好了要自费留学吗？何况人家每月给的工钱还挺多。"

丽英父："说实在的，这广州可太复杂了，万一学不好再学坏了……"

此时一位东北大嫂从床上站起，利言快口接过话："我说大叔啊，你老的脑筋可得开化开化，现在学做买卖可叫拾不得孩子套不住狼。这广州开放得早，又靠近港澳，经济可是搞得活，你让孩子在广州待上一年，就什么都学会了。我说妹子，大嫂我不是让你们学坏，学坏不用教，坏女孩多得很，我是劝你们学好跟人家学做买卖，看人家怎么观察行情，怎么进货，怎么出货，怎么待人接物，这做买卖学问可大了，学会了这些再回去自己开店，保证发大财。大叔啊，你老隔三差五地来一趟，带点东北货在这卖了，妹子在这边再挑点紧俏货给你爸带回东北，这叫一举几得，就这么倒腾着，你老要是不发，你找我！"

这时匆匆跑进一年轻人，进门大叫："经验大嫂！送货的来了说是牌货，在我屋，你看货不？"

经验大嫂："看！这广州好是好，假货也不少，一马虎就上当！"她从床上跳下来，拖上鞋就跑了出去。

又一女接话："大叔、大妹子！这大嫂说的是实话，她呀在广州常住办货，有人专门给她往回运货，她这几年已经是这个万元户了。"

小莲："反正咱们钻进女人街'滚'一阵再说！"

巧珍："反正，什么经验都学就没错！"

丽英父："哎！反面的就不能学！"

巧珍："不！反的正的都得学，我爸爸常说反正都一样，就是这个意思："

全屋大笑。

5. 黄昏　蛇餐馆

贺伟雄、白燕陪着三位姑娘从三楼餐厅走下楼来，餐厅小姐送到楼梯口，礼貌地："再见！欢迎下次光临！"

白燕顾谓三女："怎么样？饭菜可口吗？"

丽英："太好了，那汤是什么做的？这么鲜？"

巧珍："鸡丝，鸡丝汤！我都吃到一丝丝的鸡肉了。"

伟雄笑问小莲："小莲妹妹，你吃这汤是什么味？"

小莲腼腆地："像鸡又不像，像……"她忽然瞪大眼惊恐地大叫："蛇！"

众抬头看去。二楼餐厅的餐桌边放了一只铁笼，盛满毒蛇，一位大师傅正伸手从笼中提出一条蛇，吓得餐桌的女客惊恐大叫。

大师傅举蛇问："这是五步蛇，怎么样？"

餐桌男客："好！当场杀来看！"

大师傅当即挽蛇开肠，取胆，剥皮，动作十分利索。

小莲紧张地："太可怕了！这蛇是吃的吗？"

白燕："不吃蛇到蛇餐馆干什么？！"

巧珍："那咱们怎么没吃？"

丽英："哎呀！说不定我们吃的就是蛇？！"

小莲紧张地："是不是呀？别吓我！"

伟雄："别紧张，咱们吃的不是蛇，是龙虎凤！"

巧珍兴致勃勃："什么叫龙虎凤？"

白燕："这是菜名，图个好听，龙就是男人的意思，虎就是老虎，凤便是女人的意思，是指女人在世界上必须和男人斗才有地位！"

伟雄："对！很对！咱们走吧，别倒了胃口。"

他们走到正厅，三女同时大叫："哇！这里这么多蛇！"

玻璃橱窗里密密麻麻挤满了蛇，一条大眼镜王蛇正扁起脖子，竖立着，吐着红信。

丽英猛回头，餐厅墙壁正中悬挂三个大字"蛇餐馆"。

丽英紧张地拉住小莲，巧珍，低声地："坏了，咱们上广州人当了！"

二女色变,紧张地:"怎么回事?"

丽英:"咱们今晚吃的全是蛇!"

小莲腿一软:"妈呀!我要死了!"

两人忙把她架起。

6. 黄昏　人民路

白燕和丽英搀扶着小莲从小街走出来。

伟雄:"走!打'的'送你们回去!"

巧珍:"打什么地?"

白燕:"打'的'就是叫'的士'广东人管出租车就叫'的士'。"

巧珍有所悟:"啊!打'的',打'的'打打地!"

小莲弱地:"你别给我吹喇叭了!"

巧珍:"怎么还打不来地?"

白燕:"应该说怎么还不来'的士'!"

忽然珍一跃丽起,兴奋地:"来了!打打地来了!"她一指左前方。

舫驶来五部小轿车。

为首的一辆红色的士已满员,全是西服革履的男士,胸前都戴着花。

第二部是一辆后开门面包车,车身是出租录像的广告,车尾有几人架着电视摄像机,正向第三部车拍摄。

第三部是辆敞篷的小轿车,端坐着身穿高雅婚纱礼服的新郎和新娘。

他们身后的车上坐着男女傧相。

此时新郎新娘正受录像车上导演的指挥,一会起立向行人招手一会做微笑状,从录像车上不断抛出红红绿绿的纸屑向她头上飘去。

录像车上还播放音乐和鞭炮声的录音带。

巧珍兴奋地:"哈!娶媳妇的,太好玩了!"

小莲也提起精神,左右寻看:"在哪放鞭炮,怎么看不见?"

白燕:"广州公安局不准放鞭炮,他们放的是录音带!"

巧珍:"好像不是娶媳妇的,是拍电影的吧,丽英姐,你看!"

丽英高兴:"真是的,想不到还看到拍电影的了!"

此时摄像车的导演又示意新娘站起。

伟雄解释:"这是拍电影,是私人出租录像,专门给人拍结婚纪念。"

小莲:"那他们自己能看到吗?"

白燕:"只要家里有录像机,分分钟都能看!"

巧珍："这可太好了，等，等俺结婚……"说到这脸一红，"不说了！"

丽英："说呀！等你结婚，说不定坐怒容没人如果录像了，那可美上天了！"

忽然伟雄大叫："白燕！快看新娘子！"

白燕："神经病！这不全在看，还用你叫！"

伟雄急："婚纱！快看婚纱！"

白燕方悟，急看去。

新娘子雪白的婚纱、珠饰、飘逸的纱帽、垂吊的耳环，宛如仙子下界。

白燕眼直了："哗！这婚纱太美了，广州还没见过呀！"

就在她们的身后不远处，一个叫光仔的年轻人骑着摩托车，手握对讲机，正低声对话。

光仔："一号！一号！我是九号！发现新情况！发现新情况！"

对讲机声："我是一号！快讲！"

光仔："人民路发现新婚车队，新娘的婚纱是目前欧洲最新式样，是否跟踪？"

7. 黄昏　穗红店

已经关门停业了的穗红店内，几位售货小姐正在清理货物，欧阳穗红手持对讲机在说话。

穗红："立即跟踪！立即跟踪！我马上来，及时报告去向！及时报告去向！"她关上对讲机，边从柜台取出摩托头盔，边吩咐几位小姐："阿萍你留店，阿美，阿华你带上相机跟我来，发现婚纱新式样。"

阿萍："今年8月8日是结婚吉庆日，各地都有人问买新婚纱。"

穗红："很对！这就是商品信息，动作快！"

她们迅速冲出边门。

8. 黄昏　沿江路

新婚车队沿沿江路驶来。

贺伟雄、白燕、丽英、小莲、巧珍紧随车队在奔跑。

小莲气喘吁吁，埋怨地："新娘子有什么好看，咱们跟人家车队跑个啥子嘛？！"

伟雄回头命令："白燕！你快去打的一定把这婚纱式样搞到手！"

白燕停步找出租车："你放心吧！"

巧珍积极地拦在路中，见出租车就招手，也不管有人没人，大喊："打的！打的。"

白燕向伟雄："你先回去备料吧，等我拿回式样，连夜做！"

丽英悄悄对小莲、巧珍："看见了？这就是商品信息，谁先模仿着做几套，谁就能赚大钱！"

两人睁大眼，恍然大悟！

9. 黄昏　高架桥

穗红、阿美、阿华三人各骑一辆摩托车成红、黄、白品字形冲上高架桥。

10. 黄昏　某大宾馆

一辆一辆出租车驶到宾馆门前，陆续走下参加婚礼的客人，他们喜笑颜开向候在门边的新郎新娘迎去，热烈的赞美声不绝于耳："哗！新娘子今天实在太美了！""像天仙一样啊！""这套婚纱太漂亮了！是在香港定做的吧？"

新郎："是姐姐从欧洲带回来的！"

有人提议："咱们先和新婚夫妇在这花坛上照几张相好吧？"

众应和："好的！良辰美景，不可多得！"

白燕不知几时已夹杂在人群中，手里握着一个小本一支笔，眼睛紧紧盯着新娘子的各个部位，不停地写写画画，但不断被人挤撞。新婚夫妇站到花坛草坪上了，客人们拥在周围。

白燕远远地站在一边。

忽然闪光灯频频闪动，仿佛同时有几台照相机在拍照。

白燕扭头看去。

照相师的身后站着阿美、阿华和光仔，他们每人手里握一高级"傻瓜"相机，正对着新郎新娘拍照，白燕认出了穗红店的人不由一惊，忽然她又看见稍远处站着欧阳穗红，她手里正举着一架高级长焦镜头相机，闪光灯频频闪动。白燕大惊。

在欧阳穗红的镜头内：

新娘子的全身婚纱：咔嚓！定格！

新娘子的半身胸饰：咔嚓！定格！

新娘子的下身衣裙：咔嚓！定格！

新娘子的发上纱帽：咔嚓！定格！

新娘子的耳环特写：咔嚓！定格！

新娘子的衣袖特写：咔嚓！定格l

白燕目瞪口呆。

11. 夜　贺伟雄家

这是一间典型的广东老屋，趟栊木门，楼上楼下三室一厅。楼上是白燕与新来的三位女孩子住室，楼下二室一间改做库房，堆挂成衣、布料，一间是伟雄的卧室兼做制衣间，因此室内除了伟雄的单人床，便是屋中的大裁衣台，台上刀、剪、尺一应俱全，此外还有缝纫机、熨衣台、收录机、吉他、鸿运扇和吊扇。

伟雄的母亲榕婶在厅里角落设一床，正面供奉着关帝财神像，一天到晚香火不断。

此时夜深，白燕伏在大裁衣台上作画，身边围着伟雄、丽英、小莲和巧珍。榕婶给白燕送来一碗汤。

伟雄不时看表："你还画得出来吗？"

白燕急躁："急你个头！我不得慢慢想啊？！"

伟雄安慰地："别急！别急！时间不等金钱！"

白燕"叭"地放下笔，大声地："钱你个鬼！不想好能画准确吗？！画不准能制作出来吗？！我不比你急呀！催命鬼一样！"

伟雄手扶白燕双肩："不催！不催！你慢慢想，慢慢画，你想吃点什么？金钱龟，还是穿山甲？……"

白燕气得无法："我想吃你呀！"

12. 夜　穗红家制衣间

欧阳穗红的家是新起的四层小楼，楼下是客厅，二楼是制衣间和库房，三楼是穗红父亲的卧室，四楼是穗红的卧室与现代化的厨房。

此时欧阳穗红与阿美、阿华、阿萍、光仔四女二男正在紧张设计新婚纱。

穗红把一张放大成八寸的彩色照片摊到大裁衣台上，这些彩照正是新娘子的婚纱全身和细部特写，衣纹清晰，历历在目。

光仔搬来一木制的模特模型。

穗红从脖上取下皮尺，开始量模特的胸、腰："胸围×尺×寸腰围×尺×寸，肩宽……"

身边的阿华用笔速记。阿美在量雪白的纱料。阿萍在精选珠饰配件。

穗红吩咐光仔："光仔：明天你到广告公司去一次，让他们给我们拍一段最新婚纱电视广告，让电视台以最快的速度播出，我要让全国都知道我正在生产这种最时式的婚纱，让他们同我订货！明天早晨我要请广告公司和电视台的头头在中国大酒店饮茶，你去订位！"

光仔欣然："遵命！我马上通知老朋订位！"他跑去打电话。

13. 夜　伟雄家

巧珍正张着大嘴打哈欠。

白燕抬起头左右看看："雄老板！你让她们陪我干什么？"

伟雄："那是！只我一个人陪你就够了，你们几位今天刚来也累了，去睡吧、睡吧！"

巧珍又打了一个哈欠："白燕姐！那你就辛苦吧！"

丽英边退边说："如果要用我们，随叫随到！"

小莲："我今晚胃不好，老像有条蛇在动，不然我就陪你了。"

白燕："别不好意思，睡吧，睡吧！"

伟雄："一切有我，大家放心！阿妈！您老人家也别在这念佛了，也回到床上练气功吧！"

榕婶与三女离屋。

二楼的小阁楼。

丽英带小莲、巧珍来到楼上，一起往阁楼的大通铺上爬。

巧珍边打哈欠边说："这挣点钱……还真不容易啊！"

丽英："以后有得苦了，每天要天不亮就起，每晚要天快亮了才睡！"

巧珍："哎呀妈呀！这就是学香港的夜生活吧？！"

小莲一直不声不响地脱衣睡觉。

14. 日　女人街

女人街阳光明媚，人声鼎沸。

（新坤鞋店）

阿坤正用鸡毛帚清洁皮鞋上的灰尘，走进一北方顾客招呼："老板！忙啊，我来取货。"

阿坤忙放下鸡毛帚，笑脸相迎："好！请坐！稍候！（他向内喊）甘肃的客人取货了。"

坤妻内应："来啦！"说着从内抱出几十只鞋盒，放到顾客面前。

客人打开鞋盒逐一验收。

阿坤："我这里货量三包,如果有问题随时退换,做生意讲的是信誉二字啊!"

客人："好!就冲你这句话,你就能发大财!"

阿坤："多谢帮衬!"

(耳环档)

耳环妹正同一上海女主顾讨价。

女主顾："上次我买的这些货,在上海满好销,就是进价高了,这次你便宜些啦!"

耳环妹："这次你进点这种吊珠式耳环好吧?广州这里的姑娘眼下很时兴,你看,一步三摇,摇得小伙子的心都醉了!"

女顾："我要一百对,你给我八折好不啦?我是老主顾啦!"

(皮带档)

一北方大汉拿着皮带在腰上试,他大叫："你看!你的皮带太短了呀!系也系不上!"

腰带姐笑："我们广东人都瘦小的嘛,哪是像你们这么膀大腰粗的。"

北方大汉："是啦!你们得注意北方人的身材订货嘛!"

腰带姐递过一个腰包："你看看这种腰包的带够长吗?"

顾客试腰,仍相距很远。

腰带姐："你们可得减减肥啦!我会减肥气功,你要不要学啊?"

顾客："远水解不了近渴,你还是通知皮带厂家,加长尺码才好!"

15. 日 市街

伟雄驾驶摩托车运货经过市街一家电器商店,见几十台彩色电视机同时在播欧阳穗红的新式婚纱广告,不由一惊："她这么快就做出来了?!"

急驾车驶去。

16. 日 女人街

(雄燕店)

小莲、巧珍、丽英在迎接顾客。

伟雄提着摩托车头盔冲进来,劈头便问："白燕来了没有?"

丽英："她还在家里赶制婚纱!"

伟雄重重地叹了口气："全凉了!"

(穗红店)

店内灯光明亮,阿美穿了一件最新式婚纱立在厅中,有几位摄影记者在拍照。穗红在接待主顾。

顾甲："我们预订十套，你们把账号给我，我把钱汇过来！"

顾乙："我是哈尔滨秋林服装公司的，我订购二十套！"

（雄燕店）

白燕匆匆走进店来，打开包袱，抖开刚制成的婚纱，她招呼巧珍："来！帮帮手挂起来！"

巧珍的眼直直地看着对面。

白燕情不自禁地向对面望去。

（穗红店）

店内婚纱耀眼，顾客像走马灯似的川流不息。

（雄燕店）

门庭冷落。

白燕举着婚纱犹豫不决。阿坤一脚跨进，高声地："哗！佩服！佩服！白燕胆量惊人，人家穗红的婚纱都上了电视广告，你还敢向她挑战，白燕精神万岁！"

白燕一听，反坚定了信心，骄傲地把自己的婚纱挂了上去。

耳环妹走到店前，夸奖地："伟雄老板又进新人啦，三位靓女，正好和穗红的三女比美了！"

阿坤："这才叫针锋相对，旗鼓相当！"

穗红走出店前，招呼伟雄："伟雄哥！过来坐坐吧？"

伟雄也走到店前："这一招又叫你抢先了，我等你请我饮茶啦！"

穗红："只要你肯奉陪，我可以天天请你！你敢不敢呀？"

伟雄正欲回答，不料眼前"叭"的一声打开一只罐装饮料，气沫直扑脸面。

白燕手举饮料，亲热地送到嘴边："你太热了！来喝点水，凉快凉快！"挽起伟雄的胳臂拖回店内。

穗红转身一笑。

阿坤的头一会儿左，一会儿右，像看戏，嘴里连说"妙！"不料脸前也是"叭"的一声开了一罐饮料，坤妻把饮料从阿坤的眼前划过一圈指向鞋店："你的顾客在等你呀！"

阿坤："你就这点可爱，分分钟离不开我。"随老婆走进鞋店。

（雄燕店）

白燕拉过丽英在悄声商议。

白燕："英妹！我本来希望你在我店里助我一臂之力。"

丽英："表姐放心，我一定全力以赴！"

白燕："不！可我想……我想把你介绍给穗红的店，她们的工资高，资金雄厚，你能学到许多东西！"

丽英："她们不是人手齐了吗？"

白燕："没有！穗红老板的野心很大，还想雇佣十个八个像你这样的姑娘！"

丽英："要是我去她们店，就不能助你了。"

白燕："也许更能助我，你听我说……"她把嘴贴近丽英的耳朵，细声在说着什么。伟雄一直在注视白燕举动。

17. 黄昏　穗红店

卷闸门"哗"的一声落下来。

欧阳穗红引着程丽英从后间走到前店，见姑娘们在清点货物，便招呼道："姑娘们，暂时停一下，我给大家介绍一位新同事！"

众女纷纷拥上前。

穗红："这位小姐叫程丽英，辽宁人，从今天起她也为本店服务，希望大家多关照！你们自我介绍一下吧！"众女围住丽英，纷纷自我介绍。

阿美："我叫陈玉美，都叫我阿美，欢迎你！"她们互相握手。

小华："我叫卫小华，叫我小华好了！"

阿萍："我叫李丽萍，就叫我阿萍吧！"

这时从店后跑来光仔，他推开众女，立到丽英面前，自我介绍："别忘了我，我叫黄穗光，不是'王'，是'黄'，'草头黄'的'黄'（黄、王不分）你以后就叫我穗光好了，这称呼亲切，我今年二十二岁，是本店唯一的男士，未婚！她们可以作证。"

阿美："你想干什么？你一个男仔介绍那么多干什么？"

阿萍："光仔！你特别介绍未婚，是何企图？说！"

光仔："没企图！你忘了，你们来的时候我也是这么介绍的！"

小华："别忘了这是女人街，你要把良心放正点，否则死了死了的！"

光仔连连鞠躬："哈依！"

阿美向丽英："以后就叫他光仔！"

光仔:"不!还是叫我穗光亲切!"

众女一齐:"不!就叫光仔!"

丽英不解地:"为什么叫你光贼?你过去当过贼吗?"

光仔:"不是贼,是仔啊!"

丽英:"我听懂了,不用解释了,'文化大革命'嘛!谁没犯过错误呀!以后改了就好!哎?!'文化大革命'那年你几岁?"

光仔:"六六年我刚生啊!"

丽英:"刚生就当贼呀?!"

光仔:"完了:冤、假、错案,我要求平反!"

众女大笑:"不平!光贼!光贼!"

穗红和大家一起笑得好开心。

18. 夜 伟雄家

白燕、巧珍、小莲刚刚冲凉回来,提着桶嘻嘻哈哈上楼,白燕轻轻哼唱粤剧曲调。

巧珍:"呀!我刚发现你的嗓子这么好!"

小莲:"伟雄哥说白燕姐时代曲唱得可好了,等会儿你放开唱让我们听听啊!"

白燕:"等几天,我带你们去唱!"

二女高兴她跳跃。

榕婶走来:"早点休息吧,这一天站到晚够累了。"

三女:"榕婶!您也休息吧!"

榕婶应着与她们错身而过。

伟雄一个人在库房堆货。

白燕经过这里亲昵地捅了伟雄一下,吓了伟雄一跳,白燕哈哈大笑。

伟雄:"怎么,开心了?你的卧底坐探有什么情报过来呀?"

白燕打了他一拳:"鬼灵精!什么也瞒不过你!"

伟雄:"你眉头一动,我就知道你心里想什么!"

白燕:"吹牛!"她故意眼珠转了两转:"我现在想什么?"

伟雄:"你现在呀……在想……几时能把我弄到手!"

白燕双拳出击:"你坏!你坏!"

伟雄:"没错!不过那是不可能的!"

白燕:"什么不可能?你少扯!说真的,丽英刚才说,明天一早穗红要到一个什么地方提货！我想，穗红的货源一直很神秘，明天一早我偷偷跟去看看，得手我先进点，非和她比比！"

伟雄："人家也没招你，你和她比什么？"

白燕："这女人街，就她处处压我一头，哼！我就不信我不如她，你等着吧！"

伟雄："好！我等着拣现成的！"

白燕："拣什么？！"

伟雄："你们谁强我跟谁呀！"

白燕睁大眼："你？！……"

19．拂晓　女人街口

天将破晓，路灯未熄，洒水车在喷洗路面。

欧阳穗红带着阿美，小华各骑一辆本田摩托车，身着摩托服头带红、白、黄三色头盔，威风凛凛驶出女人街口。

早已候在小巷里的白燕，黑衣、黑盔、驾驶黑色"雅马哈"，犹如夜行武士骑着黑马，悄悄地尾随穗红车队，驶出路口。

20．黎明　公路

宽阔、笔直的公路上，穗红车队成品字形驶来。

百米外，"黑马"紧追不舍。

穗红车队经过富饶的田野。

穗红车队驶上现代化的跨江大桥。

车队赶上几十辆个体摩托运鸭队，只见每辆摩托车后的鸭笼里，白鸭伸着长长脖子呱呱直叫，叫声由远而近，犹如田园交响曲。

车队又遇运猪笼的大卡车，猪叫声扰乱了晨野的平静。

急驶的"黑马"，不紧不慢。

黑盔下的两颗黑眼珠闪闪发光，犹如两把利箭向前射击。

阿美靠近穗红，报告："发现后面有人跟踪！"

穗红："知道什么人？！"

阿美："像是白燕小姐！"

穗红："进镇以后甩掉她！"

二女应："是！"

21．晨　×镇

旭日东升，霞光中，穗红车队驶入×镇，繁华的早市，拥护的人群，嘶喊的叫卖，生猛的河鲜，令人眼花缭乱。

穗红令二女："紧跟我！"她猛地向右小巷转去，二女随入。

白燕的黑骑驶入早市场，她极目望去，人如潮，不见穗红车队。她缓缓驶入，各档档主纷纷冲上前向她兜售海鲜，河鲜，那活鲜的蟹张着大钳，那生猛的鱼甩着大尾，小女孩捧着发菜、紫菜，老太婆捧着虾米求卖……

白燕无心恋买，四处寻搜，一赌气，猛推油门冲去，行人纷纷避让，有人躲闪不及撞倒临街的摊档，惊得鸡飞狗走，市场大乱。

白燕在各条街道上乱撞。

白燕在各个小巷里乱钻。

白燕从一条小巷里冲出，猛然煞住。

白燕睁大眼望去。

百米外竖一高大厂牌，上书"飞腾服装厂"，门前停车场停了许多货车，就在厂门附近停着红、白、黄三辆摩托车，不见穗红三人。

白燕脱下头盔，头上腾起热气，她重重地呼出一口长气走到路边的水果档旁，要了一罐健力宝水，猛地拉开罐，仰头向口内倒去。

22. 日　女人街

（雄燕店）

伟雄一反常态，穿了一套新潮男士服，仪表堂堂在迎接顾客，小莲和巧珍也打扮得入时招眼，白燕俨然一派老板装束，从人群外推了一辆小货车，风一般挤到店前，大嗓门喊："小莲、巧珍卸货！"

小莲、巧珍动作利落，帮白燕将货卸到店前，白燕把货摊开，挂到醒目的位置上，立即拥来数人问价。

（穗红店）

穗红庄重地从后门走到前店来。

阿美上前悄声地："老板！今天对面的货和我们的一样！"

穗红一惊："噢？！果然得手了！"她立即果断地命令："把咱们的货全部收起不卖！"阿美应声走去收起货架上的货。

穗红踱到店前，向对面望去。白燕得意之极，左右招呼主顾，货很抢手，她不时看伟雄，也不时向穗红甩过一眼。

穗红回身招呼丽英："丽英！你不是和对面的女仔很熟吗？你悄悄打听一下对面这种货的进价和出价，别让女老板看见。"丽英应声走出。

白燕一边卖货，一边盯着穗红，见丽英走出便叫："巧珍！你看丽英可能找咱们有事，你找个僻静的地方去会会她，别让对面的女老板看见。"

巧珍应声走出。

（街角）

丽英和巧珍凑到一起。

丽英："你们今天怎么也有这种货？"

巧珍："咦？！这还不是你的功劳，白燕姐说要给你红包哪！"

丽英方悟："老这样！你知道送批货进价是多少嘛？"

巧珍摇头。

丽英："是按出厂价买的，还是按批发价？"

巧珍："出厂价，批发价又有什么不同？"

丽英："哎呀！真是傻丫头！怎么这还没懂？一般货是三种！价码嘛，零售价就是市面上的卖价，批发价就比零售价便宜才好赚钱嘛，可是出厂价是工厂内部的优惠价，比批发价还便宜，要是能拿到这种出厂价，就能大发。"

巧珍："走嘛！那就必须和厂方很熟了？"

丽英："那当然！"

巧珍："那咱们以后做买卖，主要是要拿到出厂价喔？"

丽英："是啦！做梦吧！咳！我本来是要问你，结果你们反问我，让你白赚了！走吧！"

鞋店阿坤见雄燕店生意兴旺，便凑过来大声讨好："哇！伟雄老板今天跟歌星一样啦，白燕老板更是味道十足，怎么样？你们今天也来一次时装表演，我赞助皮鞋，保你们大发！"

白燕："不是吹，我不用扭，货就这么抢手，我要是踩着电门钮，那还不把对门震趴下啦？！还是相邻为安，友谊为重啊！"

伟雄："你以为对门那么容易叫你震趴下呀？！"

阿坤："不这么说不热闹嘛！我那是不卖衣服，可我特爱你们两家斗，你们越斗货越新，顾客越来劲！我啊！还找不到对手。否则，我早发了！"

说到这里坤妻门前大喊："阿坤！接客啦！"

阿坤无可奈何："这老婆！老是在关键时刻！……"摇摇头，走出。

（新坤鞋店）

阿坤进门见一位顾客伏在柜台上看鞋，他连忙上前："噢！买鞋嘛！你喜欢哪种？这是意大利皮鞋，真正进口货，每双三百七十元。这是本店自产自销的，物美价廉，买多可以按批发价！"

顾客掏出名片递上："我是楚西北公司采购员，我们那地方还很穷，买不起这种鞋。"

阿坤："便宜些的也有，这种……"他低下身想找。

顾客把他拉住："不必了，我这里有个样子（边说边从提包内取出一双旧式皮鞋），上次在广州进的货，十分好销，可是上次的采购员病了，派我来了，我又不知哪家卖这种鞋，我需要的量很大！"

阿坤看鞋："这种鞋不行的呀，早过时了，你看这式样……"

顾客："你别忘了我们那是西北，这里过时了，我们那里刚时兴，正热门！"

阿坤："噢？！时差这么大？！"

顾客："对！这就是商品信息！怎么样？你能帮我搞到吗？"

阿坤："你打算进多少？"

顾客："有多少都要！第一批进两千双吧！每双我出价二十元！"

坤妻拉阿坤："这种鞋脱销了呀，没有厂家生产了！"

阿坤不理："你打算几时要？"

顾客："越快越好，我想乘机托运！"

阿坤："这是大数字，你可不准不要！"

顾客："这话说得，我可以先交你部分订金，签上合约，可你也不能到时没货，误了我的班机！"

阿坤："一言为定！明天中午交货！"

顾客掏出两百元放到台上："一言为定，明天中午取货！"

阿坤："我交不出，罚我！"

顾客："我不来取，罚我！我住在花园酒店354房！"

阿坤："明天见！"

顾客："痛快，明天见！"转身走去。

坤妻："你有没有把握呀？"

坤笑："没把握敢揽这么大的生意？实话对你说、国营皮鞋厂眼下就积压了近万双这种鞋，我可以用十五元进价买到，每双就赚五元；十双五十；一百双，五百；一千双，五千；两千双，一万！老婆！发啦！一万！！"

23. 夜　伟雄家

伟雄、白燕、小莲、巧珍高高兴兴收档回家，刚跨进卧室，见满屋挂的衣服。

伟雄大叫："空气太坏了，开风扇，开风扇！"

白燕抱着钱箱走去，将风扇一个个打开，立刻四壁来风，将姑娘们的长发一根根向上卷起，就连身上的衣裙也尽向上翻，吓得姑娘们双手乱按，尖声大叫。

小莲喊："快关风扇！我不行了！"

伟雄："这有什么好怕？比游泳池差多了，封建！"

巧珍跑去——关掉风扇，姑娘们的长发、衣裙才飘然落下。

白燕放下钱箱，将钱尽数倒到裁衣台上，她望着伟雄："怎么样？我这一手还可以吧？"

伟雄："我只是奇怪，穗红今天为什么把这种衣服都收了起来？"

白燕笑："她绝对不敢相信我会采取这种战术，哼！我要重赏丽英！来！数钱！阿雄你点大票，小莲点五元、二元的，巧珍点一元、五角的，我点小票！"

她们各自从钱堆内取钱，是表情严肃。

客厅，榕婶又向关帝像前插了三支香，走进伟雄卧室。

榕婶走进来见四人满头汗在数钱，桌上钱已成阵，便走去逐一打开风扇。

突然旋风四起，桌上的钱随风旋转上升。

伟雄大喊："快按住！"急去按钱。

三位姑娘亦双手乱按，抓住了钱，身上的衣裙又向上翻，按下衣裙，钱又飞起，四人狼狈不堪。榕婶不知所措。

伟雄大笑："太好玩了！别抓钱了，反正它们也飞不出这屋。来，姑娘们！我陪你们跳舞！"说着跑去按下"四喇叭"的电键，立刻强劲的音乐在小屋里震荡！

伟雄抱住白燕、随着翻飞的钞票跳舞。

伟雄放下白燕想去抱小莲、巧珍，两人吓得围着桌上转头尖声！笑叫，不肯被抓住。

24. 夜　阿坤库房

在不到八平方米的小库房内，阿坤夫妇已经把刚进的两千多双鞋堆得和屋顶一般高了。

坤妻："你这不止两千双吧？"

阿坤笑："不瞒你,我又多进了五百!"

坤妻："万一卖不出去……"

阿坤："没什么万一!那主说得对,广州的过时货,外地刚时兴……"

坤妻口算："一双卖二十元,每双能赚五元;十双,五十元;一百双,五百;一千双,五千;两千双,一万;两千五百双,一万二千五百元!"

阿坤得意地："你行啊!算得还可以嘛!再练几年就快赶上我了!"

坤妻猛地朝他屁股上踢了一脚,阿坤一躲,竟把刚刚堆好的鞋撞倒了,鞋盒把阿坤埋住。坤妻开心大笑。

25. 夜　卡拉OK歌厅

一位标致的女孩,手捧话筒,正在声嘶力竭地唱着走调的歌大厅里的听众,笑其走调,笑其勇敢,不断有人把桌上花瓶里的小花取下送她。她唱完了,鞠躬下台,观众给她热烈的掌声。

主持人诙谐地："诸位!这位小姐的歌喉太迷人了,我们仿佛跟着她的调门走到了大西北,喝了杯浓烈的高粱酒,哇!全醉了!(众笑)哪位愿意上来为我们唱一支醒酒歌?"

一群青年起哄："贺伟雄!白燕!""白燕!贺伟雄!"

几位青年拥到伟雄、白燕桌前笑闹："不能光顾着赚钱哪!还得唱唱劲歌!""唱唱啦!大家开开心嘛!"

伟雄、白燕从口袋里掏出卡带交给主持人,双双走到台上,拿起话筒。

立体声的音响,轰鸣起来。二人边舞边唱:

《狂歌》(王静珠词)

没有月光的夜晚,灯火辉煌

不见胡须的青年人,极似疯狂。

没人知道我们多么辛苦。

没人理解我们为什么疯狂,

谁知道我们为什么拼搏?!

谁理解我们为何扩张?!

噢!疯狂!

噢!扩张!

噢!拼搏!

噢!能量!

年轻人总是血气方刚。

像骏马奔驰藏场，

如天公释放雷电，

似火山爆发岩浆。

这一块块肌肉都是原子反应堆，

这一根根血管永远有无尽的热量。

看今宵我们狂歌劲舞，

待明朝我们又展锋芒，

历史挡不住青年人的脚步，

好嘢！狂！

白燕、伟雄劲舞，狂歌，边舞边唱，配合默契，珠联璧合。听众听得如醉如痴，一齐站到台前，振臂击掌，扭腰移胯，疯狂笑叫。

小莲看傻了。巧珍睁着圆圆的大眼睛，又蹦又跳。

26. 夜 穗红家

（华丽的小厅，现代的大水族箱）

穗红独撑秀颊，望着鱼箱在发呆，水族箱里只有几条鱼在懒懒地游。

穗红父上楼，穗红没看见，他轻轻走到鱼箱前，抓把鱼食投了进去。

穗红父："怎么？一个人在发什么傻？！"

穗红不语。

穗红父："这鱼你有多久没喂了？想饿死它们啊？！"

穗红不动。

穗红父："你呀！在外边还像个女强人，可是一回到家就这样。"

穗红："阿爸！你别烦了！"

穗红父："噢？！是我烦你，还是你自己心烦？你也不小了。该想想自己的事了！"

穗红突然站起，跑回自己的房间关上门。

穗红父做了个鬼脸，向内屋："年轻人晚上去舞厅跳跳舞啦，去歌厅听听歌啦，你不是喜欢唱歌么？为什么不去卡拉OK？说不定能结识几个人！"他边说边拣起桌上的书在翻。不意掉下一张照片，他拣起一看，是穗红和贺伟雄在中学时的歌咏比赛上，二人合唱的一张照片。

穗红父："哦，是伟雄呀？你为什么不去找找他？！"

穗红从内冲出，夺下书和照片又跑了进去。

穗红父："这有什么好保密的！要是能行，我也不反对！"

27．夜　小巷

程丽英独自在小巷内踱步。小莲、巧珍兴高采烈地跑了回来，一见丽英大叫："丽英姐一个人在这干什么呀？"

丽英："等你们呀！家里一个人都没有，你们都上哪去啦？"

两人兴奋地抢说："我们去卡拉了。""我们去OK了。""我们去卡拉和OK了。"

丽英："你们说什么呀，乱七八糟的。什么卡拉卡拉的？"

巧珍："今晚伟雄、白燕带我们去OK卡拉歌厅了！"

小莲："伟雄哥的歌唱得可好听了……"

巧珍："她都着迷了，我摸了，她当时心跳两百四十下！"

小莲急打："多嘴婆！你才心跳了！"

丽英："别闹了！告诉你们，我发工资了！"

两人齐声："发多少？"

丽英："你猜！"

小莲："一百！"

巧珍："一百五！"

丽英："两百！"

两人："哇！比我们县长还多呀，请客！请客！"

丽英："请！大排档！"

28．夜　大排档

灯火辉煌的大排档，人声鼎沸，热气腾腾，临街摆开几十张方台，台台客满。档主站在路中，见人就拦。

这个说："请到我们'顺意馆'啦！"

那个说："尝尝我们的'口味鲜'啦！"

丽英、小莲、巧珍一到路口，就被"路边鸡""百岁鸡"两店的店主拦住。

"百岁鸡"档主抢先一步，利言快语："几位小姐这边坐，我们的'百岁鸡'一鸡三味，驰名省港澳，包小姐满意！"

"路边鸡"店主也不示弱，急步插上："小姐这边请！请品尝我们祖传的'路边鸡'，本鸡选用生猛的走地鸡，保证皮滑、肉嫩、骨软、爽口！"

"百岁鸡"档主："我们'百岁鸡'选用生猛的清远鸡，融沙姜鸡、白切鸡、盐焗鸡三味一体，肥而不腻，老少皆宜！"

"路边鸡"档主:"我们是现宰现吃,新鲜可口,皮像皮,肉像肉,骨头像骨头,吃后终生难忘,鸡味长久不散!"

"百岁鸡"档主还想说。丽英制止:"你们不是说相声的吧!"

二档主:"不是!本鸡货真价实!"

丽英问小莲、巧珍:"你俩想吃什么?"

巧珍:"我想吃'百岁鸡'。"

小莲:"我想吃'路边鸡'。"

丽英:"那你跟他,你跟他!"

两人欲走,又被丽英喊住:"回来!那我去哪?一分为二?"几人大笑。

丽英向二档主:"这么办吧!你两家合摆一张台,'百岁鸡''路边鸡'各上半只,你供啤酒,你供汽水,还有什么名菜每家来两盘,好吃嘛,咱替你们传名,不好吃嘛……(小莲、巧珍齐声)我们也替你们传名!"

丽英用广东话,"嗨木嗨呀(喺唔喺呀)?"

二档主悄声商议:"好像是电影演员!"

"不!像是电视台的!"

"咱们要出名了?"

"好好伺候着吧!"

两人齐声:"好嘢!来啦!"两边散去。

转眼间:酒、菜齐备,三女落座。

丽英举起啤酒杯:"来!为咱们能在广州女人街站住脚!"

小莲:"为咱们能学到手艺!"

巧珍:"为了将来发财!"

三人碰杯:"干!!"一齐喝下去。

巧珍放下杯,抓起筷子,望着两个盘里的鸡发愣:"坏了,我忘记哪边是'百岁鸡'了。"

小莲也端详:"我也搞不清哪边是'路边鸡'了!"

丽英:"别急!让我尝尝先!"她左边夹了一块鸡肉放到嘴里右边夹了一块也放到嘴里。

两人大叫:"这不行,串味了!"

丽英:"快吃吧,到了肚子里,还不是一个味?"

三人大笑。

29．黎明　伟雄家

白燕、小莲、巧珍在酣睡，忽然楼下响起敲门声，白燕睁开睡眼，仍未醒。楼下，伟雄穿睡衣出来开门，见丽英站在门外，惊奇地："是你？！这么早？"

丽英："白燕姐起来啦吗？"

白燕睁眼听。

（楼下画外音）伟雄声："她还在睡，有事吗？"

丽英声："穗红老板又去取货了，说是一批新样式……"

白燕猛地爬起穿衣。门前，丽英转身欲走，又回身递一纸条给伟雄："是老板给你的。"说罢走去。

传雄转身欲看，见白燕已下楼忙将纸条藏过。

白燕："我都听见了，穗红又进新货，等我和她平分秋色！"

伟雄："这次该我去了，路很远，你留家吧！"

白燕："不用，你去尽惹事，女人的事你少站边！"

伟雄："我是为你好！"

白燕："我是为咱俩好！"说时从桌上拿起头盔冲了出去。

伟雄喊："你不洗脸啦？"

白燕远去的摩托音："不要了！"

伟雄笑："连脸也不要了。"从口袋里取信看。

30．黎明　公路

天将晓。田野一片雾气。

白燕单骑划破晨雾，超越一辆辆集装箱的大车，犹如脱缰的野马。

白燕举目望去。

远远地有黄、白两部摩托车在飞奔。

白燕加油门追去。

31．黎明　路边饮食店

黄、白两部摩托拐到伙食店门前停下，两人摘下头盔，是阿美和小芈。两人回头看了看，走进饮食店。

白燕的车追过了饮食店，前边不见了黄、白二车，白燕减速回头身后也不见黄、白二车。

白燕从公路上头折回，见饮食店门前停着黄、白二车，白燕犹豫片刻，一推油门驶去。

32. 日　服装厂

烈日炎炎，树蝉鼓噪。

服装厂前堆满单车、摩托车、运货车。

提货处队如长龙，白燕夹在其内，经验大嫂排在身后。

经验大嫂滔滔不绝地："这家的货已经全国驰名了，你看看这队伍，来自全国各地，都供不应求，来晚一步都买不着，我好不容易才挖到这个货，早晨还没车通这里，我是昨晚上就来了，没想到起个大早赶了个晓集，睡过头了，要不我准排第一个，这天可够热的，广东这日头，晒得人直冒油……"

就在经验大嫂滔滔不绝的唠叨中，白燕一边烦躁地拉出纸巾擦汗，一边左右张望。

过了好一阵，阿美、小华才慢慢驶来，将车停在提货门前，径直到传达室挂起电话，阿美挂上电话，越过白燕，走到冷饮摊前买了两罐水，"叭！叭！"地拉开，仰头痛饮。

白燕好生奇怪，嘱咐大嫂："多谢！我去买罐水就来！"便走到冷饮摊。

阿美故意地："是白燕小姐呀？"

白燕："怎么今天穗红老板没来？"

阿美："是啊，怎么今天伟雄老板也没来？"

小华扑哧一声笑出来，推了阿美一把："就你多嘴！"二人走去。

白燕猛一惊，送到嘴边的罐装饮料几乎落地，她两眼直直地望着远方……

33. 日　穗红家厨房

现代的组合厨房家具，一只咖啡炉在冒着热气。

穗红守在咖啡炉边，含情脉脉："你有多久没到我家来了？"

伟雄抚摸不锈钢的台面，所答非所问地："变了！变得根本不敢认了！"

穗红："你说什么变了？"

伟雄："你还记得小时候我帮你点蜂窝煤炉子吗？"

穗红："那是哪年月的事了？"

伟雄："可那倒是很难忘的！"

穗红递给伟雄咖啡："你还记得咱俩参加中学的表演合唱吗？"

伟雄接杯子时无意中握住穗红的手，彼此都僵住了。

伟雄不安地抽回手："不好意思，我是无意的！"

穗红："何必解释，就是有意又怎么样？"

伟雄："不，我还不敢！"

穗红："怕什么？我是老虎？"

伟雄："不！是我自己，我的自我感觉不好！"

穗红："什么感觉？"

伟雄："你现在有点高不可攀了，你是不是申请办私人企业了？"

穗工："我想办自产自销的服装公司，我想和你合资，由你出任总经理怎么样？"

伟雄："我的资金根本不能和你比。"

穗红："那你就少出些，只要咱俩合作。"

伟雄："不！我不喜欢不平等！"

穗红："那你要我怎么办？你知道我多么需要你！"

伟雄："也许我能追上你的，等我和你扯平了。你我之间才能自由地对话。"

穗红深情地："这不会很久的，也许你会超过我，我盼望这一天！走！到厅里坐！"两人走出厨房。

34．日　女人街

人头涌动的女人街，白燕推着小山一样的货车，一路吆喝着"借借！"犹如劈波斩浪一般，硬是从人堆中冲开一条缝挤将过去。

雄燕店前顾客盈门。

白燕风风火火地赶到，大声招呼："巧珍！卸货！"

巧珍急忙跑出往内搬衣服。

伟雄喊："货到了！有批发的，请到我这里！"他把巧珍送来的衣服摆到台上，立刻有人涌到面前。

白燕凑近伟雄，低声地："你上午在家干什么了？晚上才跟你算账！"

伟雄一愣，不知所措。

白燕又问小莲："对面有没有出这种货？"

小莲："没有！穗红老板还没来！"

白燕抓起价牌，将原来写的每套四十元改成四十六元，挂了出去。

顾客哗然："哇！涨了！这么快就涨了？！"

"刚才还四十元，一下子涨六块钱，太快了！"

白燕大声："来货提价了，咱也得提！"

顾客："你这提得也太快了！"

白燕："商品经济嘛，水涨船高，这就叫市场机制！"

顾客："这涨得也太邪乎了！"

白燕不懂："什么乎？"

顾甲："邪乎就是太厉害了！"

白燕："这还邪乎，你们看现在什么不涨价？一斤猪肉都五六块钱了，这邪乎不邪乎？！快买吧！不然明天买更邪乎了！"

穗红走来听了白燕这番话，转身走进自己的服装店，问丽英："咱们进的货怎么不拿出来卖？"

丽英："等您标价！"

穗红立即在黑板上写出四十元一套，吩咐丽英："卖！要大声宣传，把顾客吸引过来！"

丽英、阿美立即将货搬到门前，挂出招牌，大声招呼："贱了！四十元一套！贱啦！"

顾客回头，有人奔过去。

白燕抬头大惊。

穗红店前人群拥挤。

伟雄走去摘下价牌："这价钱不能乱涨的嘛！"

白燕夺下："不用你管！我自己进的货，我自己做主！"

丽英走过来，递给伟雄一纸条："这是我们老板给你的！"

白燕手疾眼快一把夺过。展开一看，上写："伟雄哥：望你薄利多销，以原价为好！穗红。"

白燕一把撕碎，恨恨地："原价，现价，关她屁事？！英妹呀，你也跟我唱对台戏！"

伟雄："这和她有什么关系，各为其主嘛！你回去吧，说我谢谢她！"

丽英委屈走去。

白燕："这有什么好谢？！人家要顶死我，你还要谢人家，你怎么不过去帮她卖？！"

伟雄气："你当我不敢呀？！"

白燕："你敢！你去呀？！你去和她亲嘴才好呢！"

伟雄转过身去。

阿坤鞋店里的阿坤兴趣十足地在看热闹。

坤妻送来盒饭。

阿坤："哎！快看！白燕和穗红斗上了！"

坤妻："还是看你自己吧，看看几点钟了？怎么那人还不来提货？"

阿坤看表一惊："哎呀！一点多了，怎么搞的，还没来？！"

坤妻："会不会不来了呀？！"

阿坤："那不会！他还有押金在这！再等等！再看看！"

白燕抓起价牌，刷刷擦掉四十六，重新写上三十六元。

伟雄一把抢过去，想擦掉三十六："你疯啦？！斗什么气？！这么卖，等于放血！"

白燕气："我愿意！你别管！"

丽英又跑来拉住白燕急切地："燕姐！我问过了，我们老板进的货是出厂优惠价，你进的货是一般批发价，我们老板的进价比你低。你要是跟她斗，准吃亏！我可是为你好！"

白燕气得两眼发直。

35. 夜　伟雄家

白燕气呼呼地把没卖出的货用力摔到裁衣台上。

伟雄跟进："行了，别拿货出气了！"

白燕："我是跟你生气啊！"

伟雄："哇！冲我来了，别斗不过人家拿我出气啦！我怕你还不行？！"

白燕："我问你，你今天上午在家干什么来？"

伟雄："我在家还能干什么来？"

白燕："不行，你得跟我说清楚！"

伟雄："什么事呀，还要说清楚，'文化大革命'吗？要不要批斗啊？！"

白燕："你少扯！今天你们俩是合计好了对付我，既然你向着她，何必找我合伙？……"

说时呜呜伏到桌上哭起来，越哭越重。

伟雄偷偷拿来收录机，装上，放到白燕面前，白燕越哭声越大。

此时，小莲、巧珍走下楼，巧珍拉小莲门外偷听。

白燕突然抬起来，泪眼望着伟雄："我问你，你和她到底是什么感情？"

伟雄装傻："和她？她是谁呀？"

白燕："她就是她，你别装傻！！"

伟雄故意地："和巧珍？"

巧珍一听，吓得转身就跑。

小莲没动，听伟雄又说："和小莲？"

小莲靠到墙上，呼吸紧张了。

白燕大声："你少扯！我是问你和穗红啊！"

伟雄："和穗红？和穗红能有什么感情？"

白燕："不行！你说！"

伟雄："感情，感情这东西，谁说得清楚？！那你说咱俩是什么感情？当初，咱们说好了，是合作，不是恋爱，更不是夫妻，对吧？！可那是当初，后来……当然后来会发展……"

白燕："说你和穗红！"

伟雄："和穗红，更简单了，我俩只是老同学，既没合作，也没恋爱，可这也是会发展的。人这东西，感情这东西，它是会变的嘛，也许突然变得爱上了巧珍，爱上了小莲……"

门外小莲两眼紧闭，呼吸急促。

门内，白燕大叫："你少扯！我只问你，你在我和她——穗红之间，你自己往哪边发展？"

伟雄："那就看你们两边谁的吸劲大了，在咱们女人街是女多男少，现代社会又是阴盛阳衰，我好说，你们俩谁强我跟谁就是了！保证，不挑！"

白燕气得跳起吼道："你坏！你太坏了！你坐山观虎斗！你渔翁得利，你坐享其成！你！谁强跟谁？！我强，我就是女强人，我最强！！！我……先下手为强，绝不让她抢了去！"说时猛然扑向伟雄，抱住他狂亲，狂吻，仿佛要把伟雄生吞下去。

伟雄受突然袭击，手足无措，吓傻了，任白燕的嘴在他脸上亲来亲去。

门外，小莲脸色苍白，泪眼模糊。

36. 夜　阿坤家库房

随着一阵噼噼啪啪的响声，阿坤连同被甩出的皮鞋一齐滚出库房。

坤妻叉腰站在库房门口大骂："我的话你从来就当放屁！这回怎么样？

叫人家骗了，花四万多元钱，买了一屋子破鞋，我不管，你还我钱！还我钱？"说时又扑上去抓阿坤的衣领。

阿坤急爬起："这怎么能怪我？"

坤妻："怪我？！"

阿坤："我怎么知道他是骗子？！我怎么知道他们国营企业也会亏损？！他们这一招也够了损的了！"

坤妻："人家积压，要你去给脱销？！"

阿坤："我有那以好心肠？我不是想赚一笔钱嘛？！"

坤妻："谁要你那里贪心，买了两千五百双！还说一双能赚五块，十双能赚五十……"

阿坤站到门边："啊，啊！是谁站在这里美滋滋地数脚指头？一百双赚五百，一千双赚五千，两千双赚一万？！"

坤妻："谁要你又多买了五百双？！"

阿坤："这太缺德了！我他妈押进去三万七千五百多块钱，我太惨了！他们是逼我跳楼呀！"阿坤颓坐在门边抱头大哭。

坤妻扑上去抱住他一起哭。

37. 夜　穗红制衣间

靠窗一排缝纫机"嗡嗡"在转，阿美、丽英、小华、丽萍在赶制新衣，因天热，她们穿着背心、短裤。

穗红伏在大裁衣台上，在研究外国的服装画报，正在设计一种新潮衣。

光仔抱着一箱饮料进来，每位姑娘的怀里丢一罐，吓得姑娘们大叫，他走到丽英前偷偷塞了两罐。

阿美眼尖看见了大叫："光贼！你又搞什么见不得人的事？！"

光仔："哎呀！又叫光贼！这样叫久了，不是贼也是贼了！"

阿美："不是贼偷偷摸摸干什么？"

小华帮腔："坦白！你又对丽英姐有什么企图？"

光仔："有什么企图在你们女人堆里也不敢呀？"

阿美："那你想干什么？！"

光仔："这还不明显？我都到了谈情说爱的年龄，可你们没一个人是有觉悟的！"

小华："你是不是看人家丽英姐好欺负？！"

光仔："那不是！我希望她欺负我。我甘愿受欺负，你们欺负我也

◎ 电影《女人街》剧照

行啊！"

众女一齐跳起："好啊！你敢挑衅！别忘了，这是女人街！"一起上前双手乱抓，光仔怕痒，嘎嘎笑着滚到地上。穗红只是笑，任其嬉闹。穗红父咳嗽一声踱进屋来。众女见状才收敛坐回原位。

穗红父："穗红，都十二点钟了，该让大家休息了！"

穗红："休息吧！明天准时开业！"

众女陆续告辞回去。

屋内只剩父女二人。

穗红父："这么白天黑夜的干，早超过八小时了。"

穗红："这是计件工资，是她们自愿加班的，你还以为是坐办公室呀。"

穗红父："听说你想独立办公司？"

红笑："你听谁说的？"

穗红父："女人街都在传说，为什么瞒着我？"

穗红："人家还没干成嘛！"

穗红父："啊！等你事成了才说呀？！这么大的事，怎么也不和我商量商量？"

穗红："这有什么好商量的，能干就干了。"

穗红父气："你！办公司你以为是玩呀？那叫企业，搞不好会破产倒闭，跟旧社会的资本家一样！"

穗红："旧社会的资本家有今天这么好吗？何况，我也不想当资本家，我只是想干自己能干的事！"

穗红父："你现在还图什么？钱有了，房子有了，就你自己，就算将来结了婚，一辈子吃、住都不用愁了，还搞公司，担那么大的风险干什么？！"

穗红："那你想让我干什么？闲着，退休，坐吃等死啊？冒险也是人生乐趣！"

穗红父："你到底打算赚多少钱才算到头？！"

穗红："你以为我开公司只是为了赚钱？"

穗红父："不是为了钱，又为什么？"

穗红："那您这一生活着又为什么？是为钱？您到退休了还没存够一万块钱，可见不是为钱，为事业，您总说历次运动挨斗，到头来，还是一事无成，可见为事业也是假的！我可不想像您那样过一辈子，除非绑住我手脚，否则我就要大干一番，我要不断地扩大我的企业，不断地展示我的才干，我办服装厂，自己设计服装，自己搞时装展销，把自己的产品打向世界！谁说中国人不会干。谁说中国人不会赚钱。我就想让多的人了解佩服我的才干！阿爸你知道我的能量到底有多大，现在开这间时装店，只不过用了我五分之一的劲，我还有五分四的能量还没发挥出来，今后，我就是要不断地验证我的能量！阿爸！求求您别拦我，我知道您是为你好，怕我出事，可是该出事的，就是躺在床上也会出事，您就放手让我闯就是了。我想从明天起，我每月给您一千元生活费，您不够用再来拿，您可以养养鱼，种点花，对了，养几笼鸟，让鸟陪您说话……"

穗红搂住父亲的脖子，撒娇地不容许爸爸说话，几次父亲张嘴，都被她用手、用话噎住……

38. 日　鸟市

全市最大的玩鸟购销市场，空地、地下、架子上，挂着摆着各式各样的鸟笼，那些名贵的白燕、八哥、黄雀、画眉、桂林相思……在笼中跳跃，鸣唱。

穗红父立一卖鸟档口，与群鸟相望。

档主热情地："您相中了什么鸟？"

穗红父："哪种鸟唱得好听？"

档主："白燕、相思、黄雀、画眉，您还是买只画眉吧，这鸟，声清脆，迷人哪！"

穗红父："每只都会唱吗？"

档主："要是老鸟买回就唱，若是新鸟买回去好好养养，养熟了也能唱。"

穗红父："这鸟还分什么新老？"

档主："老鸟指熟鸟，驯熟了不怕人。新鸟是刚从山林中捕捉回的，性生猛，但怕人，所以要养熟了才肯唱。"

穗红父："那好，我就买只熟鸟吧！"

档主从架子上取下一笼："八十元！不唱回来换！"

穗红父付了钱，提起鸟笼边欣赏边走。

在一个十字路口，被地上围着的一群人挡住，他低头一看，十余人围着两只鸟笼，两只画眉跃跃欲斗，围观人起哄。

"师父！让它们斗斗啦！"

"玩玩嘛，看看哪只厉害！"

两位守笼师父只是笑，不动。

穗红父问身边人："这鸟还能斗吗？"

身边人："哎呀，这话问的，画眉生性凶猛，好斗，斗得越凶，唱得越欢，你是刚买的吧？"

穗红父："是……"

身边人："嘿！准是生鸟，来，试试！"

众起哄："来，试试！准好看！"

不由分说，有人从穗红父手中接过鸟笼，递给守笼人："来了师父，有了对手了，来吧！"

两位师父互相谦让："您来！""您先来！"

一位师父把穗红父的鸟笼放到地下，把自己的鸟笼门与之相对。两只鸟已是按捺不住，跃跃欲斗，师父提起笼门，只见摆阵师父的鸟嗖的一声窜了过去，说时迟，那时快，两只鸟已搅到一起，斗将起来。

围观者立即情绪大振，像看一场球赛。

穗红父紧张地睁大眼，脸色忽青忽白。

两只鸟斗得难分难解，从下打到上，又从上打到下，啄得鸟毛翻飞，伤痕累累。

穗红父的心几乎要从口里跳出，他吓得急喊："别斗了，别斗了！我这是熟鸟，斗不过……斗不过的！"

已经迟了，穗红父的鸟斗得惨败，四处乱躲，狼狈不堪，胜鸟雄踞高枝，不停地用那尖锐的钢嘴，啄那败鸟。

穗红父奔下场喊："快分开！快分开！"

鸟笼门开，胜鸟返回自己的鸟笼。

穗红父心疼地提起鸟笼，看着余惊未消。张嘴喘息的鸟，一滴老泪流了下来。

39．日　女人街

（穗红店）

丽英、阿美四位小姐身披"微笑服务""微笑使者"的彩带在迎接顾客。穗红的微笑令顾客宽慰。

（雄燕店）

白燕表情严肃地接待顾客。

伟雄凑近低声提醒："你把脸上的肉松一松啦，不怕嘛！"

白燕低声相对："你又看那边好啦？我不挡你，你过去和她对着笑啦！"

一大汉进店。白燕瞪一眼伟雄，迎着顾客，板着脸："您要什么？！"大汉望着白燕的脸愕然。伟雄向白燕示意，作微笑。

白燕突然满脸堆笑，温柔地："您需要什么？我陪您！"大汉越惊。他转头四顾。伟雄、巧珍、小莲也在向他堆笑。大汉二话不说急转身离去。

伟雄泄气地："得，又吓跑了一个！"

白燕瞪眼："哭也不行，笑也不行，怎么才行啊？"

（新坤鞋店）

阿坤一脸苦笑在喊："贱卖了！贱卖了！十三块一双了，不惜血本！廉价大酬宾了！"

他站在店前横一床板，摊卖过时皮鞋，过街行人偶尔拣起看看又急放下。

耳环妹走来，酸酸地："阿坤哥呀！你几时搞了这么多破鞋呀？！"

阿坤："你就别总是'破鞋''破鞋'的不离口啦，要是她听见了，又得吵架。"

此时坤妻在内大喊："阿坤！你怎么不喊了？不喊能卖出去吗？！"

阿坤急喊："卖了！贱了，不惜血本，廉价大酬宾了！这是内地最新、最红的新款式！"

（墙角）

丽英和小莲在私语。

小莲："我见白燕姐亲，亲，亲伟雄哥了。真的亲了！"说时流出泪。

丽英："别傻了！那伟雄好几个人抢，轮不到你的！"

小莲委屈地："不是，我听他说了，人这东西，人这感情，是会转移的，他说也许会爱上我！"

丽英："是嘛？！那你就追！人这东西很怪，穗红姐常说，人不能没有追求，追求不能不执着！爱情这东西，也得执着。不过，我求你件事，穗红姐有封信给伟雄哥，你可不许贪污了，一定交给他！"

小莲点头。

40．黄昏　伟雄家

库房边伟雄在看信，信上说："伟雄哥：我家鱼缸里的鱼一条也没有了。你很会选鱼的，代我买几条送来好吗？穗红等你。即日。"

伟雄放下信，向守在门边的小莲："好！谢谢你！你真好！"

小莲："你再带我去趟卡拉OK？"

伟雄关好门："过几天，过几天我就带你去。"

小莲高兴地跳起来在伟雄的脸上亲了一下，大喊："太好了，OK，卡拉！"跑去。

伟雄奇怪地望着小莲背影。

41．黄昏　水族街

这是一条专卖各种观赏鱼的小街，小街两侧尽是水族店，大大小小的水族箱内养着各式各样的观赏鱼，有金鱼、热带鱼、日本锦鲤……每个水族箱内都安装了吸水泵、喷雾器和灭菌的紫光灯，将本已五颜六色的小鱼，照得更加光彩夺目。

伟雄匆匆赶到水族街，逐箱看去。档主们纷纷拉他的主顾，介绍自己的鱼种。

一档主："买点金鱼吧，富丽华贵！"

一档主："日本锦鲤，生猛、鲜艳，象征着吉祥富贵，还能使爱情火热！"

伟雄止步："你最后一句说的什么？"

档主："象征吉祥富贵！"

伟雄："不是！"

档主："能使爱情火热！"

伟雄："啊！对！多少钱一对？"

档主："卖别人二十六，卖你便宜了，十八元。十八十八，逢十就发！"

伟雄："好！给我选八条，发了！"

档主拾起网捞鱼，伟雄指点："这条，那条！"

档主："你是送人还是卖？你如果卖，你常来，我还可以优惠！"

伟雄："好的！我试试看！"边说边付钱，提起塑料袋便走，边走边看。不料，迎面撞上白燕。

白燕："哈！我到处找你呀，你倒钻到这里，怎么忽然对鱼有了兴趣？"

伟雄尴尬地："是……不是……我是……"

白燕："怎么忽然结巴了？"

伟雄："是想吃！你找我有事吗？"

白燕："没事找你干什么，走啦，回去说！"

伟雄："就在这说啦，实话说，有朋友请我吃饭！"

白燕："那好！你快回来，我在家等你；回家再说！"

伟雄："也好！我很快回来！"欲走。

白燕："哎，把鱼给我带回去！"

伟雄："这鱼……"

白燕夺鱼："带回去了！"

伟雄："也好！先帮我养在水箱里！"

白燕转身边走边说："我先煮好了等你回来一起吃，你快点回来！"

伟雄见她走出巷口，急返身跑到原档口，气喘喘地："快，照原来的品种，再来八条！"

档主："哇，倒手这么快，好赚吧？！"

伟雄苦笑:"是……这鱼太好了!"

档主捞鱼:"你要是批发,我还可以优惠点!"

伟雄:"不急,看这批鱼的行情怎么样再说!"

42. 夜 咖啡厅

一角,穗红盛装与伟雄相对,眉眼传情。

43. 夜 舞厅

穗红与伟雄相拥起舞,彼此相望无语。

44. 夜 的士车内

穗红与伟雄坐在一起,手紧紧握在一起。

45. 夜 伟雄家

深夜,榕婶已睡。

伟雄轻轻推开趟栊门,惊醒母亲。

榕婶:"是雄仔呀?"

伟雄:"妈!是我!您睡吧!"

榕婶:"你也早点睡吧!"

伟雄轻手轻脚走进自己卧室。拉开灯,一惊。白燕穿着很薄的衣服坐在伟雄床上。

伟雄:"是你?!你怎么还不睡?"

白燕:"问你呀!是谁让我在家里等啊!"

伟雄省悟:"对不起,我忘了。"他走到水族箱前,箱内空空如也。

伟雄奇怪:"我的鱼呢?"

白燕:"早凉了!"

伟雄走到裁衣台旁见满台酒菜,随手掀掉一盘盖碟,碟内平摆着已经煎熟了的锦鲤,大惊:"你把鱼做熟了?!"

白燕走下床:"不熟怎么吃?!"

伟雄泄气:"好!很好!"

白燕:"我还当你嫌弃不好呢。来吧,陪我喝两杯吧!"她走去倒酒。

伟雄忍耐地:"你不是有话说要?"

白燕不语,只顾倒酒。

伟雄气:"你要是没话,我先睡了。"欲走。

白燕猛地放下酒瓶:"你敢!真是痴心女子负心汉!我等了你一晚上,你倒想睡?!"

伟雄又坐回台旁："说吧，你到底等我想干什么？"

白燕凑近："等你和我一起盖楼，结婚，生孩子……"

伟雄："你，你也太坦率了吧？！"

白燕："干吗要遮遮掩掩？我可不像某些人想吃又怕烫。我可以向任何人宣布，我的人生目标就是赚钱、买楼、结婚，生孩子，过好日子，这有什么好害羞？！"

伟雄："是，不害羞，可你总得知道我同意不吧？"

白燕大笑："你？！"没法不同意！全女人街你打着灯笼照照还有比我更好的吗？还有比我更疼你的吗？瞧你那傻样！

伟雄："你就别总背电影里那几句台词啦！我牙都酸了！说吧，小姐！别卖关子了！"

白燕神秘地："你到底想不想发财呀？"

伟雄："废话！"

白燕："想不想超过穗红，在女人街称霸？"

伟雄一愣。

白燕凑近，低声："眼下有笔大买卖，就看你够不够了胆了？"

伟雄："反特片吗？搞这么神秘干吗？！"

白燕伸手搂住伟雄的脖子，更加秘密地："有人给我介绍了一笔买卖，能赚这个数……"

伟雄的手在台子上按下收录机播放键，突然传出白燕的哭声和喊声："我问你，你和她到底是什么感情？"

伟雄声："和谁呀？她是谁呀？"

白燕声："她就是她，你别装傻！"

白燕初愣住未解，待听出是自己的吵架录音时，便双手猛打伟雄："你坏！你太坏了！！"

46．黎明　泥泞的公路上

伟雄驾驶摩托车，开亮了大灯，在泥泞的正在修补的公路上颠簸前行。

47．日　七星镇

骄阳似火，伟雄赶到七星镇，镇街两侧商店尽是摆卖的牛仔衣裤。

48．日　七星制衣厂

伟雄拐弯抹角，驶到"七星制衣厂"门前。伟雄锁住车，大步跨进。

简陋的制衣间，数十名女工在轧制牛仔衣，满地都是尚未漂洗的牛仔布。

伟雄问一女工："你们厂长在哪？"

女工向后指。伟雄横跨制衣间向后走去。

（水磨机房）

几台水磨机在轰鸣转动，噪音很吵，满地是鹅卵石和黑水，几个赤背工人在操作水洗。

一男老板迎上："你有什么事吗？"

伟雄："你是黎国权老板吗？"

老板："我是！你是？……"

伟雄："我是香港杜先生推荐来的！"

老板："好！请到办公室坐！"

两人走出。

49．日　中国大酒店

欧阳穗红盛装迎接一香港巨商，巨商走下豪华车，穗红迎进。

穗红陪巨商乘自动电梯上楼。

穗红陪巨商步入餐厅包房。

50．夜　伟雄家

一部机动车停在门前，小莲、巧珍在向内搬运牛仔衣。

白燕驾摩托车归来，卸下一麻袋重重的东西，伟雄帮她搬进屋去。

51．夜　穗红制衣间

四位姑娘，丽英、阿美、小华、阿萍仍在缝纫机旁轧制服装，边轧边议论。

阿萍："我看咱们的好景不长了。"

小华："我也感觉要散伙了。"

阿美惊讶："怎么会？！"

阿萍："你没见老板现在和一个港商打得火热！"

小华："现在有多少人都外嫁了？！"

丽英："快别瞎说！咱们老板跑不了！"

阿萍："你看看老板每天的打扮，今天中午还和港商到中国大酒店啦。"

丽英："那也不会！她心外有人，这我比你们清楚！不过咱们时装店可能要变倒是真的。"

小华:"变?!是变好还是变坏?"

这时穗红浓妆艳抹地走了进来接话说:"你们议论谁变好变坏呀?"

众人一起停下跳起围上穗红。

阿美:"议论你!"

阿萍:"在研究你是变好还是变坏。"

小华:"咱们店是变好还是变坏。"

丽英:"你又喝酒了吧?看这脸红的!"

阿美:"老板只要一喝酒,就是有喜事,快说说!"

穗红逐一巡视一番:"你们是不是担心我嫁人哪?"

众:"是啊!不是!"

穗红:"是不是怕我停产外嫁?"

众:"是啊!"

穗红:"要嫁我就带上你们一起嫁,咱们飞得越高越好!"

众七嘴八舌:"不行啊,我们飞不动啊!"

穗红:"实施对你们说,市工商局已经批准了我建立私人企业的请求,给我发了私营企业营业执照,香港一位老板也愿意协助我创立'新时代服装有限公司'咱们真的要搬家了!"

众欢呼、跳跃,拥抱穗红。

"新时代万岁!"

"女企业家万岁!"

"那就我们怎么办?"

穗红:"原意留的全留下,不过要学习新业务知识,用最新的营业方式迎接顾客。我明天就到香港去,香港老板给我办了七天游,我利用这七天游,到香港做些对口考察,一回来就办公司我走后,店里的业务由阿美代理,希望大家协助她!"

众:"是!服从代经理!"

穗红:"今天就早点休息吧!"

52. 夜 江边

穗红和伟雄在交谈。

穗红:"我决心已定,希望你协助我!"

伟雄:"尽管我舍不得离开你,但我决心不做附属品,经济是悬殊,不可能使咱俩的心态平衡。"

穗红："我是真的需要你！"

伟雄："让我追你吧！等到我可以和你平起平坐了，我才有勇气接受你的任何请求。"

穗红的眼里闪着泪光，久久地凝望伟雄。

53．夜　伟雄家

白燕、巧珍、小莲在紧张地缝制衣服上的商标铜牌。

伟雄走进来，抓起铜牌，犹豫片刻，坐下来参加缝制。

54．日　女人街

雄燕店前堆放放着六批的牛仔衣、裙、裤。

购者如潮，小莲、巧珍在推销。

伟雄手持对讲机："白燕！白燕！回话！"

白燕声："我是白燕，快说！"

伟雄："货不多了，马上送货！"

白燕声："马上送到！"

伟雄挂上对讲机。

两位顾客看呆了。

甲："这是什么玩意儿？"

乙："电影里侦察兵用的报话机！"

甲："真神了，做生产连这玩意儿都用上了。"

乙："商品信息，不是讲快嘛！"

甲："快买吧，这批货太便宜了！"

白燕推着小山一样的货车，吆喝着从人群里挤了过来，直送到店前。

白燕大喊："巧珍！卸货！"

顾甲惊叹："哟呵！说到就到，简直，盖帽了！"

就在他身后，一人抓起一条裤子在仔细辨认商标。

55．日　工商所

刚才辨认商标的人，此刻正向工商所所长反映情况。

检举人："这是一批冒牌货！仿造的商标。"

工商所所长抓起桌上的电话。

56．日　女人街

繁华的女人街，突然骚动起来。工商所所长带五六位行政人员来到伟燕店前。工作人员向伟雄出示了证件后转向顾客："大家先不要动！买了衣服的先不要离开,没买的把衣服放下,都后退几步!"

电视台的新闻组找着摄像机赶到现场,将镜头对准备了贺伟雄。

(穗红店)

丽英惊叫:"伟雄老板出事了!"

众女连同顾客一起聚到店前。

◎ 电影《女人街》剧照

检举人举着衣服商标:"看!这是仿造的商标,冒牌货!"

众惊视:"冒牌货?!"

有人从大尼龙包里往外拉主服,嘴里自言自语:"我说会这么便宜?!"

工商所所长面对伟雄:"什么时候进的货?"

伟雄脸色苍白:"昨天!"

白燕、小莲、巧珍吓得发抖。

摄像机拍下了这些触目惊心的镜头。

57. 夜 穗红家

二十一寸的大彩电正播放雄燕店被查抄冒牌货的录像带。屏幕上:

冒牌的商标。

检举人举着衣服。

工商所所长严峻的面孔。

贺伟雄苍白的脸。

顾客的愤怒指责。

顾客把衣服抛回台上。

白燕额头上的汗。

工商人员从贺伟雄家往外搬衣服。

工商所内贺伟雄低着头一副被审的神态。

一只手关掉电视。

穗红从录像机里取录像带。

穗红的客厅里放着大旅行箱,从穗红的装束就看出她从香港回来,还没来得及休息。

丽英正向她汇报："你走后的第二天就发生了这件事，当晚的新闻就播放了这条消息，我是让光仔在当晚的新闻重播时录下的……"

穗红无力地坐到椅上："你知道他们现在怎样？"

丽英："白燕姐到工商所自首，解脱了伟雄哥。因为全市还有几家也卖这种冒牌货，都是同一货源，工商所抓到了祸主，便没有向法院起诉白燕和伟雄，可是罚款很重。"

穗红："他俩人呢？还开业吗？"

丽英："白燕姐自觉脸面过不去，躲到乡下舅舅家去了！"

穗红："伟雄呢？"

丽英："他是自尊心很强的人，也不想在女人街再开业了，已经几天不见他人面了。"

穗红痛苦地沉思。

58. 晨　伟雄家

面色苍白的榕婶在给关帝神像上香，穗红、丽英站在她身后。

榕婶："雄仔已经几天没回家了。"

穗红："您知道他会到哪儿去？"

榕婶："他是个没有定踪的人，前几天有人看见他到鼎湖去烧香，又有人见他在三元宫、六榕寺拜佛，求瞎子算命……"

这时小莲和巧珍拿着行李从楼上下来。

丽英赶上去拦住处："你们要上哪儿？"

巧珍："回家！阿婆、穗红老板，对不起，我们要走了！"说时哭了起来。

穗红上前拉住两人的手："这多不好，怎么能走呢？"

小莲："我们本想学点手艺回去，现在伟雄也找不见了！"也哭了起来。

穗红："别走！咱们一块去找找他们，这怕什么？失败了再干。这么大个广州，谁还能没点闪失，来日方长，咱们还要干大事业呢！你们都先到我那里……"

这时光仔从外慌张地跑进，向穗红报告："不好了！有人看见伟雄在和人赌博，搞不好连现在这间店都会输了！"

穗红："她人在哪里？"

光仔:"听说往珠江桥角那边去了!"

榕婶哇的一声:"伟雄仔呀!你是不想让我活啦!"坐地大哭。

穗红:"伯母!先不要哭,我们去找他回来!巧珍,小莲快扶好伯母!"二人上前搀扶。

穗红令光仔:"咱们分头去找,快!"

59. 日　桥角

伟雄神情颓丧推着摩托车从小巷走出,身后有四人相随。

乙:"哥们!别走哇!就这么认输?!"

丙:"说不定还能捞回来呢!"

伟雄:"我已经一无所有了!"

甲笑:"讲笑话嘛,眼下你还是万元户!"

伟雄愣:"怎么?!"

甲拍拍伟雄的摩托车:"这不是一万多元。"

伟雄:"你还想怎么赌法?"

甲:"咱们来个最简单的,你赢了,我给你一辆车,你输了归我,怎么样?!"

伟雄眼红了:"怎么赌?!"

甲指桥上:"看见了?咱们猜车尾的车牌,尾字是单,是双。"

这时从桥上驶下一辆汽车,待车驶过,众急看车牌尾字是"4"。

甲:"4是双数,如果是3就是单数。"

伟雄向乙、丙、丁:"你们三位可以作证人吗?"

三人齐声:"作证,没错!"

伟雄交出车钥匙:"要是我输了,就拿走!你呢?"

甲从腰上解下腰包:"拿去,没二话!"

乙接过二人的钥匙、腰包:"现在听我的,看我指定的车!"

众望桥上,暂时无车。

乙低声:"注意!来了!就是它!"

众看,桥顶冒出的是辆警车,闪着红灯。众疑惑。

乙:"算不算?!"

伟雄和甲同时:"算!!"

乙:"好!报数!"

警车闪着红灯驶下来。

伟雄:"我要单数!"

甲:"我要双!"

众凝视汽车。

车尾车牌的大特写:8875333。

伟雄大叫:"单数!我赢了!"

甲不动声色从乙手中接过车钥匙:"双数!我赢了!"

伟雄瞪眼:"怎么?!想赖吗?!你们作证!"

甲厉声向三人:"作证啦!"

乙畏缩地:"大佬,他说的是尾牌的第一个数是单是双,现在第一个数是8,双数啦!"

伟雄:"不对!他说的是车牌的尾数,尾数是3,单数!我赢了!"

丙结结巴巴地:"你听错了!他说的是尾牌数……不是,是车牌尾数……不是……是……"

甲上去一个嘴色:"去你妈的!找死啊!"

丁:"我听的是尾牌的第一个数!双数!"

伟雄冷汗淋淋:"你们是串通好了的!……"

甲凶相毕露:"怎么样啊!大佬!想放平吗?!"

60. 日　大街

穗红的摩托车被阻红灯。

61. 日　小巷

光仔的车从巷里窜出。

62. 日　桥角

就在刚才聚赌的桥角,穗红与光仔不同的方向驶来停住,两人四顾,不见伟雄。

63. 阴　中山纪念堂

穗红沿着纪念堂的围绕墙在疾驰。

昂首挺立的中山铜像在旋转。

穗红的车越过了后面墙边一排瞎子算命人,不见伟雄。

穗红又掉转车头,缓缓驶回来。

一盲人在为一男人算命:"……你命属阴,卦逢单日,单时,单卦,你不久必有大难!"求命人吓得面如土色。

又见一女盲人在为人说命:"你命属阳,卦逢双日,双时,吉日,你不久要发大财！"

求命人笑逐颜开，连连抽出几张"大团结"塞到女盲人手中，高兴地："托你吉言，等我发了财还来报你！"说完扬长而去。穗红又疾驶而去。

64．昏阴　六榕寺

香烟缭绕，一佛笑脸常开。

大殿庭院，善男信女络绎不绝，殿前的石狮昂首张口，求香人无不到此抚摸以求消灾。

穗红也在人群中，她不沾香，只是左顾右看。

大殿内，三尊巨大的金佛只是闭目养神，并不理睬脚下的芸芸众生。

高入云天的六榕塔。

穗红随众拾级而上。

穗红走出塔顶，一阵冷风飘来，发衫竟舞。

穗红仰视天空，乌云翻滚，电闪频频，暴雨将至。

穗红俯视塔下，楼群高耸，蒸蒸向荣。

忽雷声大作，暴雨泻下，其声如鼓。

65．夜　卡拉OK歌厅

歌厅舞台上灯光闪烁。音箱震动着最强的摇滚乐。

欧阳穗红走进歌厅，择角而坐。

台上一青年戴着一深色墨镜，手持话筒演唱，歌声很熟，细看竟是贺伟雄。伟雄唱道：

《我今年二十八》（王静珠词）

我今年二十八，

搏到了人生好年华，

瞎子给我算过命，

我妈也说我要发！发！发！！

六榕寺，我摸过石狮子的头，

越秀山，我爬过五层楼顶。

鼎湖大庙，我许愿又烧香，

九九登高，我祈祷能转个好运。

唉！

我烧香，

我叩头，

我爬高,

我算命。

我白摸了六榕狮子的头,

我白瞰了越秀山五层楼顶,

鼎湖大庙我白烧了香,

九九登高,我没有转运!

唉!我白活了二十八!

白搏到人生好年华。

谁能给我指条路?

我祝福他明天发!发!发!!

贺伟雄狂歌,劲舞,听众掌声如潮。

伟雄唱罢,摘下墨镜,走下台来,不断有女孩向他献花。

歌厅主持人,热情洋溢地:"诸位!刚才这位先生为我们演唱了《我今年二十八》这首动人的歌,相信在座的二十八岁青年,一定会有同感,渴望都能转个好运,一梦醒来,明天就发!好嘢!现在哪位朋友为我们唱只幸福的歌,让我们跟着他的歌声转好运?"

听众热烈鼓掌欢呼:"好嘢!"

穗红从后座站起,从容地:"我给大家唱支歌!"

众又欢呼:"好嘢!""欢迎!"

掌声中,穗红走上台,接过话筒,向听众深深一躬:"谢谢大家捧场,我的歌是《把心献给你!》。"说时将卡带交给主持人。

卡带放入播放机。

众鼓掌,音乐起。

穗红唱道:

《把心献给你》(王静珠词)

琴声起,鼓声急,

我在人前唱秘密。

女人街,人挤挤,

有谁能合我心意?

心悬悬,

难如意,

空焦急,

无情趣，
纵然有万贯家财，
心房里一贫如洗，
枉负了如韶年华，
难补这满腹空灵。
只盼那二十八男儿，
快做我终身伴侣，
风雨中共图大业，
莫迟疑，我已把心献给你！

穗红的歌，如雷似火，滚落进伟雄干枯的心底，他睁着迷离的眼，望着台上被五彩光环笼罩着的穗红，恰似人间天上。

穗红唱时，白燕不知几时已坐到伟雄的身后，她妒火中烧，望着伟雄，望着台上。

穗红唱罢，白燕像风一般飘到台上，从穗红手里直接接过话筒，全然不理又惊又喜的穗红。她把话筒靠近嘴边，压住台下对穗红的欢呼，她说道："诸位！那位先生为大家唱的是'二十八还不发'，这位小姐又为大家唱了'把心献给他'，现在我呢，我已没有心好献了，也没有命好发了，我就唱一支大家熟悉的中国摇滚劲歌《搏！搏！！搏！！！》。"

听众一听歌名，一齐狂叫："好嘢！"

巨大的音箱，颤抖起来，如雷似吼，撼人心魄，整个大厅轰鸣着，听者无数站起。

白燕以近似嘶喊般唱道：

《搏！搏！！搏！！！》（王静珠词）

莫苦恼，
男儿莫苦恼，
莫寂寞，
女儿莫寂寞，
人生纵有万千愁，
不如奋力搏一搏！
搏一搏，
天上没有神鬼佛，
命运靠自我！

靠自我，

搏一搏，

搏个好男人，

搏个好生活，

搏个万字头，

搏个好快乐。

搏！！！

白燕狂歌，气势如虹，听众如醉如痴，尽情涌到台前，击掌迎和，高潮频起。

人群后的伟雄坐立不安，踱出厅来。

穗红随之跟出。

白燕早已看在眼里，只是被狂热者缠住不得脱身。

66. 夜　花园

穗红追上了伟雄，与之并行。

穗红深情地："我找你好久了……"

伟雄："我不该是你找的人！"

穗红："明天中午，我在中国大酒店举行酒会，庆祝我的公司成立，你一定出席！"

伟雄："我是上不了席的人！"

穗红："不，我需要你！！"

歌厅散场，白燕随人群挤出。

白燕喊着："阿雄！"跑到伟雄身边，一把挽住伟雄的左臂，这时穗红才猛悟，紧紧抱住伟雄的右臂，唯恐他会丢失一样。

白燕热烈地："阿雄！别灰心！我想了，人一辈子难得买了个教训，有了这个教训，也够吃一辈子了！人不能没钱，可也不能叫钱绑住！现在咱俩都是光棍一条，白纸一张，走啦，重新起步从头再画啦！"

穗红急切地："阿雄！我已经给你铺好了路，前边已是康庄大道！"

白燕："路还是自己走出来的踏实！"

伟雄："现在看到了，你们两个都是咱女人街的女强人，更是左右为难了！"

白燕："那还是我强，别看她当了董事长、总经理，不如我先下手为强！"说时跳起来在伟雄的脸上亲了一下。穗红欲亲不敢。

歌声起：

《女人街》（王静珠词）

女人街，

女人的世界。

女人的心像迷宫，

女人的爱似烈火，

女人的手，

勾画了七彩人生；

女人的拼搏，

扰乱了男人的世界。

啊！

迷人的女人街，

淹没了男人的女人街。

67．日　女人街

（歌声中——尾声）

熙熙攘攘的女人街，花枝招展的女人人流，迎风飘动的婚纱，高雅华美的时装套裙，琳琅满目的耳环、项链，条条坠挂的新潮腰带。

阿坤在店前被坤妻拖了进去，从内抬出一金字招牌，上书"乾坤皮鞋店"，挂到了"雄燕时装店"的位置上。

"凯莎琳时装店"换上了"新时代服装公司分销店"的招牌。

一个烧鹅档里，白燕在卖鹅。

一个单车铺里，伟雄在帮人修车。

一个现代化的商场里，挂着"新时代服装公司"的招牌。

丽英、阿美、小华、阿萍、巧珍、小莲用世界上最新的售货方式在迎接顾客。

西服革履的光仔成了众女售货员的领班。

穗红身着经理的服饰在巡视。

欢腾的商场，欢腾的女人街。

剧终。

一九八九年春节
珠影

三、导演心得

探索纪实性与戏剧性结合的艺术风格——《女人街》构想

张良

1984年我拍了故事片《雅马哈鱼档》，表现在改革开放初期广州的一批待业青年是怎样走上个体户道路，去探索新的人生，并从这一侧面去反映广州个体经济发展的初级状况。

《雅》片完成后这五年中，我一直追踪着个体青年们的脚步，注视着广东个体经济的新发展，逐渐萌发出为广东个体经济的发展创作电影"三部曲"的构想。《雅》片写的是处于"起步阶段"的个体青年们的生活追求。如今，广州个体经济发展十分迅猛，早已度过了艰难的起步阶段，正处于上升的"腾飞时期"，应该有一部《雅》片的姐妹篇来反映这个时期的个体青年的新的理想追求。恰在此时，1988年初，广东作家洪三泰在《当代文坛》杂志上发表了著名的报告文学《中国高第街》。在这篇文章中，他概述了广州个体经济发展的新面貌和对社会经济发展的推动作用，并生动地描述了发生在广州著名的商业街——高第街中个体青年们的新人、新事、新形象，这引起我很大兴趣。洪的观点同我创作"三部曲"的构想不谋而合。于是我邀请洪三泰与我合作，共同创作这第二部曲——《女人街》。

（一）关于人物塑造

欧阳穗红是我们在影片中着力刻画的带有新时代特征、从个体经济中脱颖而出的新的私人企业家形象。

本片的主题是写处于商品经济繁荣发展的新时期，个体青年们是怎样在商品竞争、信息竞争、人才竞争、智慧竞争中展示才干，从而歌颂拼搏精神和勇于攀登新征途的勇气。欧阳穗红正是体现这一思想的代表人物。我们想把她塑造成为一个年轻、智慧、勇于开拓进取的女强人形象。但她不是那种张牙舞爪、性格泼辣的女人，更不是人们意念中那种性格外向的女强人。我们希望她是个外柔内刚的女人，是个有远大理想抱负的女人。她资本雄厚、经营有方、才思敏捷、作风正派；她平易近人，待雇员和气，走着一条踏踏实实的创业道路。但我们绝不拔高她的形象，更不说教，而是力求从事业上和爱情生活上刻画她强与弱的两面，使她的形象生动可爱。在她的身上我们也想反映当前女强人中较普遍存在的一个新问题，即自己强了以后，难以找到合适的配偶对象。不是她不可爱，不是一些男青年不敢爱，因为经济地位悬殊，一些男人不甘屈于依附地位，从而使这些女强人处于十分尴尬的境地。

　　与欧阳穗红相对照，我们又重笔塑造了性格外向、敢想敢为、勇于与强者争雄的强女白燕的形象。这一形象在现实生活中是很有代表性的。她们匪起步晚，经济实力不强，仍处于奋争的第二阶段。但她们求胜心切，不畏强手，敢于竞争，渴望为自己搏个美满的幸福生活，为达目的可以不惜代价、不择手段，甚至不顾法律。这批人的文化素质不很高，没有欧阳穗红那样的商品竞争经验和文化修养。她们的人生观很实际，可以简单地概括为：赚钱、买楼、结婚、生小孩、过好日子。这就是她们的生活动力。我们正是让白燕成为这种人的代表人物。为了让这个人物鲜明可爱，我们通过很多细节去刻画她的竞争心态。如抢信息，赶制婚纱，派好友"卧底"，刺探情报，抢夺资源，抬高物价，甚至出售冒牌货，为了争强，为了发财而不择手段。又写她为了与欧阳穗红争夺贺伟雄而不惜代价，先下手为强，与贺伟雄睡觉。这也是写她强与弱的两面。白燕不是以往概念中的被批判人物，她那实实在在的人生追求，不必人为地拔高，因为这有现实代表性。她的可爱之处

◎　张良、王静珠在电影《女人街》拍摄现场

是敢于在竞争的激流中拼搏，失败了不泄气，既不信天，也不信地，只信自己救自己。所以，她能接受教训，敢于重新奋起。我们正是通过这一形象，歌颂了竞争意识和拼搏精神。她不是完人，但她是个活生生、实实在在的人，因而更有现实意义。关于《女人街》里的两个男人形象，贺伟雄是两个强女争夺的对象，但他本身不是强男形象。他之所以深得两个女人的欢心，是因为他年轻、潇洒、幽默、善良而有智慧。他在欧阳的眼里是块总经理的材料，可以辅佐她在事业上飞黄腾达。而在白燕的眼里他却是个能放心、信得过、贤惠的好丈夫形象。他左右为难，无从选择是因为自己深爱的仍是欧阳，只是她的条件太好，经济实力太高，使他望而生畏，不敢高攀，也不愿依附于她。他很喜欢白燕的豪爽性格，但又畏惧她火一般的热恋感情，怕她的咄咄逼人、敢作敢为，可又离不了她，无可奈何。我们很想把他塑造成外柔内刚的男人形象，刻画他在强女争夺、压力下的那种进退两难、左右逢迎的矛盾心态。他不愿失去男人的自尊而依附于富女的膝下，他想靠自己的努力赶上欧阳；他不像白燕为了争强可以不择手段，但为了与欧阳的经济实力拉平，他也肯冒险干违法生意。当他犯了事，失败了，失去了男人的自尊后，他又一蹶不振，不像白燕那样敢于接受教训勇于奋起。他很像广东目前的一些年轻人看重迷信命运，把个人前途、幸福、命运都依托在神佛的保佑上。但神佛并没有给他带来好运，使他深感失落而不能自拔。这一形象在目前广东的年轻人中还是有代表性的，这是"文革"以后出现的信仰危机带来的一种畸形现象。鞋店老板阿坤是《女人街》中另一个男人形象。写这一形象的目的，一是为了进一步阐明女人街的阴盛阳衰，女人强盛带来男人位置的转移，当然不是压服，而是心甘情愿。另一目的是写商品竞争的激烈性和残酷性。商品社会的竞争绝不是"和风细雨""温良恭俭让"，只要被卷入商品竞争的激流，无论是经济实力雄厚的国营、集体企业，还是财力单薄的私人企业，都难以避免在竞争中发生意外。只是阿坤等人不懂得国有企业也会失利亏损，更没想到他们的大经理也会为了摆脱危机而嫁祸于人。这一笔是从现实生活中得来的，很真实，很生动，反映到影片中来，是为了让生活中更多的阿坤们警惕。第三个目的是为了有意打散戏剧化的编剧结构，扩大女人街的信息量和生活层面。我们在影片中还塑造了三个外地来女人街学艺打工的女青年和欧阳父亲等形象，也只是为了多一点时代特点，多几个侧面，多一点信息，多一点生活色彩，多一点情趣，使影片所反映的生活更立体、真实、好看。

（二）关于《女人街》的这条街

文学创作之初，我和洪三泰曾想过要写广州的高第街。但是搞来搞去跳不出这个圈子，也很容易被真人真事局限。后来才决定不写高第街，而把广州的诸多商业街合而为一，浓缩为现在的"女人街"。广州现在的特点是男人采购，女人经销。做生意的绝招是通过一切手段把顾客吸引来，想方设法让他买你的货。于是便产生对顾客的竞争，与此同时产生对商品的品种、质量的竞争，信誉竞争，信息竞争，人才智慧的竞争。以至于商店的场地、条件、服务质量等等都可能成为商业成败的关键。当然竞争中对顾客最有吸引力的，一是货物的品种质量，一是善于应酬的服务质量。所以女人——年轻的女人便成了当前经商的主要实力。因此，我们便创造了一条以女人为主经营并以专卖女人用品著称的商业街——女人街。

这条街是80年代末的产物，应带有鲜明的商品竞争特征，而不同于《雅马哈鱼档》里的龙珠街菜市场。这是一条现代的、繁华的、门面装潢一流的、独具岭南特色的、货物丰富、质量高档的个体商业街。因此我们要求美工造型必须突出以上特点，让这条街成为新时代的象征。

因为全片有166个镜头集中在女人街，重场戏又都在门面相对的"凯莎琳时装店""雄燕时装店"内展开，因此不可能利用广州的商业街实地拍摄。那里的营业额很高，顾客流量极大，不允许停业拍片。也曾想过在电影厂搭出一条街，可是这条街的造价之高不可想象，我们的八十万元成本不可能搭出这条街。最后想出了以广州教育路新兴的一侧高档时装店为主，在它的对面再搭出半面街，以构成片中的女人街的搭景方案。当然还应感谢现实生活中"凯莎琳时装店"的几位老板，他们慷慨应允以他们的店做剧中女主角欧阳穗红的时装店，并且不要我们任何报酬。为感谢他们的支持，我们把影片中原欧阳穗红时装店就改成"凯莎琳时装店"，作为对他们的补偿。

（三）关于选用新演员和非职业演员

以前拍片我多次使用非职员演员，引起不少争议。这一次我又大量启用了新演员和非职业演员。

我用演员绝没有重非职业演员而轻专业演员的偏激观点，这完全是看影片内容和风格样式的需要。表演难度高的如《逃港者》和《破烂王》，我都是请的知名度很高的大演员，而对富有地域特色的《雅马哈鱼档》才选用了非职业演员。我很注意追求影片的真实性和地方特色，更注意对演员气质的选择。我一直认为，演员选得准确与否关系到影片的一半成败。选对了会为影片增色，选错了则使影片减色。《女人街》是广东题材，是《雅》片的姐妹篇，所以演员就要有地地道道的广东味，以便突出地方特色。这个特殊的广东味是有些专业演员所不具备的。他们可能很会演戏，可是没有这地方味儿。但又不是每一个广东人都能成为演员，都能演出这"味"。所以要慎重挑选，一经选中还需给以必要的培训。这一次，我们化了很大力气，从若干候选人中，经过排戏、试镜头，才最后选中了男女主角。饰演欧阳穗红的陈玲是个专业时装模特，从没演过戏；饰演白燕的茅海童是个舞蹈演员，也没上过镜头，连电视剧也没拍过，只有饰演贺伟雄的黄平山，曾在《雅马哈鱼档》中客串过发型屋的靓仔，也是个非职业演员，如今是中国大酒店的职员。至于其他配角，两家时装店里的六个女售货员，全部是第一次接触演戏，根本谈不上表演经验。我之所以选中他们就因为符合剧中人物需要，都有点特殊的地方味儿。但只有味而不会演戏也是不行的，真要如此，我也绝不敢用。关键是他们本人还应具备做演员的素质，如聪明、机灵、胆大不怯场，能按导演的启发去做，做起来认真严肃。他们均具备以上条件，均有较好的可塑性，这才能把他们塑造成理想的剧中人物。我敢使用非职业演员是因为我本人是演员出身的导演，拍起戏能与演员感情相通，我有办法让他们理解我的意图，并能按我的要求去做。能选中他们，说明他们很聪明，绝不是搬不动的木头。那么只要启发得当，引导得好，她们都可以很快适应。常言道熟能生巧，天天给她们说戏、拍戏，天天让她们生活在一个艺术创作的氛围中，终会有"巧"的时候。只要她们摆脱了恐惧、拘谨，适应了环境，慢慢进到剧情中，理解了人物，并很快地按剧中人物要求自己，这时不用我逼，她们已然跃跃欲试了。当然，给这些非职业演员拍戏是要花力气的，好像在育苗，一棵棵地浇水、施肥，不能图省事，更不能急躁发脾气，要顺其自然，促其成熟。

（四）关于我所追求的艺术风格

新时期十年里，到目前为止我只导演了六部故事片、一部九集电视连续剧。我孜孜以求的，就是想探索实现纪实性和戏剧性相结合的艺术风格。

我很喜欢纪实美学主张的一些观点，如主题多义，题材的日常性，人物要有杂色，环境要有生气，最大限度地接近生活，走上街头利用实景拍摄，运用景深镜头、长镜头，运用自然音响，运用自然光效，起用非职业演员，等等。但我很不喜欢纪实美学提出的淡化主题、淡化情节、淡化性格的观点。我又很喜欢传统美学主张的要有鲜明的主题，富有戏剧性的情节结构，要有生动的人物性格，要有人们喜闻乐见的艺术形式。但我又不喜欢传统美学推崇的封闭的戏剧化的程式结构。因此，这些年我探索着把我喜欢的纪实美学和传统美学的部分观点结合到一起，搞几部纪实性和戏剧性相结合的影片，以追求更生活、更真实、人们更喜闻乐见的那种雅俗共赏的艺术形式。这种追求从《雅马哈鱼档》开始，《破烂王》《女人街》都是这一追求的继续。我很希望自己的影片有较好的教育性，但不是板着面孔说教。我很希望有较雅的艺术性，但不是高深哲理式的思考。我也希望有较强的娱乐性，但绝不是低级的俗文艺。我喜欢轻松愉快、诙谐、幽默，给人以健康的情趣。我希望自己的影片贴近现实，富有时代特点，能真实地反映生活、反映新人物。我追求影片的地方特色，追求富有艺术魅力的异乡情趣。这一切便是《女人街》艺术特色的总体追求。

（五）失误与教训

尽管创作之初，我们已经到生活中进行了社会调查及人物采访，但仍没抓准新时期涌现的私人企业家的脉搏。因此塑造欧阳穗红这一人物仍嫌单薄、无力，没能生动地刻画这一人物的才智和开拓精神，过于拘谨，不像写白燕那么放得开。本来可以多些笔墨写写她的心态、性格、与贺伟雄之间的关系，但都省略了，由此显得不够丰满、立体。

贺伟雄尽管不必处理成强男形象，但应有几笔刻画他的智慧与才干。如今笔墨不够，使二女的争夺缺乏依据。

影片的风格，本想处理成幽默的轻喜剧风格，但有些台词写得不好，没能体现出来；有的戏没拍出来，也造成遗漏。尤其是欧阳穗红和贺伟雄在一起的戏，太像正剧，使全片的风格不统一。

有些戏本可以挖得再深些，拍得再好看些，因成本低，拍摄周期紧，没有达到预想的结果。我们是用36个拍摄日拍成这部戏的，从积极的意义上说是缩短了周期，压缩了成本，从消极方面讲则是造成了丢戏。

《特区打工妹》

一、电影简介

电影名称：《特区打工妹》

摄制单位：珠江电影制片公司

公映时间：1990年

电影类型：彩色遮幅式故事片

导　　演：张良

编　　剧：王静珠、张良

获奖情况：本片被列为向建党七十周年献礼片；于1991年获广播电影电视部1989—1990年优秀影片奖；获1992年广东省第四届鲁迅文艺奖；获1991年第三届哈尔滨冰雪电影节铜杯奖。

二、电影文学剧本

1. 边远贫困山区小学校

坐落在群山之中的山村小学校，屋脊上的高音喇叭正在广播："各村注意了！公布一个好消息，特区经济开发区为了'劳务扶贫'，到我县招工，凡年满十八岁，具备初中以上文化水平的待业女青年（注意！只招女青年），均可前往村小学校报名，经考试合格者方可录取！……"

学校的操场上，已聚集几十名女青年，许多人是在爷爷、奶奶全家老少陪同下来的。报名尚未开始，所以还乱糟糟一片。

2. 山村小街

一位村干部敲着锣，沿村街的石板路走来，他边敲边喊："待业女青年们，快去小学校报名，这可是脱贫致富的好机会，机不可失，时不再来！"

刚刚十七岁的胖女阿桂和小巧玲珑的娟娟从街心跑来，娟娟跑几步就要回头催一下落在后面的阿桂："你跑快点啦，去晚了就报不上名了！"

◎ 电影《特区打工妹》海报

村干部挡住两人:"你们去赶什么热闹?人家是招十八岁的,你们才十几?!"

阿桂:"我这么胖,不是十八还能十几?"她们绕过干部嘻嘻哈哈跑下村街,她边跑边叮嘱娟娟:"千万说十八,别说十七!"

3. 山林间小路

刚满十八岁的少女李婷妹和谢彩云,挑着沉重的两大捆干柴,从山间的羊肠小路走下山来。

二十二岁的农村青年李四喜,气喘吁吁地从山下迎上山去,他望见了她们的身影,就兴奋地喊起来:"彩云!婷妹!快!我已经替你们报了名。"

他跑近二人身边,亲热地:"听说这次要在全县招两百多女工,报名的已经超过两千人了。"他边说边接过彩云肩上的柴担。

婷妹玩笑地:"这可真是,光知道她累,这也太偏心了吧?"

彩云笑:"你急什么?!想帮你挑柴的人,说不定在特区排队等你哪。"

她们嘻嘻哈哈走下山来。

婷妹:"四喜哥!你真舍得让彩云姐一个人到特区打工啊?你就不怕她飞了?"

彩云回头:"烂嘴婷妹!你才想飞呢!"

四喜憨笑:"婷妹,不瞒你们,我也报了名,这穷山沟有啥好守的,我想和你们一起飞,也到大城市闯闯、见见世面。"

婷妹:"咦?!人家不是光要女的吗?"

四喜:"说是这样。他能一个男的也不要?我高中毕业,好歹也算半个文化人!嘿嘿!碰碰运气吧!"

他们嬉笑着加快了脚步。

4. 赵春花家

这是一个破旧的山村农家,年久失修的堂屋里坐着四十岁左右的赵春花父母,他们黄黄瘦瘦的显得有气无力。

十八岁的赵春花朴实、清秀,身材苗条可爱,这时她背着两岁的弟弟,领着四岁的妹妹,旁边还站着十四岁的二妹夏花和八岁的三妹秋花,正依在堂屋的门边听父母讲话。

父亲:"春花!我想好了,你就去吧。弟弟妹妹们还小,得靠你挣点钱供他们上学,也得靠你挣点钱给你妈买药!"

夏花嘟着嘴说："应该叫姐姐留在家照顾你们让我去做工啦，我也能挣钱养你们！"

春花："夏花！你才十四，人家会要你？！等姐打三年工干不动了，你去替我。好吗？！"

夏花不服地："干三年怎么就会干不动？我有辈子等了！"

父亲："别争了！姐姐能去打工，这也是机会，你先在家替你姐姐背两年弟弟。你妈的身体全叫你们这一群拖累坏的！"

夏花顶撞："谁要你们生这么多？！"

这时二十岁的青年曹水根满头大汗跑进来，进门就像连珠炮似的："叔！阿婶！听说春花要去特区打工？我妈叫我来问，年底办婚事可怎么办？！"

父："春花，你先进去收拾几件衣服。"

春花看了一眼水根就领了妹妹们进了内屋。

父："水根！你坐！你看我这家，那一样能做她的嫁妆？就让她去给自己挣几件好嫁妆吧！"

水根："我妈是怕……我妈说城里的坏人多。"

父："别人坏，只要自己不坏。我家春花心眼好，从小看大。这样吧，年底让她回来成亲。要是你愿意，结了婚让她再去！"

水根："那，也行！"

5．小学校教室

黑板前的讲桌成了临时报名处。

二十五岁的许莲是某电子厂办公室主任，她和特区某区的经济开发公司经理高志远，共同负责这次招工。

报名的男女青年连同他们的亲属，已经把教室内外围得水泄不通，拼命往前涌。

几位村干部在讲台前维持秩序。村长喊着："别挤！报了名的一个个上来见工，见工就是请特区来的两位领导先看看。"

许莲问眼前的几个姑娘："你们谁先来？"

姑娘们傻笑着你推我，我推你，不敢上前。

高经理："姑娘们，你们把头都抬起来，让招工的同志看看你们的脸！"

他这一说，吓得姑娘们笑着背过了脸。

李四喜趁机把彩云、婷妹推到桌前，他喊："我们不怕看，先看我们吧！"

　　许莲欣赏地："你们两个几岁？叫什么名字？什么学校毕业？"

　　婷妹大方地："她叫谢彩云，十八岁，初中毕业！"

　　许莲："你呢？"

　　婷妹："我叫李婷妹，也十八岁，高中差一年没念完。"

　　李四喜主动地："我叫李四喜，二十二岁，高中毕业，我学过开拖拉机，我懂技术……"

　　高志远："哎小同志，这次不招男工，你先别自我介绍了！"

　　众哄笑起来。

　　许莲向婷妹二人："你们把手伸给我看看。"

　　二人把手伸到许莲面前，许莲拉过手看。

　　李四喜也把手伸过去："看看我的手，真正是劳动人民的手！"

　　这时娟娟和阿桂拼命挤上前，也伸出手："看看我们的手，我们的手比脸还好看！"

　　她这一说，所有的女孩子都来了勇气，都把手举起来，在近处的就直伸到许莲的眼前。

　　这一双双少女的手有白，有黑，有粗，有嫩，有的十指尖尖，有的短短胖胖，几十双手也煞是好看。

　　一位母亲，因身边的儿子不能报名而不满地喊："你们这是招的什么工？又看脸，又看手，是给皇帝选妃子吧？！"

　　站在门口的一个男青年气愤地："只招女的，不招男的，你们安的是什么心？！"

　　众男青年齐喊："对！你们要说清楚！"

6. 田杏子的家

　　田杏子的一家人，爷爷、奶奶、爸爸、妈妈、哥哥、嫂子，弟弟妹妹侄儿们，全聚在堂屋里围着杏子。

　　杏子的爷爷猛地一拍方桌吼道："不去！坚决不去！再穷也不能把孩子往火坑里送！你！（他指杏子的大哥）还听到什么，都说说！"

　　大哥（典型的山村庄稼人）也激动地："那说法多了，有人说招女工是为了给越南打仗的伤兵配对，有的说是为了卖到香港的勾栏什么院……"

早已不耐烦的杏子杏眼圆睁，冲着大家大声吼起来："勾你的鬼！造谣！人家特区是招的电子工人！"

母亲一听更急了："哎呀，还要过电，那更不能去！"

杏子："妈！你懂不懂啊？！是搞电子，不是过电，电子就是一种电子元件，是……咳！说了你们也不懂。人家是为了国家现代化建设，是帮咱山区'劳务扶贫'。"

大哥："什么叫劳而不贫？"

杏子："是劳务扶贫，是帮助我们富起来！"

奶奶上前："杏子！听话！山里的姑娘跑那么远打什么工？！留在奶奶跟前，等奶奶给你找个好婆家……将来像你奶奶这样守着儿女……"

杏子尖声嘶喊着："我不要！反正你们都听着！我的脾气你们也不是不知道，你们就别想让我留在家，就别想让我当什么山区的婆娘！你们让去我也去，不让去我也去！谁拦我、我就死给你们看！"

她转着圈向身边的每一个人吼，吼得全家人张口结舌，目瞪口呆！

7．县城广场

广场上停了五部大客车，全县招来的二百多女工今天要从这里起程。

为二百女工送行的人是她们三四倍，有的是全家人送的，有的是未婚夫送未婚妻。这一堆堆、一簇簇，有的哭，有的笑，说不完的话，流不完的泪。

一些男青年站在车棚上帮着捆行李。

李四喜兴高采烈地陪着彩云、婷妹从人群里走了过来，他们手上提着行李袋。

婷妹边走边说："四喜哥！你真和人家说好了？"

四喜："小点声！这还有假，我昨天整整缠了他们一下午才答应我，就收我一个，还不准跟别人说，怕别的男青年都吵着要去！"

婷妹："彩云姐！你可真有福气呀！"

彩云只是得意地笑、不说话。

胖女阿桂和娟娟背着行李兴冲冲边跑边喊："杏子姐！等等我！"

杏子背着行李停下。

阿桂："怎么你一个人？家里没人来送？"

杏子激动地："我是吵了架跑出来的，谁还送？！哎？！你们家里人呢？"

娟娟指:"都在车旁等我!"

杏子:"走吧!快上车了!"

人群里走来十九岁的长得修长的腼腆姑娘金凤,爷爷替她扛行李。

金凤:"爷爷!您别送了,到了,您回去吧!"

爷爷:"不!我得看你上车!凤啊!到了那里要好好干活,少说话,发了工钱马上寄回来,爷爷有用!"

金凤:"记住了,您回去吧!"

爷爷:"你要是不习惯,就自己买票回来,我给你缝了买票的钱,可得注意!"

金凤拍拍衣襟:"在这,丢不了!爷爷您老回去吧,我怕看见您哭,您要哭,我就……"竟先呜呜地哭起来。

守在汽车旁边的赵春花一家人个个泪眼相望,夏花代替姐姐背着弟弟,秋花拉着冬花围着春花。父亲、母亲站在春花对面。

春花含泪对妹妹们说:"夏花、秋花,你们也不小了,爸、妈身体不好,你们就替我多照顾了!"说到这竟泣不成声。

妈说:"春花!你这是第一次离家,没有妈照顾你,你可要自己当心冷热呀!……"

夏花、秋花、冬花喊了声:"姐姐!"就扑到她怀里哭起来,仿佛是生离死别!

一位县干部登上了大客车的台阶,他提着手提话筒喊:"现在按划分好的汽车,上车吧。"

突然锣鼓大作,一队醒狮跳了过来。

姑娘们纷纷登车,车上车下呼天喊地。

醒狮从一个车舞向另一车,频频向姑娘们点头送行。

水根提了一串红辣椒跑着送到车上给春花。

许莲、高志远分别坐上两部车的车头座。

县干部下令:"开车!"

立刻五部车一齐按响喇叭,同时启动。忽然车上阿桂尖声哭喊:"妈!"这一喊勾起离乡情怀,全车的人"哇"的一声大哭起来,哭声惊天动地,让人心碎!

车下,送行的人哭喊着女孩的名字在追奔。

沙尘渐渐淹没了送行的人群。

远远望去，五辆车消失在沙尘之中。

8. 山间的公路

山间的公路上，行驶着的五部大客车拖着一条长长的尘带。

9. 客车车厢内

长途跋涉的姑娘们，有的扶住椅背上，让长发蒙住了自己的脸，不知道她们还在哭，还是在想那破旧的家，有的还没擦净脸上的泪痕，痴痴地呆坐，两眼发直，不哭不笑，不知道前途等待她们的是什么命运。

10. 火车车厢

火车车厢内，她们痴痴呆坐。（叠印）这里边有我们已经认识了的温柔的婷妹、豪爽的杏子、美丽纯朴的春花、多情的彩云、一直寡言的金凤、单纯的胖女阿桂、小巧可爱的娟娟，还有唯一的男性憨厚的李四喜。

今天，不管她们的容颜，性格差别有多大，面对渺茫的前途，未卜的吉凶祸福，她们犹如一群刚断奶的孩子，一个个失魂落魄，平日最爱说笑的人，此时脸上也绝无一丝笑意，只是痴痴呆呆望着车窗外，她们多数人生平第一次坐火车。

11. 列车在山区行驶

12. 列车驶向一座新兴的现代化城市

13. 列车车厢

李四喜突然精神大振，他快速地从左边的车窗前跳到右边的车窗，激动地向全车厢的姑娘喊："快看！到了，特区！"

众姑娘闻声一齐向两边的车窗上拥去。

14. 列车车厢

从窗外看列车，那一方方玻璃窗上贴着一张张纯情的惊喜的女孩子们的脸。

15. 特区新城

从列车车厢朝外看，新城乳白色的幢幢高楼，和那巨大的广告牌，从姑娘们的眼前缓缓划过，正是这神奇的迷人的新城，激起中国大陆百万人的移民热。

16. 特区新城的繁华大街

从大客车上往外看，那矗入云天的高楼在旋转，那高楼上的巨大玻璃墙在太阳光下，发出耀眼的光芒，那临街的摆满了货物的商店，琳琅满目，那打扮得新潮的女郎从窗外匆匆掠过。

17. 豪华大客车

从外看客车的玻璃窗，车窗上依然贴着密密麻麻的可爱的小脸，她们那闪闪发光的眼神看到了一个崭新的世界。

18. 客车车厢内

姑娘们的脸忽然从车窗前移开了，她们有些惊慌失措的东张西望……

窗外已不是那迷人的新城，而是连绵的荒山秃岭。

她们突然骚动不安起来。

杏子大叫："有没有搞错？你们是想把我们往哪儿带？！"

许莲从前座上回过头，笑说："姑娘们，不要慌，昨天不是对你们说了吗，我们的工厂是设在新开发的工业区内，在那里已经有好几万像你们这样的小姐妹了，我相信你们也会喜欢那里的！"

姑娘们坐回原位。

脸上又来了那茫然无望的表情。

19. 飞鹏电子厂厂区

电子厂办公楼前的广场上挂起了欢迎新女工的横幅标语，从四层楼上垂下来的两串鞭炮已经点燃，噼噼啪啪，烟花弥漫。

新来的二百名女工们仍穿着朴素的农家衣，列队站在广场当中，四周是衣着华丽的老女工。新女工的正面是一排电子厂的领导人，其中有电子厂的港方董事长江先生，有中方的厂长李宏，有港方的工程师江浩和港方的业务女总管方芳，还有经济开发公司的经理高志远。

当鞭炮的最后一响炸完，江董事长喜气洋洋地走到麦克风前，他风趣、诙谐地说："女士们！先生们！小姐们！我们飞鹏电子有限公司在庆祝。"，仿佛是要用她的威严震慑住她们。

她语言锋利地说："刚才，我已经解释了奖励方面的条款，现在我讲讲处罚条例，也许对你们这些农村妹更有用处。注意！翻到第9页，第6项，第2款：处罚，凡违反本公司之各项规章制度，将视其情节轻重分别给予警告、罚款、停工、解雇等处分！……"

她加重了语气。

姑娘们犹如一群刚离开娘的孩子，战兢兢地望着面前这凶得像军营教官似的港姐。

20. 电子厂收录机生产线

这是专为出口而加工生产的收录机装配线，从第一道工序"元件插板"

开始，经过"浸锡"、"手焊"、"调试"、"装配"（组装），直至"成品包装"而完成生产过程。

新来的女工大部分被分配在第一道工序，"元件插板"的流水线上。姑娘们坐成一排，每人面前有十几个小方盆，盆内是不同品种的电子元件，她们要按标号要求把这些元件准确地擂到齿孔中去，流水作业，直到插板密密麻麻插满为止。彼此的程序不同，谁也不能偷懒。大工业把已经散漫惯的农村女孩子们拴在一条生产线上，集体行动。机械化、现代化的严格要求，像原子反应堆里的原子撞击将迫使她们不断地产生裂变……

流水线上，娟娟、阿桂、彩云、金凤、春花、杏子、婷妹、四喜坐成一排。他们的身后站着二十五六岁的老工人江丽云和胡桂枝。她们的任务是生产指导。稍远处站着统管全车间生产的总监方芳小姐。

方芳威严地喊着："现在按着图纸标号的要求，插！第一要准确，第二要快速！"

姑娘们睁大了两眼，寻找原件，寻找齿孔。

春花紧张地把一只元件插进齿孔，身后立刻传来："错了！应该插到那里！"

春花哆哆嗦嗦地拔出来，又插到另一处。

阿桂的脸上满是汗，她顾不得擦，她把圆圆的手伸到小方盆中，抓出一把十几粒元件。

身后的江丽云纠正她："不要抓那么多，只抓一粒，因为一次只能插一粒，每插一次就要换另一种型号的元件。"

阿桂放回一把元件，只取一粒，急速地插进孔去，身后立刻喊："错了！"她急冷冷一哆嗦，拔出来又插，又听喊："错了！"她又一哆嗦，拔出来不知该插向何处，他转回头才发现这后一声不是喊自己，而是在纠正娟娟，她这才重重地呼出一口气，擦去脸上的汗。

杏子和婷妹，心平气和，纹丝不乱；虽然速度还不快，但粒粒准确，令身后的胡桂枝刮目。

她们身旁的李四喜却其笨如牛，像阿桂一样脸上满是汗。他那又粗又硬的手指抓不住那小小的米粒般的元件，本不是累的活，可是他却重重地喘着粗气。

婷妹趁胡桂枝转过身，偷偷问四喜："你病了？"

四喜摇摇头，汗珠四溅。

婷妹："怎么会那么多汗？"

四喜："你们没有吗？"他十分惊异，重重地叹口气："这根本不是我们男人干的活！"

婷妹笑："谁叫你非跟我们来？！"

远处的方芳忽然大喊："那个男仔！你！站起来！"

李四喜四下张望，这条线上就自己一个男人，只得乖乖地站起。

彩云、婷妹紧张地不知发生了什么事。

方芳令胡桂枝："你把他带到'浸锡'组，让他去学浸锡。"

胡走到四喜身后："走吧。"四喜只得随之走去。

浸锡组，有三个男工。

胡将四喜带到这里对一青年说："你负责教他！"便转身走去。

四喜赶紧对每一个人点头，赔笑，连说："师傅！请多关照！"

21. 饭堂

流水一样的人群涌入饭堂，买饭的窗口队如长龙。

李四喜一人端了三份饭菜笑嘻嘻送到彩云、婷妹面前。

婷妹感激地："谢谢你，四喜哥！"

彩云扭扭捏捏说："以后不要你买，这么多人，叫人看了算啥！"

四喜："这怕什么，城里人就不兴有个相好的？又没公开我们是恋爱。"

彩云："越说越不像话。"

婷妹笑："就是恋爱又怕什么，城里人谈恋爱才厉害呢！封建！"

彩云嗔怒："再说！看我撕你的嘴。"

杏子端着饭，咋咋呼呼走近春花、金凤身边嚷："这饭菜太没劲了，简直是白水煮的，哎，你们谁带辣椒了，刺激刺激！"

阿桂闻声抬头："杏子姐，我带了，可在路上就吃光了！"

杏子："我也有，在家哪！这不是废话吗！"

大伙哄地笑了起来。

彩云忽然眼一亮，捅捅身边的婷妹："你看！那是谁？"

婷妹望去。

李宏厂长陪了一位二十四五岁的青年走进饭堂，这青年端庄，稳健，极有风度。他们走到买饭窗口也要了同样的饭菜，坐到人群里吃。他们身边的人都向他们招呼，有的喊"李厂长"，有的喊"江工"。

彩云问婷妹："这人好帅啊，认识吗？"

婷妹摇头。

四喜凑上前："那个岁数大的是中方厂长，姓李，那个年青的不认识。"

老女工江丽云在向杏子介绍："那位，是港方派来的工程师，抓技术的，叫江浩！"

杏子不屑地："香港仔呀，这么年轻！"

江丽云："哎！别看年轻，还是英国名牌大学高材生呢！"

她的介绍彩云也全听到了。

方芳在人群中喊："大家快点吃，午休只有一小时，动作快点！"

杏子又问江："这女人是干什么的，这么凶！"

江丽云："你小点声，别让她听见。她也是香港老板派来的，是车间总管，抓生产进度，抓纪律的。小心别犯到她手上。"

杏子从鼻子里"哼"了一声。

22. 车间装配线

姑娘们又端坐到流水线的位置上，又是睁大两眼在寻找插板上的插孔，小心翼翼地把元件插下去。

金凤埋着头，专心致志。

春花则显然有些迟钝，两手不太利落。

婷妹和杏子越来越熟练。

杏子得意地："这活没什么难嘛，连三岁孩子教教也能会！"

方芳大声训斥："谁在那说话？是不是想要罚款？！我再提醒大家一下纪律：工作时不准说话！不准交头接耳！"

杏子不满地瞪了方芳一眼。

阿桂忘了手中的元件该插的位置，她拿着元件，看看娟娟又看看彩云。

方芳又喊："坐直了！不准东张西望！"

阿桂吓得赶紧端坐平视。

彩云低声对金凤说："我想上厕所。"

金凤："那就去吧！"

彩云刚站起来，忽听方芳大喊："坐下！！不准擅离岗位！"

吓得赶紧坐下，脸渐渐由红转青。

浸锡组，李四喜戴着手套手里拿了块插板，他讨好地："师傅！这东西好科学啊！浸到锡水里，该挂锡的挂，不该挂的一点都不挂。"

年青师傅不屑地："废话！要是不该挂的都挂了锡，还不起火，短路？！"

四喜一愣："那是！那是！"他猛地把手中的插板浸到亮晶晶的锡水里，忽然铃声大作，吓得他赶紧把插板提起，惊慌四顾："怎么回事？！"

年青的师傅从容地摘下手套，大声地："下班！"

四喜长长呼出一口气。

23. 工厂区

震耳的铃声中，工人们从各个车间涌出厂房。

24. 制衣厂

亦在铃声中，制衣厂的女工涌出厂门。

25. 工业区大道

从各个工厂涌出的工人向工业大道汇聚。脱去了工装的制衣女工，恢复了女孩子本色，那各式各样的花裙，那不同形象的披肩长发，显示了这里是一个地地道道的"女儿国"。

骑单车的，步行的，铃声，笑声一片，她们拥塞了整条工业大道。然而"女儿国"里，春花、彩云、婷妹等女孩的农村装束已相形见绌，彩云总是惊奇羡慕地望着周围。

26. 铁皮屋宿舍区

显然是应急，临时搭建的简易铁皮屋，女工们向各个铁皮屋散去。

27. 铁皮屋宿舍

这是一间很大的铁皮屋，摆了近十张双架铁床，婷妹、杏子、春花、彩云、金凤、娟娟、阿桂以及老女工江丽云，胡桂枝全睡在这里，总共二十个人。

每张床上都有草席、蚊帐，各人按各自的情趣、爱好布置自己这块小小的领地。初来的女工还难脱乡土习惯，但过了一年半载就变成老工人了，她们的爱好也就慢慢变得越来越现代。这块小天地便是她们的成长编年史。

房间里二十张蚊帐一挂，犹如二十堵墙，密不透风，真是夏天如蒸笼，冬天如冰箱。

房间里没有桌子，只有脸盆、水桶等物。待到雨天，满屋里都挂着未干的衣服，仅有的一点过道也占满了。大家在湿衣服下穿行。

姑娘们像放羊一般拥进房间，阿桂第一个笨笨地爬到上铺，倒头便睡，闭眼就打呼。

她隔壁上铺的娟娟边找衣服边喊阿桂："你不洗澡了？阿桂！"

阿桂的胖脸被枕头挤扁了，全没听见。

娟娟跳下床："阿桂！你就脱了衣服好好睡！"便提起水桶跑出去。

彩云边脱衣服边嘟哝："这可真不是人干的活，一天坐十个小时简直把人当机器！"

婷妹："还受那女总管的气！"

春花："想不到比在家下地还累，下地再累也有喘气的时候啊，总没人老在你身后盯着吧？！"

杏子笑："这回尝到工业化的滋味了吧？！你在家那是散漫的小农经济，这叫机械化、现代化，懂吗？咱们都得慢慢适应。"

婷妹："都说特区好，怎么让咱们住这破房？高楼怎不让住？"

杏子："给资本家打工还能让你享福啊！你就瞧那香港女人的德行。（她模仿方芳的声音）不准交头接耳！不准东张西望！不准放屁！"

阿桂赶紧爬起问："还有这一条吗？"

全屋人哄堂大笑。

28．院内·水龙头提水处

一群姑娘在水龙头处等接水，四喜也在其中，他接了满满两桶水。

身边的姑娘喊："这是女工宿舍，你们男工到这接水干什么？以后别上这边来！"

彩云出门恰好听见这些话。

四喜提着水走来，他高兴地："彩云！累了吧？快去洗澡，早点睡觉吧！"

彩云不高兴地："你过来，我有话说！"便向墙角无人处走去，四喜跟来。

婷妹从房内出来看见地上的两只桶，但没人，正要喊，见彩云和四喜走了回来。

四喜低着头一句话没说就从婷妹身边走了过去。

婷妹和彩云提起桶往集体的淋浴室去。

婷妹见彩云也不说话，便问："怎么？四喜哥不高兴？"

彩云："我让他以后少来找我。"

婷妹："那为什么？你不喜欢他。"

彩云:"现在还谈不上喜欢不喜欢,打工就是打工,谁也说不清往后会怎样,何必这么早把自己拴在一棵树上。"

婷妹:"你俩好了这么久,你怎么能这样!……"

彩云不再说话,只顾走去。

29. 夜　宿舍区

整片宿舍区都黑了灯,只有几盏路灯在亮。

李宏陪着高志远和江浩走了过来。

江浩:"李厂长!这样的铁皮屋夏天一定很热吧!"

李宏:"就是!太阳晒了一天,晚上跟蒸笼一样,加上二十几顶蚊帐密不透风,女工们反应很大。"

高经理:"当初建厂房,我们建议董事长把宿舍统建起来,他说资金有困难,就先盖起了这样的简易住房,我们开发公司认为铁皮住房已经是个严重问题了,应该先把宿舍建起来,江先生是不是能在董事长面前做些工作。"

江浩点点头:"不考虑工人的切身利益,工人就很难有稳定的工作情绪。我一定在董事长面前做些努力。"

李宏:"现在宿舍内没有厕所,也没有冲凉房,这对女工更不方便。"

他们边说边向远处走去。

30. 黎明　宿舍区

东方暨白,宿舍区响起了起床的号声和音乐。间杂着宿舍内有人喊"起床"的叫声。

31. 女宿舍内

屋内清晰地听见了外面的号声和喊"起床"的声音,可是却没一个人下床。

阿桂依然是扁着脸在睡。

彩云睁开眼望着蚊帐顶出神。

娟娟翻了个身又呼呼睡去。

江丽云穿好衣服掀开蚊帐大喊:"都快起来吧,出工要

◎ 电影《特区打工妹》剧照

打卡的，迟到了要罚款！"

一听"打卡""罚款"，姑娘们这才一咕噜全爬起来，想不到阿桂竟第一个跳下床。

娟娟还在找衣服："阿桂！你是不是一夜都没脱衣服？"

阿桂在满地找鞋："脱了还能这么快？"她穿上鞋就跑了出去。

其他姑娘都在不声不响地穿衣、叠床，速度也很快。

32．晨　厕所

总共只有四个厕所，几十人在等排队，阿桂慌乱跑来便往前挤，嘴里不停地向大家道歉："对不起，我等不及了，让我先进吧！"

姑娘们一齐喊起来："哎！别插队！都急！不急到这干什么？！"

有人话里带刺："要急早点起床啊！"

阿桂欲哭："我真的不行了！"

33．晨　水龙头处

几十人挤在几个水龙头前接水，接了水的又挤不出重围。

春花、婷妹、杏子等有的在等水，有的在洗漱，有的十分潦草地用湿毛巾擦两下完事。

大家都匆匆忙忙，顾不上说话。

34．工厂区门前的打卡机

有四个打卡机立在四条通道口。

方芳像个门神立在打卡机旁监视着。

上班的女工像潮水般涌到打卡机旁，首先是找出自己的出工卡，然后到打卡机上打上时间，再放回原来的位置。

杏子、婷妹、金凤像小跑似的跑来，后面陆续跟来彩云、春花、娟娟，只有阿桂落在最后，她边跑边把最后一口馒头塞到嘴里。

江浩亦匆匆走来，他步履矫健、潇洒，当他越过女工群时总招来窥视，有胆大的便向他招呼："江先生！早晨！"

"江工，您好！"

江浩总是彬彬有礼地回答每一个人。

彩云回头看见了江浩，便有意放慢点脚步待江浩与自己平行时便主动搭话："您好！江工程师！"说时脸已绯红。

江浩转头："你好！"

彩云："您也这么早出工？"

江浩："大家一样嘛！你是刚来的吧？"

彩云："是！"

江浩："请问小姐尊姓大名。"

"我叫谢彩云！"

正在打卡的李四喜听见后面的对话，禁不住回头张望，身后立刻有人喊："快点啦！"

李四喜急忙把卡放回原处走了过去，刚刚越过方芳，就听方芳大喊："不许代人打卡！你过来！把你的卡片给我！"

四喜回头看，一位女工胆怯地上前交出出工卡。

方芳严厉地："违反厂规，按规定罚款，还要扣你们两个人的全勤奖，去吧！"

女工欲哭乞求："总管小姐，我错了，请原谅一次！下次不敢了！"

方芳："不惩罚就永远记不住这一次！"

杏子在打卡，目睹着这一女工的悲剧。

35. 车间

女工们全端坐在自己的岗位。

包装组，将已检验合格了的成品包装进塑料袋内，而后放入纸箱中用胶条封住。

检测组，从流水线上取下整机，首先是用布槌敲打，然后通过仪表检测。

装配组，从流水线上取下半成品，组装喇叭和机壳。

手焊组，在"浸锡"未到的部位，焊上各种导缘线。

浸锡组的李四喜等正把一张张插满元件的插板浸到几百度高温的锡水里。

李四喜转回头看看插件流水线。

插件的流水线上，婷妹、杏子在紧张、认真地插件，两只手已经很麻利了。

彩云也较以前有了速度，只是不时偷偷回头张望。

在流水线的不远处，工程师江浩正在同总管方芳小姐在谈话。方芳一改过去的刁蛮相，眼睛、嘴巴，各个部位都在笑，笑起来的方芳还是很甜，很美。而与她说话的江浩，仿佛是她的老友，亲切、随和，别有一番风度。

看痴了的彩云，流水线给她的面前积了一堆未插的插板，金凤猛地推了她一下才使她醒悟，慌忙把这一堆插板抱了下来。

把这一切看在眼里的四喜转回头，望着亮晶晶的锡水沉思。

36．饭堂

饭桌上，一排排的女工在紧张地吃饭。

杏子、婷妹、彩云、春花、金凤、娟娟、阿桂总爱坐在一起，她们埋头吃饭。

杏子用肘碰碰婷妹，向远处努努嘴。

婷妹抬头看去。

四喜一个人远远地躲在角落里默默地在吃。

婷妹又看看彩云，彩云白了婷妹一眼不说话。

这时方芳在人群中大喊："请大家注意：晚上继续加班，为了赶货出关，请大家多多包涵！"

全饭堂的人都"哇"地叫了一声。

春花不满地："妈呀！天天晚上加班，我的腰都直了！"

阿桂："我真的连饭都不想吃，只想好好睡一觉！"

彩云："天天晚上这么干，还给点个人时间不？！"

婷妹："你晚上又不谈恋爱，不加班还想干什么！"

彩云："要你多嘴？！人家谈不谈要你管？！"

金凤："多加点班也好，还可以多挣点加班费，单靠那点死工资太少了！"

娟娟同意地："金凤姐说得对，咱们打工还不是为了钱，不加班哪有那么多钱赚？！"

杏子笑："这是典型的欢迎剥削，岂不知人家老板正是利用加班，一举两得，一是可以少雇佣工人，少向政府交工缴费，二是一人当两个人使剥削工人的剩余价值。"

娟娟笑："管他剥削不剥削，反正挣得多就行。"

杏子哈哈大笑，不再说话。

远处的四喜偷偷向这边望了一眼。

37．车间

车间内灯光明亮如同白昼，所有的工序都在紧张的操作。

李厂长、江浩在各个岗位上巡视。

插件流水线上，困得连眼都睁不开的阿桂手里拿着元件在插板上瞎插。

◎ 电影《特区打工妹》剧照

娟娟在桌子底下用脚狠狠踢了她一下，低声说："醒醒！插错了罚款，开除！"

阿桂睁开眼，两眼充满血丝。可她又闭上了眼。

方芳大声喊："喂！不准睡觉！注意质量！"

阿桂努力想把眼睛睁大。

春花腰背酸疼，她扭动了几下，自语："啊！腰好酸啊！"

杏子也一样感觉，她用力把头向后仰想活动下脖子，她又扭动几下屁股，仿佛坐久了强直得贴在板凳上，怎么扭也不舒服。

方芳看在眼里非常不满地走到杏子身后，用脚踢踢她的屁股："小姐呀！你是不是觉得自己的这个部位很好看，想扭给谁看呀？"

杏子蹭地一下站了起来，猛回头与方芳四目相对。女工们停着工注视事态发展……

方芳初一惊，因为还没人敢这样放肆地看她，继而镇定下来，眼里露出凶光，她必须当众把杏子压下去，否则后果难料。

杏子毫不怯懦地盯着她，心想：我长这么大，还没人敢踢自己的屁股。

她们对峙长久，女工们紧张起来。

方芳软中带硬："小姐呀！你站起来，这么看我，想做什么？"

杏子柔中有刚："总管小姐，您踢我这个部位，是不是缺点文化？！那好吧，我想去茅房，对不起，是厕所，不是，是洗手间，盥洗室！"

阿桂紧张的脸突然想笑，娟娟狠狠拧她一把。

方芳愣住！一时不知该说什么。

杏子竟转身向洗手间走去。

方芳这才大喊："如厕不准超过三分钟！"她一看大家都停了手里的活在看她，又喊："看什么！干活！快！"

众回过头去。

阿桂不懂事站起来："小姐！总管！我也想上厕——洗，是洗……"

娟娟提醒："洗手间。"

阿桂驳她："不是洗手，是要解手！"

这时春花、彩云也相继站起："我们也想……"

方芳大怒："你们想干什么？是不是想集体怠工？！愚昧！没文化！都坐下！"

婷妹不服地："小姐怎么可以发这么大脾气嘛，文化人怎么可以这样骂没有文化的人？！"

方芳："谁允许你用这样的口气同我讲话？！我提醒你们！你们这是在给老板打工！懂不懂啊？！"

杏子急步走回来，她怒不可遏地冲方芳大吼："打老板工又怎么样？！老板是不是就可以任意剥削人，欺压人？我也想提醒你，总管小姐：你们是在中国的土地上，我们是这块土地的主人，而不是机器！懂吗？你们不是讲可以随意炒工人的鱿鱼吗？今天本小姐就先炒了你！对不起！我不打这份工了！"

婷妹亦站起："我也不干了！干吗受你的气？"

众姐妹纷纷站起："我们也不干了，太不把人当人了！"

众纷纷离座欲走。

李厂长、江浩急忙赶来劝阻。

李厂长："大家别乱，先坐下！"

江浩："小姐们，不要这样，有话可以商量！"

杏子又冲江浩："你们不要以为有了钱就可以为所欲为，乡下人没钱，可是有志气！"

她转向方芳："再见吧！假洋鬼子！"说罢昂起头，在众目睽睽之下向车间外走去。

方芳慌乱了，有些狼狈。

姑娘们虽然没走，但眼里充满自豪。

一直注视这边的李四喜得意地将手重重地砸到台上。

江浩望着杏子远去的背影，又望望方芳，无可奈何地长叹了一口气。

38．夜　女宿舍

杏子余怒未消，在匆匆整理自己的东西。

众姐妹有站，有坐围着杏子。

婷妹："杏子，你真的要走？"

杏子："那还能闹着玩？"

春花："那你是要回家吗？"

杏子："干吗回家？我这样回去还不让家里人笑话！我是赌气出来的，我发过誓，不混得像个人绝不回家。"

彩云："那你打算到哪去？"

杏子："特区大着呢！哪不能去？！出来前原来以为天只有山沟沟那么大，现在才知道天外还有天。原以为人活着只能像奶奶那样——种地、嫁人、当婆姨、一辈子围着山转，现在才知道路多得很。咱们可以走人家踩平了的路，也可以自己踩一条路走。"

婷妹："就是！人是得有点志气。打老板工就这点好，可以东家不打，打西家，他有炒咱们的自由，咱们也有炒他们鱿鱼的自由！"

阿桂："听人说，打工是打生不如打熟，你换来换去，人生地不熟，多难哪！"

杏子："那怕什么，人的志气是逼出来的，说不定有一天我还会感谢这位港女呢！"

阿桂："谢她个屁！我恨死她了！"

39．小会议室

精致的圆桌上坐着江董事长、江浩、方芳。中方这边有李宏厂长、许莲、高志远。

方芳委屈地在抽泣："我一心想抓好纪律，抓好生产进度，以不辜负董事长对我的重托，我对她们也毫无恶意。"

江浩："可是你缺乏应有的尊重！她们离乡背井出来打工，目的是为了什么？虽说是一群乡下的女孩子，可她们也还是我们的同胞姐妹！"

李宏："江先生的话，令人感动。如果都能平等待人，员工的思想工作才能做好。"

江浩："董事长！我冒昧地说，您只注重工业投资，并不注意人才投资,更不注意感情投资!工人住得那么差,吃的那么差,可是还要天天晚上加班,我自己都很难过。我们总不该像一些投机商似的,不顾工人死活,捞一把就走吧?!"

董事长:"江浩!你说得有些过分!"

江浩激动地:"爸爸!"刚刚冒出这句话,就又噎住了。

众惊奇地望着董事长和江浩,显然不知道他们是父子关系。

董事长无可奈何地:"说吧!说吧!我本不想把这种父子关系公开,这对你的工作更有利,可是……你说吧!你还有什么建议?现在是讲民主的时代嘛!"

江浩自知失言,便不敢再说了。

高志远:"董事长能够回内地办厂,就是对家乡的深厚感情,我们经济开发公司希望能同董事长继续合作,以便把企业不断扩大。当初董事长资金不足没有把宿舍区等福利设施一起搞起来,我们可以理解。现在我们经济开发公司打算向银行贷款,主动承担起这项工作,以便不断完善投资环境,也可以稳定工人的工作情绪!"

董事长:"好极了!我的确有些财力不足,顾此失彼,希望我们继续合作,逐渐改善工人的福利。江浩!我理解你想说未说的话,你父亲不是唯利是图的商人,我还是要文明办厂嘛,我还是爱国投资嘛!"

40. 女宿舍

杏子还在往袋内塞东西:"说实话,我想走也不完全因为她方芳,而是觉得这里的生活很枯燥,很乏味,每天就是'三点一线'式的重复,从宿舍到饭堂到车间,一条流水线,上班是个机器人,下班是个木头人,这种现代化把人变成了机器,什么技术也学不到。你们想想,咱们干了这么久,谁能说得出那收音机怎么就响了?怎么就录上了音乐?我想,我的心愿还不是只当个机器人,挣它几百元工资就完。特区这么大,有这么好的学习条件,我干吗不多闯闯多长点见识?!"

婷妹:"我也觉着咱们不能只是为了挣钱,也得学点什么,给自己乡点身价!"

这时门外有人敲门。

彩云不耐烦地:"睡觉了,这么晚了还敲什么?!"

婷妹走去开了门,见是四喜站在门外。

婷妹看看彩云转身热情地:"四喜哥,你都好久没来了,快进来!"

四喜："不！不了！我是向你们告别的！"

众惊："告别？告什么别？"

四喜仍不进来："我要走了！想换个地方。"

阿桂急："老板办厂，哪家还不一样，老乡们都在一起不好？！"

娟娟："你走了彩云姐怎么办？你们可是……"

四喜欲言又止："……姐妹们，你们就自己保重吧！再见！"便转身消失在门外。

大家都愣了。

婷妹急了："彩云，你还不去追？"

彩云没好气："谁去追他！"

婷妹："那你也得去送送啊！"

彩云索性躺到床上："要送你去送！"

婷妹火了："你这是什么话？！人家从大山沟里奔这来，追的是你！"

彩云头转向里不说话。

杏子推婷妹："婷妹！你就代表咱们老乡去送送他，问问他怎么回事，我是炒老板，他又怎么啦？"

婷妹赌气冲彩云："你做事太绝。可别后悔！"

41. 夜　宿舍区内

婷妹陪四喜慢慢走到一棵树下。

四喜重重地叹了口气："咳！想不到一个人变得这么快，那天她叫我以后不要来找她，我想不通，还是找了她，我说'我从大山沟里追到这全是为了你！'她却说：'我明白，你追我，是想把我带回穷山沟？'她说：'我都穷怕了，既然想飞出来，就再也不想飞回去了。'她说跟我李四喜不可能改变她的命运。

唉！这话，还能不懂嘛，我只能离开她，走自己的路！"

婷妹忧心忡忡："那你打算怎么办？"

四喜："这不用担心，我终究是个男子汉，这么大个特区，还能找不到容身之地。我倒是替你们担心，你们女孩子，一个人离家在外，没爸妈在身边，万一有个闪失……咳，不容易啊，你们就自己保重吧！这不像在家里，家里再穷，总有爹妈关心吧？！"

婷妹的眼湿了："我好想家呀！好想我爸爸、妈妈，就连我们砍柴的山也想……"她大滴大滴的泪滚了下来。

四喜的眼也湿了:"我也是!"他把头顶到树上,想憋住泪,突然爆发地喊出:"同样是人,怎么我们山里人就这么穷?!同样是家,怎么这儿的家就这么富?!"

沉默,婷妹抬起泪眼惊望着他。

四喜缓和地:"你回去吧!待会儿保安要来查夜,等我有了定所,一定告诉你们。"

42. 会议室

走廊里,江董事长正与方芳谈话。

董事长:"方芳,我没把你当外人,我调你和江浩在一个厂子里,无非希望你们在事业中培养出更多的感情。可是你和他,好像有点……"

方芳:"江伯伯!我很理解您的良苦用心,我对自己是有信心的,只是担心阿浩会……"

董事长:"事在人为!你必须掌握主动!这么漂亮、能干的小姐,他能不爱吗?"

这时许莲陪同年纪约五十左右的港人钱运达走来。

钱运达穿戴讲究,秃顶的稀发,梳理整齐。

钱运达兴奋地喊:"雨田兄!"

董事长回头惊喜地:"运达!你怎么迟迟才到?大家都在恭候你的大驾哪!"

两人亲密地拉着手走进会议室。

江雨田向等候在会议室内的李宏、江浩、高志远等人介绍来人。

江:"诸位!这就是本公司聘任的总经理钱运达先生!"

众热烈鼓掌。

江:"运达先生是我多年的老友,近几年一直在泰国、新加坡经商,有丰富的企业管理经验,我把企业交给他,实在是再放心不过了,他初来内地,还望大家多多协助!"

钱运达谦逊的:"鄙人不才,承蒙董事长提携,亦望诸位多多关照,共建大业!"

他伸手与大家一一握手。

董事长介绍:"这位是中方厂长李宏先生,这位是经济开发公司经理高志远先生!这位是……"

不等介绍,钱运达抢先说:"这不是大公子江浩吗?几年不见已经出落得一表人才了嘛！"

江浩礼貌地："钱叔！请您多指教了！"

江雨田："阿浩大学毕业，我就让他到第一线来实践，这也是学的内地经验。"

钱："好！好！"

他转身又同大家握手。

43．机壳注塑车间

庞大的注塑机，能一次成形注塑一个收录机的外壳，工艺十分精细。

方芳陪同钱运达视察注塑间的生产情况。

44．收录机生产车间

各工序井然有序，都在紧张地工作。

"浸锡"组不见了李四喜，又补上一位陌生年轻人，他像当初四喜刚来那样，睁大着眼，紧张地近似恐怖般望着那位年轻的师傅把插板浸到那高温的锡水里。

插件流水线上，杏子的位置也被一个显得更小的村妹子代替了，江丽云又站在她的身后像当初教阿桂那样喊着："错了，插那个洞！"小姑娘满头大汗，两手颤抖。也许任何人到了这里都要经过这一番脱胎换骨的磨炼。

婷妹、春花、彩云、金凤、娟娟、阿桂依然如故，只是都比前熟练，阿桂的脸不再冒汗，手也不再抖。

娟娟碰碰阿桂："瞧那新来的，多像你从前！"

阿桂不服气："我会有她那么笨嘛！"

江浩向插板流水线走来，在女工的身后检查质量。

彩云有些兴奋，她期待着江浩能走到她身后同她说几句话，她不时转头看看江浩。

江浩已经注意到了彩云的神态，却视而不见地越过了彩云，发现彩云的面前积压了一些插板，就又走回，拿起插板检查，见质量不佳！仍有礼貌地："彩云小姐，请你注意下速度和质量，工作时一定要注意力集中，不要把差错的产品交给下一道工序！"

他转向大家："请大家注意下质量！我们要牢牢地树立顾客观念，要把最好的产品质量奉献给顾客，我们的工作是流水作业，因此说下一道工序就是你的顾客！你们应该向金凤小姐学习，她工作时从来都是认认真真，兢兢业业！谢谢！请大家继续工作吧！"

在江浩批评时，彩云的脸一会红一会白。

金凤受到意外表扬，更是埋头认真操作。

检测组。江浩拿着一个不合格的成品送回，对一女检测员严肃地："小姐！请你重新检测一下这种产品！工作绝不能这样马虎！"

女检测员强调地："真对不起，这可能是我检测中千分之一的差错。"

江浩："可能是你千分之一的差错，但是，请你注意：这件产品到了顾客手里，就是百分之百的废品！要是你买了这样的废品又会怎样？"

女检测员惭愧地。

江浩："我们的产品是对全世界顾客负责的，没有了质量，就会失去企业的生命，希望小姐多注意。"女检测员诚恳地："是！我愿意接受处罚！"江浩和善地："处罚绝不是目的，希望……"

女检测员："江先生！我一定牢记这次教训……"

江浩满意地点头离去。

45．成品仓库

李宏、许莲陪同几位外国的客商在检测成品质量。李宏："欢迎各位随意抽查。"

外商从一箱箱包装好的成品中抽出几箱，撕开封条，取出收录机，他们用力地拍打，而后放进卡带，放大音量，验听音色质量。

李宏紧张作陪。

许莲则极力赔笑。

外商全然不理睬他们的神态，认真的一丝不苟的检查，直至点头称赞时，大家才松了口气。

46．工厂区·货柜仓

一辆辆满载了货物的集装箱车开出了厂区。

47．女宿舍

阿桂把人民币像扑克牌似的摆了一床，她认真地数着："五十六、五十七、五十八。"

她隔壁床上娟娟用杂志卷成话筒样，正在练习演唱，她认真地："女士们！先生们！我把我的歌献给大家，希望大家喜欢！"接着身子一扭！

阿桂在数："五十九、七十、咳！又错了！"她抬起头，烦躁地："娟娟！你别喊了好不好？！我老是数错，你命中注定当不了歌星，你就别烦我了，小姐！！"她又从头数起来："一、二、三、四……"

娟娟全然不顾，开口唱："不要问我从哪里来，我的故乡在远方。"她总是这两句不断地重复。

金凤亦坐在床上数钱，仿佛钱很多。

婷妹垫着枕头在写家信，钱放到枕头上。

春花数完钱，兴奋地："我这月工资是一百五十八元，比我们县长挣得还多，我要是寄回去一百元，我妈还不得乐昏了呀？"

彩云把钱塞到贴身的衬衣里："寄那么多干什么？你不给自己买嫁妆了？我可没你那么傻！自己挣的自己花。"

阿桂突然大喊："死娟娟！你别唱了！我的钱少了！不够数！"

众惊问："怎么会？刚领回来，又没人动你的。你再数数，别神经质！"

阿桂："不对呀！就是不对！我数了七遍，有两次是七十二元钱，两次是八十二元，三次是九十二元，反正没一次超过一百元。可你们哪个不是一百五六十元？不是少了又是什么？"

江丽云走来笑说："那你要是跟我比，不是更少了？我每月都拿三四百元，是你们的两倍！傻妹妹！这是按劳取酬，计时计件，还要加班全勤才行，等你技术熟练了，就会拿多了。"

婷妹笑说："等你把身上油熬掉几斤，攒得就多了！"

众哄堂大笑。

娟娟又唱："不要问我钱为什么少，我的身上肉比你多……"

阿桂跳起追打娟娟："都是你瞎唱！"

彩云从包里取出盒油彩对大家："哎！别吵了！明天放假，你们要不要上街？想不想学学化妆？看人家城里女的哪个脸不是画的？"

娟娟跳下床："我画！你帮我画吧。"

阿桂："也给我画一个黑眉毛，红嘴唇！"

她们把彩云团团围住，满屋的嬉笑声。

48．钱总经理卧室

钱运达的卧室临时安在办公室走廊的尽头一间，室内布置得舒适、现代。

走廊上，春花提了一瓶水走到钱门前敲门。

卧室内，钱穿着睡衣在读报，闻声喊："进来！"

门开了，春花战战兢兢站在门外。

春花:"送水的阿姨走了,厂长让我送水来!"说完就探身把水瓶放到门里,转身欲走。

钱:"哎!别放那!会打破的。进来,帮我放到这里!"

春花提起暖瓶慢慢走到钱指定的位置放下。

◎ 电影《特区打工妹》剧照

钱一直在偷偷观察这女工:不高,不矮,不肥,不瘦,胸还挺,腰还细,虽说乡女却也别有几分姿色,当春花快走出门时,他又把她喊住。

"慢!小姐!你叫什么名字?"

"我叫赵春花!"

"多大?"

"十八。"

"你认识我吗?"

春花愣了半天摇摇头。

钱笑说:"我就是你们新来的总经理呀!"

春花惶愧地叫:"噢!总经理!对不住!"

钱:"不怕,一回生二回熟嘛,为了感谢你给我送水,来!我给你点小费!"他从皮夹的一大沓钱中抽出一张百元港币,"这是给你的劳动报酬,也希望你每天能给我送两次水。"

春花不敢接:"不!我不能要,送水可以,这可不能要!"

钱坚决地:"傻姑娘!哪有给钱不要的?你们出来打工是为了什么?还不是为了多攒几个钱?这也是劳有所得嘛,拿着!听话!"

春花只得收下,鞠了一躬:"谢谢总经理!"便抓着钱转身跑了出去。

走廊上,春花快步走头也不回。

49. 楼梯的拐角

春花沿楼梯跑下,拐角处见四周没人,便掏出港币看,她没见过这种钱,自语:"这也是钱?这是什么钱?"

她走到灯下,仰起头照着看,忽见红红的纸币上有块白斑,这块白斑到了灯下,竟还藏着一只张着嘴的大狮子,可她拿到眼前再看,白斑里的狮子竟又不见了。她十分稀奇，翻过来，掉过去看。有些害怕，急忙把钱藏到衣袋里，仿佛偷了钱一般，跑了下去。

50．宿舍区

假日，打扮得花枝招展的女工成群结队走出宿舍区。

从人群的穿戴装束以及脸上的化妆浓淡上，可以分辨出新老两代女工。

凡年满一年以上的女工均很新潮，她们有一头时髦的发型，有一套像样的时装，更有脖子上、耳上、手上的金饰以及脚上的名牌球鞋，脸上的妆化得也淡雅宜人。

而新女工依旧保留着浓郁的乡土味，那过时的乡村花衣，千篇一律的发式，脚上的布鞋或是过时的皮鞋，尤没有那耀眼的金饰，最醒目的是那脸上的浓妆艳抹，犹如乡村赶庙会一般。

婷妹、阿桂、彩云、娟娟、春花、金凤结伴而出，与老女工对照泾渭分明。

51．汽车站

在通往汽车站的途中，彩云的眼一亮，捅捅婷妹："看！江工程师！"

江浩、方芳陪同几位香港朋友走来，当他们一行路过彩云身边时，彩云迫不及待地向江浩打招呼。

彩云："江先生！您好！"

江浩礼貌地："你好，彩云小姐，放假出街是吗？"

彩云："是！您不到街上玩玩吗？"

江浩："我有客，希望大家玩得高兴。"

一香港青年："江生！这群是你们厂的女工？"

江浩："这些姑娘进厂不久。"

青年："真是一群乡下妹。"

方芳："可别看小乡下妹，对我们的江工还很有兴趣呢！但不知道江工感觉怎样？"

江浩："有方芳小姐在守着我，我就失去一切感觉了……"

众哄笑，方芳笑得更加开心。

等在汽车站上婷妹等人拦中巴。

彩云悻悻地望着远去的江浩，若有所失。

52．商业街

繁华的街心，女工们像赶集般横冲直撞，她们东拉西扯，从这家店跑进另一家店。

53．环形商场内

春花和彩云顺着环形商场走来，她们不敢进店，只是在玻璃窗外指指点点。看到几具真人一般的时装模特，碧眼黄发，她们亦十分好奇，转着看，不停地偷笑。

天不怕、地不怕的阿桂和娟娟，在琳琅满目的不锈钢衣架间钻来钻去。

阿桂找出一件套裙，很满意，她左右不见娟娟，便扯起嗓门大喊："娟娟！快来！这好看！"吓得身边的人直躲："哇！这么喊！"

娟娟跑来，低声训斥："你喊什么？你还以为这是村里地头上哪！怎么回事？"

阿桂兴趣不减，依然大声："你看我穿了好不好？这好便宜呀！"

娟娟："多少钱？"她掀开衣襟，看到价码的标签印着"581.00"。

娟娟急说："快放下！你买不起！"

阿桂不服："怎么买不起？！不就是五十八元一吗？讨价，还价给他五十八！准行！"

娟娟气："你认不认字？会不会看？这是五百八十一元哪，小姐！滚蛋吧！"

阿桂像被烫着似的急忙扔下衣服，转身就走，边走边说："妈呀！我怎么会看错一个小数点呢？！"

一个专卖姑娘头箍的摊档。

阿桂又看中了一个花头箍，又大声喊："娟娟！快来！这便宜！才二元九！"

售货员急喊："小姐，你看错了，是二十九元九！"

阿桂愣了一下，又急丢下，自责地："我怎么老看错个小数点！唉！特区的东西也特贵了！"丧气走去。

54．汇食街

婷妹和几位姑娘走进汇食街，立刻被食店拉客的小姑娘拦住，东也拉，西也扯。

这个说："到我这吧，我们有海鲜！"

那个说："到我这，我们有北方饺子，拉面！"

婷妹问："海鲜有什么？"

小女孩："有龙虾、对虾、基围虾！栏蟹、海螃蟹、大闸蟹！"

一个小姑娘钻进来神秘地:"我们那边有猫头鹰、果子狸、穿山甲。"

婷妹:"哇!全是国家保护动物,你不怕犯法?"

吓得小姑娘一溜烟跑了。

众姑娘大笑。

忽然有人喊:"婷妹!"婷妹抬头一看惊喜地:"四喜哥!"

四喜跑近前,二人紧紧握住手。

婷妹:"怎么会在这碰见你?"

四喜兴奋地:"这叫缘分!走吧!到里边,我请客!"

婷妹转向一起来的女工:"对不起,我遇见老乡了,我们要聊聊,你们自己吃吧!"

55．邮电局

急着往家寄钱的女工排起长队。

金凤伏在台上填写汇款单,她抬头问:"同志!请问金廉的廉字怎么写?"

汇款员:"是你什么人?"

金凤:"爷爷!"

汇款员:"你怎么连自己爷爷的名字也不会写?!"

金凤身后的姑娘急了:"她要是会写还用问你?!"

汇款员愕然抬头:"今天这么多人寄钱?你们都是寄钱的吗?"

金凤身后的姑娘:"不寄钱到这干什么?!"

金凤柔声问:"请问那廉字?"

汇款员:"就是廉政的廉、廉洁的廉。"

姑娘急:"怎么写?!"

汇款员:"我这不在想吗!"

婷妹大叫:"哇!两千元哪,这么多?!你哪里有这么多钱?!"

四喜:"这叫下本钱,偷技术,花钱再多,借钱也值!只要我把香港师傅的技术全掌握了,我们经理就可以每个月用两千元聘我。"

婷妹:"这么多工资?可能吗?"

四喜:"怎么不可能?现在聘香港师傅每个月是一万四千元,我才要两千元,这便宜事,经理还能不干?"

婷妹简直听傻了,欣赏地望着四喜……她突然觉得四喜变了!"四喜哥!你太聪明了!……将来你一定会有出息!"

四喜:"广东人讲搏!就是奋斗,我们到这儿来,也应该搏一下!婷妹,你说呢!?"

婷妹望着四喜,似有一种感觉萌生,她激动地:"对!四喜哥,我和你一起搏!"忽然小声地试探:"你……还想彩云吗?"

四喜低下头:"不是我不想,是她看不起我这农村户口的人了!"他猛地喝了一大口啤酒,激动地:"她彩云刺激刺激我也好,我就不相信我不能成才!"四喜紧握着婷妹的手。

56. 国贸商场

春花和彩云扶着四楼的栏杆往下望。

底楼大堂中的"瀑布"和音乐喷泉响着水声、音乐声。春花试探地问:"彩云,你是不是觉得江工程师很……"

彩云沉默半晌,自卑地:"人家像天上的月亮,咱们怎么够得到?!"

春花:"那四喜还能不能再考虑?"

彩云果断地:"不!不是他人不好,而是……城里人再差,也比山沟里人强!"

春花:"你真想嫁城里人?"

彩云:"这有什么难的?!"

春花:"人家说,这特区是'女儿国',像咱们这样的姑娘有几十万人,上哪去找合适的男人?"

彩云笑:"别人愁,咱俩愁什么?真正发愁的是江丽云她们那样的老女工,二十五六岁,真的没人要了!咱们怕什么?论我们的条件在几十万人里也敢比比。"

春花苦笑:"你条件好,我可不如你!"

彩云笑笑:"喔!你更不用愁了,你未婚夫水根等着你呢!最近水根有信吗?"

春花:"每月都来一封,月月都叫我回去结婚!"

彩云:"没别的甜蜜的话?"

春花脸红:"这种人还能有什么别的词?!"

彩云:"嗯!农村人就这么老实,太老实了!走吧,我想买个化妆盒!"

57. 化妆品柜台

彩云拿着一个高级的化妆盒问:"请问这个多少钱?"

售货员："港币一百六十八元。"

彩云不解："什么币？"

售货员大声地："港纸啊，小姐！"

彩云悻悻放下，问春花："港纸，什么是港纸？！"

春花拉她到一僻静处，从袋里掏出两张百元的港币对彩云说："她要的是不是这种钱？"

彩云一见惊喜地："可能，就是这种！香港人用的。咦？！你怎么会有这种钱？"

春花："我是用劳动换来的。"

这时她们身后忽然有人喊："这不是春花小姐吗？"

两人惊回头。

钱经理和一位近三十岁的穿西装的男人站在身后。

春花尴尬地："钱总经理！您好！"

钱总微笑："怎么样啊，假日玩得开心吗？这位小姐好像没见过？"

彩云大方地："我是和春花一起的我叫谢彩云。"

钱赞赏地："好！我给你们介绍一下，这位先生是、我的朋友，是外贸公司的副总经理，夏立夫先生！夏先生年轻有为。相当难得。"

两人向夏："夏总！"

钱笑问："你看我们厂的姑娘不错吧！"

夏："很不错！在香港也很难见。"

钱笑："二位小姐，能和我们一起到歌舞厅玩玩吗？"

春花胆怯地："那里的票价很高，我们去不了！"

彩云："我们是和好多人一起出来的，走散了，回去不认得路。"

夏笑："跟你们的总经理在一起，还怕票价贵，回不了厂吗？"

钱："走吧！难得有个假日，痛痛快快玩玩，随后坐我的车回去。"

春花为难地："这……"

彩云高兴："去吧！开开眼嘛！"

夏热情地："请吧！"

春花胆怯，彩云推着春花跟着两人走去。

58. 夜　豪华歌舞厅

摇曳的灯光、迷人的音乐、双双对对。

钱总搂着春花在学跳交谊舞。

春花不会跳，不停地踩脚、撞腿，她脸上沁着汗，惶恐地：

"对不起！真不好意思！我老是踩您！"

钱风度地："不怕！总要有个过程，一回生，二回熟嘛！来！我教你，一二三四，我进你退，我出左腿，你退右腿，对！很好！对！"

在舞池边的一张圆桌上，夏立夫向彩云递过一卷纸巾，彩云拿出擦去流下来的汗。

服务员给两人送来果汁饮料。

夏热情地："过去跳过吗？"

彩云："是第一次进舞厅。"

夏："到特区多久了？"

彩云："年多了。"

夏："感觉如何？"

彩云："像到了天堂一样！"

夏笑："好多外地来工作的姑娘，到了特区就不想回去了。"

彩云点头笑："确实是这样，我也这样想。"

夏："你在这里人生地不熟，以后可以多找我玩。"

彩云学着媚笑："你夏先生能欢迎我吗？"

夏："当然欢迎！"递上一张名片："这有我的电话，住址，我希望多见到你……"

彩云兴奋地望着舞池，似乎觉得命运在变幻。

场内的灯光突然变暗，又突然变成滚动刺眼的电光。

音乐的节奏也变快，变响。

舞厅里跳起了"迪斯科"，人们挥着手。扭着腰，疯狂起来。

更加惶惑的春花在纷乱的激光中变了形。

59. 山区·田野

夏花（春花的二妹）背着两岁的弟弟，领着秋花和冬花，从山坡下举着一封信，向上跑来，她边跑边喊："爸！妈！大姐来信了！"

正在锄地的春花父母闻声停下锄。

父："快！念念！"

夏花取出信，念："亲爱的爸爸、妈妈、夏花、秋花、小弟、全家好！告诉你们一个好消息，我这个月的工资已经涨到一百八十元了，我留下八十元，寄家一百元，孝敬二老养育之恩。另外，厂里的香港总经理对我很好，想帮我调换一个赚钱多的工种，还要帮我把夏花调来厂工作……"

夏花读到这里兴奋地喊起来："欧！我也可以去打工了，我也可以攒钱了！"说时从背上解下弟弟放到秋花背上："来吧！该你接班了！"

秋花不情愿地接弟弟。

父："夏花！你快把信念完。"

夏花："完了！就这些！"

母："像是没完，你再念念！"

夏花举起信："完了！全完了！"

父不悦地："你怎么这么说话！挺好的信，你老喊完了完了！多不吉利！"

夏花不服地："完了就是完了，那还怎么说，没完？！"

父亲有气无力地坐下来，深沉地望着远方。

远山灰蒙蒙一片，太阳已经下山了。

60．夜　人才培训中心

这是特区夜大学的一种，设各种学科，由中心聘请专业人士授课。

在"企业管理"学科里，由电子厂的江浩先生讲课，课题是"企业管理和人才素质"。

课室的座位几乎坐满了。

江浩的课已近讲完，他愈讲愈兴奋，在众多的听课人群中，他看见曾在他厂中辞工的杏子。今日的杏子已与当初判若两人，无论是她的衣着、发式，还是气质，都充分显示了一个成熟的少女的魅力。

江浩合上讲稿，诚恳地："诸位！我的课就讲到这里，总而言之，一个企业管理的好坏，是和管理人才的文化素质分不开的。中国的经济落后，并不是物质贫困，而是我们民族的文化素质跟不上现代化的建设需要，十亿人中还缺乏科学技术人才。中国的真正富强，不仅要有劳动人民的奉献，还要有文化人的奉献！我希望大家能成为这一奉献的先驱。我今天讲课就到这里！谢谢！祝大家晚安！"

课堂里响起了长时间热烈的掌声。杏子鼓掌，激动地望着江浩。

61．夜　培训中心院内

同学们兴奋地走出课室。

江浩站在院内，他见杏子走出来，便热情迎上去："杏子小姐！久违了！您还认识我吗？"

杏子亦热情地："您好！江工程师！不！我该称您江老师！您的课讲得太好了，谢谢您了！"

江："不敢当！我不过想借这个课堂和内地的朋友作些交流。请问杏子小姐，你现在何处供职？"

杏子："我在一家丝绸服装公司工作!具体负责制衣车间。"

江："恭喜您了！负责一个车间是很辛苦的，你怎么还会有时间和精力到这里上夜校？"

杏子："这正像您说的，我们这代人都有一种责任感和危机感，国家要现代化，很需要一批能为'四化'做奉献的科技人才。可我们孤陋寡闻，到了特区，才知道不发愤学习不行了。我们都想重塑自己的形象，说是镀金也罢，说是为了适应特区建设需要也罢！首先是自己感到需要知识。"

江："太使我感动了，以后有什么需要我帮助的，请尽管找我问。"

这时，一辆小轿车驶来在院外停下，从内走出方芳小姐。

江浩激动地："杏子小姐，我相信我们的理想是一致的！"

杏子："过去我不理解您，现在我相信我们还有许多共同语言韵！"

江浩："这太使我高兴了。"

方芳愕然在听江浩的话："我终于在内地遇到了知音！"

江浩："我可以邀请杏人小姐去吃'宵夜'吗？我们还可以聊聊。"

杏子向外看了一眼："瞧！您的车已经来接您了！"

江浩回头，正和方芳的眼神对到一起。

江浩："阿芳！你早来了吗？"

方芳冷笑上前，越过江浩，傲然面对杏子："这不是杏子小姐吗？士别三日，确该刮目相看！我很欣赏你当初辞工的勇气，也很惊奇你今天这种高攀的胆量！不过，我还是想提醒你，你和江浩先生并不属于同一阶层的人，希望小姐有自知之明！"

说罢刚要转身，突然听杏子叫了声："方芳总管！"她愕然停下。

杏子走上前微笑地："我也想提醒小姐，江先生有爱国热情，希望你不要冷了他的心！你们虽属同一层次的人，可却有天渊之别的文化素质，望小姐好好想想，谁在高攀？再见，江老师！"

杏子不卑不亢，昂然从僵立的方芳面前走了过去。

江浩焦急不安地："杏子小姐！"他又无可奈何地望望方芳，深深地叹了口气，在深思着……

62. 夜　工业大街

宽阔的街道，空寂无人。

杏子骑着单车在疾驶。

江浩在人行道上快步独行，在他的身后不远处慢驶着方芳的汽车。方芳在窗内密切注意着江浩……

63. 新建的电子二厂工地

即将竣工的电子二厂工地，高志远、李宏陪同江董事长、钱运达、江浩在视察工地。

高志远："董事长！这套新厂房的总面积是××平方米，一共施工了×××天，再过×天就可以交付使用了。"

江雨田高兴地："这样规模的厂房，用这样快的速度，应该说是惊人的！"

钱运达："这在香港是不可想象的，相比之下，香港确是弹丸之地啊！"

李宏："二厂的生产设备是不是比厂的先进些？"

江雨田："当然！我将把目前西欧最先进的设备引进来。我不会像某些投资商搞些已经淘汰了几十年的旧设备，单纯利用我们大陆工人的体力！我们应该帮助大陆工人早日掌握先进技术。"

高志远："难得董事长的爱国热情，值得赞扬，宣传，明天特区报记者来采访，希望董事长多谈些体会，帮助我们做好引进外资工作。"

江雨田："我应该多为祖国效劳！中国富强，海外侨胞脸上才有光嘛！否则我们矮人一头，有什么脸面？"

大家走到一片新宿舍区前。

高志远："这套宿舍楼总面积是×××平方米，基本上可以解决了员工的住宿问题。"

64. 在一套宿舍单间内

高介绍："这里边有卫生间，冲凉房，将来可以六人住一间。"

江雨田回头看看江浩："这样一定可以缓和一下劳资间的矛盾1阿浩说的是，工人嘛，都是自己的同胞，各方面关怀周到有助于稳定他们的工作热情。"

高志远："最近有大批的台湾商人到内地投资建厂。"

江雨田："内地的投资环境，优惠政策，工人素质好，都是很有吸引力的！"

　　钱："台湾目前很难找到这样年轻的女工，那些高中毕业的女学生，要嘛上大学，升不上大学的，长得好看的都到了酒楼攒大钱，长得不好的，也忙着炒卖股票赚钱，逼着台湾的密集型企业转向内地。"

　　江浩："也不要忽略了他们的爱国热情，这里终究是自己的祖国，肥水不流外人田嘛！"

　　李宏："江工说的是，内地很欢迎港澳台同胞共同投资。"

65．夜　工业区大街

　　刚刚加完班的女工下班了，工业大街又人如潮涌，只是已很疲倦的女工缺少了往日的欢笑，她们默默地急急地往回走去。

　　人群里一位从乡下来的青年背着沉重的旅行袋正逆流而行，他焦急地望着从身边走过的每一个女工，有时还和人家撞到一起。

　　突然他被人一把揪住，吓了一跳，那人大喊："水根！你不是我们村的水根吗？"

　　水根定神一看，亦叫起来："阿桂！娟娟！是你们！"

　　这时他已被阿桂、娟娟、金凤、彩云、婷妹团团围住。

　　娟娟："你从哪来？"

　　水根："从家来呗！"

　　阿桂："你来干啥？"

　　水根："找我的春花呗！"

　　阿桂立刻回头大喊："春花！春花！"

　　彩云："别喊了，她好像有事等会回来，水根，走！先回宿舍去等吧。"

　　众："对！先回去！你还没吃饭吧？"

　　众簇拥着他向回去的路上走去。

66．钱总卧室走廊

　　春花提着暖瓶急急走到钱的卧室外敲门，里面钱总答："进来！"

　　春花推开了门。

67．钱卧室

　　钱运达穿着睡衣在看画报，见春花进来便放下报，笑容可掬地站起来："是春花啊？刚下夜班吧？"

　　春花一边放暖瓶一边应："钱总还没休息？"

钱："我在等你呀。"春花一愣，转身向外走，钱挡在门口："不要走呀！我有东西送你！"

春花："我总是拿您的东西，怎么好意思？"

钱："全厂一千多女工，你看，我给过谁？傻姑娘！过来！"他拉住春花的手，到柜前，从抽屉中取出一盒："你猜这是什么？"

春花不敢直视钱总的眼睛，她低着头："我，猜不出！"

钱命令般："那好！闭上眼！一会让你看。"

春花羞怯："钱总！我该回去了，回去晚了，同屋的人会乱说的！"

钱："不怕！闭上眼！有我，谁敢乱说。"

春花只得低下头、闭上眼。

钱将一样东西戴到她的手上："看吧！"

春花睁眼一看，腕上明晃晃耀眼，竟是一块很贵重的金表，她有些恐惧："总经理！这不好，我不敢要！"说时欲脱下。

钱急按住她的手："傻姑娘，这块表你打几年工也买不起！我想问你，你想让小妹到厂里打工吗？"

春花的眼里露出希望之光，恳求地点点头。

钱又进一步："我想给你调个钱多的工种，还想把你的户口也调到这里，你高兴吗？"

春花感激地："那您就是我全家的大恩人了！"

钱大笑："那你打算怎么谢我？"

春花低下头不敢仰视："我……不知道……"

68. 夜　女宿舍

水根坐在春花床上，捧着碗在吃快速面，吃得满头大汗。

婷妹、彩云一群姑娘关注着他。

阿桂："够不够？再煮一包？"

水根感激地："够了！都冒汗了。"说时举起衣袖擦额上的汗。

阿桂笑："真不讲卫生！"她丢给水根一卷面巾纸："以后拿这擦，免得人家笑话！"

水根接过纸巾看，马上又丢回给阿桂，他傻笑说："阿桂！你怎么跟我开这玩笑，我再蠢也知道这是你们女人用的纸。"

这一说全屋的人大笑起来。

阿桂笑说："说你蠢还不信，这要让春花姐知道了准骂你！"

水根："可也是，这春花怎么现在还不回来？"

婷妹看表："哎呀，都快十点了，真的，不会出什么事吧？"

彩云："不会吧？"

水根："我去迎迎她，你们也累了，先休息吧！"便拿起旅行袋。

阿桂："东西放这吧，反正你还要回来！"

水根："那也是，你们睡吧！"便只身走了出去。

69．夜　宿舍区门卫传达室

墙上钟指向三点。

水根依着室内的单人床，蹲在地上抽烟，地上积了大片烟蒂。

保安员关心地："你要是困，就先躺这床上睡，反正我值班，没关系的。"

水根："万一她回来了……"

保安："她回来再叫你嘛！"

水根仍闷着头抽烟。

整片的宿舍区全黑着灯，只有几盏路灯。

门卫的传达室也黑着灯，可是黑暗中水根的烟还在一明一暗。

墙上的钟指向了五点。

保安员拿着长筒手电从外走进来，他拉亮电灯："哎！你看看是不是你等的人回来了。"

水根蹭地一下从床边站起，丢掉烟蒂，两步窜了出去。

黑暗中一个人影匆匆地走来，到传达室门前的灯下，果然是水根要等的春花。春花的头发松散，神色慌乱，可是她的手上、颈上竟多了两样明晃的东西。

水根迎住她："春花！你怎么这么晚才回来？"

春花仿佛刚睡醒，打量眼前的人："你是？……"

"我是水根呀，怎么连我也不认识了？"

春花一惊："是你？你怎么来了？"

水根："春花！自从你走了之后，我一直很担心，我知道，女孩子给资本家打工是很苦的，我不愿意让你出来受苦，我是来接你回家的，我们穷也穷在一起！我们回去结婚吧！"

春花望着水根，被他的真诚感动了："我……水根哥！我……已经不是你的人了！……"脸上淌着泪水。

水根:"春花!你在说什么傻话呀!谁都知道你是我的未婚妻,我们是订了婚的呀!"他感情地去搂着春花。

春花却极力挣脱!痛苦地望着水根,动情地:"水根哥!我知道你对我好!可我……我对不起你……我不能跟你了!……你人好!会有好姑娘嫁你的,你走吧!趁天不亮就走吧!……我求求你!……"

说罢欲走,又被水根拦住。

水根的眼里已蓄满眼泪,他哽咽地:"春花!我是坐了一天的火车,又在这里等了你一夜,你就这么狠心让我回去?!"

春花站住了,她的眼里也满是泪水,她转回头望望水根:"不是我无情,我也是没办法!你有钱给我的爹妈治病吗?你能帮夏花找工作吗?你能让我过好日子吗?水根!你别拦我,你还是回去吧!"说罢又走。

水根大叫:"春花!?"

春花转回身,顿住,半天从口袋里掏出三张百元港币,递给水根:"你带上,买点什么,你走吧。"

说罢头也不回向宿舍走去。

水根呆住了,手里抓着那三张港币痛苦地:"她!她!她怎么会变成这样?!"

他低头看看手里的三张港币,忽然大怒:"你这给的我什么?!这不是阴世间给死人烧纸用的钱嘛?她怎么拿来给我?!

你赵春花变了心,也不能把我往阎王爷赶哪!你好狠的心哪!赵春花!你留着给自己烧吧!"

他狂怒地把三张港币撕得粉碎,向春花走去的方向抛去!

70. 晨　旷野

晨雾中,水根一个人在旷野里蹒跚地走着,他一边转回身大骂:"赵春花!你的心被狼吃了,你欺负我老实人!"

他的凄厉的喊声,唤来了痛苦的黎明。

71. 大新皮鞋公司·楼梯

楼梯婷妹一个人兴冲冲向上攀登。

72. 办公室

婷妹走上最顶一层,眼前豁然开朗,偌大的厂部办公室,办公人员井然有序,婷妹正在发愣,一位经理女秘书迎上前。

秘书:"请问小姐,您有何贵干?"

婷妹："啊，请问这里是大新皮鞋公司吧？我想找李四喜同志！"

秘书："您从哪来，您是？……"

婷妹："我是他同乡、同学，我叫李婷妹！"

秘书惊喜地："你就是李婷妹同志啊？四喜常提起你，你们是……哈哈哈，好，好！欢迎啊！来！请到这边坐！"

73. 贵宾接待室

秘书小姐把婷妹让进了贵宾接待室，非常热情地："婷妹同志，请坐！"她走去倒茶。

婷妹环顾四周，尽是出口的各款女式皮鞋，琳琅满目，仿佛是出口交易会的专柜。

婷妹："请问，四喜他好吗？"

秘书送来茶："好！好！他可是我们厂难得的人才呀！勤奋、好学、工作踏实、肯干。原先，我们厂高价聘请的香港大师傅指导技术，四喜来了以后，专攻制鞋技术，不知怎么这位香港师傅也肯全心全意教他。几个月以后，四喜就把香港师傅的技术全部学到手了。后来经理辞了香港师傅而聘用了四喜。现在，他的月薪也是全厂最高的。我们经理特喜欢他，还准备让他担任制鞋车间的大主管哪！"

婷妹："你们经理是女的吗？"

秘书哈哈大笑："你可别误会，我们经理呀，是个大胡子！"

这时一位满脸青胡茬儿的四十岁中年人推门进来，声音洪亮地笑着说："秘书小姐又在介绍我这个大胡子了！"

秘书立刻向婷妹介绍："这就是我们公司的徐经理！"

婷妹急忙站起来。

徐经理："这位小姐是？……"

秘书把经理拉到一边，低声向他说着什么，徐经理边听，脸色一直在变，初是惊愕，继而疑惑，忽又云开雾散，他哈哈大笑地打断了秘书的话："不用说了，我全明白了！"

他热情地走回来同婷妹握手："欢迎！欢迎啊！李四喜同志现在是我们全厂最受欢迎的人，他给我们厂的贡献可大了。当然，这样的青年难免不被姑娘们包围，不过，你别担心，只要有我在，就保证他不被别人抢走！怎么样？先陪你参观参观我们的制鞋工厂，等你看了我们的设备和制鞋工艺，你准会喜欢我们这里，一定要求调来工作。我们一定热烈欢迎你来，实话说，我们后面盖了一座很漂亮的鸳鸯楼！"

婷妹不解地："什么楼？"

徐正欲再解释，秘书在婷妹身后直摆手，他急改口："当然啰！这楼嘛，是后话。还是让我先陪你走一圈吧！"

婷妹站起来，感激地："徐经理，您太好了。"

74. 制鞋车间

秘书像风一般跑进了制鞋车间，不停地问正在埋头制鞋的女工："看见李四喜没有？"

女工抬头向后指。

金鞋组。

李四喜从压制全鞋的机器上取下一只女式皮鞋，同两位技术人员在研究鞋的质量。

秘书跑到跟前，神秘地："四喜同志，你来一下！"他把他拉到一边。

秘书："你沉住气！我告诉你好消息，你未婚妻来了！"

四喜惊："我未婚妻？"

秘书："你别保密了！你看徐经理亲自陪她来了！"

四喜抬头望去。

徐经理领着婷妹走进车间，从第一道工序开始，作一一介绍。

秘书神秘地："我跟你讲，徐经理亲自陪她参观，你猜是为什么？"

四喜愣："为什么？"

秘书："还不是为了你！哎！我可只告诉你，徐经理想提拔你当这个车间的大主管哪！他怕你不安心再跳槽，就想把你的未婚妻也调咱们这来，还打算给你一套两房一厅的鸳鸯楼呢！"

四喜说不清是惊是喜："鸳鸯楼？！"

秘书得意地："真的！"

徐经理在介绍制鞋工艺。

婷妹惊奇地睁大眼。

制鞋女工也惊奇地打量这陌生的不速之客。

秘书推推四喜："哎！过来了！你自然点，就当我什么也没说，你的任务是想一切办法叫她调来！来了！笑笑！"

徐经理已经带婷妹到了面前，他大声地："四喜同志.你看谁来了？"

四喜尴尬地问婷妹："你来啦？"

徐嗔怪地学四喜："你来啦？这是什么话？！应该，应该……当然这场合也不适合，不方便（他看看表）噢！还有一小时下班，这样吧，我提前准你假了，你去陪陪她，说点这场合不能说的话，晚饭我请了，去吧！"

四喜感激地："谢谢徐经理！"

婷妹也感激地："经理一点架子也没有！"

徐高兴地："架子能留住人才吗？架子能赚来外汇吗？真是的！"

75. 四喜的双人宿舍

二十平方米的房间里只放了两张单人床，还有两张书桌，两个衣柜，很是舒适。

婷妹在欣赏："你这里的条件太好了！他们怎么对你这么好？"

四喜递过茶杯："这就是当经理的学问了，我不是讲过他爱才如命吗？他怕人才流失，想一切办法不让有用的人跳槽，不惜在生活上给他们优厚的待遇。你知道徐经理为什么会这么热情陪你参观？"

婷妹不解："为什么？"

四喜笑笑："他们说你是我的未婚妻，他们怕你把我挖走，就也想使劲拉住你把你调来。"

婷妹哈哈大笑："这太有意思了！"

四喜忽然严肃起来："婷妹！我要告诉你我心里的秘密。"

婷妹忽然害羞地问："什么？"

四喜："你说特区好不好？"

婷妹知道误解了，认真地答："不好怎么能吸引全国那么多人到这来？有人说，这儿是80年代的新延安，年轻人都愿意投奔这儿。"

四喜："是的！全国已有几十万人拥到这来了，这里给了人们新的生活和希望。可总还有人把这当跳板，跳到海外，说是去求学，其实不少人是移民。他们还是嫌这儿穷，可是他们就不想想穷困的家乡又多么需要他们云建设！我真的觉得是特区给了我智慧，使我开了窍，婷妹！我有一个决定！我要回家去。"

婷妹睁大眼："啊？！回家？现在？！"

四喜坚定的："是！回家！但不是现在1我现在回去了可能还是废物。我是想在这里把制鞋技术全学会了，回去也办个皮鞋厂。咱们那边牛多，皮革原料便宜，待业的青年又多，如果能把皮鞋厂办起来，不仅能解决一大批人就业，也能为国家创造外汇，也能让咱的家乡由穷变富！我就不信，这里人能办到的事，我们为什么做不来？！你说我？……"

没等四喜讲完，已经十分激动了的婷妹一把抓住四喜的手："四喜哥！……"她激动得说不出话。

四喜："你说，我这想法对不？"

婷妹热泪盈盈："对！太好了！这也是我想跟你说没敢说的话，过去我们老埋怨家穷，没有好政策，现在才知道，即使有了好政策，没有好人才，还是不知道怎么发财。我刚刚知道了文化、技术重要，四喜哥！你说！我真的调你厂来好不？"

四喜："干什么？"

婷妹："我也想和你一起学做鞋技术，回去好跟你一起办皮鞋厂啊！"

四喜笑："这当然好！我们还可以引进外资办电子加工厂呀！"

婷妹笑了："对呀！我们村也可以搞个工业区呀！"她笑得好甜哪，好开心哪！

四喜："婷妹！你现在的力也不小了！"

婷妹："你怎么知道？"

四喜："你把我的手都捏疼了！"

婷妹赶紧松手："四喜哥！你好坏呀！"

四喜："我知道你不是有意的，要是你心里高兴，捏得再疼点也行！"

婷妹扑上去："打你呀，四喜哥！"

四喜甜甜地："打吧，打也不躲了！"

两双欣喜的眼神碰到了一起，撞出了迷人的火花，像激光穿透着彼此的心底。

76．夜　宿舍区

下夜班的女工又像潮水般涌进宿舍区。

水龙头处立刻响起"哗哗"水桶接水的声音。

77．夜　女宿舍

娟娟、阿桂、彩云、婷妹、江丽云相继走进屋来，她们直奔自己的床，脱衣，换鞋，准备去冲凉，谁也没注意这房里来了生人。

金凤最后一个进屋，她疲倦地摸到自己的床，突然惊慌喊道："谁？！谁呀？！"

众女闻声回头看。

金凤又大叫："爷爷！是爷爷！"

金爷爷坐在金凤的床上，半边蚊帐遮住他半个身子，所以谁也没注意。

金凤惊喜地："爷爷！您怎么来了？！"

众女亦上前招呼，问好。

金凤："您来怎么也不先来封信，我好去接您？"

金爷爷慢慢从床里移到床边，突然抓住金凤的手，他颤抖地说："凤啊！爷爷该死！爷爷对不起你，我骗了你呀！"呜呜大哭起来。

金凤急劝："爷爷！您怎么了？您别哭，慢慢说！"众女亦劝。

金爷爷擦了把老泪，哽咽地说："爷爷知道你在这打工省吃俭用，月月把钱寄回家，万万没想到爷爷叫一个丧尽天良的给骗了！"

众惊问："谁？谁骗了您？！"

金爷爷："都是我老糊涂了！有人跟我说，现在的姑娘都想嫁给城里人，可没有城里户口，人家城里人也不要。他们说只要拿五千元钱就可以买个城市户口，我想为了你一辈子幸福，五千元钱买个户口也值，就把家里的房卖了，加上凤寄回的钱，凑够了五千给了那人，谁知道那倒卖户口的法办了！进了监狱，那拿我钱的中间人也跑了！那是我们五千元血汗钱哪！我对不起你，凤！爷爷想再看你一眼，就死了算了！"

他号啕大哭起来。

金凤也哭着扑进爷爷的怀里。

全屋的人都陪着掉泪。

院内，婷妹陪着李宏厂长和许莲匆匆赶来。

宿舍内，李宏扶起金爷爷。

婷妹介绍："爷爷！我们李厂长和许主任来看您了！"

李厂长："金爷爷，我听说了，您老也别太难过了，骗走了钱是坏事，可您真买了个假城里户口也未必是好事。我跟您说，您的孙女在这干得不错，她安分守己，兢兢业业，月月全勤得超产奖，最近被评为全厂十大模范青年，有这么个好孙女就是您最大的福气！老人家别再买什么假户口了，特区可有一个给户口的政策，凡是能为特区建设做出重大贡献的优秀临时工，可以把户口从农村调到特区来。当然这数量很少，但还是有希望的，您还是鼓励金凤在这好好干吧！"

金凤破涕为笑："爷爷！您以后别为我瞎操心了，我都这么大了，自己的前途还得自己去争取，自己踩出来的路，自己走着踏实！"

金爷爷："我不是想让你过点好日子吗？这厂长一说，我就宽心了！凤呀！你爷爷……"

许莲上前："老人家！走吧，金凤陪您去吃晚饭，今晚在招待所睡一觉，明天，我再陪您参观参观我们厂，让金凤给您买个自己生产的收录机带回去，您看这好吗？"

金爷爷："好！这我就等于又活了！我谢谢你们了！"

78. 夜　钱运达的卧室走廊

春花提着暖瓶并向左右看看没人，便没敲门推开钱的卧室，闪身进去。

79. 卧室内

春花不声不响地推门进来，惊醒了床上睡着的一个女人。

这女人并不喊叫，只是从被子缝中偷偷往外看。

春花仿佛习惯了这屋内的一切，她熟练地放好暖瓶，随手脱去了外衣，在镜前拢了拢头发，轻轻地喊："您睡了吗？"见无人应，轻轻走到床边："钱总！我来了！"便掀起被子，不料，被被子里的女人抓个正着！

女人歇斯底里般抓住春花大喊："好啊！你是什么人？！说！你是从哪来的？！是不是天天来？！"

春花惊恐万分："你！你是什么人？你到这干什么？！"

女人："哈！你好大胆！还敢问我，让我老娘告诉你，我就是钱运达正宗妻子，钱太太！你是什么人？快说！"

春花惶惑地："你是钱太？那他怎么说他老婆早死了三年了？！"

女人不由分说"叭"就是一个大耳光："他偷人还咒我死，今天老娘就教训教训你，看看我是死人还是活人！"顺手把春花的外衣丢远。

她抓住春花的头发用力打了起来，用手打不解气，又抓起一只皮鞋，劈头盖脸地打下，春花的脸上青了，黑了，红了，满脸是血，起初春花只是招架，并不哭喊，到了后来脸上的血糊住了双眼，她才死命地推开钱太，顾不得穿外衣，跟跟跄跄地跑了出去。

80. 夜　荔枝林

月光下，密密荔枝林深处，彩云被在舞厅认识的夏立夫紧紧地拥抱着，亲吻着。

◎　电影《特区打工妹》剧照

彩云陶醉地："夏！你会爱我多久？"

夏立夫："如果没有特殊情况，就是一辈子！"

彩云："什么是特殊情况？"

夏正欲解释："比方说……"

突然一个人从他们身边跑了过去。

夏惊觉："谁？！"

彩云催促："你别一惊一吓的，快说呀！"

夏回头四顾："不对！有个人跑了过去！"

彩云："不要你管，你快说呀！"

忽然听到远处"扑通"响了一声。

夏："不好！有人跳水！"

彩云大惊，紧紧抱住夏立夫："吓死我了，快走吧！"

夏推开彩云："不行！得去看看！"他拉起彩云就走。

彩云惊恐万分："不！我怕，我不去！"

夏不由分说，拉着她急速向出声的地点跑去。

81．夜　水库

春花已经跳进水里，她挣扎着，时浮时沉。

夏立夫拉着彩云跑到岸边："快看！是不是有人？"夏在寻找。

彩云吓得发抖不敢看，但还是惊恐地向水面窥视，忽然大叫："在那！沉下去了！快！快救人呀！"

夏顾不得脱衣，奋不顾身地跳进水里。

春花沉下去了，渐渐又挣扎着浮上来。

夏奋力游来，就在春花再次沉下去时，他抓住了她。

82．董事长办公室

江董事长坐在大转椅上，神色激动……

钱运达丧气地，瘫坐在一旁椅上听着江董事长的训话。

江董事长："……你是我的老友，我一贯信任你，这次重新聘你来，是请你来帮我，助我，请你把海外的一套企业管理经验带进来……可是我万万没想到你竟干出这种诱奸女工的丑事！现在已经激起了全厂的气愤！我只能……"

钱运达忙说："求你看在老友份上保释我！……"

江董事长暴怒："不！我无力包庇你，我也不应该包庇你！因为你污辱了我的同胞，毁坏了我的声誉！公司的声誉！你必须服从大陆的法制处理，从今天起,我撤了你总经理职务!"

钱运达颓丧地低头。

83. 丝绸制衣厂接待室

杏子穿过办公室,走进接待室。

早已等候在这里的婷妹、金凤、娟娟、阿桂一见杏子进来便风一般围上去,久别重逢的小姐妹兴奋地抱作一团。

阿桂抱着杏子:"杏子姐!可想死我了!"

娟娟:"我好几回梦见你当厂长了!"

杏子:"我还梦见你当了总经理!"

娟跳脚:"你瞎说!我可是真的!"

杏子:"来!都坐下!你们今天怎么会有时间一块来?"

婷妹:"好久没休星期天了,今天不是周末吗,好几家工厂想联合搞'大家乐',厂里就休半天假,让大家准备准备节目,我们特地来约你一块参加'大家乐'晚会。"

金凤:"我们还搬了新宿舍,再不是二十人一间屋了,是六个人住一间了,每个房间全有卫生间,可好呢!也想让你回去看看。"

杏子:"噢!新鲜事还不少嘛!(她环顾大家)哎!怎么春花、彩云没来?"

阿桂嘴快:"春花出事了!"

她刚说出这句话,就叫大家的眼神压住了。

杏子不解地:"出什么事了?快说呀!你们是怎么回事,吞吞吐吐这么不爽快!"

阿桂委屈地:"我可不说了!"

杏子:"婷妹!你说!"

婷妹:"春花被坏人骗了,玩了,还挨了打,她跳河自杀,被彩云的男朋友救了上来,春花没脸再见人,前天没向大家告别,就独自回老家去了,真可怜!"

杏子惊愕地:"噢?!这么惨?!叫谁玩了?这人是干什么的?!"

婷妹:"是港方派来的总经理,这人坏透了。"

杏子:"他人呢?"

婷妹:"跑了!厂里女工全闹起来了,他吓得跑回了香港。"

杏子:"那彩云呢?"

娟娟："彩云姐病了！"

阿桂："跟杏子姐说怕什么，她不是病，是失恋！"

杏子："这又怎么回事？"

众推婷妹让她说。

婷妹："她爱上了一个叫夏立夫的外贸副经理，他也爱她，人挺好！那天春花跳河是他救上来的，可是知道彩云是农村户口，又是临时工，调不进特区来，这样，夏立夫就跟她断了，为了这件事，彩云刺激很大。"

阿桂："我就不懂，干吗非要嫁个城里人？"

娟娟："废话！有得嫁干吗不嫁？乡下人能给你买彩电、冰箱、洗衣机？！"

阿桂："啊！你想嫁就嫁了？这里，像咱们这样的姑娘有几十万人，上哪找那么多城市户口的老公？！这里的男人坏透了，他们挑老婆不是百里挑一，是千里挑一呀，真气人！"

婷妹："干吗非在这里找老公？！"

杏子："这儿就像一座新的移民城，怎么可能一下子容纳百多万人？外地的临时工就应该像流水一样，三五年一循环，要是有一天这几十万人都淤在这里不动了，这座城也就该臭了！现在趁年轻赶紧在这儿学点文化，学点技术。只要有了这两样，还怕找不到好老公？！"

阿桂笑："你准是找到了老公才说这话。"

娟娟："说说，你的老公是什么样？"

杏子神秘地："想不想带你们看看？"

众欢欣雀跃："早该给我们看了！"

杏子站起来："到了里边不准喊叫，走吧！"

众情绪高昂，跟定杏子向外走去。

84．丝绸制衣间

几百女工在缝制出口的新潮丝绸衣，那现代化的工业轧衣机，那五彩缤纷的衣料，令人眼花缭乱。

杏子带着她们在车床间穿行。

姑娘们喜不自禁，目不暇接。阿桂不时问："你老公？"杏子总是往前指。

走到"大烫组"，有几名男工熟练地拿着蒸气熨斗在烫成衣，本来是皱皱巴巴的，一经烫平，立即光华夺目。

阿桂咬着杏子的耳朵，可又是扯破嗓子般喊："哪个是你老公？"

杏子捂住耳朵，向前边努嘴："那边！"

她们又到了成品包装组，这里的女工正把一件件已整形好的成品装到包装袋里，完全是精致的出口衣了。

姑娘们拿起这些高档衣在自己的身上比。

阿桂一边比衣服，一边抱怨："到底谁是你老公嘛？"

杏子："那不是在你怀里？！"

众看阿桂，她的怀里是一件极漂亮的出口丝绸衣。

阿挂："啊？！在我怀里？"

众哄然大笑。

85. 夜 "大家乐"广场

文化广场是集体育、文娱两用场所，中心是运动场，周围是可容数千人的看台，体育场的正面是一个舞台，如今挂了幕布，打着耀眼的灯光，幕布中心贴了"大家乐"三个大金字。台左有一高档电子琴，坐着伴奏琴师。今天来参加晚会的有近万人。是打工仔、打工妹的盛会。

这万人群，百分之八十是女性，她们今天打扮得花枝招展，全都穿上了最漂亮的时装，化了妆，戴上了真真假假的首饰，充分向异性展示着女人的魅力。

一向以大男人自居的汉子们在这里成了绝对的少数，但物以稀为贵，少数更显示了身价。今天与其说"大家乐"是中心，不如说男人是中心，因为他们站在场中央，成了周围近万双少女眼中的猎物。他们那紧绷绷的牛仔裤和那插在裤袋里的半只手，以及那敞开的胸怀裸露着的块块的肌肉，就连那厚厚的嘴唇里喷出来的烟圈，都无不散发着火辣辣的男人粗犷的魅力。

这世界没女人不行，没男人更不行，这里恰恰是个比例失调的世界。

"大家乐"已经开始了。

群情沸腾中，娟娟捧着无线话筒上台，台风大方得体。她抒情唱道：

不要问我从哪里来，

我的故乡在远方，

为了梦中的橄榄树，

流浪远方，流浪。

她的歌激起万人情怀，引来姑娘们一阵阵海啸般的尖叫，她们很少有这种宣泄的机会,今天不管歌唱者的歌声如何,她们都由衷地呼应,发泄着内心深处的渴望,是对自由的渴望。单这万人的叫声就足以撼人心魄!!

歌声中。

台左围了一大堆人在向节目主持人报名,许多人都想借此舞台自我表现一下,自娱一下,凡想上台演唱的还需个人填。写卡片,写上自己的姓名、单位和想唱的歌。

舞台前坐着董事长、高经理、李宏、许莲、方芳、江浩、还有若干政府官员和兄弟厂的负责人。

他们身后的人群中有阿桂、金凤、杏子和李四喜与婷妹。

此时的人群中,四喜的手紧紧握着婷妹的手,轻轻地说:"村长给我来电话了,说村里向银行贷款两百万要办皮鞋厂,请我回去当厂长。可是这里已经任命我当了车间主任了,你说怎么办?现在关键看你了,你怎么打算?"

婷妹:"我还是决定回老家去,我觉得信任和责任比什么都珍贵!"

彩云从枕头底下抽出一把锋利的剪刀,她近似疯狂般把墙上的男人图片全撕下来,用剪刀一剪一剪地把他们剪成了碎片。

86. 夜 "大家乐"广场

群众的掌声雷动,伴着海啸般的叫声。

李四喜走上舞台,他拿着无线话筒,豪情满怀地说:"女士们,先生们!我是皮革公司的临时工,我把我准备已久的歌奉献给大家,歌名就叫《打工者之歌》,希望大家喜欢!"

也许是他的歌名,也许是他的豪情又赢来了激动人心的欢呼!

他纵声唱道:

我们是一群打工者,

远离了故乡的山河,

虽然我们一无所有,

胸中却滚动着烈火。

这沃土是我们的汗水浇灌,

这新城是我们的青春铸就,

当我们用热血织成了美丽花环,

远方的母亲在向我们招手。

噢!故乡还是那么破旧,

故乡的儿女还在向外流，

我要偷一束天边的圣火，

把故乡的山河照透！

噢！勤劳的打工者，

噢！光荣的盗火者，

偷一束圣火，

点燃我故乡的山河，

母亲将永远长寿！

四喜唱出了所有打工者心中的歌，像点燃了万人心中的火，人群沸腾了，疯狂地抖动着手臂，广场滚着海啸般的尖叫。

歌声里，阿桂、娟娟等年轻的姑娘奔上舞台，围住四喜又叫又跳，成了别具一格的伴舞者。

人群里，婷妹不停地擦着滚下来的热泪。

江浩使劲鼓掌，情绪十分激动，他忽然扭回头向人群中寻觅，他发现了杏子，杏子也看见了他，江浩转回身向杏子热情地伸出了双臂。

杏子情不自禁，也向他伸出了手，可是她又突然地冷却了，手慢慢地垂了下来。

江浩的身后，方芳无望地望着江浩，面如死灰。

江浩仍在人群中不顾一切地向杏子挤过来。

然而杏子却在人群中消失了。

江浩愕然停住，他茫然地向人海中望去。

那疯狂般跳跃着的人群，那挥舞着的如林的手臂，那万千张少女的脸，唯不见他寻觅的人，他失神伫立在这人海之中。

已被李四喜的歌声和人海的啸声激动起来了的江董事长、高经理、李宏、许莲等人随着人潮掌声在鼓掌。

晚会进入了高潮。

87．皮鞋公司经理室

大胡子徐经理激动地从皮椅上站起来，向站在他面前的李四喜大声地说：

"四喜同志！我亲爱的同志，你要知道公司在你身上花费了多大的投资，我是用了多大的勇气才辞去了香港的技师而聘用了你，可你却要回家去，回农村去！我不明白，难道你们村也能办起个皮鞋厂？你的月薪还能超过我给你的？！"

四喜："经理同志：我一辈子也忘不了你对我的培养，可我不回故乡就像我欠了故乡一辈子的债，家乡太穷了，可你们这里又太富了，我不是为了自己的工资是多少，而是我的老家更需要我。我求求你了。经理！你看，我们村长，书记都在那等我！"

88. 接待室里

婷妹陪同村长，书记与女秘书谈话。

秘书："婷妹同志，别走了，我们经理对四喜的一番苦心，你也是知道的……"

村长："婷妹呀，你可要坚定呀！看来这儿的厂长还挺会磨。"

婷妹："村长、支书放心，我和四喜你们还不了解吗？只是人家培养了他，这位经理又爱才。"

村长："他爱财，咱们豁出来给他一笔钱。"

婷妹："人家是爱人才，才舍不得放四喜。"

这时，徐经理和四喜推门进来。

徐经理头上沁着汗，他上前与村长、支书握手："让你们久等了，失礼了！我和四喜谈好了，他不回去了！"

婷妹和村长、支书三人闻言大惊："啊？！不走了？！"

徐经理："是这样，是暂时不回去，你们不是要建皮鞋厂吗？我们公司愿意和你们合作，咱们搞内联嘛，你们出人，出地皮厂房，出原材料，我们负责机器设备和技术，四喜在我们这里为你们培训技术人才，兼你们——不，是兼咱们合资厂的厂长，你们看，这样行不行？"

婷妹、村长、支书三人一听惊喜万分。

村长高兴地："行！行啊！我们能和你们大公司合作办厂，那可太好了！"

支书："这才是对我们山区的真正扶贫啊！我代表村民向你们表示感谢了！"

四喜："徐经理说帮助贫困地区富起来是咱们特区的责任，他还愿意亲自挂帅！"

村长、支书上前紧紧握住徐经理的手，感激地："像你这样的好人实在太难得了！"

徐经理："像我这样的好人，特区可大把！"

众哈哈大笑。

89. 电子二厂开业典礼

彩旗招展，锣鼓喧天，就落成的电子二厂挂起了巨幅的标语，上写："飞鹏电子公司二厂开业典礼"。

一队三百名新女工，穿着天蓝色的新工作服结队走进院来，队伍里有春花的二妹夏花（已十七岁），她惊恐不安地向周围寻觅。

已经是老工人了的金凤、彩云、娟娟、阿桂穿着新潮的服装和四周的女工一起欢迎新女工到来，她们发现了夏花，向她热烈招手。

来参加典礼的有政府官员，各企业界代表亦有本公司的负责人江董事长、厂长李宏、高志远、江浩、方芳、许莲等人。

江董事长兴致勃勃走到话筒前讲话："女士们！先生们！各位嘉宾！我飞鹏有限公司，得特区政策之恩泽，蒙全体员工之齐心方有今日之光辉成果。今天是福星高照，双喜临门，一喜三百新女工进厂，二喜我电子二厂开业。在这大喜的日子里，我仍然旧话重提：姑娘们，我保证让你们一年土，二年洋，三年衣锦还乡！好！为了企业发展，为了国家现代化，我们剪彩，放炮！！"

长长的从四层楼上垂下来的两挂鞭炮点燃了，发出震耳的巨响。

董事长与政府官员们前去剪彩。

阿桂、娟娟、金凤、彩云跑到夏花跟前。

阿桂："夏花！你来了，你姐姐回去好么？"

夏花："我姐姐只在家待了三天就又出来了，她说还到特区来打工，她没在这个厂吗？"

彩云："她没回来呀！"

鞭炮太响了，姑娘们都用手捂起了耳朵。

厂门外。

一辆皇冠小车驶来，听到鞭炮声停下，茶色玻璃窗后露出浓妆艳抹的半张女人脸，在向院内张望……

院内的锣鼓声、鞭炮声连成一片，一对醒狮在人群中跳，那醒狮向姑娘们连连点头表示欢迎，夏花捂着耳朵，痴呆地望着醒狮。

她突然被小汽车中的半张女人脸惊住了！……移动了脚步……

半张春花女人脸猛地向车内转头，向身旁的男人喊："快开车！"见她脸上挂着晶莹的泪水。她忙用手绢擦去。

身旁男人道:"宝贝!怎么了?"
春花装着笑脸道:"给烟灰迷了眼。"
那飞舞着的爆竹屑,伴着浓浓的硝烟正向夏花这群女孩的头飘过来。
夏花们眯着眼,捂着耳朵,望着这五彩缤纷的世界。
鼓乐喧天,烟花弥漫,渐渐地一切都被淹没了……
剧终。

1990年5月26日

三、导演心得

《特区打工妹》导演阐述

张良

(一)影片的时代背景与主题

未建特区前的边陲小镇—宝安县城,只有两三万人,当时盛传一句顺口溜,形容当时是"路灯不明,道路不平,自来水不清,外逃不停"。

1979年,中央决定在这里办经济特区,提出"对外开放,对内搞活"的经济策略,利用毗邻港澳的地理优势,引进外资,引进先进的工业设备和工业技术,引进现代的先进管理经验,从而发展中国的工业,培养现代的科技及企业管理人才,并把成功的经验向内地辐射。

但当时的经济特区,既无经济基础,又无人才技术,更无劳动力。他们只能白手建家,用破旧的"三堂"——祠堂、礼堂、饭堂办起了简陋的"三来一补"企业(此"三来一补"即来料加工、来样加工、来件装配和补偿贸易),利用特区的经济优惠政策,吸引港商和外商来投资。港商、外商被优惠的政策吸引,更企望内地的廉价劳动力,于是纷纷把国外大批密集型的企业转移到内地来,于是经济特区和珠江三角洲一带,"三来一补"企业如雨后春笋般建立起来,于是从全国各地吸引来了近百万名临时工,又因"三来一补"的企业性质决定了工厂是以女工为主的,而以这百万计的临时工中,百分之八十则是十八至二十二岁的打工妹,于是经济特区成了"女儿国"。

特区兴建至今已整整十年,特区的工业是从简单的低档次加工业起步的,经过了漫长的过程,逐渐取得了经验,逐渐培养了一批具备现代科技和现代企业管理的人才,逐渐地淘汰了一些陈旧的"夕阳设备",引进来一批更先进的工业设备,又逐渐地淘汰了落后的"三堂",盖起了现代一流的工业厂房，淘汰了临时工棚——铁皮屋，盖起了成群的工人宿舍。特区在逐渐地完善投资环境，以便吸引更多的外商来投资。中国的门户终于打开了，凝固的中国经济终于活跃起来，特区的经济政策和向内地的辐射作用，引起了强烈一的工业震颤效应，也引起工人的精神裂变。

本片所反映的是80年代中期，一批来自边远的贫困山区的待业男女青年，到特区的"三资企业"里打工的故事，从这一侧面，描写她们是怎样地拼搏新的人生历程，是怎样地与不同的命运苦斗，从而以极大的热情讴歌了以婷妹、四喜为代表均现代青年"盗火者"形象，讴歌他们为改变山乡的贫困面貌而忘我的奉献精神，并塑造了以杏子为代表的现代青年为"四化"重塑自我的"进取者"形象，她们努力改变自己的文化素质，自学成才，自觉地为"四化建设"做奉献。

百万打工妹们的命运各不相同，苦乐参半。本片力图从现代工业文明对这一群农村青年的人生观撞击中产生的裂变过程，反映和讴歌她们对人生、对自我价值的新追求，并从这一侧面讴歌特区十年的"开放，改革"成就，讴歌特区对人才的培养，以及在经济建设、精神文明的建设上对内地的辐射作用。这便是本片追求的主题。

（二）影片的风格、样式

严肃的正剧样式，但仍遵循本人一贯追求的"南国都市片"的艺术风格，即现代的生活气息，浓郁的南国都市风情，生动逼真的人物形象，雅俗共赏的生活情趣。

严肃而不刻板，高昂而不说教。以流畅的笔触，勾画现代青年人色彩斑斓的人生，以火一样的激情，赞美特区新人的价值取向。

（三）人物分析

李婷妹：性情温柔、善良、聪明、贤惠，具有中国传统的女性美，但又具有现代青年的进取精神，她并非只为"淘金"而出来打工，而是为了寻求新的知识和文化，当受到特区的建设成就鼓舞，更加深了对故乡的依恋情怀，她不甘心农村永远处于贫困落后的状态，决心学文化，学技术，做现代"盗火者"，为改变山乡面貌而做奉献！

她和李四喜的感情发展，不仅情投意合，更取决于对故乡的感情，彼此都深恋故土，都想改变山乡的穷困面貌，所以才同心"盗火"，因志同而意深情浓。

婷妹：是本片全力塑造的新"盗火者"形象。

李四喜：性情憨厚、朴实、热情、耿直。他并非生就的英雄人物，而是时代造就的一代新人的典型。

他当初出来打工，最积极的动机只是追求彩云。但彩云的突然变心，极深地刺伤他纯朴的自尊心，他意识到失恋的根源在于山乡的物质和精神上的贫困，于是发奋想改变自己的地位和面貌。他勤奋、好学，苦学技术，只是为了提高个人的身价。一旦掌握了现代的科学技能，又引发了精神上的奋进，对故乡的深厚情怀使他产生了"盗火"的勇气，于是迸发出回故乡办厂，为故乡谋福的激情。

四喜的价值观、"盗火"精神和对贫困故乡的情怀是一代青年新的楷模。全力塑造好这一形象，实乃是时代的呼唤。

杏子：豪爽、耿直、热情如火、敢作敢为，极具竞争精神，且又自尊、自爱、自强、自立。不甘贫困，不甘落后，不甘庸庸碌碌，不甘毫无作为。她是在现代文化强烈撞击裂变中勇于接受新思潮的进取者，她敢于承认个人的不足，决心为提高自己的文化素质，重塑自我，自觉地要把自己造就成为"四化"的有用人才。

杏子是封闭的愚昧家庭的叛逆者，她勇于冲破家庭的阻挠，到新时代的熔炉中寻求新的自我。杏子是新权贵的挑战者，以维护平等和尊严，杏子又是自强、自爱的新女性，勇于在强者面前维护和塑造自己的新形象。

她是新一代"进取者"形象的代表，她的"重塑自我"意识，是当今时代青年的主流。

江浩：是一位具有高度爱国精神的香港青年代表，他深知个人的价值是和祖国的形象分不开的，只有祖国强盛，他们港澳同胞的尊严才能得以维护。他极力主张父亲回国投资办厂，更注重人才投资和智力投资，以提高国民的文化素质。国家的现代化的前提，必须是经济现代化、人才现代化，所以他愿为提高人才的文化素质而贡献全力。

江浩和蔼可亲，平易近人，视女工为.同胞姐妹，能平等相待。但在工作中要求极严，重技术、重质量，竭力灌输"顾客至上"观念。

江浩极重人才，故对杏子刮目相待，他钦佩杏子的勇敢和进取精神，并由敬佩而爱慕。

塑造一位富有爱国热情的香港青年形象亦是时代的要求，但应适度，他终不是内地的人民代表形象，故勿脸谱化。

以上是男女主角，男女配角的人物分析。

鉴于本片人物众多，时间有限，故不一一全面分析，但本片除全力塑造上述主要人物外，必须同时塑造二批具有代表性的打工妹们的群体形象，这个打工妹的群体绝不是同一类型的群体，而是不同性格、不同思想、不同命运的总合代表。

彩云是农村打工妹中盲目追求虚荣的代表，她不满山区的贫困落后，一心向往现代的浮华生活，她从羡慕到追求，抛弃了四喜的情爱却又不求实际去单恋江浩，最后才意识到是"水中捞月"。然而她又盲目地向往嫁给特区人，因为特区的户口政策又使希望破灭。她的向往追求和盲目自信被严酷的现实撞击得粉碎，所以她的痛苦和失落才令人揪心难忘。

春花像一朵美丽的山花，经不住生活的重压和诱惑而过早地遭到了残落的命运。她是清白的、善良的、美丽的、柔弱的，是若干个被摧残了的打工妹们的代表，该受到生活谴责的当然不是她，她是个毫无自卫能力的受害者。她的不公平的命运，反映了现实生活还有残酷的一面。

金凤像是一头默默耕耘的牛，不分日夜，不分冬夏，终日无声无息，勤奋耕作。她不会有任何怨言，也不会有任何反抗，只会埋头扎在工作里，埋着头走路，这样的女孩子是很容易得到雇主欢迎的。然而她也在成长，懂得了不要爷爷给买的假户口，而要自己走自己的路。她是万千个打工妹中的又一典型。当然像她们这样的打工妹真正能得到特区户口的，只能是万分之一。金凤能否是极幸运的一个？！

阿桂和娟娟更是数十万打工妹中极普通的妹仔，打工、赚钱，也为了充实个人的生活，她们无忧无虑，既没有远大的理想，也没有强烈的生活追求，喜怒哀乐都在脸上。一个像可爱而笨拙的熊猫，一个像轻盈伶俐的小鸟，然而生活都因为她们增加了无限情趣。她们的奉献就是能在平庸的生活中给你带来快乐。

特区打工妹千千万万，一部影片不可制塑造那么多人物典型，可能凭作者个人的偏爱而挂一漏万。我们已经反映到银幕上的形象务求真实可信，可亲可爱。

本片还塑造了港方代表江董事长和钱总经理，中方代表高志远和李宏，也还有爱才如命皮鞋厂经理。当然还有一个重要人物，港方的女总管方芳小姐，这一切人物相信全体饰演者均能栩栩如生的塑造出动人的形象。只望诸位演员在理解和塑造人物时能注意刻画出入物的多侧面，以增强人物的可信性。

（四）对各主要创作部门的要求

1. 美术的总体造型

（1）关于人物造型

本片的主人公是李婷妹、四喜、杏子为代表的"打工仔""打工妹"。他们来自边远贫困的山区，在80年代的中期从故乡出来到特区打工，经受了现代工业文明的锤炼、撞击而逐渐地成长、成熟起来，因此人物形象造型变化较大，如果说初期——招工、出走时还是一群乡土孩子，到了特区，经过一段现代工业文明和特区新生活的熏陶、渗透，他们的思想和外表上的追求均逐渐发生了变化，到了影片的后期，人物成长了、成熟了，文化素质提高了，人物的造型也发生很大变化，时代的特征在她们身上得到印证。她们在造型上的变化也反映了时代的变化。因此要求对主要人物的三个不同时期造型进行精心设计，在人物的发式、服饰上微小变化，都可能改变人物形象，固应十分审慎。

人物造型从纵的角度看，是她们的成长史，然而从横的角度看，显出了同一时代人在生活层次和文化素质上的差异。本片恰在这几个方面展示人物关系和成长上的差异。如新女工同老女工在文化素质和生活层次上的差异，同时又表现了新老女工同香港年轻人之间的素质差异，以及彼此间的渗透和接近。

人物造型是与时代发展紧密相关的，所以准确的人物造型便是准确的表现了时代。

本片中的人物除打工仔、打工妹之外，还有港方的老板和管理人员，中方的企业代表，双方的文化素质，生活习惯也不相同，即使同属一个阶层，也因人的性格、爱好而异，故要求对这一类型的人物造型不仅要表现差异，更要显示性格和文化情趣上的差异。

（2）关于环境的造型

本片的人物生活环境，大致是四个方面：一是贫困的山区；二是繁华的特区；三是现代的工业区；四是简陋的铁皮屋宿舍区。山区的贫困与特区的繁华对比是强烈的，不可以回避，这正展示了一代人的向往和追求，也可以从对比中看到希望与现实，所以要求强化这对比和差异。影片前半部分的山区要表现出封闭与落后，而特区则充分展示它的现代与繁华，以增强生活的吸引力。人物到了工业区之后，则主要强化现代工业设施与落后的铁皮屋宿舍区之间的差异和不协调。从而强化了工人们的奉献和生活的艰苦性。工业如厂房设施要展示现代性，即配套的工业流水线的科学的经营管理，这均应在厂房设施和标志板上得到展示。

而落后的生活福利设施则通过食堂、铁皮屋宿舍显示了过渡时期女工们的艰苦奉献。

从铁皮屋到现代化的宿舍楼群展示了时代的发展。80年代初期的女工们大多住草棚，破旧的民居，80年代中期才住上铁皮屋，到了80年代的后期便绝大部分住进了宿舍楼。我们的影片则主要表现了中、后期的女工生活。即使是中期的铁皮屋，也因女工们的生活发展而发展。初来打工床上可能只是一张草席和简单的被褥，待到后期则也变成"琳琅满目"的个人情趣小天地。这应在"金老汉探女"一场及彩云搬进新宿舍楼之后的两场戏中得到展示，这既是女工们的成长，也是时代的发展。

总之人物造型、环境造型于本片的总体造型关系重大，请美术师及化、服、道工作人员精心设计和创造。

2. 摄影的总体要求

摄影师的奉献在于准确地表现典型环境和时代氛围，通过胶片和精美的画面，塑造人物形象，给人以时代的美的享受。

摄影师应在美工师提供的典型环境中，运用光画技巧，使环境更生动、更逼真、更富情绪感染性，尤应注意时代特征，运用对比造成区别以深化影片的主题。

从环境上应注意山区与特区的对比，现代工业与铁皮屋的不协调。

而人物的塑造尤应注意横向对比与纵向变化。

本片在摄影上应特别注意人群的渲染，如"山村送行"的人群，两百女工的精神面貌及送行亲属的心态，以使人震撼。

本片着意以特区的八十万女工为背景，固应在摄影上注意"女儿国"的壮观景象，女工下工，汇聚成为女工潮，女工涌入饭堂，以及"大家乐"的万名女工场面，都应令人震颤。

本片要求摄影用光要考究，虽然不必刻意修饰，亦不应一味采用平光，即是真实的（首要的），亦应是艺术的，使人得到享受。

全片以现代的纪实性的摄影为主。

3. 作曲

基于本片的正剧样式和纪实性的南国都市片风格，要求作曲十分注意电影音乐的个性和时代感，为影片的主题和人物的心态发展、命运变化给予必要的烘托，以便使剧情延伸和升华。

本片的主题歌《打工者之歌》，虽然只此一首歌，但要求制作得十分高亢、有力，足以震撼万人心弦。这是打工仔的颂歌，不是一般的抒情歌曲，更不是小调、所以应豪迈、雄壮，正面歌颂打工仔们的形象。但又应区别于进行曲、政治歌曲和一般的颂歌，此歌的主题是打工仔，最好以现代摇滚乐的形式塑造现代打工仔们的豪迈、粗犷的形象。

4. 录音

视听艺术的电影，往往忽视了声音造型的艺术功能，我则十分注意影片的声音造型力量，故望录音师在声音处理上，发挥创造性，通过各种音响处理，帮助人物造型和影片造型，以便让观众感受到这是一个立体的空间，真实的世界，是视听艺术的完美统一。

尤应注意的是影片结尾"大家乐"的万人欢腾场面，务须声画结合，声情并茂，那高亢的令人振奋的"打工仔之歌"和那海啸般的万人欢呼声，均应达到使人震颤的效果，此声音之真要得以令人身临其境，引人入胜。

5. 群众与群众场面

本片的最大难题是群众演员之多，群众场面之大，如山乡数百人的送行，电子厂两次开业典礼的千人聚会，以至万人的"大家乐"，这绝非可有可无，而是影片主题必须追求的重要部分，务求全组同志全力以赴组织好群众场面的戏。

本片有两百年轻的新女工（18—20岁），由山区开往特区。本片的主人公亦夹杂其内，其两百人不必真从山区到特区，但分段拍摄必须注意真实性和连续性，所以群众演员的选择和服饰必须注意，不可以前后断然分离。

本片的女工宿舍要求同主人公一起共二十女工同居，除八名女主演外，尚需配齐十二人，这十二人则从头到尾，从始至终的跟随，从山乡招工始，经"广场送行""山乡车队""火车厢内""客车上观市容"，以至"到了电子厂集训""上流水线"，均需与主人公们同甘苦，共命运。是贯串全片的群众演员，所以务请副导演选好演员，剧务部门做好生活管理。

本片已被珠影党委列为今年投产的重点"主旋律"影片，并得到广东省委宣传部和北京电影局领导的极大关注，电影局给予本片的资金资助，就显示了政府对"主旋律"片的政策倾斜，也是对本片的艺术质量的最高期望。

1990年7月

《龙出海》

一、电影简介

电影名称：《龙出海》

摄制单位：珠江电影制片公司

公映时间：1992年

影片类型：彩色遮幅式故事片

导　　演：张良

编　　剧：王静珠、张良

获奖情况：本片为广电部向党的十四大献礼片；1992年获上海第二届农民电影节"银絮奖"

二、电影文学剧本

1. 珠江三角洲

飞机上俯视：珠江三角洲河网密布，波光耀眼，一片生机勃勃，镜头向村镇繁华地区推移。

2. 玉龙镇·银龙村

俯视、推移，已往贫困的村镇如今已工厂林立，新楼成群，远处传来震动大地的打桩机声，渐渐被咚咚的鼓声代替。

3. 银龙村·塑料玩具厂

铃声骤起，男女工人们从岗位上急起，往外奔跑。

鼓声越来越响！有女工喊："快！看起龙去！"

4. 银龙河湾

银龙河风景秀丽，两岸蔗林郁郁葱葱。

二十岁美丽健壮的银龙村女副村长欧阳梅架着一条小艇，坐在船尾操桨，船上满载着米酒、乳猪、鞭炮等物。

◎ 电影《龙出海》海报

她身后紧随着一条小艇，由十八岁的姑娘冯丽娟划桨，船中坐着欧阳梅的二姐欧阳秀（二十七岁）。远处传来鼓声阵阵……

丽娟划着船大声喊："……哗！阿梅姐，你听这鼓声，他们是不是在起龙了？"

欧阳梅（简称阿梅）："放心吧！他们等不到我们的酒，是不会下水的！"

二姐阿秀笑道："我家阿梅不到场，那些男仔就是下水，也没劲起龙呀！"

丽娟："喔！我懂了，这就是阿梅姐的魅力了！"

阿梅："别贫嘴了，快划吧，敢不敢追我？"

丽娟："追就追！"说罢便快速划起来。

阿梅的桨入水快有力，几下已划出很远！……

丽娟憋足了劲，紧紧追来……可是阿梅仍是领先，内河一片朗朗笑声。

5. 田野·鱼塘

远处鼓声。

二十二岁，性格泼辣的张凤珍，正率领十余名年轻妇女，挑着水桶迎着鼓声走去。

6. 银龙村头

数以百计村民扶老携幼，高高兴兴向村外跑去。

孩子们跳着，喊着："起龙了！看起龙了！"

7. 村外·小河沟

小河沟两岸已围满村民，仍有人跑来。

两名鼓手围着大鼓敲打。

八十岁的欧阳公，鹤发童颜，手抚银须，喜气洋洋地站在鼓旁。

三十岁的银龙村长王志强正指挥三十几名青壮年脱去外衣长裤，只留下五颜六色的短裤。他转身问："爷爷，准备好了！下水吧？"

欧阳公向外张望："不！等等阿梅！"他大喊："阿梅！阿梅！"

人群后阿梅尖声回答："爷爷！我来了！"

众齐望去。

阿梅率丽娟、欧阳秀、凤珍、桂珍等十余名女青年抬着酒，抱着青花大碗兴冲冲穿过人群跑来。

男青年们顿时兴奋雀跃："阿梅来了！酒来了！"

阿梅气喘吁吁地："爷爷，我在镇里买酒就听见您喊我了！"她转头对女青年们："快！每人倒一碗，不许多给。"

丽娟等打开酒坛往碗里倒，众男青年纷纷上前取酒。

青年冯志学端着酒碗走到阿梅面前友爱地："阿梅，就等你来了！"

阿梅："是等我还是等酒呀！"

青年邱明嬉笑地："当然是等你呀！有酒没有你，一样没有劲……"话还没说完，就被凤珍提着耳朵拉到一边。

凤珍："你瞎凑什么热闹！"

丽娟又端了一碗酒送给冯志学："给！冯哥！"

阿梅笑："哗，瞧这丽娟多偏心……"

冯志学把酒急忙退给丽娟，青年阿水赶忙从丽娟手里接过来："还是给我吧！"他凑近丽娟低声说："自讨没趣，你没发现冯哥对阿梅有兴趣，对你没兴趣！"

丽娟又抢回这碗酒："我对你也没兴趣，多事！"

欧阳公大声喊："都喝完了没有？"

众青年齐声："喝足了！"

欧阳公命令："下水！"

众青年"嗨！"的一声喊，一齐"扑通"一下，全跳到水里。

欧阳公指水面："左以这棵树为界，右到那个小沟，大家先挖去护龙泥！"

众青年在水里齐齐站成一排，冯志学在水里大喝一声："挖！"

◎ 电影《龙出海》剧照

众青年犹如鲤鱼打挺,一个个浪里白条般钻到水下,他们一沉一浮十分地踊跃。

欧阳公拿起鼓槌,为起龙人擂鼓助威。

凤珍在王村长身边笑看青年挖泥,转对王村长:"村长!你怎么不下水呀?"

王村长:"你是不是想把我这个一村之长拖下水呀!"

凤珍:"哪敢呀!"众大笑。

欧阳公又喊:"护龙泥挖好了没有?"

众青年齐声:"好了!"

冯志学、邱明、阿水等人从水中钻出,眼睁睁望着欧阳公,等待号令。

只见欧阳公两手一横,鼓声戛然而止,他向前跨了一步,嘴里念念有词,然后声如洪钟大喊:"有请康乐老龙出海!"

众青年又齐齐地大喊一声:"是!"便一个翻身钻进水里。

岸上皆屏息以待,停止了一片嘈杂声……

数秒钟后,忽听水面"哗"的一声巨响,一条三十余米长的乌黑龙船从河底跃出水面。

两岸人齐欢呼:"老龙出海了!"

欧阳公命令:"擂鼓!放鞭炮!"

鼓声又像爆豆般响起来了。

梅子点燃了挂在树上的鞭炮。

这时岸上一群七八岁的男仔,迅速脱光了衣服跳入水中,游向龙船。

欧阳公也脱得只剩一条底裤游到龙船边,摸着龙船,用船中水向身上泼洒……

男仔们纷纷围向欧阳公喊:"给我洒龙水!给我洒龙水!……"

欧阳公慈祥地:"别急!一个个来!"他用手捧起龙船里的水,洒向男仔的身上、头上,逐个祝福道:"吉祥如意!长命百岁!"

岸上的家长们纷纷鼓掌。

一些四五岁的女仔,也哭闹着想下水,被母亲紧紧抓住:"女仔是不让上龙船的!别去!"

女仔哭闹着:"我要去嘛!……我要洒龙水!"

阿梅望着,突然随手抓起一只桶,跑下龙舟提上一桶水,喊道:"女仔们全过来排队,要洒龙舟水了!"

女仔们停住了哭闹，自觉地排成一队。

阿梅用龙舟水淋在女仔头上，学着欧阳公的腔调："吉祥如意！""长命百岁！""保佑女仔！""等你们长大了，我们女仔也成立一支女龙队好吗？"

女仔们兴奋地齐答："好！"

母亲们高兴地望着，称赞道："阿梅就是有办法！"

冯志学提着录音机跑来交给阿梅说："阿梅，交给你，一会儿去龙母庙点睛，你放音乐，行吗？"

阿梅爽快地："行！"

8. 龙母庙

建在河边的龙母庙已经有些年代，今年又粉刷一新，数十盘巨大的圆形盘香高高悬挂在屋梁上，烟拖得长长的，气氛十足。

端坐在佛台上的龙母被烟缠绕，龙母美丽端庄，正眯眼合掌俯视着村氓们，佛案上奉供着乳猪、烧鹅、酒水等物。

一只巨大的龙头，利牙红须，昂首立在庙堂正中。庙堂周围已插满罗伞、彩旗等。

冯志学对阿梅一示意，阿梅紧急按下了录音机，庙中立即响起了祭龙的浑厚音乐，王村长走到庙前台阶上大声宣布："现在请德高望重的欧阳公，为我们的老康龙点睛。"

欧阳公健步上前。

欧阳梅递给他笔和墨。

凤珍在人群里对丽娟低声说："欧阳公的笔可神了！龙的眼睛经他一点，就像活了似地转起来！"

丽娟睁大了眼睛，惊奇地："是嘛？"

凤珍："信不信由你。"

欧阳公站在龙头下，仰面向上，将笔点向龙的眼睛，那凸起的龙眼经此一点，立即晶莹发亮，神采奕奕。

冯志学、邱明、阿水等四人立刻走上佛案，取过龙头，随着祭龙音乐，向龙母朝拜，动作似舞，又不是舞。

众村民情绪高涨，热烈鼓掌。

王志强走到四十余名龙舟队员面前，借对他们讲话的机会向全村村民讲话，他慷慨激昂地："乡亲们！年年赛龙我们都输给了金龙村，今年，我们一定要齐心合力,夺取第一,老康乐龙一定能保佑我们五谷丰登,工业兴旺,弟兄们!一定要争取第一,夺取胜利!"

众青年齐心:"银龙第一,夺取胜利!"

9. 河边·壮龙宴

沿河村街支起炉灶,烈火熊熊,热气腾腾,银龙村的妇女在这里设龙宴为赛龙的男儿壮行。

地上几十只大碗,阿梅指挥丽娟等倒酒。

另一边是几十只大盘子,凤珍等正在切肉、装肉。

赛龙的青年们从地上端起酒肉、狼吞虎咽。

邱明缠着凤珍:"凤珍,我说真的,这回要是得了第一,你……"

凤珍大方地:"我就嫁给你!"

邱明:"可是……万一……"

凤珍:"别万一,要是输了,我就嫁给金龙村的阿才!懂吗?"

邱明:"这……能不懂吗?可是你也太……"

凤珍:"少废话!你就去搏吧!"

邱明忽然转向大家:"哥哥儿们!乡亲们!为了我,你们可得跟我搏一搏呀!"

众应:"凤珍,这下你可嫁定姓邱的了!"

王村长兴奋地对阿梅说:"看来这次得第一有希望了!"

冯志学:"二位村长,说实话,这次赛龙得第一稳拿的,可是我们村要在经济上超过金龙村这就难了,现在全村人全在看你们当家人了!"

王村长:"赛经济也和赛龙一样,关键还是人的精神,有了压倒一切的精神,就可以……"

阿梅:"哎!精神是重要,但是没有物质当基础,精神也就失去了支柱,精神也就是空的了!"

冯志学:"我同意阿梅说的!"

王低声对阿梅:"以后你说话注意点,现在已是新上任的副村长了……在家里你是我小姨子,在外你是村副,干什么事都应该首先考虑和我保持一致。"

阿梅:"那要看什么问题了!法律上可没有规定副职就一定要服从正职。"

王村长转身大喊:"吃饱喝足了没有?上龙!"

10. 玉龙河赛场

今日,景色秀丽的玉龙河两岸已是人山人海,临时用竹、席搭起来的赛场主席台上,已坐满玉龙镇委、镇政府的各级领导,还有在玉龙镇投资办厂的外商、港澳同胞。

在这众多的嘉宾中,最显眼的是香港荣华公司的董事长、香港广东同乡会主席、香港国际龙舟邀请赛的组委、年近六十岁的荣云辉先生,他穿戴入时,谈笑风生,在人群中同左右朋友热情周旋。

玉龙镇镇长欧兴全迎上前与荣先生打招呼:"荣先生!您什么时候回来的?您身体好啊?"

荣先生:"噢!欧镇长,我昨天刚回,一是回老家过节,二是和你再谈谈合作的事呀!"

欧镇长:"好啊!你是香港国际龙舟赛的组委,老行家,你看看我们镇的冠军能不能去参加国际大赛呀?"

荣先生:"好啊!我们同乡会早就盼望这一天了!你们镇历年的冠军是哪个队?"

欧镇长:"金龙村的龙舟队,可是,近几年各个村队全组织起来和他较量了,今年金龙能否保持第一就难说了!……"

"镇长!你就别担心了,今年冠军还是金龙队!"原来是李村长走来。

金龙村村长李锦田手执"大哥大",西服革履,大步地赶上前和欧、荣边说,边握手。

荣先生:"李村长,李先生,你真有那么大把握?"

李村长:"没错!今年有您荣先生光临,我的龙舟队更得卖力了!噢,荣先生,您已经几下玉龙镇考察了,怎么样?您选定哪个村合作了?"

荣先生:"你们几个村的投资环境各有利弊,我还要好好预测一下,主要是选择一个精明能干的合作者!"

李村长:"您就大胆选择我吧,包您满意,我可是一直期待着和您合作呢!瞧,我的龙舟队到了!"

李锦田向河心一指。

欧、荣等人齐向河心望去。

玉龙河上,鼓乐喧天,一艘百人巨龙在重重彩旗、罗伞包围下,正威风凛凛划桨过来,龙船中一面大旗用醒目的金字写着:"金龙村龙舟队",队员们穿着一色的黄背心,绿短裤,个个犹如铁塔般健壮。

荣先生看得兴起:"好啊!这金龙村龙舟队果然是威风八面,气势不凡!"

欧镇长:"金龙村就是我曾经向您介绍过的风扇王国,他们村的工业起步早,李村长是个很有号召力的村长。"

李锦田得意地:"荣先生,要论投资环境,在这玉龙镇,我不是夸口,如果我说自己是第二,那就没人敢说是第一了!"

荣先生:"噢!看来李村长确实有号召力!改天一定到你们金龙村去做客,今天先看看你们的龙舟大赛,这也能看出每个村的实力!"

河面上,已聚齐十一个村的龙舟队,每个队全在船上摇动自己的村名大旗,向主席台致意。

这时金龙村龙舟队上发出震耳的欢呼声,引得各条龙船以及岸上的人群向金龙船看去。

金龙村龙船靠在岸边,李锦田和风扇厂的赵厂长拿着一些特制的大红包在为队员们分发,划手们接过红包兴奋异常。

李锦田边发边说:"别人是赛后才给,我们金龙村做事历来超前!你们可要保住冠军荣誉呀!"

众队员大喊:"村长!你就放心吧!"

正在河中游动的银龙村龙船人看得真切,个个心痒难忍。

邱明羡慕地:"哗!这么大红包,这不是存心给我看颜色吗?"

一青年:"我们王村长发不发呀?"

冯志学:"别眼红,要顶住这物质刺激!"

邱明:"可要顶不住了!"

阿水:"王村长说了,我们靠的是精神!"

邱明:"我怕没这物质,精神也快没了。"他大声喊:

"喂!李村长,你能不能大方点,把我们的也一起发了吧!"

众哄笑。

李锦田:"可以嘛!等你们投奔我们金龙村的时候吧!"

赵厂长在旁:"今天过节,也给他们发个小红包吧!"从口袋里取出一叠小红包交李。

李大声:"行啊!今天过节,也给大家发个'利是'吧!我们两个村,水连水,村连村的,关系不一般!欢迎诸位投奔金龙村来!"他正欲发,突然被人从后拦住说:"李村长,这小红包就不必发了!话可别说得太早,别看你们先起了两步，可往后还说不定谁投奔谁呢！，弟兄们！赛龙就要开始了，你们可要拼尽全力，为银龙村争光！"

李回头看，原来是银龙村村长王志强。

设在主席台旁的独龙炮响了。十一条龙舟乘着鼓声从远处的河面，像一艘艘战船滚滚而来。两岸观众喊声冲天……

主席台上的荣先生兴致勃勃："好！过来了！过来了！好！有气派！有实力！"

众人引颈观看。

以欧阳梅为首的银龙村女拉拉队率先喊起："银龙，加油！"

接着两岸四面八方传来各村"加油"的喊声，尤其是近在咫尺的金龙村拉拉队和银龙村的拉拉队互不相让，此起彼伏。

河面上，金龙龙船百桨齐落，威武雄壮，已遥遥领先，队员们把李村长发的大红包插在裤腰正中，远远望去只见红光一片，闪闪跃动，气势不凡。

丽娟看傻了眼，喊道："阿梅姐，你看！金龙人的腰里是什么红玩意？"

阿梅笑道："这是李村长给队员们装的发动机！"

丽娟："我说呢！他们个个像机器人似的，划得多快呀！王村长为什么不给我们队员也装上一台红色发动机？"

阿梅："这机器我们可装不起。"

金龙龙船越来越近了。

丽娟又喊："阿梅姐，你看，金龙船上的第一划手就是那个'智多星'曹新。"

阿梅果然被这第一划手吸引住了，只见曹新二十八岁左右，白白净净，宽宽的额头，体魄强健，正带领全船奋力向前。

金龙村拉拉队喊起："金龙加油！曹新加油！"

阿梅问："你说的这个曹新，就是金龙村请来的研究生工程师？上次王村长让我去挖他过来！……"

丽娟："你去了吗？"

阿梅："还没有。"

丽娟："听我哥说，这个曹新可聪明了，他发明了五个专利，三个全给金龙村了。"

阿梅："三个？那还有两个呢？"

丽娟:"那谁知道?你大姐夫就是精明,听我哥说,曹新的专利个个全赚大钱!"

梅子:"喔!"禁不住又向曹新望去。

河面,金龙村的身后,银龙船紧紧追了上来。

看台上,欧镇长指给荣先生看:"请看!这就是银龙村的龙舟队,追上来了!这是金龙队的劲敌!"

荣先生兴趣大增:"噢!这就好看了!"

欧镇长:"这赛龙就像两个村在赛经济实力,就是这么你追我赶,不相上下!"

荣先生更加专注望去。

河面上的银龙在冯志学带领下,一步步向金龙逼来,他们腰里虽然没有诱人的红包,但仍凭着齐心和毅力,一桨一桨向前靠近。

李村长急了,探身子大喊:"金龙!别松劲,银龙快追上来了!"

阿梅率先大喊:"银龙加油!超过金龙!"

李村长:"阿梅,你嗓门可不小呀!"

阿梅:"大姐夫!我嗓门小了,能压过你吗?"

李村长大笑:"这阿梅!"

金、银两村龙船在相距一船的距离冲到终点,最后仍是金龙夺标。

两岸欢声雷动,鞭炮声骤起。

王村长和阿梅像泄了气的皮球!……

李村长望着王村长、阿梅,哈哈大笑:"阿梅!想超过我们金龙是没有那么容易吧!"

阿梅:"大姐夫!你也别太狂了!"

李转头:"狂?!这叫实事求是,懂吗?告诉你二姐夫吧,对别人的长处首先要承认他,其次才是学习,追赶,别不服气了,再学两年吧!"说罢离去。

王村长离不远侧耳听着李锦田的话,虎着脸,不服气地"嘿"了一声。

欧镇长和荣先生走到欧阳公前问好:"阿公,您好啊!怎么样,有这么两个孙女婿心里高兴呀!"

欧阳公笑道:"多谢你欧镇长培养呀!"

欧向荣先生介绍道:"金龙村的李村长和银龙村的王村长都是欧阳公的两个孙女婿,他儿子在市里工作,三个孙女全是阿公拉扯大的。"

荣先生："啊！阿公，好福气呀！怪不得两个队争得这么凶，阿公您喜欢哪个？"

欧阳公："一个太狂，一个太犟！欧镇长，你说说，以前穷的时候，一家和和气气的在家待在一起，现在越开放，怎么又斗起来了？"

欧镇长笑道："阿公啊！这不叫斗，这叫竞争，有了竞争，才能前进。"

欧阳公："喔！那就让他们俩去斗吧！"

11. 银龙村·政府大院内

以凤珍为首的二十余名女青年站在院内虎视眈眈，叉着腰一副严阵以待的样子。

冯志学、邱明、阿水等队员，浑身湿淋淋，提着桨灰溜溜地走进来，见女青年们严阵以待，低着头……

泼辣的凤珍开了第一炮："瞧！败将回来了！大家看，这一个个像不像落汤鸡！"

众男翻翻白眼，谁也不敢搭腔。

众女笑！

凤珍走到邱明身边，头一抬："行了！我只能嫁到金龙村去了！"

邱明没好气地："嫁吧！……我还想嫁过去呢！人家有大红包，人家财大气粗！"

凤珍："你是不是眼红？没有大红包就应该不得第一？"

邱明："这是士气问题，人家有了红包劲就足，要是王村长识做，也先发上一个红包，这士气就会大不一样！结果也会大不一样！"

众队员齐声："就是嘛！"

阿水："自己发不起也就算了，可是人家白给，也不给拿，瞧，不拿白不拿！"

王村长和阿梅从里屋走出院内。

邱明："跟着这犟村长，反正富不起来！"

王村长："怎么啦？输了就埋怨村长！？我们银龙村办事从来就讲实事求是，像金龙那样靠物质刺激，讲排场，我们就是不学！再说……（停顿了一下）我们村暂时还没有这个经济基础。"

冯志学："村长，你最后那句话可讲到点子上了。那请问村长：我们村为什么没有经济基础呢？去年金龙村提出来合作，让你把空地作为投资，可你就是横竖不同意，结果二万平方米空地整整空了一年，一分钱也没赚回来。"

邱明："人家金龙村已经成为风扇王国了，可我们村一件名优产品也没有！"

阿水："我们服装加工厂快两个月没来料加工了，这样下去怎么行？"

王村长越听越生气："怎么啦？在开我批斗会是不是？开诉苦会是不是？谁要是有办法，就请你上来当村长嘛！……"

阿梅示意大家住嘴，对王村长："听听群众意见也好嘛！"

王村长："这叫意见吗？这是发牢骚！是不满情绪，你们个个身强力壮，可请问了：你们对银龙村的贡献又有多大呢？你们又有谁想过这两万平方米土地可以办什么实业？你们谁出过好点子？（越说越生气）行！你们看哪个村好，就投奔哪个村去吧！我决不拦你们！"扭头就进里屋。

大家全被王村长骂傻了，全愣在那里。

阿梅："又来犟脾气了，我去劝劝他！"进屋。

邱明突然大声地："得！村长在赶我们走了……凤珍又要外嫁了……我邱明只好自找出路了！"

凤珍使劲推邱明："衰鬼！走，吃饭去！"

邱明："吃饭！还有什么心思吃饭？"随凤珍下。

众男青年不欢而散离去。

12. 欧阳公家

黄昏，客厅已摆好饭菜。

王志强的妻子欧阳秀从厨房端了饭菜，喊道："爷爷，出来吃饭吧！"

欧阳公从内出："阿秀，等志强和阿梅回来一块吃吧！"

阿梅匆匆进门喊道："二姐夫！快！……"

阿秀："没回来呀！怎么啦？"

阿梅："这可麻烦了！你这个老公把村里的年轻人全得罪了！"转身对爷爷，"年轻人给他提了点意见，他就来了犟劲，说看哪儿好就投奔哪儿吧，结果邱明带了一些人全跑了！……"

欧阳公："跑哪里？"

阿梅："投奔金龙村去了！"

欧阳公着急地："这怎么行？胡闹！都有谁？"

阿梅："有冯志学、阿水、靓仔……咳，村里有点文化的人全跟去了！"

这时王志强从院外走进。

欧阳公对他吼："你怎么搞的？快！快去把你村里的年轻人追回来！"

王村长："追他们干什么？"

阿梅："喔，你是知道他们跑了？你不急？"

王村长："急有什么用？君子一言驷马难追！我说了不拦他们，难道我还去求他们留下！"

欧阳公气急："什么话！"命令似，"阿梅！你现在也是副村长了，还待在那里干什么？去追！"

阿梅急步跑出院。

王志强呆呆地站在门口。

13. 黄昏 内河

邱明、冯志学摇橹，三条船载着二十几名年轻人急急往金龙村去。

邱明突然发现后边有船追来，急喊："后面有情况，会不会王村长追来了！"

冯志学："那个人蔫得要命，还能追来？不管！走，出去打工总比在村里受气强，就凭我的能力，每月少说也挣他三五百元。"

邱明："对！就拿花轿抬我，也不回去了！"

阿水："对，谁追来，也别回去！"说罢，加快了摇桨的速度。

阿梅独自划了条小船追来，速度飞快！

阿梅大喊："喂！站住！"

邱明一惊："阿冯，不好了！是阿梅来了！你可得顶住呀！"

冯惊回头："阿梅？是她，怎么就她一个人？"

阿水："瞧！一看阿梅，就划不动了吧！你不划给我，反正谁也动摇不了我！"想夺下橹把。

冯："你滚蛋！"把阿水推到一边。

阿梅的小船飞似的追上来。

邱明："怎么凤珍没有追来呢？"

阿水："别等了，凤珍早就嫁到金龙村了。"

阿梅边划边喊："喂！你们也太不够意思了，这么大事怎么不喊我呀！"

阿梅熟练地把小船横在三条船的前边，挡住了去道。

冯志学："你来干什么？"

邱明："你是不是来追冯哥回去？"嬉笑地，"冯哥，你就跟阿梅回去吧！"

阿梅："干吗要追回去呢？开放了嘛，对台湾还讲来去自由呢！何况还是自己村里的兄弟，我知道你们穷怕了，村里的经济又没有抓上去……干脆，我也和你们一起去投奔金龙村吧！我大姐夫早动员我去了！"

冯志学着急地："那怎么行？你是刚选上来的副村长，就靠你帮助王村长把村里的经济抓上去呢……"

阿梅苦笑："我本来也这样想的，我就不信银龙村富不起来！"

众青年："就是嘛！阿梅有志气！"

阿梅突然伤心地："可是……我现在没有这个志气了。"

冯志学："为什么？"

阿梅："因为支持我的人全走了，有文化有理想的年轻人全走了……"伤心地擦了一下眼睛："我本来想，我们年轻人应该上对得起祖宗，下对得起后代！……村里的事靠大家一起来抓！可是自己抓吧，太累、太辛苦，干脆我们一起去金龙村吃个现成饭算了！"

三条船上的男仔全愣住了。

阿梅："行了，兄弟们，你们先走吧！我去向爷爷告别一下，随后就来！"她把小船掉过头，操起桨，慢慢划去……

三条船上的年轻人谁也没有拿起划桨，阿梅的一番话激动了他们心中的波澜………

阿梅的船一声一下地慢慢划走……她心情显得沉重……静心地听着船后的动静……

突然，阿梅身后响起了划船声，越来越近。

阿梅紧张的脸变成激动的表情，禁不住掏出一面小圆镜往身后反照……见三条船尾随而来。

阿梅脸上淌下激动的泪。

远处的高坡上，王村长扶着自行车往河中瞭望，显然他正在关心船的去向。

内河，远远望去；

暮色中河面上仍透着晚霞的余晖。

一条小船在内河中冲出一条人字形波纹。

三条船在后随移，紧紧地，像在为小船护航。

王村长微笑沉思着……

14．银龙村委会议室

村委扩大会议已进行多时，会场上气氛热烈、激昂。

在座的除村委领导人王志强、欧阳梅等，还有冯志学、邱明、凤珍、阿秀、阿水、丽娟等人，欧阳公也高兴地坐在上座。

王村长扯了嗓门："今天的会开得特别好，看来我们这条银龙是一定要腾飞了！大家看看还有什么好的建议、意见，随便说……爷爷有什么高见呀！"

欧阳公："高见可没有，只是希望快点！"

邱明："老阿公，您急什么呀！"

欧阳公："当然是我最急呀，晚了我就看不见了。"

众笑！情绪活跃。

冯志学："刚才王村长宣布的计划相当好，这项目上以前，一定要注意保密，那金龙村的人手脚可快了，万一露了信息，又叫他们抢了先。"

王村长："对！我在这儿郑重宣布，这个投产项目是绝密的，任何人都不许透露。"

邱明："没错，只要你不告诉李村长，谁也不会说。"

阿水："那可不一定，还有凤珍，她老说要嫁到金龙村去，不得不防！"

凤珍："好你个衰仔！看我打你啦！"众笑。

阿梅："还有，我在想金龙村所以发得快，主要是靠人才，经济竞争实质是科技竞争，科技竞争又是人才竞争，所以说目前我们的问题是人才！人家金龙村就是靠借才发财的！"

王村长："阿梅说得对，我们也需要借几个像金龙村那个'智多星'叫……"

阿梅："曹新！"

王村长："对，像曹新那样的人，听说他给金龙村推荐了好几个项目，全都赚大钱！"

丽娟："我们也去把曹新借来用用不行吗？"

冯志学："金龙的李村长能把摇钱树借给你用？"

丽娟："他又不是金龙村的人，不也是借聘去的吗？"

阿梅："借聘就是在一定时候归他们使用了！"

邱明："一个阶段归他们，下个阶段归我们嘛！诸位！我有个好主意，我们要是真想把姓曹的借过来，只要请一个人出马，保证手到擒来！"

众喜："谁？"

邱明："阿梅！"

众："对！只有阿梅！"

"阿梅，你就去把他借来！"

凤珍："可千万别让阿梅去，她要是去了，说不定人没有借来，反倒叫人家把她拐了走！"

众："那怎么会？"

凤珍："你们看看，我们这年轻美貌的副村长，人见人爱，那个姓曹的可还是光棍呢！"

冯志学若有所思地："对！阿梅可不能去！"

丽娟："你瞎急干什么？她不叫人拐去，你就能拐到？"

邱明："就是嘛！有我，也轮不到你呀！"

凤珍："瞎起哄，老实点！"从后拧了他一把屁股。

王志强："你们可别开玩笑了，这可是急事，我和阿梅商量好了，谁能给村里借到人才，谁能给村里创造经济效益，将来就按百分之五发重奖，我就不信赶不上金龙村！"

邱明："对！就得有这样的重奖政策！重奖之下必有勇夫。连老祖宗都懂，我们现在才开窍，阿梅，你就去把那个姓曹的挖过来！"

阿梅："为了村里的利益，我就去会会他，只要他还没有在金龙村安家落户，我们就有借用的权利！"

凤珍："必要时先给他点感情投资，放点电！"

冯志学又急了："工作就是工作，搞什么私人感情！特别是不能放电！"

众哄堂大笑。

15. 金龙风扇厂厂长室

厂长办公室和小型会客室相连，会客室内加固全是玻璃柜，内有奖杯、奖状以及新产品。

厂长正和曹新交谈，桌上放着图纸等。

门外走进李村长，两人站起："李村长！"

赵厂长："你来得正好，我们厂遇到新问题了！"

李村长："新问题？有问题就会有办法，说来听听，我就专门能对付新问题！"

赵厂长："自从曹工来了以后，他帮我们设计了两个新产品，这品种在市场上特别好销，简直是供不应求（电话铃响）喂！……喂……给你另外一种型号的行吗？……那就要请你等了，实在没有货……好！……先给五百台……"转向李："瞧！订货单多，没货出……不是没货出，是来不及出！"

◎ 电影《龙出海》剧照

李村长下决心："那就再增加生产线！"

赵厂长："我也这样想，可是……"

李村长："没有资金？我担保贷款！"

赵厂长："我们根本不用贷款，现在缺的比钱重要！"

李村长："什么？"

赵厂长："是人！是年青的工人！没有人，光有流水线，这能出产品吗？"

李村长也感问题的严重性："喔！……这问题……喂！你先到附近的村镇去招点来！"

赵厂长："现在可不是改革开放的初期，我们起步早，还能在别的村招来工人，可现在每个村、镇全在发展经济，哪能有剩余的劳动力支援我们？"电话铃又响起："喂……喔，我马上请曹工去一下。"转身对曹："曹工，机电组有些情况，请你去一下。"

曹新："李村长，我先走一步。"离去。

这时厂人事科牛科长从外兴奋地跑进来。

牛："赵厂长！喔李村长来了！告诉你一个好消息。"

赵厂长："是不是招到工人了？多少？"

牛得意地："别急，让我喝口水（急喝）我……给你调来了一个部队的兵力，这回，你就不用犯愁了！"

赵高兴地："部队？从哪调来的？"

牛："'五〇三八部队'呀！第一批报到的是四十八个，人全来了，就在门口，怎么样，你先见见工？"

赵厂长兴奋地："好！太好了，真辛苦你了，走，李村长，我们一起去见见。"赵厂长推李村长一起走出办公室。办公楼外。

李、赵、牛刚刚走出楼外，就听一女高声粗嗓地："立正！"

赵等吓了一跳，惊望：院内站了两排人，足足四十八个，全是五十岁左右的妇女，听喊"立正"口令，已规规矩矩地挺直了已有腹部的腰肢，有的肥，有的矮，个个睁大眼睛望着走出的三人。

赵惊问牛科长："你说的部队呢？"

牛向大嫂们一指："这不是？"

赵还在往远处望："你说的是'五〇三八部队'！"

牛科长："对呀！她们就是'五〇三八部队'呀，就是树里五十岁上下的三八妇女队呀！"

赵厂长立即泄了气似地："喔！就这么个'五〇三八部队'呀！……就这些老大嫂能当工人吗？瞎胡闹！"

牛科长："你不是急着找工人吗？虽然说这个部队的人年龄大点，可是她们身体好，责任心强……这还是我求来的呢！先对付用吧！"

赵厂长："简直是开玩笑！"

领队肥嫂已经不耐烦了，扯了嗓门喊："怎么的，是不是赵厂长不满意呀！实话说我们还不愿意来呢！树里的年轻人全去搞工业了，那农业、养殖业还离不开我们'五〇三八部队'呢！嘿！还瞧不起我们，我们还忙不过来呢！再见吧！"她转身发号令："向右转，撤！"

众妇女嬉笑地边走边喊："这次不要下次可请不来了！"曹新走来，和赵厂长商量问题。

'五〇三八部队'走出了大门。

牛科长也走了，自语地："这么好的部队不要，那我也没有办法了……"

赵厂长苦笑："村长大人，你看这困难怎么解决吧！还有，我还缺个副手，负责销售的副厂长，最好是女的，能干的，没有这个副厂长，我可真要忙垮了！"

李村长玩笑地："你应该在'五〇三八部队'里找一个嘛！"两人全乐了。

赵:"走,进屋谈吧!"正欲返身进楼,就听有人喊:"大姐夫,李村长,慢走!"

李、赵回头看,李笑道:"瞧,又来了个'二〇三八部队'的。"

阿梅兴冲冲跑进院来:"怎么看见我来了,想躲呀?"

李锦田:"你今天怎么有空来了?"

阿梅走近:"想找大姐夫了,就来看看嘛。(转身对赵)赵厂长,你好!"她突然发现曹新站一边,眼一亮,主动上前:

"你是曹工程师吧!"

曹急忙:"我是曹新,是金龙村借聘来的技术人员。"

阿梅热情握手:"这就对了,我就是来找你的。"

曹不解地:"找我?"

李村长:"刚才还说是来看我的,怎么变成是找他的?"

曹新:"请问你是……"

赵厂长上前介绍:"她是银龙村的副村长,也是李村长的小姨子,欧阳梅。"

阿梅:"就叫我阿梅吧!"

曹新眼一亮:"啊!久仰,久仰!只是今天才见到,非常荣幸!"上前又与阿梅再次握手。

阿梅:"认识你太高兴了!……"

李村长见两人一见如故,似有所思,上前打断:"阿梅,你找我有什么事吗?"

阿梅:"老实说找你就是为了找他,现在既然已经找到了他,也就没事找你了。曹工,我有些技术性的问题请教你,你有空吗?"

赵急上前:"阿梅,今天曹工和我还有些事要……"

阿梅笑问:"曹工,你真有事吗?"

曹急忙:"没事!今天我没事!"

阿梅:"没事就行,这样吧,赵厂长,我想借曹工几小时(看表),下午五时半一定归还,不过,五点半也就下班了,八小时以外,就是曹工的自由了,曹工,你说是吧!"

曹新:"是……是……到哪儿去谈呢?"

赵厂长:"就在我们会客室吧!那儿有茶水,我和你姐夫也一起听听。"

阿梅笑道:"会客室是你们谈话的地方,年轻人喜欢一边走,一边说,曹工,你说是不?"

曹新高兴地:"是的……边谈边走比较……好!"说着,随阿梅走了。

李村长和赵厂长呆呆望着他们远去。

赵忽然:"不好!李村长,我好像有个预感!"

李惊问:"什么预感?"

赵厂长:"好像曹新爱上阿梅了!"

李大笑:"哪能这么快!真是一见钟情了!爱了更好,你不是想找一个年轻美貌能干的副经理来负责销售吗?我看阿梅是最佳人选!"

赵高兴地:"对!让曹新把她拉过来!"

16. 金龙村工业大道

阿梅和曹新在工业大道上漫步。

曹:"你以前到过这个厂吗?"

阿梅:"还是刚开张的时候来过一次,这几年变化这么大,发展这么快!"

曹新:"陪你参观一下新车间,好吗?"

阿梅:"太好了,我正想看看呢!"

17. 金龙风扇厂车间

现代化的厂房和装配流水线,青年男女工人穿戴着一色的工作衣帽,正在认真地工作。

曹新陪阿梅走来,热情地介绍着:"像这样的厂房和设备,每年可以生产十万台电风扇。"

阿梅:"生产几种款式?款式是固定的吗?"

曹新:"款式要不断地更新换代,用你大姐夫的说法是:必须'吃一,看二,眼观三,也就是说在生产这一品种的同时,立即就要着手研制新一代产品,又需要紧紧盯着市场上的需求变化,继续开发新产品,才可能在激烈的竞争中求胜。"

阿梅:"你来了以后遇到困难吗?"

曹新:"这儿是供人施展拳脚,建功立业的广阔天地,一般来说困难相对少点,但是,技术人员需要一大批有文化的青年工人来配合生产,目前来说最大的困难是缺乏有技术的青年工人!"

两人转到成品包装车间,一箱箱成品包装后立即运到停在车间外的集装箱上，电子表上计着出货的数字。

阿梅无限感慨地："这儿已经是现代化企业了，产品又是国家的名优产品，可在我们银龙村还差得很远！"

曹新："也是缺劳动力吗？"

阿梅："我们银龙村什么也不缺，我们有二万平方米平整好的土地，整整空了一年，我们有年富力强的男女工人……可是我们缺项目，缺像你这样的工程师。曹工，我坦白地告诉你，我这次来，是来请你的。请你参谋一下，帮我们想一个投资的好项目。"

曹新："我很愿意为你……们村出力，我必须亲自到银龙村去走一趟，实地考察一下投资环境，才有发言权。"

阿梅高兴："太好了！你什么时候能去呢？"

曹新："你什么时候需要我去？"

阿梅："当然是越快越好，明天，明天就去，我亲自划船来接你，顺便看看我们那的水乡风情。"

曹新兴奋地和阿梅握手："就明天！"

18．银龙村委办公室

王志强从桌边兴奋地站起："他真答应了？明天一定来？"

阿梅："那还能有假，明天我亲自去接！"

王："真太好了！阿梅，你可真有办法，你可是给我们村立了大功了！明天叫厨房搞点好菜，我和你一起去接！"

阿梅："你就不用去了！……"

王："村长亲自去接，以显示村里的重视嘛！"

阿梅："两个人好说点……你不是让我多做点感情投资，在旁边叫人怎么投呀！……"说着，大笑起来。

王大悟："喔！……我明白了，看来阿梅真有点意思了！……"

阿梅："什么意思？人家是大学生，工程师，我们是农村妹，我这次可是为了集体，不带任何私人感情。"

王笑道："带点私人感情可能更有利于集体，阿梅，你就别怕！"

阿梅："不是怕，而是根本不可能，懂吗？"

王村长还缠着说："爱情这玩意可没有界线，这不像城里招工，讲年龄、学历、户口……"

阿梅听烦了："算了，明天就你去接吧，免得你瞎操心！"

王急拦住："说是说，笑是笑，这事可非你不可！"

阿梅："那你还讲不讲了？"

王村长："不讲，不讲，你就没有你二姐脾气好，我说什么她就听什么，可你……阿梅，说正经的，明天一定要接待好曹新，这可是政治任务呀！派车去吧！"

阿梅："我划小船去接。"

王笑："好！好，用小船接更富有诗意，更……"

阿梅眼睛一瞪："又来了！"

王赶忙住口。

冯志学匆忙入内，对阿梅说："阿梅，明天我陪你去接曹新。"王眼睛一瞪："你呀！给我靠边站！"冯愕然呆立。

19．银龙村内河

风光秀丽的银河村内河，阿梅划着小船载着曹新，荡着晨雾，飘然而来。

高坡上，丽娟轻轻喊了一声："来了！快看！真的来了！"

冯志学、邱明、阿水、凤珍等男女青年纷纷跑上高坡眺望。邱明："怎么样？我说吧，只要阿梅亲自出马，曹新就手到擒来！"

凤珍："哎呀！你看，他们俩又说又笑像老朋友似的，多亲热呀！"

丽娟："我看危险了！"

冯急问："什么危险？"

丽娟："你看这景色，又有阿梅陪在身边，那姓曹的还能有魂吗？"

冯志学眼望着这内河如诗如画的风景，又望着这对船中人……脑袋顿时冲血，傻傻地站着，像丢了魂似地。

凤珍用手掌在冯眼前摆了两下，冯没动静，凤珍大叫："不好了，冯哥丢了魂了！"

邱明："不好了，冯哥魂丢了，快找找！"

冯志学一惊，如梦初醒："我丢什么了？……你们别闹，我是因为村里请来了人才，高兴得看呆了，银龙要腾飞了！"

阿水跳起："要飞喽！要飞喽！"他扇动两只胳臂，学作飞样。

20．金龙村委办公室

金龙村委的办公室无论从装饰和设备，档次都比银龙村委高，办公室内人来人往，川流不息，热闹非凡，其中有外地来洽谈的，也有来求职的，李锦田一热情接待。

曹新匆匆走进办公室问一干部："请问，李村长在吗？"干部指："在村长办公室，他正等你！"

曹走到村长办公室，推门入内。

李村长正和一位副村长研究工作。

李："就这样吧，一定要大力抓好养殖业，要形成名优鱼养殖体系，让我那个老婆带个头，把名优鱼类的养殖技术普及到千家万户去，必要的时候可以增加点养殖水面，我们发展工业可不能忽视农业生产呀！"

徐副村长："放心吧！你专心抓好工业，我抓好农业，里外都不要松劲！"见曹新，说罢站起："曹工！来了，请坐吧。"

曹新："徐副村长，你先谈，我不急。"

徐副："对了曹工，你是搞工业的，农业养殖业的问题是不是可以请教一下？"

曹新："我不很懂，请问你是想问……"

徐副："你认为哪些优质鱼养殖比较好？"

曹新："可以养一些白鲳、加州鲈鱼、太阳鱼、花鲷，但一定要作好放养设计和水质管理。"

李村长："瞧！真是个智多星，什么都懂，这样吧！下次请你去指导一下养殖场。"

徐副村长："行！下次请教。你们先谈。"便走出门外。

曹新："村长，赵厂长说你找我有事？"

李锦田热情地："来！请坐！"他倒了杯茶给他："没有什么大事，随便聊聊……你昨天去银龙村了？"

曹惊讶："这你也知道？"

李笨："这能不知道吗？是欧阳梅划船来接你去的吧！"

曹诚恳地："是的，欧阳梅邀请我去看看他们村的工业情况，想让我帮她出出主意。"

李村长："你看了怎么样？不如我金龙村吧！"

曹新："看来他们是起步晚了，目前只有几家来料加工厂，自己还没有名牌产品，但是他们有地，有人，有急切办大企业的决心，所以我想帮助他们把经济搞上去，村长，你不反对吧！"

李笑得有点僵："这能有什么问题，银龙村几年来老是原地踏步，我看了也着急，王村长和我是连襟亲家，欧阳梅又是我的小姨子，应该帮！你这次去，看没看见那块二万平方米空地？"

曹新："阿梅带我去看了一下。"

李村长急问："还空在那儿？"

曹新："还空在那呀！"

李村长："瞧！这个翚村长，上次我找他谈合作，就想让他用土地入股，这人死活不干，瞧！这浪费多大！……先不说这些，曹工，今天我找你想谈谈你个人的私事。"

曹紧张地："个人私事？"

李村长："你借聘到金龙村也一年多了，你为风扇总厂研究成功的节能机，就为他们增产了1.1亿元，村委一致意见想给你在金龙村盖一栋小洋楼（比划着），盖个三层，把你城里的父母也接来住，自己再成立个小家庭，这多美！"

曹笑："小家庭？对象还不知道在哪呢？"

李："曹工啊！你都二十八了，也该有个自己的家呀！那对象问题可不难，只是不知道你想找个什么样的，和我说说……就把我当你老大哥，这总可以吧！"

曹："那当然！只是……这还真不好说！"

李："你不好说，我说，你是不是想找个像你一样的大学生，城市户口。"

曹："我自己就是一个不恋闹市，喜欢下乡创业的人，所以我不一定找城里姑娘。"

李："哦！我懂了，你主要是选择姑娘的人品、才华，主要看有没有共同语言，感情是否合得来！"

曹连连点头："对！太对了！"

李："你喜欢温柔的呢？还是开朗活泼的呢？"

曹："当然是开朗活泼的，性格像火一样的，办事朝气蓬勃的……雷厉风行，长得又健壮，又漂亮……"

李兴趣大增："你喜欢这样的？"

曹点点头。

李："这人是农村干部，行不行？"

曹："行！只要和我性格合得来！"

李一拍大腿："肯定合得来，我给你介绍一个人，行吗？"

曹着急地："谁？我认识不？"

李："当然认识，还很合得来！性情和你说的完全一样！……"

曹新："这个人是？……"

李："是我的小姨子，银龙村副村长欧阳梅！"

曹惊喜："她？阿梅？"

李："就是她，行不行？"

曹高兴得连连点头："行！太行了！只是不知道她会不会看上我？"

李："这件婚事就让我来包办吧！……但是，我可有个条件。"

曹干脆地："什么条件全行！"

李："要是我把你这件大事说成了，你俩一定要在我们金龙村结婚，你必须把梅子娶过来，绝不允许你招过去，懂吗？"

曹高兴得连连点头："懂了！只能把我娶过去，绝不能把阿梅招过来！错了！只能把我招过去，绝不能把梅子娶过来！……又错了！……总之我不能去，只能让她来，对吗？全懂了。"

李村长见曹新激动得语无伦次大笑起来。

这时，电话铃响起。

李锦田抓起电话："喂！我是！啊，阿梅啊！"

曹新像触了电似地跳了起来："是阿梅！"

李："你追得可真紧呀！"向曹新使了个眼色："找曹新怎么找到这儿来了？"

阿梅电话声："我知道你找他有事……"

李笑道："你知道是什么事吗？"

阿梅："管他什么事……快让他听电话，我约他有事！……"

李："约他！好啊！……阿梅，你大姐到处找你有急事商量，明天你去养殖场一趟吧！……行了，马上让曹工听电话。"

把电话交给了曹新，笑道："瞧！有门吧！"

曹急接电话，激动地："阿梅！我是曹新！"

21．银龙村委办公室

阿梅抓着电话，王村长站在旁边向她打着手势，一会儿摇头，一会儿点头，忙个不停。

阿梅："明天，明天你可一定要来呀！还是我去接你，什么？……还要坐船？行！再见！"

王志强："怎么样？"

阿梅笑："搞定！快通知冯志学他们集合，把他们试制的电子消毒柜也抬过来检查一遍，让曹工鉴定一下。"

王兴奋地："行！我马上去通知他们！"刚出门又转回："阿梅，别忘了那件重要事！"

阿梅不解地："什么事？"

王："昨天晚上说的……"

阿梅："喔！摸摸曹新的新专利情况，想办法让他给我们一个！"

王纠正："不是给，是卖！"

22. 银龙村委会议室

在一间小型的会议室内，冯志学、邱明、凤珍、丽娟和阿梅、王村长等人围着曹新在检验一台自制的电子消毒柜。

曹新用电笔等测试仪器。

曹新满意地："性能良好，完全合格，只是现在是一层，对瓷器、玻璃消毒效果好，但是随着科学的发展碗杯许多是塑料的，对塑料的就应该分层处理，这样才能得到顾客更大的欢迎，创造更好的经济效益。"

阿梅："曹工说得太对了，要投产就应该选择最好的去投产，不过分层处理科技问题就更多了……又没有资料……"

曹工："说来也巧，因为我申报的新专利中就有这一项，我愿意把全套资料贡献给你们，试制工作从明天开始。"

王村长高兴得手舞足蹈，忙着和曹新握手："太感谢你了！太感谢你的帮助了！可是……李村长能同意你来吗？"

曹工："我每天晚上来，不会影响金龙村的工作，再说……我听他说过，他非常想帮助银龙村……"

王村长感动地："真的？……"

曹工："不过他说他有条件……"

阿梅："他有条件？什么条件？"

曹不好意思地："下次跟你个别说……我该走了，今晚香港的荣先生到，明天我要陪李村长去和他见面。"

阿梅："荣先生的投资环境选定了没有？"

曹工："荣先生的投资项目很大，他很慎重，李村长想方设法在争取他，李村长的敏捷确实值得学习！"

王村长在想什么……

阿梅："曹工，我还是水路送你吧！"

冯志学急忙："阿梅，天快黑了，你去送不方便，还是我用摩托车送曹工去。"

曹新："不用麻烦你了，还是阿梅去好……路上还有些事和她商量一下。"

曹新和大家告辞，阿梅陪曹新走出。

冯志学失望地坐在椅上。

邱明大声喊："得！技术是引进了，可是阿梅小姐却要输出了！啊，二帝啊，我多失望啊！"冯志学瞪了邱明一眼。

凤珍骂道："你是不是搭错线了？神经病！"

邱明急辩解："我不是说我，我是代冯哥在说，可别吃醋！"

丽娟亲热地喊："冯哥！……冯哥！你送我回家，行吗？"冯发呆，没回话。

凤珍："得！这回魂又丢了！丽娟，快大声喊！"

丽娟大声："冯哥！"全屋人哄堂大笑！

23．金龙村乡间公路

欧阳梅驾驶日本本田摩托车，头戴红头盔沿乡向公路驶来。

途中不时见个体的鱼贩、鸡贩驾摩托满载鸡鱼迎面驶过。

24．金龙养殖场

一座颇具现代规模的综合养殖场，左边有一排几十方鱼塘，全部养着优质的鲈鱼、鳗鱼，鱼塘上的增氧机鼓起数十团水花，很是壮观，右边有几十间现代的鸡舍，养着十万余只竹丝鸡、三黄鸡。养殖场场部是一座新式三层楼房，外墙全用马赛克装饰。

在养殖场工作的，多数是村里的"五〇三八部队"，担任场长的是欧阳梅的大姐，李锦田的妻子，欧阳美今年三十刚刚出头，性格开朗，动作快，嗓门大，一天风风火火忙个不停，把养殖场管理得有条有理。

此时场部门前，停了一辆大卡车，妇女们正忙着点数往车上装鸡。

欧阳美从里走出大喊："喂！田科长，你这次可得点准呀，上次你多拿我三百只。"

田科长嬉皮笑脸地："哪会呢？不能！瞧你们'五〇三八部队'的战士

个个提高警惕，我哪敢！"

正在点数做记录的肥队长抬头说："场长，你放心吧，有我在这里，他别想搞鬼！"

欧阳美笑道："要是田科长表现得好，就送他几只竹丝鸡给他夫人补补身体！"

田科长："场长，你可太英明了……谢谢啰！"

欧阳美："不客气！肥嫂，我去鱼塘了，有人来，到那儿找我，今天水产公司来运鳗鱼。"说罢向里走去。

欧阳梅骑摩托车赶到，摘下头盔喊："肥姨，我大姐在哪儿？"

肥队长："唷！是阿梅呀，你姐刚去鱼塘了，才走不远！"

阿梅喊声："一会见！"阿梅驾车走了。

鱼塘路上，欧阳美闻声回头："哗！稀客，阿梅，你来干什么？"

阿梅："该我问你呀！你让我来干什么？"

欧阳美不明地："我让你来？"

阿梅："我大姐夫说你找我有急事……算了，没事我就回去了，现在村里这么忙。"急掉车头。

阿美急喊："哎，别走。"直拍额门，"真有事，你大姐夫对我说……唉！全忘了！……对了，你大姐夫不让我说……来，跟我一块去鱼塘那里，你的事慢慢说，水产公司来收购鱼可是大事……当然啰，你大姐夫说你那件事也是大事……"

两人走到鱼塘前，一群妇女正在起鳗鱼，水产公司的车停在那儿等装货，有人过秤，年轻的芳芳在记录，计算总数和价格。

欧阳美喊："芳芳，算出没有，一共多少？拿来我看看有没有错！"

芳芳："哪能有错，一共是六千九百元。"

阿美接过看了一眼："拿计算机来，我再算一遍。"阿美熟练地算了两次，觉得有疑。

阿梅一旁看着，随手拿过账单，心算一下，即说："不对，应该是六千九百七十八元。"

阿美："我说吧！这芳芳少算了七十八元。"喊道，"芳芳！你又算错了！"

芳芳跑来："是算多还是算少？"

阿美："多了，我就不说了，可你总是算少！"

芳芳也大喊："园园！这个衰妹，是她帮我算的。"园园过来，两人又掏出计算机在算。芳芳大喊："场长，真的，是少算了七十八元。你也太厉害了！"

阿美："废话！不厉害敢领导'五〇三八部队'，场里就你和园园是年轻人，一定要精明点，仔细点，否则炒你们鱿鱼！"两人挨了训，还嬉笑跑去。

阿美："当这个场长可太辛苦了，事事要自己操心……唉！瞧我最近起码瘦了二十斤，你瞧！瘦多了吧！"

阿梅："没感觉！起码还可以瘦掉三十斤，才算正常！"

阿美："神经！再瘦掉三十斤就当不了这场长了！喂（神秘地），我问你，最近是不是有个小伙总来找你？"

阿梅："小伙子？找我？没有啊！"

阿美："怎么没有？就是我们村请来的工程师，叫曹新。"

阿梅："喔！你说是他呀！那不是他找我，是我总找他！"

阿美高兴地："怎么样？你喜欢上他了？"

阿梅："喜欢他？不，是需要他！"

阿美："需要他就是喜欢他，喜欢他就是爱他！这小伙子真不错，有学问，长得也好。你大姐夫叫我给你俩说媒，但是有个条件，一定要你嫁过来！村里给你俩盖栋小洋楼，还要聘你当个副厂长……怎么样？满意吗？"

阿梅一听哈哈大笑："我大姐夫真是够聪明的了，他想来个先下手为强！大姐，你就告诉他吧！这个媒就不用提了。"

阿美一惊："为什么？"

阿梅："我们已经自由恋爱了！以后不是我嫁过来，是我们把曹新娶过去！以后曹新就是我们银龙村的人了！你们就别操心了。"

说罢，阿梅戴上头盔，骑上摩托，带着一串笑声跑了。

欧阳美惊得全呆住了！

一队十六七人的妇女排着队，拿着工具走来，肥队长喊："立定！场长，人到齐了！"

欧阳美才醒过来："好！你带队先去，今天任务是开两方新鱼塘，我马上就来，一起干！"

肥队长喊："向右转，齐步走！"队伍刚走两步，就听得阿美喊："不好了，情况严重！"

肥队长机灵地往回跑，急问："场长，有什么新情况？"态度特别积极。

阿美："没你的事！"肥队长又跑回。

阿美急从挎包内掏出"大哥大"自动电话，拨号："喂！……"

25. 金龙风扇厂展销会场

一座很大的产品展销大厅，来自全国各地的供销经理、采购员等正在仰望挂在天花板上的各式吊扇，和陈列四周的落地扇来宾对产品兴趣甚浓，赵厂长和曹新正在介绍及回答各种问题。

李村长满意地："我们金龙风扇在全国已经小有名气了，目前是供不应求！……"

年轻的村委秘书递过"大哥大"电话给李："村长，你的电话。"

李锦田接过电话，走到窗前调正天线："喂！……是阿美，什么事？……真的？"（这时听不见阿美的声音，只见李村长的表情从喜到惊，最后几乎是目瞪口呆）

李仍举着电话："好！我落实一下。"自语道："这事儿可严重！"顺手把曹新一把拉住。

曹新惊讶地："什么事？村长。"

李村长："最近你是不是常去银龙村！"

曹新："差不多每天晚上都去，我是去……"

李村长："你是去找阿梅谈恋爱？"

曹新："还没有机会谈这件事，现在谈的全是技术性问题。"

李村长："这你就不说实话了，我最新信息（拍打了一下'大哥大'）是阿梅亲口对别人说的，说你们已经在恋爱了！还说你要搬到银龙村去了。"

曹新听得高兴起来："真的？要真有这好事，我可太高兴了！"

李村长："这么说，你确实，没听阿梅说过？"

曹新："绝对没有！"

李村长："不骗我？！"

曹新："我敢对天发誓！……"

李村长："这么说，可能是阿梅来吓我的，不过，我要提高警惕了。曹新！命令你立即去进攻！一定要阿梅爱上你，嫁给你，记住！是她嫁过来，而不是你嫁过去，懂吗？"

曹新认真地："懂！她不嫁过来，我嫁过去。"

李急忙纠正："反了！不是她嫁过来，是你嫁过去……哎呀！这句话怎么就说不明白了？一句话是：你不能离开金龙村，让阿梅离开银龙村！以后我要多给你创造点恋爱时间……走！"

曹新："哪儿去？"

李村长："香港荣先生表示愿意今晚上再洽谈一次，你陪我去，有你这内行在，我说话就清楚点，哪儿说错了，你就帮我纠正，在科技问题上可不能装假。"

曹新："金龙起步早，你有经验，也快成专家了。"两人边走边说。

26．银龙村建筑工地

在一块近一万平方米的土地上，盖起了电子消毒柜厂厂房，厂房已完工，工人们正在进行内部装置。

王志强、欧阳梅、冯志学等全在工地忙碌。

邱明押着货车进工地，见王村长等人急喊："王村长！最新信息！"跳下车走来："香港荣华公司董事长荣先生已经到了玉龙镇，住玉龙宾馆，好几个村的村长全去找他了，希望拉住他投资，我们村去不去？"

阿梅："看来，荣先生已经来了几天了，现在才去，能行吗？"

王村长："不妨再争取一下，荣先生搞的是最先进的微波系列工程，是桩能赚钱的大买卖。"

冯志学："那就快去吧！主动点！"

邱明："还有，昨天我在县里碰到了李村长，他向我打听我们还有多少空地？"

王村长急问："你怎么说？"

邱明："我说我们已经用一万平方米盖了厂房，具体什么厂我可没说……他说：你们不是平了二万平方米吗？还有一半干什么了……我说：李村长啊！你可别担心了，我们自有用处！"

王村长满意地："回答得好！这个李锦田！要多防他！走上车。"

27．乡镇公路

一辆白色面包车上，坐着王村长、阿梅、冯志学、邱明，车在公路上疾驶。

28．玉龙镇街

白色面包车在宽敞的镇街上行驶，两边已是装潢一新的店面，完全没有乡镇的旧面貌。

29．玉龙宾馆

高档、现代豪华的玉龙宾馆，白色面包车驶来，来到宾馆前。只见一辆皇冠小汽车内走出西装笔挺的李锦田、赵厂长、曹新。白色面包车内邱明紧张地："晚了！金龙村先到了。"

宾馆内迎出香港荣先生及其随从人员。

李锦田豪爽地："还让荣先生亲自来迎，真是不敢当！"

荣先生："你快成为我的合作者了，我不敢怠慢，请吧！我们已恭候多时了。"

李村长看了下表："正到约定的时间；准是荣先生合作心切，来早了！……我这个人是最有时间观念的。"李村长谦让"荣先生请！"

众相随荣先生，鱼贯而入。

面包车内，邱明埋怨："唉！就慢了一步。"

王村长："看来，我们不是慢了一步，是慢了一天，要是早有信息，就早行动了。"

阿梅："看来我大姐夫早就和荣先生磋商过了，否则荣先生不可能出外迎接，我们真得向金龙学习，人家是信息快，行动快，成效快！"

王村长："走！回去！他打他的，我打我的，我们起步慢，那就使劲追！他们先走了两步，我们三步并成一步走！"白色面包车掉头驶去。

30．银龙村委会门前

白色面包车停在村委会门前，王村长等人下车，村秘书急迎出。

秘书："村长！欧镇长来了几次电话找你，让你和副村长立即赶到镇里。"

王村长："瞧！刚从镇里来，又得转回去！"

阿梅："像我大姐夫早就有'大哥大'了，有了现代化通讯工具就可以赢得时间。"

王村长："等有了钱，先解决这问题。"上车。

白色面包车又驶去。

31．欧镇长办公室

王村长、阿梅推门而入。

欧镇长迎上："你们可来了，周书记等你们半天了。"

县委周书记从沙发上站起："你们两位村长可是姗姗来迟啊！"

阿梅:"周书记,不是来迟,是吃了没有现代通讯工具的苦头,其实一小时前,我们就到了玉龙宾馆!"

周笑道:"哈……今天才去找荣先生?太晚了!办事要像李锦田那样,看准一件事,抓住不放!告诉你们一个最最新的消息:刚才荣先生已经来电话了,他和李锦田谈成了!"

阿梅:"这么快!"

周书记:"快?!这次荣先生投资五千万,在金龙村搞一座工业城,专上微波系列产品,来争夺北美和东欧市场。"

王村长和阿梅这时你看我,我看你,实在无言可答。

周书记:"银龙村怎么样啊!还在原地转?!"

欧镇长:"最近他们的后劲也很足,他们的专利产品——消毒柜也快没产了,将来可能成为市场上的热门货。"

周书记:"现在我们镇里各个村正在你追我赶,新洲的电饭锅产值已达两个亿,乐乡的热水器也是两个亿,要是你们还不快步走,就会落后很远了!"

阿梅:"我们已经意识到了!"

欧镇长:"我知道王志强对目前的形势是非常急的!"

王村长:"我承认自己发展经济上起步晚了!可是我绝不承认银龙会落后!我们要三步并成一步走!"

周书记:"好!三步并成一步走!今天我请你们两位来,有件大事想和你们商量一下,欧镇长,请你说说。"

◎ 电影《龙出海》剧照

欧镇长："是这样，镇里作了大量的市场调查工作，决定在镇里投产一家规模较大的电冰箱厂，以满足人民的需求，这是个大项目、大工程，镇里选中你们银龙村作为投资的一方，把你们的土地作为投资股，镇里负责集资和招聘技术人才，可作为镇村合办，你们意见怎样？"

阿梅早已听得振奋起来，立即表态："太好了！有镇委当后台，错不了！"

王村长："这真是天上掉下来的好事！我感谢县委对我们的信任。"

周拍案而起："好！有你们两位的态度就好办了！以前搞些小企业时，我支持过，我认为'船小好掉头'，现在我还要支持大企业！大投资才有大效益，才能在剧烈的商品竞争大潮中冲浪！取胜！这就叫做：大船好冲浪！你们立即成立筹备组，说干就干！"

王、梅站起。

王："我回去就召集会议，给大家通报一下，大家肯定兴奋。"欲出。

周笑，叫住阿梅："阿梅，听说你个人也在进行一项大工程？"

阿梅惊："我个人能有什么大工程？"

周："听说你在搞人才竞争，那个'智多星'，是不是已经落在你手里？"

欧、王哈哈大笑。

阿梅调皮地："那可没那么容易，这比上电冰箱工程难多了！"

周大笑："那就知难而上！"

32．金龙村村委会议室

室内桌上放着一张微波炉厂立体的模型沙盘，上有办公楼和厂房的分布位置。

曹新在向李村长、赵厂长等十余人在讲解："这是办公主楼，这是厂房配电所、水塔……总共占地面积是×平方米。机器设备由荣先生负责从国外引进，全部工程由省工程队承建。预计十个月内就可以竣工投产。"

李锦田神采飞扬："好极了，明天就把这沙盘搬到玉龙宾馆，听听荣先生的意见，另外，我们还要聘请一些技术人员和管理人员。曹工！请你也出马联系一下。"

曹新："我有空去省里一趟，动员我的老师、老同学能来参加建设。"

这时，一年轻干部走到李村长耳边低声："村长！听说银龙树和县委挂上钩了，要联合搞一项大工程！"

李紧张："什么工程？"

干部："不知道！"

李惊："你再去探听一下。这个王志强行啊！他居然也有胆量搞大项目？想后来居上，超过我？！"

赵厂长："我看难超！"

李村长："但是也别小看呀！这个王志强犟得很，除非没认定，认定的事一条路走到底！现在阿梅又当了副村长，这女仔胆子大得很！……看来我只能亲自出马了，我就不信摸不到他们的底！另外想办法把他的一万平方米空地买下来，作我的配件厂！曹工！你有兴趣陪我去一趟银龙村吗？"

曹倍加精神："有兴趣！兴趣极大！"

33．银龙村委小会议室

年近六十，两鬓斑白的徐教授正在向在座的谈图纸，王村长等人十分认真地听着……

这时丽娟慌慌张张跑到王村长面前低声："村长！金龙村的李村长来了，他要找你。"

王惊："他怎么来了？人在哪？"

丽娟："在接待室，曹工也来了！非要到里边找你，我给拦住了。"

王："可不能让他进来，阿梅，你去缠住他，先陪他回家，就说我请他喝酒！"

梅："你又不会喝。"

王："不会喝？还不会醉，快去！要不就闯进来了！"

丽娟和阿梅匆匆走出。

徐工程师继续在讲解图纸。

34．村委会接待室

李村长和曹新坐在沙发上。

李村长："看起来，他们是在搞大工程，要不能不见我？冲进去看看！"

阿梅匆匆走出来和李村长撞个满怀。

阿梅大声："哎呀！大姐夫，你往哪撞？"

曹新急起，亲热地："阿梅，你好！"

阿梅热情地："曹工你也来了！"

李："王志强怎么不出来见我呀！经济上还没发起来，架子可搭起来了！"

阿梅："大姐夫，哪个敢对你搭架子呀！王村长在开紧急会议。"

李："什么紧急会议？"

阿梅："那可保密！我二姐夫说一定请你回家吃顿饭，喝点酒，谈谈心，还让我通知大姐也去。"

李村长："他能喝酒？他的酒量我可领教过了，两口就醉！"

阿梅："醉了好呀！你套他什么问题，全给你说！曹工，你能喝酒吗？"

李笑："你二姐夫是两口就醉，曹工是不喝就醉！"

曹新一直笑眯眯地望着阿梅。

35. 欧阳秀家客厅

饭桌上酒菜备齐，阿秀和阿美仍在厨房忙碌热炒。

王志强陪李锦田、欧阳梅陪曹新在喝酒，酒过三巡，王两眼发直，舌头也硬了。

李锦田仍是潇洒地举杯："志强，你现在的谱可是大了！"

王："没……没你大！"

李："今天开什么紧急会呀！？不会向我保密吧！"

王："不会！……什么会也没开……"

李："这阿梅，你骗我吧！你说在开紧急会议。"

阿梅笑道："这二姐夫，我说他不行吧！刚喝一杯，连开紧急会议也忘了！大姐夫，你可让他少喝点，再喝就什么话全说了！"

李向王村长杯中倒满了："没事！我俩酒逢知己千杯少，喝多点好！多点好！来，干了！"

曹新："李村长，你也少喝点。"

李："我行！我是酒仙。他可真的不行了！"

王不服："谁说——我不行？人……不会永远不行！……你可以先走一步……我可以后来……居上！"

李感兴趣："噢！你打算怎么个后来居上呀！"

王："我要是说出来，能把………你吓……趴下！"

阿美端菜出来，对曹新："曹工，你也不会喝酒，就跟阿梅出去遛遛吧！……"

曹兴趣十足地："好啊！阿梅，行吗？"

阿梅大方地："那好！"两人出外。

李抓过酒瓶倒满："老弟啊！我可真想帮你后来居上呀！……来！先喝了这一杯！"

王："没问题！……喝！？你先说说怎么个帮法？……我就……想听这个！……"

李："你村里不是还有一万平方米平整好的空地吗？……卖给我，我给你高价，行吗？"

王大笑："……什么？把地卖给你，你办……厂！……这就是帮我？"

李："这叫小船靠大船嘛！我们步子迈得早，你就别追了！说实话，想追也追不上！"

王真醉了，一拍桌子站了起来："别从门缝里看人……来！满上，换大碗！"

李往大碗里倒："嘿！现在的王村长真可以了！敢和我较量！喝了这杯酒，就得说实话，听听你用什么办法后来居上！看能不能把我吓趴下！"

两人眼对眼喝下这一大碗。

李也觉头晕、腿软："你说呀！……怎么追我？"

王村长脚跟不稳，硬挺住："告诉你！……地一亩不卖……我们要……三步并成一步走！"

话音刚落，只听"咕咚"一声。

李看去，王志强已醉如烂泥，倒在桌底下。

李急喊："喂！你还没说具体呢，怎么先趴下了？"自己也感不行了，伏在桌上……

这时阿秀、阿美从厨房出来，见状各扶各的老公。

阿秀："没有这个酒量，就别逞能！……"喊阿美："姐，我可拉不动了。"

阿美力大，一把拉起王志强。

王向阿美说："老婆！我……可什么也……没……说！"

阿美瞪眼："你看清一点，谁是你老婆！"

阿秀去推醒李锦田，李抓住阿秀："老婆！这趟……"

阿秀笑："姐！你来管管你老公！"

阿美冲着李锦田喊："喂！看准点，谁是你老婆？！"

李锦田："我说嘛！我老婆没这么瘦嘛！"突然寻找："曹工哪去

了？……是不是拍拖去了？……"

36. 夜　树生桥旁

月亮高高挂在树头。

乘着月光，梅子和曹新漫步到这树生桥上。

阿梅在介绍："瞧！这是两棵不同方向的老榕树，不知道从哪一年开始，他们把自己的根须伸向小河的对面泥土里，时间长了就形成了一座粗壮的独木桥，村里的人就靠它来通行。"

曹新兴致勃勃地抚摸着树生桥的扶手。

曹新："好像这扶手也是树枝形成的。"

阿梅："是的，老榕树像是伸出自己的胳膊，帮助人们通行！"

曹新："这太神奇了！这是一种多么伟大的造福精神！为人类造福！"

阿梅："所以村里的人都十分爱护这两棵老榕树，这桥使我想起了你，你也有一种造福人民的精神，才到我们农村来的。"

曹被感动了："阿梅，你太夸奖我了，我很惭愧，因为我还没有在这儿生根，本来我想聘期满了之后，再考虑是不是留下来的问题，因为……"

阿梅惊："因为什么？……难道要走？……"

曹新："我正在考虑！……因为叔叔在国外，希望我……"

阿梅："你真舍得离开这块给你施展才能的广阔天地？！你应该再慎重地考虑一下。"

曹新："是的，我斗争得很激烈，我现在不想出国了，在这里，我找到了比国外更好的发展机会。"

阿梅动情地："曹工！你别走了……这儿需要你。"

曹新："阿梅……冒昧地问你一句：你是不是需要我？你会给我力量，给我勇气的！"紧紧地拉着阿梅的手。

阿梅："那你不走了？"

曹新："我一生追求两件事，一是事业，二是爱情，只要你接受我的爱，我就全找到了。"

阿梅："可是我有个条件……

◎　电影《龙出海》剧照

你到银龙村来落户吧！"

曹为难地："可是我已经答应李村长把你娶过去了！"

阿梅生气地："什么？你和李村长是有预谋的？"

曹新急分辩："老榕树可以作证，树生桥可以作证，我真的是爱你……只是李村长怕我跑了，所以要我坚定立场把你娶到金龙村去！"

阿梅见曹新急着申诉，倒也乐了。

曹新："其实，就像这棵老榕树，在河的哪边都一样，只要肯伸过手来搭成桥，在哪还不一样？！"

阿梅深思："可是……银龙村离不开我！"

曹新："可是金龙村也离不开我！"

阿梅："那就……"

曹新："可千万别算了！……只要你能爱我……我就……"

阿梅："怎么样？"

曹新："我就嫁过去！"

两人全乐了！

月光把树影投在他俩身上。

37．龙华微波厂奠基庆典·田野

在奠基处用一块红布盖着奠基石，四周插满彩旗，中间挂着一条大横幅，用金字写着"中外合资龙华微波有限公司微波炉厂奠基典礼"。

彩车的后面排列着庞大的载重车队、挖泥机、压路机吊车等。

李锦田和香港荣云辉先生穿着笔挺的西装，佩带彩花，神采奕奕地在来宾中周旋。

荣先生："周书记、欧镇长，感谢两位玉成这件好事！"

周书记："这还是你们两厢情愿，诚意合作才达成的，中国的经济建设还需要和海外侨胞多多合作啊！许多事还希望你这位同乡会主席多做工作。"

荣先生："您提起的那位欧阳小姐来了吗？"

李村长："我已经请曹工去请了，瞧！这不来了吗？"

曹新正带着阿梅走来。

阿梅走到周书记面前："镇长，周书记你找我有事？"

周书记："来！是这位荣先生找你，认识吗？"

阿梅笑道："荣云辉先生的名气大得很呢！全镇的人几乎都认识您这位

爱国老乡呀！"一边伸手和荣先生热情握手。

荣先生高兴得哈哈大笑："喔！我的名气真这么大？！看来我还应该为老家多作贡献。"

周书记："阿梅，荣先生昨天和我说，香港每年都举行一次国际龙舟邀请赛，我们县的男子龙舟队今年将参赛。明天端午节香港要举行女子国际龙舟邀请赛，你说，我们县里有没有条件组织女子龙舟队呀！"

阿梅高兴得快跳起来："有呀！说实话，在这个水乡，女子下船的机会多，划船的水平也不会比男子差，一旦出赛，保证夺冠！"

周书记："喔！有这么大决心？这么大把握！？要是县里委托你来组织一支农民女子龙舟队，你敢不敢？"

阿梅："只要领导信任，我一定全力去干好！"

荣先生兴奋地："瞧我的小老乡多么有志气！参加国际大赛既是交流学习，又是展示中国妇女，宣传我们家乡的极大机会，赛输了作为锻炼，赛赢了可是长中国妇女的志气，我们香港同乡会全力支持你们！"

欧阳梅热血沸腾："有县委支持，又有香港同乡会支持，我特别有信心！"

周书记："我给你派一位最好的教练，队员的选拔工作可以在全县进行！"

欧镇长："就叫玉龙女子龙舟队！"

阿梅："太好了！"

李村长上前："奠基仪式开始吧！"

周书记兴奋："开始！"

立刻锣鼓喧天，鞭炮齐鸣。

李锦田拿起铁锹给周书记、荣先生。

周、荣开始为基石培土。

站在一旁的王村长急问阿梅："刚才周书记说什么好事？"

阿梅答："回村里说！"

冯志学："王村长，瞧！人家多气派！我们消毒柜厂投产的时候，为什么不隆重搞一下！"

阿梅："王村长要省钱，懂吗？"

土落在基石上。

来宾们热烈鼓掌。

鞭炮的红纸屑如雨般洒在基石上。

38．村长办公室

欧镇长、王志强、欧阳梅正在严肃地论战。

王村长激动地："县里成立女子龙舟队，到香港去比赛，这我都支持，可是叫阿梅当队长，影响银龙村的工作，我不同意！"

欧镇长："阿梅有组织能力，这是周书记亲自点名的。"

王村长来了犟劲："他可以点名，可也得考虑我们村的实际情况呀！阿梅是副村长，眼下消毒碗柜刚刚上市，供不应求，和县里合资的电冰箱厂刚刚上马，她是我的左右手，这能走吗？"

欧镇长："村委其他成员呢？"

王村长："各有各的任务，谁也闲不了，谁也代替不了阿梅的作用，她在村里威信高，对年轻人有一股凝聚力！我就担心她一走几个月……"

欧镇长笑道："地球就不转了？"

王村长："反正……反正转得慢点！"

阿梅大笑："瞧我二姐夫可太夸大我的作用呀！我真担心我嫁了人……"

王村长紧张："嫁哪？！"

阿梅："嫁到金龙村去呀"

王村长："嫁金龙村？这又是那个李锦田的鬼点子！想挖你走，我就是不放！"

欧镇长："不放有什么用？关键是阿梅想不想走？"

阿梅："我早就下决心了，电冰箱厂一天不投产，我就一天不嫁人！"对王村长："放心了吧！"

王村长笑："这才是阿梅的性格。"

阿梅："可是，你要是拦住我，不让我参加龙舟队，那我明天就嫁人！"

王村长惊得目瞪口呆，欧镇长在一旁笑。

阿梅："女子龙舟队出赛，是我们县几千年第一次，也是全国第一次！这容易吗？听我爷爷说自古以来赛龙就是男人的事，女人只能靠边看，女人连龙船也不准上！……现在思想解放了，还能让我来组织女子龙舟赛，这多不容易啊！"

阿梅越说越激动："再说到香港去参加大赛，是给我们村……也是给全县争荣誉！这可是一个大广告呀！让全世界都知道中国广东有个玉龙县，有个玉龙女子龙舟队，如果我们夺了冠，我们的电风扇、电饭锅、电冰箱可以在全世界闻名！乡镇企业可以借龙出海，到国际上闯闯风浪！我们不能总在内河里转呀！"

王村长被感动了："这么说……我只能同意你去了！……"

欧镇长："这就对了！我们就应该支持她们到国际的海洋中去冲浪！"

39. 女龙训练基地

玉龙河堤上站着整整齐齐的二十四名女龙队员（发式及服式尚未统一，保持着农家女的模样）。

阿梅威风凛凛地喊着："立正！"她转身向身旁的一中年男人："报告！教练同志，玉龙女子龙舟队二十四名队员全部到齐，请教练讲话。"

三十岁的洪教练走上前："队员同志们！我受县委委托，当你们的教练，训练的目的是参加明年香港国际女子龙舟赛，去和那些外国女龙较量，外国女龙多数是职业选手，她们是吃牛肉长大的，个个膘肥体壮（队员全笑了，凤珍说："我们是吃青菜长大的农家女。"）。是的，你们是农家女，体格、经验全不如她们，可我们就是和她们斗一斗！敢不敢呀！"

众女队员气宇轩昂，齐声："敢！"

这喊声在玉龙河上空，久久回荡！

40. 金龙村委会

李村长正在接待前来报到的青年大学生和一位教授，曹新陪坐一旁。

李村长："温教授，你能来，这真是太好了！乡镇企业能有你们这些科学家的支持，就更有前途了！科技是第一生产力，有了这个生产力，一切也就带动起来了，就像曹工一样，他给我们赚了很多钱！温教授，你这个学生能干啊！"

曹新："应该说是你们给我提供了很多的实践机会！没有实践过的知识也是空的。"

温教授："曹新比我们有眼光，他先走了一步，他这一步给大家震动很大！也使大家看到乡镇企业的大有作为！我这三位年轻学生（指另三位在座的）学习成绩优异，也希望在生产中施展一下！"

年轻学生："希望村长多指教！"

李村长："以后我们就是一家人了，别客气！这样吧，先休息一下，晚上村委给大家接风洗尘！"往外喊："刘主任！"刘主任入内。

刘热情地："已经准备好了！请各位老师随我来，去专家楼休息。"

温教授："专家还有专建的楼？"

刘主任："为了方便聘用专家和技术人才，李村长专为专家设计了一栋楼，每人一套，宿舍、书房、厕所各一间！"

青年学生喜出望外地："可太好了！"

李村长："请诸位先去休息！曹工请留下。"众随刘主任下。

李："曹工！你最近和阿梅的进展怎样了，当领导的也不能只关心工作，不关心生活呀！"

曹笑："感觉挺好！只是……"

李："只是什么？"

曹："只是太少见面了，龙舟队的教练有规定，结婚的不准回家过夜，未婚的不准会客！"

李："喔！还挺正规！这么说你们二人很少见面啰！"

曹："可不！李村长，这样下去我怕要……"

李："要什么？"

曹："要吹！另外，这次金龙在女子龙舟队的事上，你可是失策了！"

李急问："怎么说？！"

曹："这次女龙队多数队员全是银龙村选拔出来的，金龙村就选了芳芳和园园二个，要是香港得了大奖，银龙就出名了！"

李："哎呀！我就忙办厂的事，把这事忽略了，喂！你看还有什么办法补救？"

曹："我倒有个主意。"

李迫不及待："快说！"

曹："派人打进女龙队！"

李："派谁？"

曹："派我！"

李一愣，又哈哈大笑："你开什么玩笑，那是女龙，你是男龙！"

曹："我说的不是玩笑，据我了解，香港女子龙舟赛，允许女队中设男鼓手或舵手一名，这两项我全行！要是我这一去，金龙可以一举两得！"

李："得什么？"

曹："第一，有荣誉的时候我们可以平分秋色，第二我可以进一步争取阿梅的感情，创造条件争取把她娶到金龙村来。"

李兴奋起来:"好!你果然是智多星,招数不凡,就这么定,你一定给我尽快打进去!"

曹高兴地:"是!"

41. 训练基地·玉龙河堤

女龙队在玉龙河里分成五组,每组五人一条船,现在正在进行五人龙舟训练。

教练坐在最后一条船上拿着秒表在计时。

五条船飞似前进。

每一组的姑娘都在全力拼搏。

教练吹响哨声,众船停止。

岸边,姑娘们疲倦地坐在地上休息。

教练走到中间:"利用休息时间,来推选两个人,一个是鼓手,一个是舵手,这两位主力是龙船上的灵魂,所以一定要选两名善指挥的人担任,大家想想选谁?"

丽娟第一个表态:"阿梅队长最合适!"

众纷纷响应:"同意!"

教练:"那好!阿梅队长担任鼓手!"

众欢快地鼓掌!

教练:"那舵手谁最合适?"

凤珍抢先说:"还是让我来推荐自己吧,凤珍我最合适!"

众笑!芳芳突然站起来说:"凤珍,可不合适,她的新婚老公邱明总来拉后腿,昨晚又偷着跑回去住了一个晚上,训练思想不集中!"

众女又大笑不停!

凤珍不好意思地:"我还是新婚呢!……快十天没回去了……具体情况具体对待嘛!昨天晚上是向队长请假的,队长,是不?"

阿梅笑道:"还没等我表态,就跟着老公走了!"

教练:"以后队长一定要严格要求,越是新婚越不

◎ 电影《龙出海》剧照

能回家！"众又笑了，"说正经的，舵手选谁合适。"

还没等大家发言，树丛后走出曹新，他热情地："我！我当舵手最合适！"

阿梅惊讶地："曹工！"

众女见曹，一齐跳起迎上："曹工！你怎么来了？"

凤珍："是看我们队长吧！训练阶段不准会客，懂吗？"

丽娟："你也追得太紧了，追到了训练基地！"

阿梅："你有事找我吗？"

曹新严肃地："我是来竞选当舵手的！"

众女大笑，七嘴八舌，叽叽喳喳。

"你是男的，怎么参加女子龙舟队呀！"

"你要是女的，那阿梅就变男的算了！"

"干脆！你就当我们的副教练吧！"

曹新严肃地向教练走前一步："教练同志，我是金龙借聘的工程师，以前曾经是大学生龙舟队队长，我不仅愿意把学到的知识贡献给农村，还愿意为中国第一支农民女子龙舟队出力！按国际龙舟规定女子龙舟上，可以有一名男性担任鼓手或舵手！"

众女期望地看着教练，急切地问："是吗？"

教练："是的！"

众女欢叫起来！

教练："但是，作为舵手，我的要求是很高的，曹新同志的划船技术我还不了解……所以要试用两天，合格后才正式担任！大家同意吗？"

众女跳起大叫。芳芳向远处笑喊："哗！又来一个竞选舵手的！"

凤珍一见是邱明走来，骂道："衰鬼！又来了……队长！你叫他回去！别干扰我们训练！"

众哄笑。

42．主题歌声起

歌声中出以下画面：

晨雾中，女龙队员在教练率领下，踏着露珠，在富有南国特色的芭蕉林中，练习长跑。

中午，骄阳似火，大地蒸腾着热气

女龙队员在练习推举十磅重的哑铃。

队员们在地上练习俯卧撑。

队员们在练习爬竿、拔河。

她们一个个汗流浃背，脸上挥汗如雨。

黄昏，河面上透着橘红色的晚霞。

女龙队员在河里船上练习划桨，有时是单兵教练，一人划一只小艇，有时是五人划一条船，最后是二十四人划一条大船。

阿梅站在船头击鼓。

曹新蹲在船尾掌舵。

凤珍等在一桨一桨地刻苦练习。

教练站在岸边向队员严格要求，训话。

集训已经到了强化训练的阶段了。

姑娘们推举哑铃的速度越来越快。

趴在地上的俯卧撑时间越来越长。

在船上划桨的速度变成一分钟九十四次。

在姑娘们挥汗如雨，一桨桨的拼搏中建筑工地上的巨型吊臂在旋转！搅拌车在旋转着，布满钢筋的楼面上被浇灌上水坭。一座规模宏大的电冰箱厂拔地而起。

鞭炮在炸响，漫天的纸花在翻飞。

一条巨幅横空出世，上写："热烈祝贺玉龙电冰箱厂投产志庆"。

巨大的气球拖着标语在摇舞。

以阿梅为首的女龙队员穿着高级的礼服手捧彩带。

以周书记为首的各级省、市、县、镇领导拿着金剪为投产剪彩。

电冰箱生产流水线正常运转，高大的厂房上空几十条运输线在运送部件。

已经检验过的生产成品——电冰箱从输送带上滚滚而来，计算机上正跳动着出厂数字。

王志强、冯志学向来宾们讲解。

来宾们热烈鼓掌（主题歌到此结束）。

43. 玉龙县政府大院

锣鼓敲响了！

集合哨声吹响了。

正在向乡亲们告别的女队员们快步集合。

以阿梅为首的女龙队员穿着绣有"玉龙"二字的运动服，列队整齐站在院中。

送行的干部们、乡亲们四周站立围观。

欧镇长在鼓声中将一面绣着："玉龙女子龙舟队"的大旗交给周书记。

周书记将旗交给队长欧阳梅。

周书记讲话："女龙队员们！盼望已久的香港国际女子龙舟大赛就要开始了，今天你们肩负着全县人民的希望和重托，就要起程了，我代表全县人民预祝你们取得荣誉！（众鼓掌）县委委派我随大家去香港参赛，我就给大家做好服务工作，当好鼓动员！"

众女鼓掌，喊："努力拼搏，争取胜利！"

周书记挥手："出发！"

县中学生鼓乐队奏起了军乐。

欧阳梅高举大旗率领全队向大门外走来。

欧阳公、阿美、阿秀、王村长等人围住阿梅告别，鼓励话不断……

欧阳公："阿梅！你阿公就在家里电视上看你划龙舟，给你喊加油！"

阿梅："爷爷！你可一定喊呀！我会听到的！就喊我的名字，我就会有劲！"

冯志学在向丽娟告别，偷偷地把一封信塞在她口袋里："丽娟，那是我给你写的回信……"

一辆奔驰小车赶到，李村长陪一对老夫妻下车。

曹新猛然发现，激动地："爸爸！妈妈！你们怎么来了？"

曹父母："是李村长亲自开车接我们来的。"

李村长："一是给你送行，二是请老人家在这儿休息一下，参观，参观！"

冯志学急推王村长："瞧！李村长多识做！这又抢先你一步了！"

王村长笑道："你放心吧！他抢不去欧阳梅了，等大赛回来你就知道了！"

乡亲们还在欢送。

女队员乘坐的豪华长途车出发了！

人群追喊送行。

44．容奇口岸·飞翔船码头

女龙队员提着一式的红皮箱登上飞翔船。

迎宾小姐在恭候登船，见曹新上前。

小姐："先生，你也是女子龙舟队员？"

曹笑："我不是女子，可确实是女龙队员。"

园园在后边打趣："这位先生是我们女龙队里的洪常青！"

众女一片欢笑。

飞翔船飞速离岸。

45．香港街道

女龙队员在香港繁华的商业街上观光。

在一家家用电器商行中看到玉龙县的产品，有电风扇、电饭锅、热水器、电子消毒柜等，队员们兴奋不已！

丽娟："哗！有我们县的产品！"

芳芳指指对面的酒楼："那儿有我们的海鲜呢！我们养殖场的海鲜每天运到香港酒楼。"

香港小姐惊讶地望着队员："哗！几大只呀！"

另一小姐告诉她："中国女龙！"

曹新和梅在一起走。

曹："这次赢了，我就来买一只钻石戒指。"

梅笑道："给谁？"

曹："给新娘呀！"

梅："要是输了呢？"

曹："那你就买一只。"

梅："给谁？"

曹："留给你以后的老公呀！"

凤珍和丽娟在身后偷听，笑声把二人吓一跳！

46．香港尖东海滨龙舟赛场

大赛主席台设在一艘巨型的仿古木船上，船上拉起一条巨幅横标，用中英两种文字写着："香港国际女子龙舟邀请赛"。

主席台的四周挂着参赛国的国旗，一面鲜红的五星红旗迎风飘扬！

赛场四周插满彩旗，也有一些小船挂着古色古香的"楚"字旗、"屈"字旗，别有情趣。

主席台前的领奖台上摆满了金光闪闪的奖杯。

一些西装笔挺的男士，是大会的评委。

香港的著名人士端坐在主席台上，荣先生也在其中，周书记就座在荣先生身旁。

主席台侧"香港广东同乡会"的香港同胞们拉了一条巨大的标，上写："香港广东同乡会热烈欢迎玉龙女子龙舟队"，每人手执一面三角形的彩旗，情绪热烈。

各国参赛的女龙运动员们正在赛场一旁做着热身体操和预备动作！她们穿着五颜六色的运动衣裤，香港电视的摄像机正对着她们拍照、录像。

中国女龙也在认真做着热身动作。

香港同乡会抖动着横标向中国女龙致意。

海湾，各国的女龙已经端坐在编号船上，共有十国女龙参赛。

3号的中国玉龙队的船上，欧阳梅半坐船头特制的高椅上，手执鼓槌，目光炯炯巡视自己的队员。

凤珍和丽娟坐在第一划手的位置上，她们的身后是芳芳、园园、桂芳、阿秀等，每个队员都紧握着船桨，目不斜视，不无紧张。

曹新站在船尾，手扶舵把，他目不转睛地盯着阿梅，阿梅半立船头的英姿，使他想起古代战场上的梁红玉女英雄。

玉龙队的左侧是美国的2号船，美国队员个个膀宽腰圆，碧眼黄发，口里嚼着口香糖，一副对中国农民女龙不屑一顾的样子。

玉龙的右侧是4号印尼女队，个个皮肤黝黑，体格健壮，仿佛都有无穷的臂力。

海岸四周到处都是围观的人群。

主席台上评委们已完全就座。

一位裁判先生手持号令枪走到船头，他看了看表，举枪对空发射。

枪声一响，赛场上的船队如万箭齐放，立刻鼓声震耳，呐喊声四起，十条船搏着劲向海心冲去。

赛场四周的人群摇旗呐喊，为各自的船队加油，助威！

47．银龙村委会大院

村民们兴高采烈涌入大院，院内中央安放着三台二十八英寸的大彩电，欧阳公等人齐齐坐在彩电下仰望赛场的实况转播。

邱明抱着大盘鞭炮进院问："王村长，消毒柜厂问，今天下午是不是……"

王村长急答："全村放假半天，都来看龙舟赛！"

邱明："这停产半天，岂不影响工作？"

王村长："不停半天，才会影响工作呢！村里这么大事，大家心思全在比赛上，闹不好出事故更麻烦。你去通知秘书让他通知下去！"

48. 香港尖东赛场

海面上"杀声"震天，群龙竞逐，势均力敌，不分彼此，擂鼓使劲敲打，划船的埋头劲划，船船相近，互不相让。

阿梅沉着击鼓。

凤珍等按练习的招数沉着应战，一桨一桨的往前进取。

看台上荣先生和周书记兴奋地关注着。

荣先生："玉龙队可以，就保持这样的精神，一定能出好成绩。"

周书记："这儿的赛场牵着全县人民的心啊！家乡的人比我们看台上的人还要紧张！"

荣先生连连说："可以想象！可以想象！"

49. 金龙村的微波炉厂

车间外空地上支起了巨大屏幕，正播放着香港大赛的实况投影。

工人们声如雷鸣地喊："芳芳、园园、曹工！"

"曹工加油！""曹工加油！"

屏幕上的曹新半蹲在船尾，扶着舵把，汗流如雨。

李村长大喊："这小子是不是太紧张了，出这么多汗！"

众哄然大笑。

银龙村的电视上出现了3号船，乡亲们立刻大喊："玉龙船！那是我们的玉龙船！"

电视上出现了阿梅击鼓的英姿。

欧阳公拍着膝盖，对身旁的阿美说："阿梅！是阿梅！"

镜头后移，逐渐摇出凤珍、丽娟……

正在挂鞭炮的邱明大叫："凤珍！我老婆！老婆啊！使劲儿！夺了好成绩，回家来，好好慰劳慰劳你！"他站脚不稳，突然从树上掉下来！众哄笑。

赛场四周的彩旗突然被风卷起，海面突起风浪，一排排海浪向船队袭来。

仅在内河里练习的农家女，遇到这样大的风浪，似乎有些招架不住了，船在浪上颠簸。

阿梅在船头上剧烈地上下起伏，几乎是因为脚不稳而无法击鼓了。凤珍等人虽拼搏全力，可是浪击船壁，力不从心了！特别是阿梅的鼓声时强时弱，分不清节奏，划桨开始混乱。

看台上荣先生和周书记紧张的脸。

荣先生："不好了，起浪了！"

周书记："我们的玉龙没有海上作战的经验，可怎么办？！"

银龙村的村民们望着屏幕，吓得目瞪口呆……阿美突然伏在爷爷身上哭起来了！……

欧阳公突然大吼一声："别哭！我们就喊！"

阿美抬头："喊什么！"

欧阳公："阿梅临走时对我说，当她们遇到困难的时候，叫我们在村里喊她们的名字！"

阿美："是吗？"突然跳起，含着眼泪大喊："阿梅加油！阿梅加油！玉龙加油！"

围坐着的村民，全体和声喊道："阿梅加油！玉龙加油！"

欧阳公等老汉和阿婆张着没有牙的大嘴在使劲喊！

孩子们、妇女们在使劲喊！

这喊声仿佛在尖东海上飘荡。

这喊声似乎灌进每个玉龙队员耳中……

风浪在继续。

阿梅仍然颠簸在船头上……

乡亲们的喊声突然在阿梅耳边响起。

阿梅立即采取了一个大动作，她猛地伏在鼓上，以减少阻力，同时用两只手使劲地敲击着鼓壁。

鼓壁发出清脆的"咔……咔……"声，节奏何等强！强得震撼人心！

凤珍突然振奋起来，吼了一声："紧跟鼓声！"队员们紧紧抓桨，用力划去，动作恢复了协调。

曹新也再蹲低些，尽量减少阻力。

玉龙船开始恢复了生机。

荣先生挥臂大喊："好样的！有志气！"

同乡会的乡亲们挥旗大喊："玉龙！加油！"

"3号玉龙船终于从群船中冲杀出来了！"

3号船开始追逐着2号美国船。

玉龙船队，同仇敌忾，拼力！冲杀！

阿梅伏在鼓上，圆睁杏眼，两只鼓槌重重地敲击鼓壁。

这张张美丽的脸上淌着汗水。

那一条条手臂在快速的击水。

那一条条桨下，卷起连片的旋涡。

曹新半蹲船尾的姿势，犹如吹冲锋号。

玉龙船，一尺一尺的逼近了美国船。

2号美国船上的鼓手猛然抬头惊望。

只见3号中国玉龙船犹如腾云驾雾般飞来。

美国女划手不时回头张望，纷纷吐出口香糖，振奋起精神，准备同中国船决一死战。

中国队鼓声突然紧了。

划手们的挥桨频率也猛然加快，只见二十四条桨，犹如二十四个车轮在飞速旋转，卷起迷人的水花。

逼近了！再逼近，终于和2号船并驾齐进了，只见阿梅和2号船鼓手已成直线。

两条船就这样互不相让，紧紧追逐。

四周观众的喊声如雷如潮。

广东同乡会挥舞着小旗拼命助威！

银龙村的乡亲们跳着喊："阿梅加油！玉龙加油！"

金龙村的工人们齐声助威："玉龙加油！"

赛场终点的"龙门"已遥遥在望了！

2、3号船仍不分彼此。

一百米、八十米、六十米。

终点越来越近了。

玉龙船上，阿梅突然站起，重新击鼓，鼓声"咚……咚……"撼人心魄。

阿梅大喊："冲刺了！"

众声："是！！"只见玉龙队员挥动双臂，凶猛无比，二十条桨如同一人，齐起齐落。

终于超出了美国的2号船。

在四周如潮的欢呼声中，3号玉龙船发出快而有力的"嘿！嘿！"声，这声和着阿梅的鼓声，奏着一曲激动人心的乐章！

玉龙船终于以领先一船的距离，冲过了终点！！

中国农家女高举划桨，齐呼："胜利了！"

阿梅却闪着激动的泪花……

曹新紧紧地握着阿梅的手，用手爱怜地擦着阿梅的泪珠……

阿梅和队员们紧紧地拥抱着，欢呼："胜利了！"

曹新和阿梅拥抱着，众女鼓掌！

荣先生挥手大叫："好样的，中国女龙！"不料，手腕上的金表因挥动过度而掉入海中。

有人惊叫："荣先生，你的金表掉了！"

荣先生望了一下海面，满不在乎地："中国队赢了！丢块表没问题！"

同乡会又急忙拉起一条新横幅，显然是早作准备，标语写，"热烈祝贺中国玉龙旗开得胜！"

银龙村在沸腾，在欢呼。

邱明已经点响了大盘鞭炮。

◎ 电影《龙出海》剧照

乡亲们在互相祝贺。

金龙村，工人们在跳跃。

金龙人在敲一面特大的鼓。

李锦田大喊："我要给女龙发大奖！"

香港赛场领奖台上，阿梅高高举起了奖杯。

队员们久久地抱在一起，兴奋地哭起来。

阿梅抱着奖杯走向曹新，曹新吻着阿梅的额头、脸颊……

银龙村的屏幕上：阿梅和曹新拥抱、亲吻着……

邱明大叫："哗！阿公，你家阿梅这次可是要输出了！"

王村长："别急！还不知道是谁输出呢！"

欧阳公："志强！是先摆喜酒，还是先摆庆功酒？"

王村长："两种酒一块儿摆吧！阿公，行吧！"

欧阳公高兴地："行！"

50. 尾声·玉龙河迎亲

一条百人巨龙，摇着罗伞、彩旗，吹吹打打迎着镜头划来。

罗伞下立着一对披红挂绿的新娘、新郎。

近了，才清楚看见是阿梅和曹新。

新人激动、微笑的脸。

岸上，迎亲的队伍花团锦簇，有欧阳公、欧阳父母、阿美、阿秀、曹新父母。

邱明拉着凤珍，冯志学拥着丽娟。

玉龙河堤上从不同方向驶来两部高级红色轿车，车头上装饰着彩条及公仔新娘。

岸边两部轿车同时停住，同时，从不同的车里走出李村长和王村长，两人都穿西装，佩戴着喜花，都是笑容满面地走到一起，热情握手。

李村长音色洪亮地："王村长！真太感谢你的支持了，今天我们就把阿梅接到金龙村了。"

王村长也扯高了嗓子："李村长！应该感谢你，支持曹新工程师迁到我们银龙村来！"

身后画外有人笑道："你们二家就不用客气了！"

欧镇长陪同周书记向二人笑着走来。

欧阳镇长笑道："镇里已经成立了经济开发总公司和科技开发中心，欧阳梅已经被聘任经济开发总公司总经理，曹新已聘任科技开发中心主任。我代表政府向两位村长表示感谢！"

李、王两人闻声大惊！"啊！……"

周书记："老欧阳啊！你是不是渔翁得利啊！"

欧阳笑道："全镇一盘棋嘛！人尽其才嘛！"

阿梅和曹新在群众的簇拥下走上岸来。

锣鼓震天，鞭炮齐鸣。

人们把纸花向二人身上扬去。

鞭炮的硝烟和漫天纸花飞舞。

阿梅和曹新向人群挥手致谢！！

化出"剧终"二字。

1992年5月4日深夜

三、导演心得

《龙出海》导演阐述

张良

（一）关于本片的时代背景和主题

广东珠江三角洲在十二年的开放、改革大潮推动下，经济腾飞已跃入一个新的历史时期，在探索具有中国特色的社会主义体制中，他们创造了多种形式的所有制模式，为中国农村的改革探索提供了宝贵的经验。

如顺德的"乡镇办工业和以大型企业为主的集体所有制模式"、中山的"市办工业和大企业集团为主的地方国营经济模式"。

南海的"县、镇、村、联合体、个体，五个轮子一起转"的模式。

东莞的"三来一补遍地开花"模式。

无论是以国有企业为主，还是以集体企业为主，或是五个轮子一起转，中央都充分肯定这都是社会主义的，都为中国经济腾飞做出了卓越贡献。珠江三角洲正是在一片兴旺中，崛起了"广东四小虎"，目前的"四小虎"正以惊人的气概和步伐在追赶亚洲"四小龙"，邓小平同志1992年初南方谈话，更加鼓舞了珠江三角洲人民的赶超斗志，他们正以更大的步伐向前跨越。

本片《龙出海》正是描写处在经济腾飞中珠江三角洲农村乡镇企业的崛起新姿。而又以顺德的"乡镇办大型工业"模式为本片背景。

大家都知道顺德的乡镇企业基础较好，起步较快，发展势头迅猛，工业堆头较大。这是他们在经济竞争中逐渐认识到过去的乡镇企业"船小好掉头"的传统观念已不适合剧烈竞争的新形势，必须重新调整企业步伐，敢于搞大工业、搞大堆头。竞争的实践证明"大船好冲浪"。因此从80年代中期开始，各乡镇均注意抓高科技的工业产品，敢于搞大堆头企业。时至今日，顺德已拥有十八家亿元产值以上的企业。像容奇的珠江冰箱厂、大进服装厂，桂洲的广东电饭锅厂，北洛、陈村的电风扇王国，乐从的神州热水器……他们如雨后春笋，更像众星拱月，引起全国以至全世界的关注。

顺德人的成功，除了靠党的政策指引，更靠他们"敢为天下先"的竞争意识，他们在经济竞争中逐渐认识到企业竞争实质上是产品的科技之争，而科技之争的根本是人才与智慧之争，谁拥有高科技人才，谁就能有高科技产品，谁就在商品经济市场上赢得主动和胜利。因此他们的竞争意识从商品意识、市场意识，逐渐向科技意识上转变，并把自己的视线从跑市场信息转到跑科技场来，寻找科技人才和科技新成果。他们虽然自身文化不高，但已意识到文化的重要，一方面他们靠自学、进修提高自身的文化素养，另一方面敢于"借才发财""借脑袋发财"，他们已普遍认识到商品竞争激烈的今天"财既才，才即财"也。

本片正是在上述的时代背景下，表现主人公们的竞争意识、科技意识，表现他们的企业竞争、人才竞争和科技竞争精神，进而歌颂他们敢于到风高浪险的国际市场上去闯风浪的胆识和气概，满腔热情地塑造这样一群农民企业家们的英雄形象。

这便是本片的主题。

（二）本片的风格和样式

如何描写乡镇企业？可能莫衷一是，各有各的看法和写法，我和王静珠同志几经讨论，数易其稿，抛弃了那种"创业史""发展史"式的正剧写法，寻求一种喜闻乐见、雅俗共赏的轻喜剧样式，力求展示竞争意识和拼搏精神，抛弃正面的填鸭式的政治说教。可能有人会问珠江三角洲的乡镇企业发展，每一个厂都有一段辛酸的创业史，为何不这么写？我们说，各厂有各厂的艰难，一一去写不是一个半小时的故事片篇幅所能容纳，故事片不是纪录片，也不该局限在某一厂的真人真事，只能是从生活中提炼一种思想，一种精神，塑造一个新时期的乡镇企业家典型、歌颂他们的胆识和创业的大无畏气概，更不该把本故事片当教科书，去寻找广东四小虎创造的生产模式。

因此本片将着力追求和展示：

1. 珠江三角洲富有南国特色的水乡风貌；
2. 那充满改革、开放的现代都市化了的新农村生活气息；
3. 那古朴的而又注入了新时代拼搏精神的广东端午龙舟大赛盛景；
4. 那极具现代大工业规模的乡镇企业形象；
5. 那坚实地、充满朝气地、勇于拼搏进取的当代农民企业家们的群体英姿。

这是一首时代的颂歌，改革的颂歌，也是对新兴的乡镇企业家们的赞歌。

这应是一首主旋律昂扬的欢快的、令人振奋的新生活圆舞曲。

这是一部带有轻喜剧风格的抒情正剧。

本片仍将保持和发展本人一贯追求的南国风情片的艺术风格，追求纪实性和戏剧性的高度结合，追求喜闻乐见、雅俗共赏的可看性、追求高品位的大众化艺术。

（三）关于人物

欧阳梅：阿梅是全片的女主角，也该是全片最有光彩的人物形象。剧本要求人物的年龄是二十岁，这是人生最有魅力的年华。她高中毕业返乡被群众推举为副村长，在改革开放雄劲春风鼓舞下，她锻炼得有胆有识，敢作敢为，思维敏捷，才华出众。由于她勇于进取、敢于竞争，对新事物接受得快，深得群众敬重。阿梅个性鲜明，敢爱敢恨，喜怒皆在脸上，纯洁得透明。她热情、豪爽，像一团火，有一种无言的向心力，更深得青年人喜爱。阿梅的魅力不仅在于美貌，更在于内在的青春活力，她潇洒、大度，且平易近人，言谈举止有一种说不出、挡不住的青春朝气。担任女龙队长以后更加显露出她的刚毅性格，她不畏艰险，身先士卒，临危不惧，更有一种巾帼英雄的气概，带领大家战胜强敌，夺取胜利！

演员务必从人物的内心深处去挖掘，牢牢把握那像火一样的豪爽性格，并运用自身的长处去丰富这种魅力，使之光彩夺目。

曹新：本片又一颗闪光的男星——"智多星"，群众称他智多星，是他聪明、智慧、才华横溢，是当今难得的科技人才。最最难得的是他愿把个人学到的科技本领，奉献给农村的乡镇企业发展上。他认为农村确有广阔前途，乡镇企业大有可为，很能发挥个人才智。所以被聘以来如鱼得水，更加焕发了青春朝气，终日满腔热情，孜孜不倦，全心全意把自己的科研成果奉献给乡镇企业，因此深得群众敬爱。李村长更加如获至宝，体贴入微，倍加爱护。

曹是当代才子，不是书呆子，他具有青年人共有的朝气和活力，勤奋好学，奋发向上。他原准备到外国深造，攻读博士，但当个人的科技研究在乡镇企业上开花结果时，他意识到这里才有肥沃的土地，自己的根应扎在这里。当他遇到欧阳梅以后，被阿梅的性格、容貌和才干吸引，更意识到自己的"窝"也该设在这里，因此他更加专注、执着、一往无前，同时在两块"土地"上耕耘，渴望在事业、爱情上都获丰收。

曹因性情和善、平易近人、乐观、幽默、活泼、诚实，才深得欧阳梅的喜爱。我们希望这个才子是当代青年科技人才的化身，是位人见人爱的形象，不该是戴副深度近视眼镜，呆头呆脑，走路还在思考，撞到树上还鞠躬道歉的蠢材形象。

本片中"才即财，财即才"的主题思想主要体现在曹新身上，因此本片将全力塑造他的人才作用和人才的可贵。

李锦田：金龙村村长，现代农民企业家，他思想敏锐，胆识过人，他深知农村的改革致富之路，必须两条腿走路，即一手抓农业，一手抓乡镇工业。而当今的商品经济大潮，工业又是龙头，必须抓住龙头，以工养农，以工促农，才能实现工业现代化和农业现代化。因此他苦心经营乡镇企业，在剧烈的商品经济竞争中，他逐渐意识到商品竞争即科技之争、人才之争，要想取胜必须抓高科技产品，抓科技人才，科技才是第一生产力。他高瞻远瞩，当机立断，不惜重金跑科技场，聘请曹新当工程师，立见成效。曹新的科技产品开发，使金龙村步入青云。

李胆量大，是他目光敏锐，他竞争意识强是他有必胜的信念。他敢想敢干，从不犹豫，只要看准了，说干就干！

李性情豪爽、狂放、乐观、幽默、爱才如命，具有一往无前的拼搏精神，因此才在商品竞争中遥遥领先，争得一分天下。

演员应把握他的爱才、聚才精神，和他的超人胆识，以及他的狂放不羁的乐观性格。

王志强：银龙村村长，较李年轻，经验不足，故经济起步晚，工业规模也远不如金龙村气派。虽有几间"三来一补"工厂，但缺少影响大的"月亮企业"，因此常遭村民议论。他不以为然，他觉得乡镇搞企业还是以小为好，在商场竞争中"船小好掉头"，不至于承担那么大的风险。所以几年来掉来掉去，仍在小河沟里转，没能步入广阔的世界。他一直耿耿于怀的是一年一度的端午龙舟大赛，金龙村年年技压群龙，自己百般经营，就是不能赶前。他心里很不是滋味，也很不服气，总想同金龙村较量。欧阳梅返村当了副村长以后，成了他最得力的助手，在阿梅的点拨下才逐渐认识到自己不如金龙是缺乏科技意识，经济上不去是自己缺少上"大船冲浪"的气概。

王性情内向、憨厚、倔强、认不准的决不迈步，但一经认准，也敢大刀阔斧地干。所以当认识到科技和人才重要时，极力主张阿梅去借才、挖才。当认清"大船好冲浪"时，也敢上电冰箱工程，也决心在经济上再同金龙村较量。这正是王村长的可爱之处，他倔强，是他不服输，不盲从是不闭着眼瞎干，一旦认准了就一往无前。

演员主要应从内心深处中发掘他性格的内在的原因，力求准确地予以表现。

周书记：县委书记，地方县一级党的最高领导，过去只抓党的各项政策的贯彻、落实和干部的培养使用。如今在商品经济腾飞中，他们又成了经济建设的策划、组织和决策的核心领导，由于他们的积极参与和支持，才使珠江三角洲的经济注入了最大的活力。

本片中的县委书记是真正的人民公仆，他和蔼可亲，平易近人，绝无半点官架子，他领导的全县是上下"三同"即同心、同向、同步，他的领导班子更是"团结、拼搏、求实、开拓、廉洁、奉献"的坚强集体。因此演员务必塑造一个极可亲的人民公仆形象，看到他对经济建设的积极支持。

荣云辉：本片中唯一的一位香港爱国人士，开明的投资商，"香港—广东同乡会"主席。改革开放的政策一实施，他积极回故乡投资办厂，支持故乡的经济建设，当珠江三角洲经济已上升到相当水平时，他又积极引进国外高科技技术，以便帮助乡镇企业爬上新台阶。荣先生不仅是一位爱国的巨商，更是一位体育爱好者、香港国际龙舟赛的组织者。他不仅希望中国的经济腾飞，更希望中国的乡—镇企业借龙出海，在国际大赛上扬威，为中国人争光，因此他积极支持中国女龙出国参赛，并忘情地为之助威，他把中国女龙的胜利，看成是每个中国人的胜利。本片意在塑造一位爱国的香港巨商形象，他热情、大度、豪爽、诙谐，令人敬重。

欧阳公：银龙村最德高望重的长者，因年轻时划龙舟历任第一划手，今虽年高八十，仍筋骨强壮，鹤发童颜。他经历了近一个世纪，唯感今日政策好，尤近十年风调雨顺，国泰民安，家乡巨变，他深感晚年得福，故终日眉开眼笑，颐养天年。但他是闲不住的人，每年的端午赛龙必由他亲自组织起龙、祭龙等民间仪式，若没他，便没有浓重的乡土色彩，他一到场，老少欢腾。所以凡重大民间活动，必由他亲自主持。

欧阳公刚健、慈祥、爱惜子孙，深得村人敬重，但在组织起龙时又神采奕奕，如统帅号令三军。为男仔洒龙舟水又如老龙戏水，别具天然神趣。

欧阳美：李村长妻。欧阳梅大姐，金龙养殖场场长，也是"五〇三八部队"的队长。

她和阿梅一样生就一副火辣辣的豪爽性格，嗓门大，干活麻利，待人直爽、诚恳，终日里风风火火，充满了乐观和年轻人那种朝气，虽然已三十五岁，仍不减当年，所以深得"五〇三八部队"敬重。

"五〇三八部队"就是村里五十岁上下的妇女队。商品经济大潮把年轻人全部卷进了第二、三产业去从工、从商，而把村里的农田统统丢给了中老年人。农村现代化、农业的改革是另一条腿，不可忽视，于是欧阳美在李村长授意下，组织了"五〇三八部队"从事农田改造，大搞养殖业，她们吸收了现代科技养殖方法，把鸡舍建在鱼塘旁边，施行上养下养，以鸡粪饲鱼，以塘泥肥田，一举三得，走了条养殖致富之路。如今她们又施行"优质高产法"，即养肉美价高的竹丝鸡和加州鲈鱼、鳗鱼等名贵鱼，提高单位面积产值，为农业养殖业现代化做出了新贡献。这是今日农村一位新人典型，请演员将其塑造得生动可爱。

因本片人物众多，不一一赘述，但总的要求是人各有貌，如凤珍的泼辣，丽娟的纯情，欧阳秀的文静、贤惠，芳芳的稚气活泼，园园的憨厚朴实，冯志学对阿梅的专注痴情，邱明的诙谐、风趣，阿水的机灵、顽皮均应给观众留下较深印象。

还有两位比较重要的人物，一是玉龙镇长欧兴全，一是金龙风扇厂赵厂长，均是农民型的乡镇领导和企业家。十二年的开放、改革和在商品经济大潮中的拼搏、滚打，都已锻炼得有胆有识、有风度、有气派，都可以潇洒自如地同内外上下商界人士周旋、洽谈，不致因土气出洋相。但他们的身上都还保留着可贵的朴实、憨厚本质，一看就知道这是农民企业家的形象，而不是喝墨水长大的工程师专家，这在当今时代的珠江三角洲是十分普遍的，正是这样一些实践中成长起来的干部，成了乡镇企业的风流人物，因此均应着力塑造。

（四）关于美术的总体造型

基于本片的主题和时代背景，美术造型的总体要求是紧紧把握时代感和珠江三角洲的地方特色。

80年代中期，富裕了的珠江三角洲农村，由于乡镇企业的崛起，绝大多数农村已逐渐城市化了，这里交通和通讯设备均达到了相当水平，水电供应已很充足，工厂已从初期的"三来一补"逐渐向大型的高科技企业过渡，现有的农村劳动力（青壮年）均转移到了第二、三产业（工业和商业），并从外地招聘来打工仔、打工妹，因此一片繁忙兴旺景象。

农村的居住条件改善了，近几年更是新楼成片，室内的装修、陈设远非城市人所能想象，许多人家装了电话，不少专业户更是小汽车、"大哥大"（移动电话）。

农民（尤其青年）衣着服饰也已城市化，绝非印象中的土气。因此造型的总体把握应突出一个"新"字，新的工业区、新的办公楼、新的工业大道、新的居民住宅、新风新貌，这应在金龙村予以充分展示。

银龙村处于新旧交替之中，也应以新为主导，只是初期不如金龙村突出，但充满水乡特色，银龙村处于珠江三角洲的河网中心，因此水网、鱼塘密布，本地男女青年皆善划船。选景和总体造型要突出水乡特色，突出优美的自然环境，如银龙河上的拱桥、村头水塘的老榕树，以至起龙、祭龙的河塘，均应美妙迷人，令人神往。尤其当今时代，高楼多了，工厂多了，工业污染和城市嘈杂也多了，人们可能多方神往迷恋这块仅存的绿洲，所以务必拍得美。同时要求整齐、清洁，无论是池塘、河流、陆地均要清新优美，不可有一点垃圾杂物，大小环境均不得脏、乱、差。

银龙村的总体造型有个过渡阶段，待到冰箱厂投产，女龙得胜归来．阿梅和曹新结婚，总的造型感觉应是大大飞跃了一步，一片兴旺。

人物造型要求要突出劳动人民的健壮美，本片中的男女青年都是龙舟划手，都应健壮，给人以力量和朝气。

（五）关于摄影

本片总的基调是明朗的，欢快的，奔腾向上的，因此摄影的基调也应以明朗为主。

希望摄影拍出难忘的画面，无论是水乡，还是工厂大楼，枯燥的生产流水线，都应拍得别具一格，给人以美的享受。

我最关切的是两次龙舟大赛，应拍得美而动人。全片开头的大赛是本地的端午赛龙，按广东习俗，一年一度，赛龙时万人空巷，齐聚河边，看百人的大龙竞技。要求拍出情趣，拍出地方特色。结尾的香港龙舟赛，是国际大赛，中国女龙第一次出海闯风浪，同洋人强手拼搏，应拍出国际大赛的特

◎ 张良（右一）在电影《龙出海》拍摄现场

点，拍出气派，拍出中国姑娘勇于拼搏的大无畏精神，要拍得惊心动魄，最后扬眉吐气！

摄影应注意本人一贯追求的纪实风格，要贴近生活，自然真实，要自然美勿过分雕琢，但绝不是自然主义。每一个镜头，每一个画面均应精心策划，以达到精品水平，产生情感的震撼效应。

（六）关于音乐

我很欣赏"民族的才是世界的"这句名言，因此本片极力追求民族的、广东珠江三角洲的地方特色，所以对于全片的音乐，也应以民族的为主，和现代音乐相结合，创造出一首新时代的奏鸣曲。我很注重本片的主题歌，它应充满珠江三角洲的地方情趣、优美动听、引人入胜，又能朗朗上口，广为流传，成为广大青年喜闻乐唱的时代曲。基于本片的轻喜剧的艺术风格，全片音乐应节奏欢快、明朗向上。

我尤关注两次赛龙的音乐，这两次赛龙的背景和气氛都极不相同。端午节的起龙、祭龙、赛龙，都充满广东的地方特色，因此希望是以民族的地方特色为主，创造出一组龙的音乐。国际龙舟赛是同洋人竞逐，抒民族的志气，希望音乐气势磅礴，给人以浩然正气，令人热血沸腾，扬眉吐气。

（七）关于录音与音响

首先要求片中的男女主角、配角均能自己配音；除非个别普通话不标准者除外。自己配音是演员塑造人物的重要手段，常说的音容笑貌是人物的性格标志，也是"金鸡奖"的评奖要求，因此每位主要演员必须为自己的人物配音，否则只能是人物塑造的一半，将留下终身遗憾。

录音的质量水准关系到全片的质量水平，务求生活、自然、真切。

全片音响要求颇重，那打地基的铁锤声，那别具特色的龙鼓、那龙舟大赛的喊声、鼓声、桨声、水声、哨声，以及那现代工业的机器运转声，码头上的汽笛声，已构成一个立体的世界，务求丰富、逼真，给人以情感上的震撼。

尤其是香港的国际龙舟大赛，务求细腻、丰富，即使现场录音因受条件所限，亦需在再创造中予以补救。

同志们！我们的影片将献给党的第十四次代表大会，作为献礼片，务求高质量，无论是导表演、摄录美、化服道、作曲，必须高标准、严要求，以求达到国家的最高标准。望我们团结一心，同舟共济，为拍摄一部高质量影片而奋斗！

1992年6月1日

《白粉妹》

一、电影简介

电影名称：《白粉妹》

摄制单位：珠江电影制片公司、王氏影视业剧本有限公司

公映时间：1995年

电影类型：彩色宽银幕故事片

导　演：张良

编　剧：王静珠、张良

获奖情况：本片获1996年第四届中国人口文化奖"著仁杯"一等奖；又获1997年广东省宣传文化精品奖。

◎ 1996年张良导演的电影《白粉妹》获国家计生委、广电部、中国文联、中国作协、中国人口文化促进会联合举办的第四届中国人口文化奖"著仁杯"一等奖

◎ 电影《白粉妹》宣传画

二、电影文学剧本

1. 夜　出租屋

昏暗的路灯，在发出微光的石板路上。静静的小街，新式的私家小洋楼夹着被光源的旧式巨宅，"新财主"已经把旧巨宅出租给外地人。

一间旧宅出租屋。突然被公安小分队包围，一支小型新闻摄影队扛着一部摄像机，紧随公安队这后。一队长持手枪向后挥手，众战士持微型冲锋枪奋勇撞开大门，鱼贯而入，厉声大喊："不许动！举起手，蹲下！"

摄像机在实录：屋内一群白粉仔正在吸毒，有的在锡纸上"追龙"，有的用注射器向手臂血管里注射，有的已吸完正搂着妇女青年在昏睡……听见战士喊声，惊慌坐起，有人丢下锡纸，有人来不及拔针，任针筒吊在手臂上，有人欲逃，但在众战士威慑下伏首被擒。

2. 夜　发廊

一队公安战士冲入一间发廊，见两对青年男女正在椅上调笑，被命令就地蹲下。

另一队战士冲入后院。一战士踹开一房门。

摄影灯照去，三张床上三对狗男女被惊起。

战士的枪已逼近。

狗男女慌忙举手，抓衣。

一战士从床上搜出毒品注射针具，白粉等毒品。

一嫖娼男人突然破窗而逃。

一战士亦从窗中跳出追去。

3. 夜　市街

一国内警车，闪着红灯，呼啸而过。

4. 夜　市强制戒毒所

警笛声声从远到近。

戒毒所高大的铁门紧闭着，高墙上设有电网，门外站立武装警卫。

戒毒所大门外，左侧建有一排白色平房，每间标志着"入所登记室""入所医检室""男更衣室""女更衣室"。

囚车在平房外停住，警笛也停止了响声。

囚车上迅速跳下两名武装刑警，迅速站在车门左右。

王刑警向车里命令："排好队，下车！"

囚车上陆续走下强制戒毒者八男五女，个个蓬头垢脸，脸色青黄，骨瘦如柴……

一个青年仔打着哈欠，刚向车外迈步，腿一软，就向地面跪倒！王刑警见状，一手扶起，对另两名吸毒者说："架着他走！"二个吸毒者自己也在气喘吁吁，只得服从命令把青年仔架起，三个人东倒西歪地向前走去。

囚车上又走下五名女戒毒者，个个散着蓬乱的头发，青黄水肿的脸色，无神的眼神……有人沉闷，有人呻吟，全是一付十分痛苦难熬的样子。

八男五女随着王刑警走进"入所登记室"。

5. 夜　入所登记室

刘科长与两名穿白色制服的工作人员在给戒毒人员发入所登记表，戒毒者个个有气无力、神情萎靡，有人站立不稳。记者谢洁心走来。

一押解刑警："刘科长，今天送来八男五女，请签字！"

刘科长："一次比一次送的多了嘛。"

刑警："下次可能还要多！"

刘科长："啊！怕没有那么多床位。请签字。"

刘科长："喂！大家快填表。"

站在前排的青年叫周健，十八岁，扶墙而站，全身颤抖，有气无力地："我——拿不——住笔。"

谢洁心上前接过表格："我帮你填，你叫什么名字？"

周："我叫周健."

谢："多少岁？"

周："十八岁。"

谢："职业？"

周："什么？"

谢："做什么工作？"

周："我是学生。"

谢惊望："啊？！学生？！吸毒几年了？"

周："两三年了吧！"

谢看表格："耗费多少？"

周："什么？"

谢："就是吸毒耗费了多少钱？"

周："这……我说不清。"

谢:"想想,一天要花多少?"

周:"一天三包到四包,每包一百五十元……"

谢惊:"啊?!一天要花费四百五十元哪!那一个月岂不是要花掉一万三千多元钱?!"

周:"是啦,这白粉是贵重东西嘛!"

谢:"那么说,你三年里要花费掉四十八九万元钱喽?!"

周身后青年:"是这样啦!"

"我是做服装生意的,三年里,我抽掉了一百多万,现在连店也卖了。"

谢洁心望着这一个个骨瘦如柴的青年人惊得目瞪口呆,一句话也说不出。

6. 日　男更衣室内

一名男工作人员正在向戒毒者发新衣裤。

男吸毒者全在脱下上衣、长裤,露出条条筋骨,多数人烂肉斑斑,许多人的胸身、手臂上纹有彩色或黑白的鹰、虎、鸟、花,品种不一。

7. 日　女更衣室内

三名女干警坐在桌前。女记者谢洁心亦坐一旁。

室内一排五小间,每间有一扇门。

女戒毒者站在里边更衣,门不高,刚够遮挡上女人身体的中段,两头露着头肩和双腿。

女管教一边把新衣裤放在每间的门上,一边喊着:"把背心、裤衩、乳罩全部脱下来!"

一女戒毒者问:"裤衩也要脱?"

女管教:"全部换新的,自己的衣裤一件也不准带进去!"转头见一女正在盘发,立即喊道:"不准把头发盘上去!放下来!"

女戒毒者:"干吗?"

另一女戒毒者:"干吗?这还用问,怕你把毒品放在毛发里带进去呗!"

女戒毒者不满地把头发松开,用力左右甩动着:"是不是这样?要再不放心,干脆把全身上下刮一遍再进去!"女人们发出尖声浪笑!

女管教严肃说:"老实点!要不愿意进来,可以马上回拘留所去,反正囚车还在门口呢!"

女人们顿时不出声了。

洁心做声问:"她们是干什么的?"

管教:"一部分是个体户,大部分是妓女。"

女管教:"现在听我口令在原地做动作,蹲下!站起,蹲下!站起!原地跳十下,一、二、三、四、五……"

众女只得气喘吁吁照着口令做着站、蹲、跳。

地上落下两包用避孕套装着的海洛因。

女警审视的目光。

谢洁心惊讶地……喊出:"那是什么?"

女警:"白粉。"

8. 夜　办公室

报社特派记者谢洁心,正在桌边翻阅档案,她将最后一本档案合上、走到窗边推开窗,阴沉沉的天空划过一道闪电,她走回桌边拿起信纸写信。(伴着她的心声)

"老伴,我到市强制戒毒采访已经是第三天了,今天从公安局又送来一批强制戒毒人员,竟都是十七八岁的年轻人。我真不敢相信,已经在新中国绝迹了近三十年的毒品又泛滥起来……"

有人大喊:"你放我出去,我要回家。"

窗外一声响雷,一道两眼的闪电,洁心全身一颤,急扑到窗边关窗。疾风、暴雨扑面而来。

9. 雨夜　戒毒所隔离室

雨中,曾所长与谢洁心拿着手电走来。

他们走到一间戒毒仓,从瞭望孔向内望去。

一群男戒毒青年,赤膊上身、臂上、胸上露出鹰、蛇纹身,他们或挤在一堆玩牌,或躺、或坐,两瘦骨嶙峋……

谢洁心又走到一间女戒毒仓前可望:

约十二三名女青年,穿着背心,三角内裤,披着长发,有人在烦躁地走动,有人仰面躺在床上,有人坐在床边手扶着头,有人在撕一张废报纸,卷成小纸卷放在嘴边,又将一小纸片托在手上,在做吸毒状,只是她茕茕在吸……

洁心:"她?……"

所长:"她是在回忆吸毒的滋味,这些人一下子断了毒品、受不了,就用这种方式假吸毒，过假瘾……"

洁心："戒毒——很难吗？"

所长："肉体上戒毒不难，只要五天就可以了，可是吸过毒的人在精神上对毒品的依赖、往往几十年里都很难消除。"

洁心倒抽一口冷气："这么厉害？！"

雨中，洁心和曾所长走到隔离室。

一干部从内出："所长、洁心同志，快进来避避雨！"

两人入内。

曾所长："刚才听见有人喊叫，是这里吗？"

干部："是的！新进来的周健，毒瘾发作。"

正说时，室内凄厉叫喊："让我回家！妈！……妈！让我回家！"

干部对谢洁心说："这年轻人，年龄不大，毒瘾可很大，正常的戒毒药量对他不起作用！"

曾所长："走！进去看看！"

室内，只有一张床。周健满身虚汗，全身颤抖，口吐白液，十分可怜。

曾所长："给他注射戒毒针了吗？"

干部："他死活不肯注射！"

曾所长："拿针，我来！"

周健推开所长狂叫："不！……我不打针……妈呀！你快来呀！……快来救救我呀！……我好难受呀！……"满头大汗淋漓，痛苦难忍……

谢洁心入内，走到周健身旁，爱抚地拿出自己的手绢擦去他脸上的汗，细声地："小健！安静点……安静点……不要怕。"

周健突然无力地倒在谢洁心怀中，喃喃地："妈！……我对不起你……"

谢洁心小声地："来！小健，听话，打一针，就不会难受了！……好吗？"

周健闭着眼，微微点头。医生快速为他注射。周健渐渐安静下来……睡着了。谢洁心望着怀中的小健，眼眶蓄满泪水。

曾所长："他们实际上还是个孩子，还没有毕业的中学生。"

谢洁心含泪："真难想象，他们这么小怎么就会吸毒？学校、家庭，就没有早些日子发现？"

曾所长："您不是要找几个人谈谈吗？我看这周健够典型，明天就先和他谈谈吧。"

谢洁心仍抱着周健，低头望望他的脸。

干部上前："洁心同志，放他到床上吧，您也该休息了！"

三人动手将周健放到床上。

10. 晨　戒毒所

音乐声中，操场上近百名青年男女，随着一位干警在做操。

他（她）们虽然比较认真，但因瘦弱无力，所有的动作都做得不到位。

暴雨过后，院内树木、草地、鲜花一派清新。

11. 日　接待室

谢洁心在桌上摊开笔记本，小录音机。

曾所长领周健进来。

曾所长："这位就是谢阿姨！"

周健腼腆地："谢阿姨！听所长说昨晚……我……让你受累了！"

谢洁心微笑："没事了吧？听所长说，不管多大的毒瘾，他们七天就可以帮你戒掉，你可要好好配合哟，到了这里可不能任性啊！"

曾所长："吸毒的人只是毒瘾发作时，折磨得不像人。好，你们先谈。"刚要出门。

周健忙喊："所长！……你能不能给我两支烟？……我怕没精神说话……"

曾所和："行！特殊情况，特殊对待，你可要向谢阿姨好好说说……"放下两支烟，出外。

周健迅速点燃一支烟，他贪婪地吸着，从嘴里吐出的烟，又从鼻孔吸了回去……他脸色苍白枯黄，犹如深秋一片枯叶，绝没有他这年龄的青春光彩。

谢洁心望着周健在沉思……轻轻按下录音键。

谢洁心："小健，你什么时候离开学校的？"

周健在吸烟。

谢洁心："你想想看，在什么时候，什么情况下，是谁教会了你吸第一口毒的？"

周健又狠狠地吸了一口烟，猛然喷出一个烟圈，这烟圈竟在眼前越扩越大，他的眼眯起来，在随着烟圈的扩大，回忆起像是很久远的年代……音乐声渐起……

（画面）现在的周健叠印三年前的周健。

周健：（十五岁）一张健康、俊俏、纯情的脸，他幸福地笑着……镜头从他身上拉出。

12. 某中学礼堂

强劲的音乐声中，数百名中学生聚焦礼堂内，正轻快地跳着十六步集体舞，他们一律穿着天蓝色校服，散发着青春的朝气。

他们朝气蓬勃，跳着、转着、笑着。

在舞伴中，周健与女生曾小丹正面对面，手拉手在跳。他们青春年少，红光满面。周健约不过十六岁，小丹不过十五岁，小丹头发披肩，翩翩而舞，神采怡人。

周健和曾小丹边跳边说话。

小丹："周健！你这学期是不是又是第一名？"

周健笑道："不会这么好吧！"

小丹："假谦虚！心里天天想得第一！"顺势转了舞圈，"反正你不是第一句，就是第二句。"

周健："你对我就这么有信心？"

小丹："那还用怀疑？……你下学期还在这儿读高中吗？"

周健："你还没毕业，我舍得走吗？"

小丹嬉笑："骗死人，不偿命！"

周健随着舞曲，紧握小丹的手往自己怀里拉，望着小丹小声说："我是认真的。"

小丹从周健的怀中转出，"我也是认真的。"

舞曲继续着，全场挤得满满地，几乎所有的人全随着节奏摆着身体。

唯独一旁站着的章明，身体板板的，脸冷冷的，装成一副成熟样。

女同学"肥妹"走来："喂！章明同学，你为什么不跳呀！我邀请你一起玩玩好吗？"

章明不屑一顾地："谁玩这小毛孩游戏！咱们要玩就玩成熟型娱乐。"

肥妹推了下眼镜："唷！你多大呀！不就比别人多长高几寸个并没有吗？有什么用！"扭头去邀请别人了。

舞曲停了。周健和小丹仍手拉着手边说边笑走出舞池。一旁的学生们在议论："瞧！这一对！"小丹只得把手松开。

肥妹走来："小丹！该我上场演出了！"

章明向周健招呼:"哈罗!周健!"

周健走来:"章明,你为什么不跳?"

章明:"没意思!在食堂里跳舞,掉价!走,跟我去玩高档次的。"

肥妹正在报幕:"现在请本校初二班的曾小丹同学给大家演唱,曾小丹是全校的青年歌手冠军得主,希望大家喜欢,欢迎曾小丹!"

◎ 电影《白粉妹》剧照

全场同学欢呼鼓掌,有人吹起口哨。

曾小丹走到台上,从容接过话筒,她笑道:"同学们,毕业班的同学们!我在这难忘的时刻,为大家唱一首《难忘少年时》,希望大家勿忘今宵!"乐声起。

小丹嗓音清纯甜美,很是迷人。

全场为之鼓舞,动容,人人跟着小丹的歌声击掌以和。

周健陶醉,环视全场。

全场师生,无不兴奋、激动。随着歌声又跳起来了,一对对翩翩起舞……全场进入高潮。

章明往周健身上一拍:"有什么好听的,走吧!现在就是港台歌星站在那里我都没有兴趣,谁听这种学生妹的歌,没劲!走!"

周健:"去哪里?"

章明伸出大拇指:"喜康娱乐城!"

周健:"不!今天不去,改日吧!"

章明:"喔!明白,今天你和小歌星有约,是吧?"离去回头招手:"拜!拜!"

13. 夜 林荫路上

小丹、周健肩并肩在漫步。

丹:"放假了,怎么过?"

健:"下学期就升高中部了,课文深了,我想再复习、免得掉队。"

丹:"我好羡慕你,门门功课都好!"

健:"你也不错嘛,你们班主任总夸你"

丹:"可,我的条件远不如你。听说你爸爸是贸易集团公司的总经理?坐的是皇冠牌小轿车?"

健纠正地,脸上露出得意的神情:"不!不是皇冠,是凌志,要八十多万元钱一辆。"

丹羡慕地:"美死了!你坐过吗?"

健不屑地:"我才不坐,有志气就自己买,怎么样,等我有了车,带你去兜风?!"

丹:"吹牛不犯罪。"

健:"不信?!赌点什么?"

丹兴奋:"赌什么?!"

健:"我大学一毕业就买私家车,要是买——不起,我——我就不娶——老婆!"

丹大笑:"没出息,这算什么!"

健尴尬:"那赌什么?"

丹:"什么也不赌,我相信你买得起,只是我希望你是个出类拔萃的人"

健感激地抓住小丹的手:"谢谢!我一定!"

他们勾着手指头,向远处走去。

14. 夜 周健家

周健高高兴兴,一步数级跑上楼梯台阶。

他手拉出钥匙,打开自家的豪华铁门和木门。

周健走近客厅,一眼看见父亲周国栋坐在真皮沙发上,眼也不抬,母亲站在通厨房的墙边,手里拿着围裙,餐厅的饭桌上摆好了饭菜。

室内的陈设已是现代小康之家了,大屏幕的超霸彩电,最新的音响组合……应有尽有……

周健高兴地叫声:"爸爸,您回来了?"

周国栋高大、潇洒,头发梳得锃亮,典型现代商人发型,笔挺的意大利西装,名牌皮鞋,茶几上放着公文包,移动电话。

他见周喊他,便微微点点头:"小健,你先去吃饭,我和你妈妈商量点事。"

林淑贞拦住:"小健,别去,你也是家庭主要成员,你也该听听,也可以谈谈自己的意见！"

周国栋不悦："你这是干什么？这是我们两个大人之间的事，何必把孩子扯进去？"

林淑贞："怎么只是我们两人？离婚怎么可能和孩子没有关系？"

周健："妈！究竟怎么回事？"

林淑贞："小健，你听好了，你爸爸这次回来，就是要和我们摊牌，你看，桌上已经填好了离婚书，他现在是逼着我在上面签字。"

周国栋："怎么是逼？不是互相协议嘛，与其吵吵闹闹，不如好来好去，我已经说过这房子，以及家中一切财产都留给你们，我还可以再另外给你十万元，而我只要你三个字。"

林淑贞："我这三个字，林淑贞这么值钱吗？当初，你娶我的时候，是怎样起誓的？现在你当总经理了，财大气粗了，你有情妇，晚上还有'三陪女郎'，就把我当了绊脚石了，别以为用几个臭钱就可以打发了我们，没这么便宜！？"

周国栋站起："不准你诬陷！你不要无中生有，我堂堂总经理决不干偷鸡摸狗的勾当！今天你我感情破裂，绝不是一个巴掌可以拍响的，冰冻三尺，也绝非一日之寒，你应该问问自己！"

林淑贞："我问心无愧！倒是你该摸摸自己，还有没有良心，不要认为共产党没办法，恶是要恶报的！"

周国栋大怒："我问你签不签字？！"

林淑贞厉声："不签！我不签，你休想再娶第二个！"

周国栋："好！"他抓起公文包、大哥大："看谁赔得起！我走了，你不要想再见到我，一切后果由你自负！"

周国栋走到门边，被周健紧紧抱住。

周健："爸！我已经十六岁了，马上要上高中了，你们想过没有？你们离婚以后，会对我怎样？我需要你们的爱和保护，我不想被同学们骂我是单亲仔。"

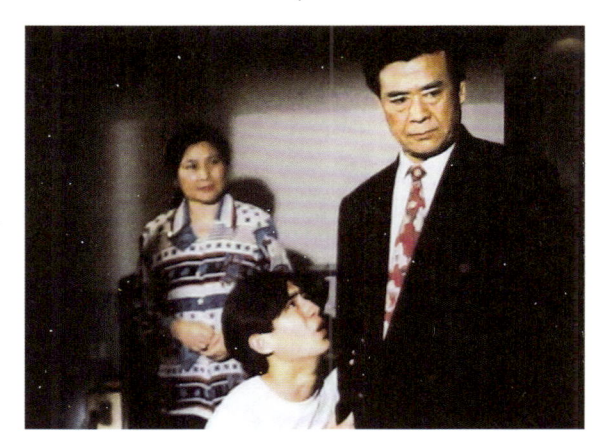

◎ 电影《白粉妹》剧照

周健说到最后已是声泪俱下。

周国栋僵立片刻,心一横,推开门,跑出。

15. 夜　沿江路

周健一个人在江边漫步,他眼里含着泪。

章明骑着摩托车驶来,发现了周健,他停下车去喊:"周健!"

周健急忙扭头擦去眼泪。

章明跳下车,走过:"喂!你怎么一个人在这?"发现周健眼里的泪水、关心地:"怎么回事,怎么哭了?"

周健的泪水又涌上来

章明吃惊:"有人欺负你?!说!是谁?!看我不教训教训他!"

周健愈止不住抽泣,毫哭出声来

章明按住周健双肩:"别哭!对我说说、咱俩是小学同学,铁哥们嘛,我会帮你!"

周健扶在章明肩上痛哭:"我——完了,父母要离婚,我要变成讨厌的单亲仔了!"

章明大惊:"啊?!怎么会?!不能挽回了吗?"

周健痛苦抱头。

章明不解地:"现在的大人怎么回事?太不负责任了吧?!"

此时虎仔、油条骑摩托车至。

虎仔:"嘿!哥们!有没有搞错呀,搂搂抱抱的。"

油条笑:"你们在搞同性恋吧?"

虎仔:"走啦,大哥在老地方等咱们哪!"

章明劝周健:"阿健!振作起来,有什么了不起,谁家父母能管咱们一辈子?!还不得自己闯!?走!跟我出去玩,让你开开心!"边劝边推。

周健推辞:"不去,我的功课还没做。"

章明:"不是放假了吗?!"

虎仔:"做什么功课,现在是什么年代?是他妈挣钱的年代!读书应该是下一代人的事。"

章明:"还是跟我坐一坐吧,路上好说说话!"

周健勉强跨上了章明的车尾。三个人呼啸一声,风一般驶去。

16. 出租屋·毒窝

章明、虎仔、油条和四个发廊妹拥着周健步进客厅。

厅内已有十五六名青年男女或躺或坐，有人吸烟、有人玩牌、有人用锡纸吸白粉。

大佬熊剑半躺在长沙发上，身边有两名十六七岁的女孩在嬉笑。

熊剑见章明进来便问："明仔，你带谁来了？！"

章明拉周健上前、鞠躬："大佬，这是我的同学、好朋友周健，他是我们班的秀才。"

熊剑："秀才，来！上前一点，我看看！"

周健拘谨跨前一步。

章明向周健介绍："这就是我们的大佬熊剑，宝剑的剑。"。

一躺在男人身边的女人笑说："小伙子，你可要小心，大佬的宝剑可锋利哟！"

熊剑打量周健："十六岁了吧？像个大人了，长得挺可爱的嘛！"

章明："当然，在学校不知有多少学生妹喜欢他呢！"

众女人一齐围上前："是吗？让我们也看看！"

女甲："眼睛挺媚的吗？"

女乙："瞧！这鼻子多挺！"

女丙："这头发多帅！"

女丁："这脸蛋可真是细嫩白肉呀！"说时摸了一把。

熊剑哈哈大笑："小健，不要怕，这里都是哥们、姐们，你今天能来这里，就是缘分，到了这里，就是大人了！"

女甲："当大人可得抽烟，来！阿姐我送你一支带料的烟！"递上一支"特殊"烟。油条大叫："哇！这可不能不要呀，周健，这可不是一般的烟，烟里有料，抽了会冒仙气的！"

虎仔上前："别浪费，还是给我吧！"

女甲躲过："你滚一边去！我这是给秀才的，来！兄弟，抽一支，让你也享受一下真正的人生。"

虎仔："抽吧！这才是人生的最高享受"。

女乙："抽吧！抽了这个才算是真正的男人哪！"

女甲眯着眼，用舌头舔了一下香烟，香烟纸上立刻出现了一条黑色痕迹，她打着火机，把香烟递到周健嘴边。

周健急忙躲过。

女丙："连吸一口的胆量都没有？"

女丁："没用！还不如我们女人！"

众男女均望着周健。

章明上前低声："抽！别让人家看不起，抽了以后会一口解百愁！"

周健眼睛湿了，他望望章明，又望望大家，猛地接过香烟，狠狠地吸了一口，立刻目瞪口呆，接着猛烈地咳嗽起来，泪也流出来。

众哄堂大笑，周健向周围看了一眼，一横心又抽了一口。

熊剑望着周健说："得，周健，有了这第一口，可就没有最后一口了。"

周健惊讶地睁大泪眼。

女甲摸着周健的脸："兄弟，别怕，要接着抽，第一口苦，第二口甜，第三口才快活似神仙。"

章明："怕什么，人活着什么都得体验体验。"

周健含泪一口接一口抽下去。

周健眼前的男人，女人慢慢地转了起来……

17. 黄昏　街边电话亭

曾小丹急急走进街边电话亭，投了硬币。

小丹："喂！周健吗？"

周健爬在床上，抓着电话，睡意蒙眬，语言不清地："你找谁？"

小丹："周健，我是小丹，你怎么像是没睡醒？……没有？我有急事……你能出来一下吗，我在街心花园等你。"

18. 黄昏　街心花园

小丹和周健倚在大榕树旁

小丹焦急地："……我爸爸出了车祸，撞坏了一个人，车也毁了，汽车公司要处分他，说是他酗酒、赌博造成的，可能会开除他，还要赔偿人家医疗费……我们家这次全完了！"说到伤心地哭起来。

周健劝说："别急，先别哭，你们家，你爸赔偿不起吗？"

小丹："不瞒你，我爸爸长期欠钱，家里的电视、冰箱……全都替他还了债，我妈妈要死要活还要离婚。"

周健大惊："啊？！你们家也……怎么会这样，怎么会呢？！……"他再也找不出一句安慰的话。

小丹企求地："阿健！你说我该怎么办？"

周健为难的："这……大人的事，叫咱们怎么办？"

小丹伤心已极："我恐怕不能读书了"

周健急："为什么？！"

小丹："家里连一点多余的钱也没有了，我必须出来找份工作，贴补一下家里"

周健惊："怎么行？！你才十五岁呀！再说你初中都没毕业，人家好点的公司都不会要你。"

小丹："我去打工了，像那些千千万万的打工妹，不都是初中没毕业？！"

周健坚决地："不行！绝对不行！你这么聪明，学习又好，绝不能毁了一辈子前程！"

小丹急："那你说我该怎么办？要是换成你，你们家，你又能怎么样？"

周健僵住，半天不语。

小丹："你倒说话呀！"

周健："走！找找章明，说不定他有办法，他在社会上结交了好多大朋友。"

小丹："他能帮我找到钱？！"狐疑地。

19. 电影院前的士多店

章明举着三个蛋筒走到曾小丹、周健面前每人给了一支。

章明："不就是钱吗？这愁什么，小丹的学费我包了，找什么工作呀，这么小，再念几年书！"

周健："听你这口气，好像你有多少钱似的，别忘了，那是你爸爸有钱，不是你有钱！"

章明："我爸爸的钱，还不就是我的钱，不过，别打他的主意，现在的有钱人，心黑着哪，包括我爸爸，一笔生意可以赚几十万，可你动他一分钱，他都心疼。咱们的事，别和大人搅和在一起，咱们自力更生，自己解决！"

小丹："那你到底有什么好办法？"

章明："这你就不甭管啦，到时候给你钱不就得了！哎！"他从裤袋里抓出两张电影票："这两张票，你们先进去看，最新镭射《欲火情仇》太刺激了！"他看看表："到点了，快进去吧，我在这等个人！"

周健接过票："那我们在里面边等你！"

章明一挥手："去吧，别受污染！"

20．电影院外

油条从一个角落走来，走近章明，互相微微碰了一下。

油条低声："大佬在立交桥老地方等你！"

章明："明白，就看你的了！"

油条迅速向停在影院门左侧的停车场走去，他从口袋里掏出一把"自制钥匙"，走到一辆摩托车前，出其不意地打开了车锁，就迅速隐去。

章明左右看了无人注意，便丢掉手中的蛋筒，走向停车场，迅速她跨上那辆已经开锁的摩托车，踩火加油，"砰"的一声将车开出。恰恰此时一人拿了头盔从电影院内走出，直奔停车场，恰与章明相遇，此人一惊，忽然大喊："偷车！偷车！抓住他！有人偷车！"

影院内的保安闻声跑出来。

不少看电影的观众也跑了出来，人群里也有周健、曾小丹，二人惊慌望去。

这时一群人抓住了偷车贼，人们喊着，挥拳打着。

周健拉着小丹随着人群也跑向出事地点。

二人跑近一看，大惊失色！只见：被抓住殴打的正是章明，他的眼被打青了，嘴角流着鲜血，衣服也被撕破了……跑来几名警察，给章明戴上了手铐。

周健、小丹惊得哑口无言。

21．林荫路

数天以后。

小丹、周健在路边漫步。

小丹忧心忡忡："……我的事没解决，又害了章明。"

周健："章明也真是，我以为他有什么好办法可以找到钱，谁想到他会去偷车……"

小丹："都八天了，还没放出来。"

周健："要是判刑就不是八天半月，弄不好三年五年也说不定。"

小丹唉声叹气："周健，你说这会不会是我害了他？"

周健安慰："别这么想……平时他很有钱……会不会……"

小丹："真的，我得尽快退学出来打工了，家里实在是……我妈天天哭着要死要活……在家里，我一小时也待不下去。"

周健："你爸爸就不能再找别的工作？"

小丹："他？两年不知为什么身体越来越瘦，整天昏沉沉的。"

周健："唉！真是家家都有本难念的经。"

小丹睁大眼，望着周健："你家不是很好吗，你妈妈那么贤惠，你爸爸那么能干，我真的好羡慕你。"

周健苦笑："唉！外人看别人家庭，总是看外表，家里人才能看到实质。"

这时一辆带着音乐的豪华摩托车从远处驶来。

周健惊异地："你听，摩托车音乐！"

小丹不解："什么？"

周健："听章明说过，大佬有部豪华摩托带音乐，全市数一数二。"他极力在车流中搜寻，然后惊喜："是他，果然是他！大佬！"他大声喊着又连连招手。

熊剑黑盔、黑衣、黑车，一个急转弯，停在周健面前。

周健拉着小丹跑上前："大佬！我一听这音乐就猜是你，你这车好威呀！"

熊剑脱下头盔："周健，你在这干吗？"

周健："没事，玩玩！喔，我介绍一下，曾小丹，我的……"

小丹忙接："同学！"

熊剑欣赏地："好靓啊，听章明说过你，说你有明星一般的脸，歌星一般的嗓子，果然！"

小丹"不要听章明瞎吹，他十句话里有九句是假的。"

熊剑："也许就这一句是真的！"

小丹、周健都笑了。

熊剑："哎，周健，见到章明了吗？"

周健："他不是给抓了吗？"

熊剑："早放出来三天了，他没来找过你？"

周健："没有啊！"

熊剑："要是你见了他，一定叫他来找我。"

周健应是。

熊剑："哎！你们想不想去喜康娱乐城玩玩？"

周健转问小丹："去过没有？"

小丹:"那还有心玩,再说玩这很费钱的。"

熊剑笑:"你们要去玩就不用钱,这娱乐城是我阿姐开的,喏!(他掏出名片)拿我的名片去,保证一分钱不要,还有冰水招待!"

二人接过名片欣喜地:"谢谢大佬!"

熊剑:"周健和我已经是哥们了,小丹也该认我这个大佬吧?"

小丹:"当然罗,只怕高攀不上。"

熊剑:"好,我就收你这个细妹,以后有什么困难就找我,大佬我一定全力以赴,好,你们玩吧,我有事先走了。"

二人高兴地:"大佬再见!"

熊剑喊声"再见",摩托车已经风一般驶去。

小丹羡慕不已:"大佬真威呀!"

周健忽然想起:"哎呀,忘了,刚才怎么不求求大佬啊!你要是真的不能念书了,说不定他能帮你找个好工作。"

小丹:"不!第一次见面,怎么就能张口求人!"

二人又沿路走去。

22. 喜康娱乐城

这里是集现代青少年娱乐之大全:射击、套圈、电子夹动物……各种电子游戏机。

周健正在玩一部大型电子游戏机,星面一个勇士正与群敌搏斗,他前后左右向来自不同方向的敌人周旋,只需三拳两脚就把敌人打倒在地。

周健的脸上显出紧张、兴奋、胜利者的微笑。

小丹在他的身边开一部豪华赛车,这赛车风驰电掣,越过重重障碍。

一位服务员小姐走到二人的身边,恭敬地:"请问两位是熊老板的人吗?我们的老板要见见你们。"

周健、小丹急忙站起。

这时一位年过三十,浓妆艳抹的胖女人,风度翩翩笑着走到二人面前:"你们就是周健、曾小丹吧?"

二人点头:"是!"

胡丽:"我叫胡丽,美丽的丽,是熊剑的阿姐!如果两位不见外,就也叫我阿姐吧!"

二人:"是!阿姐!"

胡丽:"好!这就是一家人了嘛,我就喜欢你们年轻人,欢迎你们常来，想玩什么就玩什么，一切免费，谁叫我是你们大阿姐呢！"

她吩咐小姐："阿娟，以后他们来玩，一切免费！"

阿娟谦卑地："是，老板！"

胡丽："好了，你们继续玩吧，我就在楼上办公室，有事来找我！"

二人恭敬地："谢谢阿姐，阿姐再见！"

胡丽离去。

小丹、周健互相看看，脸上掠过一丝得意的微笑。

周健提议："小丹，咱俩换换玩吧，你来打打大力王，我去赛车！"

小丹："好哇！"

二人交换了位置，正欲开机。阿娟又走来："先生！您的电话！"

周健惊奇地看看小丹："在这，还有我的电话？！"便随小姐走到服务台边接过电话。

周健："喂！哪一位？"

话筒声："是小健吗？我是大佬啊！"

周健高兴地："大佬！你在哪里？"

话筒："我在市郊，暂时赶不回来，现在有一件紧急的事，你和小丹帮我去办好吗？"

周健："当然可以，什么事，你说吧！"

话筒："有位朋友病了，托我买点药，急需送去！"

周健："药在哪里？"

话筒："药在阿姐办公室里，问她拿。"

周健："送到什么地方？"

话筒："今晚8时送到西门口，那儿就一家士多店，取药的人在店门口等你们！"

周健："我不认识他，怎么办？"

话筒："那人穿件红色T恤，戴副黑墨镜，他会问你们'是来送药的吗？你要答'是'，然后，你要问他'你Call机了吗？'他要答'Call了！'你要问'你call多少？'他答'7788'，这样，你就可以把药给他了！切记，call机'7788'，答的不对，千万别给，因为这药很贵，给错是要死人的！"

周健："记住了！大佬放心吧，我们一定准时送到！"

23. 西门口·士多店前

这是近郊区的密集居民区、新旧间杂的楼群就是现代与历史的结合，也显示着这里居民的素质高低差异很大。

这是一条繁华的小街，有饭店、杂货店，但只此一家士多店，已是黄昏，人流并不稠密。

周健、曾小丹背着书包，站在士多店前的台阶上左右张望，不见有穿红T恤的人来。

小丹："是不是这儿？有没有搞错？"

周健："不会吧，这里就这么一家士多店。"

小丹怀疑地："这送药那么复杂，还有暗号。"

周健："这是个call机号码，你别紧张，别搞得挺吓人好不好？"

这时一个男人低沉沉的声音在他们身后传出来："你们是来送米的吗？"

两人一惊回头，又吓了一跳。

台阶上站了一个高大、凶恶的年轻人，穿着红色T恤，戴副黑墨镜，正从台阶上俯身望着他俩。周健、小丹吓得倒退了一步。

周健紧张地结结巴巴："你……是……和我……们说话？"

红衣人："废话！这里那有别人？"

周健更紧张："你问什……么？！"

红衣人："我问你们是不是送米的？"

周健和小丹对视了一下。

红衣人一愣："喔？是不是有人托你们到这里送药？"

小丹："送药就是送药，为什么说送米？！"

红衣人："黐线！药就是米，米就是药，你们入了这一行，怎么连这也不懂？！少废话，拿来吧？！"

周健欲掏书包，小丹急挡住："拿什么？"

红衣人伸着手："药啊！"

小丹："你Call机了吗？"

红衣人："Call了！"

小丹："Call多少？"

红衣人故意拉长压低声音："7788。"

小丹又看了一眼周健。

周健低声:"都对了,给他吧!"

小丹仍怀疑地:"我看你也不像得急病的啊?!"

红衣人:"废话!非要我得病,别人得不行?我就是医生,懂吗?"

周健送上"药":"我们不能不问清楚,这药很厉害,吃错了药会出人命的。"

◎ 电影《白粉妹》剧照

红衣人接过药,左右看看,便迅速转过墙角不见了。

这时小丹转头看见士多店内一又瘦又干的老档主正望着他们偷笑。

小丹一拉周健:"有人注意咱们了,快走吧!"

周健:"怕什么,咱们又不是做坏事!"

24. 戒毒所接待室

谢洁心端了一杯水放在周健面前。

周健又点燃了第二支香烟。

谢洁心:"这药……"

周健:"药就是米,米就是毒品四号白粉海洛因。"

谢洁心:"熊剑这人好险恶!他利用你们这些不被人注意的学生身份去送毒品!"

周健悔恨地:"我悔不该认识他,更悔不该把曾小丹介绍给他认识,我……"他欲言又止。

谢洁心关切地:"怎么样?来!喝点水慢慢说。小丹怎么样?!"

周健仰起头,望着遥远的上方……

25. 夜 高级咖啡厅

暗淡的灯光,隐蔽的情侣座,虚无缥缈的音乐,正是情侣幽会的好场所。

章明、周健坐在一角,桌上已经上好了咖啡、美点。

周健:"听大佬讲,你早就出来了,怎么一直不见你露面?"

章明紧张地:"大佬找过我?"

周健:"一直在找,还叫我看见你就通知他。"

章明："你可千万别告诉他见过我，千万！"我要躲了，躲得远远的。

周健："为什么？"

章明："周健，咱俩是小学同学又是好朋友，可我对不起你，我不该带你去那种场合，不该劝你抽那种加料的毒烟。"

周健大惊："毒烟？！可是我已经抽过多次了，都是大佬给我，也怪，现在我经常心慌，无力，出虚汗，全身疼，可一抽那种烟吧，就没事了。"

章明紧张："完了！你上瘾了！这就是犯毒瘾，你这可能还是初期，不太重，如果瘾重了，你会全身像有一万只蚂蚁在啃骨头，会疼得死去活来！你可千万不能再抽了，再心慌、再难受也要忍住！明白吗？否则你就完了！"

周健（亦紧张）："听说你早出来了，跑哪去了？"

章明："我跟你说实话吧！我那次偷摩托车给警察抓住了，以为准判刑，谁知道，我在那儿受了一次很深刻的教育。不进去不知道，进去了才知道是做人就应该正正道道的做人！所以，我必须跟你说！你要马上和熊剑、油条、虎仔他们断，再不能和他们来往了！他们不是好人……我惹不起，我躲得起，我明天要到外省去了。"

周健紧张地："怎么回事？！"

章明：千万不能说出去，"他们是一伙贩毒……"他眼往外一扫，突然吓得变了脸："不好！他来了，我躲了，千万别说看见我！"说时，快速转身到了洗手间。

周健向门外一看，是熊剑、虎仔、油条三人进来了，熊剑还挽着一个十七八岁的风流小女人。

周健吓得连忙低下头，装作没看见，谁知熊剑等人竟笔直向他走来。

熊剑走到周健桌前，猛地拍了周健一掌："周健！你怎么一个人在这里？"

周健一惊站起："喔！大佬啊！喔！虎哥、油条……"

熊剑："小丹怎么没来？（他一看桌上两个杯子）来了，人呢？"

周健支吾："刚上洗手间。"

熊剑："好！我在里边的包房，让她回来找我，告诉她托我的事办了！"

周健惊奇："她托你办事？！"

熊剑："应该说是她求过我。小丹求我给她找一份工，我怎么舍得让她去打工呢！我阿姐那儿的歌舞厅快开张了，我让她去当歌星！"

周健："当歌星？！"

虎仔："这是当今最红的行当，绝对的美差。"

熊剑："现在的行情是，港台歌星听腻了，换点口味，小丹年轻、漂亮、纯情……当然，我还给得她包装包装啰！经我一扇，包红！"

周健的神色越来越紧张。

油条："喂，你真没见过章明？"

周健："没，没有！他不是……"

虎仔："这小子想躲，躲过初一躲不过十五，等我们找到他，看他有好果子吃！"

熊剑："见到章明立刻call我，记住了？！"他掏出一包香烟放到桌上："这是加料的，收好，没有了找我！"他转向三人："走吧，到里面包房去！"

三人簇拥熊剑走进包房。

周健如被雷击，半天僵立不动，偶然手碰到桌上的香烟，如被蜂蜇，吓得几乎叫出声，他盯住香烟，响起熊剑的话："这是加料的！"不禁又想起出租屋，妖女逼他吸第一支加料烟的情景，又响起章明的话："再也不能和熊剑、虎仔、油条他们交往了！他们是一群"

周健额头沁出冷汗，他不顾一切向门外走去，在门边突被小姐挡住。

小姐："先生！你还没有买单！"

周健慌乱："喔，是么，对不起，多少钱？"他掏出所有的钱又欲走。

小姐又喊："先生慢走！"

周健又停住。

小姐走来递上那盒熊剑给的烟："你忘了烟。"

周健恐惧地接过，连连"谢谢"，急忙塞进裤袋，仿佛偷了什么似的匆匆跑了出去。

26. 高楼顶层平台

小丹在急切地述说："……我爸那次车祸的原因查清了，根本不是因为喝酒，而是因为吸毒，开车的时候，突然毒瘾发作！"

周健大惊："啊？！你父亲还吸毒？！"

小丹："是！他长期赌博，又吸毒，欠了很多债。出了车祸以后，好多人找上门讨债，家里所有值钱的东西，都卖掉顶债了，单位领导说要开除我爸，还要送去教养，妈妈天天跟他吵，前天大哭一场后甩下我们走了……好狠心！"她忍不住哭起来。

周健惊得睁大眼："啊？！她就这么走了？"

小丹："我只能退学了……对了，那天碰见大佬我求他帮我找份工做。"

周健紧张："不！不能找熊剑……"

小丹惊奇："为什么？为什么不能求他？！"

周健："不能求就是不能求……求谁也不能求他！"

小丹哭："我不求他，又求谁？我知道你爱我、同情我，可你又助不了我，你自己还是个依靠父母的学生……我要求的并不高，只希望能养活自己，养活我爸。"

周健："可熊剑这人……"欲言又止。

小丹："他人并不坏，他想培养我当歌星，他说一天可以给我几百元钱……"

周健突然发怒："几百元！几百元！到他歌舞厅去当歌女，你这是往火坑里跳！"

小丹愣了片刻，亦爆发般："我往火坑里跳！！你有没有搞错，我这是想跳出火坑啊！

你知道不知道，我一天不工作、不挣钱，我和我爸就要挨饿，你懂吗？！"

周健："挨饿也不能当歌女！（大吼）你懂吗？！"

小丹不服："不是歌女，是歌星，当歌星低人一头吗？你别忘了，现在是新社会。"

周健："新社会就没有坏人吗？就没有……小丹，我求你了！"他扑跪了下来："千万不能去找熊剑，千万不能去歌舞厅！"

小丹："你求我？你求我什么？（爆发地）是我想求你呀！！我想求你帮我；求你保护我，你能吗？你能保护我吗？你有能力养活我吗？！"

周健泪水涟涟，惭愧地低下头。

小丹："过去，我只是生活在幻想的空间，根本不懂得人生还有祸有福，更不懂理想还会破灭，你还有当总经理的爹当靠山，可我靠谁？！"

传来熊剑的摩托车音乐声。

小丹站起："生活教会我要变得实际些，谁能帮我、救我，我就跟谁去!"向楼边缘跑去。

周健急喊:"小丹!不要过去!危险!你会掉下去!"

小丹回身:"我真的好羡慕你,可我只能独自拼搏了!"

她跑向楼梯,又转身跑回周健吻了一下他的脸,哭声:"周健,我爱你!"便跑了下去。

周健跑到楼梯边望着小丹朝熊剑奔去……

他痛苦地蹲下,捶着自己的头,狠狠地骂:"我真没用!!"

27. 夜　周健家

周健脸色苍白,额上沁着虚汗,他颤抖着,急切地在抽屉里乱翻,找出几个空烟盒,他捏扁了丢向墙角,又把一个抽屉倒扣在地板上,仍没找到要找的东西,他又跑去拉开衣柜,一件件衣服翻找,衣服丢得满床,最后在一条裤子口袋掏出一盒香烟。

他颤抖着手抽出一支,望着发愣,耳边又响起熊剑的话:"这是加料的!"他犹豫着,颤抖着,终于点燃了这支烟,狠狠吸了一口,他闭上眼,又慢慢吸了一口。

周健睁开双眼,他的瞳孔惊人地放大了。

放大的瞳孔,飘过一片烟雾。

28. 歌舞厅

小舞台上,飘着从四处射出的烟雾。烟雾中,四位天仙般的少女,敞胸露脐在翩翩起舞,五彩射灯摇得人心乱神迷。

烟雾中飘出被包装得奇妆异服的曾小丹,她手持话筒,不紧不慢地唱着一首迷人的歌。

观众如痴如醉,不断地爆出雷鸣般掌声。

台角坐着胡丽、熊剑、虎仔、油条,他们望着周围人们的情绪,高兴得眉飞色舞。

一位小女孩沿观众的圆桌卖花。

一胖港客抛出一把钱,买下整筐的花,他挺着肚皮走上台向小丹献花,又禁不住抱住小丹亲吻她的双颊,观众欢呼雀跃。

◎　电影《白粉妹》剧照

在观众席阴暗的角落坐着脸色苍白的周健，他不忍再看下去，愤然起身走了出去。

29．歌厅外·小街

周健在歌厅外对面的人行道的阴影中徘徊，不时停下望着歌厅灯火辉煌的门前。身着大开叉旗袍的迎客女在招揽顾客。

周健忽然眼一亮。

歌厅门口驶来一部奔驰轿车，正停在门前。

曾小丹从灯火辉煌处款款走出。

周健急欲上前，又停住，原来熊剑正搂着小丹走出。

熊剑吩咐虎仔、油条："你们在这儿照顾点，别出事。"

虎仔、油条齐声："熊哥慢走，曾小姐，祝贺你一炮走红！"

熊剑扶小丹进入车内，轿车驶去。

周健紧走几步，又慢慢退回到阴影里。

他无限惆怅，望着小丹的车湮没在车海中。

周健的头无力地靠在一棵树干上，他急着找支烟抽，可是翻遍所有口袋全无。

正这时，一个声音轻微地飘过来："先生！你要米吗？"

周健一惊回头，面前站着一个年轻的新疆仔，他二十几岁，正直勾勾地望着他。

周健："你在和我说话吗？"

新疆仔："是啊，你要米吗？4号……"

周健："多少钱一支？"

新疆仔："一支？喔，那是'打老高'，我们讲的是'追龙'，懂吗？想要，跟我来！"

周健犹豫不决。

新疆仔走了。

周健半天才下了决心，远远地跟着新疆仔走去。

30．夜 又一片出租屋

新疆仔带着周健转弯抹角，越过一片老屋，进入一间阴森森的出租屋，越过空荡荡的前厅，进入后厅，又进入第三层，突然令周健触目惊心。

空旷的屋内，或躺、或坐，拥挤着十几名青年男女，他们有的用锡纸摊开白粉在"追龙"，有的竟拉开裤管，用注射针将白粉溶化后，直接注入血管，一个个面容憔悴，神态黯然，他们对周健进来毫无反映，仿佛全麻木了。

新疆仔引周健到一个角落，给他"辟开"一张香烟锡纸、一小包白粉，说道："瞧！这就是'追龙'，吸完了，就躺这休息吧，不要怕，都是道友，互不干扰！各自享乐！"说罢他走出去。

周健捧着锡纸、白粉，望着这一个个已无人形的白粉仔群，欲哭无泪，欲泣无声。

31．接待室内

周健无力地喘着大气……

谢洁心倒了杯水递给他。

周健继续在说（推近镜）："就这样……我竟发展到了自觉地寻找毒品……我在毒海里越陷越深了……熊剑经常让我为他去送货，我为了钱，也去做，我吸毒的事，我家里一直不知道，父母都在忙自己感情纠纷的事……直到开学以后……"

32．日　学校·高一班

王老师正在上课，教室内秩序井然，鸦雀无声，学生们在认真听课。

周健直愣愣地坐着，脸色青黄，消瘦，双目无神。他失神地望着王老师……王老师的形象模糊了，她的讲课声越来越大……几乎在吼叫……

周健浑身打了个冷战，全身像通了电波似地颤抖起来……又不停地打呵欠，手不停地在腿上抓痒……他感到心慌意乱，大汗淋漓。

王老师突然注意到周健的异常反映，转身对学生们宣布："我就先讲到这里，大家自修复习！"又转身喊道："周健！"

周健被王老师的喊声一惊！

王老师："周健！你把同学的作业本收一下，送到我办公室去！"说罢就先走出外。

同学们纷纷把笔记本交在老师讲台上。

周健四肢无力地上前，抱起笔记本，刚迈步，腿一软，几乎摔倒，还是强行站起，歪歪斜斜地走出教室。

同学们惊奇望着他，大家交头接耳地议论着……

33．日　学校教务处

王老师已经坐在那儿等周健入内。

周健无力地走进来，望着王老师显得严厉的眼睛，似乎看透了他的内心……顿时全身颤抖起来，刚走到王老师身旁，就一头跪在老师身旁，喊道："王老师！……快救救我！……"

王老师和善地扶他起身："周健，慢慢说！"

周健："我……不行了！我犯毒瘾了！……"

王老师大惊："毒瘾？！你吸毒？"

周健："我……吸毒……求求你千万别让同学们知道……让我父母知道……请救救我，看住我……不要让我吸！……看住我！……"

王老师同情地倒水，不停地用毛巾给他擦汗："我送你去医院！"

周健署："不！不能去医院。"

王老师："我找你父亲，我们一起帮助你戒毒。"

周健："不！千万别找他们，我会……挺住的！……挺过去就没事了！……啊！太难受了！（使劲地捶着胸膛）我快……忍不住了！……我！"

王老师："来！先躺下！"用几只椅子摆好，扶周健平卧，从手袋里拿出"救心盒"，取出三粒安定片。

周健仍在痛苦难忍："……王老师，求求你，请你不要告诉任何人……挺过这一阵就好了……"

王老师："行！先吃点药，睡一会，我一定帮你保密……"

34．接待室

周健非常吃力地喝了口水："……可是，王老师没有帮我保密，相反，学校把我开除了。"洁心："为什么？"周健："校长说我破坏了全校的荣誉，就……后来来的事，几乎和曾小丹全有关系……"一阵咳嗽。

谢洁心："能说说曾小丹的情况吗？"

周健："小丹她……"

此时刘科长慌慌张张入内问："曾所长在吗？"

洁心："不在，发生了什么事了吗？"

来人："刚刚送来一个吸毒者，病情危急，怕不行了！"

洁心："刘科长，我随你去看看。"

"小健，今天咱们先谈到这，改天你详细谈谈曾小丹的情况。你先回去。"

小健站起。

35. 急救室

几名医生在紧急抢救一位年轻的危急病人，病人躺在手术台上，赤裸上衣，全身青紫，骨瘦如柴的胳臂上布满针痕。

曾所长与谢洁心先后跑入。

曾："怎么样？有救吗？"

一医生颓然站起："无能为力了，他是针注毒品过量，导致心力衰竭，其实在路上已经死了。"

洁心："他多大？"

医生："登记表上写是十六岁。"

一人："他是在公厕里被发现的。"

曾所长叹了口气："唉！这些孩子，根本不知道毒品的厉害，毒瘾发作就迫不及待地进针以便尽快解除病痛，可是操之过急，或毒品过量都会造成死亡。这已经发生几起了。检验一下看看他是属于什么性质！"

医生应：是！

那时一人入报："所长，公安局的林科长到了！"

所长："好！我马上来！洁心同志，我给你请了一个人来，他能帮助你了解周健的女朋友曾小丹的情况！"

洁心高兴："唉！这太好了！"

36. 所长办公室

所长、洁心入内。

公安局林文江科长从椅上站起，热情地："你就是大名鼎鼎的谢洁心同志吧，不用介绍也认识。"

所长笑笑："唉，免去我介绍了！"

洁心："可你得把他介绍给我呀！"

所长大笑："对！其实您也应该知道的，林文江同志就是叫车匪路霸闻风丧胆的刑侦科林科长嘛！"

洁心大悟："唉！侦破楷模，久仰大名，只是第一次见，荣幸！"

林文江："不敢当！只是眼下又改行了奉命清剿黄、赌、毒，这比打击车匪路霸还复杂！"

洁心："好哇，全是为民除毒！你们几时再行动，让我也跟去见识。"

林："那太欢迎了！"

所长："林科长，听说你们最近抓了一名女孩儿叫曾小丹？"

林："有啊，这可是轰动全城的大案哪？"

洁心："怎么回事？"

林："曾小丹，刚刚过了十八岁生日，竟在家里用菜刀砍死了自己的父亲。"

洁心大惊："啊？！砍死了父亲？"

曾所长："为什么？"

林："一时说不清楚，曾小丹已被收监审查。"

洁心："你能帮我见见她吗？我必须亲自采访她。"

林："见可以，只是她什么也不会跟你说，她被收监以后连一句话也没说过。"

洁心："唉？！"

37．市看守所

这是比戒毒所还要戒备森严的关押未判犯人的地方。高墙、电网、铁栅、铁门，全副武装的警卫战士。

谢洁心在林文江等公安干警的陪同下，越过一道铁栅门，向最里间走来。

一干警打开最里一间监房的门锁，拉开门，向内喊："曾小丹，出来！"

谢洁心急上前一步向内看去。

囚室内，只有一个女犯，蜷缩在墙角，听见喊声，她慢慢爬起，拢拢覆盖在脸上的长发，拖着沉重的铁链，一步三拖，向监门走来。

谢洁心极力睁大双眼，她不相信出来的就是曾小丹。

曾小丹面色青紫，眼窝塌陷，两眼暗淡无光，两颊消瘦，体若形骸……她完全脱了相。

38．看守所接见室

隔着一道铁窗，谢洁心在采访曾小丹。

谢洁心不无激动，她开门见山地问："小丹！你能跟阿姨说说，你为什

◎ 电影《白粉妹》剧照

么要杀死自己的父亲吗？"

曾小丹长发遮面，毫无反映。

谢洁心："你还记得你的好朋友周健吗？"

小丹的身躯微微一颤。

谢洁心："我在戒毒所里同他做了一次长谈，他谈了你好多事，他让我告诉你，他好想你，说是他害了你。"

小丹情不自禁又颤抖了一下，她微微抬起头，从瀑布一样的乱发中，窥了一眼谢洁心，就又把头深深地埋了下去。

谢洁心伤心无奈地叹了口气："听周健讲，你是个很纯、很可爱的小女孩……我怎么也不敢相信，你会变成今天这样子。怎么会呢？啊？！怎么会？"谢洁心按下小录音机："你听，这是谁的声音？"

录音机里传出周健痛苦的喊声："……小丹的家毁了，我的家也处在了崩溃的边缘，小丹被熊剑霸占了，我再也看不见她了，我只能变本加厉地吸毒，在毒雾里和我的小丹见面……"。接着是重重的哭泣。

小丹听了周健的声音，霍然抬头，她被周健发自肺腑的思念震撼了，当听到周健重重的哭声，她再也忍不住，她扑上前，抓住铁窗，嘶哑地哭喊出："周健！是我对不住你，是我害了你……是我。"

39. 夜　歌舞厅前门

小丹被熊剑拥着钻进汽车口。熊剑吩咐司机："开车！"

汽车启动了。小丹无意中往窗外望了一眼。黑影中分明是周健往前冲了两步又退了回去，车从周健的面前滑了过去。

曾小丹极力向后张望，嘴里喃喃地发出只有自己才能听见的细声呼叫："周健！是周健！"

熊剑得意回头："阿丹你是叫我吗？"

小丹转回身掩饰："不！我是……我真的没有习惯吃夜宵，我爸爸还在家等我，大佬！还是送我回家吧！"

熊剑笑："习惯是人养成的，过去你是读书妹，只习惯上学，做功课，应付考试。从今天起，我会把你捧成为大红歌星，你要习惯观众的捧场、献花、献吻、签名，还要习惯赴宴、应酬、吃'宵夜'。从今天起，这部汽车就归你使用，每天都由马仔接送。马仔（司机）！你听到没有？你要对曾小姐服侍周到了，否则，我可对你不客气！"

马仔连连点头："是！是！老板放心。"

40. 大富豪酒店

熊剑拥小丹走进电梯。

电梯内，熊剑望着小丹微笑。

电梯直上，在18层停住。

熊剑扶小丹走出电梯。

曾小丹看去，竟是酒店的豪华客房走廊。

小丹疑惑："走错了吧？不是餐厅！"

熊剑："没错！我先回房间取钱，拿了就下去。"

他们沿着大红地毡，走向走廊最深处。

41. 双人套房

熊剑扶着曾小丹走进套房。

这是豪华套房，一厅一房，备有豪华浴室，室内装饰极具富丽，沙发、彩电一应俱全。

熊剑："阿妹！请坐，是想喝冷饮，还是喝点葡萄酒？"

曾小丹："不！都不喝，我就等你。"

熊剑："也好！我换换衣服！"说罢取出几本香港画报递给曾小丹："来，翻翻，我刚从香港带回来！"便走进浴室。

曾小丹局促不安听熊剑在浴室内放水，她坐了一会，不见熊剑出，随手拿起画报翻了几页，尽是裸体女人和男人，吓得赶紧合上，她站起想走，不料门已锁，恰此时熊剑赤裸上身，下身只用浴巾围着便走出来，奸笑着向曾小丹逼来……

曾小丹大惊，跪地下哭着哀求："大佬！放我走吧，你可不能……我求求你了！"

曾小丹徒自挣扎、哭叫，全无用，被熊剑步步逼近，突然抱起曾小丹走进卧室，然后在小丹惨叫声中，她的衣服被一件件抛出来，门"嘭"然关上……

42. 看守所接待室

曾小丹在痛哭……

谢洁心安慰地："……慢慢说……"

曾小丹翕动着黑唇："我……就这样被熊剑霸占了……可是我还时常想念周健，记得在学校时老师早说过：早恋是幼稚的，无知的。可是，我还是那样的爱他……后来听同学说，周健得了病，很久没上学了，我决定去看他……没想到，那天我害了他，他也害了我……"

43. 日　周国栋家

恢复学生打扮后的曾小丹，在周家门口徘徊……终于鼓足勇气按了门铃。

开门的是林淑贞，问道："姑娘，你找谁？"

曾小丹大方地："找周健，我是他同学。"

林淑贞热情地："喔！是同学，快请进。"

周健在床上躺着，听着外边的动静，曾小丹熟悉的声音，使他激动坐起。

林淑贞高兴地带曾小丹入内："小健！你同学来看你了！"

周健又躺下，冷冷道："喔！是曾小丹呀……你来来什么？……"

曾小丹放下带来的水果、葡萄汁等营养品，问道："是什么病？"

林淑贞道："没什么大病，就是肠胃不好，现已快好……再休息几天，就可以上学了，唉！自从他病了之后。家我一直请假在照顾他……好多天没上班了。"

周健："妈，你就上班去吧，不用陪了。"

林淑贞："不行，医生说一定要陪你十天，否则病就要反复。"

电话铃响，林淑贞接听："我是，要我去发工资？行！我回来一趟！"

曾小丹："阿姨，你去忙，今天我请了假，我来照顾周健好吗？我什么都会。"

林淑贞："也行，我先去一趟单位，你陪小健说说话，冰箱里什么都有，饿了就热点吃。"

曾小丹："我会，阿姨，你就放心去吧！"

林淑贞提起手袋，满意地望着曾小丹："就拜托你了。"

周健装作生气样不理曾小丹。

曾小丹却望着他笑了，上前搂着周健就亲吻起来……周健禁不住，俩人就拥着亲热……

周健突然推开曾小丹："小丹！熊剑有没有对你不规矩？！"

曾小丹笑道："……问他干什么？我是利用他，对你才是爱呢！懂吗？我每天，每天都在想你！"

周健突然认真地："小丹，你是不是真心爱我？"

曾小丹："肯定！我真心的爱你！"

周健:"为了你爱的人,你能为他做什么?!"

曾小丹:"什么都能干!"曾小丹嬉笑地往周健身边靠去……等待着周健的要求。

周健很严肃地:"很好,你马上去给我买一包海洛因,就一包!"

小丹惊讶地:"什么?!你吸毒?!你什么时候学会了吸毒?!"

周健:"自从熊剑和章明教会我抽第一口毒烟,就一直没断过。本来我是可以戒掉的,可你偏偏投靠了熊剑!……我见不到你忍受不了痛苦的折磨,只能用毒品麻醉自己,你懂吗,是你害了我!"说罢痛哭失声。

小丹扑上紧紧抱住周健安慰地:"不要哭!我不是来了吗?"

周健哭诉:"我本来想吸毒吸死算了!……"

小丹激动地:"不!不要!从今以后,我再也不离开你,我会常常来看你,陪你……那你为了我,就戒了吧,好吗?"

周健抹去眼泪,深情地望着小丹:"只要你再也不离开我,就戒!只是,你必须让我再吸一次,只一次,最后一次!我不行了,实在把不住了,我不愿你看到我犯毒瘾的丑恶形象,我快把不住了!"

小丹:"那你答应我只一次,最后一次!"

周健急切地重复:"只一次,最后一次,我发誓!!"

小丹站起:"我到那去买?"

周健迫不及待:"西门口杂卖店。"

44. 西门口·杂货店

曾小丹拿出一张十元,摊主摇头,曾小丹又拿出一张十元,还是摇头,曾小丹干脆把手袋反倒着,除了化妆品以外,仅有五元二角。

摊主:"这点钱不行?!"

小丹:"那要多少钱?"档主:"五十元。"

曾小丹虎着脸,把自己手腕上的表脱下,往桌上一放:"给!"

摊主:"这只够一包!"摸出一小纸包交给曾小丹。

曾小丹快速放进口袋,急步离去。

皮条客从后屋走出。

摊主笑道:"这小鸡婆还挺有味儿!"

皮条客:"她也是鸡婆?"

摊主:"就算今天不是,明天也准是。"

45．周健卧室

周健左手拿着一条二指宽，一巴掌长的锡纸，上面放着一小撮灰白色的粉末，嘴里叼着一根纸卷管，火苗在锡纸上一触即溶，来回晃动，粉末立即融化成烟，周健迅速地用纸管吸吮这淡淡的青烟，只见他的头部从右移到左，从左移到右。

曾小丹坐在他的对面，发呆地望着周健吸毒。

周健："你没见过？"

曾小丹："老实告诉你，我爸也吸这，但是从不当着我面吸。"

周健："喔！原来你爸还是我的道友呀！"又深深地吸了一口，脸上挂着惬意的满意："哗！可太舒服了！这日子过得才有意思！真奇怪，吸了这玩意以后，我好像……小丹，你猜我看见了什么？……我看见自己有好多好多钱，我看见我开了一辆奔驰车去接你……我在向你求婚……"闭着眼睛越说越兴奋。

曾小丹望着周健的样，笑出声来："看你这样，这我才懂得什么叫白日做梦！……做人还是实际点吧，我没有你这么高要求，我只希望有一个父母双全的家庭，我只希望自己能够上学，只希望上帝把人世间的幸福分给我一点点……就一点点……周健，你知道吧！我真的不愿意去歌厅，我从心里头厌烦熊剑、胡丽这些人……可是我要照顾我爸爸，我要生活……不得不陪他们笑脸，其实我很自卑，心里很……"曾小丹伤心地哭起来了。

周健搂着曾小丹："……别哭，我知道你心里的苦，只怪我没有能力……我虽然父母双全，可是他们同床异梦，天天在制造战争……我厌烦极了！真想离家出走，我也很痛苦，可是抽上了这个，全忘了！把人世间的痛苦全忘了！……"

曾小丹："啊？能忘吗？能把人间的痛苦、悲伤全忘了吗？"周健拥着她："能！你试试，看，就吸一口，你就会忘记一切忧愁。"

曾小丹坚定地："不！我可不能吸，吸上了瘾就完了，再说这东西这么贵，我哪有这么多钱去买？"

周健："不！吸一口是绝对不会上瘾的，我只是想让你快乐！……忘掉痛苦……"

曾小丹好奇地吸了一口，立即呕吐起来。

周健："没事，一会儿就舒服了！"

曾小丹渐渐恢复正常，又吸了一口……她的眼睛也渐渐闭着，进入了梦幻。

46．西门口·杂货店

摊主又在和皮条客说话。

摊主："现在风声很紧，可要小心呀！"

皮条客："你就放心吧，各位是什么人？那么容易被'条子'抓，倒是你这儿……当心有人盯住你了。"

摊主："我又找到了一个铺面，两天就搬了。"

皮条客："老狐狸！"

周健和曾小丹提着一个包走来。

摊主："快走！我的老客户来了。"

皮条客："这小妞，得想办法泡泡她。"

摊主："你泡得起吗？"

皮条客："这种女的，便宜得很呢！"

摊主："是吗？"见二人笑脸相迎："两位又来了！"

皮条客拍拍曾小丹肩头："哈罗！小姐不认识我吧！"

曾小丹冷冷地："不认识！"

皮条客："两位不是给我送过'药'吗？怎么忘了？"

曾小丹："喔！想起来了！……那天你穿了红T恤。"

皮条客："现在我生意做大了，以后你需要'药'（说'药'的时候，瞟了一眼）给我Call机4444，Call7788找我阿B就行了，拜拜！"

周健把"布包"往柜台上一放，打开布包，一台崭新的录音机。

摊主摆弄着："想换多少？"

周健冷冷地："反正不能比前天少了！"

摊主："说实话，前天是多给你了，今天就……"（用手摆了一下）

周健："再多一包！"

摊主下了下决心："行！就依你一次，我就做你这熟客，后天我搬到……多关照呀！"

47．夜 喜乐歌舞厅后台

曾小丹刚下舞台，显得精神不佳，坐立不安，突然翻开手袋中的电话本，拨电话："请Call7788，我姓曾，回电348144。"

不一会复机铃响，曾小丹嗲声嗲气地："是阿B哥吗？我是小丹！……还记得吗？……我想请你帮我买点药……涨价了？……给我便宜点啰！请你送到……什么，不给送？……要我亲自去取？……行！晚上十一点？……得！晚上见。"

刚要出外，胡丽女老板虎着脸入内。

胡丽："喂！阿丹小姐，咱们聊聊吧！……"

曾小丹冷冷地："有什么好谈的。"

胡丽："请问你，你最近演出是怎么回事？！"

小丹："怎么啦？"

胡丽："还怎么啦？歌唱不上去，舞跳不圆，你看还有人给你鼓掌献花吗？"

小丹："谁稀罕这些！"

胡丽："我稀罕！观众不欢迎你，歌厅就冷冷清清。我这生意还怎么做？！"

小丹打了个长长的哈欠。

胡丽："你是不是吸上那玩意了？"

小丹只顾打哈欠不说话。

虎仔、油条推门而进。虎仔："老人才网是如此，许小姐到了，摊胆了吗？"

胡丽忽然对小丹强硬起来："好！小丹，现在告诉你，从明天起，你就不要来上班了！"

小丹一惊站起："为什么？！"

胡丽："问你自己！"

小丹怒："炒我？！我去找熊剑！！"

胡丽笑："你就去找牛剑，马剑也没用！"

油条上前："熊老板也得听胡老板的！"

小丹目瞪口呆。

48．夜　歌厅门前

小丹匆匆走到汽车前，拉开车门，坐了进去，命令地："马仔开车！"

马仔："曾小姐，不好意思，胡老板指示，从今晚起，这部车归新来的歌星许小姐使用，您是不是去街上拦部的士？"

小丹："你！……她们……我……"气急欲下。

马仔："小姐慢走，我还有点私事，昨晚你父亲和我玩牌，欠了我三千元钱，小姐是不是替他还了？"

小丹惊："什么，我父亲昨晚和你赌钱？不可能！昨天早晨我亲自送他去戒毒所戒毒，怎么可能和你？……"

马仔从口袋里取出一张字条："这有他的字据你请看！"

小丹一把扯过一看，呆住。

马仔微笑："我也不一定要你还，知道你生活有些困难。只要小姐肯在这车上陪我一个小时，我就……"

小丹大怒，把纸条摔过去大骂："流氓！混蛋！"猛地推开门下车。

空中响起一声巨雷。

49．雨夜　街上

暴雨、闪电、轰鸣的雷声。

一部"的士"正冒雨快驶。

小丹倚在车门边余怒未消。

汽车冲开路上的积水，像一道雨墙压倒路边一行人。

小丹急喊："停！停车！冲倒人了！"

汽车急停。

小丹冒雨返回，扶起被冲倒的行人："您伤了没有？"

路人艰难抬头望着小丹张口无声。

小丹大惊喊出："爸爸！怎么是你？！你不是在戒毒所吗？怎么跑回来？！"

丹父猛烈地咯嗽，一句话也说不出。

小丹急为他捶背："快上车，回家！"

50．夜　曾小丹家

这是一套老式住宅，两室一厅，厅内只有一套破旧的木沙发，其他值钱的东西，如电冰箱、彩电、录像机，一律被小丹父还了赌债毒债，现在徒空四壁，再没有可换毒品的东西了。

曾小丹把父亲曾云石扶进来，坐到木沙发上。

曾小丹："爸！赶紧把湿衣服脱了，冲个凉，早点睡吧！"

曾云石突然颤抖起来，全身抽搐，四肢疼痛。

曾小丹出，见父如此急上前："爸！你怎么啦？快说，你怎么了？"

曾云石扑通倒地，口吐白沫。他颤抖地："我……不行……了，我……要……死了！"

曾小丹吓得哭起来："不！不！你是病了，叫雨淋的，我去找医生！"

站起欲跑。

曾云石急一把抓住她："不！不用医生！好女儿……快去……给我……买药！"

曾小丹："你说，买什么药？"

曾云石："买……四号……海……洛……因。"

◎ 电影《白粉妹》剧照

曾小丹惊叫："你这是犯了毒瘾？"为什么从戒毒所要跑回来？！

曾云石疯狂地撕扯衣服和皮肉，并以头撞墙，撞得头破血流。

曾小丹急阻挡："爸，你不能这样！"

曾云石："……让我……死！"又欲撞墙被曾小丹抱住。

曾小丹痛哭："爸！我去买，我去买！可是你得答应我明天去戒毒！"

曾云石："行！我……答应你……明天一定去！快！快去……东小街……士多……店。"

51．雨夜　街上

曾小丹跑到街上拦的士，一辆辆的士全然不停。

曾小丹只得冒雨向前跑去。

曾小丹跑过一条街。

曾小丹跑过街的人行天桥。

曾小丹跑进居民区。

52．雨夜　东小街士多店

曾小丹跑到东小街士多店前。

曾小丹已全然是个"落汤鸡"，头发上水往下流，衣服全都紧贴在身上，她已喘得上气不接下气，躲在屋檐下，瑟瑟发抖。

她望望小街，街灯惨淡，只见暴雨，不见一个人影。

曾小丹回头望望士多店，早已关门，室内漆黑一片。

曾小丹犹豫再三，还是壮起胆举手敲门。"嘭嘭嘭！"声音在雨夜也能传出很远。一次不见反应，再敲仍无人声，曾小丹左右看看，只此一家士多店，只能用力再敲，这次从里边传出一个沉闷的声音："谁？什么事？！"

曾小丹充满希望:"老板!请开下门!"

男人声:"你是买东西的吗?"

曾小丹:"是!"

男人:"要买什么?"

曾小丹犹豫一下:"是买药!买四号。"

老档主出现在门口:"唉!是你?!"

丹惊视:"怎么是你?!"

档主四处看看,低声说:"快进来,外边不安全!"

曾小丹急急随档主入内。

店内,外间是士多,杂货、烟、酒、罐头、饼干、糖,货架上堆得满满的。

里间,是货物仓库。

再里还有一个不足八平方米的单间,就是店主人休息、睡觉的地方,只有一张床,被子推在一边,一看就知道主人刚刚睡起。

档主一直把曾小丹引向最里间,几次曾小丹停下不走,档主都强召她入内。

档主命令曾小丹:"好哇,老朋友了,快到床上去!你不是要四号吗?一会儿就好。"

老档主的色眼紧紧盯住曾小丹被雨淋湿紧贴在身上的胸罩。

曾小丹本能地用双手抱在胸前。

老档主命令地:"快把湿衣服脱了。"

小丹警惕地:"你要干什么?!"

老档主淫笑:"干什么还用问,你这小鸡婆,白粉妹,孝敬好了,我可以给你两包!快上床!"

曾小丹鼓足勇气猛地推开老档主大骂:"老色狼!"便向外跑,老档主十分灵活,几步追上曾小丹,从后一把抱起曾小丹。

曾小丹被举起来在空中乱踢,乱抓大喊"救命!"

老档主把曾小丹抱到床边,重重地摔下。

曾小丹的身体在床上跳了两下。

曾小丹一声惨叫。

窗外一声炸雷。

暴雨打在士多店外的窗上。

暴雨冲刷着这空寂的小街。

53. 雨夜　曾小丹家

曾云石像狗似的蜷缩在墙角，正用注射器往腿上的血管里注射毒品。

曾小丹倚在门边，脸色苍白，长发滴着水珠，泪眼望着父亲。

曾云石从腿上拔出针管，舒服地长出了一口气："啊！……太舒服了！还是我的女儿孝顺。"说着靠在墙上，闭上了眼。

曾小丹望着父亲欲泣无声，狠狠地撕拉自己的长发，气得全身发抖……疯狂地大喊："妈妈！你好狠心哪！！"

54. 夜　沿江路

夜幕下，沿江路花档旁、树下、人行道上，到处都是勾肩搭背的情侣，亦有不少"小鸡婆"在勾搭嫖客。

小丹一个人低着头漫步其中。

小丹走到江边无人处，扶住栏杆，望着闪着点点光斑的江水，痛苦地捂着脸，止不住阵阵抽泣。

一位西装革履的北方汉子在注视小丹。

他终于走近小丹，低声说："小姐，你不会想不开吧？"

小丹一惊，抬头望着男人："你是谁？你要干什么？！"

男人："我注意你半天了，这秋水很凉的，不要想不开，其实生活还是很美的。"

小丹："你认为我会……我还没到这个地步。"擦泪。

男人笑："这就好！"

小丹："你是干什么的？"

男人："我？实话告诉你，我是从黑龙江边界那来的，是个体户，这几年和老毛子做买卖赚了点钱，就想来南边看看、玩玩，可是人生地不熟，话都听不懂，很想找个人陪我玩两天，要多少钱不成问题。"

小丹："这么说，你是看上我了？"

男人笑："真的，打我第一眼就看上你了，瞧你又漂亮又年轻！"

小丹："别废话，说实的！"

男人："好！我只要你陪我三天，包你吃、住外给三千块钱"他直勾勾地盯着小丹。

小丹苦笑地望着这男人："我本来有点想不开，听你这么一说这人生可还真有点意思……那好吧！本小姐就陪你三天，不过小费另算！"

男人兴奋:"行,行,小费除外,那咱们俩……"

小丹伸出手挽住男人的胳臂:"走吧,先生!"

二人正欲走,一女人从身后追来,大喊:"小丹!"

小丹猛惊回头。

小丹的母亲,近四十岁的秦曼倩从后跑来一把搂住小丹:"小丹,我可找到你了,快跟妈走!"

小丹惊住突然凶狠地:"跟你走?跟你往哪走?"

丹母:"小丹,走,换个地方,妈有话说。"

小丹:"要是早一年,我可能就跟你走了,可现在就不必了,我自己会走了!"

丹母:"小丹,我知道你恨我,可我的苦你能理解吗?你爸把我逼的……"

小丹厉声:"不要提他,我恨他,更恨你!你们都是只顾自己,不顾自己儿女死活的自私人!"

丹母痛哭失声:"小丹,妈对不起你,不该抛下你一个人走。这些天我到处找你,好女儿,你就跟妈走吧!给我一次赎罪的机会!"小丹泪水盈盈恨恨地掉过头去。

丹母上前抓住小丹:"小丹哪,听妈的话,你虽说大了,可万万不能走歪路呀!"

小丹愤怒地:"什么叫正路?什么叫歪路?难道饿瘫在那里,才是正路!?瞧见没有,现在有人扶我上路了!……(挽起男人)走呀!"

男人问:"这女人干吗?好像神经有点……"

小丹:"就是嘛!神经不正常!"与男人故作亲热状:"先生,走吧!"

丹母急奔上前:"小丹哪,你不能走啊!你……"

小丹越走越远,隐于夜幕。

55. 看守所内

小丹继续同谢洁心述说。

小丹:"本来,这是个机会,如果妈妈死死拉住我不松

◎ 电影《白粉妹》剧照

手，如果我不跟那男人走……可一切都无法挽回了。我的毒瘾越来越大，为了解除毒瘾的痛苦，我必须不择手段的找钱，买毒粉，同许多男人上床，也参加了熊剑的盗车集团活动……"

56．大光明电影院门口

几辆摩托车放在门口。

曾小丹提着手袋，若无其事地上前，迅速地掏出一把钥匙启开了一辆摩托车，急离去。

油条上前骑上摩托，快速驰去。

群众大呼："有人偷摩托车！"

57．郊区路上

曾小丹把一辆摩托车交给了熊剑。

熊剑笑着，把一叠钱交给曾小丹，又习惯地在曾小丹屁股上一拍，道："今天晚上别忘了，老地方，老时间。"

曾小丹苦笑了一下："钱另算？"

熊剑："嗨，可以嘛！"

58．日　市区·美星宾馆客房内

皮条客赤着身，半躺在床上抽烟，得意地喷着烟圈。

曾小丹半裸着身下床，懒洋洋地："怎么样，给货吧！……"打了个哈欠："……我要走了。"

皮条客从枕头下拿出一包："给！"

曾小丹生气地："什么？就一包？"

皮条客："废话！你能值多少？……"

曾小丹激动地："上床前不是讲好了一次三包吗？三包，一个也不能少！"

皮条客："少来这一套！一次三包？想得美，你已经是叫人玩腻了的烂货，还想抬价！现在鸡婆多得很，她们满地找食比你还便宜！"

曾小丹道："流氓！毒贩子！小心阿Sir把你抓了！"把你

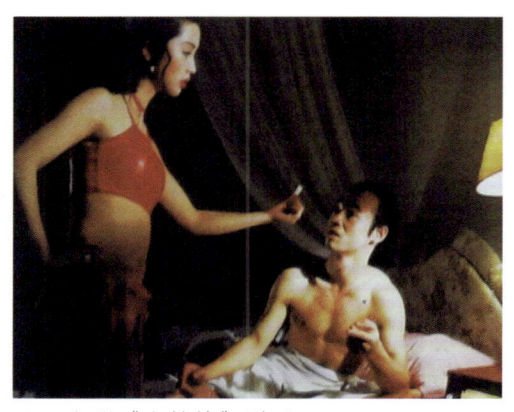

◎　电影《白粉妹》剧照

崩了，提起包开门："想耍我？走着瞧！"出外。

59．小巷·曾小丹家

曾小丹心灰意冷地人屋，空空的房，空空的屋。她倒在床睡下，又坐起，赶忙拿出皮条客给的那包海洛因。正在这时，塑料布突然被人"哗"地拉开了！

曾小丹回头一看，大惊！原来站在那儿的是她的父亲曾云石，他像僵尸般地站在那里狞笑，吓得曾小丹浑身颤抖起来……

曾小丹："爸，你怎么回来了？"

曾云石："哈！……原来我女儿也是道友，怪不得，你叫我去戒毒！……你一个人在家享受。"

曾小丹："爸！你误会了，我绝对是为了你好。"

曾云石："嘿，说得好听！你爸根本没上你的当去那个鬼地方！干吗有钱往那儿送呢？……"

曾小丹："啊？！……你没去戒毒？！那四千元钱呢？还给我！"

曾云石："钱？……全化成烟了。"他盯着小丹放在桌上的白粉："拿……来，让我先过过瘾。"说完，就上前抢曾小丹放在桌上的海洛因。

曾小丹赶忙上前抢下："你不能再吸了！"

曾云石："哈！我不能吸？你能吸？没良心的，和你妈一样心狠！拿来！"说罢就抢。

曾小丹躲，曾云石抢，上前一把拉住曾小丹一拳打去！二个道友，虽是父女，在毒品面前，丧失天良！丧失人性，俩人竟像仇敌般厮打起来……

曾云石大叫："给我！"

曾小丹："不给！"

曾云石急返身从厨房抓出一把菜刀，举起来大喊："你给不给？"

曾小丹气急："你还敢杀我？！"

曾云石："你再不给，我就砍了你。"

曾小丹："不给……"

话还没说完，曾云石的菜刀已经落下，曾小丹急扑倒闪开，菜刀砍到桌子上。

曾小丹惊叫："爸！我是你女儿啊。"

曾云石咬牙切齿："不给我……你就是我亲爹，我也砍了你！"又扑上来，曾小丹围着桌子躲闪，但曾云石却一刀又一刀砍空，菜刀落地！

曾云石又凭全力，把曾小丹踢到床脚边。

曾小丹嘴里流着血……二人怒目对峙！

那包毒品被滚到墙角……

曾云石已经没有力气了，全身瘫在地下，望着墙角的毒品……就像一条被打断脊骨的野狗，一步一爬地去抢毒品。

曾小丹已经昏了过去……

曾云石拿起毒品用颤抖的手快速地在身上掏出一支针筒，又快速又熟练地把毒品稀释……没有水，也没有力气去找水，就随手拿起桌上的茶壶向针筒里倒了一点茶水，露出自己瘦干的手臂，就往自己血管里注射毒品，脸上顿时露出飘感……兴奋……

正在此时，曾小丹醒来，她突然发现落在她身旁的菜刀，趁她父亲专注吸毒时朝他胸口砍去！……鲜血四溅！

曾云石睁开眼，望着曾小丹……仍在兴奋中向曾小丹笑道："好！女儿！……好！杀得好！这样干脆！我生不如……死！我生不如死！"胸口鲜血直流……倒下！全身的筋络呈紫青色。

小丹望着已经断气的父亲，全身颤抖地拔下那尚未注射完的针筒卷起自己的袖管……

60．看守所·接见室

谢洁心与曾小丹隔着铁网长时间沉默。

曾小丹苍白的脸上，沁着虚汗，她茫然望着冥冥窗外。

桌上的小录音机还在转动……

谢洁心："你……感到后悔吗？"

曾小丹："也许我爸说得对，对我们这种人来说，确实是生不如死！吸毒的人是没有人性的，在毒品面前绝对没有亲情。"

谢洁心："你现在……"

曾小丹："我现在只求快死！只是……只是在我死以前，很想再见见我妈妈，想得到她的原谅……"

曾小丹重重地抽泣起来："她不该那么狠抛弃我们……我恨她，可我现在好想她……"她抬起头望着窗外："妈！我要死了，你能来看看我吗？"

谢洁心的泪也滚滚流出，她扑到铁窗上，动情地："小丹！我去找你妈妈，我一定带她来见你！"

61．某幼儿活动中心

一群天真烂漫的孩子在一个小舞台上跳舞。

一位年轻的舞蹈教师在指导。

秦曼倩坐在台下，欣赏地看着。

乐声一停，台上的孩子们一齐涌到台边向着台下大喊："秦老师，秦阿姨！这一遍行吗？"

秦曼倩站起走到台边，亲切地搂着孩子们，夸奖地："这一遍很好，明天是母亲节，你们要给父母汇报演出，一定好好演。"

孩子们齐声："一定好好演。"

秦曼倩："好，退到台边，准备音乐。"

这时一位女教师走到秦曼倩身边："秦老师，有一位女记者要见你。"

秦："女记者？哪里的？"

教师："你去见见她好吗？"

秦曼倩犹豫片刻，又吩咐年轻女教师："小何老师，你先带孩子们复习，我去下就来。"说罢随女教师向外走去。

62．幼儿园活动中心办公室

室外幼儿在玩耍，有的在滑梯，有的在玩转椅，有的在跳舞，阵阵嬉叫传入室内。

室内，只有谢洁心与秦曼倩相对而坐。

秦曼倩低头不语。

谢洁心："听医生讲，曾小丹的病很重，因为她吸毒时间比较长，内脏遭到严重破坏，肝、肾、胃、心脏都有病……小丹现在唯一的希望就是想见见你！想见见自己的母亲，她快判刑了，可能……"

秦曼倩咬紧嘴唇不语。

谢洁心："你能去看看她吗？"

秦曼倩抬起头、冷冷地："不用了！她不认我、恨我可以理解，可她这两年又卖淫，又吸毒，现在又杀父亲……她父亲固然是罪有应得，可她怎么干得了手，终究是她的父亲哪！我太寒心了！我还是不去见她，就当我没生她！"说罢奔出。

谢洁心追出门外大喊："你可以不去见她，但是在道义上你逃避不了'没有教育好子女'的责任！"

秦曼倩愕然僵住。

63. 省司法公安局长会议

会议正在进行，与会的尽是省、市、县、司法、公安局长，谢洁心亦在座。

省委副书记正在讲话："同志们，我们刚刚听了谢洁心同志的汇报，感到很震惊，黄赌毒竟是这么严重的腐蚀着青少年。这是我们对形势估计不足，只顾抓经济，不顾抓精神文明建设的结果，大家应该明确，改革开放是为了搞活经济，不是为了让资本主义的腐朽东西在中国泛滥。最近小平同志严正指出：中国的一些地方出现了丑恶现象，如吸毒、嫖娼、经济犯罪等，要注意很好地抓，坚决取缔和打击，决不能任其发展！我们必须坚决执行小平同志的指示，对黄赌毒决不能手软一定坚决打击！"

64. 宾馆2404房内、外

林文江一脚踏开房门，小分队成员立即入内。谢洁心持相机随后。

熊剑正搂着肥胖的胡丽在床上调笑……闻声，见公安人员入内，大惊！

熊剑赤裸着身子直坐起："干什么？"

胡丽见状，心中顿时有数，尖叫一声："啊！"赶忙拿起一条被单往身上一蒙，嗲声嗲气地："有没有搞错呀！……快让我去着件衫呀！"赶忙往厕所进。

林文江："搜查！"小分队立即在室内搜索起来……

熊剑凶狠地："动什么动？！你们有搜查证吗？！"

林文江出示证件后厉声地："熊剑！你老实点，毒品主动交出来，免得麻烦。"

熊剑："毒品？哪来的毒品？毒品是什么样的？"

林文江对刑警说："把那小子带进来见见他的大佬。"

猴仔低着头进屋，不敢正视熊剑。

林文江："熊剑！你认识他吗？"

熊剑："我？！！……我不认识。"

林文江："刚成交了一笔大生意就忘了？两块一条龙的海洛因是1200克，两块是'骷髅头'的海洛因是1300克，一共是2500克，怎么这么健忘？"

熊剑冷笑了一下上前说："喂！兄弟，你是哪个局的？……我是谁你可能不知道吧！我姐夫是……"

林文江严正地："不必介绍了！我就在你姐夫公安局里工作，正是你姐夫下令逮捕你的！"

熊剑惊愕地："啊？！他？！"

林文江："他什么？！他要对你的犯法行为依法严惩！他决不当你的保护伞。"

熊惊呆坐在床上。

一刑警从衣柜夹层搜出九包海洛因，约两公斤。

新疆仔趁人不防，腰中快速拔出猎刀就往自己手臂上割去……林文江眼快，一手夺下猎刀厉声道："少来这一套，想死？没么容易！"

另一战士从厕所的抽水马桶内搜出用塑料袋密封的海洛因。

林文江冷笑："中国的刑法规定，凡持海洛因50克以上者，可以处死刑！你熊剑凭这数量可以枪毙几次了！"他大声命令："铐上！连同那个女人！"

谢洁心不失时机的以新闻照相机频频拍摄。

正当一干警上前亮出手铐准备铐熊剑双手时，熊剑突然挥拳击倒干警，猛地跃上窗台，企图破窗逃跑。

林文江一个箭步跳上大床，与此同时另一刑警也飞身跃起，他二人恰在空中将即将破窗的熊剑牢牢锁住双臂。

犹如双鹰擒鼠，照相机白光一闪，三人在窗前空中定格。

65. 珊瑚宾馆·卡拉OK舞厅

金碧辉煌的厅房走廊上，二旁站着二排妖艳女郎，林科长穿着便衣陪谢洁心走来，立即被"三陪女郎"热情包围。

陪女甲："先生，让我陪陪你吧。"

陪女乙："我可以陪你唱歌、跳舞……"

陪女丙抢上说："我陪你直落到底！"

众女纷纷拉拉扯扯。

林科长："诸位，慢点，别急！我先看看房，回头一个一个请！"

林文江与谢洁心甩开众女，逐间看去。

第一间包房内众男众女，跳、唱、搂抱不堪入目。

第二间内有数名外地干部模样，均被三陪女纠缠，有人劝酒，有人陪贴面舞。其中竟有周国栋（周健之父）亦怀抱一女。

林科长回望谢洁心："您不是一直要见见周健的父亲吗？看，沙发上的那个就是。"

谢洁心急扶窗望去。

周国栋怀抱一女，行为猥琐、下流……

66．法庭

一阵震耳欲聋的铃声。

庄严的国徽下，法官们在入座。

旁听席已经座无虚席，在靠近前排坐着谢洁心、曾小丹的母亲秦曼倩，她们身后坐着周健及其母林淑贞和章明，还有周健的班主任王老师等。

他们紧张地望着法官入席。

一法警走到厅中讲话："我现在宣布法庭纪律：列席旁听人员在法庭开庭之后不得走动，不准喧哗，不准提问，不准拍照，否则本庭有权令其退席！"

法庭内一片肃静，只听见书记员翻纸声音。

庭长宣布："带杀人犯曾小丹！"

四名全副武装的法警将戴着手铐的曾小丹押进场来。

曾小丹依旧穿着被拘捕时服装，长长的头发半掩着苍白的脸。

周健几乎从座位上站起，被章明按下。他睁大双眼，激动地望着曾小丹进来。

曾小丹的母亲秦曼倩泪水盈眶，她握着手帕的手紧紧堵在嘴上，唯恐哭出声来。

曾小丹低着头缓缓走进场。她慢慢转头向旁听席上望去，一些不熟悉的关注着她的人群。她突然全身一震停下来，全身索索发抖。原来她看见了睁大双眼望着她的周健、章明。她又一转眼，看见了坐在谢洁心身边的正以手帕堵嘴饱含热泪的妈妈。

曾小丹控制不住了，她不顾一切地伸出戴着手铐的双手，向着母亲大喊："妈！妈妈！"

秦曼倩一下子疯了一般从座位上跳起，扑上前大喊："小丹！小丹！……"

曾小丹挣扎着向母亲喊："妈！……"

四名法警却牢牢抓住了她的双臂。

法警厉声震慑："不准喧哗！不许喊！！"

谢洁心急上前将曾小丹母亲扶回座位。

曾小丹则被架扶着推进了被审判的座位。

周健泪光闪闪，抑制着，淌着泪却不敢哭出声来。旁听者紧张地望着台上。

法庭庭长站起来郑重宣布："我代表法庭正式宣判！"

"曾犯小丹，女，十八岁，×××市人，捕前曾系××中学学生，后中途退学到歌舞厅当歌女，又因吸毒、卖淫流浪社会。

"曾犯自退学后，两年内与本市贩毒集团主犯熊剑等人相勾结，吸毒、贩毒。曾小丹之父曾云石，是个赌徒，吸毒者，案犯曾小丹长期以卖淫活动供养其父吸毒。

"1994年×月×日，曾犯小丹在家中毒瘾发作，与其吸毒的父亲曾云石为争夺毒品海洛因，竟手执菜刀将其父曾云石砍死，犯下杀人罪。

"本庭依据中华人民共和国刑法第×条第×款，判处杀人犯曾小丹死刑——缓期二年执行。"

当庭长刚念及"判处曾小丹死刑"时，及刚刚念及缓期二年执行时，曾小丹两腿一软，扑通一声倒地。

曾小丹母亲、谢洁心、周健等不由大惊失声，站起来。

法警急上前验看，宣布："犯人昏厥！"

法医提着救急药箱匆匆赶来验看。

法官们不安地交头接耳。

法医紧急抢救。

法医无望地站起来报告："报告庭长！犯人心力衰竭，抢救无效，已死亡。"

秦曼倩疯狂地扑出来，嚎哭着："小丹！我的孩子！妈对不起你呀！"她扑到了曾小丹的尸体上，全场僵立！

67．谢洁心的书房

谢洁心从书桌旁站起，推开宽大的落地玻璃门，走进阳台。

远处是一片灯火辉煌的夜色景象。

谢洁心却泪眼望着上空……

远远地飘来了曾小丹在学校毕业晚会上唱的歌，这歌声由弱变强，歌声中出现曾小丹、周健在跳十六步舞，曾小丹在台上唱歌，曾小丹在歌厅唱歌，曾小丹被熊剑抱进浴室，周健在哭诉……曾小丹被老档主摔到床上惨叫，曾小丹疯狂地举起菜刀……曾小丹倒在法庭上。

甜美的迷人的歌。

凶残的、被毁灭的少女形象一幕幕滑过。

大都市绚丽的夜。

68. 新经济开发区

朝阳冉冉升起

金色的阳光映红了一块巨大的广告牌上写："××市新经济开发区"

一大片正在施工的工地上，已然矗立三十几层楼的一大厦框架和一大片正在施工的楼群，高耸入云的脚手架，旋转着的巨大吊臂，空地上几十辆推土机在推土，堆得像小山似的巨大的水泥下水管道。

谢洁心在匆匆走路，也许又急着去采访。

一群小学生背着书包，欢跳着越过谢洁心，洁心充满爱心的眼神，跟踪着孩子们的身影。

忽然一个不协调的身影从眼前越过，洁心情不自禁转头望去，是一个不足十岁的小男孩，衣衫褴褛，蓬头垢面，手提着一大落刚刚捡到的泡沫饭盒，匆匆越过了谢洁心，跑向那堆得像山似的水泥管道，转眼之间便消逝了。

谢洁心好生奇怪，身不由己踱了过去，她走近水泥管，俯身望去，巨大的空洞洞的管道，犹如一条条巨大的山洞。

洁心逐条看去，突然惊住，不由退了一步倒抽一口冷气，她镇静了一会，扶着水泥管，慢慢向内看去，那巨大的管道内仿佛变成了"老鼠窝"洞口堆着废纸、废塑料袋、啤酒瓶、废饭盒……再往里则挤着密密麻麻的小人头，随着洁心眼睛瞳孔不断放大，逐渐看清了，这里竟是社会流浪儿的巢穴，管道成了天然庇护所，这里簇拥着数十名流浪儿，有男也有女，大的年龄不过十五岁，小的不过七八岁，个个蓬头垢面，穿着拾到的不合体的衣服。

看着看着，洁心几乎吓得叫出声

洞内的孩子们正在吸毒。刚刚进洞的男孩从口袋里掏出几包白粉，发给几个年龄较大的孩子王，他们摊开锡纸，叼着吸管，点燃了打火机……再往里的孩子，几乎人人嘴里叼着一支香烟……

谢洁心几乎是拼了全力大喊一声："孩子们，不可以吸毒！！！"这一声喊犹如巨雷在洞内炸开，管道内轰隆隆滚过惊人的呐喊！

孩子们吓坏了！像一群受惊的老鼠，惶惶然夺路而逃，他们哭着，叫着从管道的另一边窜了出去，转眼间洞内一片死静。

洁心起身望去。

那山似的水泥管道上逃窜着像一群小猴子似的身影，朝阳正是从他们的背影上射出一片零乱、破碎的金光……

洁心的眼里蓄满了惊怕的泪。

管道内又响起"嗡嗡"地喊声："孩子们哪！可不能吸毒啊！！！"

镜头随着起吊机升起来，人们俯视着大地。

那宽阔的新经济开发区，那隆隆的推土机，那拖着烟尘的载重汽车，那小山一样的水泥管，已经消逝得无影无踪的流浪儿。

她抬头望向太阳，射出万道金光，金光中喷出几个大字："救救孩子！！！"

剧终。

1994年12月17日修改稿

三、导演心得

彩色故事片《白粉妹》导演阐述

张良

（一）影片的时代背景与主题

许多朋友包括记者听说我们要拍"白粉妹"，纷纷提问"怎么会想到要搞这个题材？"每次回答都勾起十年前的回忆。十年前《少年犯》上映，人们问的几乎和今天一样"怎么会想到要写少年犯？"当年本没想到要写少年犯，也不知道中国还有少年犯，只是偶然被领到少年犯管教所参观，在操场上见到上千名被剃了光头的犯罪少年，这才"砰"然心动……

拍完"少年犯"，我和王静珠把视线转向广东深圳特区，我们要暂时忘却一下失足少年，而去追逐讴歌一些在开放、改革的大潮里追逐浪尖的"弄潮儿"，这一追竟是十年，十年中，我们先后创作拍摄了《逃港者》、《破烂王》（九集电视连续剧）、《女人街》、《特区打工妹》、《岭南春秋》（四集电视连续剧）和《龙出海》。拍完《龙出海》已是1992年底，很想休整一下，于是93、94年松了两年。这两年果真休整了吗？并没有！93年度，我们去深圳拜访一位老朋友镇委书记，他立即动员我拍《少年犯》续集，我们因为在改革大潮里"滚"了十年，不再热衷搞"续集"，但他仍坚持，并劝我不是写一般的青少年犯罪，而是写今天青少年因吸食海洛因而犯罪。这个问题颇新鲜,但我们并没有真信,心想青少年吸毒即使有,也不典型,在中国还不具备普遍意义,因此并没动心。过了不久,我们又去拜访一位区委书记,偶然谈起青少年吸毒一题,这位区委书记郑重地说"现在青少年吸毒十分严重"前几年只以为在边境县省流行,没在意,没想到这股毒水来势很猛,全国许多省都有了,我们这里也大量发现?于是请我们参观设在他区的一个强制戒毒所,到了这里,目睹

◎　张良、王静珠夫妇于《白粉妹》在第二届上海国际电影节放映前合影

了被关押在这强制戒毒的吸毒青少年,我们才目瞪口呆了。常言说"耳听是虚,眼见为实"今日见了数百名吸毒者,而且百分之九十九是十六七岁,二十上下的青少年,真是感到心底作痛!怎么会呢?于是我们就地采访了两姐弟,姐姐才十八岁,弟弟才十四岁,双双吸毒已达两年之久,就是说姐姐在十六岁上,弟弟在十二岁时就开始吸毒了。问为什么要吸毒?答的很简单:"不知道这是毒品哪,不知道有害呀,最初有人给支香烟,说是'加料'的,抽了好过瘾的,就抽了,抽了产生一'飘感',很好玩的,谁知道玩过几支竟上了瘾,一不抽就心慌,难受,全身疼,只能再抽,结果愈陷愈深,打老高(吸毒烟)不过瘾了,就改吸'追龙'(吸白粉)到'追龙'也不过瘾了就得直接往血管里注射海洛因了,到了这地步,人就完了,想戒也来不及了……"

　　问到这两年吸毒耗费了多少钱?竟答不出。姐姐说,一天少说要吸三包白粉,一小包当时是八十元钱,如今已一百五十元钱了,算下来,姐弟俩耗费了三四十万元,钱当然不是从正道上来的。许多白粉仔、白粉女最初是偷家里的东西换白粉,渐之则偷、抢邻居,后来则结伙到社会偷、抢成为当今社会一大公害,而女吸毒者百分之九十是妓女,以出卖肉体换取毒资。

当地，年前竟发生这样一宗杀人案：一位母亲鼓动全家人，把自己的亲儿子活活勒死。原来其子染上毒瘾，把家里值钱的东西尽数偷出去卖了换毒品，最后无物可卖了，就手持菜刀将老母按倒地上，威逼全家人给钱，若不给就要将其母砍死。全家人跪求不允，只得凑够了钱让他去过瘾，等他再次返回，全家人一拥而上，手掐、绳勒，活活勒死，其母代全家人自首。

另有一吸毒青年，割自己的肉勒索全家，一无钱买毒品便当着全家人面拿利刀割肉，声言"这一刀四千""下一刀八千"，逼得全家走投无路。

一人对我们说："现代社会两家有仇，不必动刀动枪，只要将其子引诱吸毒，也就会像白蚂蚁一般搞得其家破人亡！"

一桩桩因吸毒而造成的血案、悲剧令人心悸，我们真是坐不住了，这才放下一放下切念头，决心去采访，去写这一个了！93年末94年夏，我们在广东省司法厅协助下，走访戒毒所、走访了广东的韶关监狱、新洲监狱，又走访了劳改场、戒毒所、妇教所、少年管教所。在深圳与某区的教育局、中学校、妇联、共青团进行了广泛的采访、座谈，每采访一位吸毒者，每采访一位家长，都强烈地感到这绝不是几个青年吸毒的小事，而是一个十分棘手的社会问题。

三十年前，中国总理周恩来曾向全世界宣布"中国是一个无毒国"，这使每个中国人都感到骄傲。然而，今天海洛因毒水正从边境迅速向中国腹地渗透，一些资本主义国家的吸毒集团已经盯上了日益富俗的十二亿中国人民，他们把从最初的"毒品过境"改为"毒品渗透"，决意要把中国变成世界最大的吸毒国。这毒品渗透远比资本渗透武装入侵更隐蔽、更无情、更惨酷，当年的鸦片已使堂堂中国成为"东亚病夫"，如今比鸦片毒甚百倍的海洛因毁掉的将不是一两个人，一两个家庭，而将是一个社会，十二亿中国人民将面临又一抉择……要么，任毒祸泛滥，重蹈清朝政府的覆辙；要么，奋起抵制打一场禁毒的人民战争，铲除毒害！

今日中国，终究是中国共产党领导下的社会主义中国，绝不可能重蹈清朝政府覆辙，今天，广东省省长朱森林已郑重发布动员会，召开"全省总动员，打一场禁毒的人民战争！"（见1995年3月1日《广州日报》第1版）。

这就是我们影片的时代背景和影片的社会意义！

本片的主题就是："铲除毒害，救救孩子！"

（二）关于影片的风格、样式

本片属何剧种……喜剧、正剧、悲剧？我不讳言，本片是一出人生悲剧！

大文豪鲁迅曾说："悲剧就是把最美的东西撕给人看。"当今社会上的白粉仔、白粉女正是把人生最最美好的年华和一切都撕碎了（包括自身的肉体），抛向了社会，我们影片中的男女主人公——纯情的、充满了幸福未来的少男少女正是被他们的家庭、被父母、被社会上的贩毒恶势力以及他们自己一点一点撕碎了，我们的影片不过是拾起了这些碎片，展示给人看，以便激起人们"铲除毒害，救救孩子"的强烈愿望。

为达到目的，影片将以"电影报告文学"的样式，和采用纪实性和戏剧性相结合的艺术风格。

纪实性是为了突出真实性、逼真感。

戏剧性则为了使人物形象鲜明、生动，使故事情节曲折、动人，增强其艺术感染力。

越是主旋律片、社会教育片，越要避免说教，越要增强其真实性、艺术性、可看性。观众绝不是为了接受教育才走进电影院，只有当他被影片感动了，被震撼了，才可能接受教育。

所以，我们的一切努力，都是为了让观众确信，中国家庭的新危机来自海洛因，这种比鸦片毒百倍千倍的海洛因，冰毒，正悄悄地腐蚀着，毁灭着我们的青年一代。青年是国家的未来，毁了他们，就是毁了未来，我们必须奋起抵制，彻底地铲除毒害！从根本上保护我们的青年一代！

这是政治，又是艺术，所以采用以上的风格和样式。

（三）关于人物

曾小丹，十六至十八岁，纯情少女，后演变歌女、吸毒者、妓女，又参加了熊剑的盗窃集团，最后因与父亲争夺白粉而杀父犯罪，因心力衰竭死在法庭上。

小丹从一位纯情少女演变为杀人犯，正是一种美的被撕碎，这位海洛因的牺牲者必将激起人们的同情，怀念和对毒品的愤怒！

小丹的人生旅程太短了，只活了十八年，又恰恰是在人生最美的岁月里，犹如一朵含苞待放的花，还没有盛开就枯萎凋谢了。

我们的演员应注意塑造好这一人物。

小丹的命运，可划分为如下几个阶段：

第一阶段是纯情的中学生时期,这时的她天真烂漫、纯情、迷人。

第二阶段是当了歌女之后,多了许多凄苦,少了迷人的柔情,为转折阶段。

第三阶段是吸毒以后的被毁阶段,在歌厅被炒,又遭马仔戏弄,更遇老档主的摧残,鲜花凋谢了。

第四阶段为自毁阶段,破缸破摔……偷盗摩托车敢和熊剑讨价还价,与皮条客上床敢为利益争高低,与父争白粉不顾一切……

从被毁的被动,到自毁的主动迎击,人物发生了质的变化,她的每一步历程都是美的被粉碎的全程。

小丹的性格,犹如带刺的玫瑰,柔中有刚,软弱中透着倔强,本不该被轻易摧毁的,然而超过她百倍的恶势力终使她毁灭。这才是更令人痛惜的悲剧。

演员应准确地把握好人物的轨迹脉络,刚柔两面,全力塑造好这一难忘形象。

周健:又一被毁和自毁的中学生形象。

周健的处境、家庭条件本比小丹好得多,父亲任某商贸大集团公司的总经理,生活较富裕,本指望依赖父母的庇护和个人的才华在日后飞黄腾达,不料父母离异,家庭瓦解,竟使自己的理想破碎,信心丧失而一落千丈。正是周健的幼稚,感情脆弱,悲观失望而被熊剑、胡丽引诱吸了毒烟,再因心爱的小丹弃她投靠了熊剑,个人感情的上失落,爱的伤害,而又被诱至毒窝吸毒自毁,自毁后的周健自暴自弃又诱小丹吸毒,虽然最初的动机只为了使小丹止疼治病,但他明知吸此毒烟易染毒瘾仍再三相劝,就是有意害人了。

当今白粉仔都是从被害始,继而害人拉人下水,这正是人性最软弱可悲的一面。周健性格软弱,无大志,缺乏自制能力,即救不了小丹,也救不了自己,只能随波逐流,如若不被家庭、社会强制戒毒,终会被毁。因抢救及时,才回头是岸。他在戒毒所向谢洁心的倾诉便是痛定思痛,懊悔莫及,但他终是被抢救回来的一人,人们仍会为他庆幸。

谢洁心:特派高级记者,《少年犯》与《白粉妹》影片姐妹篇,唯一的一个贯串人物。十年沧桑令她两鬓斑白,但爱心依旧,仍全力奉献于挽救失足青少年的伟大事业。今访戒毒所犹若昔日与少年犯们相聚,只是看到今日少年犯罪又加了吸毒的原因,更加忧心如焚。

毒乃七害之首，不少青少年因幼稚、无知，盲目追求超级享受而染上毒瘾，不少人因吸毒而走上偷、抢、杀人的犯罪道路，已有不少人因吸毒过量而死亡。谢洁心深入社会调查，废寝忘食，以便为省委领导制定禁毒决策提供科学依据。

谢洁心以巨大的母爱温暖一切失足者，以便使他们迷途知返，她是伟大母亲的化身，也是社会主义力量的化身。

愿演员塑造好这一光辉形象。

其他人物不一一赘述。

（四）关于职业演员与非职业演员相结合

本片的演员阵容将以老演员职业演员为主，吸收非职业演员参加，实现新老结合，职业演员和非职业演员相结合的原则。

老演员、专业演员可以稳住阵脚，使影片人物塑造有力度、有深度、有艺术魅力。

新演员非职业演员则可以增加新面孔、新鲜感，增强彩片的活力和真实性、可看性。但新演员、非职业演员在表演上、人物塑造上难度很大，故要求新演员、非职业演员一定虚心向老演员学习，拜老演员为师，刻苦磨炼自己的演技，以便准确塑造人物，使人物有血有肉。

新老相结合可以互相学习，取长补短，望在拍摄过程中彼此尊重，互交朋友，共同切磋，令表演水乳交融，珠联璧合。这是一次较大规模的结合，愿在表演上取得可喜的突破。

（五）对制作的总体要求

摄、录、美、化、服、道、作曲各部门在制作上务求格益求精。

本片的宗旨意在"惊醒社会，铲除毒害，挽救吸毒者"，固要求影片真实、可信、富有时代感、可看性。本片全部采用实景拍摄，旨在更生活、更逼真，因此，摄影构图、用光、美术陈设、人物化妆、服装造型，都必须尽可能地贴近生活，做出逼真的艺术效果，达到艺术的美。

吸毒者犯毒瘾和吸毒时的形象是极丑恶的，犯毒瘾时人五官移位，哈欠连天，涕泪横流，口吐黏液，且全身燥痒，通身疼痛，两手乱抓，以头撞墙，撞得头破血流……吸毒时无论"追龙""追针"都迫不及待，不计后果、不顾形象，一副典型的"吸血鬼"形象，令人厌恶。

但演员表演，银幕上的视觉形象则不可过分淋漓尽致，化妆也不可过分丑恶，只能折中，即让人感到可怕又不过分恶心，注意分寸。不像则不可信，不可能达到警世效果，太像令人生厌会倒了观众的胃，因此须在似与不似之间抉择，摄影也须回避正面表现吸毒全程，以免产生副作用。

同志们！我们的影片《白粉妹》必将在社会上产生较大影响，如能惊醒一部分吸毒者尽早戒毒，惊醒一部分学校和家长警惕学生吸毒，呼吁全社会关注青少年健康成长，则大家的爱心功德无量！

谢谢一切给予支助拍摄的善心人！

救救孩子，铲除毒害！！

一九九五年三月九日

Ⅲ 歌词作品

梅竹同心永相爱

（电影《梅花巾》插曲歌词）

热血催春寒梅开

绣针引出情丝来

情丝绵绵抽不尽

梅竹同心永相爱

春催寒梅开

引出情丝来

阿哥阿妹心相印

永远不分开

绣女愁

（电影《梅花巾》插曲歌词）

孤单乡女坐绣楼

为人作嫁几时休

抽尽心丝红颜老

世人谁知诱女愁

心声

（电影《少年犯》主题曲歌词）

妈妈

儿今天叫一声妈

禁不住泪如雨下

高墙内，春秋几度

妈妈呀

你墙外苦盼

泪血染白发

想昨天，儿像脱缰的野马
狂暴粗野，乱踢乱踏
妈妈呀
儿跌入急流
几番沉浮，不能自拔
又恰似狂风暴雨
摧折了未放的花
妈妈
儿今天叫一声妈
早见您热泪腮边挂
高墙内，春风吹拂
妈妈呀
你墙外可见
枯枝发新芽
为明天，儿洗刷满身污泥
弃旧图新，立志奋发
妈妈呀
有妙手回春
残枝败叶，又放新花
儿已被扶上骏马
去追回失去的年华
妈妈呀，妈妈呀
待儿回家时
再喊您亲爱的妈妈

打工者之歌

（电影《特区打工妹》主题曲歌词）
我们是一群打工者
远离了故乡的山河
虽然我们一无所有
胸中却滚动着烈火
这沃土是我们的汗水浇灌

这新城是我们的青春铸就
当我们用热血织成美丽花环
远方的母亲在向我们招手
噢！故乡还是那么破旧
故乡的儿女还在向外流
我要偷一束天边的圣火
把故乡的山河照透
噢！勤劳的打工者
噢！光荣的盗火者
偷一束圣火
点燃我故乡的山河
母亲将永远长寿

IV 杂文

I 学习习近平总书记谈文艺的心得体会

最近学习了习近平总书记在文艺工作座谈会上的重要讲话，我感到很振奋、很受鼓舞，他的讲话是对"毛主席在延安文艺座谈会"发表讲话的继承和发展，是针对中国文艺现状发展的新的战斗动员令，我们这批老的文艺工作者感到格外亲切。

习总书记强调，文艺是时代前进的号角，最能代表一个时代的风貌，最能引领一个时代的风气。实现"两个一百年"奋斗目标、实现中华民族伟大复兴的中国梦，文艺的作用不可替代，文艺工作者大有可为。广大文艺工作者要从这样的高度认识文艺的地位和作用，认识自己所担负的历史使命和责任，坚持以人民为中心的创作导向，努力创作更多无愧于时代的优秀作品，弘扬中国精神、凝聚中国力量，鼓舞全国各族人民朝气蓬勃迈向未来。

从习总书记的讲话中，我深切感到，我们国家要实现中华民族的伟大复兴，不可能没有文艺这个助推振飞的翅膀，文艺对于一个新时代非常重要，肩负伟大的历史使命，所以我们每一个文艺工作者责任重大。我作为电影艺术界的老兵，体会更深。

一、电影源于艺术

学习习总书记的讲话，我最深的体会是文艺必须为人民、扎根人民，他说："社会主义文艺，从本质上讲，就是人民的文艺。文艺要反映好人民心声，就要坚持为人民服务、为社会主义服务这个根本方向。"艺术需要放飞想象的翅膀，但一定要脚踩坚实的大地，文艺创作最根本、最关键、最牢靠的办法是深入生活、扎根人民。这一重要论述，深刻揭示了文艺创作的内在规律，明确回答了社会主义文艺"依靠谁""为了谁"这一重大问题，为文艺创作走出有"高原"缺"高峰"的怪圈，推动新时期文艺事业繁荣发展指出了努力的方向。

"深入生活、扎根人民"是文艺创作的方法论。文艺创作方法有一百条、一千条，但是根本的最关键最牢靠的办法就是扎根人民、扎根生活，人民是文艺创作的源头活水。这些精辟的论述，令我感触很深。我们的作品要反映社会、生活、时代、历史，必须深深植根于广大劳动群众的广阔生活，必须在作品中结合人民群众的感情、思想和意志。

回想我自己几十年的艺术创作道路，印证了习总书记的话是真理，是对延安文艺座谈会的讲话的继承和发扬。我们这代人都是遵循着延安文艺座谈会讲话精神，扎根人民、扎根生活。在我的电影艺术生涯中，从演员到编剧到导演，所参与的电影作品，每一部都是从生活中来，从生活中提炼艺术，创作而成。

80年代，为了拍好《梅花巾》，我和王静珠同志到静珠家乡苏州生活了三四个月，从真实的生活体验中挖掘苏州的艺术之美。《少年犯》创作的时间更长，我们用几个月的时间走访了广东、山东、北京、辽宁、上海等地的监狱、劳改场、少年犯管教所，写了十多稿，用了两年的时间才完成。这部作品是在深刻研究众多生活原型的基础上创作的，她第一次在银幕上揭开监狱、少年犯罪的内幕，提出了"挽救孩子、造就人才"的观点，引发了对青少年犯罪的关注，在国内引起轰动，获得了十几项国内外大奖。她的成功印证了扎根生活、扎根人民对于文艺创作的重要。

《雅马哈鱼档》是中国银幕第一次正面反映广东改革开放的新现实，第一次写广州青年创业的新生活和广州美丽开放的新面貌。这部影片上映之后在国内外引起很大的关注，人们把她当成中国开放政策的活样板，不仅中国内地青年纷纷到广州学习取经，就连一些外国人也来取经，学习改革经验。为什么影片能如此生动真实？就是因为我们遵循"深入生活，扎根人民"的创作道路。当初，我走遍了广州的街道，多次采访，与群众开座谈会，详细了解广州的过去与现在，了解城市的新旧变化，真正做到深入生活，寻找真切的感受，通过电影作品表现出来。我是北方人，对广州并不是十分熟悉，但我敏锐、好学、善于抓住一切新事物，深知生活才是创作的源头活水，身体力行从人民和生活中提炼艺术的创作理念，正是这种坚持，才能创造出真切的银幕效果。试想一个没有生活的人，不熟悉广州新生活的人怎么来拍这部影片？！后来的《女人街》《特区打工妹》《龙出海》《白粉妹》等，都是延续这条道路，无一部不是从生活中来的。

每一部影片的创作过程都有许多生动的故事，每一次创作都是努力跟上时代发展、把握人民需求，从人民的伟大实践和丰富多彩的生活中汲取营养，不断进行生活和艺术的积累，不断进行美的发现和美的创造。

二、电影艺术要下真功夫

当前电影市场繁荣，每年都有很多作品。但也存在一些问题，比如过分追求经济效益，粗制滥造等等。我认为，一个文艺工作者心里想着人民，一切为了人民就不会走歧路。对于市场经济的商业化熏染，艺术家必须在创作上沉得住气、留得住风骨、守得住底线。为了纯粹的经济效益瞎编的东西能红一时，不能红一世，精品是要下真功夫的。习总书记在讲话中也指出："文艺不能当市场的奴隶，不要沾满了铜臭气。"人民是文艺创作的源头活水，一旦离开人民，文艺就会变成无根的浮萍、无病的呻吟、无魂的躯壳。我们的文艺工作者不能只顾赚钱，只顾经济效益，不顾社会效益。

文艺工作者必须自觉坚守艺术理想，扎根于人民，扎根于生活，电影创作更是如此。把创作高格调、正能量的艺术精品作为一种追求、一种常态，从社会生活中汲取营养、挖掘素材、提炼主题，在人民的创造性实践中进行艺术创造、实现艺术进步，这样才能创作出社会效益、经济效益相统一的作品。

今天，我老了，不能再像年轻时候那样下基层，下生活，搞创作，但我认准了这条路是对的。希望年轻人记住毛泽东主席、习近平总书记分别在两次文艺座谈会上的讲话，归根到底，不要脱离生活，不要脱离人民，一切从生活出发，一切为了人民，深入实际生活，去观察、感悟、思考，创作出更多有道德、有温度的艺术作品，引导人民发现生活之美、自然之美、心灵之美。

三、电影艺术创作人才是根本

广东电影曾经相当辉煌，20世纪六七十年代，珠江电影制片厂以大量富有岭南特色的影片在中国影坛独树一帜，确立了在中国影坛的地位。改革开放以后，随着中国电影第二个高潮的到来，处于改革开放前沿阵地广东的珠影，开创了南粤电影事业的高峰，十几年间，数十部故事片、科教片在国内外获奖，它们无不风靡大江南北，广受观众欢迎。这些都是因为当时珠影拥有一批优秀的电影艺术家、专业影视人才。

现在的电影行业在向着更高的多元化发展，广东电影市场票房收入已连续多年位居全国省市院线电影票房前列。无论是立足现实，在激烈的市场竞争中求得生存与发展；还是放眼长远，实现广东建设文化强省的战略目标，加强人才队伍建设都是重中之重。近些年，广东电影界人才匮乏，有"断层"现象，这个问题必须重视。希望在今后的发展中，能进一步整合资源，积极优化人才队伍结构、创新人才培养方式，组建具备竞争实力的专业人才队伍，发展广东电影事业。

（原载广东省文学艺术界联合会编：《为人民的文艺点赞——广东文艺名家学习习近平总书记在文艺工作座谈会上重要讲话的心得体会》，2015年，内部刊物）

I 我的艺术探求

一、探索改革中的人的心态变化

1980年是我从演员转行从事导演工作的起步，这一年我和王静珠同志联合编剧并由我执导了描写苏州刺绣、评弹艺术的孪生姐妹在新旧社会里不同命运的《梅花巾》从而歌颂了苏州的四美；之后我又执导了反映十一届三中全会前后农村生活变化的喜剧片《回头一笑》；1984年导演了反映广州个体户改革生活的《雅马哈鱼档》，1985年又与王静珠同志联合编剧并由我执导了反映挽救失足青少年的《少年犯》；1987年导演了反映广东逃港者命运变化的《逃港者》；最近又完成了反映收破烂的人如何在改革中自强自立的九集电视连续剧《破烂王》的总导演工作。

从以上的影片题材上看，不难发现我从事导演工作以来，是把主要的创作精力放在了如何反映当代的现实生活，希望能从不同的角度，一步一步地去探索反映在改革的大潮推动下社会各阶层的人，生活和精神面貌的变化。

影片《回头一笑》固然是想探索一下喜剧的样式，但我的主要目的是想塑造一个被"左"倾路线扭曲了的古劳模形象，揭露并嘲笑"左"的路线给农民带来的灾难，从而歌颂十一届三中全会给农民带来的新生活变化。

《雅马哈鱼档》无疑是我跟踪现实生活，探索青年人命运变化的重要一步。党的十一届三中全会制定的"开放""改革"政策不仅像春风般吹绿了广州的大街小巷，而且引起了社会各阶层人们的变化，尤应引起社会普遍关注的是原来社会生活中的一批小人物——待业青年、失足者，如何在改革的春风抚育下，自强、自立，在从事的个体营业生活中，探索人生的价值，争取自身的社会地位。个体户是十一届三中全会后的新生事物，当时社会上普遍地并没有看重这项职业，而从事个体营业的青年更不被社会重视，扶植这个新生事物的成长，并热情地讴歌他们，这在当时实还需要些勇气，而我们的正是改革带来的生活变化，我们深信这些行业青年从彷徨苦闷中觉醒，从而振奋精力去探索新的人生，很能从一个侧面反映改革带来的深刻变化。艺术就应旗帜鲜明地歌颂这些变化，以便引起全社会对他们的普遍关注。

继《雅马哈鱼档》之后，我又拍了《少年犯》，事实上是创作《少年犯》在先，拍摄《雅马哈鱼档》在后，因为剧本创作上的艰难、曲折才变成了《少年犯》拍摄在后。

反映青少年犯罪的题材，是若干年来艺术不敢涉猎的"禁区"，因为它的政策性太强了，稍有不慎即可触"礁"犯政治性的大错误。但青少年犯罪越来越成为当今社会令人心悸的大问题，谁没有父母？谁没有儿女？谁又愿意自己的儿女幼小犯罪？然而我们的青少年正在大批地犯罪。对于犯了罪的青少年是拉一把，还是推一把？诚然生活中推他们下水又采取"落井下石"的人大有人在，而那些想拉子女上岸的父母又大多无能为力，致命犯罪的青少年像瘟疫般恶性蔓延，连管教他们的场所都拥挤不堪，人满为患了，难道我们不该在当今时代，向全社会大声疾呼："救救孩子！"

我们只是希望全社会的父母都能关心自己的子女健康成长，也希望全社会的人都能对犯了罪的青少年伸出救援之手——拉他们一把！人总是要拉一把的。如果我们的社会关心青少年成长的人多了，拉一把的人多了，社会犯罪率就会大大减少，社会才会真正出现安定、团结的局面。我们就是以这样的心情编导了《少年犯》，值得宽慰的是我们的心是和人民相通的，人民理解了我们的苦心，也给了我们创作者最高的荣誉，她将鼓舞我再接再厉去关心、反映现实生活中人民最关心的社会问题。

1987年我又导演了影片《逃港者》，这又是中国艺坛不曾涉猎的领域，又是敏感的政治"禁区"，然而不能否认逃港是"左"倾路线下的边界畸形产物，若干年里边界大批青年由于不甘忍受愚昧和贫困，怀着各自不同的动机背离家乡，逃往香港、澳门，在一个时期里逃港成风，拿枪堵也堵不住。然而近年，边界巨变，那枪口都堵不住的逃港风竟刹住了，十一届三中全会之后，深圳变成了开放改革的经济特区，经济搞活了，人民迅速变富了，当年想逃港的现在不逃了，都安心在家乡搞建设了，而那些逃港"成功"了的逃港者，不少人申请返乡定居，亦有不少人返乡投资帮助家乡建设……这种巨变意味着落后、贫困的历史已经结束，一个欣欣向荣的新时代正在开始。今天，站在历史的高度反思历史，从几个逃港者的命运变化去想想昨天，看看今天，再展望未来的生活，不是很能发人深省吗？

我们无心在影片里注解逃港的历史原因，也不想把深圳河两岸的社会制度做优劣对比,我们只是想探索几个逃港青年今昔的命运变化、探索一下他们在不同时期里的不同心态变化。从而传递一个信息,祖国母亲对子女的爱惜,香港社会既不是天堂,但也不是地狱。我一向在摄制组内强调,我们的影片不是政治片,不是社会教育片,所以更需探求艺术性真实性、娱乐性和可看性,因为她终究是一部探索生活的故事片。

拍完《逃港者》我又以总导演的身份执导了九集电视连续剧《破烂王》。这是一部正面描写改革的现实生活题材,反映东北地区一群一向被社会看不起的收破烂的人,如何在改革的大潮推动下,承包了一个市的物资回收公司,领导着全体职工在改革中自强、自立、自尊、自爱,争取自身的价值,为国家创造了巨大的物质财富。

物资回收公司,又称"废旧物资回收公司",而社会上更习惯地称它为"废品公司""破烂公司"。在这个公司工作的职工,社会上亦贬称为"老破烂""老废品",这不仅因为他们的职业是收购破烂、废品,更因为他们中有不少的人是在各个历史时期,从历次政治运动中被洗刷下来的"政治废品",又称"社会渣滓",那"老破烂""老废品"的称呼事实上是包含了这样的双重含义,他们的行业——收购废品,是三百六十行中最低贱的一行,故有俗语"社会有下九流,收破烂的到了头",他们仅强于乞丐——叫花子,所以又有"叫花子的头,商业的尾"之称。这样一些人经营这样一个企业,不要说社会上瞧不起,就连他们自己也瞧不起自己。所以几十年里他们只能是敲着铜锣,推着小车,游街串巷收购废品,过着处处不如人的贫贱生活。开放改革了,改革的春风不仅吹绿了广州的《雅马哈鱼档》,也吹醒了长白山下、太子河畔这群收破烂的人,他们也想承包致富,也想改变愚昧和贫困,也想争得人的自身价值,也想为社会做大贡献。谁说他们收购的都是废品?他们硬是要变废为宝!谁说他们都是"垃圾""废人"?他们硬是为自己争取人的自身价值,他们要变"废人"为能人!当他们放下了思想包袱,甩掉了几十年"左"倾路线压在身上的重负,便犹如火山迸发般喷射出无比的能量,两个变废为宝,使他们创造了巨大的物质财富,终于赢得了全社会的赞誉。也迫使我们把摄影机的镜头对准他们这一向被忽视,遗忘了的社会力量,他们的队伍远不是几百几千,而是在全国占百万人的大行业,今天我们就是要为他们这个行业唱赞歌,就是要理直气壮地在影屏上塑造这一群收破烂的人,让他们扬眉吐气,让他们光芒四射!

这些年我就是这样眼睛盯着现实,探索人生,探索改革带来的各种人的心态变化，满腔热情地讴歌现实，讴歌改革。

在我执导的影片里虽然没有顶天立地的英雄好汉，但我坚信那《梅花巾》中的白梅、红梅，《回头一笔》中的古劳模，《雅马哈鱼档》中的个体青年阿龙、珠珠和海仔，《少年犯》中的少年犯们，《逃港者》中的刘莺、叶涛、王盛、荔花、阿昌，《破烂王》中的破烂王——王玉河，以及那群"老破烂"徐光壁、干炸鱼、大花瓶、辣豆腐……都将在广大观众的心目中留下较深的印象，因为他们是和广大观众生活在同一时代，有着相同的命运，也必然会引起他们的关注。

电影艺术终究是人民的大众艺术，电影工作者有责任帮助人民认识历史，认识现实，并推动"四化"建设的进程。这便是电影的社会教育功能，但电影不是政治论文，更不是教科书，必须有群众喜闻乐见的艺术形式，将政治和艺术融为一体，从而达到"寓教于乐"的目的。我追求是影片的社会性和艺术性的统一，是认识价值和欣赏价值的统一，也是影片的社会效益和经济价值的统一。我十分重视影片的娱乐性、可看性、大众性，因为只有这样才能使影片的主题潜移默化地深入到广大观众的心里去。再好的影片都必须有观众看，没有观众的影片便很难达到艺术家的追求目的。

我们这代中年导演处于新老交替的中间的传承，联结着新老两代人，我们既能从前辈老艺术家那里继承、吸取优秀的传统艺术精华，也能从青年艺术家身上学习到那种无往不胜的探索精神。我们不保守，不僵化，但也不冒进，只是步履谨慎，以求一步一个脚印。因为前半生荒废了许多岁月，后半生的时光又是屈指可数了，必须在有限的时间里再为人民创作几部好影片，所以仍须在探索中创新，到火热的现实生活中去学习，去发现新人新事，开掘新的创作主题，只有这样才能踏踏实实地迈步。

二、闯一条"纪实性"与"戏剧性"相结合的艺术之路

不能否认从我读书起，所读的小说便都是中国古典的传统章回小说，从我接触电影始，所看到的中国影片也大多是用传统的戏剧方式结构起来的故事，而几十年里所学到的戏剧、电影方面的理论知识，也大多是如何运用传统的戏剧结构法，在矛盾冲突中塑造典型环境中的典型性格。所以在一个很长的时间里，我的艺术观念、艺术追求便是如何运用传统的戏剧模式，拍出几部戏剧性较强的故事片。我的这种观念，这种艺术追求便在我的第一部故事片《梅花巾》得到了实践。在这部影片里，我按传统的起、承、转、合模

式结构故事，追求戏剧冲突，误会巧合，追求矛盾的激化，使之场场紧逼，步步推进，以达到撼人心魄的目的。影片上映之后亦得到不少观众的好评，但也听到不少电影评论家们的批评，说我是用旧的样式讲了个旧的故事，这对我震动很大，迫使我重新学习，重新思考，认真总结《梅花巾》的经验教训中，以求在一个新的起点上迈步。这之后我观摩了不少中外影片，也参加过加拿大的电影节，亦同电影界同仁作过艺术交流，更广泛地听取了国内各界观众对中国影片的评论，才逐渐地发现、认识到时代变了，人民的生活条件变了，人民对艺术的欣赏水平也在变，他们已再不满足那种"从前有一座山，山里有个庙，庙里有个老和尚讲故事"那样的老掉牙了的故事，也再不满足那种"老牛拉车"般的慢节奏了，而是强烈地要求有新的影片，有新的观点，新的节奏，新的生活气息，新的样式，表现新的现代意识观念的好影片。

　　这种创作意识上的觉醒使我振奋，我决心去闯一条新路。这期间我看了不少刚刚引进来的关于介绍意大利"新现实主义"和法国"新浪潮"派导演们追求纪实美学方面的理论书，也看到了一批运用这些理论拍出的纪实性很强的影片，这引起我很大兴趣，我很欣赏纪实美学提出的若干观点和方法，如主题多义，题材的日常性，人物要有杂色，环境要有生气，最大限度地接近生活的初始状态，走上街头拍摄，起用非职业演员，运用景深镜头，长镜头，运用自然音响，追求自然光效……我坚信运用上述观点和方法拍出来的影片必将更加自然、真实、生动，更富艺术魅力。但是我并不能接受纪实美学提出的要"淡化主题""淡化情节""淡化人物性格"的观点，我觉得这种"淡化""稀释"的结果很可能使中国的观众看不懂，对影片失去兴趣。我很想运用纪实美学的部分观点去拍片，但需舍去那些"淡化"，我又很想继承优秀的传统的民族艺术手法，因为这容易让观众喜闻乐见，但我将抛弃那些过了时的戏剧化结构。我深信中国的广大观众仍然喜欢传统的艺术手法，仍然有自己的民族欣赏习惯，人民仍然喜欢有丰富的戏剧情节，有鲜明的人物个性，有鲜明主题的影片，而不是被淡化了的，因此我想尝试一下把"纪实性"美学提出的若干创作方法和传统的"戏剧性"美学结合起来拍一部片。《雅马哈鱼档》便是这种"纪实性"和"戏剧性"相结合的第一次实验。

　　在《雅马哈鱼档》这部影片里，我仍然运用传统的"戏剧化"手法，组织情节，在矛盾冲突中塑造人物性格，使之情节丰富，引人入胜，同时又以"纪实性"的艺术手法拍片,我第一次大量启用非职业演员,第一次让所有的演员不化装拍片,让摄影师扛着摄影机步入街头人流偷拍,要求所有组织的群众场面和人工加工的布景,以及演员的表演都尽可能地接近生活的初始状态,我们追求自然音响、自然光效,追求生活的现代气息,追求影片的高节奏……这种"纪实性""戏剧性"相结合的试验结果有得有失,得是主要的,我们以专业演员和非职业演员相结合的演员队伍,成功地塑了阿龙、葵妹、珠珠和海仔等一大批鲜明的活生生的新人形象,以"纪实性"拍出的"龙珠街""成珠茶楼""西濠夜市""芳村鱼栏"等等场景给人以清新的逼真的生活气息,创造了一幅广州当代的市井风情画卷。运用"戏剧性"组织起来的情节也使主人公的命运令观众更揪心和同情。人民喜爱这部影片,说明这种"纪实性"和"戏剧性"的结合是有艺术魅力并有其生命力的。但是我也总结了经验和教训,我们不该一边在反对影片中进行政治说教,偏又搞了说教,如阿龙摔钱箱时的演说,亦如那个企图回国家居的澳门客,我本不想直奔主题,偏又直奔主题而去。

《少年犯》是我继续实验的续步。少年犯罪的主题政治性、政策性太强了,搞不好很容易政治说教,或解释政策,这样的影片必然枯燥乏味,激不起观众的兴趣,我们探索的第一步必须激起观众的兴趣,调动起观众的热情,让他们去关注这群犯罪少年的命运,于是我们运用传统的"戏剧性"手法结构故事,组织矛盾,运用大量生活细节塑造人物,以便调动起观众的兴趣和热情。第二步便是采用"纪实性"的方法,使人物、生活环境逼真,让观众犹如身临其境,产生情感上的震撼。影片《少年犯》不仅是以"救救孩子"的主题赢得了千百万父母的同情,更以它逼真的艺术效果产生了震撼,这里启用少年犯扮演少年犯,在监狱的实景拍摄,以及追求真实的生活细节,都不能不说是成功的关键。当然影片上映之后,被释放的个别犯罪少年又重新犯罪,完全属于另外一个社会问题,这和艺术创作无关,不能以比否定这部影片的探索。它只能促使我进一步去探求《少年犯》的续集,再去探索是什么原因导致那么多的犯罪少年回到社会之后又重新犯罪。

继《雅马哈鱼档》《少年犯》之后,我又按"纪实性""戏剧性"相结合的创作方法拍摄了《逃港者》和《破烂王》,其中《破烂王》尤为显著。传统的叙事方法,丰富的生活细节,在情节中塑造众多的人物形象。但是我们不是采用封闭式的戏剧结构,而是采取开放式,除了有鲜明的主题,亦追求主题的多义,因而耐人寻味。在摄制方法上以采用纪实性,追求逼真的艺术效果，追求鲜明的地方特色，全部实景，演员不加修饰的表演犹如生活一样。当然我还在以前所有的作品中追求轻喜剧的风格，以增强作品的娱乐性、可看性，这也是我追求大众电影的意念。

我的探索之路还很长，但我将坚定不移地走我自己的路。电影界一会说"要丢掉戏剧拐棍""电影要和戏剧分家""戏剧过时了"，一会又说"纪实美学过时了""还是要提倡情节剧"……搞得人晕头转向，无所适从，在这样的形势下。还是脑袋长在自己的头上好，自己认准了就照直走去。

我还不成风格，但我将去追求自己的风格——那便是"雅俗共赏""老少皆宜""喜闻乐见"的大众化的艺术。

1988年5月

荒煤同志嘱我向生活学习

荒煤同志走了，我和所有的电影工作者一样，感到十分痛心和惋惜。从此，我们失去了一位慈祥的长者、循循善诱的良师和一位平易亲切的朋友！

我与荒煤同志相识，算来已有四十多年。我第一次上银幕，参加电影《董存瑞》拍摄，荒煤同志担任电影局副局长。他看过我们的送审完成片，除了对影片给予了充分肯定和较高评价，还对我个人的表演说了不少赞扬的话。这对初涉影坛的我是终生难忘和感激的。待到影片在北京正式上映，我随同导演郭维同志到北京参加首映式等活动，第一次见到荒煤局长，记得他像位慈爱的长者，拉着我的手，亲切地称呼我为"小张良"，我感到腼腆又很快慰。从此，他竟这样称呼我近四十年。

1992年秋，广东的花城出版社想给我和王静珠同志出一本《张良、王静珠电影剧本选》。其中收集了我们共同创作的电影剧本《梅花巾》《少年犯》《特区打工妹》《龙出海》。我趁影片《龙出海》到北京送审之机，抱了一大堆电影剧本和导演阐述一类的文字资料跑到荒煤同志的家。他又亲切地拉着我的手喊我"小张良"，问我找他有什么事。我开门见山地说："花城出版社要给我出一本电影剧本选集，我想请您帮我写个序。"他笑着说："怎么不去找找别人，像……"我急忙打断他的话："不！我就找您了，这序非您莫属！您看，从我演第一部电影，直到导演第一部电影，您都是我的领导、老师！您是看着我长大的，今年我也快六十了，这辈子第一次要出书了，您是理所当然地要给这本是写个'序'。"他听了我这番话，竟惊奇地睁大了双眼，定定地看了我半天才问："你今年有六十岁了？"我肯定地点点头又补充说："今年我还正式的当了爷爷，我的小孙子刚刚出世。"他听了哈哈大笑："想不到小张良也当爷爷了，不得了，这可怎么说！"于是他又回忆起第一次看我在《董存瑞》中的表演，第一次看我编导的影片《梅花巾》和后来的影片《雅马哈鱼档》《少年犯》，他多次参加了我的影片座谈会。他有些激动地说："你在我印象里，永远是不老的，永远那么年轻，朝气蓬勃。我很喜欢你身上那股劲，执着、倔强、勇于进取……哈哈，这不是'四虎子'那股劲嘛？"我也笑了，诚恳地说："我永远以董存瑞的精神激励自己，我真的在学'四虎子'的性格！"

这一次，他破例地和我谈了近一个小时，问了我的创作和深入生活的近况，还问了王静珠创办"王氏影视业剧本公司"的情况（该公司已于1996年更名为王氏影业有限公司）。他对我们长期坚持深入生活给予充分的肯定和支持。他说："任何人的创作不可能每一步都获成功，但是深入生活，向生活学习，向人民学习，是通向成功的必由之路。你们两口子这点做得好，一定要坚持下去。"

荒煤同志很爽快地答应为我们的书写序了，他并且在序中这样写道："电影艺术工作还是要提倡向生活索取。生活是创作的源泉，向生活索取一切，也要有新的观念，要思想更解放一些，胆子更大一些，步子更快一些，不仅要向生活索取素材、灵感、鲜明生动的形象、深厚的思想、艺术的情趣，也要根据各自不同观众的爱好，以至要把有不同生活的观众所向往和爱好的，习惯欣赏的风格、样式、艺术趣味也都索取过来。总之，要向生活索取一切，也要向观众索取一切。"

荒煤同志几十年都关注着中国电影事业，并对当前的中国电影如何走出困境，争取观众再回到电影院来，促使电影艺术创作的繁荣有许多想法。他认为关键还在于"一剧之本"。"电影剧作是否繁荣，关键是是否拥有一支真正熟悉业务的编剧与编辑队伍，电影文学的报酬是否有相应地提高，导演的文学素质能否不断提高，剧作者能否真正到生活中去索取到广大人民所关心、应思考的题材等等……总之，采取一切措施，真正重视电影文学的创作，这才是繁荣电影艺术创作，提高电影艺术质量，真正促进题材、风格、样式的多样化，吸引更广大观众的根本问题。"他又说："没有优秀的电影剧本，即令是导演大师、著名明星、高级摄影师也无法拍出优秀的影片。"

荒煤同志八十高龄还在关心中国的电影事业，仍在关怀电影工作者的创作和生活，并满腔热情地关注着更年轻的一代新人的成长，他把毕生的心血都奉献给了中国的电影事业！

见荒煤同志最后一面是在1995年12月27日，在人民大会堂"纪念世界电影一百周年，中国电影九十周年"的大会上，以江泽民为首的党和国家领导人接见了与会的全体电影艺术家代表。接见前，大家排好了队伍兴奋地等待。那时荒煤同志坐在轮椅上，刚从医院赶了来，他的座位恰在我的前排，我才得以和大家一起问候他的健康情况。他显得很兴奋，频频回答大家的问候，也问候大家。我感觉他的精神很好，根本不像重病在身，谁知这一面竟成永别，稍感欣慰的是在那张历史性的与中央领导人合影的珍贵照片中，留下了他慈祥的面容。

今日纪念荒煤同志，最好的纪念便是牢记荒煤同志的教导，在艺术创作上坚持向生活学习，坚持向人民学习，不断提高个人的文化素质，为继续繁荣中国的电影事业做出个人应尽的努力。

（原载王蒙、袁鹰、陈播主编：《忆荒煤》，中国电影出版社1997年版。陈荒煤，曾担任文化部副部长、文化部电影局局长）

青少年吸毒令丁峤痛心
——忆丁峤同志为影片《白粉妹》当顾问

还记得十年前我们的新片《少年犯》在电影局审片会上，丁峤同志激动地说："这是一部关心、挽救失足青少年的好作品，也是一步惊醒社会的警世之作。"

十年后的今天，我们又创作了《少年犯》的姐妹篇《白粉妹》，这次描写的不是一般的犯罪，而是描写了当今青少年因吸海洛因毒品而丧失人性的惨痛悲剧。剧本虽然写出了，但是面对两种截然不同的意见，还没有投拍的决心。当时全国的形式还没有今天这样明朗，今年春天广东省省长朱森林已经在报纸、电视上公开号召全省打一场禁毒的人民战争，可是一年前还有的领导劝阻我们不要碰这个题材，认为在开放、改革如火如荼的今天，写青少年吸毒悲剧会给现实抹黑。尽管一些基层干部十分恳切地要求我们写这个题材，甚至说："如果你们不写这个题材，就对不起人民。"我们自己毕竟不敢真碰这个"禁区"，更不敢用贷款的几百万元去拍一个可能被"毙"的影片。恰恰此事，我和王静珠同志都参加了中国电影基金会在南京召开的第四届年会，于是带了刚刚打印的《白粉妹》剧本，准备请丁峤同志审阅，请他把把关，看看可不可以干。但是到了南京，见到丁峤同志，我又犹豫不敢把剧本给他，因为见他气色很不好，脸色青白，人也十分消瘦。问他健康情况，他却一笑避开，反追问我创作进展如何，我只能简短地汇报了近两年在生活中的所见所闻和创作《白粉妹》的经过。他听了我们的汇报，十分惊讶，根本不相信今天会有这么多青少年吸毒，但是他主动提出要看剧本，我心里真是很矛盾，不给他看吧，不是我的本意，给他看吧，又真担心他的身体……最后还是服从了他想看剧本的坚决意愿。

第二天早晨他已经看完了剧本，立即同我交换意见。他诚恳地说："看了剧本很激动，也很震撼，万万没想到当代社会还有人吸毒，而且是青少年。这个问题十分严重，搞不好真有可能亡党亡国。"他感谢我们抓了个好题材，也赞赏我们一直坚持深入生活；一直坚持现实主义的创作鼓励我们走自己的路。对于剧本，他主张再写得深刻些，一定写悲剧；一定让人看了震撼，不震撼就不可能唤醒青少年抵制毒害。他很怕我们不敢拍，一再鼓励我们从人民的利益出发。这部作品一定会像当年的《少年犯》一样，成为惊世之作。

因为丁峤同志的信任、鼓励，我们从南京回来，一边改剧本，一边开始筹款、筹拍，筹到款的同时又得到珠影领导对剧本的肯定，这时我正式给丁峤同志通电话，郑重邀请他担任这部影片顾问。他笑着说："你自己就是艺术家，为什么还要请别人当顾问？"我认真地说："您是我的兄长、师长，请您当顾问，是请您帮我分担政治上、艺术上的责任！"这一次他不笑了，语气十分坚定地说："这个影片在政治上不会有任何问题，好吧！我接受你的邀请，代我向摄制组全体同志问好！祝拍摄顺利！"

1995年3月29日，《白粉妹》在深圳举行隆重的开拍典礼。广东省委相关领导及深圳市人大、政协主要领导和来宾约六百人参加了开拍典礼。丁峤同志和夫人李禄顺同志也专程从北京赶来参加盛会，我和全组同志真的很感动，更激动的是听了他在大会上的讲话，他那热情洋溢、极富鼓动性的讲话，迎来一阵又一阵的掌声。这次讲话他特别提到："中华民族有民族魂，中国电影应像民族魂一样，有一个中国电影的魂，这个魂就是艺术家站在人民的一边，为人民做有益的事情。"他还说道："艺术应像旗帜、像炸弹；像旗帜激励人民，像炸弹震撼社会。"他鼓励摄制组一定要拍好《白粉妹》这部影片："因为这是对中华民族十分有益的。中国几十年都没有吸毒的了，如今又冒出来。我们从林则徐开始就在禁烟了，今天'人大'也颁布了禁毒决定，所以我觉得这部片子将来在中国电影史上都要附上一笔，因此你们所做的工作是非常光荣的。我相信，这部影片拍出来，从社会效益上讲是有震撼力的！"

我们的影片在丁峤同志的关注下，以三十五天的速度拍完，又以二十二天完成了全片的后期制作。当丁峤同志在北京和电影局审片组一起审看完全片时，他由衷地说："我为你们高兴，你们为人民做了一件十分有益的工作，我一定为你们这个影片宣传做些力所能及的工作，比方说：首映式、新闻发布会、专家座谈会……"可是丁峤同志没能等到这一天，没能等到影片座谈会，还没有听到人民群众对这部影片的反映就去了。他走得太早了，我们舍不得,心里积聚了巨大的悲痛!全摄制组的同志们都悲痛极了!

丁峤同志和我个人之间的友谊是在我拍摄了人民英雄《董存瑞》和第一次从事导演工作拍了《梅花巾》之后开始的。他对我执导的每一部影片几乎都看,几乎都提出了意见。他希望我拍的影片一部比一部好,还希望从我的影片里看到真实的生活和鼓舞人心的力量。实际上他是希望电影界更多的艺术家们都能孜孜不倦,为人民拍好片,为重振中国电影雄风出力。

丁峤同志走了,我怀着巨大的悲痛向丁峤同志告别,我坚信今天来纪念丁峤同志的朋友们心里都装着一句共同的话:"创造新的明天以慰丁老在天之灵!"虽然我也年过六旬,但我一定牢记丁峤同志的嘱咐:从人民的利益出发,努力为人民拍好片!中国电影不会永远徘徊在谷底,我坚信电影界的朋友们团结起来,曙光就在前面!

丁峤同志永垂不朽!

(原载石方禹主编:《忆丁峤》,中国电影出版社1999年版。丁峤,原文化部电影局副局长,原广播电影电视部副部长,中国影协第四届常务理事,中国文联委员)

戏里戏外忆张莹
——电影《董存瑞》连长饰演者

日前接到李慧颖同志电话，她说在张莹同志逝世四十周年之际，朋友们想给张莹同志出一本书，以寄托对他的思念，她问我可否写篇短文。我二话没说立即应承。今日提笔已过半月，这半个月里我又重看了一遍《董存瑞》影碟，张莹同志的音容笑貌又现眼前，活生生如同昨日。我感叹良久，这岁月怎么会那样无情，这样一位好人这样一位优秀的电影艺术家，怎么就会英年早逝？

我和张莹同志相识、相交是在1955年，共同在长春电影制片厂拍摄电影《董存瑞》。那时我还年轻，第一次迈进电影厂大门，第一次上银幕，心里有说不出的空虚和恐惧。尤其是在第一次看完试镜样片以后，我的自信心完全被击碎，我不相信自己这样一个身材矮小，貌不惊人的人能扮演英雄董存瑞。我郑重向导演郭维同志提出，我要退出。要求回到部队文工团去。这时，有两个人走向我，他俩成了我的精神支柱，一位是导演郭维，一位就是张莹同志。郭维导演像师长，谆谆诱导，启发调动我的创作信心。张莹同志则像位大哥，给予我极大的关爱和鼓励。那时张莹同志已近三十岁，在《赵一曼》《白毛女》等许多影片里扮演过重要角色，在我眼里，他已是一位优秀的大演员。与他相交虽感荣幸，但也有些胆怯，尤其在我失去创作信心想打退堂鼓时，更不敢与他亲近，但他却人情地走向我。一天，他走进我的宿舍，亲切地问我："听说你不敢演想回去？"我胆怯地说："我长得太难看了，根本不像董存瑞。"我坦言："看样片，我第一次看到自己这么难看。"他又大笑不止，他说我是不习惯看样片。他真诚地说："我看你不难看，笑起来很可爱，大家都说你身上有股劲儿很像董存瑞，你应该有信心，不要泄气。"他像个大哥，亲切、诚恳推心置腹，认真分析我的长处和不足，真诚地相信我一定能演好董存瑞。他和郭维导演的谈话像两支强心剂给了我极大的支持，加上全组演员们的友爱信任，使我打消了顾虑，勇敢地投入到创作中去。

在排练过程中，为了让大家真实地生活在董存瑞那个年代气氛中，摄制组让大家每天穿上戏里的服装，并要求大家不准喊演员本名，只准叫剧中的人名，因此，人人都叫我"四虎子""董存瑞"。我也叫他们"郅振标、牛玉合、连长、指导员……"越叫越亲切，越叫人物关系、感情越近。在我眼里，张莹就是赵连长，他高大魁梧，充满英雄气概，他就是董存瑞的引路人、保护人，也还是董存瑞人生路上的表率。因此戏里戏外，我对张莹同志都充满敬爱。

在《董存瑞》影片中，有许多揭示董存瑞与连长性格和人物关系的重场戏，如"向连长蘑菇要求参军"与"牛玉合摔跤比武""行军路上嫌子弹少找连长讨说法""长城阻击战一无缴获受到连长批评"……我和张莹同志经常一起研究彼此的关系、性格和展现手段。最令我难忘的事"赵连长批评董存瑞"一场戏。长城阻击战中董存瑞见到日本鬼子，恨不打一处来。十发子弹一转眼全放光了。战后评比，王海山最厉害，打死了日本兵还缴获了一挺重机枪。就连郅振标也缴获了一把刺刀，董存瑞一无所获。白白消耗了十发子弹。赵连长气的没办法把董存瑞叫到连部。开口就问："这次战斗你打了几发子弹？"董存瑞哪里还敢说话。从牙缝里挤出几个字"十发"，赵连长怒吼一声："大点声！"对此我才仰起头以一种"好汉做事好汉当"的架势大声说"十发"。连长劈头盖脸把我狠"撸"了一顿，董存瑞第一次见连长这么生气，批评起来不给半点情面。他实在是招架不住了。终于委屈地哭着说："我可是一个心眼想打鬼子！"赵连长仍不饶："你怎么就不多长一个心眼？"批得我羞愧难当无地自容，眼泪鼻涕再也止不住了，呜呜大哭。赵连长望着自己心爱的战士伤心到这个地步，心里是又疼又爱。他想如果不是战争，像四虎子这个年纪的孩子还在母亲身边转呢！可是怎么表现这"又疼又爱"的感情？张莹想到应递给他一块手绢。可这手绢又怎么递法？最后张莹是把手绢从背后递过去，真是精彩极了，他不回头，只是背着手让手绢在四虎子眼前晃。四虎子正哭到伤心处，直见泪眼前一道白光在晃，定睛一看，是连长的手绢，这心就热了，连长这么狠的批评是恨铁不成钢啊，他这手绢分明还是爱。他咬咬牙，接过手绢。这一送一接，两个战友的情爱表现的已是淋漓尽致。

我初拍电影，很不习惯拍电影的分镜头拍摄法。演话剧讲的是同台演员间的情感交流，一句台词，一个眼神，就沟通了人物间心的桥梁。可是拍电影不能总拍中全景，还要拍近景或特写，这近景、特写恰恰切断了演员之间的交流，这时演员的交流对象变成摄影机或是灯光架。老演员自然不怕，仍能自由发挥，但我一时间就不能适应。每当拍我近景特写时，我的眼神都是空的，因为我捕捉不到交流对象。令我感动难忘的是张莹同志这时总是站到摄影机旁，他轻轻地说："看着我，同我交流。"于是他富有感情地说出我期待的台词，这时我就热血沸腾了。激情犹如神助，眼睛也能放出光芒。

几十年过去了，总也忘不了他站在摄影机旁，心甘情愿地辅助一个新人拍戏。

1956年，我和张莹同志出席过多次《董存瑞》的上映仪式，应热情观众们的邀请，我俩总要表演一次，送接手绢那场戏，每一次我们都很认真，都很用情。观众的掌声也异常热烈，以后我俩就各奔东西，再不曾见。

1957年，我听说郭维导演被打成"右派"，我的心很疼，很疼！又过了不久，听说张莹同志也成了"右派"，还被放逐到北大荒去。我的心啊，几乎要碎了。

1969年，张莹同志终没有熬过"文革"劫难，他去了，永离了这个世界。

今天，当我重新回忆这几十年岁月时，立在我眼前的张莹同志仍是一个铮铮硬汉。他在《董存瑞》中塑造的赵连长，在《小兵张嘎》中塑造的双枪侦察员罗金保等英雄形象已植根人民心中，历史的丰碑也将永远记载他为新中国电影事业所做的杰出贡献！

2007年1月14日于广州

（原载那楚格、李慧颖编著：《辉煌·苍凉——忆张莹》，内蒙古教育出版社2008年版。张莹，是中华人民共和国成立后成长起来的著名电影演员，他塑造的《六号门》中的李俊华、《董存瑞》中的赵连长、《小兵张嘎》中的罗金保等银幕形象，受到广大观众的喜爱和好评）

我在董存瑞生前所在部队
——纪念董存瑞牺牲五十五周年

2003年7月接到董存瑞生前所在部队一封邀请信,邀请我去参加"董存瑞纪念馆"落成揭幕典礼,并纪念董存瑞牺牲五十五周年。时间是8月1日,地点在东北的延吉市。

这年春天董存瑞家乡也曾邀请我去参加纪念董存瑞牺牲五十五周年,我也同意应邀前往,可是突然非典病毒席卷全国,使这一活动推迟、改期。

我和董存瑞的因缘自从我在电影中扮演了他,几十年来已是难分难解,只是与董存瑞部队和他的家乡联系甚少,让我遗憾多多,这次决心前往,以弥补几十年的遗憾。

延吉在东北长白山下吉林省延边朝鲜族自治州,我虽在东北长大,但从未去过延吉市。从广川前往需在北京换机,大约六七个小时路程,路虽远了点,但我决心已定,按约定时间于7月31日晚抵达延吉布,当晚宿在师部招待所。

第二天便是2003年8月1日,是中国人民解放军建军七十六周年,董存瑞部队决定在这一天同时纪念成董存瑞牺牲五十五周年并为"董存瑞纪念馆"落成揭幕。

"董存瑞纪念馆"五个字是由中央军委主席江泽民同志亲笔题写。纪念活动就在"董存瑞纪念馆"前举行。

这一天上午9时应邀出席揭幕典礼的嘉宾已陆续到达,有吉林省人大相关领导,沈阳军区及董存瑞所在部队领导、董存瑞生前战友、全国著名的战斗英雄杨士南同志,董存瑞的亲妹妹董存梅同志,以及董存瑞的家乡河北怀来县委领导、董存瑞牺牲地河北隆化县委领导,延吉市党政领导及群众代表数千人出席了大会。

我深感荣幸地被安排在主席台第一排就位。

上午10时整,揭幕典礼开始,乐队奏军歌,并鸣炮十九响以纪念董存瑞十九岁光辉年华。

大会宣读了中共中央政治局委员、中共广东省委书记张德江同志贺信。沈阳军区政治部主任、吉林省人大常委会主任和集团军军长先后讲了话,介绍了董存瑞同志的英雄事迹,和建立"董存瑞纪念馆"的伟大社会意义。

最令人动情的是董存瑞生前所在团团长带领全团宣誓,当他高喊董存瑞的名字时,全团齐声应"到",并齐声背诵董存瑞同志英雄事迹,令听者热血沸腾,我的眼里已饱含热泪。

随后由几位领导和董存梅同志为江主席的亲笔题字"董存瑞纪念馆"举行揭幕仪式,巨大的红色彩绸飘落下来,门楣上方露出"董存瑞纪念馆"五个金色大字,落款"江泽民"。这是我见到的最大最有气派最庄严的烈士纪念馆。

我们怀着崇敬的心情参观了展厅,第一、第二展厅内展出了董存瑞烈士的生平和战斗历程,展柜内还展出了董存瑞生前用过的衣物。还有一幅巨大的生前穿军装的照片,这是我从没有见过的。当初拍电影时我很想看看董存瑞同志的生前照片,可是我们找不到,也根本不知道他还留有照片。几十年后才从报纸上得知他参军后还照过一张照片送给了战友,这张照片几经考证才确认这是他唯一一张照片。实在太珍贵了,我情不自禁要在他的像下与他

◎　张良在《董存瑞》电影海报前

合一个影。周围同志们都说当年我拍董存瑞时与他这张照片很像，大家还以为是导演照着这张照片才挑选了我，万没想到竟会这么巧合。

前几年老英雄郅顺义见到我（就是电影里郅振标的原型），他也激动地说我长得很像董存瑞，他在看电影时就把我看成董存瑞，所以一直盼望与我见面。待到真的见了我，亲切得似有说不完的话。他亲自对我讲了董存瑞牺牲时的情景，他说："我们已经把外围的堡垒全部炸掉了，仅存的一个炸药架子给另一个同志用了，这时才突然冒出一个桥形暗堡，连里的同志们许多人在这里倒下，董存瑞气炸了肺，他让我掩护他，我甩出几颗手榴弹，他就抱着炸药包冲到桥下。这座桥堡真是做得绝，枪眼在桥肚子上，桥下是立陡的石壁，他试了几次就是没处放炸药。这时总攻的时间到了，战士们排山倒海般冲过来，可是很多人就在他眼前牺牲了，只见他毫不犹豫地举起了炸药包，迅速拉开导火索，他用自己的身体做了炸药支架，只听他高喊：'为了新中国，冲啊！'桥堡就飞上了天。他那时才十九岁啊！"

郅顺义讲到这里，他那老脸上流淌着热泪。那感人的情景，我永远也忘不了。

今天我也才第一次见到董存瑞的亲妹妹董存梅同志，她见了我也倍感亲切，她说《董存瑞》的电影不知看过多少遍，但始终也没有看全，总是在紧要时哭得看不下去。今天很高兴见到我，她笑说："你在电影里演了我哥，今天我也叫你一声哥吧！"董存梅同志在董存瑞牺牲时才七岁，今年她已六十二岁，而我今年已七十岁，也可以笑着当她的哥哥。但我很惭愧，我远不如他的亲哥董存瑞，他是何等英雄，何等顶天立地。不过我可以向董存瑞学习，做董存瑞的传人。

展厅的第三馆还做了个立体的桥形暗堡，桥下仿真塑像董存瑞手托炸药包，周围还有激光和音响，当幕布拉开，冲锋号声、枪炮声大作，董存瑞高喊："为了新中国，冲啊！"完全和电影的情景一样。我看了仍然很激动，仿佛又回到四十八年前拍摄电影《董存瑞》时的情景。

这时今天的"董存瑞班"全体战友要求与我在这桥下合影，我很高兴，就站在他们排前。他们说："您是电影里的老班长，我们也一直把您当做我们的班长，今天我们一起在董存瑞老班长塑像前合影，意义很大。"于是我们都怀着对老班长董存瑞的无比崇敬，在这桥堡下照了张合影。

"董存瑞连"的现任连长也同我在董存瑞的塑像前合了影。

离开纪念馆，我们又去董存瑞连、董存瑞班参观。在董存瑞班军营宿舍内，我看见还留有董存瑞同志的床铺，方方正正的军被上放着一块木牌，上面端端正正地写着："老班长董存瑞床铺"此时董存梅同志已深情上前，无摩着军被，仍犹如儿时拉着她亲哥哥的衣角，让旁观者无不为之动容。

在董存瑞连，许多历届担任过董存瑞连的连长、团长、师长们纷纷要求与我合影，他们的一个个自报："我是第十二任连长。""我是第十八任团长。"此时焦裕禄的长子焦庆国也来与我合影，他也担任过董存瑞连的连长。与他合影使我想起他的父亲焦裕禄，这也是一位伟大的人，他把自己的一生都奉献给了祖国和人民，人民永远也不会忘记好书记焦裕禄。

最后全体历任师、团、连长们集体与我合影。如今他们早已复员转业，分散在全国各地工作，大家激动地说："我们都是董存瑞精神的传人，今天纪念董存瑞牺牲五十五周年，我们一定让董存瑞精神世世代代传下去，让我们的新中国更加繁荣昌盛。"

参加这次纪念活动，我又受了一次深刻的革命传统教育，一个演员扮演英雄就要永远向英雄学习，而且一生都要宣传英雄，用英雄的精神严于律己，并要用英雄的精神教育后代，让董存瑞的精神永远传下去。

一位记者问我："董存瑞的精神是什么？"我答："为国牺牲，奉献为民。学习董存瑞就是要敢于为国牺牲，勇于为人民奉献自己的青春和才智。和平建设时期更需要奉献精神，让我们世世代代为国奉献。"

告别董存瑞部队时，我久久地仰望董存瑞英雄的塑像，心中默默祷念：董存瑞永垂不朽！

第三篇
众 说 张 良

I　艺评

勇于向生活索取
——从张良伉俪的电影创作谈起

陈荒煤

我没有想到，"小张良"突然抱着一堆材料登门来访，也不容分说就让我给他和静珠夫妇二人的文学剧本集写序，似乎这是理所当然的事。当然，还热情地请我去看了他导演的新片《龙出海》……然而他又匆匆走了，来不及作更多的交谈，我连有多少年没有见过面都想不起来。

现在面对这些剧本和材料，回想起脑子里还有些印象的影片，是《雅马哈鱼档》和《少年犯》。《特区打工妹》还未看过。可是他主演的《董存瑞》《哥俩好》带着的一副天真孩子气的形象，却仍然一想起来就栩栩如生跳动在我的眼前，还那么年轻可爱。

可是一看材料却吓了一跳，我习惯叫的"小张良"，明年就进入花甲之年了，很快就要添孙子，做爷爷了。他从1980年开始转入编导工作以来也十一年了，创作不少，获奖也不少，不能不引起我一些感慨！也是我每每聊到电影观众人次不断下降，创作人员经常陷于困惑境地……而不能不发出的感慨！

岁月不饶人。小张良年近花甲，从演员到编导演了拍了不少好电影，现在却也频频担忧《龙出海》是否能够不亏损……电影如何走出困境确实令人忧虑；我这即将进入八旬的老人，也觉得有些问题一时说不清，只能感慨再感慨一番而已。

不过，重读这些剧本，回忆起《少年犯》的轰动一时，看了小张良对电影创作探索的某些论述，我固然很难从中具体了解他们创作的全面情况，提出什么高见，却仍然感到有些启发。

我没有时间、精力、条件（如再看看有些影片）来全面研究张良夫妇二人的剧作。但就我所见，我觉得他们工作中至少有两大特点，是值得我们大家共同思考的问题。

第一，进一步改革开放，使电影走出困境，争取观众再回到影院来，促使电影艺术创作的繁荣，关键还在于"一剧之本"。电影剧作是否繁荣，关键是是否拥有一支真正熟悉业务的编剧与编辑队伍，电影文学的报酬是否有相应地提高，导演的文学素质能否不断提高，剧作者能否真正到生活中去索取到广大人民所关心、应思考的题材等等……总之，采取一切措施，真正重视电影文学的创作，这才是繁荣电影艺术创作，提高电影艺术质量，真正促进题材、风格、样式的多样化，吸引更广大观众的根本的问题。

没有优秀的电影剧作，即令是导演大师、著名明星、高级摄影师也无法拍出优秀的影片。许多导演愿身兼编导二职，原因也在于此。

所以，看罢文集，我欣赏张良、王静珠为繁荣电影剧作所做的一切努力，也特别欣赏静珠建立"王氏影视业剧本有限公司"的创举。

也因此，我希望电影事业的改革开放，第一步就要抓剧本创作的提高和繁荣。真正立足于"一剧之本"这个基础上，发展电影艺术创作。

第二，电影艺术工作者还是要倡导向生活索取。生活是创作的源泉，向生活索取一切，也要有新的观念，要思想更解放一些，胆子更大一些，步子更快一些。不仅要向生活索取素材、灵感、鲜明生动的形象、深厚的思想、艺术的情趣，也要根据各自不同观众的爱好，以至要把有不同生活的观众所向往和爱好的，习惯欣赏的风格、样式、艺术趣味也都索取过来。总之，要向生活索取一切，也要向观众索取一切。一切有利于广大观众身心健康发展，有利于提高、丰富人们的思想道德、科学文化、文化修养、艺术欣赏能力、娱乐情趣的作品，能够满足广大群众多层次多方面文化生活需要的，我们都应该加以提倡和支持。当然，电影艺术家到生活中感受到什么，能够选择到什么题材，发现了什么问题，看到了什么值得重视的现象，寻找到自己喜爱的形象也各不相同，关键在于艺术家把自己生活中所感受到一切，能够索取过来的东西，又通过艺术返回到观众的生活中去，经过人们自己生活的印证，而后加以思考和选择。

电影这种有广泛群众欢迎的艺术，应该把这三方面的关系理顺：既考虑到观众关心什么，应该看什么，也要考虑到观众爱看什么，还要使他们爱看，觉得好看。

过去在"左"的思想影响下，只强调应该给观众看什么，主观众应该看什么，而不考虑观众喜欢看什么，怎样让观众爱看，实质上还是反对"寓教于乐"这个无法违反的规律。

我觉得这本剧作选集的作品，有一个很大的特点，就是一方面力求去反映当代生活的现实题材，而又力求以现实主义的手法，塑造典型形象，寻求群众喜闻乐见的多种风格和样式去获得观众的欣赏。

张良在谈到他导演《雅马哈鱼档》影片的要求时，曾经说过他的文艺观："艺术是什么？艺术就是把那滚滚向前的生活，把那即将消逝或已经消逝了的生活重新提到观众面前，复现生活中的美丑、善恶、是非。促使人们思考判断以及决定其取舍态度，激励人们以更高的理想、情操去创造更美好的未来。"

这证明，他从事编导工作以来，的确是遵循他自己的要求来创作的。照我看，他们既是始终遵循生活是源泉的这条原则，勇于去向生活索取一切，也勇于向观众索取一切：要求观众去认识、思考、判断生活中的美丑、善恶、是非，去创造美好的未来，也热爱他们的艺术创作和影片，从而也得到观众的喜爱、信任和尊重！

我对张良、静珠这种精神感到钦佩，也为他们已经获得的成就感到高兴，但更高兴的是从《特区打工妹》《龙出海》这两部影片得到一点启发：随着改革开放形势的更加蓬勃发展，正在改革开放中成长起来的一代新人的形象涌上银幕来了，他们崭新的形象、气质、性格、行动、事迹……绝不是我们五六十年代影片中所表现的那些穷哥儿、苦妹子、老大娘、老大爷们的说不尽的苦难生涯了。这两部剧作即使还各有不足之处和作者的遗憾，然而，怎样用轻快的节奏、令人欢乐的情趣、鲜明的个性与语言、秀丽的风光，富有时代气息的风格来表现这些新人新事，怎样去展示新人的精神世界，不正是电影创作所面临着的一个新的开发区么？这也正是电影艺术要加快开拓的新境界！这也是今后电影应该争取观众、尤其是青年们的一个重要渠道。哪位小伙子、哥儿们、小姑娘、小姐们，不想看看他们的伙伴们生活得多么自在、爽朗、欢快的劲头？！他们可以奔向多么广阔的天地！

我衷心期望张良、静珠二位电影剧作者能保持"龙出海"这种气势和劲头，奔向前进吧！

1992年11月18日

（本文原为《张良、王静珠电影剧本选》序，后经删节以现标题发表于1992年12月6日《广州日报》。作者系著名作家、电影评论家，曾任文化部副部长、文化部电影局局长等职）

张良在前进的道路上

严寄洲

在《哥俩好》影片中，张良同志比较完美地塑造了两个不同性格的人物，受到广大观众的欢迎，在这次"百花奖"中，荣获"最佳男演员奖"。

张良同志在电影《董存瑞》中成功地塑造了董存瑞的英雄形象，但只演一个角色，而《哥俩好》则不同，他必须同时扮演两个性格不同的角色。在他担任这两个角色之初，不仅他自己担心，其他同志也为他担心，但张良同志没有辜负大家的期望，他演好了这两个角色。

张良同志究竟是怎样获得成功的呢？"秘诀"在哪里呢？我愿意乘此机会，谈谈和张良同志合作过程中的几点感受。我不想谈他是如何塑造这两个人物的艺术创作过程，而是介绍一个人民电影演员所走的正确道路。

张良同志是一个青年演员，戏演得不算多，表演实践当然也就很少。但他曾经长期生活在部队，对"兵"是熟悉的。他今年刚满三十岁，而其中十五个寒暑是生活在部队里，或是经常和部队接触。张良同志回忆他当时参加志愿军两次赴朝，以及后来下放九个月当兵，想的都是全心全意当好战士，在思想上没有什么"临时观点"，也没有什么"体验生活"或者"找寻素材"的动机，他甚至想，如果工作需要，愿一辈在连队工作。在火热的斗争中，他和许多志愿军战士、英雄模范结下了深厚的友谊。他熟悉兵的生活，了解兵的思想感情，无怪部队里的指战员们，看了张良所扮演的角色，都赞扬他演得"像"。这个"像"字得来并不容易，不但声音笑貌要像，而且感情气质要像。我认为这是张良同志扮演陈大虎和陈二虎成功的第一个因素。

张良同志自己感到艺术修养差，必须要迎头赶上，才能适应工作的需要，所以创作态度一贯是严肃认真的。他身上常带着一个小本本，上面记着密密麻麻的小字，这是他的"创作日记"。只要一有空闲，总看见他在那儿写呀写的，他写的是经验、教训、体会，和同志们对他提出的意见。我也常常看到他无论在排练或者在拍摄之中，总是不知疲劳地反复练习，细心揣摩，虚心听意见。辛勤的劳动，坚忍的意志，是他获得成功的第二个因素。

但是，张良同志所以能长期深入生活，在创作活动中能吃大苦、耐大劳，最根本的一个原因，是他具有向上的政治热情。在《哥俩好》摄制组内，他和大伙一样列队行走，一样扛行李，一样参加体力劳动。在日常生活里，他是一个平凡的战士，在表演时却是一个生龙活虎的演员。

以上就是张良同志获奖的"秘诀"。

（原载1963年6月5日《大公报》。作者系中国著名导演，曾导演多部优秀获奖影片，主要代表作有《五更寒》《战斗里成长》《英雄虎胆》《哥俩好》《野火春风斗古城》《二泉映月》《再生之地》等）

贺张良从军、从艺六十周年

于洋

欣闻我的好友张良同志举办"从军、从艺六十年庆祝活动",我向他表示最热烈的祝贺和最诚挚的敬意!

从主演的电影《董存瑞》被几代中国人铭记,到执导的改革开放后最早一批"南国都市电影"《少年犯》《雅马哈鱼档》《女人街》《特区打工妹》风靡全国,张良同志不但是一个著名明星、优秀的演员,更是一个伟大的导演、卓越的艺术家!他无愧为中国电影史上最耀眼的明星。

祝愿这次庆祝活动圆满成功。

2008年11月22日

(作者系著名电影表演艺术家、原北京电影制片厂演员剧团团长、中国电影表演艺术学会名誉会长、新中国"二十二大电影明星"之一,曾参演《英雄虎胆》《飞越天险》《青春之歌》《暴风骤雨》《大浪淘沙》等优秀影片,曾获"中国电影金鸡奖"终身成就奖,被评为五十位"国家有突出贡献电影艺术家"之一)

展现时代生活的艺术魅力
——给张良同志的一封信

刘诗兵

张良同志：

  你好！

  得知广东省委宣传部、广东省广电局、广东省文联联合举办"张良从军、从艺六十年"纪念活动，要开座谈会，电视台及影院都将专题回顾放映你的电影作品，真为你高兴。这是国家、人民及同行对你从艺六十年业绩的又一次肯定。人的一生，再也没有因为自己为理想而奋斗的成果得到了国家、人民和同行的认可而更让自己欣慰的了。而你这一生中虽经受了不少苦难和逆境，但也在不同的阶段多次得到了这种辛勤劳动的成果和获得社会认可的喜悦，应说是极其不易的。

  当年，在你经历多年的部队战斗生活后，接受了影片《董存瑞》的拍摄任务。这可说是一个青年演员很难获得的机会。但要把握好机会，又必须有自己的创作实力。在创作"四虎子"这一人物时，你的个人经历、个人气质与性格给了你创作的优势。在郭维导演的指导下，你以自己的多年部队生活为底蕴，为观众塑造了一个机灵、倔强、性格鲜明的"四虎子"，他在革命队伍中经受锤炼，在多次的激烈事件冲突的摔打碰撞中，终于成为一个真正的战士。

  董存瑞的塑造在当时是突破了英雄模式化的创作的。你在细致而生动的人物成长中刻画性格，把人物崇高的思想和献身精神渗透在他平凡朴实、刚强火爆的性格里，在每场戏里又有对人物性格侧面的不同展示与发展。你是以自己多年部队生活的积累，细心揣摩角色的各种情感，又通过丰富生动的表演细节及个性化的独特动作设计，刻画了"活生生的这一个"人物，把自己的睿智和角色的聪慧融为一体，使人物产生了极大的艺术魅力，以致到影片结尾，这个充满朝气与顽强生命力的年轻战士为人民解放事业献身时，给观众以强烈的震撼与激动。你塑造的"四虎子"的生动形象，在执着的革命追求中透着鬼机灵，在单纯热情的待人中露有狡黠，看出你淳朴激情中含有诙谐的表演特色。这是一个部能鼓舞和影响几代人，去认识时代、锤炼自己性格的优秀作品，因此不仅当年放映时得到了广泛的好评，获了奖，并被观众推选为全国最受欢迎的演员。事过半个世纪，在中国电影百年的日子，百位专家评选的"百位优秀演员"和国家认定奖励的"百位电影艺术家"，你又名列其中，说明你的创作经受了时代的考验，历史的考验。它至今仍作为电影学院影片分析的经典教材，并且直到当今在影视市场充满了娱乐性，影片风格多样化，青年人的价值取向与观赏情趣有了极大的变化时，它作为教材放映后，青年学生还是惊呼，没想到五十年前的中国影片还能拍得如此完美，人物性格如此生动，表演如此激情真切。这印在胶片上的鲜活形象，将永远保存在中国银幕历史的长河中，鼓舞一代代青年"为了新中国，前进！"你这一时期的另一作品《哥俩好》，也因表演出色而获得了"百花奖"最佳男演员的荣誉。至于其他作品，虽然你也花费了力气，但由于影片的创作篇幅及种种原因，相对比则要逊色些。

在那全国人民空前遭受浩劫磨难的年代，你也受到冤屈和迫害而消耗了你极为宝贵的十年时光儿。在那艰难的十年里，虽然你的人生经历和对社会的认识丰富了，但作为演员的青春魅力则随着岁月的流逝而逐渐衰退，失去了创作的优势。新时期，在你冷静地分析自我的走向后，在王静珠的全力支持下，你果敢地开始了导演创作的艰难起步又取得了非凡的成绩。并多次获得各种奖励，得到肯定。从《梅花巾》《回头一笑》《雅马哈鱼档》《少年犯》《逃港者》《特区打工妹》《女人街》《龙出海》《白粉妹》等的一系列导演创作（由于篇幅所限，在这里不容我具体分析），其一是看出了你执着、倔强、勇于进取的追求，坚持了深入生活，从改革开放的现实生活出发汲取素材，塑造同时代的鲜活的新人物，让观众认识到我们国家走进了新时代；同时对现实生活出现的新的社会问题予以触摸，勇于揭露，深切警示人们，表现出创作者的强烈的时代责任感。其二，也看出了你在坚持现实主义的艺术创作道路上，对写实风格的探索和对南国地域风情的追求。这些都成为新时期"岭南电影"重要的组成部分，展现了改革开放新时代的特征与浓厚而丰富多彩的生活气息。

在你这半个多世纪的电影表演及编导创作中,给人最突出的印象是:创作要反映时代生活和艺术创作源于生活的理念。因而你的作品有一种反映时代生活的清新感和展现新时代生活的艺术魅力。

今天,纪念你的"从艺"六十年,我认为,绝不仅是回顾一个艺术家的过去,而是要发扬这种传统,肯定这条密切关注时代生活的现实主义创作道路的追求。这里面蕴涵着一种艺术魅力、一种精神和一种艺术家的责任。

另,补充一句:你的三十余万字的自传体著作《情爱不老》,也是一部值得细味品读的好书,读时让我多次激动得热泪盈眶。

祝福

身体健康,家庭幸福!

诗兵
2008年1月24日

(作者系北京电影学院教授、原中国电影表演艺术学会秘书长)

责任、生活和创新
——我对张良的三点认识

廖曙辉

我曾经在珠影工作了九年，一天没少。我所敬重的电影艺术家张良老师，对珠影的工作起了重大的影响，对我的工作和成长给予了极大的关心、爱护、支持和帮助。从张良老师身上我学习了很多优秀的品质，我一直也在想，自己要践行他的优良品质。

我常常思考，一个艺术家，他的艺术生命怎样才是强盛的？怎样才是经久不衰的，哪怕百年之后他的艺术生命还是存在的？在读了张老师《情爱不老》这本著作，又详细地回顾了一些和张老师一起工作谈话的细节后，我觉得从张老师身上得到的三点体会，给了我上述问题的答案。

第一点，艺术生命的强盛和经久不衰，首先是艺术家个人的灵魂，这个灵魂，就是社会责任。在张老师身上，体现了一个德艺双馨艺术家的高度的社会责任感。写什么、演什么、拍什么，怎么写、怎么演、怎么拍、为谁拍，都贯穿着对社会的高度责任感。我觉得一个艺术家，他不是真空的，一个艺术家的成就，一个艺术作品的成就，和具有社会责任这个魂是结合在一起的。如果丢掉了社会责任就没有魂了。

第二点，艺术生命的强盛是源于生活。永远不要忘记我们的艺术是源于生活，就在生活当中，生活就是艺术。我就从他表演的经典作品《董存瑞》《哥俩好》，从他执导的《梅花巾》《雅马哈鱼档》《白粉妹》等经典作品中，几乎从每个镜头都看到我们生活的影子，因此这些作品就会被热爱生活的人们所欢迎，就能对实现社会责任担当、引领社会潮流、引领社会思潮起到了推动的作用。这就是意识作品的生命力的。

第三点，长于创新。艺术要成长，要发展，要长进，在于创新。张良老师一个最大的创新,就是他的成功转型。就是他从演员转变为导演。创新本身就是风险。一个表演很出色的演员,要转为一个很出色的,大家很期待的导演,并非易事。况且在这期间,张老师的年龄也不小,已经到中年了。但他敢于解放思想,突破框框,沉下气来,不骄不躁,从零开始,和王静珠老师一起经历磨难,一起成功,连续拍了几部非常好的电影作品。当然,这都来源于前面的两点:一是"灵魂"、一是"源",这两者是基础;他还有创新精神。

  这三点是值得我感悟的,并一直激励着我的工作,也是我在艺术创作上的重大的影响力和强大的动力。

（作者系摄影家、书法家、高级经济师,曾任珠江电影制片公司总经理、广东省电影家协会主席、广东省文联副书记兼副主席）

张良：岭南电影的领路人

黄统荣

今天时间比较紧，但要讲的东西非常多，因为我跟张良导演、王静珠同志是几十年的同事。我感觉到开这个艺术研讨会特别重要。我们纪念名人一般都是说说他过去的好，然后就摆摆歌颂颂德，再给他献献花就算了。而研讨会，有它的现实意义。

前一段时间到珠影参加"岭南创新研讨会"时，我感到许多人已经忘记了我们广东影视也有过非常灿烂辉煌的年代，当时出了一大批优秀的作品，包括电视，一直到后来的《情满珠江》《英雄无悔》《外来妹》等等一大批。当时我非常激动，我觉得我们已经忘了那个时候。这十年里我们忘了当时我们在全国是三足鼎立的（广州、上海、北京），电影厂也是三足鼎立的（岭南、西北、中原）。为什么我们会有这样一种威望呢？

提起灿烂，让我想起张良留下的那个灿烂。一个是他演员的灿烂，现在我们一提起张良就会想起他的《董存瑞》《哥俩好》。为什么？他用他的创作给我们留下了一个个不可磨灭的艺术形象，这些形象是活生生地活跃在我们每一个人的记忆当中。这是他的艺术生命，也是他的才华。而当我们说起他导演的作品时，马上会想到《雅马哈鱼档》和他一系列的反映小人物、反映改革开放题材的作品，包括《少年犯》《白粉妹》《龙出海》一样。为什么？当我们在研究岭南都市电影的时候，我想说一件事，当时珠影在题材上到了无法把握的时候，张良拿出了一部非常精彩的片子，而且是反映现实生活的作品，就是《雅马哈鱼档》。所以，《雅马哈鱼档》并不是得了奖，而是它给了我们岭南电影一条道路、一个指示，所以我在研讨会上谈到，他的电影是先于我们电影人的。我们岭南都市电影和岭南电影的研讨，是从他的一系列作品，以及很多人跟他走的，诸如《街市流行曲》《太阳雨》《给咖啡加点糖》等等一批片子，都是跟着这股潮流而来的。所以《雅马哈鱼档》不是一部单纯的得奖的电影，它开启了我们岭南电影理论的基础，有了这个，我们才总结出岭南电影自己的风格，这点我觉得是特别重要的。岭南电影在当时的特点就是观念比较鲜明，很多人都在搞小农经济的思想，去把握这个人物性。我们从现在这个观念去把握那个时代和观念。另外，他拍了那么多戏，显示了影视系统很丰富很多元很鲜活的电影风格，这个风格给我们广东电影有很大的启示。当时就出了一大批这样的片子，包括《绝响》，也是从这个角度来反映的。它先于我们的电影理论，张良同志用他的实践去说明，我们在总结他的理论和创作实践的时候，发现了他里面非常精彩，而且现在仍然需要我们去继承去努力的一个方向。这就是上次珠影召开的岭南电影创新研讨会，说明再一次寻回岭南电影。

  北京对我们岭南电影也非常重视，上次专门在京举办研讨会。我在会上指出，为什么岭南会出这么多好作品，就是因为这出于艺术家的社会责任感，我觉得张良导演的社会责任感是一贯的。要是没有这样的社会责任感，他不可能去做这样的事，因为他看到了我们整个社会的变化。从当时的转型期，包括经济的变化，人的变化，人的心态，人的生活方式，张良关注着这个变化。另外一个就是他的人文关怀。为什么他不去写其他，而选上那么多的小人物，这就是当今很多人都忘记的东西：生活是创作的源泉。岭南电影就是从生活中来的，就如有的同志讲，他去拥抱这个时代，积极地去听这个时代的脉搏。他听到了，他关注了。他和夫人一起用辛勤的汗水浇灌出这些作品。我们今天的艺术研讨会在纪念他从艺六十年的成就时，一个非常重要的意义，就是要反思我们南国我们珠影我们的影视界是否要重新到生活里去发掘最鲜活最有时代意义的作品。这是我们开这个研讨会的意义所在。张良同志在我们岭南电影理论体系中做出了不可磨灭的贡献。

  （作者系国家一级编辑、电影美术设计师、编剧、导演。本文标题为编辑后拟）

在接受美学的新垦地奋力开拓
——谈张良的三部南国都市电影

祁海

近年来，正当不少导演拍摄的电影因被观众冷落而亏损累累之时，80年代才由演员转行从事导演的张良，却接连执导了三部低成本、高票房的南国都市电影，博得广大观众的热烈掌声：《雅马哈鱼档》开市大吉，售出215个拷贝；《女人街》生意兴隆，售出161个拷贝；《特区打工妹》收入颇丰，售出拷贝171个；经全国广大观众投票，张良的大名荣登"新时期影视十佳导演"的金榜。

张良的"都市三部曲"为何能奏响？

有人说，如今的电影要卖座，须靠三"头"：或是拳头，或是枕头，或是"红头"（指下令花公款组织观众看电影的官方红头文件）。

但令人称奇的是，张良的上述三部影片一无拳头，二无枕头。其中绝无迎合小市民低级趣味的东西，甚至连娱乐性也不算很强，尽管影片轻松活泼一些，但连轻喜剧也够不上，其风格样式基本上属于正剧。影片内容也挺"正经"的，歌颂了改革开放之后的中国都市新貌，属"主旋律"之列（国家文化部、广电部将"优秀影片奖"证书授予《雅马哈鱼档》和《特区打工妹》，《女人街》捧回"广东省建国四十周年优秀作品"奖杯）。这三部影片都没有"红头文件"作发行后盾，照样获得如此之高的上座率，这就说明它们确有吸引广大观众自愿掏钱的魅力。

可是，由于这三部影片的接受主体并非"雅士"阶层，而是广大普通观众，因而被某些人视为无学问可言的"小儿科"。笔者认为，这三部影片尽管有这样那样的不足，但它们完全不靠"三头"，也能卖座，这一奇迹值得艺术界、评论界作一番学术探讨。

电影要吸引观众，电影创作人员就不可不研究"观众学"。这"观众学"当中包含了心理科学与生理科学。从美学角度来说，"观众学"属于"接受美学"范畴。"接受美学"是研究审美主体（即欣赏者）的一门学问。但在我国，认真研究"接受美学"的电影创作人员甚少。所以"接受美学"在中国电影并至今仍是一块新垦地。

张良的影片受大多数观众欢迎，绝非"瞎猫碰上死老鼠"，而是他多年来有意识地研究电影市场信息和规律，总是"想广大观众所想"的结果。他拍的电影能与广大观众一拍即合，收到事半功倍的效果。从理论上探讨张良的"都市三部曲"广受欢迎的原因，对于国产片如何在广大观众中建立威信，如何在保证思想性、艺术性的同时，提高经济效益，具有重大的学术意义。

一、顺应并正确引导观众的社会心理

许多人认为电影要卖座，唯一的法宝是娱乐性，这未免片面。电影的社会性，也是能否吸引观众、能否让观众得到心理宣泄的重要因素之一。观众看电影，不仅有消遣要求，还有通过文艺作品认识社会，从中获得参照、启迪、感奋的要求。"文以载道"，可说是中国老百姓的传统欣赏习惯之一。若文艺作品载的"道"能反映人民群众的呼声，定受大众的欢迎。翻开中国电影发展史册，反映现实生活的电影，凡是能及时、准确地触及当时广大人民群众普遍关注的社会热点，即使不是娱乐片，也能卖座。其成功先例有三四十年代的《渔光曲》《一江春水向东流》、八十年代的《喜盈门》《人到中年》《高山下的花环》等。

张良执导的《雅马哈鱼档》《女人街》《特区打工妹》也触及了社会热点，但并非惊天动地的大事件，而是普通百姓的奋斗史。鱼档个体户阿龙、海仔、珠珠、葵妹，时装个体户欧阳穗红、白燕、贺伟雄，以及三资企业工人婷妹、杏子、四喜等，齐齐立于银幕上，向广大中国老百姓拱手道一声："恭喜发财！"

写发家致富？这样的作品有什么"分量"？一些清高的"雅士"们对此也许瞧不上眼。但是，广大普通观众却争着光顾《雅马哈鱼档》和《女人街》，都很赞赏《特区打工妹》。这是因为这"三部曲"力主的"富民"思想，完全符合现阶段大多数人民群众的"第二次解放"愿望。经过数十年历次运动的穷折腾之后，中国老百姓实在是穷怕了，他们最关心的是什么？不是那些不着边际的政治标语口号或哲学意念符号。他们的要求很简单，也很实际："不盼别的，就盼生活过得好一点。"这种渴望早日过上小康人家生活的要求，比1949年以后的任何时期都要来得强烈。"勤劳致富""改革开放"，当然就成了特定历史时期大多数人民群众最关注的社会热点之一。

为此，《雅马哈鱼档》《女人街》《特区打工妹》不写远离老百姓的高层生活，而将镜头瞄准普通的下层小人物。个体户和打工仔，并非高不可攀的职业，人人都可以干，在城乡现实生活中触目可见，与广大观众没有隔膜。这三部影片反映普通劳动者如何致富，而且发现了自己在新生活中的最佳位置，提高了自己的社会地位。普通百姓看了当然特别开心，引起强烈共鸣。个体户的商业活动，尤其是有关衣食住行的行业，与广大人民群众的日常生活息息相关。《雅马哈鱼档》和《女人街》针对群众关注心理，连主人公卖什么货，也做了精心安排。前一部卖"吃"的，后一部卖"穿"的。描写这些服务行业如何改善服务态度和质量，与提高人民生活水平大有关系，因而会引起广大群众的热切关注，使影片的观众面拓宽了。

张良还发现，对于文艺作品社会性的审美价值取向，中国的民族欣赏习惯与西方国家的观众有极大区别。以审丑为主的作品在西方国家可以受欢迎，但在中国则未必。中国老百姓自古以来就特别喜欢"导人向善"的作品，特别喜爱真善美的形象。凡是我国广大百姓喜爱的经典作品，不论是小说或戏曲，即使要批判假恶丑，也一定要树立代表真善美的艺术形象，不会让令人厌恶的形象从头到尾居于作品的主要地位。中国老百姓的这种审美心理，至今未改变多少。这就是一些以展现丑陋痞子为主，或调子灰暗消极的国产片为什么在国内不卖座的重要原因之一。张良充分考虑了这一国情。

当然，张良的"都市三部曲"并没有因此而回避社会矛盾，也揭露了生活中的一些不良现象，如个体户阿龙、海仔卖劣货；个体户白燕、贺伟雄卖假货，哄抬物价；打工妹彩云、春花人穷志短，以色相换取金钱；政府官员于得犇以权谋私，敲诈勒索；三资企业的港方管理人员钱经理、方小姐欺压女工……

但是，张良并没有过多地渲染生活的沉重与灰暗面，让人失去生活的乐趣和勇气。"都市三部曲"的主要篇幅，是以极大的热情，赞颂现实生活中的美好事物，描写千千万万的普通国民，在改革开放大潮中如何弃旧图新、自强自立，用勤劳的双手描绘美好的生活图景，从而激励观众对人生充满期望，充满信心。

这三部影片都注意导人向善,都塑造了美的化身。如先进个体户葵妹,不仅容貌美,心灵也很美。她以正当的经营方式致富,待客热情,货真价实,并打破"同行是冤家"的旧观念,对竞争对手阿龙一再礼让。当阿龙因走邪路而导致生意失败之时,葵妹不计前嫌,伸出援手,引导阿龙等人走上正道。从乡下来的打工妹杏子、婷妹等靠正当劳动而丰衣足食,保持了中国农民勤劳淳朴之风。这些都感人至深而导人向善。

张良还考虑到:假如一味歌颂传统美德,当代的观众必定会感到不满足。为此,这三部影片都力求突出新鲜的时代感,展示社会大变革在当代中国人心灵深处造成的大震荡、大裂变,歌颂了一代新人有文化、有抱负、有开拓精神的理想美和智慧美。个体户葵妹、欧阳穗红绝不等同于旧时代的善良守法小商贩,她们的美,不仅仅停留在童叟无欺这类传统商业道德的层次上。文明经商的内容又增添了科技竞争、信息竞争、人才竞争。这不仅表现在如葵妹用喷水水箱养活鱼,海仔用收录机播放广告歌取代叫卖吆喝,珠珠用电子计算器取代了算盘,白燕、贺伟雄用对讲机迅速传递商战信息等外在形式上,还表现在人物内在心理上,如:欧阳穗红不满足于开办作坊式小店,其宏伟蓝图是创建民营的服装联营大公司,将拳头产品打入海外市场,参加国际大循环。特区打工妹杏子、婷妹已不同于旧社会那种逃荒进城只想混口饭吃、自卑自贱的农民,她们挺起腰杆做人,敢"炒老板鱿鱼",维护了人的尊严。她们白天打工,晚上上夜校学文化,有的成了大都市现代企业的高级管理人才,有的成为"播火者",将现代工业文明的成果带回穷乡僻壤,向小农经济的"土围子"发起冲击!

与许多国产片的一大区别是:葵妹、穗红、杏子、婷妹、四喜等新型劳动者群像,并没有高喊空洞抽象的政治口号,也没有故作深沉地玩那些玄妙的意念哲理。他们的做人准则就是《雅马哈鱼档》的一句台词:"要面子,也要钱。"也就是俗话说的:"君子爱财,取之有道。"广大观众从这一代新人的身上,既感受到东方民族传统美德的温馨味,又感受到催人奋发的现代精神,并学到实用可行的知识经验。葵妹、穗红、杏子、婷妹、四喜这些先进人物,其起点(出身、经历、原先的地位、财产等)与广大中下层观众差不多,人人可以向他们学。要像他们那样发家致富,并非可望而不可即。所以广大平民百姓都会感到亲切。这样的精神文明和物质文明,不虚渺,不超前,正好适应现阶段大多数人民群众的觉悟程度,符合他们的共同愿望,必然受社会大众欢迎。

许多"歌德"作品,都被观众嘲之为"粉饰太平",无人问津。张良拍的"都市三部曲"都是以"报喜"为主,为什么又能被观众接受呢?根本的一条,就在于这些影片所报的"喜",在现实生活中确实存在,并非伪造出来的浮夸货色。

歌颂真善美,也是否定假恶丑的方式之一。歌颂改革开放的辉煌成果,就是对僵化、腐败的否定。观众喜欢张良的"都市三部曲",说明歌颂光明面为主的作品,只要源于生活,符合人民的进步愿望,群众是需要的。在现实生活中,警钟与锣鼓缺一不可。

二、及时捕捉并把握观众的探奇心理

好奇之心人皆有之。商品如有新奇的外包装,就容易引人注目。进入电影市场的电影虽然是精神产品,但若有新奇之处,就可以大大增强其吸引力。张良是精通此道的。

《雅马哈鱼档》的故事发生地点有意不虚构什么临海市、南江市之类,而清楚地标明,故事发生在广州。这就是一个极有新奇感的外包装,巧就巧在摸准了观众的社会心理。因为广州是改革开放搞得最早、最活的城市之一,所以,全国人民对广州人的思维观念、生活方式和生活水平都十分关注,通过了解广州的今天,憧憬内地的明天。1985年以前,电视机在内地尚未普及,能来广州的内地群众也不多。内地群众对广州的改革开放,多是靠报纸、广播等去间接了解,不能见到具体形象。因此,广州,对于内地群众不仅有强烈的新鲜感,而且有一定的神秘感。内地群众听说《雅马哈鱼档》是第一部反映改革开放后的广州市民生活的故事片,都想通过这部形象化的作品,来了解改革开放后的广州,这就产生了一睹为快的强烈欲望。可以说,假如《雅马哈鱼档》的故事不是发生在广州这类开放城市,即使故事、人物、主题不变,但对内地观众的吸引力就会大大削弱。有一个例子很能说明问题,在《雅马哈鱼档》上映前后,电视台播放了一部也是反映北京个体户生活的电视剧《市场角落的皇帝》,其主题、故事、人物与《雅马哈鱼档》大同小异,艺术质量也不差。但该剧的反响就远不及《雅马哈鱼档》。

张良拍《女人街》时,反映广州个体户的电影已有几部,以此作"招牌"招徕观众已行不通。那么,《女人街》又怎样以更新奇之处吸引观众呢?张良自有妙计。他向观众展现了一条专卖妇女用品的专业化商业街——女人街,这是深化改革后,大胆引进海外经营方式的新事物,在中国大陆尚

属"稀为贵",《女人街》的片名,就醒目地体现了题材的独特性。

《特区打工妹》是我国第一部反映农村青年进特区闯世界的故事片。这些文化层次低、未见过世面的弱女子,从中国最"土"的大山沟来到中国最"洋"的大都市,反差如此强烈,她们将如何生存、立足、发展?这就构成引人关注的悬念,不论城乡观众都想看个究竟。

张良除了善于抓新奇题材之外,还善于利用新闻媒介制造新闻效应增强影片的新奇感。例如,他大胆起用广州青年个体户黎志强扮演《雅马哈鱼档》的海仔,这就成为惹人注目的新事物。小个体户在当时许多人的心目中,属文化层次较低之列,而电影乃"高级艺术",小个体户如何登这"大雅之堂"?这就撩得不少观众很想瞧瞧"街边仔"究竟会不会拍电影?这样的新闻效应,就成为绝好的广告。

三、适应并提高观众的审美情趣和娱乐欣赏心理

假如一部电影没有一定的艺术性、娱乐性,即使在其他方面有长处,仍无法在电影市场立足。张良的影片在艺术性、娱乐性方面,也有一系列吸引观众的新构想。

张良曾对我说过,现在拍电影,不论是过于追求现代洋时髦而无视本民族的传统欣赏习惯,还是故步自封,拒绝接受国外现代文化新成果,都不能适应当代观众的欣赏要求。张良在上述三部影片的艺术性、娱乐性方面,尝试一种"博采众长,自成一格"的什锦拼盘战术,也就是实行全方位的开放、兼容方针,不论是哪种风格、流派、模式的表现手法,不论是中国的、外国的、传统的、现代的,只要有观众喜闻乐见的东西,张良统统拿过来用,不受"风格统一"的局限,集诸家精华,糅合在一起,熔炼出一种新的电影语言。

(一)巧借纪实电影之长

张良发现,在十年动乱中吃够"假、大、空"苦头的中国老百姓,对文艺作品中的虚假特别厌恶,群众这种情绪比以往任何时期都强烈,张良认为国际新潮电影中的纪实电影在如何贴近生活、增强真实感方面,有可借鉴之处。因此,张良要求他的影片要带有纪实风格。

为营造纪实氛围,张良在设计实景拍摄方案时,比其他导演更大胆。许多国产片的实景多是室内景,若拍室外实景,一般都是短镜头或小段戏。但《雅马哈鱼档》和《女人街》则连大段大段有完整表演的重场戏,都放在广

州市中心的街巷去拍。《雅马哈鱼档》的龙珠街，摊档是摄制组布置的，但街道、房屋全是真的。《女人街》在广州某商业街实地拍摄，店铺也有一半是真的。张良拍摄这三部影片时，要录音师在拍摄现场录一条完整的声带，以便后期制作时，充分利用这些真实的音响素材。真实的环境气氛，大大减少了演戏的痕迹。

为营造纪实氛围，张良大量采用跟拍、偷拍之类的移动摄影，通过这种连贯性强、运动灵活的长镜头，增强生活的流动感。为使观众有身临其境之感，这三部影片采用客观性、随意性的镜头设计，尽量少用急推急拉之类的强制性镜头。画面构图不要太怪，要符合观众的正常视点。

为营造纪实氛围，镜头的蒙太奇组接节奏要与开放城市充满紧迫感的现代生活快节奏相吻合，切忌拖沓，剪接要比其他国产片显得更明快、更紧凑、更简洁。张良这一新鲜的剪辑构思，使艺术形式与生活内容达到和谐统一，增强了这几部现代都市电影的真实感。因此，《雅马哈鱼档》获金鸡奖"最佳剪辑"提名。

为营造纪实氛围，演员无论外形、气质、表演都力求生活化。这三部影片的大部分主要角色由非职业电影演员扮演。扮演海仔的黎志强是卖货的个体户，扮演珠珠的杨丽仪是商场出纳员，扮演欧阳穗红的陈玲是时装模特，扮演贺伟雄的黄平山是宾馆职员。《特区打工妹》有几位主要演员是电影学院一年级学生，刚来自社会各行业，表演痕迹也不重。这三部影片为使粤味更浓郁，剧中的广东人全部由在广东长大或在广东生活多年的演员扮演。张良还有意让演员的对话略带一点粤语口音。在化妆造型方面，张良要求减少外加痕迹，男演员的脸部尽量不打底色，女演员不贴眼睫毛。

（二）巧借造型电影之长

张良的电影虽然引进纪实风格，但并没有陷入自然主义。他认为，画面若只求真实，而毫不讲究形式美和内涵意境，观众就会感到平淡乏味。反对华而不实时，不能走另一个极端。为此，张良要求影片的画面造型既要真实，又要美观而有韵味，并借鉴国外造型电影的长处，使画面造型具有强烈的视觉冲击力，蕴含一定的象征、隐喻意味，拓展有限画幅的无限张力。

张良的"都市三部曲"向观众展现了一幅幅流光溢彩、美不胜收的现代南国都市风情长卷画：巍峨壮丽的摩天高厦；巨若长虹的多层立体交叉大桥、斜拉索长桥；金碧辉煌的歌厅茶座、卡拉OK；张灯结彩的"大家乐"自娱晚会，星汉灿烂的灯光夜市；琳琅满目的商场摊档；还有人们身上那色彩艳丽、款式新潮的服饰……这些画面令人赏心悦目，大大增强了影片的观赏性，但又绝无夸大粉饰，全都摄自广州、深圳实景，可说是"华而实"，与纪实风格并不矛盾。更难得的是，上述画面绝不是硬贴上去、可有可无的点缀陪衬。这些物像造型还迸发出强烈的视觉冲击力，使观众浮想联翩：假如没有这种充满现代感的社会环境，就不可能产生剧中的现代人。这就通过艺术形象阐发了"存在决定意识"的哲理思想，令人回味无穷。

（三）巧借戏剧化影之长

张良在虚心汲取纪实美学、影像（造型）美学之精华的同时，又发现某些纪实电影、造型电影由于完全非戏剧化，过于淡化主题、淡化情节、淡化性格，观众便寥寥无几，这是什么原因呢？张良的思考结果是：人们观看电影，其接受方式既不像阅读文学作品那样可以间歇休息，也不像参观美术、摄影造型展览那样可以来回走动。电影和戏剧都是剧场艺术，是连续性的"一次过"时间艺术。观众看电影，须在规定时间内和封闭环境里一口气静坐一百分钟左右。既然银幕下的观众不能"乱说乱动"，假如银幕上的艺术形象缺乏起伏变化，缺乏动感，晦涩杂乱，观众的生理感官就会感到疲劳，就坐不住了。张良曾当过多年的舞台剧演员和电影演员，他发现，脱胎于戏剧的戏剧化电影，有许多吸引观众的独到优势，如：条理清晰、通俗易懂、起伏跌宕的故事情节，容易使观众集中精神往下看。鲜明生动的演员表演，其动作表情、语言富有浓郁的生活气息，使观众感到亲切，有利于活跃剧场气氛。由于戏剧化电影较尊重心理科学与生理科学的规律，这就容易被观众接受。因此，影戏美学并没有过时，在现代化电影中应保留一席之位。

于是，张良执导的"都市三部曲"有意让纪实性与戏剧性联手合作，故事情节要完整、清晰、顺畅，要有戏，演员表演要生动。《雅马哈鱼档》和《女人街》的故事都各自集中在一条商业街上展开；以两家鱼档或两家时装店互相竞争的激烈商战和男女主人公的爱情纠葛作为贯穿全剧的戏剧矛盾主线。《特区打工妹》则描写同一条村的几位农村青年来到同一座城市之后的不同经历。这种富有戏剧性的结构框架，有鲜明的中心事件，有悬念，有跌宕，避免了散、乱、平，这就容易抓住观众。张良要求演员的动作、对话表演要生动活泼，切忌假深沉、不当，仅为画面造型服务的活道具。所以，观众都赞张良的电影有好戏看。

说起来，纪实美学、"蒙太奇"美学、影像美学、影戏美学等，都并非张良首创。但张良妙就妙在善于将前人创造的成果拿过来重新组装，又变成了一种"1+1>2"的新成果。这种翻新再造,在思维科学中称之为"合并思维"。这种合并不是量变的堆砌,而是质变的结合。比如大炮与汽车"合并"成坦克、蘸水笔和墨水"合并"成自来水笔、氧和氢"合并"成水……张良为了观众而博采众长,这种巧妙的"合并"正好充分发挥了电影这门综合艺术的综合功能,不也是一种成功的再创造吗?

四、"张良现象"的大背景

张良的"都市三部曲"接连奏响,这绝不是偶然现象。改革开放以来,广东迅速成为搞活经济和引进海外先进文化的窗口。张良的南国都市电影,正是这种新的经济结构、政治体制、文化形态孕育出来的成果。

沸腾的南国都市新生活,为《雅马哈鱼档》《女人街》《特区打工妹》的艺术创作提供了丰富的生活素材,这是大家都可想而知的,笔者就不多谈了。我要着重提请大家注意的是:南国开放城市的商品市场意识和"新珠江文化"的氛围,对于张良及早下决心钻研电影市场学与电影观众学,有着直接的影响。

80年代,是广东的商品经济空前繁荣的时代。论工商业基础,广州本来远不如上海、天津等老牌工商业城市。但改革开放的大气候,使广州人善于苦干加巧干的"精明"传统,得到进一步的发展。广东人的市场意识确实优于内地人。广东工商界善于扬长避短,采用出奇制胜的生产、销售策略,研究顾客心理、注重市场需求。因此,不少广货的技术质量虽然未必是全国最高水平,但由于适销对路、外包装醒目诱人,因而迅速占领全国市场。

80年代,也是广东的文艺创作空前活跃的时代,广东文艺界为了不跟在内地文化后面亦步亦趋,创建了以"地方性、开放性、兼容性"为主要特色的"新珠江文化",这类作品,如小说《商界》《你不可改变我》《小姐同志》、电视剧《公关小姐》等,果然引人注目。

张良虽是东北汉子,但他在广东安家落户已有十几年。广东商品经济大潮和"新珠江文化"对他的耳濡目染,不能不影响到他的艺术创作。广东人的务实、灵活、开放、兼容、求新,张良都具备了。他很善于知己知彼,扬长避短。就电影导演专业理论而言,仅念过六年小学的张良无法与学院派导演"硬碰硬",没有玩"探索片"的资本;张良当导演的历史很短,拍片机会少,也无法与那些虽是半路出家、但拍过多部影片的老导演"硬碰硬"。因此,张良认定只有走自己的路,出奇制胜,独树一帜,方能在影坛立足。

拍优质的"大众电影",就是一条与众不同的"蹊径"。若拍大众电影,张良的优势可就比别人多几条:他为人热情开朗,平易过人,容易与普通观众交朋友,及时听取群众意见。他较灵活聪敏,容易接受新事物和各种艺术营养。他当过多年的舞台剧演员,每次演出都要与台下的观众直接交流,很了解剧场效果。张良自身的个性、气质、阅历等方面的独特条件,对于张良如何准确地把握观众接受心理而自创一格,极为有利。这就更坚定了张良拍好大众电影的信心。广东工商界市场特别崇尚"顾客是上帝",张良则认定:在电影市场,观众是上帝。他横下一条心,向许多艺术家尚未涉足的"接受美学"新垦区进军,立志在这块处女地上育出奇丽新葩!

由于主攻目标明确,而且切合实际,张良的好钢就用到了刀刃上。无论在时间、精力方面都少走了许多弯路,因此在短几年内便异军突起,高奏得胜曲。可以说,张良是一位很善于利用外因优势和内因优势的机智型艺术家。

张良的成功,绝不是只求目前"轰动"而无深远意义。他的创造性实践,对于我们如何综合文艺学、社会学、经济学等多学科成果,构建具有现代科学思维水准的文艺消费学理论,大有裨益。因此,张良不仅得到了"上帝"(观众)的认同,而且得到了学术界有识之士的理解和支持。张良,这位非科班出身的"大众电影"导演,终于可以和擅拍文艺片的著名学院派导演艺术家们平起平坐,同获国家一级导演资格。可谓百花齐放,各领风骚!

(原载《广东社会科学》1992年第6期。作者系国家一级电影文学编辑、珠影影视策划专家)

写实性与地域性
——论张良的电影风格

列孚

"董存瑞18岁，为国牺牲炸堡垒。"这是当时一首广为传颂的儿歌。

我和张良老师认识也有20年了，对于张良老师众多的成就中，我发现他的转身最漂亮。当年与他同辈的比较著名的演员，他们一直都是在从事演员的工作。就是有的著名演员也拍过一两部影片，但绝对没有他影响大。也就是说他成功转型为导演所取得的艺术成就比他们要大。所以说他的转型是最漂亮的。

另外，张良老师成功转型为导演后，他最大的一个艺术特点就是写实主义。他关心小人物的命运。我觉得写实题材就是关心小人物。从他的《雅马哈鱼档》《少年犯》《白粉妹》《特区打工妹》等等这一系列的影片，都一直在关注小人物，最底层的这些人的生活变化，喜或悲，从中让我们感受到中国内地的变化以及"窗口"打开以后对人们产生的影响。这些都体现在张良老师的作品里了。我感到张良老师一直都在坚持走这条路线，关注这种现实状况。而其他一些导演比较浮夸，凭想象地去表现一些东西，而他的作品却不一样，只是彰显他的风格和个性，在当时乃至当今，我认为都是仅有的。写实，我认为是张良老师的作品里一个很重要的表现。另外，我很佩服张良老师，他作为一个东北人来广州以后，居然能拍出岭南特色的电影，这是很难得的。因为，地域文化的区别，就如东北文化和岭南文化有很大的差异性。但是他作为一个东北人，而且在北方生活了这么多年，却能从广州的生活和社会变化里找到他所想表现的东西，尽管也有不如意的地方，它们说的是国语，但都体现的是岭南文化。我个人感觉张良老师是为珠影铺了一条路，希望珠影能继续坚持这条路。

（作者系香港著名影评人。本文标题为编辑后拟）

Ⅱ 影评

征服人心的英雄形象

孙道临

作为一个演员，我为我们影片中出现了这样征服人心的英雄形象而感到骄傲！今天我已经是两次看这部影片了。我认识、喜爱并崇敬着董存瑞，一直到他托着炸药，站在桥下，忘我地、镇静地高呼"为了新中国，前进"的时候，我注视着他有着明亮的双眸带着几分稚气的面容，我的心拧紧起来……这时，一声巨响，银幕上烟雾蔽天，随之而来的是一刹那的沉寂。在沉寂中，我重重地呼吸，整个心灵震动着，充溢着热爱和崇敬的感情，回到家里，我长久不能平静，在我眼前不断地闪过董存瑞的形象——这形象闪耀着壮丽、鲜明的青春火焰！他照亮着我心中的每一个角落，唤起我强烈地要做一个真正的战士的愿望，要像董存瑞那样，纯洁如水晶，倔硬如钢，而更重要的，要永远有像熊熊地燃烧着、跳动着的火焰一样的革命劲儿！

在影片中出现的董存瑞，始终是一个顽强地追求着理想、一心想在做一个真正的战士的人。演员向我们鲜明地表现出董存瑞的这一愿望和他在不同阶段中的思想发展。譬如说，影片中董存瑞出现的第一个镜头，他对着新战士怔怔发呆的眼神，就可以看出了他对部队的羡慕；到起意去和赵连长"蘑菇"时，他脸上突然展开了笑容，笑得那样憨气而充满自信。后来参军未成，正值情绪低落，却听王平提到"思想"时，他揶揄地笑了，回头对郅振标做了个怪手势，但很快地，在王平谈到怎样才算是个真正的战士以后，他开始陷入了深思的神态中去了。王平死后，他参了军，因为一心只想痛痛快快地杀敌人，忘了纪律，连连遭到批评。这一段时期中，他因为自己不能够做一个好战士而沉闷气恼，但当赵连长给了他鼓励，告诉他怎样才能永远保持住自己的"革命劲儿"以后，他脸上突然又展开了明朗的笑容。这时我们也跟他一起笑了，感到充实、温暖。这以后，他经过更多的战斗的考验，入了党。当我们看见他在公路上向隆化进军的时候，和他刚参军时走在公路上自豪地东张西望的样子完全不同了。现在，我们看见的，是一个有着镇静的确定性的目光和笑容的战士。我们看见，他机动而且异常沉着地侦察了敌人的火力点。在选举爆破队队长的大会上，当牛玉合念信，念到"让孩子们早些过社会主义"的时候，他先是严肃而激动地鼓起掌，然后才和大家笑起来。在这一刹那，我们窥见了董存瑞的内心深处，演员精确而有力地突出了人物的成长，他的高度的社会主义自觉！在这样的感情中，他走上台去，当他向连首长敬礼，接过大旗时，我们感到他内心的震动，但很快地，当他转身面对我们，开始发言的时候，他镇静下来，脸上流露着坚定的威力！这种威力，使我们确信，他已经成熟起来，只待时机一到，他就会创造出不朽的事迹。

就是这样，张良同志牢固地掌握住了角色的精神面貌与贯串动作，细致地表现了人物在每一个关键上的思想变化。使我们感受到，这是一个有理想有鲜明的人生目标的人物，他在追求理想的道路上迎接考验，提高自己，在剧烈的对敌斗争与自我斗争中获得成长，不断向前！

但演员所创造的形象之所以使我们激动，还不仅在于此。更重要的，还在于人物富于个性，栩栩如生。譬如，在影片开始是董存瑞要求参军未成的一段戏中，演员就已极鲜明地刻画出人物的性格，抓住了观众的心灵，使我们全心全意地喜爱这个16岁的小伙子，密切地关心着他今后的命运。在这一段戏中，演员的表演是充满了变化、迷人的细节：忽而喜，忽而怒；忽而怨恼，忽而寻思；忽而调皮，忽而憨气。……但在这千变万化的情感中，却贯串着他性格的几个主要方面。譬如，和赵连长"蘑菇"时的调皮样子，最后不成功，终于盛怒而去；后来在和牛玉合第三次摔跤前，赵连长来劝止，他只是冷冷地看了赵连长半响，然后突然向牛玉合叫了一声"请吧，同志！"这样，他就首先突出了人物的顽强韧性，敢说敢做的个性。除此而外，演员也在这段戏里适当地刻画了人物性格的其他方面。如在队伍离去后，向郅振标发牢骚，却被王平发现时，和郅振标的相视憨笑，使人感到他是这样的纯洁透明。如"蘑菇"时的调皮机灵和三次摔跤中鬼点子越来越多，又显示了人物的机智聪明。以上这个性的三方面——顽强、纯洁、机智，一直贯串在人物此后的一系列行动中，并且因主观客观情况的变化而得到发展，特别是他顽强人性的这一面，演员给予极为充分的发展，极为生动的刻画。例如参军后为了子弹问题而遭到两次批评前后的表现；例如班长负伤后决定支援七连的刹那；例如看见牛玉合和其他战士被敌人暗堡中的火力击中时，他猛地扭过身来，混合着悲痛、愤怒与剧烈的责任感，高喊"炸了它！"……这样，通过顽强坚韧这一个性，角色的精神面貌与贯串动作——崇高的理想，做一个真正的战士的热烈愿望——就得到了强有力的令人信服的表现。正由于张良同志所塑造的人物是这样富于个性，才使我们感到这一英雄典型是真实的，活生生的，才能如此深切地唤起我们向他学习的愿望。

我还感到张良同志在体现角色时的表现手段是异常丰富多彩的。特别是在一些无言的镜头里，演员仅仅通过眼睛和神态，就淋漓尽致地刻画出人物当时的心理活动，在这方面可举的例子太多了，要在这篇短文中详细地描诉这一切，是不可能的。我觉得，在演员从人物性格与规定情境出发，挖掘人物的潜台词与内心独白，并赋以鲜明的表现这一方面，张良同志为我们提供了许多值得学习的生动范例。

当然，演员的处理也有不尽如人意的地方。我觉得，就像和姐姐言别，和得到入党批准的那两场戏，是比较弱的。特别是得到入党批准的那一场戏，如果董存瑞的内心生活能得到更为深刻的表现，就会使董存瑞的性格更为出色。

作为一个电影演员，我深深体会到，要达到"演员与角色的有机融合"这一梦寐以求的境界，就要求演员和编剧导演及其他工作人员的完善地配合；要求演员本身，在生活、创作方法与劳动精神这些方面已为我们作出了榜样。他使我感到演员的任务是何等光荣重大、值得骄傲！我愿再进一步地学习这一形象塑造的优点，使我在今后的工作中，获得长足的进步。

（原载1956年3月21日《解放日报》。作者系中国著名电影表演艺术家、导演、朗诵艺术家、新中国"二十二大电影明星"之一，曾主演电影《乌鸦与麻雀》《渡江侦察记》《永不消逝的电波》《早春二月》，导演电影《詹天佑》，并为《王子复仇记》《钢铁是怎样炼成的》等多部作品配音）

动于心而形于外
——谈张良在电影《哥俩好》中的表演

田雨

八一电影制片厂摄制的喜剧片《哥俩好》,以其轻松活泼、妙趣横生的鲜明特色,在一片欢笑中反映了蓬勃丰满的部队生活。

《哥俩好》以陈大虎、陈二虎为中心,通过与将军、班长、指导员等的相互关系,巧妙地展开了故事情节。演员张良同志成功地扮演了两个角色——孪生兄弟陈大虎、陈二虎。他所创造的这两个角色,性格鲜明,有浓厚的生活气息。首先他准确地把握住了两个角色的不同性格特征:大虎沉静拘谨,二虎稚气好动。单单理解这一点并不困难,但如何生动真实地表演出来,却是困难的。银幕上的形象使我们感到演员没有停留在概念地理解角色的阶段,而是发挥了形象思维的作用,从生活中找寻出符合角色性格的动作、语调,以及对待事物的不同态度来,使人物具有鲜明的个性特色。比如二虎做豆腐的一场戏,运用了哑剧式的表演,借助于人物独有的和最富有表情性的动作,表演的活灵活现,颇有风采。二虎一阵风似地跑到了林大妈家,慌里慌张地找水桶,不问青红皂白地拿起笤帚扫院子,吓得鸭子嘎嘎叫……一出场便带来了鲜明的人物性格和戏剧性的情节。非常恰当地表现出二虎急于给群众办好事而又不知该怎么办的急切心情。接着毛手毛脚地做豆腐、倒卤水,心急难耐地掏弹弓打鸟,以及沉入幻境的可笑情态,活像一个脱缰的小马驹,可爱又可笑!这一段表演,像国画的泼墨山水,真是淋漓尽致。

而大虎却是另外一个调子:处处谨慎、稳重、淳厚。大虎的戏虽然不多,但给人的印象却并不浅淡。像劳动休息的一场戏,他微歪着头、温和缓慢地微笑着启口讲话的情景,他把和老乡劳动的体会讲作"甜滋滋"的感觉，这一切和二虎的性格正好相映成趣。

　　喜剧的表演，有它特别的难处，它要求从生活中提炼为喜剧的夸张，使之鲜明突出；但是，也往往容易流子对外部动作的追求，失去撼动人心的力量。影片中大虎二虎的形象与此相反，做到了"动于心而形于外"，每一句台词，每一个动作都有真实的内心感受。同时达两个性格不同的青年，令人信服地感到，他们有着共同的目标，有着共同的道路，尽管对某些问题因一时的认识错误，处理不当，如二虎急于成为一个兵，执意要一支冲锋枪；大虎"爱护"弟弟采取了袒护态度等，但在革命熔炉般的人民军队里，总是会很快地得到进步成长的，因而这两个形象，便具有了很高的思想意义，成为部队青年的典型。

　　这部影片，无疑将给观众以艺术的享受，并且能给人们以健康的笑，在笑声中，人们会深深感到"团结、紧张、严肃、活泼"的人民军队的可爱、革命大家庭的温暖，也会想象到许多青年在部队的大熔炉中成长的情形。

（原载1963年1月31日《天津晚报》）

血和泪的悲歌
——故事影片《梅花巾》观后

朱音

梅花巾　梅花巾
一块梅花四处分
一家骨肉难团聚
凄风苦雨落花魂
……

这是影片的主题歌，它十分简练、形象地配合故事情节，唱出了影片主人公白梅、红梅这一对孪生姐妹及其父母生离死别的悲痛情景，随着这悲愤激越的歌声，银幕上出现了旧社会苦难岁月的悲惨写照——硝烟弥漫，人们在兵荒马乱中逃生，银幕上不断叠印着纷乱的马蹄、奔跑的人腿、飞速转动的火车轮、日伪军骑兵挥舞的战刀，同时还伴合着凶恶的杀声、人群的惊呼、孩子的啼哭……影片一下子就把我们带进了距今五十年前的旧中国，使我们形象地、真实地目睹和重温了新中国成立前帝国主义侵略和阶级压迫给评弹艺人、刺绣村姑和广大中国人民造成的悲剧和苦难。

我们看到了恶霸丘龙任意污辱殴打艺人的情景，看到他闯入郭月庭家，企图强奸郭妻美玉并用刀将美玉精心绣的"梅花巾"劈碎，迫使郭月庭弃家逃亡海外，而美玉怀抱的一对孪生姐妹又在逃难中失散。她拼命地追赶火车，想找回心爱的孩子，然而灾难拆散了她的全家，使她万分悲痛，最后竟跳崖自尽，活活被旧社会给毁灭掉了。看到这里，我们不由得会激起对旧社会的愤恨和憎恶，对小姐妹一家的苦痛遭遇和血泪家史满怀无限的深情和关注。同时，也深深勾起我们这些已过中年的观众对往事沉痛的记忆。从而对新社会、共产党使艺人获得新生，使劳动人民获得解放，让评弹和苏绣重新放射出绚丽的光彩而发出衷心的赞美和歌颂。我觉得这就是影片所要表现的主题，并且成功地达到了这一目的。特别值得一提的是编导并未在剧中专门安排党的领导（书记或地下党员）、人民解放军等出场，也没有用什么政治性很强的语言和口号，而是含蓄地通过人物的行动、思想感情的变化，景物的对比来表现时代的发展和转变，使人们由此感受到解放了，天亮了，党的阳光照耀着千家万户。最后，历尽艰辛苦难的小姐妹终于和阔别多年的老父幸福团聚。这样的结尾，是十分感人的，是更能起到深刻的教育作用的。

影片还特别注意了写情，表现人物丰富多彩的感情。特别是全力塑造了片中两个主人公白梅和红梅的形象，刻画了她们不同的性格和心灵之美。例如"小红梅吴镇卖唱救父"一场戏，写小姐妹初次相遇，同时展示了父女情、母女情，更是感人肺腑，催人泪下。九岁的小红梅因养父受人凌辱，出于对养父的疼爱和体贴，而站在街头卖唱，她唱得多么深情而凄凉啊！此时恰好小白梅也在听唱，出于纯朴的阶级之情，她没有钱就专诚送了自己刺的一幅梅花绣。小姐妹并不相识，而感情流露得那么真切、自然，看了真让人无限怜爱和心酸。尤其是养父夏月清归来看到小红梅卖唱这一段：小红梅说："爸，我有钱救你了。"不想却被养父把钱打落在地，他不是不珍惜小红梅的一片深情，他是不愿让孩子再走自己这悲惨的艺人道路呀！小红梅双膝跪在地上悲切地喊着："爸爸！"养父不忍地、心碎地抱起了小红梅⋯⋯这段戏更是情深意切，十分动人。

全片的高潮戏是"姐妹狱中相会"。芬妈探监，带来了梅花残巾，她告诉白梅："这是你亲生母亲所绣。"白梅如梦初醒，方知自己身世。当她们抱头痛哭时，在一旁的红梅看到梅花残巾，意识到白梅是自己的姐姐，心里十分激动，经过拼梅花巾，两人终于相识。然而在此之前红梅已被凶残的姚凤仙用药害哑，千言万语涌上心头却说不出话来。听到芬妈说："你是红梅？"又听白梅说："你就是我亲妹妹？"红梅只能频频点首，含着满眶热泪，扑向姐姐怀抱。影片到此本已深深抓住了观众，急剧拨动着人们的心弦。但编导于此再推进一步，把剧中人物的感情渲染得更加丰富，更为生活化、具体化。我们看到这时狱警突然出现，高喊"夏红梅"的名字，要将她押送刑场。接着姐妹同时上前，姐姐心甘情愿代妹去死，妹妹知道姐姐蒙受的冤枉也拼力争赴刑场。那生离死别的姐妹深情，配合以撕裂人心的评弹伴唱："梅花巾，梅花巾，梅巾初合又离分，生离死别无限恨，替死刑场痛断魂",使戏剧高潮达到了顶点,感情抒发得令人有回肠荡气之感,使人感到这部影片是一首血和泪的悲歌。

《梅花巾》是一部寓理于情、寓教于情的故事影片,尤其是配上了深情感人的评弹和民歌演唱,以及优美的苏州园林与自然风光之美,从而更增添了影片感人的深度。

(原载《电影评介》1980年第11期)

"雅马哈",宽阔与狭窄间的奔驰
—— 《雅马哈鱼档》纵横谈

华铭

1984年第四季度。和往年相仿,电影界又开始弥漫起混杂着欣喜、忧虑、忐忑、期待的气氛。人们热烈议论甚至争辩着对年成的估价,兴致勃勃地从各种角度进行比较,或乐观或悲观地推测着余地已经不大了的前景。

在这时把影片拿来放映的导演既可能是幸运的,也可能是不幸的。人们热情地期待和关注,使他们的艺术神经分外灵敏,于是就有可能放大了影片的长处或短处。即使是中庸的影片,那副灰不溜秋的神色也会格外叫人厌憎。还有一种情形是:人们因为对影片长处的热情首肯,在不经意间轻轻放过了潜藏其后的短处,或者是恰好相反。但他们会很快在冷静中清醒过来。

张良就是在这时开着那辆红色"雅马哈"从广州、香港一带北上的。一路上他遇到的全是欢呼声和鼓掌声。电影界的绝大多数同志真诚地为之兴奋和欣喜,一时大有"满院争说雅马哈"之势。幸运的张良不幸遇到了最后一种情形,曾几何时,那种欣喜和欢呼之情迅速开始消散,到了年末照例举行国产故事片回顾座谈会的时候,发言的艺术家、评论家中提及《雅马哈鱼档》的已寥若晨星。这种状况,实事求是地说,是和回顾座谈会外的电影界、文艺界乃至社会对影片的评价趋势相契合的。

具有先声夺人的气势,在短时间里风靡了人们的《雅马哈鱼档》,何以不能经得起时间的沉积,征服人们以长远?就是这篇"纵横谈"试图围绕的主题。

需要予以说明:我们以为,短时间的风靡与长久的征服,各有各的理由,也各有各的作用。我们无意于简单地对它们进行比较或判定孰优孰劣,更无意做非此即彼或非彼即此式的幼稚判断。我们只想说,把两者统一起来无疑是艺术品的更高境界,也无疑是艺术家们的更高追求,一定也是张良同志的由衷愿望。

把《雅马哈鱼档》的开始时受到一致好评,归结为评论者所持的某些特殊的着眼点和角度,虽然部分地出自于事实,但在总体上却不很公正。不错,在许多评论者那里,他们为影片感到的欣喜,或着眼于与其他影片——不同题材或同类题材——的比较,强调影片在镜头视野上的开阔;或立足于张良的导演实践,强调作为创作者个人的长足进步。但是,平心而论,影片本身,作为对当代现实生活与精神生活的艺术概括,难道不也提供了许许多多值得人们注意的东西了这些东西难道不能在许多方面给人们以启发?这些,才是评论者首先应该研究的焦点。

我们以为,《雅马哈鱼档》由南而北一路受到欢迎,所反映的正是现实生活发生的巨大变化,以及处在时代更迭之际的人们对影片的要求。在这个意义上,把影片看作1984年电影创作的重要现象加以重视,并不是件过分的事情。影片从片头开始而至收束,始终向人们传递着位于改革前沿的广州那斑斓驳杂的各种新讯息。古朴的带阁楼和堂屋的旧建筑与现代化的酒家、立体交叉桥,幽静的铺洒着晨光的小巷与熙熙攘攘的龙珠街菜市场,颇具地方特色的茶楼、艇仔粥与百货市场超级市场,潮州鱼蛋粉档、烧鹅档和各色鱼档与的士、录音机、音乐茶座。这一切都以强烈的色彩和气息,互相对比,互为映衬,在糅杂、更迭和流动中展示出一幅八十年代广州现实生活图景。

◎ 1985年初,张良(左)、张天喜(右)携《雅马哈鱼档》参加第三十五届柏林国际电影节

就在这样的舞台上，留长发穿花衬衫，脖颈上挂着项链的阿龙、海仔登场了，他们一个"蹲过拘留所"，一个是"烂仔头"，而跟随着他们的珠珠，据说也是"让牛粪抹瞎了眼的傻女"。他们买"雅马哈"，跳"迪斯科"，下馆子，进音乐茶座，能赚也能享受；他们开鱼档、摆棋摊，和社会中的各色人等周旋，坑人也遭人坑，爱人也被人爱；他们大把进钱又大把花钱，追求高雅又难脱粗俗，惹人讨厌也让人喜欢；他们连同发型屋的阿佳、烧鹅档的阿金、五金铺的阿强等一起，给本来就已经叫人眼花缭乱的广州，增添了热闹和嘈杂。影片反映的是广州的生活，然而人们却可以由广州而推及其他地方。对观众来说，再没有什么能比在银幕上看到时代与社会的新色彩，看到自己身处其中，或者已经闻到气息，眼巴巴地看着它逐渐走近的新生活，更能叫他们兴奋入迷的了。我们只要坐进影院，置身于普通的观众之中，对此一定会有深切的感受。

看来我们可以说，《雅马哈鱼档》在广州拍摄，是编导们捡的便宜。但在另一方面，这种便宜也意味着挑战和考验——对电影艺术家的眼力、胆识和才气的挑战和考验。影片产生于"南风窗"的珠影，在偶然性中似有必然性存在；然而影片完成于张良和他的搭档们，他们敢于拍它，而且敢于这样去拍，却让人不得不佩服他们的勇气。

勇气来源于他们对新时代新生活的热情。即使在今天，当遥远的"南风"早已跋山涉水吹遍各地的时候，对于我们正在进行的这场改革，对于改革浪潮中出现的种种新鲜的东西，也不是所有的人都能欣然予以接纳的，更不是所有的人都能在眼花缭乱的涌动中渗透生活的底蕴，既坚定又清醒地对待这一切的。生活的变化以及由此带来的观念形态上的变化，会使得一大批拘守于旧观念形态的人进退维谷，俯仰无凭。只要我们想一想，在生活中许多人议及个体户时的语气和神色："个体户？百分之多少是劳改释放犯！"我们就该明白，《雅马哈鱼档》的拍摄，在心理上是如何的不易。

当然，《雅马哈鱼档》的编导们的勇气与热情，并不是无根之萍、无本之木般的虚幻之物，而是与他们对新生活的见地融汇在一起的。因此，他们首先在影片中断然扫荡了那种视钱为"万恶之源"，唯恐一沾上就铜臭熏人的旧观念，理直气壮地认可了对钱的欲望和追求。影片一开始，阿龙就向珠珠宣布："等我成了万元户，我一定叫辆的士来接你。"而珠珠的反应则是十分欣喜："说话算数，你可在这儿说的。"寥寥数语，就为影片的情节主题规定了发展趋向，带出来一个关于个体户挣钱的故事。阿龙和海仔、珠珠在兴办"雅马哈鱼档"过程中的风波曲折,影片着眼的虽然只是"怎么挣钱",但贯串全片的毕竟是挣钱,而不是"为……服务"一类的口号。正是基于这样的认识,影片对阿龙、海仔等人一直抱着理解和同情的态度,而不作任何苛求;对于实际上处于教育者地位的王所长、葵妹等人,则小心翼翼地设计和调动他们可能有的作为,大量地舍弃我们至今仍能常见的政治性说教,甚至——据张良同志的文章说——大幅度地改动了原剧作中因说教而显得直露和人为的某些段落。

在生活真实与政治说教之间进行选择,看来纯属艺术创作中的处理问题,实际上常常反映了创作者对生活的态度和认识。确有这样的创作者。因为艺术能力缺,不得不以政治说教代替真实的生活反映,但更多的则是因为曲解了生活,不得不仰仗政治性说教来作为支撑。《雅马哈鱼档》敢于直面生活,并且从变化了的生活观念和价值观念的高度去把握生活的流向,这便和那种对生活作政治说教式的解剖的陈旧态度。从一开始就是不相容的,把这样的东西删却干净,实在是一件顺理成章的事情。反过来说,影片中尚存的即使是寥寥几句说教,也让人觉得倍为触目刺耳。

这一切于是大体上决定了编导们将运用怎样的方式来反映生活。既然编导们把反映时代与生活的变化作为自己的直接任务,那么,影片越能贴近生活,越显得真实、自然、生动,当然就越好。确实,我们可以说,影片的最大特色是自始至终洋溢着的真实感和生活感。换句话说,影片具有一种真实、自然、生动得有如生活本身的纪实性风格。

影片在拍摄中选择了大量的生活实景,或偷拍,或作恰当安排处理后实地拍,成珠茶楼、音乐茶座、沙基咀的艇仔粥、芳村的扩鱼水上交易所、西濠马路夜市、上下九路的陶陶居门前、繁华的中山五路、新火车站、中国大酒家、区庄立体桥等等,这些不仅富有浓郁的广东风情,而且带来一种迫人的时代气息的实景,给观众一种亲切感。即使不得不靠置景和组织拍摄的龙珠街,编导们也加工了鱼档、发型屋、烧鹅档、潮州鱼旦粉档以及凉茶档、水果档、拉肠粉档等广东风味小吃档,和琳琅满目的新潮服装互相辉映,竭力靠近真实的生活环境。阿龙和珠珠家的两堂内景,也充分体现出当今时代新与旧横杂交错的特点:阴暗、潮湿、低矮的小屋里的新家具、电视机,现代化电冰箱旁挂着古老的挂钟,印有美人的香港挂历旁安置着福、禄、寿陶瓷像,老式的梳妆台上放着现代化的玩具,所有这些具有新旧对比色彩的安排,所传达的也正是现实生活的真实气息。影片编导大量而果断地起用非职业演员，破除程式化戏剧化的表演，努力塑造朴实而颇有真情实感的人物形象；在摄影、美工、声音等各方面的具体处理上，创作人员都明显地体现出对纪实性风格的追求，例如舍弃画面的完整的均衡的静态构图，追求开放的流动的富于纪录感的动态构图，舍弃雕琢的修饰感很强的戏剧性用光而追求朴素无华的自然光效，舍弃带有浓厚的舞台效果的音响处理，追求现实感强烈的综合声音，舍弃板板正正的场面调度，追求活泼灵动的镜头位移，增强场景的层次感，这一切努力都在保留了生活原貌的粗糙感的同时，增添了生活真实而生动的神韵。

1984年的电影创作中，较长久地吸引了人们的目光的作品，大致上是两类。一类是军事题材影片，如《高山下的花环》《祁连山的回声》等；一类是历史题材影片，古代的如《双雄会》，从近现代的如《谭嗣同》《边城》《寒夜》等。反映当代生活的影片不仅数量有限，能如前几年的《夕照街》《邻居》《沙鸥》等那样一片既出，举国踊跃的佳作更是罕见，算来算去，不过是《红衣少女》《黄山来的姑娘》等几部而已。

正是这一点，成了《雅马哈鱼档》在开始时能为大家热情首肯甚至欢呼的最根本原因。但是在另一方面，我们似乎也有理由说，也正与这一点有关，张良的这辆"雅马哈"驶进了狭窄的胡同，不仅使得他在创作时转身不易，而且也造成了影片的很快被人们所淡忘；倘若人们第二遍、第三遍地观看《雅马哈鱼档》，倘若人们已经熟悉了习惯了影片所传达的那种真实、自然、生动的生活场面和气息，而力图希望从影片的深层去挖掘一些新的富有启发性的东西，那么，影片在开始时吸引了人们并使之入迷和兴奋的种种因素，便会被这种新的要求挤压到第二位的从属的位置上去了。影片深层存在的种种缺欠和毛病，就会浮现出来，凸凸然如树干上的疤结，梗在人们的眼中和心中。

《雅马哈鱼档》的最大的疤结，就是影片竭力要表达和证明的主题：挣钱和做人的矛盾。平心而论，这对矛盾并不能简单说成是编导们的凭空编排，而同样是现实生活矛盾的反映。编导们围绕这一课题来组织冲突，剪裁生活，反映了他们对开放和改革形势下的新生活的冷静注视。但是问题首先在于，按照影片所提供的生活与人物的逻辑，这对矛盾是否理所当然地能作为全片情节发展的主宰？换种说法，影片表现的生活与人物发展，在逻辑上是否为这对矛盾提供了足够的必然性依据？对影片稍作分析，答案便令人遗憾。

《雅马哈鱼档》里，这一主题成了展开情节的先导和推进情节的动力。雅马哈鱼档的开张是十分不易的。这不易既体现为开张前的准备，也体现为开张后的维持与发展。影片对鱼档开张之前的艰难，基本上寄寓了深切的同情，影片对于阿龙、海仔如何不择手段贿赂于得莽，终于弄到了营业执照毫无微词，便是证明。然而一旦进入对阿龙和海仔开办鱼档的描写，影片为了展开既定的思想冲突，在对待主要人物和有关矛盾时便变得态度暧昧，摇摆不定起来。例如，阿龙和海仔去和葵伯争档口，在阿龙和海仔振振有词地表示"这是我们早就订下来的档口"以后，影片一方面通过葵伯之口表明他和葵妹先来，档口自然应该属于他们；另一方面却通过珠珠和海仔的对话："我们去吧，这样多不好！"（珠珠）"哎呀，管他那么多，这地方本来就应该是我们的！"（海仔）"你看你对人家多凶啊！"（珠珠）然后转入葵伯的画外音："好吧……我们搬到对面去，今后你们多关照！"却暗示了阿龙、海仔等人争得有理。如果阿龙、海仔确实早就定下档口，这场争执便在全片中没有了意义；或者相反，影片旨在表现阿龙、海仔的蛮不讲理，如现在影片力图给人的印象（这印象是服务于影片关于挣钱与做人这对矛盾的），那么也显得牵强。既然两个档口不过是在同一条路的两边，如此争夺实在不合情理，更重要的是，也与刚刚拿到执照，沉浸在即将开业的喜悦中的阿龙、海仔的心理状况不符。再如雅马哈鱼档开业以后，海仔"短"肥婶的秤和做鱼丸时多放淀粉，少放鱼肉两场戏，影片业未明确交代海仔是属于有意为之，还是属于没有经验，却据此而引起了一连串的矛盾，然后发展到阿龙面对众人的一番激昂陈词："阿叔、阿婶，我阿龙过去是不好，蹲过拘留，可我今天，我们也想有个正当的职业……"等等，最后砸了钱箱，影片情节的这一连串发展，完全是为了阐正影片的主题—挣钱与做人的矛盾，由于是从观念出发的，缺乏生活与人物心理的必然性作为依托，于是也显得十分牵强。

这类令人感到牵强和生硬的地方，影片中是不少的。从具体的情节推进而言，它们的作用在于不断地引出和激化矛盾；从影片的全局设计来看，目的又在于导向影片力图证明的主题，那便是阿强在个体户联欢会上所说的一段话："当个体户赚钱业不难，可是如何赚出人格来，如何受到大家的欢迎？现在我们这些年轻人，都在探讨人生的价值，是金钱呢？还是对社会的贡献……"如此看来，我们还可以这么说，编导过于沉溺于既定的主题，企望由此加强影片的现实性，结果却突出了情节处理上的牵强和生硬。影片于是最终仍然跃入了政治说教性的窠臼。要是影片能断然舍弃这个既定主题，朴实地描绘一个个体户如何挣钱的故事，有什么问题就反映什么，能给观众什么启发就表现什么，是不是会比现在更加好得多呢？

这真是一个让人哭笑不得的悲剧。一方面，影片编导以高度的警惕，力图摆脱政治说教式地反映生活的归途，竭力去靠近生活，另一方面却因为想方设法地想证明某个观念，而使自己毕竟又跌入了旧的创作模式；一方面，他们运用多种多样的手法，努力真实、自然、生动地去反映生活，传递生活中的新讯息，而且确实也取得了难得的成绩，另一方面，却由于形象（生活与人物）的逻辑与影片主题的某种不协调，抵消甚至在一定程度上葬送了他们的努力。

这一悲剧之所以让人痛心疾首，我们只要看一看影片的纪实性风格和戏剧化的结构方式是怎样的不和谐，怎样在互扣冲突着，就会有十分痛切的感受和认识。影片在创作过程中对各个领域都强调纪实性风格，然而结构方式上却沿用那种非常严格的、一环扣一环地组织情节的剧作方法，事件的发展沿着鱼档开办的风波循序渐进，历经开端、纠葛、发展、高潮和结局，处处围绕"挣钱"和"做人"这对思想矛盾，最后以揭示了不仅要挣钱，更要有人格的主题而告结束。在这样的结构方式中，影片创作的各个领域对纪实性风格的追求，都只能成为单个的或局部的因素而起作用，却难以水乳交融般地统一于全片。许多时候甚至显得比较表面化。尤其是当镜头面对情节的冲突发展之际，编导的注意力和精力不得不用来推进情节，而由于造成这些情节推进的契机又不一具备充分的理由，反倒损伤了影片的纪实性风格。顺便说说，连编导们也马上就意识到了的大的败笔，例如对澳门客的设计、葵妹和王所长的形象不够丰满有力，阿龙在砸钱箱前的"演说"等等，也无不是影片创作悲剧的这一基本原因的必然产物。即使编导们有可能在重拍中重新加以处理，在根本上恐也难有大的改观。

艺术作品在反映生活和表现生活的时候，一般说来，是以热烈的感情来体现一定的褒贬倾向，还是企图把倾向归结为通过形象表示的某个观念，是立足于情感的熔冶，还是依赖于观念的推演，是通过对人物心灵世界的展示，来帮助人们更清晰更准确地观察生活，更积极更崇高地投向生活，还是依仗对某个观念（哪怕正确得无可辩驳）的说明，来表明自己对生活的见解，希望人们俯首帖耳地接受，这是两种很不相同的创作途径，反映了两种截然区别的艺术观念。当然，这里说及的情感和观念，并不各是纯之又纯，和对方毫无干系的东西。情感有赖于观念的照射和检验，而观念无非是对情感褒贬倾向的抽象而已。

　　当代生活以极其迅猛的速度发展着、更迭着。这种速度甚至还是"加速度"，只会越来越快，幅度也越来越大。生活的急速变革所带来的生活观念和艺术观念的变化同样惊人。一个热情地追踪生活发展脚步的艺术家，对这两方面都应该有极充分的认识和全面足够的准备。如果说，张良同志的这辆"雅马哈"在驶入生活观念的领域中时，是宽阔而又自如的，那么，当它一旦进入艺术观念的领域，却被旧的创作观念和程式处处牵制，难以施展身手。《雅马哈鱼档》的富有戏剧性的命运变化，证明的就是这一点。张良同志能从这里出发，驶进更加开阔的更加自由的天地中去么？我们希望着也祝愿着。

（原载《当代电影》1985年第5期）

中央领导称赞《少年犯》
——习仲勋、乔石说：这个戏写得好

本报讯 中共中央政治局委员习仲勋，中共中央政治局委员、中央书记处书记、中共中央政法委员会书记乔石日前在沪观看了影片《少年犯》之后，称赞该片拍得好。

十一月九日晚，习仲勋、乔石同志在市委书记芮杏文的陪同下，观看了影片《少年犯》。放映结束后，习仲勋同志说："好！这个戏写得好！劳改场所是个广阔天地，欢迎记者，作家到那里去……这是个社会大问题呀。"他又说："现在在犯罪的大都是青少年，应该用各种方法去进行教育，否则社会治安就成大问题了。"乔石同志说："我觉得片子很好！这种现身说法很好，讲了家庭教育，社会教育，学校教育，也反映了犯罪人的心理。"

（原载1985年11月25日《上海法制报》）

◎ 《上海法制报》报道中央领导对电影《少年犯》的好评

镜头对准当代生活
——影片《少年犯》观后

成谷

张良同志执导的《少年犯》，是一部具有强烈现实意义和艺术感染力量的影片。它是张良同志紧接《雅马哈鱼档》后又一部成功之作。从张良所坚持的创作道路看，至少有几点是值得称道的。

一是他的目光始终关注着我国现实生活中所发生的新面貌、新情况和新问题，并且站到人民的立场上，勇于发表自己的见解与呼吁。他的摄影机的镜头，始终对准着当代生活和当代人。他同时代、同现实、同生活，保持着紧密的联系。

◎ 张良在电影《少年犯》拍摄现场

在银幕上，有一定思想艺术质量的当代题材作品奇缺，已成为越来越突出的矛盾。而这几年，当有些同志拉开同现实距离的时候，张良同志却始终在这一领域里埋头开拓。抓了《鱼档》，接着又抓住了少年犯罪这一相当棘手的题材。他把少年犯管教所的神秘铁门在银幕上打开，把少年犯罪这一极其严肃的命题尖锐地推到了社会面前，向家长、教师及人民群众发出了"救救孩子"的疾呼。有些资本主义国家也拍过此类题材的影片。但张良透过这个题材，却准确地通过我们的司法制度，生动地反映了我们这个社会的本质，展现了中国劳改工作战线同志的崇高形象和美好心灵，洋溢着社会主义特有的温暖和感情。影片的基调是明朗的、健康的、高昂的。正是作品的这种强烈的现实感和社会意义，使得它一问世，就在观众中获得强烈的反响和共鸣。张良的实践印证了他自己的座右铭："艺术离生活越远，人民就离艺术越远；艺术离生活越近，人民就离艺术越近。"

涉足当代现实题材，比较而言，当然难度要大得多；需要冲破的阻力和探讨的问题也不少。此间甘苦，圈内人尽知。但《少年犯》的成功，却大有助于扫除这种畏难情绪，推动与鼓舞电影艺术家朝现实题材的广阔领域进军。

这几年，张良所以能坚持这一条创作道路，能接连抓住当代两个有强烈现实意义的题材，同他平时十分注意深入生活是分不开的。为了拍《少年犯》，他们夫妇二人（该片编剧之一王静珠同志是张良的爱人）从1981年起，在整整三年又十个月的时间里，足迹遍及上海、广东、北京、山东、辽宁等省市的少管所、监狱及劳改场所。他们同司法战线各级领导和干部广交朋友。他们住进少管所，以父母般的心情，同一个个少年犯促膝谈心，甚至随车执行任务。他们像社会学家一样，到生活中去探究青少年犯罪的社会原因和历史原因，掌握了大量的第一手材料，因此能比较准确而有把握地反映这样尖锐的现实题材。

尤为可贵的是，从《少年犯》这部影片中，人们可以触摸到创作者那颗火热的心。他们对孩子们的真挚的爱，溢于画面。影片是充满激情的。这种激情，正是编导及摄制组同志们激情的自然而真实的流露和映照。对生活，对现实，他们不是回避，不是旁观，更不是冷漠、挑剔和嘲笑，而是充满激情地参与。请听听张良自己的叙述吧："我们选这个题材，既不凭先知先觉，也不靠'搭脉'赶形势，而是现实生活赋予我们的使命。""我们忘不了那一张张渴求新生的脸。""生活让我们欲罢不能，有一股强大的推动力，令你奋不顾身。"有人拉张良去拍武打片，被他谢绝了，他感到"只有拍完这部影片，我们的良心才能得到安慰"。这样看来，《少年犯》的问世，就不是偶然的了。

对于这一政治性甚为强烈的现实题材，张良同志尽力做到艺术地去反映它。这就是说，他不是靠图解说教，没有掉以轻心，粗制滥造，而是注意遵循电影艺术的规律，力求通过提高影片的艺术质量来实现影片自身的社会效益。《少年犯》没有编造一个虚假的大团圆的故事，而是采用纪实性的报告文学手法，精心塑造了好几个栩栩如生的令人难忘的人物形象，贯穿着颇为吸引人的情节和场面，注意以情感人，注意影片的可看性，通过人物的行为和命运，使观众感受作品的命题。

（原载1986年3月3日《人民日报》。作者原名成志谷，系原北京电影制片厂厂长）

一部剖析逃港者的佳作

于得水

张良同志继导演《雅马哈鱼档》和《少年犯》之后,最近又推出力作《逃港者》。

拍逃港题材的影片并非易事。首先逃港者不是光彩的事,要刻画逃港者的形象,描写香港的情景,是一个政策性很强的问题,非严格掌握分寸不可。张良勇于探索和实践,先后去香港和深圳调查研究逃港者的实际生活,而后进行细致的导演案头工作,编写分镜头,采用纪实性与戏剧性结合的手法,进入香港和深圳拍摄,取得了可喜的成绩。影片经审查和试映后获得好评,堪称今年好片之一。

◎ 电影《逃港者》剧照

影片主要描写了深圳返乡知青叶涛及其恋人刘莺和他们的好友王盛,荔花等人在"文革"期间逃往香港的故事。张良以独特的视觉刻画了逃港者的心态,剖析了逃港者的命运,真实地表现了逃港者的生活内幕。叶涛初逃香港,举目无亲,走投无路,为了营救一伙逃港的难友,忍痛牺牲了自己与刘莺的纯真爱情,违心地娶了一个香港资本家的侄女阿毛为妻,婚后欢寡苦多;他当上了这个公司里大资本家的总经理,改名钟哲夫,过着任人摆布,身不由己的生活。他是一个心灵被扭曲的典型人物形象。叶涛的饰演者周里京着重刻画角色内心的变化,颇为成功。刘莺当年和叶涛一同逃港,只是行至海边时,她被民兵的枪声吓呆了,又想起八十多岁的外祖母尚须照顾,才跑回乡里去的。当改革开放的春风吹拂深圳时,她的家乡发生了巨大的变化,贫穷落后的深圳一变而为繁荣向上的经济特区。后来她也成了一个精明强干的女经理、女强人。这个人物的成长可以体现社会主义时代的进程。刘莺有幸成为社会主义新人形象,朱琳的表演细腻深沉。另一逃港者荔花本是纯朴可爱的农村姑娘,她和爱人王盛逃到香港后,由于她经不住这个花花世界的各种诱惑以至沦为"大陆妹"(妓女),这是一个堕落的形象。其夫王盛由于生活无着和家庭破裂竟走上了犯罪的道路,以抢劫为生,最后死于港警乱枪之下。这是一幅逃港者的生动纪实,张天喜把王盛演得栩栩如生。片中的二牛是个愚昧无知的青年,是个悲剧性人物,他在偷渡中被鲨鱼咬死……他的戏虽不多,却给人留下深刻的印象和思索的余地。

该片在处理香港形象方面是得体的,既不把香港描为天堂,也不把它写成地狱,而是实实在在的地方。繁华的街巷,拥挤的人群,狡黠而剧烈的竞争,急速旋转的生活节奏。既有高楼大厦,也有平板区,彩色缤纷的商标中夹杂着"大陆妹""韩国妹"等妓院招牌;还不时可闻英警追捕人犯的枪声、警车声……所有这些足以说明今日香港仍是一个殖民地形象。逃港者只是广东沿海地区的局部现象,而今的广东、深圳已换天换地,逃港者的历史业已结束。张良把它摆在银幕上,让人们回味一下,确是一件有意义的事情。

(原载《山城电影》1987年第12期。作者系珠影导演)

影片《女人街》座谈会发言选编

肖子光根据录音整理

彩色故事片《女人街》（珠江电影制片公司摄制）送审通过后，1989年8月由中国电影家协会、《中国电影报》在京为该片组织了观摩座谈，与会者就影片思想和艺术上的得失进行了认真的分析。下面是部分同志的发言摘要。

马锐（《大众电影》）：

这是一部在当前的银坛上难得的好影片。之所以说它难得，有以下几点：

一、有一定的思想内涵，但又不枯燥，不说教，影片通过一个有趣的故事，表现了在商品经济发展后，个体户们从社会地位到思想感情的变化，传达了改革中的各种信息。

二、情节引人入胜，丰富多彩，但又没有看某些影片时那种招徕观众的感觉。

三、影片充满了浓郁的生活气息，而没有现在有些影片的那种做作的、故作深沉的、故弄玄虚的毛病，如果电影没有生活气息，观众是不会喜欢的。从《雅马哈鱼档》《少年犯》到《女人街》，都有一股扑面而来的生活气息。

张良的片子之所以取得成功，首先在于导演思想里有观众。观众并不完全是对的，但导演的思想里有观众和没有观众是很不一样的。张良的头脑里不仅有观众，而且他的心与观众的心是息息相通的，这是他取得成功的一个重要原因。《少年犯》《雅马哈鱼档》很受观众欢迎，我相信这部影片也一定能受到观众的欢迎，特别是会受到女观众的欢迎。在《女人街》上，男人似乎只能俯首称臣，女人们都会感到扬眉吐气。

影片的不足是结尾感到有些匆忙和生硬作,两位女主角比较起来,欧阳穗红相对弱了一些。

王云缦(中国影协):

今年除了那些描写领袖人物的大片子外,反映当前现实生活的片子不太多。这部片子给影坛吹来一股清新的空气。

这是一部都市电影,三四十年代,上海的电影工作者拍了很多都市电影,给我们留下了丰富的文化宝藏。中华人民共和国成立后,我们的电影没有把城市作为一种社会文化形态进行很好地表现。那时往往只是单一地把都市里的某些事物、某些现象作为批判的对象加以表现,如改造工商业、改造资产阶级等等。今天,在改革开放的形势下,都市的文化、社会、人际关系发生了很大变化。这些新的变化、新的社会风情对人们是很新颖、很有吸引力、很值得探讨的。珠影厂为适应新的形势提出了都市电影,这很必要。而拍好都市电影不仅要打都市风情,而且要写社会心态,《雅马哈鱼档》开始接触了这些方面。这部片子是继《雅马哈鱼档》《暂缓逮捕》《花街皇后》《珍珍的发屋》之后,又一部较为成功的都市电影,我希望珠影厂能成为都市电影的一面旗帜,自然,上影厂也是可以大有作为的。

现在的一些影片好像不脱、不打,就不成其为电影。但《女人街》里没有这些。影片的情节、人物、场景,包括歌曲都很有娱乐性。它让我们在娱乐中间,轻松愉快地接受对现代都市生活的感受。我们要讲娱乐性,经要拍娱乐片。娱乐片没有什么不好,但看你怎么拍!在娱乐中能给观众一点儿感受和启发,就很好。现在,大家都觉得当代题材很难搞,它毕竟离生活太近,看不准。尽管有很多困难,张良同志终于把它拿出来了,而且给人耳目一新的感觉。

从影片三个主要角色来看,白燕和贺伟雄比较好,欧阳穗红显得过于呆板。影视是一种形象的直观艺术。很多东西不能一味靠沉思、靠默默不语,它要求形象的感受,可是这一人物提供给我们的东西太少了。虽然,这个人物的文化档次比较高,更有头脑,但她的家庭摆设不够文雅,表现她的文化素养的细节也提供得太少,而她的生活则太枯燥、太单纯;她跟白燕的生活方式、思想观念是有区别的,这就要有具体、形象的对比。现在,有些个体户的家里,就摆着《莎士比亚全集》、礼品诗什么的,看不看是另外一回事,但反映了他们对文化的向往和追求。影片对她的性格特点和文化生活多少应该有点实质性的描绘,现在显得弱了。

彭加瑾（《文艺报》）：

在当前改革开放的背景下，《女人街》塑造了带有新人意义的新的艺术形象。它的鲜明的时代感、浓郁的生活气息，给我们留下了深刻的印象。

艺术作品可贵的就是要在反映现实生活时显示自己的特色。它不能只是图解一个现成的、简单的、人所共知的结论，艺术审美功能很重要的一点是，艺术家在挖掘和探索现实生活的未知世界、把自己对生活的认识和人生体验传达给读者或观众时，能够给观众留下比较大的思考和再创造的余地。这样的作品，其艺术审美价值就比较高。这部作品在向人物未知的内心世界、向社会问题进行挖掘、传达和表现时，揭示了三个主要人物之间的关系。这个关系是具体的、历史的，又是个别的、独特的、感性的，他们的思想活动和精神活动接触到一个深刻的领域时，就会陷入一个两难的境地。我在看完此片给《中国电影报》的文章《走向两难的境地》里谈到了这个问题。在这个影片里，对现实生活的选择和判断上，男主人公应是重点。两个女主人公恰恰代表了现实生活中的两种类型，具有普遍性。穗红很有才华，很高雅，由于经营得方也很富有，使白燕想赶也赶不上。但她也有劣势，由于受传统的女性特点的制约，受女性地位的制约，无形中使她处在分裂之中。相反，白燕虽然很俗，但敢作敢为，敢爱敢追求，甚至当面说"你是我的"、"我一定把你弄到手"，因此也很有吸引力。她所表现的追求意识是非常难能可贵的。双方的优劣、得失都有比较准确的表现。因此，贺伟雄陷在中间做出选择很难，精神上很痛苦，表现这种处在社会生活中的两难处境和心理矛盾，需要一定的技巧。以往对待复杂的生活，牵扯到人微妙的心理问题时，我们往往用简单化的处理方式，或褒此贬彼，贬此褒彼。而这部影片始终让男主人公左右徘徊，处在心理矛盾之中。联想到我们的有些作品，它们写这类事往往显得很使劲，写得很复杂，但留给观众再创造的余地很小，没有艺术的韵味和余味。《女人街》虽然人物关系和场景比较简单，故事结构小，但它能够触及到我们社会生活的进步和发展，同时也把我们因袭的包袱写出来。贺伟雄的潜在心理就背着我们民族传统的心理包袱，认为女人比他高了不行，非要把财富积累到和她差不多才行。正是这点，使他陷入了两难境地。我觉得对人物形象的塑造和把握上，能达到这种境地的作品在我们的银幕上是不多的，我欣赏张良的作品也正是在这点上。

影片的缺点是对两个女主角摆得不够平。对白燕的细节处理，导演有意识地运用贬的镜头。如果把两个女主角摆得更平衡些，产生的艺术冲击力就会更大。国外有一种说法：艺术的审美价值取决于它的创造性和背离律。背离律就是读者和观众在看完你的作品后，能在你给他的东西之外有创造性的理解。这部作品从银幕的基本表现看，进行了一些探索，也可以说是一部探索片。假如对它的一些弱点加以克服，如两个女主角平衡些和结构上有些该慢的地方再慢些、再抒情些，让观众有充分发挥自己想象力的余地，那它的艺术余味会更大，引起的思考会更多。总之，这是一部很难得的作品，很见导演的功力。

丁峤（广播电影电视部）：

这是部娱乐片。但我还是希望我们的作品能够给观众、给人民提供点有益的东西。这部影片使我看到了我不太熟悉的陌生世界的生活，而且看起来饶有兴趣，好看、耐看。

首先，我觉得"调色板"上的"颜色"是非常丰富的。影片把几个各具特色的主人公推到观众面前，让他们体味。而且人物写得贴近现实生活，符合人物的生存环境。欧阳穗红的文化层次比较高，已经很有财富了，但爱情生活却是空虚的。白燕性格鲜明、强烈、实在。她想要得到的东西，就一定要把它搞到手。除了这两个人物，我对皮鞋店老板也很有兴趣。他是"调色板"上的又一种颜色。人物很立体。总的看，影片的人物搞得都比较好，观众一定会对影片很感兴趣。

其次，张良同志以后还要继续拍片子，除了表现个体户的世界外，我很希望把它和外部世界的联系写得更多一些，这样能够使影片更深刻些。现在这部片子也有同外部世界的联系：一个是皮鞋店的老板遇到一个国营单位的骗子，由于贪财，不辨真伪，被骗了一家伙；一个是工商管理人员带着港商与欧阳穗红谈生意；再有就是个体户与买主之间；但片子只是作了一般性的表现。我觉得，个体户世界和其他世界的内在联系和矛盾关系还可以再展开些。因为对个体户的观念，大家从《雅马哈鱼档》《花街皇后》《女人街》里看到的只是一种样子，而实际生活中，无论是接触到的还是群众议论的，完全是另一种概念、另一种形象。我们应该把真实的个体经营者的准确形象反映到，使个体户的世界和外部世界之间的联系更多些。

罗艺军（中国影协）：

艺术家应该有自己的艺术个性，电影厂也要发挥地区的特色和优势。这样，我国电影艺术的多元化和多样化，我国电影艺术的繁荣才有坚实的基础。电影厂主体意识的觉醒，是新时期出现的引人瞩目的现象，首推西安厂"西部片"。去年珠影厂建厂三十周年之际，专门召开了"城市电影"研讨会，立足于广东处于改革开放的前沿，将探索中国社会主义商品经济迅猛发展中，社会生活的震荡和人们精神的嬗变。这是个有远见的文化战略。比起"西部片"来，"城市电影"有其难度。西部片面对的是中国几千年相对凝固的黄土地文化，它的古老、贫困、愚昧而又纯朴、凝重，是人们所熟悉和容易认同的。"西部片"在国内外轰动的因素之一，在于以现代眼光审视一种在历史上辉煌彪炳而现代停滞落后的东方文明。"城市电影"面对的则是起步不久并急骤变化中的现实。把握正在发展中的现实对艺术来说更为困难。何况中国经济落后，如果我们的"城市电影"着眼于展现都市的大宾馆、现代化的消费新异上，不仅无法与西方影片竞争，也比不上台湾电影。但中国城市经济发展也有其独特之处，发掘这种特点也就具有特殊的认识价值和审美价值。

张良同志善于敏锐地体察都市生活中的新动向，选择独特的艺术视角，发掘社会生活中尚未被关注的层面，《雅马哈鱼档》《少年犯》《逃港者》《破烂王》，一直到这部《女人街》，这一影像系列，留下张良在商品经济前沿巡逻的足迹。每一部作品的选材都是对现实新的窥探，而不是步他人后尘。一窝蜂现象，是造成我们电影单一、雷同、平庸的大病。作为艺术家，要坚决走自己的路，不随波逐流。

在电影形态上，张良追求影像直观的纪实性和情节的丰富性的结合。《雅马哈鱼档》对广州市井风情的展现，城市生活气氛和生活节奏的把握，个体户心理状态的摩描，曾给人们留下很深刻印象。另一方面，他又很重视观赏性。张良电影都在讲述一个力求引人入胜的故事。同时在影片中渗入大量的喜剧因素。《女人街》的喜剧段落大大增加了影片观赏性。卖皮鞋的那对夫妇就是喜剧性格，进两千五百双过时的皮鞋，构成有兴味的喜剧情景。尤其男的高喊卖破鞋的场面，喜剧效果颇佳。从外省来的三个小姑娘，还有白燕与男主角之间的一些纠葛，也作了喜剧性的处理。这种喜剧性，基本上从性格出发，而没有流于外在的廉价效果，格调不俗。

张良在把握现实时，更多侧重于从人性善良、美好的层面转眼，即使写的是曾经失足的少年犯。《女人街》的这群个体户，也写了国营工厂的诈骗，白燕等人卖假商标时装，以及竞争中采取的一些坑蒙手段，反映了商品市场的唯利是图的一面，总的说来，这些个体户都是比较善良，比较可爱的。这与我们所接触到的、理解的个体户有一段差距。以上张良的种种审美理想，与中国观众审美需求比较吻合，因而他的作品总能保持较高的票房价值。弱点在于对现实的严峻层面直面不足，削弱了作品的震撼力和深度。他的作品总是温情脉脉，带有点温馨的玫瑰色彩。资本原始积累中金钱对人性的腐蚀、扭曲，在这里被淡化了。我无意要求一个艺术家改变自己的风格，但也期望他能在自己的基础上向深层掘进。

白燕的性格外向，动作性强，嬉笑怒骂皆形于色。形象也就更鲜明。男主角和欧阳穗红，相对就弱了一些。这主要在于缺少更有力度的细节展现内心的矛盾，以心理的深度弥补动作性不足。事业上激烈的竞争和感情生活上的苦闷交织，蕴藏着性格的复杂丰富性。那几个到广州来淘金的小姑娘，讲广州这个开放前沿地区和内地联系起来，构想很不错。开始的几笔，也很有光彩。但这三个从自然经济社会，经受商品洗礼后，应该有比较明显的变化。影片缺少这样前后对比的笔触，我以为是个遗憾。

张良同志的艺术个性在他一系列作品中已显示出来，我希望他沿着自己的道路走下去。无论我们的电影处于政治本位文化、艺术探索片热潮或商业片大潮之中，张良的作品都能适应，都不会过时。因为他的作品的社会功能是多面的。当然，沿着自己的道路走，是往前进，不是故步自封，停滞不前。张良的个体户三部曲已究成两部，从鱼档到时装商店，他的主人公正在筹备组织私营公司，瞄准国际市场，但愿张良也随着这些个体户的成长，从国内市场也迈进电影的世界市场。

唐家仁（中国影协）：

影片很有时代特点，也有地方特点，是一幅广州风情画。它写出了社会一角的个体户的生活、事业和爱情，以及他们的追求、竞争和拼搏。没有到过广州的同志可以从这部片子里得到一些信息、印象，具有一定的认识价值。三十年代广东有一个岭南画派很有名气，我希望珠影厂的电影也拍出自己的特色来，除了反映广州的都市文化、社会人物、风俗外，也要拍一些广东其他地方的东西。

影片的镜头、剪接、音乐都不错。片头音乐带上一点广东味就很好。白燕去追新娘，把婚纱画下来到做好，有几个定格的镜头，用得恰到好处。

影片的人物塑造也很成功。白燕的动作性很强，具有当代青年的性格特点。无论是爱情上还是事业上，那种"我想要得到的就一定要弄到手"的狂热进取精神和奔放性格，我很欣赏。商店倒闭后的那场狂歌劲舞镜头，与她的性格很吻合，只有她才有这种精神状态。她的拼搏精神尽管是为了赚钱，但对我们仍有启发。欧阳穗红的性格内向、有事业心，也比较成熟。那个四川姑娘有点自作多情，主动追求阿雄，还给他一吻，那种幼稚的、急不可待的心理把握得较好。我还很喜欢皮鞋店老板。他的存在大大丰富了女人街的众生相。在店门口不惜血本，拍卖"破鞋"。的戏，很有喜剧色彩。上当受骗后，要去自杀，在分寸的把握上稍稍过了一点。

女人街的个体户们都很精，他的受骗、在过程上简单了一点。如果追上去，要来飞机票作抵押，事后又发现飞机票是假的，会好一些。从中也可以看出我们社会上、市场经济中弄虚作假的实在太多了。

我对穗红父亲的戏不太满意，斗鸟那场戏也长了一点。阿雄与穗红有感情，不应该只是同学关系，穗红为什么喜欢他，愿意与他合作，还要嫁给他，交代得不清楚，戏也不够。阿雄与白燕貌合神离，是嫌她有点粗俗，文化层次低，但她也有可爱之处，这三个人的关系还可以处理得更充实、准确一些。对结尾的镜头不太满意，现在让三个人在街上一站，阿雄左右为难，容易给人一种句号画在三角恋爱上的印象。假如换个结尾，意境高些，更有回味的余地。

徐如中（《电影艺术》）：

我想谈三个方面：

一、张良这几年拍片子进步很快。《回头一笑》净弄水桶扣在头上的硬噱头，没法看，这部片子买皮鞋的那个个体户的戏剧表现，就不是胳肢出来的，很真实，很好笑。牌子拍得很流畅，剪接也不错。

二、张良独辟蹊径，选自己的路。他拍的都市影片与别人选取生活的角度就不一样。如《少年犯》里的少年犯、《雅马哈鱼档》里的卖鱼的、《女人街》里卖女人衣服的，拍的都是广州风情画的色彩，而不是香港的。这些片子的生活气息很浓。有些场景，生活气息扑面而来。

三、张良喜欢用非职业演员，这在电影里是可以的，因为电影讲究演员的气质、外形、经历和职业特点必须和角色接近，最好是重叠。气质是长期的生活、修养和环境的积淀，而外形是气质的外部呈现。它无法在短期为形成和"淀"出来。而非职业演员在这方面却独具优势，这种优势是职业演员很难学到手的。至于表演，电影是间断性拍摄的，只要非职业演员有艺术细胞，可以靠导演的诱发和把握。不过，非职业演员只适合在离他们很近的现实生活题材的影片中表演，像你厂出的《廖仲恺》，让他们演廖仲恺，那是不可想象的，所以，不能把非职业演员绝对化，甚至让职业演员向他们学习,这是两种完全不同的演员,各有所长,很难把对方的长处学到手的。

非职业演员一般可以演得很真,很像,因为角色靠他们很近。但表演艺术不光要真,还要美,要有魅力,有味儿,经得看,这是非职业演员做不到的。真正好的职业演员同样可以演得很真,很生动,而且很有韵味。

这部片子的演员一般来说,选得还得体,在"真"这方面达到一定水平。影片提供给男主角的戏比较少,演员演起来比较困难,但演员感觉是对的,戏也出来了。白燕的表演"露"了一点,跟生活有了距离。

影片也有两点不足:

一、面铺得不够开,只有个体户和个体户的关系,而且主要是两家之间的关系,皮鞋店那条线是陪衬,和这两家没什么关系。其实生活中个体户与社会上有千丝万缕的关系,把它们写出来,才能写活个体户。

二、把个体户写得太正了,既然是个体户,就会有个体户的特点,这是经济决定的。他们身上有很多毛病。这使我想起《林家铺子》中的林老板,他在"恶狼面前是羔羊,在狡兔面前是恶狗",在货主、同行、债主和股东面前,态度都不一样,但却表现出他作为一个小业主的本性。他向王老板要债不得,马上把货架上的货物一搜而空。他是能欺就欺,能骗就骗,能抢就抢,在不得不还债的情况下,还了债,还想让债主买块手绢,让右手付出去的钱,再从左手捞回来。他是个受人压榨,同时又去攫取别人的人。这样,这个人物就很立体,就很可信。现在影片中的个体户身上都是好的一面,这不符合生活的真实。

张清(中国影协):

我只想补充两点。

一、我很喜欢这部片子。我觉得,它不落俗套,艺术的品位比较高。影片反映的是商品经济大潮中都市商业社会一角的个体经济。人物是立体的。从人物的性格到服装、色调,从熙熙攘攘的人群到街头夜市,包括带有流行歌曲味道但并不粗俗的音乐,反映出生活这一角中的一切都在很自然地流淌。从整体上给人一种艺术品位比较高的审美享受。这是影片的一个很大特点。

二、导演在影片里不是为了迎合观众的欣赏趣味或是因票房的需要,有意识地追求点什么,而是从现实生活出发,深入开掘,通过各类人物的喜、怒、哀、乐,反映出他对世界充满了爱心。他不仅爱这条《女人街》而且爱作品中所有的人。特别是在那种动荡不安的现实条件下,青年人为了实现自己的价值,对人生、对社会要做出自己的贡献,在生活大潮奔腾向前的时候会出现对他们的追求、理想和勤奋的拼搏精神,甚至对他们在商业社会里社会里耍心眼、勾心斗角、欺骗、卖冒牌商品这类不好的行为,作者都是用一种善意、理解的、充满爱的眼光和心情来歌颂或批判。张良和王静珠始终保持这一种爱心,我觉得这点特别值得珍惜。

王人殷(《电影艺术》):

张良的作品,我是很喜欢看的,《女人街》保持了他的一贯追求和他的风格。他注意影片的群众性,不管在什么样的环境下,也不去媚俗,坚持自己的看法和见解。今年很多片子追求刺激、情节虚假。可是在这部片子中,导演充满信心和激情,表现了中国经济改革开放龙头地区一角的个体户;保持了较浓的生活气息和生活的真实感,给观众提供了健康、真实和清新的精神食粮。应该充分肯定。

影片塑造了几个比较有特点的人物,特别是欧阳穗红。虽然这个人物形象不够丰满,但挖掘的角度还是很有新意的。作为一个个体企业家,非常能干,有抱负,有理想,而在个人生活上却很寂寞,也很软弱。在我们的电影里,这样的人物表现得还是比较少的。然而这种心态不仅个体户里有,其他职业的妇女中也有,像女大学生或女研究生,其中不少人事业上极强,但个人感情生活往往不幸,因此欧阳穗红的心理具有一定的普遍性。影片的后半部,表现她的感情需要和事业上的开拓精神,由于缺少必要的人物细节和动作,内心的展示也不够具体,有些意念化。前半部分,这个人物还是有些作为的,如使用服装模特、抢先推出新款式婚纱、进货的方式和渠道等等,都显示出欧阳穗红有很强的竞争能力,

白燕写得也有特色,具有现代竞争精神,很有劲头,说干就干,有时为了达到目的甚至不择手段,如用假商标。但这种人物在其他的影片里表现过,就显得不很新鲜。她身上的笔墨可以少用一些,把更多的笔墨移到欧阳穗红身上。

贺伟雄摇摆在两个女性中间。他想要取得自身的价值,而不是依附于哪一个女人。直到影片的结尾,导演也没作任何结论。让我们去想象,他还是能够重新奋斗,显示自己的能力的。为什么这两个女性都要得到他?女人街上虽有阴盛阳衰的现象,但他还是应该有自己特殊的魅力和能力的,影片在这方面表现得不够。欧阳穗红有很强的能力,可她又几次请贺伟雄当她的总经理,可以看出一定是她还有不如他的地方,需要在精神、感情和事业上得

到他的帮助。这点意思虽然有了,但形象给人的感受不充分。

几个外地来的女孩子,笔墨不多,却能给人留下印象,皮鞋店老板的表演,虽有些夸张,但不生硬,很有意思,很有情趣,他买进了国营厂家滞销的鞋,受了骗,可见个体户经营商品担着风险,很不容易。这个细节很新鲜,对人物性格的塑造起了很大作用。相比之下三个主角就缺少这样的细节。

张良从《雅马哈鱼档》到今天的《女人街》对广州的市井风情的人、情、景的描写和表现,艺术上达到了相当的水平,成就可以说是卓著的。但在刻画人物的心理如往前走一步,这样生活的意味可能会更深沉、更丰富些。

邹士明(广播电影电视部):

《女人街》是一部很好看的南国都市电影,它发挥了张良创作上的优势,反映了他一贯关注现实生活及其发展变化和存在的矛盾。他与作品的主人公们一起喜怒哀乐,表现了导演对生活的热爱。

影片既写了女人的外部世界,也写了女人的内部世界。欧阳穗红在事业上有成就,但内心很寂寞,有一种失落感。女人街上虽说是"阴盛阳衰",但"阳"并不甘心衰,贺伟雄就不愿意和欧阳穗红在一起,好像女人比他低或与他平等,感情才能接受。这真实地反映了现实生活中一部分有成就的女同志碰到的问题,很有现实意义。我在妇联工作了一段时间,现在女同志在事业上有成就非常难,希望能引起社会的重视,为妇女人才的成长创造一种良好的环境。

陈丹晨(《文艺报》):

我们的喜剧片不太发达,或者说很差。我看了几部反映个体户生活的影片,用的都是喜剧形式。张良的《雅马哈鱼档》和《女人街》也有这个特点。刚才罗艺军讲,影片对现实生活中丑恶的一面写得少了,因此影响了影片的深度。我不这样看。这是导演有意把现实生活中丑恶的一面淡化,而更多的是表现人与人之间善良的、美好的、富有人情味的一面。这些在现在的中国更需要。张良的影片与王朔的影片比,给人一种比较健康、清新、明快、赏心悦目的感觉。王朔的影片很有真意,提出和引起人思考的问题也比较多,也有它存在的价值。我们可以揭露、鞭挞现实生活的丑陋的一面,也可以着重表现生活的美好的一面,这点,我看恰恰是这部影片的长处。影片的一些人物的塑造,包括对两个女主角的描写、两个人物的个性反差,还是比较好的。

不太满意的地方有两点。一是写个体户的生活跟我们过去看到的片子有些雷同。如《珍珍的发屋》中也是两家竞争。我接触到一些个体户，他们的生活中有许多酸甜苦辣的东西，有的很富有戏剧性。我们可以去挖掘，不一定总局限于两个店竞争、小店变大店、最后变公司这些方面的内容。

我觉得，表现某种方向性的问题，不是电影必须要完成的任务。

另一个是影片的人物语言问题。我看过一些外国喜剧片，觉得很过瘾。如《虎口脱险》，人物的对话非常生活、非常精彩，喜剧味和深度都是从这些对话里体现出来的。相反，我们的很多喜剧片，对话没有味道。这部片子，白燕和阿雄的一些对话还是不错的，但欧阳穗红与阿雄在家里的那些对话就太文了，缺少生活气息，不像个体户的语言，像是大学生在讨论问题。同样的内容，台词却不应该这样。喜剧到这里，变得严肃、镇静起来，与整个片子的风格不太协调。父亲与女儿的对话也缺少喜剧的味道。我希望，张良同志在今后的影片里能够在人物的语言上，再下些功夫。

曾镇南（中国社会科学院文学研究所）：

这个片子表现了经济改革最为开放的广州的经济形态、生活方式和生活节奏。如个体户为捕捉服装的信息，用对讲机、摩托车跟踪等方式竞争，显示了这种新的经济形态的活力。同时也反映了随着经济形态的变化而带来的人的观念的变化。如钱和倒。片子里那个卖金鱼的在阿雄很快回来的时候说："嗬，倒得真快呀！"这句话很有特色，反映了那个地方人们的观念。这些对我们很陌生，看时有一种新鲜感。

第二，这是一部喜剧片，但不够纯正。看片时可以听到观众不时发出出的阵阵笑声，我觉得，电影让观众笑，是电影的一个特殊的艺术功能。特别是人们在现实生活比较严峻、紧张的情况下，休息时需要在影院里轻松一下，在笑声中不知不觉地体会到某些意味深长的东西。观众笑的地方是影片拍得比较成功的地方。

导演在创作独白里谈到，要为时代的弄潮儿塑像。当然这是可以的。但如果从搞喜剧片的创作角度考虑，让个体户带着对自己的嘲笑，显示个体户作为人或人性的固有的优点和弱点，并且让个体户和观众从这种自嘲中看到自我，这样是否会更好些？

影片成功的地方就在于它借助了一些丰富的生活细节，把个体户自身存在的一些弱点表现出来，作了善意的嘲讽。而大家认为的弱点，恰恰是导演想要追求和探索的地方。由于在表现人的内心世界的困惑和矛盾时,缺少了一些具体的形象的生活化的细节,导演不得不借助理念来表现,因此显得苍白。喜剧就是不要求特别真实。它允许有夸张、变形,有时甚至夸张得有些荒唐。如白燕把金鱼给煮着吃了,实际生活中不太可信,但我觉得这里夸张运用得很好。

邵牧君(中国影协):

去年到珠影,张良和我谈过这个剧本,影片比剧本好多了。

总的来看,这部片子还是可以的,但严格地讲,也不是没有毛病可挑,可能我最近出了一趟国,看的外国片多了些,胃口被吊高了。看片时,里面红红绿绿的东西把我吸引住了。过后仔细想想,影片有成功的地方,也有许多不太令人满意的地方。

我不同意有同志说的,这部影片铺得不够开。我觉得中国电影的毛病就是铺得太开、负担太多。上月在莫斯科国际电影节上看了不少片子,总的感觉是拍电影应当注意:生活是生活,电影是电影,二者不是一回事。而在我们这里,由于过分强调电影要忠实于生活,以至于导演在拍片时,更多的是从生活真实考虑像不像,至于怎样发挥自己的想象力,怎样强化感情等等,考虑得反而少了。

有人对影片没有反映个体户的阴暗面不太满意,我不这么看。我认为,拍娱乐片完全可以不要这些。问题是影片在塑造人物的时候功夫不够深。倒不是表现正面的东西多了,影片也有对反面东西的揭露嘛!不是有个卖皮鞋的个体户被坑了吗?国营企业都出来坑人了?这也够严重的了。还有用假商标欺骗顾客的,有这些也就可以了。

有人说,这部影片的优点是有喜剧色彩,但我觉得喜剧色彩还不够浓。像这样的题材应该从喜剧性上多下工夫,而且确实有很多潜在的可能性。几个外地来的姑娘到广州,肯定有很多可以制造戏剧的材料,可是影片只是利用她们向观众解释有广东特点的东西,如光仔是仔不是贼,卡拉OK是什么,等等,没有充分发挥潜在的喜剧因素。另外,情节本身的三角关系尤其是那个泼辣的姑娘在追求小伙子时,实际有许多喜剧的东西可以挖掘,影片做得很不够。

而我对这部片子最不满意的是演员,尤其是三个主角。白燕占了便宜,有很多动作性的东西容易讨好,而贺伟雄,大家对他就不太满意,因为他实在没有什么作为,而且演员的表演有些僵。最不让人满意的是演欧阳穗红的那个演员，表演上一点也看不出女强人的味儿。开始时，我还对她抱有点儿希望，她还能弄弄模特儿；到后来，简直成了口头女强人，什么"我要办公司"，"我要办私人企业"，你究竟有什么作为让观众看出你是女强人呀？而且演得很呆（曾镇南：这个演员身上的模特儿味根本没有去掉！）。这个毛病使整个片子减色不少。拍娱乐片，演员的选择很重要，一定要用职业演员。你要让观众看完后觉得，这个男的真有两下子，很可爱；那个女强人的确"强"，以至于"强"得连自己的感情生活都不幸。现在却没有做到。再说这个女强人有些地方也够大胆的。如她把那个男的找到家里讽刺他，说什么"男女授受不亲"呀，意思表达得相当明显。我觉得这种地方性格的不太统一，可以说在剧本就埋下了祸根，再加上演员的表演比较差，更让人不满意了。我觉得，这些与导演太迷恋使用非职业演员有关。

影片在情节结构上两个地方有些毛病。一个是派人卧底，到底这个卧底的人起的作用是好还是坏？对方发现没有？到后来根本没有交代，稀里糊涂过去了，好像没有这回事儿。还有影片结尾的处理，说得好听，导演拍得挺聪明，给观众留下了回味和思索的余地；说得不好听，导演挺狡猾的，你自己都不知道怎么办才好。男主角到底喜欢哪个，我觉得应该有个明确答案，没有必要让观众猜。如果让我选择，那就是穗红。因为情节发展的过程可以看出来：白燕是个粗放女子，显然贺伟雄对她不是很感兴趣，如他曾明确地对白燕说："你是一厢情愿。"而且白燕做了很多使他不高兴的事，小到把金鱼给煮吃了，大到弄冒牌商标把他搞得一塌糊涂；对于穗红，是否强到不可能要她，缺乏说服力。贺伟雄只是有中国男人的一种传统心态，不愿女人超过男人。影片的结尾穗红有这样一句话："他是我们的总经理了。"这是否表明贺伟雄已作了选择了呢？如果前面的情节把穗红这条线写得更好些，就可以更明确地选择她。我认为作为娱乐片，情节结构还是很重要的方面，不能马虎。

总的看，张良导演坚持走"南国都市电影"这条路、坚持影片里有南国风情，这部片子都做到了。以后拍个体户三部曲的第三部时，希望你顺着这条路走下去，并坚持走喜剧电影的路子，夸张些没有关系；在塑造人物上更下功夫，选择演员也要慎重考虑，一部戏，演员演不好就全完了。

奚姗姗（中国电影艺术研究中心）：

张良的影片对我有一种特别的亲切感，他一直坚持从生活实感出发，感受和表现生活中的美。特别是他那颗追求理想的善良的心，使他的所有影片都具有一种内在的强烈的感染力。

广州是全国商品经济改革开放最早、最集中、最彻底,同时也是最激烈的地方。影片让我们感受到,导演使用强烈的真诚情感表现商品经济大潮中弄潮儿身上美的追求和美的心灵。但我觉得《女人街》的个体户,与我们生活中所遇到的相距太远。我与广州的个体户接触得极少,可能他们已进入了资本的原始积累阶段,或者已经走过了这个阶段。影片使我们增加了一个信息,增加对生活的新的知识和新的感受。确实,不能应为在现实生活里有些扭曲的、带有原始积累的那种野蛮的、掠夺的现象,就对商品经济按正常规律发展的那种朝气和活力,加以怀疑和否定。

欧阳德红的个体经营越过了单纯的经营阶段,进入了商业企业,成为有一定经营规模新的企业家。她是商品竞争中涌现出的一代新人。导演敏锐地捕捉到了这一点,还是很有新鲜感的。当然这是带着理想追求的捕捉。这个追求是张良一以贯之的,又有很浓厚现实感。

我的不满足主要是两点。

一、写人的功夫不够深。影片的人物,尤其是男主角,缺乏鲜明的性格特点。这就直接影响了对人物形象的塑造和对人物内在的深度的揭示。那两个女强人凭什么缠着他?他到底有什么特殊的地方值得她们爱?从影片看,他资金既不雄厚,又不是很精明强干,也没有什么手腕,只是性格比较温顺,在某种程度上说还挺窝囊。这个人应该有思想魅力和性格魅力,但影片缺乏这种表现。在对两个女强人的态度上,他虽有对白燕不满意的一面,但也有被她那种生命活力所吸引的一面,他不应该总是那么被动,应该有主动的时候;而在欧阳穗红那里也不应都是大男子主义的那面,还应该有被她吸引的一面,影片没有表现出来。

在这里,我觉得导演不是在用女性意识张扬女性,实际上张扬的是女强人的力量。但影片中让女强人迷恋、追求的并不是真正值得女强人应该羡慕、迷恋和追求的,这一点恰恰削弱了女强人的精神境界。这是比较大的遗憾。

对三个外地来的女性的处理,我也不太满足。应该写出这些到广州商品经济大潮中熏陶一番的青年人,从思想感情到精神面貌发生的变化,但影片没有做到,而且把她们的起点写得太低。这些跑到广州来混的外地人起码应该有些本事,不可能傻乎乎的。四川姑娘从傻乎乎到后来那么开放,主动追求贺伟雄,更缺乏逻辑上的发展。之所以出现这些问题,关键还是写人的功夫不够。下一步希望导演能保持自己的长处，写人时更加细抠，使创作水平有一个新的突破。

二、演员选择的问题。白燕的表演还可以，但贺伟雄和欧阳穗红的演员选择不如《雅马哈鱼档》的街头烂仔。导演寻找演员要求的是气质相似，这毕竟与人物性格有些距离，艺术上的人物是在现实生活的基础上经过提炼的，光靠本色的自然气质很难达到。《雅马哈鱼档》的街头仔思想和性格的特点并不太复杂，演员本色与人物吻合就可以给人留下很深的印象。为什么这部影片的两位主角给人的印象就不如《雅马哈鱼档》的人物那么深刻呢？因为没有一定的职业训练，只靠本色表演和短期培训，很难达到人物性格和表演深度的需要。尽管导演费了很大劲，还是缺乏职业演员创造的魅力，因此使影片受到一定影响。使用非职业演员应该根据剧作的内容和人物的特点来决定。

我不同意说这部影片是喜剧片。按喜剧来要求它还远远不够。导演只是在轻松愉快的气氛中加上了喜剧因素，而且运用得巧恰到好处，因此增加了影片的观赏性。

陈思忖（《解放军文艺》）：

我觉得这部片子非常好看，我很喜欢张良同志的这种风格，从生活出发，该让观众时就叫观众笑，该让观众哭时就叫观众哭。会上听了不同的意见，我更倾向张清同志的评价。我觉得，邵牧君过多地用喜剧片来要求它，参照系是国外的高档喜剧片，有些脱离国内喜剧片的现状。如果就国内喜剧片现状看，它应算是上乘的。我觉得《女人街》虽然不能称作喜剧片，但也是顶呱呱的娱乐片，很轻松，很生活。虽然不能把生活化作评价一部影片的标准，但我认为看着舒服、像生活，也是这部影片的优点。如果看着不像生活，就太差劲了。白燕要那个女孩去卧底时意图还没说出来，就被贺伟雄点破了，我觉得就挺有意思，有些地方人物如情节不便用喜剧手法就不要用，不要硬叫观众笑，特别不要胳肢观众的胳肢窝，那样看着很难受。像欧阳穗红，你硬要她弄些笑的东西，就会让人很难受，不舒服，影片现在这样处理恰到好处。

再有，这部影片从头到尾看下来，虽然也是在讲故事，但与有些日本电影总爱用旁白把故事讲出来就不一样，它是用画面、用生活流程的展示把故事讲好，而且讲得很生动、很流畅。电影的语言运用得挺不错。

我不太同意陈丹晨的看法。在中国传统中女人可以依附于男人，但女人强男人却不能依附，这就是生活中提出的问题，我觉得从欧阳穗红的嘴里说出来也没有什么不可以。在一部片子里不可能要求它样样都很完美，这太难为导演了，从生活出发，从头到尾都是生活，这就非常棒。

苏云（中国影协）：

非常感谢珠影厂送来一部好影片。

影片表现了导演对生活的热爱和对现实生活的关注，描写了这些个体户中人与人之间的关系，表现了他们的喜怒哀乐、他们的困惑和追求。总的来讲，影片在反映现实生活上有了新的进展，前段时间，很多创作者都在从另外一个角度，如对武打、侦破、凶杀等娱乐片进行开掘，而对表现现实生活感到畏惧或困惑，似乎是反映现实生活题材的影片不好拍或观众不喜欢。这部影片回答了这个问题。可以看出，反映现实生活的题材有很多东西是可以挖掘的。只要拍得好，观众是会喜欢的。

第二，张良的影片有自己独特的艺术风格。在艺术上，他不跟在别人的后面跑，而是坚持自己的创作道路。从他的几部影片看，他是一步一个脚印扎实地往前走。在这部影片里，我们可以看出他往前迈进的步子是很大的。

（原载《电影艺术参考资料》1989年第9期）

张良影片在"南国都市电影"中的位置
——《特区打工妹》观后

黄统荣

张良的影视片，常给人一种新鲜感。

张良的影片，快乐、健康，洋溢着微笑，渗透着一种温情，一种甜蜜，甚至连真正的苦难，也彼此化为淡淡的遗憾和忧伤。

张良的影片，植根于生活，感受着色调纷繁、充满冲突和刺目对比中的城市文化，关注着南国都市在开放改革中涌现的崭新事物，并将目光凝视着那些被影视遗忘角落中的普通人。《雅马哈鱼档》中的个体户，《少年犯》中的失足青年，《逃港者》中的知青们，《破烂王》中的一批平凡改革者，《女人街》中已经成为商界新生力量的个体企业家以及《特区打工妹》中的那些到特区来拼搏的贫困山区的男女青年……

张良的作品，既不是遥远时代的回声，也不是太空时代对外星球的眺想，更不涉及幽冥世界，轮回转世，人鬼情深的浪漫。他踏踏实实地拥抱着这个时代，静静地谛听这个时代心脏的搏动。他游弋在改革开放的江河中，总是最早感觉到时代的春意。他深入生活，在生活中撷取，并情不自禁地开怀高歌……

自1984年执导第一部南国都市片《雅马哈鱼档》以来，张良一直坚持着"生活是创作的源泉"这个信念，通过他的电影创作实践，开创了南国都市影片的先河。他出自对生活现实与对人的尊重，以激情和温厚的人文思想，在影片中展现了最为纯朴的人性面貌，真切地为南国的影片注入生气和活力。

张良的影片坚持朴素的民粹电影观点，强调小人物简单的生活规范、热切的生活态度。在开放改革的转型社会中，从旧有的伦理，向心的道德欲望取向；从旧有的价值，向心的价值观取向。在这种新调整中，呈现着人的可塑性和善良的本质。

张良的电影实践先于电影理论。他将萌芽状态中的事物，将生活中活跃着的丰饶平凡的角色开发了出来，从而引起理论界高度关注，并开始进入了一种新的美学思考，使感觉性的评价把握进入思考型、批评型的把握评价之中。

回想1984年前，珠影正处在"文革"后故事片创作生产的复苏期。70年代末80年代初，珠影从《海外赤子》《春雨潇潇》两部影片开始了新十年电影创作的历程。然而在1984年以前，珠影影片无论在题材选择上，或在风格样式的把握上，都呈现一种"随其流，扬其波"的状态。正当南国电影界的艺术家、理论家及企业家积极思索和研讨如何确立起珠影电影文化的成熟面貌，显示出珠影自身的特点以及如何注意发挥自己的优势，选择自己的目标，形成自己的风格之时，张良的影片《雅马哈鱼档》以其建立在生活实践中的思考回答了这个问题。

南国都市影片，以其内容上从传统农业文化向现代工业文化的转型、新旧文化撞击的阵痛作为特征，对开放改革出现的新人新事进行描述、评价和思考。而在形式上，则以纪实风格、市井风情的渲染，以生活的概念、地域文化的概念为根基，出现一种活泼多元反映南国转型社会种种现象的现代都市电影文化形态。

由此可见，张良的《雅马哈鱼档》对南国都市影片的提出以及它的风格形成做出了不可磨灭的贡献。

之后，张良的电影创作，一直显示着生活是创作取之不尽、用之不竭的源泉和矿藏的深切体验。十年来，无论社会上翻什么新潮的艺术主张，流行什么时髦的口号，无论银幕上闪现什么样的热点，张良的影片都始终坚持社会主义现实主义创作方法，坚持深入生活，积极关注普通人的生活境遇和他们的命运。

《特区打工妹》就是从一个侧面，反映现代工业文明对一群农村青年的撞击，他们人生观裂变的过程，写了他们新旧观念不断互解、不断构筑的蜕变阵痛中的心路历程，写了这种人生观调整中所显示出新一代年轻人对人生、对自我价值的追求。《特区打工妹》在生活中吸取灵感，又在生活中获得大量的素材，成为一部植根于生活土壤的、充满激情的影片。

"生活之树常绿。"现实生活是政治家决定有效政策的深思前提，是哲学家审视解释的思考对象，是科学家闪烁感悟的撞击者，是诗人翩翩浮想的根基，艺术家也正借现实生活获得激情。

只要生活存在，反映生活的作品就会受到欢迎。只要生活存在，对生活进行描述、分析判断，并提出见解的作品，定会受到大众的喜爱。近十年来，张良正凭着这种对现实生活的诚意及感触，成功地为"南国都市电影"发展路线牵引出一个清新而可喜的新面貌。张良影片在激化、带动观众的新口味，重组南国都市片的观众群方面，的确功劳匪浅。近十年来，张良的电影作品，不但获得艺术上的认可，而且在商业文化、娱乐大潮的冲击下，仍能在标记上保持非常旺的势头，这真可以令许多艺术家去深思，令制片家们好好总结的。

影片《特区打工妹》对开放改革的认知，对特区打工妹这个社会现象的分析和评价，的确显示了一种成熟的社会意识。十年来，描写开放改革影片何其多，就南国都市片来说，优秀作品就有《雅马哈鱼档》《绝响》《给咖啡加点糖》《商界》等；北方都市片，优秀的也有不少。例如《珍珍的发屋》《顽主》《本命年》《北京，你早》等。

无论是把"南国都市电影"的素质推向一个新高度的优秀影片《商界》，还是荣获柏林国际电影节导演银熊奖的《本命年》，无论是南国第五代导演的《给咖啡加点糖》，还是北国第四代导演的《北京，你早》，均是在生活哲理和信念的悲剧性把握中，来感悟人性光明进步的前景，影片大都从现代社会转型期所要付出的代价来启迪人们对现代社会、现代人性的种种评价和思考。而张良的影片，将社会多元的讽喻批评转向伦理的关怀，以尊重人、关怀生活的姿态极大地丰富了电影本身轻松的表面乐趣，他对生活的评价，总是持热情的态度。他认识、评价并看到了现代社会中的一种新生的力量，看到了一种在现代生产关系中活跃着的现代人。

张良的电影无疑给电影带来了另一种省思，而且，从目前电影创作路线的意义来说，无疑也是一次相当健康的示范。它十分明确地提醒我们：不要忘记生活，不要忽略环绕着我们生活的那么丰富的生活事件和现代人。

《特区打工妹》在审视特区现实时，在探索人物内心世界的困惑、阵痛、躁动之际，在刻画人物性格发展进程之中，没有忘记民族历史和民族的现实，没有忘记对社会时代的总体生活的总体评价。《特区打工妹》清楚地道出一个旨意：特区尽管有这样那样的问题及缺点，甚至也不可避免地产生个人命运的悲剧，但其总的面貌、主体、本质的魅力是为人们提供了一个竞争的范围，任何人都可以在此显示其生命的潜能。

古诗曰："春江水暖鸭先知。"鸭游弋于江河，故最先知晓春水的暖意。然而正因为鸭浮游于江水的表层，因此，无法知晓江水深处的寒冷。张良的影片虽然新鲜，有着常有的生活气息，但就其作品的思想深度来讲却是十分欠缺的。

《雅马哈鱼档》成功地发现了一群曾被社会遗忘的游子，他们顽强地面对社会，自强自立，终于在迷惘中摸索到了自己的人生，并用自己智慧和双手证实自己的存在。这原本是一个非常有魅力的命题。它体现了一种萌芽状态中的都市文化意识，即每个人必须在拼搏、选择中寻找自我价值。然而张良却囿于理性思维的支配，迫令自己的主人公陷入"金钱"和"做人"的矛盾之中。抓住了"道德主题"的芝麻，丢掉了对现代都市文化内涵开掘这个"大西瓜"，令人遗憾不已。

《特区打工妹》虽然塑造一批打工妹群像，有追求理想的，有重塑自我的，有为钱傻干的，有爱虚荣的，也有甘于堕落沉沦的。看来面面俱到，但是，仍然囿于理性思维的支配，迫令自己的主角成为当代的"盗火者"。似乎，只有将特区偷到的技术带回家乡的，才算不忘本的好青年。这里，我们姑且不论深圳是天堂（普罗米修斯盗火于奥林匹克山）还是一个经济试验区，就拿"圣火"来讲，也是一个十分模糊的概念，是指一代人思想观念裂变中所迸发出的光和热，还是单纯指所谓的先进技术？而单纯的先进技术引进，是否救得了整个民族的孱弱和贫困呢？

就影片本身来讲，依据人物性格的发展脉络，依据人物性格形成的环境的规定性，结论只能是：在贫困的山区，这批青年对深圳的认识应是一个"谜"。他们既不能确定深圳是地狱还是天堂，更不知将有哪些技术可学到，他们唯一比较清楚的是，深圳是一个可以挣到钱的地方，这里需要劳动力。他们不可能清晰地感觉到去深圳的崇高目的，就是"学技术，救家乡"，就像历史上的"洋务派"人士一般。

马克思说过："人创造环境，同样环境也创造人。"而"从艺术的审美视角来考察，环境与人物之间存在着一种双向同构的关系……环境可以辐射人物，人物也可以辐射环境"。（引自《现代小说美学》）

婷妹和四喜长期生活在封闭落后的山区环境，是改革春风的吹拂，才萌生了探求生活真谛的绿芽。他们冲出了原有的环境，进入一个有着先进科学技术和开放性体系的全新环境里。视野、胸襟、眼界、性格必然会随之有所拓展。因此，编导的着力点，应该是人物在变换了价值系统后，他们的感情、情绪、思想观念所发生的变化；编导重点刻画的应该是人物性格发展变化的动势；编导狠下工夫的，应该是对人物性格的纵向开掘。

然而，影片中婷妹、四喜的性格，几乎没有什么变化和发展，更没有出现特定情势下的独特心理，即使是在四喜被彩云抛弃这样的痛苦打击面前，也没有迸发出一个有志者的内心火花："我四喜哪点不如人家，不就是穷？"

只是穷？！穷也是一个表象，关键恰恰在穷背后所潜藏的一切。彩云暗恋工程师江浩，不应该单纯理解为追求金钱、追求时髦、追求享受，是否也可以理解为追求文化知识、追求现代气质和追求一种城市人的文化口味呢？彩云的变心，不仅刺痛了四喜的自尊心，应该说，也使他猛然醒悟到自身的不足。这样，才有后来，才有四喜的发奋，才有学技术学文化，立志成为强者的愿望和行动。在这之后，编导者还应该开掘出四喜如何在自身文化素质和思想观念的蝉变中，在逐步完成自我塑造的过程里，实现思想上的另一次升华，令人信服地表达出四喜从"自我塑造"的努力走向"献身故乡"的"奉献"，这样一次思想上寻找更高生命价值的质的飞跃过程。

至于婷妹，影片既没有展现其个性的火花点，也没有对婷妹丰富内心活动进行主体描述。于是，影片中两位男女主角，背着"盗火者"沉沉的重负，艰难地在影片中行动，十分吃力。他们无法说清自己为什么非要回故乡，带着"圣火"，像普罗米修斯那样拯救人类的原因。也无法说清自己能不能胜任"回故乡改变面貌"的重任，更没搞清楚在深圳盗哪类火种，而这种火种，能不能点燃家乡农村经济的烈焰……

模糊的一切，令观众失去对二位"盗火者"喋喋不休要回家乡的认同及一种感情上的支持。究其原因，就是影片没有很好地遵循人物性格的轨迹，去开掘"性格典型意义的社会深度"，"写出性格的历史延续性、继承性和特定阶段的质的规定性"。（引自《现代小说美学》）

相反，影片中比较真实、比较有魅力的恰恰是杏子。一位山区来的女青年，如何同这现代商业文化格格不入；之后，又如何在种种挫折与痛苦中，醒悟到自身的不足，并开始用现代的观念和意识，以拼搏和选择来证实自身的价值，终于完成了工业文明对小农文化的改造成为特区的新人。然而，杏子这条线由于不符合编导者理性思维中要崇尚的"奉献精神"（其实特区、山区都是在建设社会主义），故突然地中止、被切断、被放弃，这真是十分可惜的。

　　人们热爱张良的影片，是因为他取材的生活是那样的新鲜，捕捉的社会人物又是那样的生猛。故而，人们不满足影片的这种状态。张良的影片还能不能提高？有没有发展的空间和生存的更广阔的余地？张良如果要最终不落后于生活，是否应该发展自己的批评和思考？是否应该更勇敢地打开自己道德框架的结束，投身现实与理解生活的更深层，并能在电影的想象力及对生活的注释上有一个质的突破？！

　　生活，已经在向我们提出，迅速改变自己的知识结构，提高自身文化素质对于一位在高科技时代的文学艺术家来讲，已经是十分急切的事。

　　古诗曰："问渠那得清如许，为有源头活水来。"池水何能如此清澈，不发臭？唯因池水是活的。那旧水在不断流走，而源头的新泉汩汩涌来……

　　（原载黄大德、陆环主编：《南国都市电影研究论集》，中山大学出版社1994年版。作者系国家一级编辑、电影美术设计师、编剧、导演）

欢快昂扬，催人奋进
——试评故事片《龙出海》

杨光伟

看了珠影向党的十四大献礼影片《龙出海》，激动的心情许久不能平复，禁不住要为这部格调昂扬、轻松活泼、催人奋进的成功之作大声赞好。

十一届三中全会以来，张良满腔热情地投身于改革开放的洪流，以艺术家的敏锐眼光捕捉新时期的"聚焦点"，拍摄了一批闪烁着时代精神，为观众喜闻乐见的影视作品。纵观其创作轨迹，如果说《雅马哈鱼档》从个体户生活的一个侧面展现了80年代初广州改革开放的新姿，那么《龙出海》则是张良创作上的新飞跃，以更宏伟、更壮阔的画面，展现了珠江三角洲人民加快改革开放的步伐，力争在二十年内赶上亚洲"四小龙"的精神风貌，无论是反映生活的深度和广度，还是导演的艺术功力，都比《雅》片有新的突破。

《龙出海》是一曲时代的颂歌。影片表现金龙、银龙两个村子在改革开放，创办乡镇企业过程中，以人才、高科技商品的竞争为主线，以具有岭南特色的龙舟竞渡为辅线，细腻地描写青年人的爱情纠葛的故事，着力描写了欧阳梅、李锦田、王志强等当代农民企业家为实现经济腾飞而敢于到国际市场上去闯风浪的胆识和气概，热情歌颂了在发展商品经济中勇于开拓、进取的精神。所有这些并不是用公式化、概念化的语言说出来的、而是通过充满情趣、娓娓动听的故事，以及各具个性、有血有肉的人物形象的塑造来完成的，从而形象地体现了珠江三角洲人民在邓小平同志南行重要谈话的鼓舞下，正在抓住当前的有利时机，进一步扩大开放、发展经济的崭新姿态和求实精神。

《龙出海》是一组群英图。影片的一个重要的艺术特色是塑造了一批90年代新农民和充满朝气，勇于开拓进取的农民企业家形象：银龙村副村长、女子龙舟队长欧阳梅有胆有识，敢作敢为，思维敏捷。她上任后意识到自己的村所以落后于金龙村，除了二姐夫王志强在市场竞争中怕担风险，安于"船小好掉头"之外，还在于缺乏科技意识。为此，她不顾村里小伙子、姑娘们的善意侃笑，敢于到金龙村去"借才发财"——会见被称为摇钱树的工程师曹新。当金龙村村长李锦田以为小姨子来找他时，她直言不讳地说："找你没事，找他（曹新）倒有事。"李锦田和赵厂长生怕曹新被她挖走，她却幽默地说："你们别这么紧张，我只是借一会儿，现在是三点，借到五点下班时，怎么样？"这一场戏一下子就把欧阳梅既是李锦田的小姨子又是竞争对手的身份勾勒出来。李锦田从竞争中意识到科技是第一生产力，商品竞争说到底既是科技之争，又是人才之争。他为了稳住曹新，并把欧阳梅从银龙村挖过来，不仅给曹新许诺"村里给你们盖三层楼高的小洋楼"，条件是"一定要把她娶到金龙村来"。李锦田出人意料地把曹的父母接来为曹新送行。这些细节描写使李村长豪爽、幽默、爱才如命又带有点狂妄不羁的性格刻画的惟妙惟肖。对"智多星"曹新的描写也一反"戴副深度近视眼镜，呆头呆脑，撞到树上还要道一声对不住"的套套，把他塑造成既风度潇洒，又聪明过人，才华横溢，作风踏实的当代才子的形象。爱国港商荣先生热情、大度、豪放、诙谐的性格和爱国爱乡的行动也给我们留下难忘的印象。尽管《龙》片人物众多，但详略得当，人各有貌，构成了当代新农村的新人群像，使我们感奋，并对未来充满希望。

《龙出海》是一幅富有南国特色的水乡情画。特别是诗人郑南作词、著名作曲家郑秋风的主题歌《龙的梦》洋溢着珠江三角洲特有的韵味，随着"哎！珠江，珠江，腾起一条龙啊，浪花里，激扬五彩梦。敲响现代钟，拥抱现代风，千年的向往今天苏醒，笑在红绿中……"这一曲热情、明快、昂扬、激越的歌声，银幕上出的翠绿的蕉林、宽阔的柏油路、在河面上搏击风浪的"女龙"、工地上空旋转的重型起吊机，以及在都市化了的新农村的土地上崛起的现代化电冰箱成的画面，真是诗情画意，情景交融，令人向往。结尾的香港国际龙舟比赛，既给人美的享受，更拍出了中国姑娘、中国的乡镇企业勇闯国际风浪的拼搏精神，令人热血沸腾、扬眉吐气！

我衷心希望珠影能有更多像《龙出海》那样格调昂扬、好看愉悦，为观众喜闻乐见的佳作问世！

1992年10月

（原载杨光伟：《银海撷英》，广州出版社2000年版。作者系珠影影评人）

为张良说句公道话
——也谈故事片《白粉妹》

杨光伟

不久前，广州一家报纸的娱乐版在《赞弹侃谈》栏中发表了一篇题为《为张良难过》的文章，对张良导演的新作《白粉妹》进行评论，笔者认为这个栏目开得好，对于贯彻"百花齐放、百家争鸣"的方针，活跃文艺批评，加强观众与影视艺术家的联系、沟通，促进影视创作的繁荣和质量的提高都具有积极的意义。但是，我对该文的观点却不敢苟同。所以，也想谈谈我的看法。

首先，我认为张良不必难过。因为实践是检验真理的唯一标准，我们评价一部作品，首先要看它的社会效益。《白粉妹》通过描写一对少男少女在毒枭的引诱毒害下，相继沦为"白粉妹"和"瘾君子"并发展为盗窃犯的悲剧故事，从一个侧面深刻地折射出当前社会上一些青少年因吸毒而走上犯罪道路这一触目惊心的事实，形象地揭示了如不从根本上杜绝比鸦片的危害更甚数十倍、上百倍的海洛因的"过境"渗透，被毁掉的绝不只是两个人、两个家庭，而是关系到整个社会、整个民族。这就是影片给我的震撼、警示和启迪。正因为《白粉妹》贴近生活，直面人生，所以推出后受到广大观众的认同和欢迎。据了解，该片于7月30日向全国发行后，在短短38天的时间里。就发行到了全国各省市、自治区和计划单列市的电影公司，仅35毫米拷贝就订购了170多个，创造了今年国产影片发行的最佳成绩。从广州市6月23日首映至7月23日的不完全统计，在多家影院同时上映由著名影星陈冲、叶玉卿领衔主演的香港故事片《红玫瑰和白玫瑰》，由史泰龙主演的美国故事片《第一滴血》1、2、3集，以及后期上映的张艺谋执导的《摇啊摇，摇到外婆桥》等影片，面临着强劲的竞争态势的情况下，《白粉妹》仍然节节

◎ 张良在导演电影《白粉妹》

领先，共上映435场，观众达5.2万多人次。其中，仅南关电影院一家就放映162场，平均每天5场。试想，如果《白粉妹》没有一定的思想艺术质量，没有较强的观赏性和艺术感染力，在当前电影市场不景气的生态环境下，能产生这样的社会效应吗？最近，国家文化部已把《白粉妹》选为我国对外文化交流的影片之一，这也说明它具有一定的艺术品位。

其次，是内容决定形式。《白粉妹》作为《少年犯》的姐妹篇，在故事的结构、人物设计等方面与前者有某些联系，比如该两片均出现贯穿全片的女记者，我认为是无可厚非的。我们把两片作过比较，它们无论所叙述的故事、所表现的内容、所塑造的人物形象，都没有雷同，更不是"几乎是一部与另一部的重复"。如果要谈这两部影片的共同之处，那就是它们都植根于生活的土壤，真实、可信，没有胡编或乱造。况且，《白粉妹》并不像该文所说"还是让带泪的歌舞占据影片相当的篇幅"。须知，一部影片是否要出现歌舞，要视剧情的发展和人物性格的刻画是否需要而定。就以《白粉妹》女主角曾小丹在"毕业晚会"这场戏里所唱的歌《纯真的脸》为例，她以清甜、质朴的歌声唱道："春常在/花常开/谁的笑容灿烂/谁的歌/唱不完/还有青春做伴……"表现了中学时代的曾小丹天真烂漫的性格和纯朴、幸福的神韵，这与后来曾小丹沦落为"白粉妹"之后丧失人性、作奸犯科的"毒鬼"形象形成强烈的反差，在影片中出现这样的歌有利于推动故事情节的发展和人物形象的塑造，是必要的，它是水到渠成的，这有什么不好的呢？《白粉妹》正是通过真实的细节描写和着力于典型环境中典型性格的刻画，以有血有肉的艺术形象切中时弊地提出了人民群众普遍关心的问题，并以其思想上的穿透力、艺术上的感染力，引起观众的共鸣，以期达到寓教于乐、潜移默化的目的。

再次，张良、王静珠夫妇俩继十年前创作《少年犯》之后，在深入生活的基础上，择取了吸毒、戒毒这样一个为全社会所关注，然而却又是非常敏感、把握起来有一定难度的题材，充分体现了艺术家的社会责任感、道德良知和勇气、胆识，绝不是什么"情感大于形象，冲动代替了艺术"。笔者认为他们的"情感"和"冲动"恰恰是最可贵的。如果作为剧作家、电影艺术家的张良、王静珠自己心里都没有一把火（姑且说就是"情感"和"冲动"吧！），怎么能通过自己的作品，使别人的心灵也燃烧起来呢？

诚然，《白粉妹》也不是完美无缺的，它也有许多不足和遗憾之处。比如说，在结构上，影片前面一大段戏主要写"瘾君子"周健的故事，与片名不贴题；曾小丹与周健的吸毒都源于父母离异的负面影响，缺乏多侧面的剖析等等。

但就题材的拓展、思想意蕴的开掘、艺术表现的张力和电影语言的流畅等方面而言，《白粉妹》均较之张良近年来的作品有较大的突破。然而，学海无涯，艺无止境。广大观众对张良这样一位有影响并已形成了自己的艺术风格和南国都市电影流向的艺术家来说，要求也会越来越高。观众的期望值越高，张良导演就越要清醒地认识自我、超越自我，努力创作出无愧于伟大时代的艺术精品，奉献给人民。

愿张良的艺术生命之树常青！

1995年10月

（原载杨光伟：《银海撷英》，广州出版社2000年版。作者系珠影影评人）

附 录

张良艺术年表简编
（1933—2018）

1933年（出生）

7月，出生于辽宁省本溪县下马塘村。

1948年（15岁）

8月，参加东北野战军独立三师宣传队。
9月，参加辽沈战役。

1949年（16岁）

春，参加平津战役，北平和平解放后，独立三师改番号为独立二〇八师，驻守北京，宣传队改名为独立二〇八师"卫士剧社"。在话剧《气壮山河》中饰通讯员。
10月1日，在北京开国大典军乐团中任军鼓手，参加开国大典。

1950年（17岁）

在歌剧《钢铁战士》中饰战士小刘。
6月，随独立二〇八师被编入六十六军，加入军文工团。在大型话剧《战斗里成长》中饰赵石头。
10月，随六十六军加入中国人民志愿军，参加抗美援朝战争，任战地医院护理员及战地宣传员。

1951年（18岁）

6月，从朝鲜战场归国。荣立两小功，并加入中国共产党。

1952年（19岁）

5月，调入华北军区文工团话剧队任演员。
6月，参与排演话剧《战线南移》，饰志愿军通讯员何玉成，并赴朝鲜体验生活数月。

1953年（20岁）

参与话剧《战斗里成长》《英雄阵地》等排练及演出，在《战斗里成长》中饰通讯员双儿。

1955年（22岁）

应长春电影制片厂邀请，在电影《董存瑞》中饰董存瑞，获文化部1949—1957年优秀演员一等奖（金质奖章）。

5月，调入沈阳军区"抗敌话剧团"。

同年，获《北京日报》推选"全国最受欢迎的五位电影演员"第二名。

同年，又获沈阳军区一级先进文艺工作者奖。

1956年（23岁）

在全国第一届话剧汇演中，因在话剧《战斗里成长》中饰通讯员双儿，获文化部优秀演员三等奖。

1957年（24岁）

在话剧《舰队的毁灭》中饰见习水兵。

同年，在话剧《喜相逢》中饰战士刘喜。

1958年（25岁）

下放三十八军当兵。

1959年（26岁）

应八一电影制片厂邀请，在电影《战上海》中饰战士小罗，在电影《海鹰》中饰飞行员，在电影《英雄岛》中饰蛙人队员。

11月，正式调入八一电影制片厂演员剧团。

1960年（27岁）

在电影《三八线上》中饰志愿军战士"小不点"。

在电影《林海雪原》中饰警卫员高波。

1961年（28岁）

春节，与王静珠登记结婚。

在电影《碧空雄师》中饰战士李二娃。

1962年（29岁）

在话剧、电影《哥俩好》中分饰陈大虎、陈二虎两角。

同年，被授予上尉军衔。

1963年（30岁）

因主演电影《哥俩好》获第二届"《大众电影》百花奖"最佳男演员奖，受到周恩来总理接见并合影。

在话剧《霓虹灯下的哨兵》中饰排长陈喜。

本年国庆节，《哥俩好》彩车参加国庆游行。

1964年（31岁）

应上海电影制片厂邀请，在电影《家庭问题》中饰工人杜福民。

1965年（32岁）

在八一厂电影《打击侵略者》中饰班长丁大勇。

同年参加总政"四清"工作队，赴山西沁县开展"四清"工作。

1966年（33岁）

"文革"中受打击，被关入"牛棚"。

1969年（36岁）

9月，被开除党籍，复员回原籍辽宁本溪县木材加工厂劳动三年。

1972年（39岁）

5月，被八一电影制片厂革委会平反。恢复党籍及原文艺级别。

11月，调入珠江电影制片厂，负责演员队工作。

1977年（44岁）

任电影《枫树湾》副导演。

1978年（45岁）

同年，赴苏州体验生活，寻找创作素材，与夫人王静珠联合编剧《梅花巾》。

任电影《斗鲨》副导演，兼饰排长郭东山。

1979年（46岁）

在电影《挺进中原》中饰炮兵营长张震山。

同年，《梅花巾》剧本被珠江电影制片厂通过投产。

1980年（47岁）

年初，在苏州拍摄电影《梅花巾》。该片于本年被电影局审查通过。

1981年（48岁）

8月，携《梅花巾》影片参加加拿大蒙特利尔国际电影节展映活动。

同年，导演讽刺喜剧电影《回头一笑》。

1982年（49岁）

任珠影厂厂长助理兼艺术中心主任，负责珠影艺术创作队伍。

同年，编导的电影《梅花巾》获第一届马尼拉国际电影节"金鹰荣誉奖"。

同年，与王静珠到全国三省两市劳改厂采访，联合编写《少年犯》剧本。

1983年（50岁）

编导的电影《梅花巾》获第七届开罗国际电影节"金像荣誉奖"。

同年，邀请章以武、黄锦鸿编写电影剧本《雅马哈鱼档》。

1984年（51岁）

导演电影《雅马哈鱼档》。

1985年（52岁）

12月，携影片《雅马哈鱼档》出席第三十五届柏林国际电影节展映活动。

与夫人王静珠联合编剧的电影《少年犯》被司法部通过，上海劳改局投拍并挂深圳影业公司厂标拍摄。任影片导演。

同年，导演的电影《雅马哈鱼档》获文化部优秀影片二等奖；又获1985年第五届"中国电影金鸡奖"最佳美术奖及最佳摄影奖提名、最佳剪辑奖提名。

1986年（53岁）

编导的电影《少年犯》获广电部优秀影片奖，又获司法部"法制文艺优秀奖"（金质奖章）；同年获第九届"《大众电影》百花奖"最佳影片奖，获青年影视爱好者活动周"影视明星太平洋杯"青年最喜爱的电影故事片奖和纪念奖。

1987年（54岁）

导演电影《逃港者》。

同年，《少年犯》获上海《文汇报》《中国电影时报》主办"新时期十年最佳影片奖"，本人获"导演荣誉奖"。

在九集电视连续剧《破烂王》任总导演，该电视剧获辽宁省优秀电视连续剧一等奖。

1988年（55岁）

与洪三泰联合编剧电影《女人街》，并任该影片导演。同年完成拍摄。

同年，编导的电影《少年犯》获《中国广播影视》杂志主办"新时期十年最佳影片奖"，本人获"新时期十年影视十佳导演奖"。

同年，导演的电视剧获得第八届（1987年度）全国优秀电视剧"飞天奖"电视剧类提名。

1989年（56岁）

与夫人王静珠三下深圳采访并联合编剧电影《特区打工妹》，同年拍摄，并任该影片导演。

同年，编导的电影《少年犯》获伊朗第七届曙光旬国际电影节少儿影片国际赛类最佳演员奖；又获伊朗第六届法吉尔国际电影节"蝴蝶奖"。

同年，导演的电视剧《破烂王》获东北三省金虎佳作奖。

同年，编导的电影《女人街》获广东省优秀影片三等奖。

同年4月，被评定为国家一级导演。

1990年（57岁）

与夫人王静珠到珠三角下生活并联合编剧电影《龙出海》，任该影片导演。同年完成拍摄。该片被广电部定为向党的十四大献礼片。

9月，导演四集电视连续剧《岭南春秋》。

1991年（58岁）

编导的电影《特区打工妹》获广电部1989—1990年优秀影片奖，获第三届哈尔滨电影节铜杯奖。

1992年（59岁）

与王静珠到深圳采访戒毒所，编写电影剧本《白粉妹》。

同年，编导的电影《龙出海》获上海第二届农民电影节"银絮奖"。

同年，编导的电影《特区打工妹》获广东省第四届鲁迅文艺奖。

10月始，享受国务院政府特殊津贴。

1993年（60岁）

8月，《张良、王静珠电影剧本选》由花城出版社出版。

同年，多次修改《白粉妹》剧本，并决定由"王氏影业业剧本有限公司"与珠影联合拍摄。

1995年（62岁）

年初，执导电影《白粉妹》，王静珠监制。

1996年（63岁）

1月，从珠影离休，继续担任珠影艺术委员会主任。

同年，编导的电影《白粉妹》获国家计生委、广电部、中国文联、中国作协、中国人口文化促进会联合举办第四届中国人口文化奖一等奖。

同年，获"中华影星"称号及表演艺术成就奖。

同年，与王静珠被全国妇联评为"全国美好家庭"并授予奖状。

1997年（64岁）

编导的电影《白粉妹》获1997年广东省宣传文化精品奖。

1998年（65岁）

应邀参加中央电视台春节联欢晚会节目《正方与反方》。

2002年（69岁）

与夫人王静珠赴北京参加庆祝八一电影制片厂建厂五十周年纪念活动。

2003年（70岁）

回忆录《情爱不老》由花城出版社出版。

2005年（72岁）

4月，与夫人王静珠应邀参与央视著名谈话节目《艺术人生》。

12月，应邀出席纪念中国电影一百年活动，被国家人事部、国家广电总局授予"国家有突出贡献电影艺术家"荣誉称号（享受劳模待遇），并获胡锦涛总书记签名。

2007年（74岁）

6月，参与广东省委宣传部，广东省文联，广东省档案馆与珠江电影制片公司联合举办的"广东电影艺术家七人展"。

9月，当选"当代岭南文化名人五十家"。

2008年（75岁）

11月26日，广东省宣传部，广东省文联，珠江电影集团联合举办"张良从艺六十周年艺术研讨会"。

2009年（76岁）

荣获中国电影表演艺术学会第十二届"金凤凰奖"终身成就奖。

10月，出席"北京青少年公益电影节"，该电影节评选出十部"最热爱的电影"和十位"最喜爱的银幕形象"。《董存瑞》被评为"最热爱的电影"和"最热爱的银幕形象"之一。

2010年（77岁）

7月，应邀参加山西太原民俗电影节。

12月，获首届广东文艺终身成就奖。

2015年（82岁）

在第二十四届金鸡百花电影节中获颁"中国电影金鸡奖"终身成就奖。

2016年（83岁）

11月，作为广东省代表，参加全国第十次文代会。

2018年（85岁）

编导的电影《少年犯》在第二十一届上海国际电影节"电影频道之夜"活动中，入选为"40年·40部——纪念改革开放四十周年年度影片"之一，该片为1985年代表影片。